RUSSLAND

Seele

Kultur

Geschichte

D. S. Lichatschew, G. K. Wagner
G. Wsdornow, R. G. Skrynnikow

RUSSLAND

Seele

Kultur

Geschichte

ins Deutsche übertragen von Dr. Marcus Würmli

Pattloch

Die Deutsche Bibliothek – CIP-Einheitsaufnahme

Rußland : Seele, Kultur, Geschichte. – Augsburg : Pattloch, 1994
Einheitssacht.: Russia <dt.>
ISBN 3-629-00085-1
NE: EST

Übersetzung: Dr. Marcus Würmli, Tutzing
Redaktionelle Bearbeitung durch Friederike Kundrus, München
Wissenschaftliche Beratung: Glena Agroskina, München
Bildmaterial und Illustrationen wurden zur Verfügung gestellt von Moskauer Verlagshaus »Iskusstvo«, vom Archäologischen Institut der Russischen Akademie der Wissenschaften und von Privatsammlungen.
Umschlagbild: © Norbert Kuchinke, Unkel/Rhein
Satz: 10,5/12 P. ITC Garamond light von Fotosatz Völkl, Puchheim
Druck: Grafiche Milani, Mailand
Bindung: L. E. M., Mailand
Printed in Italy

ISBN 3-629-00085-1

Dieses Werk
steht unter dem Segen
Seiner Heiligkeit, des Patriarchen von Moskau
und von ganz Rußland
Alexej II.

Inhaltsverzeichnis

TEIL I
DIE KIEWER RUS

DIE RUSSISCHE LITERATUR VOM 11. JAHRHUNDERT BIS ZUM BEGINN DES 12. JAHRHUNDERTS
von *D. S. Lichatschew*

DIE ALTRUSSISCHE KUNST
von *G. K. Wagner*

TEIL II
RUSSLAND UNTER DER TATARENHERRSCHAFT
von *G. Wsdornow*

TEIL III
VON DER MOSKAUER RUS ZUM RUSSISCHEN REICH
von *R. G. Skrynnikow*

TEIL I

DIE KIEWER RUS

D. S. Lichatschew
G. K. Wagner

1

2

3

4

5

6

7

8

9

10

Radziwill-Chronik: 1. Methodius überträgt Bücher ins Slawische (898), fol. 14. 2. Scriptorium bei der Sophien-Kathedrale in Kiew zur Zeit Jaroslaws des Weisen; den Priestern werden Bücher ausgeteilt, damit sie den Analphabeten Lesen beibringen können (1037), fol. 88. 3. Ermordung des Fürsten Boris Wladimirowitsch (1015), fol. 75v. 4. Feldzug gegen Konstantinopel (907), fol. 14v. 5. Das Pferd Olegs verursacht dessen Tod (912), fol. 19v. 6. Tod des Fürsten Igor während des Einzugs der Tributzahlungen im Gebiet der Drewljanen (945), fol. 27v. 7. Olga unterhält sich mit dem byzantinischen Kaiser; Taufe Olgas in Konstantinopel durch die Hand des Kaisers und des Patriarchen (955), fol. 31v. 8. Olga überredet ihren Sohn Swjatoslaw, zum Christentum überzutreten; Gebete Olgas für das Wohlergehen ihres Sohnes und seiner Untertanen (955), fol. 33v. 9. Der heldenhafte Ledergerber gewinnt das Duell mit den Petschenegen (993), fol. 69. 10. Die russischen Gesandten nehmen an der Liturgie in einer Kirche in Konstantinopel teil. »Und sie waren erstaunt und aufs höchste verwundert und lobten ihre Liturgie« (987), fol. 59v.

DIE RUSSISCHE LITERATUR VOM 11. JAHRHUNDERT BIS ZUM BEGINN DES 12. JAHRHUNDERTS

D. S. Lichatschew

Einführung

Versetzen wir uns in Gedanken in die ersten Jahrhunderte der russischen Geschichte zurück, in die Zeit der Einigung der ostslawischen Stämme zwischen dem 11. und dem 12. Jahrhundert. Das russische Territorium ist immens, und Dörfer sind selten. Der Mensch fühlt sich verloren angesichts der undurchdringlichen Wälder und der unendlichen Steppen, in denen seine Feinde zu leicht herannahen können: »Das unbekannte Land«, »das weitentfernte Gebiet«, so nannten es unsere Vorfahren. Um diese Region zu Pferd oder mit dem Schiff zu durchqueren, brauchte man viele Tage. Das Fehlen von Straßen lähmte, vor allem im Frühjahr und Spätherbst, monatelang die Kommunikation und die Beziehungen zwischen den Menschen.

In diesen unendlichen Weiten mußte der Mensch gewaltige Anstrengungen aufbringen, um Beziehungen anzuknüpfen und Zeichen seiner Existenz zu setzen. Kirchen auf Anhöhen oder an der Kante steil abfallender Flußufer zeugen mit ihrer Höhe und Klarheit von Siedlungen. Die Kirchen zeichnen sich durch ihre auf das Wesentliche gerichtete Architektur aus. Sie wurden so gebaut, daß man sie von mehreren Steiten gut sehen konnte, vergleichbar mit der Aufgabe von Leuchttürmen an der Straße. Wie von einer eifrigen Hand modelliert, bewahren sie in der Unregelmäßigkeit ihrer Mauern die Wärme und das Wohlwollen des Menschen. Angesichts der niedrigen Bevölkerungsdichte wurde die Gastfreundschaft zu einer der wichtigsten menschlichen Tugenden. Auch Wladimir II. Monomach (1053–1114) {XE »Wladimir Monomach«}, Großfürst von Kiew, ermahnte in seiner »Belehrung« dazu, Gäste »festlich zu empfangen«. In den volkstümlichen Gesängen und Tänzen wird das Streben nach der Eroberung des Raumes deutlich. Im »Epos von der Heerfahrt Igors« finden wir schöne Beschreibungen der langen russischen Lieder: »… die Mädchen singen über der Donau, – es schweben ihre Stimmen vom Meer bis nach Kiew.«

In der Rus entstand auch der Begriff der »Kühnheit« (Udal), um jenen besonderen Aspekt des Wagemutes im Hinblick auf Raum, Fortbewegung und Entfernung zu kennzeichnen. Die häufigen Ortswechsel sind ein Hinweis auf beträchtlichen Mut sowie auf einen Hang zum freien Vagabundenleben.

In den unendlichen Weiten nahmen die Menschen mit besonderer Schärfe das sie Verbindende wahr und schätzten es hoch. Das gilt vor allem für die Einheit der Sprache, in der sich die Menschen ausdrückten, in der sie sangen, alte Legenden erzählten, besonders jene, die ihre Einheit thematisierten. Unter den damaligen historischen Umständen bekam die Bezeichnung für »Sprache« auch die Bedeutung von »Volk« und »Nation«. Wir können daraus schließen, wie wichtig die Rolle der Literatur war – sie war zugleich Grund und Folge des erwähnten Zusammengehörigkeitsgefühls. Die Sprache war Sachwalterin der Geschichte und der Tradition, ihre Themen behandeln die räumliche wie zeitliche Dimension. Dörfer, Grenzen, Hügel waren die Schauplätze von Feldzügen und ähnlichem, während die Legenden dem Land auch seine historische Tiefe und damit »vierte Dimension« gaben. In den Rahmen des russischen Territoriums die Geschichte und das Schicksal der Nation spannen – das war die Aufgabe der Chroniken und Heiligenlegenden, der historischen Erzählungen und der Berichte von Klostergründungen.

Die gesamte altrussische Literatur bis zum 17. Jahrhundert ist von einem tiefgreifenden Historismus gekennzeichnet. Sie hat ihre Wurzeln in der Erde, die das russische Volk im Lauf der Jahrhunderte in Besitz genommen und zu seiner Heimat gemacht hat. Auch in diesem Bild wird wieder der Bezug von Raum und Zeit deutlich. Russische Literatur, Heimat und Geschichte waren eng miteinander verbunden. Die Literatur war eines der Mittel, die dem Menschen zur Verfügung standen, sich die Umwelt anzueignen und zu assimilieren. So schrieb der Autor des Werkes »Lob der Bücher und Jaroslaws des Weisen« in den Annalen beispielsweise, die russischen Flüsse würden »… die ganze Welt bewässern …«. Er verglich den Großfürsten Wladimir I. Swafatoslawitsch (956–1015, genannt der Heilige oder der Große) mit einem Bauern, der sein Land beackert, und Jaroslaw mit einem Sämann, der »literarische Büchlein« in die Erde sät. Seit den ältesten Zeiten galt das Abschreiben von Büchern in der Rus als »heiliges« Werk und mit der Arbeit des Bauern vergleichbar. Und gerade weil das Abschreiben von Büchern ein heiliges Werk war, konnten diese Bücher nur die wichtigsten Themen behandeln. Alle stellten auf ihre Weise eine »literarische Belehrung« dar. Die Literatur diente nicht der Erholung, sie war eine Schule, und ihre einzelnen Werke waren stets Unterweisungen.

Alle Werke der altrussischen Literatur erscheinen wegen ihrer historischen Themen viel stärker untereinander verbunden, als dies in späteren Epochen noch möglich gewesen wäre. Wir könnten sie in chronologischer Reihenfolge aufzählen, und sie würden sich nicht nur zu einer russischen, sondern auch zu einer Weltgeschichte zusammenfügen. Die enge Beziehung zwischen den verschiedenen Werken ergab sich auch durch das Fehlen des Prinzips einer literarischen Urheberschaft. Da diese noch unbekannt war, wurden die Werke kopiert und dabei (oft nur geringfügig) modifiziert. Neues entstand nur als Fortführung des bereits Bestehenden und nach den gleichen ästhetischen Prinzipien. Durch die unzähligen Vorgänge des Abschreibens bekam ein Werk einen anderen ideologischen Akzent, wurde vervollständigt oder mit neuen Episoden angereichert. Das sind die Gründe, warum von fast jedem Werk, das in mehreren handgeschriebenen Kopien bis zu uns gelangt ist, auch verschiedene Bearbeitungen bekannt sind.

Die ältere Literatur stand der Volkskultur viel näher als die heutigen, individuellen Werke. Annalen, historische Erzählungen, Heiligenlegenden und andere Erzählungen galten immer der Wahrheitsfindung. Kämpfer traten für Gerechtigkeit ein, für die Unabhängigkeit der eigenen Heimat, für die Realisierung von Idealen.

Auch die Fürstenviten folgten diesem Standard: Die Fürsten hatten Rußland vor Feinden verteidigt und mochten dabei erfolgreich gewesen sein oder unterlegen haben, doch stets waren sie ihrer Pflicht im ungleichen Kampf gegen stärkere Gegner treu. Sie zeichnen uns das Bild von »zum Rat versammelten Bojaren« (Bojar: zuerst Name für den freien Gefolgsmann der fürstlichen Druschina der Kiewer Zeit, seit dem 12. Jahrhundert für den Angehörigen der gehobenen Schicht in der Gefolgschaft der Fürsten Altrußlands) und von »mutigen Männern«.

In engem Zusammenhang mit diesen Idealen und in rigoroser Übereinstimmung mit der Ausrichtung der altrussischen Literatur und ihrem Historismus manifestiert sich auch ihr kennzeichnender künstlerischer Stil: Was wir den monumentalen Historismus nennen wollen, erwies sich der historischen Aufgabe der altrussischen Literatur als würdig.

Christianisierung der Rus

In der Kulturgeschichte gibt es Perioden, in denen der Mensch Aspekte der Welt entdeckt, die er zuvor noch nie bemerkt hat. In diesen Perioden sieht er die Welt plötzlich anders. Neben neuen Auffassungen von der Welt entwickelt sich ein neuer Stil der Kunst und Literatur. Jeder neue Stil entspricht auf seine Art einer neuen Betrachtungsweise der Realität. Der Mensch entdeckt im Universum, das ihn umgibt, ein stilistisches, wissenschaftliches, religiöses oder künstlerisches System, das ihm bisher verborgen geblieben war. Er begreift nun alles, was ihn umgibt, im Licht dieses neuen Systems, und eine Zeit des freudigen Staunens nimmt ihren Anfang.

Dies geschah auch in der ersten Periode der altrussischen Kunst. Das Christentum verdrängte das Heidentum, das für die Stammesgesellschaft der alten Russen typisch gewesen war: Angesichts der Naturkräfte und der elementaren Gewalten hatte der Mensch eine Art Bestürzung und das Gefühl des Unvermögens empfunden. Das Christentum nun mit seiner Auffassung des Universums stellte den Menschen in das Zentrum der Natur, die wiederum dem Menschen zu Diensten stehen sollte. Das Christentum entdeckte in der Natur die »weise« Organisation der Welt und das göttliche Grundmuster. Diese neue Auffassung eröffnete dem Menschen die Idee von einem moralischen, ewigen Plan. Die ersten russischen Werke sind voll des Staunens über die Weisheit des Universums – eine Weisheit, die nicht sich selbst genügt, sondern im Dienst des Menschen steht.

In der religiösen und profanen Literatur bis zur tatarischen Periode finden wir immer wieder die Ermahnung, »zu staunen« und an die Welt, die den Menschen umgibt, »zu glauben«. Auf diesem Weg zu einer anthropozentrischen Auffassung der Welt veränderten sich auch die Beziehungen zwischen dem Künstler und seinem Werk, zwischen dem Betrachter und dem Kunstobjekt. Der Mensch erkannte seine Bestimmung und seinen Wert in der ihn umgebenden Welt: In den Handlungen und Werken des Menschen wird stets Gott verherrlicht. »Und wer wundert sich nicht, meine Lieben, nachdem Gott von unseren Handlungen verherrlicht wird?« fragt Theodosios, der Gründer des Höhlenklosters von Kiew, in seiner »Predigt von der Geduld und Liebe«. Andererseits aber verherrlichen die Kirchen, Ikonen und Liturgien ihrerseits auch den Menschen. Auf der einen Seite erleben wir also eine Abschwächung der persönlichen Urheberschaft, weil sich im Werke des Menschen zunächst nicht seine Urheberschaft manifestiert, sondern die göttliche Inspiration und Schöpfung. Auf der anderen Seite heben die Größe und die Monumentalität der Kunstwerke und der literarischen Werke wiederum den Menschen in ein helleres Licht.

Die Hinwendung der Kunst zu Gott und zum Menschen wurde zum bestimmenden Merkmal der monumentalen Kunst und der gesamten Literatur der vortatarischen Zeit. Daraus ergeben sich ihre Großartigkeit, ihre Feierlichkeit und ihr zeremonieller Charakter.

Der historisch-monumentale Stil

Wir haben den literarischen Stil der vortatarischen Periode als den Stil des monumentalen Historismus bezeichnet. Die Menschen in jener Zeit versuchten, in jedem Ding das zu erblicken, was dem Inhalt nach wichtig und der Form nach mächtig war. Der monumentale Historismus wird von der Tendenz gekennzeichnet, alles quasi aus enormer Entfernung zu betrachten. Diese Entfernung ist räumlichen, zeitlichen (historischen), hierarchischen und sozialen Charakters. Dabei erscheint alles zugleich als groß, monumental, majestätisch. So entsteht eine besondere, umfassende Perspektive: Der Chronist betrachtet das russische Gebiet wie von einer großen Höhe. Er versucht, in seine Erzählung gleichzeitig das gesamte russische Gebiet mit einzubeziehen, und geht mit Leichtigkeit von den Ereignissen in einem Fürstentum zu den Ereignissen in einem anderen über, auch er Herkunft verwendet, aber ein derart weites Panorama entsprach vor allem dem ästhetischen Kanon jener Zeit. Denn die Erde galt dem Schriftsteller der alten Rus als heilig – geheiligt durch historische Begebnisse.

Vielleicht können folgende Bilder hier den inneren Bezug der Kunstschaffenden zum Raum verdeutlichen helfen: Schriftsteller des 11. und 12. Jahrhunderts benannten den Sieg über den Feind als »Raumgewinn«, die Niederlage hingegen als »Einschränkung« und als »beengend«. Der Lebensweg voller Entbehrung und Mühsal galt als »schmaler Weg«.

Wir sind gewohnt, den Monumentalismus mit einer gewissen Unbeweglichkeit und Trägheit zu assoziieren. Vom 11. bis zum 13. Jahrhundert war er jedoch ein Monumentalismus der Bewegung, ein dynamischer Monumentalismus. Die Schnelligkeit der Bewegung stellte ein Symbol für die Macht über den Raum dar. Der Monumentalismus war vor allem eine Kraft, und diese wurde von einer bewegten Masse dargestellt. So unterstreicht beispielsweise Wladimir Monomach in der »Chronik der vergangenen Jahre« die Schnelligkeit seiner Feldzüge und erzählt von den Bewegungen der Heeresmassen. Charakteristisch für den dynamischen Stil ist eine gleichermaßen dynamische Beschreibung der Naturgewalten: Gewitter (während einer Schlacht), Winterstürme, Heuschreckenschwärme, Trockenheit, Überschwemmungen, Erdbeben …

Im monumentalen Historismus werden zeitgenössische Ereignisse gewertet und erlangen vor dem Hintergrund vergangener Ereignisse eine besondere Bedeutung. Das enorme Interesse der Autoren für ihre Vergangenheit, für die Geschichte stellt ein dominierendes Thema in der Literatur der vortatarischen Zeit und der altrussischen Literatur im allgemeinen dar. Die Gegenwart wird als Fortsetzung der Vergangenheit aufgefaßt. Die Vergangenheit lebt in der Gegenwart fort und liefert den Schlüssel zu deren Interpretation.

Die Zeremonialität ist ein weiteres kennzeichnendes Merkmal des monumentalen Historismus. Die Literatur der vortatarischen Rus beschränkte sich nicht darauf, die Ereignisse sachlich darzustellen, sondern verlieh ihnen eine zeremonielle Form. Die Heiligenvita war eine feierliche Sammlung der Ereignisse des Lebens. Der Autor wurde zu einem »Zeremonienmeister«, stellte jedes Ding mit den ihm angemessenen Ausdrücken dar, damit der Geist dieser Ereignisse im Rahmen der Tradition verharre. Einer Ehrenbezeugung an die Vergangenheit gleich, bildet diese Art der Darstellung einen eigenen Stil. Verstehen bedeutet hier, im Objekt der Erzählung bedeutsame Analogien mit der Vergangenheit zu entdecken.

Die literarischen Werke der ersten Periode waren nicht in sich selbst abgeschlossen. Jedes Werk neigte sich einem bereits bestehenden Werk zu. Jedes neue Werk stellte zunächst einmal eine Vervollkommnung des Bestehenden dar, nicht so sehr im Formalen, als im Inhaltlichen, im Thema. Es war dazu berufen, die Lücken auszufüllen, die in der Geschichte der Menschheit noch im »literarischen Dunkel« geblieben waren. Dies alles war möglich, weil die Phantasie in der altrussischen Literatur nur eine bescheidene Rolle spielte. Die Literatur wollte sich ausschließlich mit dem beschäftigen, was existierte oder existiert hatte. Fiktive Helden kommen in der altrussischen Literatur nicht vor. Wo diese von Wundern und übernatürlichen Ereignissen erzählt, bemühten sich die Autoren, diese der Realität zuzuschreiben.

Fiktive Themen indes sind grundsätzlich in sich geschlossen. Wenn die Literatur aber die Realität erzählen und über historische Fakten und Helden berichten will, so ist sie immer in einen anderen, größeren Rahmen eingebunden. Diese Tatsache stellt das wahre Fundament für die Gesamtstruktur der Literatur der alten Rus dar. Die Annalen konnten Werke der unterschiedlichsten Gattungen umfassen, sofern diese durch die Einheitlichkeit ihres historischen Themas unter sich verbunden waren. Damit stellten sie sich, eines nach dem anderen, in eine historische Abfolge: Eine Erzählung über einen Feldzug gegen die Griechen wird zum Beispiel von einem Text über die Einigung mit den Griechen komplettiert. Die Erzählung vom Kampf Jaroslaws des Weisen um den Thron wird vervollständigt von Materialien über das Leben seiner Brüder.

Das Verständnis aller literarischen Werke als eine große Einheit, die sich auf die ganze Welt und ihre gesamte Geschichte bezieht (wobei die einzelnen Werke weniger in ihrer literarischen Gattung, als vielmehr in ihrem Thema übereinstimmen), stellt einen kennzeichnenden Zug der monumentalen Literatur der alten Rus dar. Die Literatur insgesamt ist enormen, grob behauenen Steinblöcken vergleichbar. Die Ästhetik der Entfernung, die bereits erwähnt wurde, zwingt uns dazu, das grandiose Gesamtbild der altrussischen Literatur von einer gewissen Distanz zu betrachten, um deren große künstlerische Einheit zu erkennen, als ob es sich um ein einziges Werk zahlreicher Autoren und Kopisten handelte.

Die monumentale Gesamtheit der alten Literatur ist »zu Ehren des Menschen« geschaffen, um die Welt, ihre Schönheit und Harmonie zu verherrlichen. Die Literatur hatte das Ziel, den Menschen mit zeremoniellen Formen zu umgeben und die Welt und die Geschichte zu verschönern. Diese war damit voller Prunk und Gepränge, sie war feierlich und optimistisch trotz aller Verbrechen und Unglücksfälle, die auf der Welt geschehen und die auch in der Literatur beschrieben werden. Weder der Tod, sofern er ehrenvoll war, noch die Niederlage, sofern sie nicht dem Mangel an Mut entsprang, noch irgendein anderes Unglück, sofern es ohne zu klagen ertragen wurde, galt als erniedrigend; dies wurde nicht als Verfehlung empfunden. Im ersten Jahrhundert ihrer Existenz war die Literatur der alten Rus optimistisch auf die Zukunft ausgerichtet.

Der Stil des monumentalen Historismus hielt sich über die Zeit des Tatarensturmes hinaus. Es kamen neue Merkmale hinzu und überlagerten das bereits Vorhandene, so daß die stilistische Veränderung allmählich erfolgte.

Die Sprache

Wie entstand die altrussische Literatur? Woher nahm sie ihre kreativen Kräfte? Das Auftreten einer russischen Literatur zwischen dem Ende des 10. und dem Ende des 11. Jahrhunderts erfolgte plötzlich. Wir stehen fast unvermutet vor den Werken einer reifen, vollständigen, komplexen und inhaltlich profunden Literatur. Sie bezeugt das Auftauchen eines historischen und nationalen Selbstbewußtseins. Wie kam es zu dieser Geburt einer derart reifen Literatur in einer Rus, die bis vor kurzem noch über keine Schrift verfügt hatte? Außergewöhnlich günstige Umstände müssen dazu beigetragen haben.

Das Christentum kam von Byzanz aus in die Rus. Die christliche Ostkirche erlaubte es, Predigten, Gottesdienste und die gesamte Liturgie in der Nationalsprache zu halten. Daher weist die Literaturgeschichte der Rus weder eine lateinische noch eine griechische Periode auf. Die literarische Produktion der Rus erfolgte von Anfang an in einer Literatursprache (der aus Bulgarien übernommenen slawischen Kirchensprache, siehe unten), die – anders als das Latein in West- und Mitteleuropa – dem Volk verständlich war.

Bei der Bildung der Mittlerkultur hatten die Bulgaren die entscheidende Rolle gespielt, an erster Stelle die Slawenapostel des 9. Jahrhunderts Kyrill und Method, denn diese beiden hatten eine für alle orthodoxen Slawen gemeinsame Literatursprache verbreitet: das Altbulgarische mit seinen wesentlichen Grundlagen. Denn das Christentum war in der Zeit vor der Bekehrung der Rus bereits in Bulgarien verbreitet. Dort wurde eine dem Altrussischen verwandte Sprache gesprochen. Bulgarien hatte das goldene Jahrhundert seiner Literatur (das Jahrhundert des bulgarischen Zaren Simeon des Großen, der 864–927 lebte) bereits erlebt: Die reiche bulgarische Literatur, die Originalwerke wie Übersetzungen umfaßte, wurde von der Rus übernommen und entwickelte sich zu einem organischen Teil der russischen Literatur. Es wurden dabei nicht nur die altbulgarischen Werke transkribiert, sondern man sorgte auch für die einfache Verbreitung bulgarischer Manuskripte. Das Altbulgarische unterschied sich nur wenig vom Altrussischen und integrierte sich in die Literatur der Rus wie eine zweite, höhere Schicht. Durch die Vereinigung der altbulgarischen Sprache mit der Umgangssprache der alten Rus nahm die russische Literatursprache zahlreiche neue Wörter mit neuen Bedeutungen und Färbungen, Wörter mit abstraktem Sinn sowie viele Synonyme auf.

Auch die Herausbildung eines ideologischen Gehalts der russischen Literatur wurde von den Werken der bulgarischen Literatur erleichtert, die im 10. und 11. Jahrhundert von der Rus übernommen wurden. Die Schöpfer des bulgarischen Schriftsystems und der bulgarischen Literatur, die eben erwähnten gelehrten Brüder Kyrill und Method sowie ihre Schüler, fühlten sich nicht ausschließlich als Bulgaren, sondern als Vertreter aller Slawen. Auch ihre Predigten richteten sie an alle Slawen. Dieses umfassende Bewußtsein, »ein Volk unter den übrigen Völkern« zu sein, war auch der gesamten altrussischen Literatur zu eigen: der Chronik der vergangenen Jahre, den Lebensbeschreibungen der ersten russischen Heiligen, den Paterikà des Höhlenklosters von Kiew, der »Pilgerfahrt des russischen Abtes Daniil ins Heilige Land« und vielen anderen. Der außergewöhnlich ausgeprägte Sinn für die Einheit des russischen Volkes im Vergleich zur restlichen Menschheit – auch wenn dieses Volk unterschiedliche Formen ausbildete – war das Hauptmerkmal der russischen Literatur während ihrer gesamten Existenz.

Trotz der vielen literarischen Werke aus Bulgarien (auch Mähren) entstand unter Jaroslaw dem Weisen in der Rus eine lokale Übersetzerschule für griechische Originaltexte. So berichtet uns die Chronik von Jaroslaw: »Er sammelte viele Schriften und übersetzte sie aus dem Griechischen in slawische Buchstaben.«

Die Grundlage der im Kiewer Reich geschaffenen Literatur ist das byzantinische Schrifttum, doch nicht alle Auswirkungen von Byzanz auf die Rus können wir im strengen Sinn als »Einflüsse« bezeichnen. Spuren der byzantinischen Literatur finden sich nur in der Volkskultur und im gehobenen Redestil, doch es fehlen schriftliche Werke aus der Zeit vor dem Auftreten der Übersetzungen. Der Einfluß begann in späterer Zeit wirksam zu werden, als das Christentum das Heidentum schon ersetzt hatte – ersetzt wohlgemerkt, nicht beeinflußt!

Daß der Begriff »Einfluß« ungeeignet ist, kann man auch auf anderen Gebieten erkennen. In vielen Fällen ist es besser, nicht von einem »Einfluß« einzelner Aspekte der byzantinischen Kultur, sondern von einer »Übertragung« zu sprechen. Diese war keineswegs statischen Charakters: Auf dem neuen Territorium lebten die Übertragungen weiter, entwickelten sich fort und bildeten lokale und nationale Eigenheiten aus. Es wird also nicht etwas Bestehendes »beeinflußt«, sondern etwas Neues entsteht – das byzantinische Erbe wird aufgenommen und beginnt nun als russische Literatur zu wachsen.

Vielleicht kann man am ehesten von einer Verpflanzung der byzantinischen Kultur (nicht bloß einzelner Werke) auf slawisches Territorium sprechen. Diese »Verpflanzung« wurde möglich, weil der größte Teil der Werke des russischen Mittelalters kein genau definiertes Aussehen besaß; sie nahmen schnell neue Formen an und füllten sich mit neuen Inhalten – ähnlich einer Pflanze, die sich unter dem Einfluß neuer Umweltbedingungen und klimatischer Faktoren in ihrer Wuchsform verändert.

Natürlich wurden nicht alle übersetzten Werke in gleichem Maße verändert. Die kanonisch-religiösen Werke und die liturgischen Formen des kirchlichen Lebens blieben im wesentlichen unverändert oder wurden nur in verhältnismäßig unbedeutender Weise umgestaltet. Von den Übersetzern und Kopisten wurde eine besondere Genauigkeit für all das verlangt, was mit den Werken der patristischen, liturgischen oder kirchlich-kanonischen Literatur zusammenhing. Eine viel stärkere Bearbeitung erfuhren Erzählungen und Werke mit historischem Charakter. Überdies gab es Übersetzungen, deren Herkunft von einem byzantinischen Original stets erkennbar blieb. Der Text wurde auf slawischem Boden nicht nur unter dem Einfluß örtlicher Gegebenheiten geändert, sondern auch in der Folge eines erneuten Rückgriffs der Kopisten auf das byzantinische Original.

Die Tätigkeit der Philologen seit der Renaissance, die das ursprüngliche Aussehen der literarischen Werke wiederherstellen wollten, war Indiz eines neuen Bewußtseins. In Rußland entspricht dies in gewisser Hinsicht dem Phänomen der Bücherreform des 16. und 17. Jahrhunderts. Der Wunsch, die Kultur in den alten Formen zu bewahren oder sie zu »restaurieren«, ist ein Phänomen der Neuzeit und gibt uns einen Hinweis auf ein neues historisches Bewußtsein. Nicht so in der alten Rus. Das Fortleben einer alten Kultur im neuen Gewand ist ein typisch mittelalterliches Phänomen. Das, was wir »Verpflanzung« nennen wollen, macht es den Keimlingen der antiken Kultur möglich, selbständig und kreativ auf dem neuen Boden zu wachsen. Dieses Phänomen ist äußerst wichtig für die Entstehung und Ausbildung einer neuen Kultur und ein Zeichen für ihre Jugend und Vitalität.

Es wird deutlich, daß man bei der altrussischen Literatur – und mit ihr auch bei allen anderen altslawischen Werken – nicht mechanisch in »Originale« und »Übersetzungen« unterscheiden kann. Übersetzungen stellten einen organischen Bestandteil der nationalen Literatur dar; es gab keine scharfen Grenzen, um sie von der »Originalliteratur« zu trennen. Übersetzer und Kopisten fungierten häufig als Co-Autoren. Deshalb waren die übersetzten Werke oft ebenso lebendig wie ihre Originale, teils nur noch mit Mühe mit dem Originaltext zu identifizieren. Das übersetzte literarische Werk nahm an der allgemeinen Entwicklung der Literatur, die es in sich aufnahm, teil und reagierte auf ideologische Veränderungen und Schwankungen des literarischen Geschmacks in der neuen Umgebung.

Die Russen vervollständigten ihre Übersetzungen mit dem, was sie nicht in Bulgarien vorgefunden hatten, und umgekehrt: Die russischen Übersetzungen wurden zum Erbe der südslawischen Literatur. Einige Meisterwerke wurden übersetzt und entstanden in Zusammenarbeit; dies war zum Beispiel beim »Prolog« der Fall. Bei dieser gemeinsamen literarischen Arbeit spielten von Anfang an die großen slawischen Zentren des Austausches eine grundlegende Rolle.

Das Fehlen scharfer Grenzen zwischen Original und Übersetzung erklärt sich des weiteren in dem »Gesamtcharakter« (siehe oben) des größten Teils der altrussischen Literatur, wodurch originale und übersetzte Teile miteinander kombiniert werden konnten.

Mittlerliteratur

Einem weiteren Phänomen gebührt die Aufmerksamkeit: Gemeint ist die Entstehung eines literarischen Vermittlers für alle süd- und ostslawischen Länder. Der Begriff der »Mittlerliteratur« ist nicht neu in der Wissenschaft und wird im allgemeinen dann verwendet, wenn eine Nationalliteratur mit ihren Übersetzungen und Bearbeitungen einer anderen Nationalliteratur die Werke einer dritten vermittelt. Diese Definition kann auf die Kirchen- und Gelehrtensprache des Mittelalters angewendet werden, das heißt auf das Lateinische, das Kirchenslawische (wie in unserem Fall), das Arabische, das Sanskrit usw. Die Literatur dieser Sprachen entstand und verbreitete sich gleichzeitig in vielen Ländern, stellte ein gemeinsames Erbe des jeweiligen Landes dar und begünstigte den literarischen Austausch. Diese Art der literarischen Vermittlung hat nicht eine zweitrangige, sondern eine grundlegende, weil internationale Bedeutung.

Diese gemeinsame und übernationale Mittlerliteratur ist für die Süd- und Ostslawen im Altkirchenslawischen (wie erwähnt vom Bulgarischen abzuleiten) zu finden. Allerdings wurde nicht eine repräsentative Auswahl byzantinischer Literatur übernommen, sondern es wurden die maßgebenden kanonischen und sonstigen kirchlichen Texte übersetzt; dazu kamen noch allgemeine philosophische Werke und Bücher über die Weltgeschichte und die Natur: die Chroniken von Georgios Hamartolos und Johannes Malalas, die »Christliche Topographie« von Kosmas Indikopleustes, die Werke des Klemens von Ochrid (die durch den komplexen spätbyzantinischen Rede- und Predigtstils gekennzeichnet sind), das Hexaemeron, zahlreiche Apokryphen, die Paterika, Spruchsammlungen und anderes mehr. Auf der Grundlage der byzantinischen Literatur entstanden kompilatorische Werke, die unerläßlich wurden für die neuen christlichen Kulturen der Slawen.

Die Mittlerliteratur setzte sich durch ihre außergewöhnliche Geschlossenheit und, in gewisser Hinsicht, ihre Vollendung ab. Auch ihre Nähe zur byzantinischen Kultur ist unübersehbar; sie war ein Teil der Redaktion und Rezension der byzantinischen Kultur. Die Auswahl der Werke wurde nicht in Byzanz getroffen, sondern in den betreffenden slawischen Gebieten, und sie war nicht so sehr von der Struktur der zeitgenössischen byzantinischen Literatur als von den Bedürfnissen der slawischen Regionen beeinflußt. Es handelte sich um einen Vorgang der Assimilation und des Kampfes. Bei der Schaffung dieser Mittlerliteratur waren griechische Meisterwerke beteiligt, ebenso Übersetzungen aus dem Althebräischen[1], aus dem Lateinischen[2] und dem Syrischen[3]. Dabei wurden nicht nur isolierte Werke verpflanzt, sondern mit ihnen die Kultur in ihrer Gesamtheit mit ihren für sie typischen religiösen, ästhetischen, philosophischen und juristischen Eigenheiten.

Auf der Grundlage der verpflanzten sowie der eigenen Meisterwerke entstand in den slawischen Gebieten eine Literatur, die allen Süd- und Ostslawen, anfänglich auch den Westslawen gemeinsam war. Meisterwerke verschiedener Länder entwickelten sich zum Erbe nicht eines einzelnen Landes, sondern aller süd- und ostslawischen Gebiete. Das geschah um so leichter, weil sich auch die byzantinische Kultur in ihrer Heimat durch ihren internationalen Charakter auszeichnete. Zum gemeinsamen Erbe der slawischen Literatur stießen auch einige Lebensbeschreibungen slawischer Heiliger, die in allen orthodoxen Gegenden bekannt waren, sowie die besten Predigten.

Die vermittelnde Literatur führte nicht eine eigenständige Existenz, sondern war ein Aspekt der Mittlerkultur. Die einzelnen, direkten Kontakte zwischen den Ländern gehörten ebenso dazu. Jeder private Kontakt (die Durchreise eines Schriftstellers oder Malers, der Transport oder die Überführung einer Ikone) geschah auf der Grundlage der Existenz einer gemeinsamen Mittlerkultur, auch wenn die Slawen selbst keine direkten Beziehungen mit den Byzantinern pflegten.

Zum Bestand der slawischen Resonanz auf die byzantinische Kultur gehörten nicht nur geistliche Werte. Es existierte auch eine gemeinsame kirchliche Organisation sowie gemeinsame Zentren sozialer Beziehungen zwischen den Slawen: die Klöster von Jerusalem, der Halbinsel Sinai, von Konstantinopel, Saloniki, später auch in Bulgarien usw. Gemeinsam war ihnen die Zusammensetzung des Klerus, der zunächst in den verschiedenen slawischen Regionen seinen Dienst versah und der oft von einem Land ins andere überwechselte. Abgesehen von einem Teil des Klerus reisten auch Künstler, Übersetzer und Literaten. Die fast »nomadische« Mobilität der feudalen Intelligenzia hielt sich sehr lange, bis ins 14. und 15. Jahrhundert. Sie war typisch für das Mittelalter und stellte einen Weg für den kulturellen Austausch dar.

Die Mittlerkultur diente als Bindeglied zwischen Byzanz und dem süd- und ostslawischen Sprachraum und erleichterte die kulturellen Beziehungen im Inneren der slawischen Völker. Es war eine slawische Kultur mit

Farbtafeln I

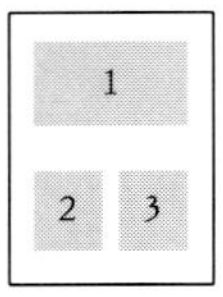

1. Jurjew-Evangeliar (1120–1128), *Frontispiz. Das Buch wurde im Auftrag des Nowgoroder Jurjew-Klosters in Kiew geschrieben.*
2. Ostromir-Evangeliar (1056–1057), *fol. 290v; Sankt Petersburg, Öffentliche Bibliothek. Das Buch kompilierte Diakon Grigorij in Kiew für den Gouverneur Ostromir von Nowgorod, einen Vertrauensmann des Großfürsten Isjaslaw. Es handelt sich hier um das älteste Zeugnis der russischen Buchkunst. Es ist noch eng mit der byzantinischen Tradition verbunden.*
3. Ostromir-Evangeliar, *fol. 60v.*

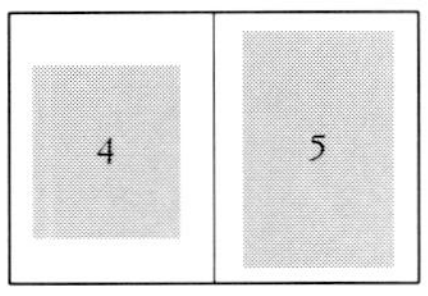

4. Thronende Muttergottes aus dem Egbert-Psalter, *Cividale, Museo archeologico. Bei diesem Manuskript handelt es sich um ein unvergleichliches künstlerisches Zeugnis der internationalen Beziehungen der Kiewer Rus. Das Werk wurde am Ende des 10. Jahrhunderts im Auftrage des Erzbischofs Egbert von Trier redigiert und gehörte später Gertrud, der Frau des Fürsten Isjaslaw Jaroslawitsch. Während seiner Regierungszeit in Wladimir-Susdal unterhielt er lebhafte Kontakte mit Deutschland und mit Papst Gregor VII. Zu jener Zeit (zwischen 1078 und 1087) wurden dem Psalter fünf Miniaturen hinzugefügt, die eine einzigartige Verschmelzung byzantinischer, romanischer und russischer Züge darstellen. Die Muttergottes vom Typ des »Höhlenklosters« ist auf energische, schwungvolle Weise dargestellt. Es ist nicht auszuschließen, daß dieses Bild, das in Kiew besonders verehrt wurde, einem russischen Künstler zuzuschreiben ist. Die Miniatur, welche die Investitur von Jaropolk, dem Sohn und Erben Isjaslaws, darstellt, unterscheidet sich durch ihre kalligraphische Manier und durch das Nebeneinander orientalischer und westlicher Maltradition, die hier überwiegt.*
5. Christus in der Glorie krönt den Fürsten Jaropolk und die Fürstin Irina, aus dem Egbert-Psalter, *Cividale, Museo archeologico.*

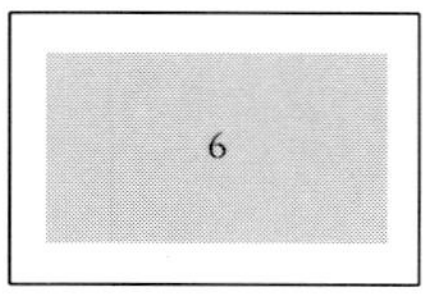

6. Isbornik von Swjatoslaw aus dem Jahr 1073, Frontispiz; Moskau, Historisches Museum. Isbornik *bedeutet Sammlung; es handelt sich um das Beispiel einer Assimilierung byzantinischer Kultur mit Hilfe vermittelnder Literatur. Das Werk gibt eine Sammlung wieder, die zwischen dem Ende des 9. und dem Beginn des 10. Jahrhunderts für den bulgarischen Zaren Simeon vom Griechischen ins Bulgarische übertragen wurde. Die schmückenden Vignetten, die Initialen und die Illustrationen des Buches sind durch eine wachsende Stilisierung gekennzeichnet.*

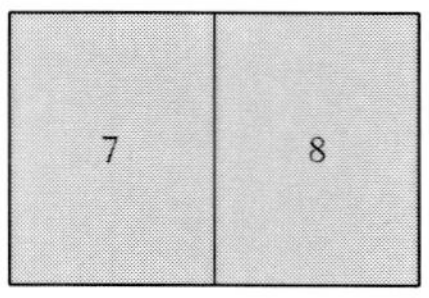

7. Der Evangelist Lukas aus dem Ostromir-Evangeliar; *Sankt Petersburg, Öffentliche Bibliothek.*
8. Der Evangelist Markus, aus dem Ostromir-Evangeliar; *Sankt Petersburg, Öffentliche Bibliothek.*

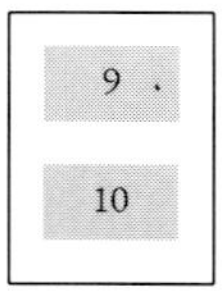

9. Sluschebnik *(Gebetsbuch) von Warlaam von Chutyn (Ende des 12. bis Anfang des 13. Jahrhunderts), Frontispiz. Das Manuskript gehört der Schule von Polozk und Smolensk an.*
10. Mstislaw-Evangeliar *(1103–1117), Frontispiz; Moskau, Historisches Museum. Das Manuskript wurde im Auftrage des Fürsten Mstislaw von Nowgorod in dieser Stadt von Aleksij, dem Sohn des Popen Lasar, ausgeführt. Mit seinen Miniaturen ahmte er das Ostromir-Evangeliar nach, fügte aber gleichzeitig Eigenheiten der lokalen Malschule hinzu: ausgeprägte Kontraste, grobe Expressivität und Spannung. Man vergleicht diese Darstellungen oft mit den energischen Wandmalereien der Christi-Verklärungs-Kirche an der Nerediza.*

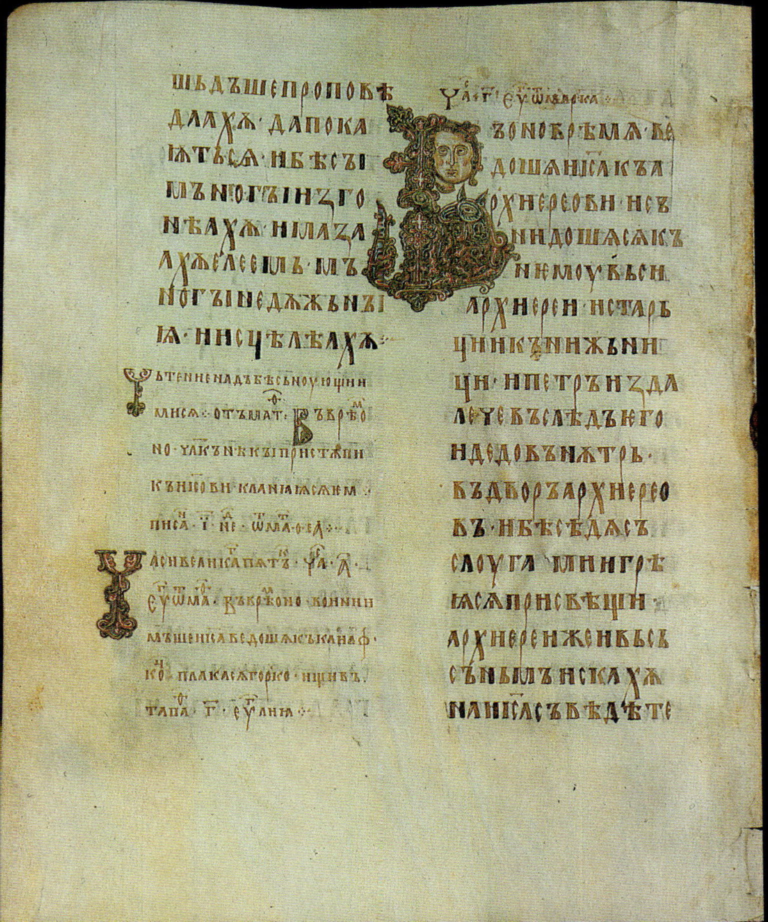

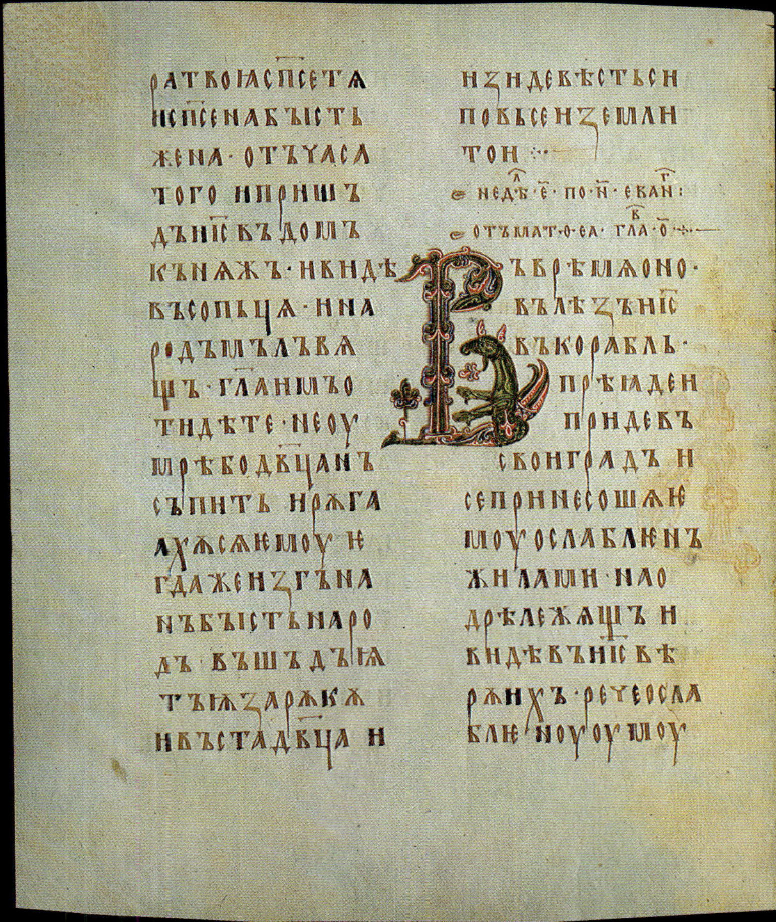

nec possit innocere inuia tua sca nec addextris nec asinistris. S
pra me uenire adte saluator mundi. Qui uiuis.

18

ѲЕОДѠ
РИТОВООТЪ
НЕРАЗОУМЬ
НЫИ ХЪ ГИ
БЛГОСЛОВИ
ОЧЕ

ѸОГ ЖЕПОПОУШТАѤЖ
ШТѪ· ДѢИСТВОУ
ѤТЪИБѢСИ· ТАКО
БОИФАРАОНОВИВЛЪ
СВИЖЬЗЛЬНОИИРѢ
ТЬНОИ· ИЖАБНОИ
СЪТВОРИША· ПОСЛА
БИВЪШѪБОУ· ВЛА
ДОУШТААГОРАДИБЕ
ЗОУЛАНИѤ· ПРОСТРѢ
ТИБОИАЛЪ ПОВЕЛѢ
БОПАГОУБНЪІИРА
НЪІ· РАЗДРѢШИТИ
ЖЕИХЪИ НАЛОЖАХОУ·
ѤЖЕБОИАЛЪПОПОУ
СТИВЪ· ТОЛИКОЖЕ
ТЪТЬѤЖЕСЪТВОРИ
ША· СЕЖЕОУБОИСѢДЕ
БАБИРЕКЪІИ· АШТЕ
ВЪСТАНЕВЪТЕБЕПРО
РОКЪ· ИЛИВИДАИСЪ
НЪІ· ИДАСТЪЗНАМЕ
НИѤИЛИЧЮДО· ИДА
ПРИДЕТЪЗНАМЕНИ
Ѥ

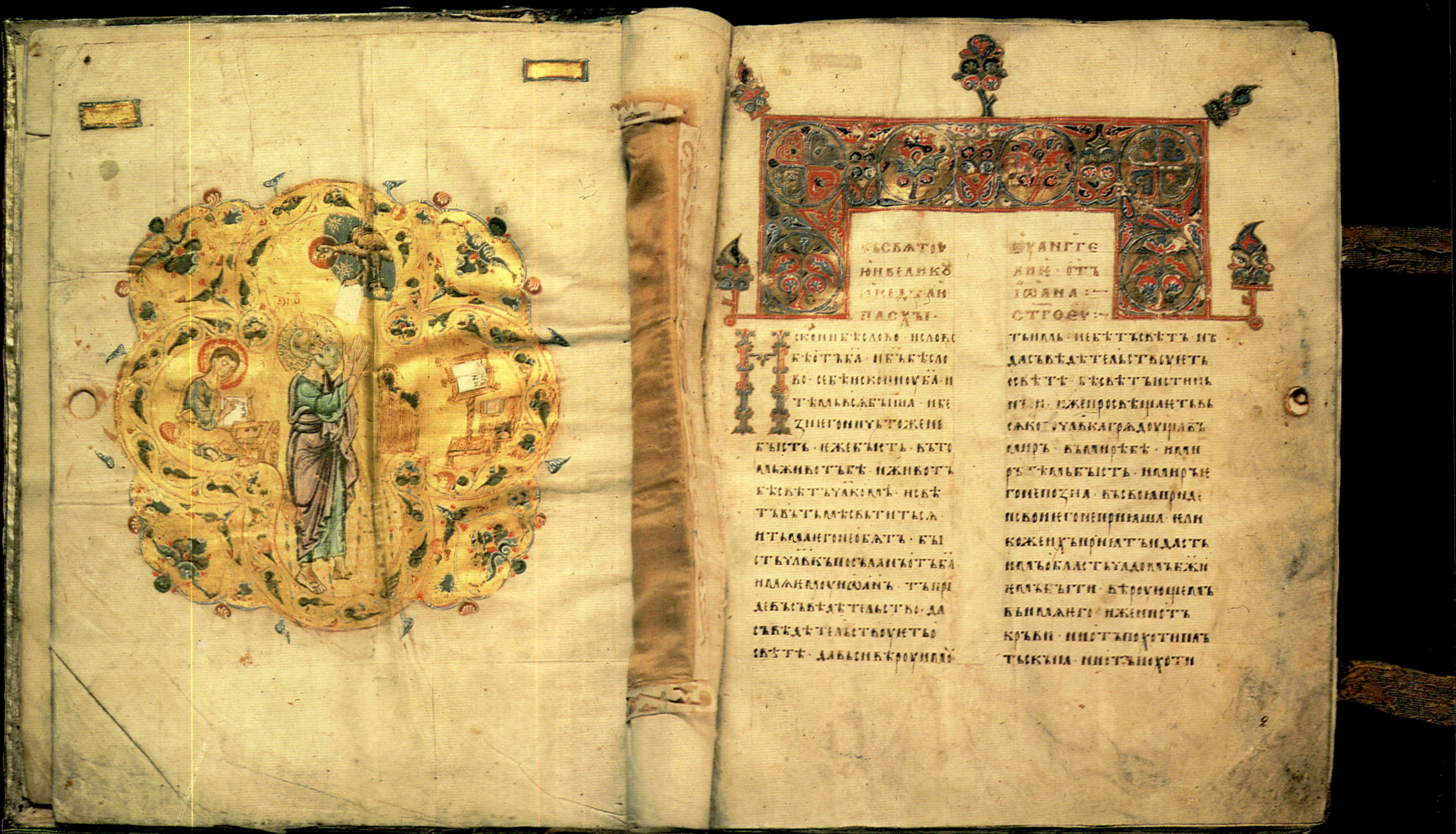

einem eigenen Gesicht; dem einer neuen Einheit zwischen Religion, Weltanschauung, Gesellschaft, Literatur, Malerei und Architektur.

Auch die Verpflanzung der byzantinischen Kultur war nicht mechanisch vor sich gegangen, sondern mit Veränderungen verbunden, die bisweilen sogar an die Substanz gingen und die vor allem in zwei Richtungen verlief: Die Elemente der byzantinischen, in den slawischen Sprachraum verpflanzten Kultur veränderten spürbar auch die byzantinische Kultur, wie sie sich in der Heimat präsentierte.

Die Bedeutung der Mittlerrolle einer Kultur wird besonders dort deutlich, wo eine Verbindung zur Sprache besteht, also als Mittlerliteratur. Weniger auffallend ist sie auf den Gebieten der bildenden Künste, also Malerei, Architektur und angewandte Künste, weil hier auch ohne sprachliche Vermittlung Beziehungen mit Byzanz möglich waren. Den stärksten Hinweis auf die Mittlerkultur gibt uns also die Literatur: die Paterikà, der Prolog, die Lesemenäen, die einzelnen zu einem einzigen Werk zusammengefaßten Texte (Buch des Triumphes, Chrysostomus), die Lebensbeschreibungen der slawischen Heiligen, die verschiedenen slawischen Epen, die Predigten und Ansprachen (beispielsweise von Kiril von Turow), die alle auf slawischem Boden geschaffen wurden. Neben den reinen Übersetzungen im slawischen Raum gehören sie zum Reichtum der religiösen Kultur von Byzanz.

Die eigenständige bulgarische Literatur war in der Rus vertreten mit etlichen Werken, beispielsweise jenen von Kyrill und Method und anderen. Doch dies alles war »slawische, rezensierende Literatur der byzantinischen Kultur«, eine Literatur der Vermittlung ohne eine feste nationale Basis, jedoch imstande, die Bedürfnisse der anderen slawischen Länder zu befriedigen.

Die lokalen Schulen und Richtungen der Architektur, der Malerei, des Handwerks und der Literatur darf man nicht als lokale Schule der byzantinischen Kunst betrachten. Die örtlichen Maler- und Handwerkerschulen gelten als lokale Schulen der slawischen Mittlerkultur, die wir bereits untersucht haben. Sie war Teil eines Ganzen – zu den entsprechenden Formen der byzantinischen Kultur bestanden Abhängigkeitsbeziehungen. Sie entstanden nicht getrennt »jede für sich«. Es wäre vielleicht möglich, den direkten Einfluß der byzantinischen Kultur auf das eine oder andere slawische Gebiet zu untersuchen und dabei die Mittlerkultur zu überspringen, aber es wäre nicht sinnvoll.

Russische Redekunst

Die Erklärung für das schnelle Auftreten einer reifen Literatur in der Rus liegt nicht nur in Verbindungen des Gebiets mit anderen starken und antiken Literaturen, auch nicht allein in der Übernahme ganzer Werke und Manuskripte aus Bulgarien. Wesentlich war auch die Tatsache, daß Rußland selbst wohl vorbereitet war auf die Kunst des Wortes. Als in der Rus byzantinische und bulgarische Werke erschienen, hatte die Redekunst auf dem riesigen russischen Territorium bereits einen hohen Grad an Perfektion erreicht.

In der »Altrussischen Chronik« spiegeln sich mündliche Überlieferungen, Legenden, historische Gesänge, Lobpreisungen für Fürsten, Sprichwörter und Sprüche. Es zeigen sich auch die verschiedenen Formen der ge-

11. Kyrill und Method entwickeln das slawische Alphabet; Übersetzung des »Apostolos« und des Evangeliums (898) ins Slawische, aus der Radziwill-Chronik, fol. 13.

sprochenen Sprache. Die kurzen Ansprachen, mit denen sich die Fürsten vor einer Schlacht an ihre Druschina (Gefolgschaft der altrussischen Fürsten – insbesondere im Kiewer Reich – aus der ein Teil des russischen Adels hervorging) wandten, verraten nicht nur ein hochentwickeltes Ehr- und ein militärisches Pflichtgefühl, sondern zeigen uns auch, daß wenige Worte ausreichten, um Kriegsbegeisterung und Anfeuerung zum Kampf auszudrücken: »Schon ist für uns die Zeit gekommen zu sterben; zeigen wir uns mutig, Brüder und Druschina!« Oder: »Schon seit einiger Zeit sind diese Söhne freiwillig oder unfreiwillig unsere Feinde geworden; wir können den russischen Boden nicht erniedrigen, doch dazu müssen wir erst tot daliegen, denn die Toten tragen keine Schande. Wenn wir hingegen weglaufen, ruht die Schande auf uns. Wir dürfen nicht fliehen, sondern müssen unerschütterlich Widerstand leisten, und ich werde vor euch hergehen: Wenn mein Kopf gefallen ist, müßt ihr selbst auf euch aufpassen.« So lautet eine bekannte Ansprache von Swjatoslaw.

Nicht weniger ausdrucksreich sind die Ansprachen, welche die Prinzen vor der Volksversammlung (Wetsche) oder welche die Volksvertreter vor den Prinzen hielten. Im Jahr 1097 fand Wladimir Monomach von Kiew die folgenden Worte: »Wir bitten dich, Fürst, und deine Brüder, stürzt die russische Heimat nicht ins Verderben. Wenn ihr euch gegenseitig bekämpft, freuen sich die Heiden darüber und werden unser Land wegnehmen, das eure Väter und Vorfahren mit großer Mühsal und viel Mut erobert haben. Sie schlugen sich auf russischem Boden mit ihren Feinden und entdeckten weitere Länder, und ihr wollt der russischen Heimat Verderben bringen.«

Wenn die Fürsten Boten aussandten, befahlen sie ihnen zudem, diese oder jene Ansprache zu halten. Diese Reden mußten dementsprechend kurz, einprägsam und inhaltsreich sein. Und schließlich mußten auch die Formen der Rechtsprechung und der gesetzgebenden Institutionen kurz, klar, eindeutig und anschaulich sein.

Kurz gesagt: Die vielfältigen Formen der gesellschaftlichen und der öffentlichen Ansprachen führten dazu, daß der Genauigkeit des Wortes besonderes Gewicht beigemessen wurde. Sie lehrten, sich der Sprache mit Sorgfalt und Sparsamkeit zu bedienen – als Ausdruck eines in allen Aspekten des öffentlichen Lebens hochentwickelten Gemeinsinns.

An dieser Stelle sei darauf hingewiesen, daß in der Rus mit gleichen Rechten wie das übrige Volk auch ostslawische Stämme und finno-ugrische Völker zusammengefaßt waren: die Meren, die Wesen und die

Tschuden. In Kiew gab es einen Tschuden-Hof, in Nowgorod sogar ein ganzes Stadtviertel dieses Namens. In den Reihen des russischen Heeres, das auf Konstantinopel zumarschierte, kämpften Waräger und Tschuden Seite an Seite neben den Slawen. Pauschalisierungen können hier nur mit großzügigen Abstraktionen gemacht werden. Dank ihrem geselligen Charakter lebten Menschen, die aus der alten Rus stammten, zusammen in eigenen Vierteln: in Konstantinopel, im griechischen Chersones auf der Krim, auf der Halbinsel Tihany im Plattensee, in Pannonien und vielen anderen Orten. Die ursprünglich türkischen Nomadenvölker siedelten sich ungehindert im Territorium der alten Rus an, wo sie sich schließlich zum Christentum bekehrten.

Einzelne Werke

Beschäftigen wir uns nun mit einigen Werken aus den ersten Jahrhunderten der altrussischen Literatur. Bereits im 11. Jahrhundert gab es die ersten eigenständigen russischen Werke, die zunächst christlich-religiösen Inhalts waren.

Die Rede über das Gesetz und die Gnade

Die »Rede über das Gesetz und die Gnade« ist ein theologischer Traktat, dem Priestermönch Ilarion zugeschrieben, der von 1051 bis 1055 Metropolit von Kiew war. Von diesem Werk zeugen mehr als vierzig Handschriften. Es wurde Vorbild für eine große Zahl hagiographischer Lobpreisungen.

Ein Thema der »Rede« ist die Gleichheit der Völker. Damit steht sie in scharfem Gegensatz zur mittelalterlichen Theorie der göttlichen Erwählung eines einzigen Volkes. Ilarion bestätigt, daß Gott mit dem Evangelium und der Taufe »alle Völker errettet hat«; er verherrlicht das russische Volk unter allen Völkern der Erde und polemisiert scharf gegen die Doktrin, ein einziges Volk besitze das ausschließliche Recht auf göttliche Erwählung.

Die Klarheit und Präzision des Werkes zeigt sich schon in seinem vollständigen Titel: »Über das Gesetz, das durch Moses gegeben wurde, und über die Gnade und Wahrheit, die durch Jesus Christus geworden ist; und wie das Gesetz vergangen ist, die Gnade aber und Wahrheit die Erde erfüllt hat, und der Glaube sich zu allen Völkern verbreitet hat, auch bis zu unserem russischen Volke; und Lobpreis auf unseren Kagan Wladimir, von dem wir getauft sind, und Gebet zu Gott von unserem ganzen Land.«

Die Einteilung der »Rede«, die auch im Titel deutlich wird, erlaubt eine organische Entwicklung des Hauptthemas: der Verherrlichung des russischen Landes, seines Anführers (Kagan) und Täufers Wladimir und dessen Sohnes, des Fürsten Jaroslaw. Jeder Teil entwickelt sich geschickt aus dem Vorhergehenden, grenzt nach den typischen Regeln des mittelalterlichen Denkens Schritt für Schritt das Thema logisch ein, kommt vom Allgemeinen zum Speziellen, von den allgemeinen Fragen über die Welt zum Besonderen und somit vom Universellen zum Nationalen und zum Schicksal des russischen Volkes. Die Anordnung der Geschehnisse der Weltgeschichte folgt einem hierarchischen Ablauf im Geist der mittelalterlichen Schematisierung.

Erster Teil der »Rede«

Der erste Teil, die »Rede über das Gesetz und die Gnade«, behandelt das Kernproblem des mittelalterlichen historischen Denkens, nämlich die Frage der Beziehung zwischen den beiden Testamenten (Typologie: In der theologischen Vorstellung des Mittelalters steht dem Typus des einen Testaments der Antitypus des anderen gegenüber), des Alten, welches »das Gesetz« bedeutet, und des Neuen, das »die Gnade« zum Inhalt hat. Ilarion betrachtet diese reziproke Beziehung nach dem gewohnten symbolischen Schema der christlichen Theologie – dem symbolischen Parallelismus. Die Aufeinanderfolge der Bilder stammt aus der byzantinischen theologischen Literatur, insbesondere die Predigt über die Verklärung von Ephräm dem Syrer.[4]

Ilarion entwickelt eine eigene patriotische Auffassung von der Weltgeschichte, die an sich einzigartig ist, und eröffnet die Möglichkeit, die historische Sendung des russischen Landes darin einzuschließen. Nie verliert er das eigene Anliegen aus den Augen: Er will Schritt für Schritt zur Verherrlichung der russischen Heimat und ihres »leuchtenden Sterns« Wladimir gelangen. Ilarion besteht auf dem universellen Charakter des Christentums des Neuen Testaments und vergleicht ihn mit der nationalen Begrenztheit des Alten Testaments. Die Unterwerfung unter das Gesetz im Alten Testament war eine Art Sklaverei, während »die Gnade« (das Neue Testament) Freiheit bedeutete. Das Gesetz wird mit dem Schatten verglichen, dem Licht des Mondes, der Kühle der Nacht; die Gnade hingegen mit der Pracht der Sonne und der milden Wärme. Die Zeit des Alten Testaments wird symbolisiert von der Sklavin Hagar, die des Neuen Testaments von der freien Sara.

Ilarion vertritt die Ansicht, nunmehr sei die Zeit gekommen, da alle Völker ohne Ausnahme »freien Zugang« zum Christentum hätten, da alle Völker im Hinblick auf ihre Beziehung zu Gott gleich seien. Das Christentum bedecke wie die Wasser der Meere die gesamte Erde, und kein Volk könne behaupten, es sei im Hinblick auf die Religion überlegen. Ilarion präsentiert seine Weltgeschichte als eine schrittweise Ausbreitung des Christentums unter den Völkern der Erde, inklusive der russischen Stämme. Er zieht zahlreiche Parallelen aus der Bibel heran und unterstreicht immer wieder, daß der neue Glaube auch neue Menschen brauche: »Es war eine gute Sache, daß die Gnade und die Wahrheit über neuen Menschen leuchtete.«

Dem Erforscher der »Rede«, I. N. Schdanow, zufolge verwendet der Metropolit Ilarion die Bilder des Judentums und des Alten Testaments nur, »um mit ihrer Hilfe den eigenen grundlegenden Gedanken über die Berufung der Heiden darzulegen: ›Für den neuen Wein braucht man neue Schläuche, für die neue Lehre waren neue Menschen gefordert, darunter auch die russischen Stämme.‹«[5]

Zweiter Teil der »Rede«

In logischer Abfolge geht Ilarion zum zweiten Teil der »Rede« über, indem er hier das Thema der Verbreitung des Christentums auf das russische Territorium einschränkt: »Der Glaube, der Gnade bringt, hat sich auf der ganzen Erde ausgebreitet und ist bis zu unserem russischen Volk gelangt ... Auch wir verherrlichen also zusammen mit allen Christen die Heilige Dreifaltigkeit.« Und: »Der gütige Gott hat allen Völkern Barmherzigkeit zuteil werden lassen und hat uns nicht verschmäht. Durch seinen Willen hat er uns gerettet und uns zur Kenntnis der Wahrheit geführt.«

Die Zukunft gehöre dem russischen Volk, das zu einer großen historischen Mission ausersehen ist, denn: »An uns hat sich erfüllt, was über die Völker geweissagt worden war: Der Herr macht seinen heiligen Arm frei vor den Augen aller Völker. Alle Enden der Erde sehen das Heil unseres Gottes (Jes. 52, 10).« Das patriotische und polemische Pathos der »Rede« nimmt mit der Beschreibung des Christentums unter den russischen Stämmen zu. Mit den Worten der Heiligen Schrift fordert Ilarion alle Völker und Stämme auf, Gott zu loben. »Alle Stämme mögen Gott loben, und alle Völker sollen sich freuen, alle mögen Gott anrufen. Vom Orient zum Okzident sei gelobt der Name des Herrn. Über alle Völker erhebt sich der Herr.«

Dritter Teil der »Rede«

Die patriotische Begeisterung Ilarions erreicht im dritten Teil der »Rede« ihre höchste Spannung. Dieser Teil ist dem Lobpreis von Wladimir I. Swjatoslawitsch gewidmet.

Wenn der erste Teil der »Rede« vom universellen Charakter des Christentums und der zweite Teil speziell vom russischen Christentum handelt, so ist der dritte Teil eine Lobrede auf den Fürsten. Der organische Übergang vom zweiten zum dritten Teil entsprach der theologischen Auffassung des Mittelalters, nach der jedem Land der Erde die Figur eines Apostels zugeordnet war. Auch in der Rus gab es jemanden, der zu verherrlichen war: »Auch wir lobpreisen, zwar noch in geringem Umfang, so weit wie wir dessen eben fähig sind, unseren Meister und Führer, der große und wundervolle Taten vollbracht hat, den großen Fürsten unseres Landes Wladimir.« Rußland war auch vor Wladimir schon ein glorreiches Land, und auch vor ihm gab es hervorragende Fürsten. Wladimir war »der Enkel von Igor dem Alten und Sohn des ruhmreichen Swjatoslaw«. Beide Fürsten »waren in vielen Ländern berühmt für ihren Mut und ihre Bedeutung, und noch heute lobt und verherrlicht man sie wegen ihrer Siege und ihrer Kraft«. Ilarion unterstreicht die Autorität des russischen Volkes unter den Nationen der Welt. Die Fürsten, die Wladimir vorangegangen waren, hatten nicht ein feindliches und unbekanntes Land regiert, sondern russisches Gebiet, das bis zu den äußersten Grenzen der Welt berühmt und bekannt war. Wladimir war »ein ruhmreicher Mann, Stammvater glorreicher Männer, ein Edelgeborener aus adliger Familie«. Ilarion geht dann dazu über, die militärischen Erfolge zu beschreiben. Wladimir »wurde Herrscher seines Landes und unterwarf die umgebenden Völker, einige auf friedliche Weise, andere, die Widerstand leisteten, mit dem Schwert«. Vor allem aber wurde unter ihm das Christentum im Jahre 989 zur Staatsreligion erhoben.

Nachdem Ilarion die wichtigsten Züge der freien und spontanen Taufe von Wladimir beschrieben und jede erdenkliche erzieherische Rolle auch der Griechen berücksichtigt hat, behandelt er die Bekehrung der Rus und schreibt Wladimir alle Verdienste bei der Christianisierung zu. Jede Beteiligung der Griechen wird dabei geleugnet. Indem Ilarion unterstreicht, daß die Christianisierung der Rus ausschließlich das Werk des Fürsten Wladimir war, in dessen Gestalt »sich der wahre Glaube mit Autorität paart«, polemisiert er offen gegen die Griechen, die sich selbst die Verdienste um die Bekehrung eines »barbarischen« Volkes zuschrieben.

Ilarion geht sodann zur Beschreibung jener Eigenschaften und Verdienste von Wladimir über, die ihn als Heiligen erscheinen lassen, um, dies ist offensichtlich, eine Kanonisierung zu rechtfertigen, die jedoch erst zweihundert Jahre später erfolgen sollte. Ein Vergleich der Leistung Wladimirs für die Rus mit dem, was Konstantin der Große für die Griechen und die Oströmer getan hatte, will die griechischen Einwände gegen eine Heiligsprechung von Wladimir entkräften: Gleiches Werk verdient gleiche Anerkennung. Diesen Vergleich entwickelt Ilarion in aller Breite. Anschließend bezeichnet er Jaroslaw, den Sohn Wladimirs, als denjenigen, der Wladimirs Werk fortführt. Auch Jaroslaws Verdienste und Werke zählt er auf. Das patriotische Pathos dieses dritten Teils, der Wladimir lobpreist, übertrifft das des zweiten Teils bei weitem. Nachdem Ilarion ausführlich das erzieherische Werk Wladimirs, die neue Rus und die »glorreiche Stadt« Kiew beschrieben hat, wendet er sich an Wladimir mit der Aufforderung: »Erhebe dich aus dem Grab, ehrwürdiger Herrscher, erhebe dich, schüttle den Schlaf ab! Du bist nicht tot sondern schlummerst nur bis zur Auferstehung aller Menschen. Steh auf! Du bist nicht tot. Der Tod hat dich nicht überwältigt, denn du hast an Christus geglaubt, das Leben der Welt. Schüttle den Schlaf ab, hebe die Augen zum Himmel und sieh: Der Herr hat dich der Ehren im Himmel für würdig erachtet, und in deinem Sohn hat er auch auf der Erde dein Gedächtnis hochgehalten.«

Abschließende Teile der »Rede«

Im vierten Teil der »Rede« folgt in einigen Manuskripten ein Gebet, das Ilarion selbst verfaßt hat und teils ein Bußgebet, teils voller Begeisterung und patriotischer Ideen ist: »Und solange die Welt bestehenbleibt, laß keine Angriffe und Versuchungen auf uns zu, überlaß uns nicht der Gewalt fremder Menschen, so daß deine Stadt (das heißt Kiew) nicht Stadt der Gefangenschaft genannt und deine Herden nicht als Fremdlinge bezeichnet werden auf einem Boden, der ihnen nicht gehört.« Es steht noch nicht fest, ob dieses Gebet einen integrierten Teil der »Rede« darstellt oder ob es getrennt davon niedergeschrieben wurde. Die gedankliche Einheit mit der »Rede« steht indes außer Zweifel.

Drei weitere Teile beinhalten ein Glaubensbekenntnis, das bei jeder Feier der orthodoxen Meßliturgie gesungen wurde, dann das eigene Glaubensbekenntnis des Ilarion und schließlich eine kurze autobiographische Notiz: Ilarion berichtet über seine Weihe zum Metropoliten von Kiew.

Der wahre Zweck der »Rede« liegt nicht im dogmatisch-theologischen Vergleich zwischen Altem und Neuem Testament, wie dies einige Forscher glaubten.[6] Der traditionelle Vergleich beider Testamente bildet die Grundlage, auf der Ilarion die historische Mission der Rus definiert. Im Gefolge der großen bulgarischen Erzieher und Apostel Kyrill und Method stellt Ilarion die Theorie von der Gleichwertigkeit aller Völker und das Konzept der Weltgeschichte als einer schrittweisen Christianisierung aller Völker dar. Wie sich W. M. Istrin ausdrückt, »handelt es sich um einen akademischen Traktat zur Verteidigung von Wladimir«.[7]

Ein umfangreicher Universalismus kennzeichnet das Werk von Ilarion. Die Geschichte der Rus und ihrer Bekehrung wird als logische und konsequente Entwicklung der Geschehnisse auf der Welt beschrieben. Je mehr Ilarion sein Thema einschränkt, um so mehr wächst seine patriotische Inspiration. So stellt seine »Rede« von Anfang bis zum Ende die harmonische und organische Entwicklung eines einzigen patriotischen Konzepts dar.

Die Einheit zwischen theologischen Gedanken und politischem Konzept verleiht der »Rede« eine besondere Originalität und macht sie zu einem in ihrer Art einzigartigen Werk.

Bezug der »Rede« zur Sophienkirche in Kiew

A. A. Schachmatow erhellte die Beziehung, die zwischen dem Beginn der russischen Chroniken und dem Bau der Sophienkirche in Kiew[8] besteht. Eine ähnliche Beziehung läßt sich auch zwischen der »Rede« des Ilarion und dieser Kirche feststellen. Die Architektur zur Zeit von Jaroslaw, also zu Beginn des 11. Jahrhunderts, stellt ein wesentliches Element in der Kette der ideologischen Korrelation und der kulturellen Phänomene dar.

Jaroslaw machte eben die Sophienkirche zum Zentrum der literarischen Kultur Rußlands, indem er dort »viele Manuskripte und Bücher« sammelte. Im Jahr 1051 wurde Ilarion, der bereits unter Jaroslaw dem Weisen Priester der Hofkirche von Berestowo gewesen war, Metropolit. Er hatte allerdings schon früher an liturgischen Feiern in der Sophienkirche teilgenommen.

Die »Rede« des Ilarion wurde zwischen 1037 und 1050 verfaßt. M. D. Priselkow grenzt die Zeit auf die Jahre 1037 bis 1043 ein und weist darauf hin, daß der optimistische Charakter der »Rede« für eine Abfassung vor dem unglückseligen Feldzug Wladimir Jaroslawitschs gegen Konstantinopel im Jahr 1043[9] spricht. Jaroslaw hatte die Sophienkathedrale in der neuen Hauptstadt gerade erst errichten lassen. Die »Rede« wurde sicher in dieser Kirche gehalten, deren Prunk schon die Zeitgenossen in Erstaunen versetzte. Des weiteren erwähnt die »Rede« selbst: »Der beste Zeuge[10] deines wahren Glaubens, o Seliger (Wladimir), ist die heilige Kirche der allerheiligsten Gottesmutter Maria ..., in der heute dein geschätzter Körper ruht.«[11]

Die Teilnahme von Jaroslaw und seiner Frau Irina beim Vortrag der »Rede«, die dann auch ausdrücklich erwähnt ist, bestätigt, daß dieser Vortrag in der Sophienkirche stattfand. Sie war die Kirche des Fürstenhofes und mit dem Palast von Jaroslaw über eine Treppe verbunden.[12] Nur hier konnte Ilarion jene »gelehrte« Gesellschaft voller »literarischer Süße«[13] treffen, an die sich seine »Rede« richtet, wie er selbst sagt. Sein enthusiastisches Urteil über die Kirche und die Bautätigkeit von Jaroslaw lautet: »Quelle des Erstaunens und Lobes ... und es gibt im ganzen Land des Nordens, vom Osten bis zum Westen, nichts, was ihr ähnlich wäre.«

Die genaue Stelle, an der Ilarion seine »Rede« hielt, war sicherlich der Chor der Kirche: »Es ist bekannt, daß der Kaiser und die Kaiserin den Gottesdiensten im Chor ihrer Hofkirche folgten, der Kaiser auf der rechten Seite, die Kaiserin auf der linken.«[14] Wir können als sicher voraussetzen, daß dies in der Rus von der Mitte des 12. Jahrhunderts an so gehandhabt wurde. Im Chor empfingen die Fürsten die Eucharistie (Abendmahl); hier wurden feierliche Empfänge veranstaltet, hier bewahrte man auch die Bücher und den Kirchenschatz auf. Das ist auch der Grund, warum die Chöre der fürstlichen Kirchen – solange diese Sitte bestand – große Dimensionen aufwiesen, prächtig erleuchtet und mit entsprechenden Fresken ausgemalt waren. Die Fresken in der Sophienkirche, besonders die im Chor, dienen als eine Art Kommentar zu Ilarions »Rede«.

Im 11. und 12. Jahrhundert bildeten die Freskenzyklen der Kirchen ein komplexes Bildersystem. Das gesamte Gotteshaus formte eine Art Mikrokosmos, der in sich die grundlegenden Züge und Theorien der christlichen Welt vereinte. In der Sophienkirche in Kiew stellten die Fresken und die Mosaiken den göttlichen Entwurf der Welt dar, die Geschichte der Menschheit. Gegen Mitte des 11. Jahrhunderts wurde dies gemeinhin anhand des Alten und des Neuen Testaments dargestellt. Ihr typologischer Vergleich ist das Hauptthema der Gemälde in der Sophienkathedrale und zugleich das Anfangsthema der »Rede« Ilarions. Beim Vortrag seiner »Rede« konnte Ilarion demnach direkten Bezug auf die ihn umgebenden Fresken nehmen. Die Fresken und Mosaiken der Sophienkirche in Kiew konnten Ilarions Predigt deutlich illustrieren. Besonders eigneten sich dazu die Chorfresken, denn gerade hier waren jene Szenen aus dem Alten Testament abgebildet, deren Personen die besten Bezugspunkte für die Überlegungen Ilarions bildeten: »die Begegnung Abrahams mit den drei Pilgern« und »die Gastfreundschaft Abrahams«. Bei den Worten »als Mensch begab er sich zur Hochzeit von Kana in Galiläa, und als Gott verwandelte er das Wasser in Wein« konnte Ilarion konkret auf zwei Darstellungen verweisen, die einander gegenüberstehen und die symbolisch das Wunder der Hochzeit von Kana, die Verwandlung von Wasser in Wein und daneben das Abendmahl Christi mit seinen Jüngern darstellen.

Es war typisch für die Homiletik (Theorie und Lehre der Predigt; Homilien = Predigten) des Mittelalters, sich bei symbolischen Interpretationen auf strukturelle Merkmale der Kirchen zu beziehen, zum Beispiel auf den Heiligen, dem sie geweiht war, auf das Ereignis, an das sie erinnerte, oder auch auf die Interpretation der darin enthaltenen Bilder und Darstellungen. In Ilarions Predigt finden wir die symbolische Interpretation der Gründung der Verkündigungskapelle über der Goldenen Pforte in Kiew; sie steht in direktem Bezug zum künftigen Schicksal der Stadt. Der Name der Verkündigungskapelle über der Goldenen Pforte hatte nach Ilarion eine symbolische Bedeutung: Wie der Erzengel Gabriel der Jungfrau Maria einen Kuß gab, »so wird es auch mit der Stadt (Kiew) sein«. Der Erzengel wandte sich an die Jungfrau Maria mit den Worten: »Sei gegrüßt, du Begnadete, der Herr ist mit dir.« Der Erzengel scheint sich durch diese Kirche auch der Stadt Kiew mit den Worten zuzuwenden: »Sei gegrüßt, du gesegnete Stadt, der Herr ist mit dir.« In gleicher symbolischer Weise interpretiert Ilarion auch die Fresken der Sophienkirche. In der Betrachtungsweise des Mittelalters mußte die Predigt des Ilarion durch diese konkreten Bezüge an Klarheit und Beweiskraft gewinnen.

Das Heiligenleben der Märtyrer Boris und Gleb

Zwei frühe biographische Werke eines Mönchs vom Höhlenkloster in Kiew namens Nestor (1056–1114) – »Lesung über Leben und Ermordung der seligen Märtyrer Boris und Gleb« und das »Leben von Theodosius vom Höhlenkloster« – charakterisieren ihn als einen Schriftsteller, der zu großen historischen Verallgemeinerungen sowie zu genauen Überprüfungen historischen Materials neigt. Nestor erzählt in seinen Werken die Ereignisse entweder aus der Sicht der jeweiligen Hauptpersonen oder verwendet diese als Gewährsleute für die von ihm aufgestellten Tatsachen. Im »Leben des Theodosius« zitiert er als Zeugen nicht nur die Mönche des Höhlenklosters und damit Zeitgenossen von Theodosius, sondern auch Außenstehende wie den Abt Paulos von Tschernigow, den Abt Sophronius von Wydubitsch, den Bojaren Geguewitsch Sdeslaw und andere mehr.

Für die Interpretation der historischen Auffassungen von Nestor ist die »Lesung über Leben und Ermordung der seligen Märtyrer Boris und Gleb« von besonderem Interesse. Nestor fügt sie in einen allgemeinen historischen Kontext ein. Er entwickelt eine Theorie, die der Auffassung von Ilarion (siehe oben) nahesteht. Sie wird jedoch von dem Wunsch verkompliziert, den Fürsten davon zu überzeugen, er solle den Kriegen, die so schädlich waren für das russische Volk, ein Ende setzen.

Nestor beginnt mit der Geschichte des Menschengeschlechts. Diese ist für ihn die Geschichte des Kampfs zwischen Gut und Böse. Hier eine Kurzfassung: Der Teufel führte Adam und Eva in Versuchung, woraufhin die beiden aus dem Paradies vertrieben wurden. Vom Teufel aufgestachelt, gaben sich ihre Nachkommen dem Heidentum hin und begannen, Götter und Idole anzubeten. Gott sandte die Propheten, doch die Menschen »hörten nicht zu und schlugen sie voller Ärger«.[15] Schließlich sandte der barmherzige Gott seinen eigenen Sohn zur Rettung der Menschheit, und die Apostel verbreiteten seine Lehre in allen Gebieten der Erde. Rußland blieb allerdings ausgespart von der Botschaft der Apostel: Denn Gott behielt Rußland für die letzte Stunde vor, in der er schließlich auch Rußland zum Christentum rief. Fürst Wladimir erleuchtete das russische Volk mit der Lehre Christi, nachdem er sich freudig hatte taufen lassen. Das russische Volk hatte nun eine große Aufgabe vor sich: Als zuletzt zum Wort Christi Berufene sollten die Menschen die ersten beim weiteren Prozeß sein. Doch der Teufel entschied sich dazu, Rußland mitten ins Herz zu treffen, das heißt an der »Wurzel« dessen, der sie getauft hatte, nämlich bei Wladimir. Er säte Zwietracht in der Familie des Fürsten, des Bekehrers Rußlands. Unter seinen zahlreichen Söhnen glänzten Boris und Gleb »wie zwei leuchtende Sterne«. Sie wurden jedoch von ihrem zum Bösen verführten Bruder Swjatopolk getötet. Doch weil sich Boris und Gleb gehorsam gegenüber ihrem älteren Bruder und Mörder Swjatopolk verhielten und sich in den Tod fügten, wurden die Pläne des Teufels zunichte gemacht. Mit ihrem Tod gaben Boris und Gleb als russische Fürsten ein leuchtendes Beispiel für brüderliche Liebe und für die Fügung ins eigene Schicksal. Mit ihrer eigenen Person proklamierten sie das Prinzip der Erstgeburt: »Ich werde nicht weggehen, ich werde von diesem Ort nicht fliehen, ich werde mich meinem älteren Bruder nicht mehr widersetzen, dem wahren Erstgeborenen«, sagt Boris, »ich werde es nicht mehr wagen, mich meinem erstgeborenen Bruder zu widersetzen«, wiederholt er erneut. Boris und Gleb waren die ersten kanonisierten Heiligen der russischen Kirche. Ihr Kult spielte deshalb eine große Rolle im literarischen, religiösen und staatlichen Leben.

Die Streitigkeiten zwischen den Fürsten, den Fürsten-Brüdern (die russischen Fürsten waren alle Nachfahren eines einzigen Stammvaters, von Rjurik), stellten die letzte Hoffnung des Bösen dar, den Triumph des Guten in der Welt zu verhindern. Mit ihrem Tod verteidigten aber Boris und Gleb Rußland vor den Angriffen des Versuchers. So schreibt Nestor Boris und Gleb eine große historische wie religiöse Bedeutung zu. Er stellt sie als zentrales Element der historischen Ereignisse der letzten Jahre dar.

Die Nestorchronik

Zu Beginn des 12. Jahrhunderts wurde das bedeutsamste Meisterwerk der altrussischen Chronikliteratur kompiliert (Kompilation: durch Zusammentragen entstandene Schrift): die »Chronik der vergangenen Jahre«, auch Nestorchronik genannt. Auch sie gibt Zeugnis von dem entwickelten Geschichtsbewußtsein der Kiewer Rus, indem sie die weltliche und geistliche Geschichte des Landes erzählt. Sie wird von einem einzigen Gedanken durchzogen, vom Gedanken an Rußland, an seine Verteidigung und an die Notwendigkeit, sich angesichts einer Gefahr von außen zu einer Einheit zusammenzuschließen.

Der Kompilator des historischen Werks, das um 1113 erschien, mag vielleicht wiederum der Mönch Nestor vom Höhlenkloster in Kiew gewesen sein. Seine Arbeit ist uns nicht in der ursprünglichen Fassung, sondern nur in Form von Bearbeitungen in späteren Chroniken erhalten geblieben.

Die historisch-philosophische Denkweise, nach der Rußland die erste Stelle gebührt, ist für dieses Werk charakteristisch. Nestor verband die russische Geschichte mit der Weltgeschichte und schrieb ihr eine zentrale Rolle im Rahmen der europäischen Länder zu. Dabei nahm er sich einiges vor: Er wollte zeigen, daß Rußland gleichberechtigt neben anderen Weltmächten stand und daß das russische Volk keine dunkle Abkunft hatte, sondern eine Geschichte besaß, auf die es stolz sein konnte. Die Nestorchronik sollte die Fürsten an den Ruhm und die Größe der Heimat, an die weise Politik ihrer Vorgänger und die ursprüngliche Einheit Rußlands erin-

12. Jaroslaw der Weise setzt in der Sophien-Kathedrale in Kiew den ersten russischen Metropoliten ein, Ilarion (1051), aus der Radziwill-Chronik, fol. 90.

nern. Der Chronist erfüllte diese Aufgabe mit außergewöhnlich viel Takt und künstlerischem Geschmack. Sein weitgefaßtes Projekt verlieh der Erzählweise eine gewisse Ruhe, seinem Urteil Harmonie und Kraft und dem gesamten Werk künstlerische Einheit und Monumentalität.

Einführung

Die Nestorchronik beginnt mit einer historisch-ethnographischen Einführung. Nestor entwickelt seine Erzählung von der »universellen Sintflut« und der Verteilung der Erde unter die Söhne Noahs. Er zählt die Länder auf, die in den Besitz von Sem übergingen. Dann nennt er die Länder des Ham und geht besonders detailliert auf die Länder »der Mitternacht« (das heißt des Nordens) und die westlichen Länder ein, die Jafet zugesprochen wurden, zu denen also die der Slawen gehörten. Nestor unterstreicht in diesem Zusammenhang, daß die Brüder nach der Dreiteilung der Welt sich versprachen, »keiner würde den Besitz der anderen Brüder verletzen und jeder würde auf seinem Teil leben«. Nestor betont, daß sich die Slawen aus dem Stamm Jafets bildeten.

Ursprünglich, so meint Nestor, lebten die Slawen an der Donau, wo sich heute die Länder Ungarn («die ugrischen Länder«) und Bulgarien befinden. Hier erfolgte auch die weitere Aufsplitterung der Slawen, die schließlich zur Bildung verschiedener Stämme slawischer Nationalitäten führte. Diese Stämme nannten sich nach den Gebieten, in denen sie sich anfänglich niederließen: »Die Slawen übernahmen die Bezeichnungen der Gebiete, in denen sie wohnten, jeder Stamm nannte sich nach dem Land, in dem er siedelte.« Der Chronist bezeichnet die Mähren und die Tschechen als Westslawen. Südslawen sind für ihn hingegen die weißen Kroaten, die Serben und die Slowenen. Die Aufsplitterung der Donauslawen wurde durch die Invasion der Walachen ausgelöst, in denen die Forscher möglicherweise Westfranken und somit Völker des Reiches Karls des Großen erkennen. Ein Teil der Slawen floh vor den Walachen über die Weichsel und nannte sich am Ende Ljachen (Polen).

Die Ljachen unterteilten sich wiederum in Poljanen, Liutizen, Masowier und Pomoranen. Einige der Donauslawen wanderten an den Dnjepr und nannten sich Poljanen, andere übernahmen die Bezeichnung Drewljanen, weil »sie sich in Wäldern niederließen«. Wiederum andere siedelten sich zwischen Pripjet und Dwina an und nannten sich Dregowitschen. Die Menschen, die am Fluß Polot siedelten, wurden Polotschanen genannt. Jene Slawen schließlich, die sich an den Ufern des Ilmensees niederließen, nannten sich mit ihrem eigenen Namen (das heißt Slawen) und bauten eine Stadt namens Nowgorod. Nestor zählt anschließend die Siedlungsgebiete der nördlichen Stämme auf und schließt mit dem Satz: »Auf diese Weise breitete sich die slawische Sprache aus.« Gleichzeitig teilt er mit, daß mit der Bezeichnung »slawisch« auch die entsprechende Schrift gemeint war.

Nach diesen detaillierten Notizen über die Aufteilung der Stämme liefert der Chronist geographische Angaben über das russische Reich mitsamt den Straßen, die es mit anderen Ländern verbinden. Er beginnt mit beträchtlicher Konsequenz bei der Wasserscheide des Dnjepr, der westlichen Dwina (Düna) und der Wolga. »Der Dnjepr entspringt im Wald Okowski (die heutigen Waldaihöhen; Anm. des Übersetzers) und fließt gegen Mittag (südwärts), während die Dwina in demselben Waldgebiet entspringt, aber gegen Mitternacht (nordwärts) fließt und sich ins Meer der Waräger (Ostsee) ergießt. In demselben Waldgebiet entspringt auch die Wolga. Sie zieht ostwärts und fließt schließlich mit siebzehn Flüssen ins Kaspische Meer. Von Rußland aus kann man somit (entlang der Wolga) mitten unter die Bulgaren und im Orient bis zu den Grenzen der Semiten gelangen, entlang der Dwina bis zu den Warägern und von dort bis nach Rom, von Rom sogar bis zu den Völkern des Ham. Und der Dnjepr ergießt sich an seiner Mündung in das Schwarze Meer, das damit Russisches Meer heißt ...«

Der geographischen Beschreibung der Rus läßt Nestor die Legende von den drei Gründern von Kiew folgen, den Brüdern Ki, Schtschek und Choriw, die er aus früheren Chroniken übernahm.

Nestor beschreibt anschließend die zunehmende politische Isolation der russischen Stämme, der Poljanen, Drewljanen, Dregowitschen, Slawen und Polotschanen, und er zählt auch die benachbarten russischen Völker auf: die Wesen am Weißen See (Beloozero), die Meren am Rostower See und am Kleschtschin, die Muromer an der Mündung des Flusses Oka. Die Aufzählung der anderen Völker zwingt Nestor dazu, eine genaue Liste der slawischen Populationen, die sich in der Rus niedergelassen hatten, und auch der nichtslawischen Stämme aufzustellen, die dem Rus Tribut zahlten und zur politischen Allianz gehörten. Unter den letztgenannten zählt Nestor auf: die Tschuden, die Meren, die Muromer und viele andere mehr. Alle diese Völker redeten in den Sprachen »des Stammes Jafet«.

Die Liste der Völker, die der Rus Tribut zahlten, erinnert Nestor an die Zeiten, in denen die Slawen selbst anderen Stämmen unterworfen waren. Er spricht von den Völkern, die zeitweilig die Slawen unterdrückt hatten: den Bulgaren, welche die Donaubulgaren unterjocht hatten, den Ungarn, die in slawisches Gebiet eingefallen waren, den Awaren, den Petschenegen und schließlich den schwarzen Ugriern, die zur Zeit Olegs des Weisen bis in die Nähe von Kiew vorgerückt waren. Die Intention, die mit dieser Liste verfolgt wurde, liegt auf der Hand: Alle Völker, welche die Slawen unterdrückt hatten, waren untergegangen oder fortgezogen, während die Slawen selbst geblieben waren und später anderen Völkern Tribute auferlegt hatten. Gerade aus diesem Grund erzählt der Chronist die volkstümliche Geschichte von den Awaren, die den Slawenstamm der Duleben besiegt hatten. Die Awaren waren kräftig und massiv gebaut und stolz. Sie spannten die Frauen der Duleben ins Joch ihrer Karren und ließen sich von ihnen ziehen, als wären sie Tiere, doch »Gott rottete sie alle aus«, so daß es heute noch in Rußland eine entsprechende Redewendung gibt, »verschwinden wie ein Aware«.

Nestor notiert noch einige weitere slawische Stämme – die Radimitschen, die Wjatitschen, die Uglitschen – und geht dann zur Beschreibung der Sitten der slawischen Stämme über, die sich auf russischem Boden angesammelt haben. Diese Beschreibung der Sitten und Gebräuche steht unter einem einzigen Leitstern: Jedes Volk und jeder Stamm besitzt ein eigenes »Gesetz« und eine eigene »Sitte«, die von den Vorvätern übernommen worden sind. Zur Unterstützung dieser Theorie zitiert der Chronist am Ende seiner Beschreibung den byzantinischen Historiker Georgios Hamartolos und schildert einige Gebräuche orientalischer und europäischer Völker. In seiner Beschreibung stellt der Chronist dem »milden und ruhigen« Lebensstil der Poljanen die Gebräuche der Drewljanen, der Radimitschen, der Wjatitschen und der Sewerjanen gegenüber, die »wie wilde Tiere« lebten. In dieser Hervorhebung der Poljanen zeigt sich der Lokalpatriotismus eines Kiewers. Nestor beschließt seine Beobachtungen über die Lebensweise der verschiedenen Stämme und Populationen mit einer kurzen Darstellung der Gebräuche der wichtigsten Feinde der Rus, der Polowtscher, und hebt die Überlegenheit der christlichen Sitten der Rus hervor. Wie auch an anderen Stellen der Chronik bezeichnet Nestor das Volk der Rus als zivilisiert und gebildet.

Nestor grenzt sein Thema Schritt für Schritt und in logischer Abfolge ein und behandelt schließlich die Geschichte der Poljanen. Er berichtet über ihre Niederwerfung durch die Chasaren, wobei er Nachrichten über dieses Volk bereits bestehenden Annalen entnimmt. Diese Unterwerfung war von der Prophezeiung »der alten Chasaren« begleitet, die Poljanen, denen als Tribut die Lieferung doppelschneidiger Schwerter auferlegt worden war, würden eines Tages selbst Tribut von den Chasaren fordern – was dann schließlich auch geschah, wie der Chronist hinzufügt. Auch hier wiederholt sich immer wieder die Vorstellung, die Rus, die früher unterjocht und gezwungen war, anderen Völkern Tribut zu zahlen, könne heute über das Schicksal ihrer Nachbarn verfügen. So schließt die Einführung der »Chronik der vergangenen Jahre«.

Die Annalen

Auf die Einleitung folgt ein im wesentlichen historischer Teil, den der Chronist in eine rigorose historische Abfolge nach Jahren zu zwingen versucht.

Nestor leistete eine enorme Arbeit in der Ordnung der chronologischen Abfolge. Die Jahreszahlen der ersten russischen Fürsten bis zu Nestor waren nicht »von der Erschaffung der Welt«, wie im Mittelalter üblich, angegeben. Es ist durchaus möglich, daß die ersten Chronisten des Höhlenklosters, die vor Nestor Aufzeichnungen führten, nicht Jahreszahlen kannten, sondern in Lebensabschnitten zählten: Igor hatte dreiundzwanzig Jahre, Swjatoslaw achtundzwanzig Jahre, Jaropolk acht Jahre regiert, und so weiter. Nestor versuchte nun, die Daten der Regierungszeiten der russischen Fürsten aufgrund unterschiedlicher Quellen zu berechnen. Unter diesen befanden sich auch Aufzeichnungen in byzantinischen Chroniken, denen zwar die Jahreszahlen fehlten, die aber doch bei der Recherche von Einzelheiten behilflich waren, ferner die Daten der Geschichte von Kyrill und Method sowie die der Verträge, die mit den Griechen geschlossen wurden und auf die wir später noch eingehen werden.

Die älteste Jahresangabe in der »Chronik der vergangenen Jahre« ist das Jahr 852, in dem die Russen vor Konstantinopel erscheinen. Diesem ersten Datum der russischen Geschichte gibt Nestor eine große Zeittabelle der wichtigsten Ereignisse der russischen Geschichte und der Weltgeschichte bei: »Von hier an beginnen wir und setzen wir Daten«, schrieb Nestor. Tatsächlich verwendete Nestor ein rigoroses chronologisches Prinzip als Grundlage für alle späteren Erläuterungen.

In den nun folgenden Annalen nennt Nestor eine ganze Reihe von Jahren ohne jede Notiz, weil er offensichtlich kein historisches Material dazu auftreiben konnte. Nestor fügt diese »leeren« Jahre an seine Erzählung an und unterstreicht damit das Prinzip und die äußere Form der Chronik, oder hier besser: Annalen.

Die folgenden für Rußland bedeutsamen Ereignisse sind für die Jahre 859 und 862 registriert: Es handelt sich um die Geschichte, wie die Waräger in die Rus gerufen wurden. Wir haben früher schon gesehen, wie hartnäckig Nestor versuchte, den Ursprung der Volks- und Stammesnamen zu erklären. Seine wichtigste Aufgabe war natürlich, den Ursprung des Begriffes »Rus« darzulegen. Die Erklärung des Begriffes erfolgte nun bei der Darstellung der Legende darüber, wie die Waräger nach Rußland kamen.

Nestors Erklärung des Begriffes »Rus« lautet folgendermaßen: Rus ist der Warägerstamm, dem Rjurik, Sineus und Truwor angehörten. Der Name »Rus«, der anfänglich nur dem Warägerstamm galt, ging anschließend auf den slawischen Stamm über, der diese drei Warägerfürsten als Herrscher gerufen hatte. Das ist auch der Grund, warum Nestor, um Widersprüche zu vermeiden, den Namen »Rusen« aufnahm in die Liste der Stämme und Völker, die sich im Norden Europas angesiedelt hatten. Sie war von einem früheren Chronisten zusammengestellt worden und umfaßte Varjasen, Sween, Urmanen (Goten), Rusen, Agnjaner, Galitschanen und so weiter. Wie konnte er aber das Gegenargument entkräften, daß es im Norden Skandinaviens gar keinen Stamm mit der Bezeichnung »Rusen« mehr gab? Nestors Ausweg: Die drei Brüder seien mit ihrem ganzen Volk gekommen: »... indem sie die ganze Rus mitbrachten.« Es zog also das gesamte Volk der Rusen nach Süden, und deswegen gibt es unter den skandinavischen Völkern keinen Stamm mehr mit diesem Namen.

Nestor wurde zum ersten »Normannisten« der russischen Geschichte durch seine Behauptung, das Fürstengeschlecht sowie der Name »Rus« seien normannischen Ursprungs. Wie kann man aber erklären, daß der Chronist, der sich sonst so sehr bemüht hat, die Bedeutung des russischen Volkes in der Weltgeschichte darzulegen, nun dazu neigt, sowohl den Begriff »Rus« als auch die fürstlichen Familien von einem Volk jenseits der Ostsee, den Warägern, abzuleiten?

Die Legende von der Einladung an die warägischen Brüder war langsam und auf durchaus künstliche Weise entstanden. Sie sollte als Grund für die Beendigung der Streitigkeiten unter den Fürsten dienen, indem sie die Einheit des Fürstengeschlechtes betonte, was zu jener Zeit auch die Einheit des russischen Staates bedeutete. Nestor interpretierte die Legende von der Einladung an die Waräger, die in früheren Chroniken des Höhlenklosters enthalten war, als wichtigstes Ereignis der russischen Geschichte und verband damit die Erklärung für den Begriff »Rus«. Die Legende vom Ruf an die Waräger war im 11. und 12. Jahrhundert eines der Hauptargumente zugunsten einer Autonomie und Unabhängigkeit des russischen Staates angesichts der dauernden Einmischung von seiten von Byzanz. Im 11. wie im 12. Jahrhundert stellten die »Waräger« keine wirkliche politische Macht dar. Der russische Staat wurde nicht mehr vom normannischen Norden bedroht. Ganz anders waren jedoch die Beziehungen zum byzantinischen Süden. Nach der byzantinischen Auffassung der kaiserlichen Macht mußten alle christlichen Völker auch politisch von Byzanz abhängen. Im 11. und den darauffolgenden Jahr-

S. Romaschow, April 1992

13. Karte der Rus zur Zeit der »Chronik der vergangenen/wechselnden Jahre« (Ende des 11. Jahrhunderts).

hunderten hatte man es so weit gebracht, daß die russische Regierung vom Kaiserreich direkt abhängig war. Diesen Zustand wollte Byzanz – mit geringem Erfolg – auch in der Rus aufrechterhalten, indem es unter den russischen Fürsten byzantinische Orden und Ehrungen verteilte.[16]

Vom griechischen Standpunkt aus verdankte der russische Staat seinen Ursprung Byzanz. Die legitime Macht hatte sich in der Rus erst nach der Christianisierung etabliert, und sie blieb mit der Kirche eng verbunden. Gegen diese griechische Betrachtungsweise machten die Chronisten vom Höhlenkloster Opposition. Sie stellte eine echte Gefahr dar, denn ihr Förderer war der griechische Metropolit von Kiew. Die Mönche des Höhlenklosters waren mit ihrer national-russischen und antigriechischen Politik logischerweise die Gegner des Kiewer Metropoliten, seiner Politik und seiner Theorien. Die »normannistische« Theorie der Mönche vom Höhlenkloster war antigriechisch und in jener Zeit zugleich panrussisch ausgerichtet. Sie vertrat eine entgegengesetzte Ansicht über den Ursprung des russischen Staates: Er entstand nicht vom byzantinischen Süden, sondern vom skandinavischen Norden her. Der russische Staat war somit bereits vor der Bekehrung zum Christentum entstanden und damit unabhängig von der Kirche. Diese Unabhängigkeit bedeutete vor allem Unabhängigkeit vom griechischen Metropoliten, auf die auch das Höhlenkloster in Kiew dauernd hinarbeitete. Es war übrigens in der mittelalterlichen Geschichtsschreibung üblich, den Ursprung der herrschenden Dynastie auf einen fremden Staat zurückzuführen.[17]

Nach der Legende von der Berufung der drei Brüder, also der Waräger, hält Nestor sich an die griechische Chronik von Georgios Hamartolos sowie dessen Nachfolger. Es sind darin indes nicht viele Aufzeichnungen über Rußland enthalten: die Niederlassung von Oleg in Kiew, die Hochzeit von Igor, Olegs Feldzug gegen Sargrad (Konstantinopel), der zweite Feldzug von Oleg und der Tod Igors. Nestor hatte bei der Sammlung von Zeugnissen über die russische Geschichte des 11. und des beginnenden 12. Jahrhunderts enorme Schwierigkeiten zu überwinden. In einigen Fällen verhielt er sich wie ein echter Forscher, der aus sehr spärlichem Material ein vollständiges Bild der historischen Entwicklung entwirft. Beim Nachfolger von Georgios Hamartolos fand Nestor Anmerkungen über den Feldzug der Russen gegen Konstantinopel (im Jahr 866) und fügte darin die Namen Askold und Dir ein. Diese russischen Fürsten waren die Anführer des Feldzuges. Nestor verglich offensichtlich die Erzählung von Hamartolos mit russischen Volkslegenden über den Feldzug von Askold und Dir.

Für das Jahr 882 meldet Nestor, Oleg habe den Fürstenthron bestiegen, und für die folgenden Jahre ist die Rede von der Unterwerfung der Drewljanen, der Sewerjanen und der Radimitschen. Für das Jahr 887 lesen wir in der »Chronik der vergangenen Jahre« Passagen, die dem Werk des Nachfolgers von Hamartolos entnommen wurden. Darauf folgt eine Reihe von Jahren ohne Notizen. Für das Jahr 898 berichtet Nestor vom Vorbeizug der Ugrier (Ungarn) in der Umgebung von Kiew und nimmt die Legende von der Einführung der slawischen Schrift durch Kyrill und Method sowie von ihrer Missionsreise in Mähren auf. Für das Jahr 902 sind wiederum Fakten aus der byzantinischen Geschichte genannt, die dem Nachfolger von Hamartolos entnommen wurden. Für das Jahr 903 ist die Heirat von Igor aufgeführt, während man für das Jahr 907 die lange Erzählung von Olegs Feldzug gegen Konstantinopel lesen kann. Darin ist eingefügt der Text der Vereinbarung zwischen Oleg und den Griechen.

Der Bericht vom Kometen des Jahres 911 stammt offensichtlich vom Nachfolger von Hamartolos. Für dasselbe Jahr ist überdies der neue Text der Vereinbarung zwischen Oleg und den Griechen angegeben. Gleichzeitig findet man die für die Literatur des 19. und 20. Jahrhunderts sehr bedeutsame Legende von Oleg dem Weisen, der durch sein Lieblingspferd starb. Es folgt die Erzählung von der Thronbesteigung Igors, seinen ersten Zusammenstößen mit den Drewljanen sowie eine weitere Reihe byzantinischer Notizen, die dem Nachfolger von Hamartolos entnommen wurden. Langsam werden die Nachrichten über Rußland aber immer häufiger. Nestor beginnt immer mehr, den Darstellungen vorangegangener Annalen zu folgen. Er findet in ihnen eine bessere Stütze und bezieht historische Daten nun vornehmlich aus ihnen.

Für die russische Geschichte waren die Verträge der Russen mit den Griechen, die Nestor anführte, von grundlegender Bedeutung. Er hatte sie als erster den Fürstenarchiven entnommen. Daß diese Texte bei der Aufstellung der Annalen verwendet werden durften, war dank der freundschaftlichen Beziehungen zwischen dem Kiewer Höhlenkloster und Swjatopolk möglich. Dieser willfuhr offensichtlich den Wünschen des Klosters und öffnete seine eigenen Archive den Chronisten. Nestor begriff den historischen Wert dieser Dokumente und fügte ihren Text nicht nur in die eigene Erzählung ein, sondern verwendete sie auch, um die chronologischen Angaben sowie die Genealogie der Fürsten zu

14. Slawische Gesandtschaft bei den Warägern; Besuch warägischer Fürsten mit ihrem Gefolge auf slawischem Boden (858), aus der Radziwill-Chronik, fol. 8v.

bestätigen. Üblicherweise wurden Schriftstücke zu Verträgen in Byzanz in zwei Exemplaren ausgefertigt. Das eine dieser Exemplare wurde im Namen des Kaisers verfaßt, das andere im Namen des Regierenden des jeweiligen Landes, mit dem die Verhandlungen geführt wurden. Das erstgenannte Dokument galt eindeutig als Haupttext, während das zweite nur eine Variante darstellte. Von diesem zweiten Exemplar fertigte man dann eine Übersetzung in der Sprache der Nation an, mit der die Vereinbarung geschlossen wurde, und die Kopie dieser Übersetzung bewahrte der Herrscher des Landes auf. Offensichtlich händigte das Fürstenarchiv Nestor gerade diese Zweitverträge über die Einigung zwischen den Russen und den Griechen aus.

Abgesehen vom Vertrag zwischen Oleg und den Griechen aus dem Jahr 911 und dem Vertrag Igors aus dem Jahr 945 berichtet Nestor in seiner Chronik über zwei weitere Übereinkünfte: Die eine geht auf das Jahr 907 zurück und betrifft Oleg, die andere Swjatoslaw im Jahr 972.

Die Vereinbarungen der Jahre 911, 945 und 972 lieferten nicht nur die genauen Daten russischer Feldzüge gegen Konstantinopel: Die Existenz eigener Verträge zwischen Oleg dem Weisen und den Griechen überzeugte Nestor davon, Oleg sei nicht ein einfacher Wojwode, sondern ein Fürst gewesen. Aus diesem Grund wies Nestor die Version der ursprünglichen Chronik zurück, die Oleg den Status eines Wojwoden zuschrieb. Nestor behauptete, es handle sich um einen Verwandten von Igor, der an seiner Stelle regiert habe, bis dieser mündig geworden sei. Diese Auffassung traf sich auch mit der Volkstradition, die Oleg als Fürsten kannte.

Nestor bediente sich mehr als nur einmal der Volkstradition und folgte damit dem Beispiel seiner Vorgänger, der Chronisten des Höhlenklosters. Auf der Grundlage volkstümlicher Überlieferungen nahm Nestor in die »Chronik der vergangenen Jahre« die Erzählung vom Ende der Stadt Iskorosten auf. Olga setzte sie mit Hilfe von Vögeln in Brand, denen brennender Zunder an die Füße gebunden wurde. Aufnahme fand auch die Geschichte von den Einwohnern von Belogorod, die auf Anraten eines weisen Alten Kissel (eine Art säuerliche Grütze) in ihren Brunnen gossen, um die belagernden Petschenegen davon zu überzeugen, die Erde selbst nähre sie.

Anscheinend muß man auch Nestor die mündlich überlieferte Legende vom Duell des jungen Ledergerbers mit dem petschenegischen Helden am Fluß Trubsch, am »Ufer, wo Perejaslawl liegt«, zuschreiben. Seiner Neigung folgend, den Ursprung von Ortsnamen zu erklären, profitiert Nestor von dieser Legende, um die Bezeichnung »Perejaslawl« zu interpretieren. Als Grund gibt er an, daß an der Stelle, wo später die Stadt entstand, der junge Ledergerber dem petschenegischen Helden »an Ruhm gleichgekommen sei (russisch: »perejal slawy«).

Die Legende vom Ledergerber

Die Legende erzählt, wie die Russen, zu einem Zweikampf aufgefordert, ohne Erfolg einen Duellanten suchten, der imstande gewesen wäre, dem petschenegischen Krieger Widerstand zu leisten; wie Wladimir von Kiew anfing »traurig zu werden«, alle Soldaten zusammenrufen ließ, und wie schließlich ein »alter Mann« erschien, der Wladimir von seinem jüngeren Sohn erzählte, einem Ledergerber, der zu Hause geblieben sei und der sich mit dem Petschenegen messen könne. Der junge Mann, der ein eher bescheidenes Äußeres hatte, wurde vor den Fürsten geführt und bat zunächst darum, auf die Probe gestellt zu werden. Er riß dabei einem wütenden Stier die Flanke mitsamt der Haut, »so weit wie seine Hand eindrang«, auf und besiegte anschließend den ältesten und kräftigsten petschenegischen Krieger im Duell. Wladimir, der voller Freude war, gründete am Ort des Duells eine Stadt, die er Perejaslawl nannte, und machte aus dem bescheidenen Ledergerber »einen großen Mann«.

Den letzten Teil seiner Annalen, die bis zum Jahr 1110 reichen, schrieb Nestor zu einem großen Teil auf der Grundlage von persönlich gesammelten Zeugnissen. Von dieser Arbeit haben wir nur eine vage Idee, weil gerade der Schlußteil der »Chronik der vergangenen Jahre« mehrere Jahre später radikal umgearbeitet wurde.

Bemerkenswert ist, daß dieser Teil der Chronik in der Ichform geschrieben ist: eine Art Egozentrismus in der Erzählung Nestors. Mit Sicherheit können drei Erzählungen Nestor zugeschrieben werden: die Überführung der Reliquien von Theodosius im Jahr 1091, der Einfall der Kumanen ins Höhlenkloster im Jahr 1096 und der unglückselige Feldzug von Swjatopolk 1107.

Die Überführung der Reliquien von Theodosius

Nestors Erzählung von der Auffindung der Reliquien von Theodosius ist in ihrer Art bemerkenswert. Im Gegensatz zum generalisierenden und schematischen Erzählduktus, der typisch war für die mittelalterliche Literatur, beschreibt Nestor in allen Details, wie er selbst und ein Gehilfe nachts im geheimen den Sarg von Theodosius in der Höhle ausgruben. Zuerst hätten seine Anstrengungen zu nichts geführt, und er habe die Schaufel, vom Graben ermüdet, dem »Bruder« übergeben. Er habe sie dann selbst wieder übernommen und zu graben angefangen, während sich der ermüdete »Bruder« vor der Höhle zum Schlafen hinlegte. Dann habe man im Kloster das Becken geschlagen. Der Bruder, der schlafend vor dem Höhleneingang ruhte, sagte dies Nestor, der gerade in diesem Augenblick den Sarg vollständig ausgegraben hatte. Nestor erzählt, wie ihm bei diesem Anblick der Schrecken packte und wie er zu beten angefangen habe: »Herr, erbarme dich.«

Der Einfall der Kumanen ins Höhlenkloster

Ebenso pittoresk hört sich die zweite der Erzählungen an. Nestor schildert, wie die Kumanen »zum Höhlenkloster kamen, als wir nach der Matutin in den Zellen ruhten. Sie machten viel Lärm in der Nähe des Klosters und pflanzten vor den Toren zwei Fahnen auf, während wir uns schnell in den rückwärtigen Teil des Klosters zurückzogen und sich andere in den Chor stürzten.«

Der unglückselige Feldzug von Swjatopolk

Die letzte Erzählung, die sich zweifelsfrei Nestor zuschreiben läßt, schildert den Sieg über die Kumanen im Jahr 1107. Darin wird die Rolle des Höhlenklosters bei den militärischen Erfolgen von Swjatopolk unterstrichen. Dieser hatte die Gewohnheit, sich vor dem Aufbruch zu einem militärischen Feldzug ins Kloster zu begeben und über dem Grab von Theodosius zu beten. Nach dem Sieg über die Kumanen lenkte er seine Schritte direkt auf das Kloster, küßte alle Brüder und hielt »mit großer Freude« vor ihnen eine kurze Ansprache, die in den Annalen verzeichnet ist.

Die »Chronik der vergangenen Jahre« ist ein Beweis für die umfangreiche literarische Bildung von Nestor. Bereits in der Theodosius-Legende zitiert Nestor die von ihm verwendeten byzantinischen Vorlagen: Beispielsweise das umfangreiche »Leben und Wirken des heiligen Antonius« (92 Kapitel), das der heilige Athanasius von Alexandria (griechischer Kirchenlehrer) im 4. Jahrhundert verfaßte. Doch auch andere Werke der byzantinischen Literatur haben deutliche Spuren in Nestors Werk hinterlassen.

Nestor beweist bei der Abfassung seiner »Chronik der vergangenen Jahre« eine außergewöhnliche literarische Beschlagenheit. Er folgt aber nicht dem literarischen Stil seiner Quellen (oder nur in einigen Fällen). Er verwendet die byzantinischen Werke nicht als literarische Vorlagen, sondern als historische Quellen. Er greift, wie oben erwähnt, in großem Umfang auf die byzantinische Chronik von Georgios Hamartolos sowie dessen Nachfolger zurück, von der es zu jener Zeit eine slawische Übersetzung gab. Georgios Hamartolos hatte eine Darstellung der Universalgeschichte bis zum Jahr 842 geliefert. Sein Nachfolger erweiterte sie bis ins Jahr 948.

Bisweilen spürt man bei der stilistischen Bearbeitung der Quellen eine patriotische Gesinnung. Nestor beschränkt sich nicht darauf, den Stil zu verändern, sondern verändert teilweise und mit großer Vorsicht auch die Interpretation der Geschehnisse. So lesen wir zum Beispiel im »Leben von Basileios« über die Schlacht des Heeres von Igor gegen die Griechen: »... und als zwischen ihnen die Schlacht tobte, flüchteten die Russen, während die Griechen sie schlugen.« Nestor schildert dieselbe Episode wie folgt: »... und als zwischen ihnen ein schrecklicher Kampf tobte, gelang es den Griechen mit viel Mühe, die Oberhand zu gewinnen.« An einer anderen Stelle des »Leben von Basileios« steht: »... und rasch sah man ein schreckliches Wunder, wie wenn sie von feurigen Flammen erschreckt würden.« Nestor läßt den Begriff »erschreckt« weg, den er als Beleidigung für die Russen empfand, und ersetzte ihn durch ein anderes Verb: »... die Russen sahen die Flammen.«

Nestor zog in großem Umfang auch die Bücher des Alten und des Neuen Testaments hinzu und bearbeitete manche Stellen daraus in literarischer Hinsicht. In der »Chronik der vergangenen Jahre« finden wir Auszüge aus Genesis, Exodus, dem Buch Levitikus, den Büchern der Könige, dem Buch der Sprichwörter, dem Buch der Weisheit, dem Buch Kohelet (Buch der Prediger), dem Buch Ijob (Hiob), den Büchern der Propheten Daniel, Jesaja, Ezechiel, Micha und Amos, den Psalmen, dem Evangelium, der Apostelgeschichte, den Briefen und vielem anderen mehr.

Die umfangreiche literarische Bildung von Nestor, seine außergewöhnliche Kenntnis der Quellen, seine Fähigkeit, das Wesentliche zu erkennen und Abweichungen miteinander zu vergleichen, machen aus der »Chronik der vergangenen Jahre« eine umfassende Geschichte der Rus in literarischer Form, die auch auf die entscheidenden Probleme des Staatswesens eingeht.

Nestors Werk war das erste umfassende Buch dieser Art, und bis ins 16. Jahrhundert hinein erreichte das historische Denken Rußlands keinen solchen Höhepunkt von Forschung und literarischem Können mehr. Weil Nestor bei der Betrachtung der historischen Ereignisse einen panrussischen Standpunkt einnahm und die gesamte russische Geschichte zu beleuchten verstand, wurde die »Chronik der vergangenen Jahre« zu einem Werk, mit dessen Hilfe die Russen viele Jahrhunderte lang ihre eigene Geschichte studierten. Sie lernten daraus die Interessen des russischen Staates zu verstehen und bildeten bei der Lektüre ihr russisches Nationalgefühl aus.

Die »Chronik der vergangenen Jahre« steht am Ausgangspunkt der meisten russischen Annalen. Sie diente ihnen als eine Art politische Einführung und als literarisches Vorbild.

Die Werke des Fürsten Wladimir Monomach

Die russische Literatur des 11. und 12. Jahrhunderts weist einen merkwürdigen Charakter auf: Fast jedes literarische Meisterwerk jener Zeit erstaunt uns auf die eine oder andere Weise durch seine innewohnende Originalität. Die Werke des Kiewer Fürsten Wladimir Monomach, die unter der Bezeichnung »Belehrung« bekannt sind, wurden zwischen dem Ende des 11. und dem Beginn des 12. Jahrhunderts verfaßt.

Die Belehrung

Die »Belehrung« ist nur durch Zufall in einem einzigen handgeschriebenen Manuskript im Rahmen der Laurentius-Abschrift der »Chronik der vergangenen Jahre« erhalten geblieben. Diese drohte zusammen mit der Kopie des »Epos von der Heerfahrt Igors« und der Manuskriptsammlung von Musin-Puschkin beim Brand von Moskau 1812 zugrunde zu gehen, wurde aber glücklicherweise von N. M. Karamzin aus der Bibliothek gerettet.

Wäre die Laurentius-Chronik verbrannt, so können wir heute sicher sein, daß die »Belehrung« von Wladimir Monomach als Fälschung gälte. Es wäre viel schwieriger gewesen, die Authentizität der »Belehrung« als die des »Epos von der Heerfahrt Igors« zu verteidigen. Die »Belehrung« übte keinerlei Einfluß auf die spätere russische Literatur aus, und sie wird auch nie erwähnt. Ihr Text unterbricht die Homogenität und Einheitlichkeit der Laurentius-Chronik bei der Schilderung der Ereignisse des Jahres 1096 und erscheint somit als Einschub. Ein Privatbrief und die Autobiographie von Monomach, die in der »Belehrung« enthalten sind, sind ungewöhnlich für die Literatur des 11. und 12. Jahrhunderts. Es würde uns heute leichtfallen, eine Erklärung zu finden, warum man am Ende des 18. Jahrhunderts das Bedürfnis verspürt haben könnte, die »Belehrung« von Monomach zu verfassen: Er war der Stammvater des moskowitischen Staates, dessen Krönung und das Symbol der Macht des Monarchen, und seine »Belehrung« rechtfertigte diese Macht. Es ließen sich viele weitere Argumente dafür anführen, daß die »Belehrung« nicht authentisch ist. Glücklicherweise aber hat sich dieses alte Manuskript erhalten und tilgt alle Zweifel.

Was wir als »Belehrung« von Monomach bezeichnen, ist in Wirklichkeit eine Sammlung seiner Werke, bestehend aus der »Belehrung« (eine Art Testament an seine Kinder) im eigentlichen Sinne, ergänzt durch seine Autobiographie und seinen Brief an den Fürsten Oleg Swjatoslawitsch. Das Gebet, welches das Werk beschließt, wurde zwar Monomach zugeschrieben, stammt aber nicht aus seiner Feder.[18] Den Grund für die Niederschrift der »Belehrung« nennt uns Monomach selbst: Es trafen bei ihm Abgesandte seiner Brüder mit dem Vorschlag ein, gegen den Fürsten Rostislawitsch zu marschieren und ihn aus seinem Land zu vertreiben. Wladimir Monomach betrübte dieser Versuch, die neue Ordnung zu stören. Er öffnete das Buch der Psalmen, fand darin Tröstung und verfaßte daraufhin die »Belehrung« an seine Söhne und »an all jene, die zuhören«. »All jene« bezog sich eindeutig auf die russischen Fürsten. Er unterweist sie in der Kunst des Regierens, er ermahnt sie, Beleidigungen beiseite zu schieben, den Eid auf das Kreuz nicht zu verletzen, sich mit dem eigenen Erbe zu begnügen, den Richtern und den Wojwoden zu mißtrauen usw. Monomach stützt sich in weitem Umfang auf die kirchliche Autorität. Er bedient sich der moralischen Prinzipien, die allen Christen gemeinsam sind, und traditioneller didaktischer Methoden mit einem einzigen Ziel: Er will die Fürsten zu einer rigorosen Verwirklichung der neuen politischen Prinzipien auffordern.

Die »Belehrung« beginnt mit den Worten aus dem Buch der Psalmen: »Erhitze dich nicht über den Mann, dem alles gelingt, den Mann, der auf Ränke sinnt. Steh ab vom Zorn und laß den Grimm; erhitze dich nicht, es führt nur zu Bösem. Denn die Bösen werden ausgetilgt; die aber auf den Herrn hoffen, werden das Land besitzen (Ps. 37, 7–9).« Monomach entwickelt dieses Konzept in allen Details und bezieht sich dabei eindeutig auf die Fürsten seiner Zeit. Er ermahnt sie, sich mit wenig zufriedenzugeben: Der geringe Besitz des Gerechten ist den vielen Reichtümern des Frevlers vorzuziehen. Dieser zückt das Schwert und spannt den Bogen, um den Elenden und Notleidenden zu töten, um all jene zu durchbohren, die auf dem rechten Wege wandeln: Sein Schwert wird am Ende das eigene Herz erreichen, und sein Bogen wird zerbrechen (freie Zusammenfassung des Psalms 37). Die praktische Anwendung all dieser Konzepte des Psalms in der Praxis der Feudalherrschaft des 12. Jahrhunderts bedeutete nur eines: Jeder Fürst sollte sich mit seinem Familienbesitz zufriedengeben, auch wenn er noch so gering war und selbst wenn ihm seine Ansprüche auf das Land des Nächsten gerechtfertigt erschienen.

Die Verteilung Rußlands unter die Fürsten in der zweiten Hälfte des 11. und zu Beginn des 12. Jahrhunderts war keine Teilung inter pares gewesen. Zwischen diesen Fürsten gab es Beziehungen wie zwischen Herren und Vasallen: Es herrschten große Altersunterschiede. Monomach lehrt, man solle solche Beziehungen weiterhin aufrechterhalten, und verwendet dazu erneut die religiöse Literatur. Die Jüngeren sollten die Älteren achten, und die Älteren sollten die Jüngeren schützen. Im Angesicht der Älteren sollte man schweigen und den Weisen zuhören. Man sollte sich den Älteren unterwerfen, Liebe gegenüber den Gleichgestellten empfinden und jene mäßigen, die »von der Macht angezogen werden«. Dieser Ausdruck: »Man soll sich nicht der Pflicht entziehen, jene zu maßregeln, die von der Macht angezogen werden«, und die Idee selbst, daß die Macht eine Anziehungskraft ausübt, sind immerhin bemerkenswert.

Monomach wendet sich an seine Leser und sagt: »Verzichte auf Rache, liebe diejenigen, die dich hassen, ertrage, die dich verfolgen, laß die Sünden in dir sterben, hütet euch vor Beleidigungen, urteilt gerecht über die Weisen, sorgt euch um die Witwen.« Die letzten Worte dieser Ansprache, die dazu auffordern, die Unterdrückten zu befreien, den Waisen (mit diesem Ausdruck bezeichnete man im allgemeinen die Bauern[19]) Zugang zu den Gerichten zu geben und sich um die Witwen zu kümmern, konnten sich wiederum nur an die Fürsten wenden, die »von der Macht angezogen wurden«, die die Leute ausbeuteten und damit das System zerstörten. Monomach war keineswegs eine »zarte Seele, welche die großen Volksmassen liebte«. Seine Sozialpolitik zielte auf geordnete Verhältnisse in der neuen Ordnung, auf Maßregelung einzelner Feudalherrscher, die zu ihrem persönlichen Nutzen die Interessen der herrschenden Feudalklasse insgesamt außer acht ließen.

Mit der Autorität der christlichen Moral verwendet Monomach in seiner »Belehrung« die Schaffung der Welt als erbauliches Beispiel. Dazu stellt er erneut die Forderung auf, jeder solle sich mit seinem Schicksal zufriedengeben: Unter allen Menschen gebe es keine zwei, die identisch seien; die Vögel des Himmels, die sich im Frühjahr vom Schwarm lösen, fliegen über das ganze Land, und jeder findet seine eigene Stelle. »Sie bleiben nicht an einem einzigen Ort, sondern der Schwache wie der Starke verteilen sich nach dem göttlichen Willen über das ganze Land.« Die Vögel geben uns hier natürlich vor, wie sich die Fürsten zu verhalten hätten.[20] Die Vögel begnügen sich mit dem, was sie haben; jeder bekommt seine Stelle zugewiesen, obwohl es unter ihnen stärkere und schwächere gibt.

Die neue politische Ordnung, bei der sich das Land in den Händen vieler fürstlicher Großgrundbesitzer befand, konnte die Bewegungs- und Handelsfreiheit beschränken. Monomach besteht deswegen in besonderer Weise darauf, daß die Reisenden nicht behindert werden: Wohin ihr auch geht und wo ihr euch auch lagert, »gebt dem Elenden und dem Durchreisenden zu trinken und zu essen und schützt vor allem den Gast, woher er auch kommen mag«, sei er ein einfacher Mann, ein gebildeter oder ein Botschafter, »und geht nicht an einem Menschen vorbei, ohne ihn gegrüßt zu haben – schenkt ihm ein gutes Wort«.

Monomachs Autobiographie ist von demselben Friedenswillen beseelt. In den Chroniken seiner Feldzüge führt er das folgende sprechende Beispiel für seine Friedensliebe an. Während eines Feldzuges stieß Oleg vom Land der Kumanen auf Monomach. Dieser schloß sich in Tschernigow ein, und seine Druschina kämpfte acht Tage hinter dem Graben, ohne daß es ihr gelungen wäre, die Gegner zu vertreiben. Monomach hätte sich noch weiter verteidigen können, doch er war »von den Seelen der Christen und den trauernden Dörfern und vom Kloster« zu Mitleid gerührt und sagte: »Rühmt euch nicht wie die Heiden«; er gab Oleg Tschernigow zurück und begab sich selbst nach Perejaslawl.

Monomach handelte auf diese Weise nicht nur, um den Frieden wiederherzustellen, sondern auch um das Prinzip zu befolgen, nach dem »jeder seine eigene Heimat regiere«: Tatsächlich war Tschernigow Olegs Heimat, während Monomach in Perejaslawl regierte. Deswegen bemerkt Monomach: »Ich selbst begab mich an den Ort meines Vaters, Perejaslawl.« Seinem Abzug von Tschernigow verleiht er eine pathetische Färbung, schildert sie mit kräftigen Farben und stellt – keinesfalls zufällig – eine Verbindung zu Boris und Gleb her, deren Verehrung, wie wir gesehen haben, in engem Zusammenhang mit den neuen Auffassungen stand: »Und ich begab mich zum Grab des heiligen Boris, das eine Tagesreise von Tschernigow entfernt liegt, und zog mitten durch die Regimenter der Kumanen mit weniger als hundert Mann Begleitung und mit Frauen und Kindern, und die Kumanen auf den Pässen und an den Berghängen leckten sich die Lippen wie Wölfe. Doch Gott und der heilige Boris ließen nicht zu, daß wir ihnen zum Opfer fielen.«

Der Brief an Oleg

Der Brief an Oleg, von dem zu Beginn die Rede war und der als Modell einer hohen Moral diente, ist demselben Thema gewidmet: Mit Hilfe der christlichen Moral würde es gelingen, neue politische Beziehungen zwischen den Fürsten zu begründen. Diese Beziehungen beruhten auf gegenseitiger Nachgiebigkeit.

In dem Brief gab Wladimir Monomach ein Beispiel für wahre Nächstenliebe, nämlich wie man dem Feind verzeiht, obwohl dieser sogar für den Tod des eigenen Sohnes verantwortlich war: Da der Tod nicht mehr rückgängig zu machen ist, muß man sich nur um die Lebenden kümmern. Deswegen hält sich der Brief an Oleg im Inhalt wie beim Gang der Darstellung eng an die »Belehrung«. Er stellt in gewisser Hinsicht die Fortsetzung der Schlußbemerkungen der »Belehrung« dar, mit denen Monomach behauptet: »Da der Tod von Gott kommt, können ihn weder Vater noch Mutter noch die Brüder fernhalten.« Selbst Wladimir Monomach konnte seinen eigenen Sohn nicht vor dem Tode bewahren. Es ist nicht ausgeschlossen, daß Monomach selbst seinen eigenen, mutigen und energischen Brief der »Belehrung« hinzugefügt hat – sozusagen als praktisches Beispiel für die neue Auffassung.

Der Ton in dem Werk Monomachs erscheint immer aufrichtig, fast lyrisch, bisweilen ein bißchen nüchtern und traurig. Dies beginnt schon in Monomachs Vorbemerkung, in der er beschreibt, wie er die Abgesandten seiner Brüder, die mit dem Vorschlag zu ihm gekommen waren, gemeinsam Rostislawitsch zu überfallen, »voller Trauer« entließ, das Buch der Psalmen zur Hand nahm, dort »die geliebten Worte fand, sie hintereinander aufschrieb und schließlich übertrug«. Monomach stieß auf den folgenden Vers des Psalters: »Warum bist du betrübt, meine Seele?«

Als Moralist empört sich Monomach nicht etwa über die Ungehorsamen. Er ist vielmehr betrübt, denkt traurig darüber nach, plaudert mit den Lesern und sichert sich so auf wunderbare Weise ihr Wohlwollen.

Für das Werk spielten die umfangreichen literarischen Traditionen der Kiewer Rus eine sehr wichtige Rolle. In seiner »Belehrung« beweist Wladimir Monomach eine große Kenntnis der gelehrten religiösen Literatur. Es ließe sich anhand von Dutzenden von Beispielen darlegen, an welchen Stellen die »Belehrung« von Monomach den Werken der Kirchenväter (vor allem von Basilius dem Großen), verschiedenen Lehren des »Prologs«, einzelnen Werken der byzantinischen, der mittelalterlich-lateinischen und sogar der angelsächsischen Literatur verwandt war.

Verwendet werden zunächst Stellen aus den Bußpsalmen, die man in der Kirche während der Vigil und in den ersten Wochen der Fastenzeit vorlas, dann Stellen aus den »Unterweisungen« von Basilius dem Großen, aus einer Ermahnung in den russischen »Prologen« des 12. und 13. Jahrhunderts, aus den Prophezeiungen des Jesaja und den Gebeten, die man im Triod liest.

Die »Belehrung« hält sich besonders an die Psalmen Davids, die in großem Umfang zitiert werden. Monomach mag sich zu David deshalb hingezogen gefühlt haben, weil sie beide Dichter und Könige waren. Zudem spürten beide die Schwere der eigenen Verantwortung und bemühten sich, nach den moralischen Prinzipien und ihrem eigenen Gewissen zu handeln.

Überdies steht die »Belehrung« auch dem »Hexaemeron« (Sechstagewerk) in der Übersetzung und Neubearbeitung von Ioan Exarch von Bulgarien sehr nahe. Es war nicht nur in der altrussischen Literatur beliebt, da es sich um eines der poetischsten Werke der gesamten Weltliteratur handelt. Die Untersuchung des Einflusses des Hexaemerons auf die russische Literatur vom 11. bis zum 13. Jahrhundert ist von großem literaturhistorischem Interesse.

Monomach zitiert die Stelle des Psalters, die den grandiosen göttlichen Aufbau der Welt schildert, und richtet dann seine Worte an Gott: »... wer wird deine Stärke und deine großen Wunder und deine Gnade, die du über diese Erde ausgegossen hast, nicht loben und verherrlichen: Wie du den Himmel, die Sonne, den Mond, die Sterne und die Dunkelheit und das Licht geschaffen hast und wie das Land auf dem Wasser erschien, o Herr, alles ist dein Werk! Mit Tieren aller Arten und Vögeln und Fischen schmückt sich deine Schöpfung, oh Herr! Und wir staunen über das Wunder, wie du den Menschen aus Staub geschaffen hast, wie du die Vielfalt der Gesichter geformt und die ganze Welt paarweise geschaffen hast, nicht alle mit derselben, sondern jeden mit seiner eigenen Form!«

Der Einfluß des »Hexaemeron« von Ioan Exarch auf die »Belehrung« von Wladimir Monomach beschränkt sich nicht auf allgemeine Betrachtungen der göttlichen Weisheit, sondern bezieht sich auch auf den Stil, der beispielsweise in einer ganzen Reihe rhetorischer Fragen und in Ausrufen zum Ausdruck kommt: »Und wie ist es möglich, sich nicht zu freuen, wenn man sieht, wie all dies entsteht, und wenn man begreift, wer der Schöpfer dieses Werkes ist. Der Himmel wird von der Sonne und von den Sternen verschönert; er hat aus der Erde einen Garten gemacht, sie mit Bäumen und Blüten bevölkert und mit Bergen bekrönt; durch sein Werk sind das Meer und die Flüsse und alle Gewässer voller Fische; er hat dieses gesamte Reich geschaffen ...«

Im »Hexaemeron« von Ioan Exarch finden wir auch den grundlegenden politischen Gedanken der »Belehrung«: Jeder muß sich mit dem eigenen Erbe begnügen und darf anderen gegenüber keinen Neid empfinden und auch deren Besitztümer nicht angreifen. In der »Belehrung« wird dieses Konzept, wie oben erwähnt, anhand des Verhaltens der Vögel weiterentwickelt, während das »Hexaemeron« in analoger Weise den Vergleich mit dem Leben der Fische zieht. Bei der Behandlung der Vielfalt der Fische, unter denen es »starke« und »schwache« gibt, bemerkt Ioan Exarch, daß Gott aus eigenem Willen »große und kleine Tiere geschaffen hat und daß durch diesen einheitlichen göttlichen Willen alles entstanden ist, das Große und das Kleine«. »Unter diesen Fischen schwimmen einige weit draußen im freien Wasser, andere am Ufer, wiederum andere am Gewässerboden, während sich weitere unter Steinen aufhalten. Einige leben in Schwärmen, andere isoliert. Und die Wale sind ungeheuer groß, während andere Fische nur winzig sind. Dies alles wurde von demselben Willen geschaffen: die kleinen wie die großen Tiere.«

Wladimir Monomach beschränkte sich darauf, das

erbauliche Beispiel der Fische durch das der Vögel zu ersetzen, vielleicht weil der russische Leser diesen Vergleich leichter verstehen würde. Vögel gibt es schließlich fast überall.

Ioan Exarch zeigt im »Hexaemeron« (was Monomach später übernehmen wird), daß sich jeder Mensch mit der eigenen Situation abfinden soll. Er darf keine Ansprüche auf das Territorium des Nächsten erheben. Wiederum im Vergleich zu den Fischen schreibt er: »... es empfiehlt sich auch, sie nachzuahmen, wie wenn ihr zur Art der Fische zählen würdet: Jeder lebt an dem ihm zugeteilten Ort, keiner löst sich vom anderen, jeder lebt innerhalb der eigenen Grenzen. Kein Geometer hat ihre Territorien vermessen, es wurden auch keine Wände errichtet, doch jeder hat sich nach seinem eigenen Bedürfnis eingerichtet ... Aber wir sind nicht so, wir, die wir ewige Gesetze verletzen, und wir annektieren das Land, das unsere Väter für uns gesichert haben, wir raffen Haus auf Haus und Dorf auf Dorf und entziehen damit unserem Nächsten das Nötigste.«

Eine Analogie zum »Hexaemeron« ist auch in einem weiteren Konzept der »Belehrung« gegeben: »Die Faulheit ist die Mutter aller Laster.« Ioan wendet sich dem Leser zu: »Und du, der du mit Faulheit sprichst, lebst auch so. Der Untätige neigt in der Tat zu bösen Handlungen.«

In der »Belehrung« finden wir deutliche Spuren davon, daß Wladimir Monomach das »Hexaemeron« von Ioan Exarch gut kannte. Monomach verließ sich auf das »Hexaemeron« nicht nur bei der Beschreibung der Natur oder bei seinen Betrachtungen über die Schönheit und Weisheit der Schöpfung, sondern auch bei seinen sozialen Ideen. Mit ihnen propagierte er die neue politische Ordnung und den Besitz des Landes durch mehrere Fürsten, wie es im Fürstentreffen von Ljubetsch im Jahr 1097 proklamiert worden war.

Bis zum 12. Jahrhundert gibt es kein Werk, dessen belehrender Anteil so stark mit autobiographischen Elementen, mit Begebenheiten des täglichen Lebens und der eigenen Epoche verwoben ist wie die »Belehrung«. Hineingezogen in den Strudel der Zwistigkeiten unter den Fürsten, schrieb Monomach mit der ganzen Leidenschaft eines politischen Kämpfers. Er studierte beispielhafte Persönlichkeiten, um die neue politische Ordnung so weit zu verteidigen, daß einzelne Fürsten davon abgehalten würden, sie zu verletzen. Mit geradezu leidenschaftlicher Toleranz, hinter der wir den schrecklichen Kampf mit sich selbst noch wahrnehmen können, entschied sich Monomach, wie wir bereits gesehen haben, dazu, die Versöhnung mit dem Mörder seines Sohnes zu suchen. Der Ton seiner »Belehrung« ist von kraftvoll geäußerten Gefühlen durchzogen und damit für die literarischen Werke seiner Zeit hochgradig ungewöhnlich.

Die enge Beziehung zwischen dem Werk und den politischen Geschehnissen jener Zeit, der logische Aufbau einer umfassenden politischen Theorie, bisweilen in religiösen Formen getarnt, macht das Werk zu einer der bedeutsamsten literarischen Leistungen der Rus. Die »Belehrung« enthält eine tragische und insgesamt etwas triste Note, die sich dadurch ergibt, daß das politische Ideal, dem Monomach auch in seiner persönlichen Lebensführung nachstrebte, unerreicht blieb. Trotz der Ermahnungen war Monomach selbst in Verschwörungen der Fürsten einbezogen, er selbst brach Eide und Verpflichtungen, er beging sogar Grausamkeiten gegenüber den Bewohnern eroberter Städte. Die politische Tätigkeit von Wladimir Monomach war vom moralischen Gesichtspunkt aus nicht tadellos.

Dennoch: Trotz alledem widerstand Monomach der Versuchung, sich unzulässigerweise etwas anzueignen. Er erkannte die eigenen Fehler an und konnte, wie dies mit Oleg geschah, auf die Früchte eines Sieges verzichten. Er konnte sich mit seinem Todfeind versöhnen, ohne dabei Angst zu haben, Prestige oder Macht zu verlieren. Dies fügte er der bestehenden Moralvorstellung hinzu.

Monomach führte in sein eigenes politisches Handeln ein hochstehendes und kraftvolles ethisches Prinzip ein. Er war auf Schlichtung aus, betrachtete seine eigenen Handlungen von einem ethischen Gesichtspunkt aus. Er predigte sein eigenes politisches und ethisches System bei den Versammlungen der Fürsten und zwang sich selbst dazu, Vereinbarungen einzuhalten. So gelang ihm vieles.

Das Ideal einer politischen Ordnung der Rus bestand für ihn in der Aufteilung des Territoriums unter die Fürsten; allerdings ohne Zwietracht und ohne Zerfall: Es sollte dabei »Starke« und »Schwache« geben, alle sollten ihren jeweiligen Pflichten und Rollen als Vasallen oder Feudalherren genügen. Er stellte sich eine weise Weltordnung vor, in der alle Fürsten ihren Platz und ihre Funktion gefunden hätten. Sie sollten nur ihre väterlichen Stammlande halten und in Beratungen zu einem gemeinsamen Handeln gegen äußere Feinde finden. Die Fürsten sollten dabei ihre Leibeigenen behalten, sollten aber davon absehen, sich gegenseitig die Ländereien einzuverleiben und ihren Leibeigenen den wenigen Besitz zu rauben.

Mit diesem politischen Ideal stand Monomach nicht allein da: Es war das gemeinsame politische Ideal der Feudalherren zur Zeit der Aufsplitterung der Rus. Das Ideal stand allerdings in einem scharfen Gegensatz zum realen Leben. Dieses machte sich immer wieder bemerkbar durch die Nichteinhaltung von Eiden, die auf das Kreuz geschworen wurden, durch Verschwörungen der Fürsten, durch die Raubzüge der Kumanen und andere Versäumnisse mehr.

Die Legende des heiligen Theodosios vom Höhlenkloster

Ein weiteres Meisterwerk, das als charakteristisch für den Beginn der altrussischen Literatur bezeichnet werden kann, ist die »Legende des heiligen Theodosios vom Höhlenkloster«. Sie stellt einen besonderen und schon völlig ausgereiften Erzähltyp dar, was überraschen muß, weil es sich um ein Werk desselben Nestor handelt, der die bereits behandelte »Chronik der vergangenen Jahre« in eine ganz andere Form gegossen hatte. Die Fähigkeit, sich den Forderungen der jeweiligen Literaturgattung anzupassen, ist ein Hinweis für die literarische Reife schon im Mittelalter. Obwohl die »Theodosios-Legende« im wesentlichen die erste russische Beschreibung eines Heiligenlebens darstellte, war sie schon ein Meisterwerk in der Gattung der Biographien. Hier werden nur einige Augenblicke aus dem Leben des Heiligen herausgegriffen: jene, in denen er den Höhepunkt des Ausdrucks seiner selbst findet.

Aus dem »Leben des Theodosios« erfahren wir ziemlich viel über seine Umgebung und die Menschen, mit denen er zusammenlebte. Wir lernen auch die Sitten in einem reichen Provinzhaushalt in Wasilew kennen, der von seiner autoritären Mutter geführt wird, sowie einiges über die Lebensbedingungen der Diener und Leibeigenen dieses Hauses. Das Kapitel über die Flucht des Theodosios nach Kiew beschreibt uns einen Handelszug mit Karren, die vor Waren überquellen. Durch seine Beziehungen zu Isjaslaw können wir einen Blick in den Fürstenpalast während eines Banketts werfen. Wir machen uns eine gewisse Vorstellung von den Räuberbanden, die sich in der Kiewer Gegend herumtrieben, von Gerichten und Richtern, vom Kopieren der Bücher im Kloster durch den berühmten Nikon und von der Hilfe, die ihm Theodosios bei der Buchbinderarbeit leistet. Der Autor führt uns in die Küche der Klöster und Fürstenhöfe, in die Ställe der Bauern, sogar in die Bäckereien und in die Mönchszellen ein. Doch die Beschreibung des täglichen Lebens erfolgt mit viel Diskretion, und wir erfahren nur so viel, wie wir brauchen, um das Thema weiterzuentwickeln, das sich stets über die Geringfügigkeiten und die Eitelkeit des Lebens erhebt.

Das tägliche Leben ist nach den zeremoniellen Formen der höchsten kirchlichen Tugenden geordnet. Wie jene alten, unauffälligen Reliquien, die in kostbaren Gefäßen ruhen und vor denen sich die Pilger verneigen. Die Armut des Klosterlebens, wie sie in der Theodosios-Legende dargestellt wird, ist kostbarer als alle irdischen Reichtümer und wird deswegen um so mehr hervorgehoben. In der Heiligenlegende fand Nestor den idealen Ausdruck für den monumentalen Stil bei der detailhaften Beschreibung des Lebens eines einzelnen Menschen. In der späteren Entwicklung der russischen Literatur setzte sich die Schilderung eines Heiligenlebens stets aus einzelnen Episoden zusammen, die dieses Leben so wichtig und als vorherbestimmt erscheinen ließen.

Rückblick

Ich habe nur einige Beispiele für die russische Literatur des 11. und des beginnenden 12. Jahrhunderts angeführt, obwohl die Produktion in dieser Zeit reich und vielfältig ist. In jedem dieser Werke können wir die charakteristischen Bezüge der Epoche, die individuellen Eigenheiten der Autoren und die Vielfalt der Literaturgattungen kennenlernen. Ich möchte noch auf einige Werke des 11. Jahrhunderts hinweisen: die »Predigten« des Abtes Theodosios vom Höhlenkloster, in denen er völlig neue und originelle Ideen entwickelt; die »Predigten« von Luka Schidjata von Nowgorod, die sich an ein äußerst einfaches Publikum richten und sich dadurch ganz deutlich von den Werken von Ilarion und Theodosios unterscheiden, ferner die Spruchsammlungen, die kirchlichen Briefe, die Gebete usw.

Der Beginn der altrussischen Literatur bestimmte den Charakter der darauf folgenden Entwicklung. Bedeutsam ist die Tatsache, daß sich der Einfluß der »Chronik der vergangenen Jahre« über ein halbes Jahrtausend hielt. In ungekürzter sowie gekürzter Form wurde sie von vielen regionalen Chroniken und Fürstenchroniken übernommen. Für die politische Glorifizierung diente viele Jahrhunderte lang »Das Gesetz und die Gnade« des Metropoliten Ilarion als Vorbild. Ein Modell für die hagiographische Literatur von der Art der Martyrologien (Märtyrerlegenden) war das »Heiligenleben von Boris und Gleb«. Das »Leben des heiligen Theodosios vom Höhlenkloster« diente als Vorbild für die Hagiographien, und die »Predigten« desselben Theodosios lebten in den darauf folgenden Predigten weiter.

In der Folge nahm die russische Literatur neue Gattungen auf, und ihr Inhalt wurde komplizierter. Ihre soziale Funktion nahm immer feiner verästelte Formen an. Trotzdem verlor sie nicht die ihr eigene Monumentalität und den historistischen mittelalterlichen Charakter.

Das 12. Jahrhundert in der russischen Literatur

Die Zeit der Aufteilung der Rus in Feudalherrschaften zwischen dem 12. und dem beginnenden 13. Jahrhundert war eine im tiefsten Wesen widersprüchliche und tragische Zeit. Auf der einen Seite war sie durch eine starke Entwicklung der Künste gekennzeichnet, auf der anderen Seite durch die fast völlige Aufsplitterung des russischen Staates in unabhängige Fürstentümer. Charakteristisch für jene Zeit waren die Kämpfe zwischen den Fürsten, die zum Ruin des Landes führten und die die Rus besonders in militärischer Hinsicht schwächten.

In dieser Zeit, gegen Ende des 11., Anfang des 12. Jahrhunderts, versuchte Wladimir Monomach den Prozeß der Aufsplitterung des russischen Territoriums stark zu bremsen. Mit Feldzügen tief in die russische Steppe gelang es ihm, die Kumanen zum Schweigen zu bringen. Mit dem Tod Wladimir Monomachs im Jahr 1125 verschärften sich die Feindseligkeiten zwischen den russischen Fürsten wieder, und innerhalb kurzer Zeit nahmen die Kumanen ihre Beutezüge wieder auf. Bis zum Tatareneinfall wurden die Zwistigkeiten zwischen den einzelnen Familien des Fürstenstammes immer häufiger. Der Kampf fand hauptsächlich zwischen Monomachs Nachkommen, den Monomachowitsch, und den Nachkommen seines Gegners Oleg Swjatoslawitsch, den Olgowitsch, statt. Doch auch im Inneren der sich feindlich gesinnten Familien machten sich Gegensätze aufgrund unterschiedlicher persönlicher Interessen bemerkbar. Kiew verlor seine Bedeutung als vereinigendes Zentrums der Rus, vor allem nach den Plünderungen durch russische Fürsten. Es entstanden neue Machtzentren: Wladimir-Salesski im Gebiet von Wladimir-Susdal, Tschernigow, Wladimir-Wolynski und Galitsch in der nordwestlichen Rus, Nowgorod und Smolensk im Norden und Nordwesten. Es zeigte sich die Tendenz zu einer noch stärkeren Aufsplitterung. Die politische und militärische Einheit der Rus verschwand völlig. Dennoch verlor sich das Gefühl für die historische, linguistische und kulturelle Einheit des russischen Volkes nicht. Es entwickelte sich ein tragischer Gegensatz zwischen dem auf Einigung ausgerichteten Gewissen und dem realen Zustand der Dinge. Unter diesen Umständen fiel der Literatur eine entscheidende Rolle zu.

Die Literatur eines Volkes beschränkt sich nicht auf die Gesamtheit seiner literarischen Werke. Die einzelnen Werke bilden erst eine Literatur aus, wenn sie untereinander durch eine gewisse organische Einheit verbunden sind, wenn sie sich gegenseitig beeinflussen, in Wechselwirkung miteinander treten, an einem Entwicklungsprozeß teilnehmen und insgesamt eine mehr oder minder bedeutsame soziale Funktion erfüllen.

Bereits im 11. Jahrhundert sahen wir eine gegenseitige Bereicherung der literarischen Werke. In der alten Rus beschränkte sie sich noch hauptsächlich auf die Übernahme einzelner Abschnitte oder Sätze, auf die gegenseitige Durchdringung und Integration einzelner Werke und auf Neuschöpfungen auf der Basis vorangehender Werke.

Die Literatur des 12. und des beginnenden 13. Jahrhunderts stellt eine reale Einheit dar. In ihr werden die Werke zu Gruppen gebündelt; sie vereinigen sich miteinander, werden unter gegenseitiger Wechselwirkung weitergeführt, gehen aus der Korrespondenz einiger Schriftsteller hervor, die an den entgegengesetzten Enden des russischen Reiches wohnen. Überdies beschränkt sie sich auf ein einziges Thema, das der russischen Geschichte, und eine einzige Idee, die der Notwendigkeit einer Einigung. Die gesamte russische Literatur des 12. Jahrhunderts bis zum beginnenden 13. Jahrhundert stellt quasi ein einziges Werk dar, das wir als eine Art Predigt über die Einheit Rußlands bezeichnen können. Diese Predigt wurde an verschiedenen Stellen der Rus und in demselben Stil des monumentalen Historismus gehalten. Dieser Stil war, wie wir gesehen haben, im 11. Jahrhundert entstanden. Im 12. Jahrhundert und in den ersten Jahren des 13. Jahrhunderts erlebte er eine besonders ausgeprägte Blütezeit.

Das Akademiemitglied M. N. Speranskij sprach von der Existenz »mehrerer Literaturen« in der Zeit der Aufsplitterung der Rus. »Und diese Literaturtypen«, so fügte er hinzu, »beruhten unter anderem auf Stammesunterschieden und auf regionalen oder staatlichen Unterschieden. Es trifft zu, daß sich dank der unterschiedlichen Kulturen der Stämme auch die christliche Literatur nicht auf einförmige Weise ausbreitete. Mit anderen Worten: Wir stehen vor dem ethnographischen Prinzip der Entwicklung einer neuen Weltsicht.«

Die Theorie, nach der die Literatur ebenso »aufgesplittert« war wie die staatliche Ordnung der Rus, entwickelte sich zu einem Gemeinplatz der Literaturgeschichte. Im Gegensatz zu M. N. Speranskij maßen aber alle späteren Forscher nicht etwa seinem »ethnographischen«, sondern dem politischen Prinzip eine große Bedeutung zu: Die Unterteilung der russischen Literatur des 12. und des beginnenden 13. Jahrhunderts richtete sich nach Fürstentümern und nicht nach Stämmen.

Keines der literarischen Werke dieser Zeit tritt für die Aufsplitterung der Rus und für die Abtrennung und unabhängige Entwicklung des einen oder anderen Fürstentums ein. Kein Werk propagiert eine kulturelle Isolierung. Vielmehr versuchen die Schriftsteller, miteinander in Beziehung zu treten, nehmen Briefkontakt auf, verteidigen ihre Einheit und flüchten sich in den Elfenbeinturm des Künstlers. Der Traum, die Entfernungen zu überbrücken, bestimmt den gesamten Charakter der Literatur in dieser Zeit.

Die Chroniken des 12. Jahrhunderts

Beginnen wir mit den Chroniken, die aufgrund ihrer lokalen Entstehung mehr als alle anderen Werke den lokalen Charakter der Literatur widerspiegeln müßten, wenn dieser denn überhaupt existierte. Gerade den Chroniken kam die Hauptrolle bei der wechselseitigen Bereicherung der Literatur vom 11. bis zum 13. Jahrhundert zu.

Die »Chronik der vergangenen Jahre« aus den ersten Jahren des 12. Jahrhunderts zog eine einzigartige Bilanz aus den vorhergehenden Epochen. Es handelte sich um eine Art »literarische Anthologie« der übersetzten und der original russischen Werke.

Im 12. Jahrhundert wächst die einigende Bedeutung der »Chronik der vergangenen Jahre« weiter an. Sie bildet die Wurzel für viele lokale Annalen. Ohne Zweifel geht aus ihr die Chronik von Tschernigow der Olgowitsch-Fürsten (der Nachkommen von Oleg Swjatoslawitsch) hervor, die in Perejaslawl-Juschnyi entstand, in Wladimir-Wolynski und in Wladimir-Salesski. Vor allem im Fürstentum Wladimir-Susdal wurden die politischen und kulturellen Lehren Monomachs stark rezipiert.

Daß die »Chronik der vergangenen Jahre« in ganz Rußland verbreitet war, ist nicht nur als literaturhistorische Tatsache zu werten, sondern vielmehr als ein Faktor politischen Selbstbewußtseins. Im Lauf des 12. Jahrhunderts entstanden in verschiedenen Städten und Klöstern der Rus Annalen, welche die altrussischen Chroniken weiterführten. Solche Annalen wurden nicht nur in Kiew, sondern auch in Tschernigow, in Perejaslawl-Juschnyi (Fürstenchronik und Bischofschronik), in Nowgorod (im Bischofspalast der Sophienkirche ebenso wie in der kleinen Kirche des heiligen Jakobus im Stadtviertel Nerewski), in Wladimir-Salesski, in Rostow, in Wladimir-Wolynski, in Smolensk und wahrscheinlich in noch vielen weiteren Städten der Rus verfaßt.

Trotz dieser Eigenschaft der russischen Chronistik besteht weiterhin die Tendenz, alle russischen Ereignisse festzuhalten und dabei ganz Rußland zu berücksichtigen. Von der zweiten Hälfte des 12. Jahrhunderts an ist in den Annalen von Kiew auch die Chronik von Tschernigow und die Chronik von Perejaslawl-Juschnyi enthalten, die wiederum aus nordostrussischen Chroniken extrahiert wurden. In der Chronik von Perejaslawl-Juschnyi spiegelt sich die Kiewer Chronik wider. In der Nowgoroder Chronik, die mit dem Korpus der Altrussischen Chronik von Kiew aus dem 11. Jahrhundert beginnt, wird zu Beginn des 13. Jahrhunderts die Chronik von Rjasan deutlich, und es zeigt sich auch hier die Tendenz, bei der Aufzählung der Geschehnisse die Grenzen Nowgorods zu verlassen. In der Chronik von Wladimir-Salesski sind die beiden Chroniken von Perejaslawl-Juschnyi enthalten, die des Bischofs wie die des Fürsten, und auf diese Weise auch die Kiewer Chronik. Auch die Chronik von Wladimir-Wolynski überschreitet die Grenzen der lokalen Ereignisse.

Die Werke der Chronisten wurden kopiert und von einem Fürstentum ins andere transportiert. So kommt es zu den Gemeinsamkeiten der Chroniken und zu ihrem einzigartigen Anspruch, den »Raum zu überwinden«.

Die Art, in der die Chroniken bearbeitet wurden, zeigt nicht so sehr lokale Eigenheiten auf, sondern vielmehr die Vielfalt ihrer Herkunft sowie die Vielfalt der literarischen Einflüsse. Unter den wichtigsten Manuskripten befinden sich: die Hypatius-Chronik des 15. Jahrhunderts, die Laurentius-Chronik des 14. Jahrhunderts und das synodale Manuskript der ersten Nowgoroder Chronik des 13. Jahrhunderts.

Die einzelnen Chroniken

Im Kiewer Korpus des Jahres 1200 (in der Sammlung der Hypatius-Chronik enthalten) fanden nicht nur die Chroniken weiterer Zentren der Rus Aufnahme, sondern auch die Gattung der Familienchronik; etwa die der Rostislawitsch-Fürsten (der Nachkommen von Rostislaw Mstislawitsch), von Swjatoslaw Olgowitsch und seinem Sohn Igor Swjatoslawitsch, des Helden des »Igorlieds«. Ebenso darin verzeichnet sind die Erzählungen von Verbrechen der Fürsten: »Die Geschichte der Ermordung von Igor Olgowitsch und des Verbrechens von Wladimirko von Galitsch«. Den Abschluß dieses Korpus bildet die feierliche Homilie des Abtes Moses vom Kloster Wydubizkij am Dnjepr anläßlich des Baus von dessen Befestigungsmauern.

Die Chronik von Wladimir-Salesski (die in der Laurentius-Chronik erhalten blieb), wurde in der Kathedrale Mariä Himmelfahrt bearbeitet und spiegelte somit die Tendenz der Kirchenleute wider, in jedem bedeutsamen Ereignis die Intervention der Muttergottes und ihren besonderen Schutz für die Stadt Wladimir und ihren Fürsten zu sehen. In dieser Chronik zeigt sich klar der Einfluß der kirchlichen Literatur: der »Parimijnik« (eine Sammlung alttestamentarischer Stellen), das »Leben der Heiligen Boris und Gleb«, die »Predigt des heiligen Theodosios vom Höhlenkloster über die göttliche Gerechtigkeit«, die »Rede über das Gesetz und die Gnade« und andere mehr.

In der Chronik von Nowgorod finden wir eine deutlich geringere Zahl literarischer Quellen. Ihre Sprache ist auffälligerweise der »Geschäftssprache« sehr nahe.

Die Annalen bezeugen, daß ihre literarischen Quellen in ganz Rußland verbreitet waren. So beeinflußt die »Rede über das Gesetz und die Gnade« aus Kiew auch die Chroniken Nordostrußlands in Wladimir-Salesski sowie Südwestrußlands mit Wladimir-Wolynski. Einzigartig auch die Tatsache, daß die detailliertesten Erzählungen von der Ermordung von Andrej Bogoljubskij sich nicht in der Chronik von Wladimir-Salesski, wo die Ereignisse stattfanden, finden, sondern in der Kiewer Chronik. Heute lesen wir diese ausführliche Geschichte in der Hypatius-Chronik oder – in stärker geraffter Form – in der Laurentius-Chronik.

Eine gewisse Beschränkung auf das lokale Interessen müssen wir nur bei einigen Teilen der Nowgoroder Chronik konstatieren. Dies erklärt sich durch die Tatsache, daß eine der Chroniken in einer kleinen Kirche an der Jakowlewaja-Straße im Stadtviertel Nerewskij vom Popen German Wojata redigiert wurde. Die Priester der Pfarrkirchen von Nowgorod wurden von den Bewohnern der Stadtviertel gewählt. Damit verstehen wir auch leichter, warum der Priester German Wojata (Wojata ist eine Zusammenziehung des heidnischen Namens Woislaw mit Germanus, er trägt also einen heidnischen und einen christlichen Namen) noch halb heidnische Auffassungen vertrat. Seine Anmerkungen haben teilweise persönlichen Charakter. Für den 9. März des Jahres 1138 notiert German Wojata beispielsweise: »Es gab einen heftigen Donnerschlag, den wir alle hörten, während wir im Hause saßen.« Am 23. April desselben Jahres: »Die Menschen erschraken, als sie hörten, daß Swjatopolk mit den Pskowern vor der Stadt stünde, und die ganze Stadt stieg auf die Befestigung, doch war nichts zu sehen.« Vom stilistischen Standpunkt aus ist eine Notiz des Jahres 1143 ziemlich bemerkenswert, weil sie in einigen Teilen auch den Rhythmus der gesprochenen Sprache wiedergibt: »... den ganzen Herbst über regnete es, von Mariä Tod bis zum Beginn des Advents (Korotschjuna), Wärme, Regen.« Anzumerken ist, daß der christliche Begriff für den Beginn des Advents durch den Namen der entsprechenden heidnischen Festlichkeit, nämlich Korotschjuna, wiedergegeben wurde.

Die soziale Ordnung von Nowgorod spiegelt sich auch in den weiteren Annalen der Stadt, die zum Korpus der Nowgoroder Chronik zählen. Diese Annalen wurden in der Sophienkathedrale redigiert. Die Sprache der Nowgoroder Chronik ist einfach und enthält nur einen geringen Prozentsatz kirchenslawischer Begriffe. Dialektausdrücke findet man hier mehr als in anderen Chroniken. Elemente des Nowgoroder Dialekts treten in den lokalen Manuskripten ziemlich früh auf (zum Beispiel schon in den Menäen von 1096 bis 1097). Doch auch dies ist noch nicht Beweis eines »regionalen ethnographischen Prinzips« in der Literaturgeschichte. Sie bezeugen nur eine gewisse linguistische Verschiedenheit, aber nicht das Auftreten eines regionalen Selbstbewußtseins.

Im Grunde genommen müßten die Chroniken wie andere Erzählungen Partei ergreifen für ihre lokalen Größen und unterschiedliche politische Überzeugungen zum Ausdruck bringen – die Chroniken waren übrigens angesichts des Guten und des Bösen in der Welt alles andere als kalt oder indifferent. Doch kein Chronist trat jemals für die Abtrennung seines Fürstentums und für die Bildung eines eigenen Staates, somit für separatistische Prinzipien in der Geschichte des Landes ein. Ganz im Gegenteil: Die Diskussionen kreisten nur darum, welche der Fürsten und welche der dynastischen Linien am besten seien für die Einheit Rußlands.

Das Paterikon des Höhlenklosters von Kiew

Derselbe panrussische Integrationswille findet sich auch in dem wichtigsten Denkmal der historisch-religiösen Literatur vom Beginn des 12. Jahrhunderts: dem Paterikon des Höhlenklosters von Kiew.

Dieses Werk wurde nach und nach auf der Grundlage bereits existierender literarischer Werke geschaffen. Es war durchtränkt von der Vorstellung der panrussischen Bedeutung des Höhlenklosters von Kiew. Es entstand in den zwei einander entgegengesetzten Enden Rußlands, nämlich durch die Korrespondenz zwischen dem Mönch Polykarpos vom Kiewer Höhlenkloster und dem Bischof Simon von Wladimir-Susdal. In einem seiner Briefe beklagte sich Polikarp bei Simon darüber, daß er von geistlichen Würden ausgeschlossen bliebe. Simon antwortete Polikarp mit einem erbaulichen Brief, in dem er die große Ehre pries, im Gebiet des Höhlenklosters von Kiew arbeiten zu dürfen. Dem Brief fügte er einige kurze Erzählungen über das Leben der Mönche im Höhlenkloster bei. Offensichtlich verfehlte der Brief seine Wirkung auf Polikarp nicht, und er vervollständigte Simons Erzählungen mit eigenen Geschichten, die er in einem Brief an Akyndos, den Abt des Höhlenklosters, aufschrieb. Die Briefe von Simon und Polikarp wurden zusammen mit anderen literarischen Dokumenten im 13. Jahrhundert zu einem Werk vereinigt: Dazu gehörten zum Beispiel Nestors Erzählungen über die ersten Mönche des Höhlenklosters, die seinerzeit auch in die »Chronik der vergangenen Jahre« aufgenommen wurden, das »Leben des heiligen Antonios vom Höhlenkloster«, das nicht erhalten blieb, sowie das »Leben des heiligen Theodosios vom Höhlenkloster«. So entstand ein kumulatives Werk, das in der Form und in den typologischen Eigenschaften nicht genau den byzantinischen Paterikà entsprach, das aber trotzdem in den Manuskripten aus späterer Zeit »Paterik« genannt wurde, um es in die gewohnte kirchliche Literaturgattung einzuordnen.

Das »Paterikon« des Höhlenklosters in Kiew steht unter verschiedenen Einflüssen. Dazu gehören der Briefstil jener Zeit, die griechischen Paterikà, der Stil der Chroniken und der hagiographischen Literatur, die Homilien und Festpredigten und schließlich mündliche Erzählungen und Überlieferungen sowie weitere Formen ostslawischer Volksbräuche. Anhand der Geschichte des Kiewer Paterikons können wir die Entstehung eines großen literarischen Denkmals unter Einwirkung zahlreicher, bisweilen unerwarteter Einflüsse verfolgen. Das Paterikon von Kiew erscheint von der Ideengeschichte her gesehen recht originell. Christliche Vorstellungen vereinigten sich hier mit dem alten Erdkult[22], der bis zu einem gewissen Grad auch den Inhalt der stilistischen, historisch-monumentalen Struktur beeinflußte.

Das Paterikon unterstreicht, daß die Marientodkirche im Höhlenkloster »von Norden« und »von Süden« her errichtet wurde: Die Waräger lieferten die Baumaterialien dazu, und die Griechen, die auf wunderbare Weise vom Blachernenkloster in Konstantinopel geschickt wurden, bauten das Kloster und schmückten es mit Fresken aus.

Der Ort, auf dem die Kirche steht, gilt als heilig, da als Ort von Wundern bekannt. In einem Wunder sollen Größe und Proportionen der Kirche mitgeteilt worden sein. Nach diesen Angaben sind auch die Marientodkirchen in Rostow und Susdal gebaut. Vom Höhlenkloster stammten die Bischöfe, und die Mönche bauten Klöster in der ganzen Rus, sogar im fernen Tmutarakan am Schwarzen Meer.

Jeder Ort wird durch den Bau eines Klosters oder einer Kirche, durch historische oder historisch-religiöse Erinnerungen geheiligt. Auf dieser Grundlage entsteht im wesentlichen auch das Konzept der »heiligen Rus«: Jeder Ort wird von diesen »Zeichen« in seinem absoluten Wert bestätigt.

Bischof Simon von Wladimir spricht in seinem Brief, den er Polykarp in Kiew zusendet, von der »russischen Welt« und von der Rolle, die darin das Höhlenkloster von Kiew spielt. Aus diesem Höhlenkloster gingen die Exponenten der kirchlichen Hierarchie Rußlands hervor, Kiew, Perejaslawl, Rostow, Nowgorod, Wladimir, Jurew, Polozk, Tmutarakan, Tschernigow, Turow, Belgorod, Susdal. »Und wenn du alles wissen willst, lies die Chronik des alten Rostow.« In dieser Chronik notiert Simon die Namen von dreißig russischen Kirchenfürsten, die aus dem Höhlenkloster in Kiew hervorgingen. Doch wenn man auch die Würdenträger späterer Zeiten dazuzählt, »bis auf den heutigen Tag von uns Sündern«, so waren es ungefähr fünfzig.

Das Paterikon von Kiew diente nicht nur dem allseits in der Literatur verbreiteten Ideal von der Einheit der Rus. Es begründete sozusagen die »klösterlichen Etikette« durch Zusammentragen der russischen religiösen Bräuche. So erzählt das Paterikon beispielsweise, wie die russische Gewohnheit entstand, den Verstorbenen ein geschriebenes Gebet, in dem die Vergebung der Sünden erfleht wurde, in die Hand zu geben. Die Autoren des Paterikons gaben an, daß diese Sitte nirgendwo anders bestehe.

Die Autoren des Paterikon versuchten, das Ideal eines Lebensstils zu schaffen, der nicht nur im Inneren von Klostermauern, sondern auch außerhalb als Regel gelten könne. Das Paterikon erzählt zum Beispiel auf der Grundlage des »Lebens des heiligen Theodosios«, wie Fürst Isjaslaw von Kiew Theodosios besuchte und ihn fragte, warum das Essen im Kloster so gut schmecke, während bei seinen Banketten, bei denen viele hochgeschätzte Speisen aufgetragen würden, es »nicht so süß war wie hier«. Theodosios erklärte dem Fürsten: Das Essen würde in der Klosterküche mit Hingabe und nach Ritualen – die er beschrieb – gekocht, während am Fürstenhof Knechte das Essen zubereiteten, die bei der Arbeit »stritten, sich gegenseitig auslachten und beleidigten, oft vom Aufseher geschlagen werden, so daß sich ihre gesamte Arbeit in der Sünde abspielte«.

Das Paterikon bezieht sich auf die Zeit, in der sich der feudale Lebensstil und Verhaltensmodelle für das Militär, die Fürsten und das Leben in den Klöstern herausbildeten. Der Fürst zieht vor seinem Heer in die Schlacht und bricht als erster seine Lanze; die Gehilfen des Fürsten weichen nicht von der Seite ihres Herrn; junge Männer erscheinen vor dem Fürsten; die Bojaren halten Ratssitzungen ab (»die Bojaren in der Duma«); die Bauern führen das Vieh auf die Weide und so weiter. Charakteristisch ist das Bild des Mönchs an der Arbeit: »Oft saß der große Nikon da und schrieb Bücher, und der Selige (Theodosios) saß neben ihm und spann Wolle. So groß waren die Demut und die Einfachheit« jenes Mannes.

Vergleichbar ist eine weitere, idyllische Szene: Ilarion »war in der Tat geschickt im Bücherschreiben, und Tag und Nacht schrieb er in der Zelle unseres seligen Vaters Theodosios Bücher, während dieser mit leiser Stimme den Psalter betete, dabei Wolle spann oder etwas anderes tat …«. Die »Herstellung« von Büchern (abschreiben, binden …) war eine der Hauptbeschäftigungen der Mönche. Andere waren das Arbeiten im Garten, in der Küche und bisweilen auch als Bauleiter. Für diesen Fall werden Konflikte beschrieben, die zwischen den bezahlten Arbeitern einerseits und dem Kloster andererseits entstanden. Anscheinend verhielten sich sogar Mönche nicht immer ganz ideal. Aber die Konflikte werden am Ende bereinigt, und die idyllische monastische Atmosphäre stellt sich wieder ein.

Das Paterikon zeigt uns auf der einen Seite, wie eine neue Literaturgattung in der Rus entsteht und wie sich parallel dazu der feudale Lebensstil und die entsprechenden Verhaltensideale herausbilden. Ob sie nun lobten oder verurteilten, die Autoren des Paterikons propagierten die idealen Beziehungen, die im Inneren des Klosters und zwischen Kloster und Gesellschaft, allen voran den Fürsten, zu gelten hätten.

Die Pilgerfahrt des Abtes Daniil

In der Gattung der Reiseliteratur wird Rußland in einer Art Panoramablick vorgeführt, der einerseits Rußland gleichzeitig von verschiedenen Enden aus betrachtet und Geschehnisse unter einer umfassenden historischen Perspektive interpretiert (wie wir gesehen haben eine grundlegende Eigenschaft des historisch-monumentalen Stils), sich aber andererseits auch für die Grenzen und die Nachbarländer der Rus interessiert. Dieses Interesse charakterisiert in besonderer Weise die Chronik von Galitsch-Wolynija, die in den Korpus der Hypatius-Chronik aufgenommen wurde und uns somit überliefert blieb. In dieser finden wir Berichte über die Beziehungen mit Ungarn, Polen, Litauen, Byzanz und den Kumanen. Rußland wird nicht nur in seiner ganzen Größe, sondern auch als Teil der ganzen christlichen Welt aufgefaßt. Pilger auf der Reise ins Heilige Land oder nach Konstantinopel oder auch die einfachen Reisenden bestätigten in ihren Berichten, daß die Welt als eine Einheit existierte.

Das erste Werk dieser Art war die »Pilgerfahrt des Abtes Daniil ins Heilige Land«. Die Pilgerreisen nach Palästina, auf den Berg Athos und nach Konstantinopel hielten bis ins 12. Jahrhundert an. Auf den Berg Athos pilgerten beispielsweise auch Antonios, der Gründer des Höhlenklosters von Kiew, und der Abt Warlaam. Doch nur Abt Daniil hinterließ detaillierte Notizen von seiner Reise ins Heilige Land – eine Art detaillierten, instruktiven Reiseführer. Es ist wiederum kein Zufall, daß Abt Daniil in Jerusalem das Weihrauchfaß beim Grab des Herrn »im Namen ganz Rußlands« und nicht nur im Namen seines Klosters oder seines Fürstentums entzündet. Daniil begab sich nach Palästina, als sich dieses Land in der Hand der Kreuzfahrer befand. Er wurde von König Balduin als Vertreter Rußlands mit großen Ehren empfangen.

In seinem Werk vervollständigt Daniil die bereits bekannten Informationen über den Alterszustand der Denkmäler, ihre Ausmaße, die Entfernungen zwischen den historischen Städten und die Verehrung, die ihnen von seiten der einheimischen Bevölkerung und von den Pilgern zuteil wird.

Vieles spricht dafür, daß Daniil aus einem der südlichen Fürstentümer stammte, doch von einem ideologischen Standpunkt aus hat das keinerlei Bedeutung. Ende des 12. Jahrhunderts pilgerte auch Dobrynja Jadreijkowitsch aus Nowgorod ins Heilige Land und nach Konstantinopel. Auch er hinterließ eine Reisebeschreibung, eine Art Führer für künftige russische Pilger.

Als die Kreuzfahrer im Jahr 1204 Konstantinopel eroberten und plünderten, waren die Russen ob dieses Ereignisses tief betroffen. Einer von ihnen, der sich damals in Konstantinopel aufhielt, schrieb einen detaillierten Bericht von der Einnahme der Stadt durch die Kreuzfahrer nieder – einer der ausführlichsten Berichte überhaupt. Der russische Autor ließ durchblicken, daß er über tiefgreifende Kenntnisse der byzantinischen Probleme verfügte. Er beschrieb die Gründe, die beide Parteien für diese oder jene Handlung hatten. Der Bericht ist zur gleichen Zeit kenntnisreich und einfach. Der Autor hatte nicht nur mit eigenen Augen die Geschehnisse miterlebt, sondern auch zugehört, wie andere, die Griechen, darüber sprachen. Aus diesem Grund wurde sein Bericht nicht nur in ein universalgeschichtliches Werk, sondern auch in die Chronik von Nowgorod aufgenommen. Diese Stadt strebte nämlich die kirchliche Autonomie von Kiew an und besaß trotz der ungeheuren räumlichen Entfernung enge Verbindungen zu Konstantinopel. Die Nowgoroder waren zutiefst an allem interessiert, was in Konstantinopel geschah.

Das Interesse und damit Übersetzungen und kompilatorische Werke vor allem über die biblische und die byzantinische Geschichte bis hin zur Geschichte Griechenlands und Roms wuchsen an. Eine besondere Bedeutung besaß zu jener Zeit die »griechische und lateinische Chronik«. Unter »griechischer Chronik« verstand man die Beschreibung der heidnischen Geschichte, während die »römische/lateinische« Chronik der Geschichte der christlichen Staaten galt: dem ersten Rom, also Westrom, und dem zweiten Rom, Ostrom, dem sich die Rus nicht nur auf rein kirchlicher, sondern auch in viel größerem Umfang auf kultureller Ebene verbunden fühlte.

Das »Hexaemeron« von Ioan Exarch von Bulgarien erzählt in allen Einzelheiten davon, wie die Welt weise erschaffen wurde (siehe oben). Dieses Werk übte einen starken Einfluß auf die gesamte russische Literatur und teilweise auch auf die bildenden Künste bis ins 17. Jahrhundert hinein aus. Es war das Lieblingswerk der russischen Leser, die sich für all jenes interessierten, das »für die Ewigkeit« geschaffen war. Das »Hexaemeron« berichtet von der Erschaffung der Welt in sechs Tagen (daher auch der Titel »Sechstagewerk«) und von der Zweckmäßigkeit aller Dinge der Erde, von der Selbstregulierung jedes natürlichen Elements und von der Selbstreinigung der Welt, vom Wasserkreislauf, von der Zweckmäßigkeit jedes Lebewesens, von der Schönheit des Meeres und der Wellen, die sich an Sandstränden brechen, von der Weisheit, die in der Erschaffung der Fische und der Vögel und vieler anderer Dinge ruht. Dieses Werk stellte den Menschen als Zentrum des Universums dar, dank dem alle Dinge in der Natur leben und zur Erfüllung drängten. Deshalb sei der Mensch moralisch für alles verantwortlich, was ihn umgibt und ihm untertan ist.

Festhomilien, Briefe, Predigten

Die russische Literatur des 12. und des beginnenden 13. Jahrhunderts versuchte, eigene Literaturgattungen zu erschaffen und zu entwickeln. Viele traditionelle Literaturgattungen erfuhren beträchtliche Veränderungen, zum Beispiel die Hagiographien, die Homilien und die Belehrungen, in die immer mehr politische Motive einflossen. Die Literaturgattung der Festhomilie blieb allerdings fast unverändert, und die altrussischen Autoren erreichten hier ein hohes künstlerisches Niveau. Das gilt zum Beispiel für die »Slowo« (Reden, Predigten) von Kyrillos, dem Bischof von Turow, die in altrussischen und südslawischen Manuskripten zusammen mit dem Werk der besten frühchristlichen und byzantinischen Prediger kopiert wurden: Als erster wäre der heilige Johannes Chrysostomos (350–407) zu nennen, der Kirchenvater, der in der alten Rus am meisten geschätzt wurde.

Die Predigten von Kyrillos von Turow, die den verschiedenen religiösen Festen gewidmet waren, wurden nach den besten Regeln der byzantinischen Redekunst verfaßt. Sie sind durch Eleganz der Sprache gekennzeichnet, die klug berücksichtigte, daß die Predigt vor einem großen Publikum von Gläubigen in einer Kirche gehalten wurde. Auf seine Weise gehört auch das Werk von Kiril von Turow dem historisch-monumentalen Stil und Gedankengut an. Bei jeder seiner Predigten erinnerte Kiril die Zuhörer an die »ewige Bedeutung« dessen, was gerade vor sich ging, »insbesondere das Kirchenjahr, das dem Zyklus der liturgischen Feste entspricht«. Er lud seine Zuhörer ein, sich mit dem Geist und dem Herzen zu erheben und das jeweilige Fest als eine Art ewige Handlung zu verstehen, die »heute und immer« existiere.

Von den Schriften von Klemens von Smolensk ist uns nur wenig erhalten geblieben. Dieser russische Metropolit ließ sich ohne Genehmigung des Patriarchen von Konstantinopel wie seinerzeit auch Ilarion in Kiew nieder. Erhalten blieb nur sein Brief an einen gewissen Priester Thomas. Es handelt sich um einen Teil des Briefwechsels zwischen dem Kiewer Metropoliten Klemens von Smolensk (der auch Bischof von Smolensk war), dem Fürsten Rostislaw Mstislawitsch und ihm selbst. Allein aufgrund dieses Teilstücks wird deutlich, daß die Korrespondenz Fragen universellen Charakters behandelte und literarische Prinzipien betraf. Thomas klagt Klemens an, er lasse sich von der heidnischen Philosophie beeinflussen, besonders von den Gedanken Homers, Aristoteles' und Platons. Offensichtlich zitierte Klemens die philosophischen Griechen aus Sammlungen von Aussprüchen, die damals ziemlich weit verbreitet waren, aber nicht unbedingt von Kennerschaft zeugen. Die Chroniken hingegen bezeichnen Klemens sehr wohl als »Gelehrten« oder als »Philosophen«. Der größte Teil seiner Werke muß verlorengegangen sein, denn der Chronist bezeichnet ihn als Autor »vieler« Werke.

Das Igorlied

Den Höhepunkt der Literatur des 12. Jahrhunderts mitsamt ihren stilistischen Eigenschaften bildet das anonyme Werk mit dem vollständigen Titel »Rede vom Heerzug Igors, des Swjatoslaw-Sohnes, des Oleg-Enkels«, das wahrscheinlich um 1185 bis 1187 in der Umgebung des Großfürsten von Kiew entstanden ist.

Es ist von der Idee durchtränkt, daß eine Einigung der Einzelfürsten notwendig sei und daß die inneren Kriege aufhören müßten. Damit steht das Werk keinesfalls einzigartig da, wie wir gesehen haben. Die Literatur weist die Realität zurück, indem sie zur Korrektur auffordert. Es entsteht eine eigentümliche Dialektik: Auf der einen Seite wird die Literatur von der Realität erzeugt und kann auch nichts aussagen, was in dieser Realität oder in der literarischen Tradition jener Zeit nicht existierte (die »sekundäre Realität« jener Zeit). Auf der anderen Seite eilt sie ihrer Zeit voraus. Dies gilt ganz besonders für die russische Literatur, die stets dazu verwendet wurde, Fehlentwicklungen im gesellschaftlichen Leben zu korrigieren. Auf diesen progressiven Charakter der Literatur gründet sich das soziale Ansehen der russischen Literatur.

Das Igorlied handelt vom mißglückten Feldzug des Fürsten Igor Swjatoslawitsch (1150–1202) von Nowgorod-Sewersk gegen die Kumanen im Jahr 1185. Es wurde offenbar unter dem noch frischen Eindruck der Niederlage geschrieben. In Wirklichkeit ist der wahre Held dieses Werkes ganz Rußland, das in seinen weitesten geographischen und historischen Grenzen aufgefaßt wird. Die Rus ist aufgrund der Zwistigkeiten der Einzelfürsten zerrissen, trotz der Größe ihrer Geschichte und ihrer Natur, mit der das russische Volk sich immer wieder auseinandersetzen mußte. Der Autor empfindet die Aufsplitterung in der tristen Realität der Rus als Tragödie.

Das Werk erzählt die Ereignisse der Heerfahrt Igors nicht in chronologischer Reihenfolge, sondern einer historischen Bewertung folgend. Die Schilderung erfolgt so, als seien die Geschehnisse dem Leser wohlbekannt. Das Werk wendet sich an die Zeitgenossen des Fürsten Igor. Es ist die feurige Rede eines Patrioten, eine leidenschaftliche und bewegende Rede, in dichterischer Hinsicht unzusammenhängend, weil ein schneller Übergang von aktuellen Tatsachen zu Erinnerungen an lange zurückliegende Heldentaten erfolgt, im Ton einmal zornig, dann wieder traurig und niedergeschlagen, doch stets voller Vertrauen in die Heimat, voller Stolz und voller Zukunftsgewißheit.

Das Werk beginnt mit Reflexionen des Autors darüber, welchen Stil er für seine Erzählung wählen sollte. Er verwirft den alten, dunklen Stil des Sängers Bojan (ein nur aus dieser Erwähnung im Igorlied und einem weiteren vom Igorlied abhängigen Werk bekannter Dichter) und entscheidet sich, den »Bylina« (historischen Sagen) seiner Zeit zu folgen und sich an die realen Fakten zu halten. Diese lyrische Einführung, die in altrussischen Werken üblich war (angefangen von den Predigten bis zu den Heiligenlegenden), schafft den Eindruck einer Spontaneität der Erzählung. Der Leser hat das Gefühl, einer Improvisation oder Rede beizuwohnen. Der Text bleibt unmittelbar und steht der gesprochenen Sprache und der Volkspoesie nahe; alles klingt aufrichtig und leidenschaftlich, so daß wir ihm gerne Glauben schenken. Nur der Beginn des Liedes kann einen gewissen Traditionalismus nicht leugnen. Doch weiter sind keine Anzeichen der Imitation eines traditionellen, a priori gegebenen Schemas zu finden.

Die Wahl der künstlerischen Bilder weist keinerlei literarische Verkünstelung auf. Der Rhythmus der Sprache lädt zum Deklamieren geradezu ein. Der Autor des Liedes wendet sich an seine Leser, als sähe er sie vor sich. Er nennt sie allesamt »Brüder« und nennt einmal den einen und dann den anderen bei seinem Namen. In den Kreis seiner imaginären Leser führt er Menschen seiner Zeit wie Figuren der Vergangenheit ein. Er wendet sich an Bojan: »O Bojan, Nachtigall vergangener Zeiten! Wenn du doch mit einem Trällern das Unternehmen Igors preisen könntest!« Er wendet sich auch an den Helden Wsewolod: »O Wsewolod, du Held! Halte deine Stellung fest in der Schlacht: Schleudere Pfeile gegen die Feinde, laß die Schwerter aus gebräuntem Stahl auf die Helme niedersausen!« Der Autor stellt auch lyrische Fragen an sich selbst: »Was für einen Lärm höre ich, was schallt von weit her, frühmorgens vor der Dämmerung?« Er unterbricht sich selbst mit schmerzerfülltem Ausruf: »O Land der Rus, wie weit bist du schon entfernt!« Dies alles schafft den Eindruck einer unmittelbaren Nähe zwischen dem Autor des Liedes und dem Leser, die der Nähe zwischen Redner und Zuhörer zu entsprechen scheint.

Die Möglichkeit ist nicht auszuschließen, daß der Autor sein Werk so geschaffen hat, daß man es auch singend vortragen kann. Jedenfalls finden wir im Werk eine lyrische Atmosphäre vor, eine Unmittelbarkeit der Gefühle und Seelenzustände, und das in viel stärkerem Maße, als man dies von einer Rede erwarten könnte. Außerordentlich stark ist auch der Rhythmus ausgebildet. Und schließlich: Der Autor, der sein eigenes Werk übrigens nur sehr vage definiert und einmal als »Rede«, ein andermal als »Gesang« oder als »Erzählung« bezeichnet, betrachtet als seinen Vorgänger nicht etwa einen der berühmten Redner des 11. und 12. Jahrhunderts, sondern den erwähnten Bojan, den Sänger und Dichter, der seine Werke mit einem Saiteninstrument begleitete, wahrscheinlich auf dem Gusli. Der Autor des Liedes stellt seinen dichterischen Stil dem von Bojan gegenüber und grenzt ihn davon ab, denn er verspricht, seinen eigenen »Gesang« »gemäß den Fakten unserer Zeit, nicht nach Bojans Phantasie« zu beginnen. Diese Abgrenzung ist deswegen möglich, weil Bojan als Vorläufer jener Literaturgattung gilt, in der auch das Igorlied geschrieben ist, das sich aber eben von jenem Stil distanziert.

Volksdichtung und Epos

Wir können die dem Redestil entnommene Vorgehensweise in mehr oder minder großem Umfang in jedem beliebigen Werk der altrussischen Literatur finden. Deswegen ist es wichtig, daß wir uns der Dichtkunst des Volkes zuwenden, wenn wir uns Gedanken über die typologische Natur des Epos machen. Das Epos ist nicht ein Werk der Volksdichtung, doch hat diese, wie wir noch später sehen werden, eine direkte Beziehung zur Frage nach der Literaturgattung.

Die Verbindung, die zwischen dem Igorlied – wir wollen es hier unter dem Aspekt des Epos betrachten – und dem Werk der mündlichen Volkspoesie besteht, wird deutlicher, wenn wir die beiden Gattungen betrachten, die in dem Werk am häufigsten auftreten, nämlich die Klage und die Lobpreisung. Ihr emotionaler Kontrast macht jene weite Bandbreite der Gefühle und der wechselnden Stimmungen möglich, die so charakteristisch ist für das Epos und die allein schon ausreicht, um es von allen volkstümlichen, mündlich überlieferten Werken abzugrenzen, weil diese immer entweder zur einen oder zur anderen Richtung tendieren und keine Vermischung der Gefühle zulassen.

Der Autor erinnert an nicht weniger als fünf Stellen an derartige Klagen. Zwei Klagelieder führt der Autor wörtlich an, nämlich die Klage von Jaroslawna und die Klage der russischen Frauen. Er hält oft in der Erzählung inne und greift auf lyrische Ausrufe zurück, die so charakteristisch sind für die Klagelieder: »O Land der Rus, zu weit bist du schon entfernt!« »Das geschah in jenen Kriegen, doch von einem solchen Unternehmen hat er noch nie etwas gehört!« »Was für einen Lärm höre ich, was schallt mir von weitem entgegen, frühmorgens vor der Dämmerung?« »Die mutige Schar Igors kann nicht auferstehen!« Besonders ausgeprägt ist die Verbindung zwischen den Klagen und dem lyrischen Gesang beim sogenannten Klagelied der Jaroslawna.

Genau wie die Klagen gehören die Ruhmesgesänge oder Lobpreisungen zum Epos. Es beginnt und endet mit der Lobpreisung Igors, Wsewolods, Wladimirs und seiner Druschina. Deutsche und Venezianer, Griechen und Mährer lobpreisen Swjatoslaw. Der Ruhm widerhallt in Kiew, und die Mädchen singen Lobpreisungen an der Donau. Das Lob überquert das Meer und legt die Entfernung zwischen der Donau und Kiew zurück. Einzelne Fragmente dieser Ruhmgesänge kehren gelegentlich im Epos zurück, zum Beispiel an Stellen, wo der Autor von Bojan spricht oder wo er eine eigene Lobpreisung zu Ehren der Heerfahrt Igors dichtet oder am Ende des Werks, wo er dem Fürsten und seiner Druschina Glück wünscht. Hier und da wenden sie sich auch an die russischen Fürsten, etwa beim Dialog zwischen Igor und Don: »O Fürst Igor! Nicht gering ist deine Größe ...« »O Don! Nicht gering ist deine Größe ...« Schließlich tauchen die Lobpreisungen im Schlußteil auf: »Es glänzt die Sonne am Himmel, Fürst Igor ist zurückgekehrt. Igor ist im Land der Rus.«

Die Lobpreisungen waren im Gegensatz zu den Klagen sehr eng mit den Gepflogenheiten der Fürsten verbunden, und diese Bindung kann man auch im »Igorlied« beobachten. Bojan lobpreist die Fürsten beim Klang eines Saiteninstruments; die Mädchen und die Fremden lobpreisen die Fürsten. Für diese Lobpreisungen gab es wahrscheinlich verschiedene Formen, doch wurden sie den Fürsten immer zu bestimmten Gelegenheiten dargebracht, zum Beispiel bei Banketten, bei der Rückkehr des Fürsten in seine Geburtsstadt und so weiter.

Das Epos war eine noch nicht ausgereifte Gattung. War das »Igorlied« vielleicht das erste Werk dieser besonderen Literaturgattung, oder fußte es auf einer älteren Tradition? Vielleicht haben sich die Vorläufer nicht erhalten. Oder haben sie gar nie existiert?

Leider ist uns kein Werk aus der Zeit vor dem Igor-Epos erhalten geblieben, das zumindest teilweise an dessen Charakter erinnern würde. Wir finden zwar einzelne Analogien in den Details, zum Beispiel in der Sprache der Redner oder in der poetischen Sprache, doch handelt es sich immer nur um Einzelheiten und nie um ein Ganzes. Erst nach dem Igor-Epos finden wir in der altrussischen Literatur des 13. Jahrhunderts einige Werke, bei denen Klagen und Lobpreisungen in ähnlicher Weise nebeneinanderstehen. Wir begegnen dort auch dem gleichen gemeinschaftlichen Geist und dem gleichen militärischen Patriotismus. Zusammen mit dem »Igorlied« können wir diese Werke einer einzigen Literaturgattung zuschreiben und eine Verbindung herstellen zwischen dieser Gattung und der profanen, fürstlichen und körperschaftlichen Umgebung, der einzigen, in der diese Werke entstehen und sich entwickeln konnten.

Die Heerfahrt Igors

Der Aufruf zur Einheit angesichts der Bedrohung von außen belebt das gesamte Igor-Epos. Der Autor zeigt die Notwendigkeit der Einigung anhand der unglückseligen Heerfahrt von Igor. Er bringt zahlreiche historische Vergleiche, beschreibt die Folgen, die sich aus den Streitigkeiten zwischen den Fürsten ergeben, schildert die russische Natur und die grenzenlose Weite der Heimat. Igor wird nur deswegen besiegt, weil er die Heerfahrt allein unternommen hat. Die Worte, die Swjatoslaw von Kiew

15. Während eines Feldzuges (1177) sieht Fürst Wsewolod Jurewitsch in einer Erscheinung die Stadt Wladimir und die Muttergottes-Ikone »Wladimirskaja«, aus der Radziwill-Chronik (Königsberg), fol. 222, 15. Jahrhundert; Sankt Petersburg, Bibliothek der Akademie der Wissenschaften.

an Igor Swjatoslawitsch und Wsewolod richtet, beinhalten auch die Haltung des Autors selbst: »O meine Enkel, Igor und Wsewolod! Zu früh habt ihr begonnen, mit euren Schwertern das Land der Kumanen auf der Suche nach Ruhm zu peinigen: Statt dessen seid ihr in Unehre geraten, und in Unehre habt ihr heidnisches Blut vergossen. Eure furchtlosen Herzen sind aus hartem Stahl geschmiedet und in der Wut gehärtet. Warum habt ihr dies meinem Greisenalter angetan? ... doch ihr habt gesagt: Wir kämpfen allein, allein teilen wir uns in den künftigen Ruhm und übertreffen dabei noch frühere Ruhmestaten!«

Im wesentlichen hält sich die Erzählung von der Heerfahrt Igors an die Fakten, wie sie Swjatoslaw dargelegt hat: Der leichtsinnige Igor unternimmt den Feldzug, obwohl er von Anfang an zum Mißerfolg verurteilt ist – trotz aller »ungünstigen Vorzeichen« zieht er in den Krieg. Das einzige Motiv, das ihn dabei bewegt, ist die Aussicht auf persönlichen Ruhm. Igor sagt: »Brüder und Druschina! Lieber getreten werden als Gefangene sein. Steigen wir, Brüder, auf unsere schnellen Pferde, um das Wasser des blauen Don zu durchwaten.« Und weiter: »Ich will mit euch Russen meine Lanze an der Grenze zum Land der Kumanen zerbrechen; ich wette meinen Kopf, daß ich aus meinem Helm das Wasser des Flusses Don trinke!« (Siehe dazu die Lobpreisung von Igor und Wsewolod in der Erzählung der Laurentius-Chronik über Igors Feldzug: »Sind wir vielleicht nicht Fürsten? Gehen wir, und wir werden so den Ruhm ernten.«) Der Wunsch nach persönlichem Ruhm wird für ihn eine Weissagung. Niemand kann Igor auf seinem fatalen Weg mehr aufhalten.

Die Verurteilung Igors tritt auch an einer anderen Stelle des »Igorliedes« und in einem anderen Zusammenhang klar zutage. Der Autor vergleicht die Schlacht zwischen Igors Heer und den Kumanen mit einem Bankett und sagt: »Es fehlte der Wein aus Blut, die tapferen russischen Krieger setzten diesem ein Ende: Sie gaben ihren Gevattern zu trinken und fielen für die Rus.« Der Autor des Epos ist im allgemeinen in der Wahl seiner Ausdrücke sehr genau. Es ist kein Zufall, daß er für die Kumanen den Begriff »Gevatter« verwendet. Der Khan Kontschak, der Anführer der Streitkräfte der Polowtscher (Kumanen), war tatsächlich »Mitschwiegervater« von Igor. Vor diesen Geschehnissen war Igors Sohn bereits mit der Tochter Kontschaks verlobt. Die Hochzeit wurde im Gefängnis gefeiert. Wladimir kehrte »mit einem Sohn« aus der Gefangenschaft zurück und feierte danach die kirchliche Hochzeit.

Die Kumanen waren nicht nur in diesem einen Fall »Gevattern« der russischen Fürsten. Oleg, »der Sohn des bitteren Ruhms«, war mit der Tochter des Khans Asalup verheiratet. Swjatopolk Isjaslawitsch von Kiew war mit der Tochter Tugorchans verheiratet. Jurij Dolgorukij lebte mit der Tochter des Khans Aepa, der Enkelin des Khans Osen, in einer Ehe. Der Sohn Monomachs, Andrej der Gute, war mit der Enkelin Tugorchans verheiratet, Rjurik Rostislawitsch mit der Tochter von Khan Begljuk, und die Enkelin von Khan Kontschak wurde Jaroslaw Wsewolodowitsch zur Frau gegeben. Wie wir sehen, hatte der Autor des Igor-Epos genug Veranlassung und die Berechtigung, die Kumanen, die Feinde der Rus, voller Bitterkeit »Gevattern« zu nennen.

Im gesamten Werk zeigt der Autor eine konstante Sympathie für Igor. Doch trotz dieser Zuneigung verurteilt er dessen Handlungen, und diese Verurteilung legt er, wie wir gesehen haben, direkt Swjatoslaw von Kiew in den Mund. Sie wird unterstrichen von allen im Epos angeführten historischen Parallelen. Der Autor des Igor-Epos ist aber keinesfalls ein Höfling von Igor Swjatoslawitsch und auch nicht von Swjatoslaw Wsewolodowitsch. Der Dichter bleibt in seinem Urteil unabhängig.

In der Figur von Igor Swjatoslawitsch zeigt sich deutlich, wie die historischen Ereignisse stärker sind als der persönliche Charakter. Igors Handlungen sind von den Irrtümern seiner Zeit bestimmt. Seine Person ist in sich weder böse noch gut (oder eher gut als böse), doch seine Handlungen sind schlecht, weil er von den Vorurteilen und Irrtümern seiner Zeit beherrscht wird. Igor Swjatoslawitsch ist ein Kind seiner Zeit; er ist ein »durchschnittlicher« Fürst jener Epoche: beherzt, mutig, mit einer gewissen Heimatliebe, doch leichtsinnig und wenig weitsichtig, mehr um seine eigene Ehre als um die seines Vaterlandes besorgt.

Das Igor-Epos stellt die Ereignisse des Feldzuges vor einem weiten historischen Hintergrund dar. Der Autor des Epos macht von der russischen Geschichte Gebrauch, um den Sinn der zeitgenössischen Ereignisse zu verstehen und um zu allgemeinen Schlußfolgerungen zu kommen. Diese Verwendung der Vergangenheit zum besseren Verständnis der Gegenwart fand ihren höchsten Ausdruck in den Figuren der beiden Initiatoren des Fürstenaufstands, den beiden Stammvätern der unruhigsten Fürstenfamilien, nämlich Oleg, »dem Sohn des bitteren Ruhms«, und Wseslaw von Polozk.

Der Autor des »Igorliedes« präsentiert ein Bild Rußlands in Form einer Einheit der geographischen Extreme: Nowgorod im Norden und Tmutarakan im Süden, Donau und Wolga, westliche Dwina und Don. Allein die russischen Städte, die im Igor-Epos namentlich aufgeführt sind, geben eine Vorstellung vom Umfang des russischen Territoriums: Kiew, Tschernigow, Polozk, Nowgorod-Welikij und Nowgorod-Sewerskij, Tmutarakan, Kursk, Perejaslawl-Juschnyj, Belgorod, Galitsch, Putiwl, Rimow.

Wenn jemand im 12. Jahrhundert, also zur Zeit der Aufsplitterung in die Feudalherrschaften, von Rußland und der Rus sprach, so meinte er damit sehr oft nur das Territorium von Kiew und die nächsten Nachbarn. »In die Rus gehen« bedeutete im 12. Jahrhundert oft den Weg nach Kiew. Perejaslawl-Juschnyj nannte sich im Unterschied zu Perejaslawl-Salesskij das »russische« Perejaslawl. In Nowgorod hieß die Straße nach Kiew die »russische Straße«. Diese Auffassung einer auf das Fürstentum von Kiew (das allein den Anspruch erheben konnte, die gesamte Rus in ihrer Komplexität zu vertreten) beschränkten Rus war die typische Folge der feudalen Aufsplitterung.

Im Gegensatz dazu beschränkt sich der Autor des »Igorliedes« bei seiner Auffassung von Rußland nicht auf die Grenzen des Kiewer Fürstentums. Der Autor schließt darin ein das Fürstentum von Wladimir-Susdal und von Wladimir in Wolynien, Nowgorod-Welikij und Tmutarakan. Dies ist besonders interessant: Er zählt damit zu Rußland auch jene Gebiete, deren politische Autonomie in der zweiten Hälfte des 12. Jahrhunderts verlorengegangen war. So betrachtet der Autor des Epos den Fluß Don, an dem die Kumanen siedelten und an dem sich auch zahlreiche russische Niederlassungen befanden, als russischen Fluß. Der Don ruft den Fürsten Igor »zum Sieg«. Der Don hilft Igor auf seiner Flucht. Die Mädchen »an der Donau«, wo tatsächlich russische Niederlassungen existierten, besingen den Ruhm Igor Swjatoslawitschs nach seiner Rückkehr nach Kiew. Hier hört man auch das Klagelied der Jaroslawna. Selbst das Fürstentum Polozk, das sich im 12. Jahrhundert dem übrigen Teil Rußlands widersetzte, gilt als den russischen Fürstentümern zugehörig. Der Autor des Epos richtet an die Fürsten von Polozk den Appell, Rußland gemeinsam zu verteidigen. Er fordert sie auf, ihre »Zwistigkeiten« mit der Familie Jaroslawitsch zu unterbrechen. Für den Dichter gehört somit das Polozker Fürstentum zu Rußland.

Dieselbe Auffassung tritt auch dort zutage, wo der Autor von der Verteidigung der Grenzen spricht. Die Feinde im Süden der Rus, die Kumanen, sind für ihn zwar die Hauptfeinde aber nicht die einzigen. Er spricht von den Siegen von Wsewolod von Susdal an der Wolga, das heißt gegen die Wolgabulgaren, vom Krieg der Fürsten von Polozk gegen die Litauer, von den »Pforten« Galiziens an der Donau im Vergleich zu den von Byzanz unterworfenen Donauländern.

Die Darstellung der russischen Natur trägt ihren Teil dazu bei, Rußland als Einheit zu sehen. Wind, Sonne, Gewitterwolken, durch die hellblaue Blitze zucken, Morgen- und Abenddämmerung, Meer, Felsen und Flüsse stellen jenen außergewöhnlich weiten Hintergrund dar, vor dem die Handlung des Igor-Epos geschieht. Diese Landschaften vermitteln einen Eindruck von der großen Weite Rußlands.

Diese Weite der Landschaft zeigt sich besonders deutlich im Klagelied der Jaroslawna. Sie wendet sich an den Wind, der unter den Wolken bläst und die Schiffe auf dem blauen Meer wiegt. Sie wendet sich auch an den Dnjepr, der sich einen Weg durch die felsigen Berge und quer durch das Fürstentum von Polozk gebahnt hat. Er trägt die Schiffe Swjatoslaws bis zum Lager von Kobjak. Jaroslawna wendet sich auch an die Sonne, die für alle warm und schön ist, die aber in der trockenen Steppe ihre brennenden Strahlen gegen die russischen Krieger richtete, ihre Bögen mit Durst spannte und ihre Köcher mit Heimweh füllte.

Überdies ist die Natur nicht von den historischen Ereignissen ausgeschlossen. Die Landschaft des Igor-Epos ist eng an den Menschen gebunden. Die russische Natur nimmt gewissermaßen an den Freuden und den Schmerzen des russischen Volkes teil. Die Flüsse werden lebendig und sprechen mit Igor, während den wilden Tieren und den Vögeln oft eine menschliche Intelligenz zugeschrieben wird. Die Empfindung des Raumes und der Weiträumigkeit wird verstärkt von zahlreichen Jagdszenen mit sechsundsechzig Falken, von der Teilnahme am Leben der Vögel, die große Flüge unternehmen: »Nicht der Sturm hat die Falken über die weiten Ebenen gebracht.« Und: »Schwärme von Krähen flüchten zum großen Don hin.«

Diese Vereinigung ganz Rußlands zu einem einheitlichen, konkreten, lebendigen und beeindruckenden Bild und die umfangreichen Beschreibungen der russischen Natur sind die wichtigsten Elemente beim Aufruf des Autors zur Einigkeit. Hier läßt sich der ideelle Inhalt des Epos nicht von seinem formalen Ausdruck trennen. Der Aufruf zur Einigkeit entspringt diesem Zentralbild des Epos in Freiheit und Natürlichkeit, dem Bild einer einzigen wunderschönen, leidenden Heimat. Das Bild flößt Mitleid für Rußland ein, erweckt die Liebe zu seiner Natur, Stolz auf die historische Vergangenheit und das Bewußtsein unbesiegbarer Energien.

Autor des Igorlieds

In der alten Rus wurden die historischen Werke normalerweise kurz nach den jeweiligen Ereignissen von Augenzeugen oder zeitgenössischen Autoren niedergeschrieben. In der Folge wurden diese Werke verändert: Man vervollständigte sie, vereinigte sie mit anderen Komponenten, redigierte sie von einem neuen stilistischen oder ideologischen Standpunkt aus. So kam es zu Nachträgen, Vervollständigungen, Kürzungen, zu großen historische Kompilationen oder Neufassungen. In der alten Rus wurden keine neuen, originalen Werke über weit zurückliegende Ereignisse verfaßt, und so gelten die historischen Werke als eine Art Augenzeugenberichte der Zeitgenossen.

So auch das »Igorlied«. Es ist in Stil wie Inhalt ganz einheitlich, so daß man zur Annahme neigen kann, daß es von einem Zeitgenossen verfaßt wurde. Auch in seiner Verbindlichkeit weist es auf einen Zeitgenossen und nicht auf einen beliebigen Literaten als Autor hin, der Ereignisse nach unterschiedlichsten »historischen Quellen« wiedergibt.

Der Autor weiß nicht nur mehr als ein Chronist, er sieht und spürt auch die Ereignisse in der ganzen Leuchtkraft lebendiger Eindrücke. Er weiß zum Beispiel, daß während der Schlacht zwischen Igor und den Kumanen der Wind von kumanischer Seite kam, und erwähnt dies auch zweimal (bei der Beschreibung des Schlachtbeginns und im Klagelied der Jaroslawna). Tatsächlich sind Winde von Süden charakteristisch für diesen flachen Teil Osteuropas im Frühjahr und im Sommer.

Der Autor nimmt lebhaft die Natur der Steppe des 12. Jahrhunderts wahr: Die Pfiffe der Ziesel, das Hämmern der Spechte in den Auen verwilderter Steppenflüsse, die Lebensgewohnheiten der Bleßhühner, das Heulen der Wölfe gegen die Schilde, deren scharlachrote Farbe sie nicht ertragen, und so weiter.

Der Autor kennt auch die genaue Lage des Palastes des Fürsten von Galitsch, der »hoch oben« auf einem Berg liegt. Er weiß, daß sich Igor auf den Flußweg von Kiew nach Tschernigow begab und von der Anlegestelle den Boritschew-Steig nahm, um in die »Oberstadt« zu gelangen. Er kennt die russischen Siedlungen an der Donau. Es ist ihm auch bekannt, daß Neschatina Niwa, wo 1076 die Schlacht stattfand, am Flüßchen Kanina bei Tschernigow liegt.

Als Zeitgenosse kennt der Autor des »Igorliedes« die politische Lage in den verschiedenen russischen Fürstentümern. Mit außergewöhnlicher Genauigkeit schätzt er die politische Situation in den Fürstentümern von Wladimir-Susdal, von Galitsch, Polozk und so weiter ein. Erst seit kurzem können wir die Genauigkeit vieler historischer Angaben des Autors einschätzen, die zunächst als falsch eingestuft wurden (zum Beispiel das Begräbnis von Isjaslaw in der Sophienkirche in Kiew; die Forscher hatten ursprünglich gedacht, Isjaslaw sei in der Zehntkirche begraben worden). Schließlich gehört auch die Sprache des »Igorliedes« ohne Zweifel in die zweite Hälfte des 12. Jahrhunderts. Der Autor verwendet eine politische Terminologie, die erst in den siebziger Jahren des 12. Jahrhunderts in Gebrauch kam, zum Beispiel den Begriff »Gospodin«, »Herr«, für den Fürsten. Der Dichter verwendet die komplexe feudale und militärische Terminologie des 12. Jahrhunderts in korrekter Weise: »aufs Pferd steigen«, »das Wasser aus dem Helm

S. Romaschow, April 1992

16. Karte der Rus zur Zeit des Igor-Epos (Ende des 12. Jahrhunderts).

trinken«, »die Lanze brechen«, »das ist mein, und das ist dein« (im Igor-Epos auch ironisch verfremdet: »Das ist mein, und das ist noch einmal mein«), »Vater«, »Sohn« zur Angabe des Verhältnisses zwischen Herr und Vasall) und so weiter. Viele dieser Begriffe sind in der Sprache der nachtatarischen Zeit vollständig verschwunden. Wie kürzlich durchgeführte Untersuchungen beweisen, verwendet der Autor des »Igorliedes« auch türkische Wörter in der Form, in der sie im 12. Jahrhundert gebräuchlich waren.

Auch alle Waffen, die im »Igorlied« aufgezählt werden, sind richtig beschrieben, weiß die heutige Archäologie. Die Schwerter, die später keine Rolle mehr spielten, waren im 12. Jahrhundert zusammen mit den Säbeln in Gebrauch, die sich gerade im militärischen Bereich durchzusetzen begannen. Die Schilde der Russen waren tatsächlich scharlachrot bemalt. Und der massive Einsatz von Pfeilen vor der Schlacht war im 12. Jahrhundert weithin üblich. Man wollte damit die Reihen des Feindes in Unordnung versetzen. Wie wir aus archäologischen Untersuchungen wissen, sind auch die Angaben über die Einzelheiten der Ausrüstung präzise. Die »gespaltenen« Helme der Kumanen sind korrekt, denn sie bestanden aus Holz und waren nur zum Schutz von einem Stahlblech überzogen. Ethnographen bestätigten auch die Richtigkeit des Volksglaubens der alten Rus, wie er sich zum Beispiel im Traum von Swjatoslaw von Kiew zeigt. Und die »Seidenstoffe« und »wertvollen Brokate«, welche Igors Krieger aus den Zelten der Kumanen plündern, waren eben die Handelswaren, welche die Kumanen damals in der Rus verkauften. Auch die ungarischen Pferde genossen in der Rus tatsächlich einen großen Ruf, und Ungarn exportierte sie auch in andere Länder, und die Gefangenen wurden tatsächlich in den »Gridnitschy«, also großen Empfangssälen, eingesperrt (»und es fiel Kobjak in der Stadt Kiew, im großen Empfangssaal von Swjatoslaw«).

Wir könnten noch viele weitere »Beweise« dafür finden, daß das »Igorlied« von einem Zeitgenossen geschrieben wurde. Der wichtigste und überzeugendste Punkt jedoch ist die Frische des Eindrucks. Das »Igorlied« ist nicht die historische Erzählung von einer weit zurückliegenden Vergangenheit: Es ist vielmehr ein Echo auf die Ereignisse seiner Zeit, voller Schmerz, dessen Schärfe noch nicht nachgelassen hat. In seinem Werk richtet sich der Dichter des Epos an seine Zeitgenossen, die sehr wohl auf dem laufenden waren. Deswegen ist das Epos von Anspielungen, Erinnerungen und vagen Hinweisen auf Dinge durchzogen, die allen zeitgenössischen Lesern noch deutlich vor Augen standen.

Einfluß des Igorliedes

Der Einfluß des »Igorliedes« durchzieht die gesamte russische Literatur. So liest man zum Beispiel im »Apostel«, einem liturgischen Text des Jahres 1307 aus Pskow, der im Staatlichen Historischen Museum in Moskau aufbewahrt wird, folgenden Zusatz, den der Schreiber auf dem letzten Manuskriptblatt anbrachte: »In jenem Jahr herrschte Krieg in der Rus zwischen Michail und Jurij um das Fürstentum Nowgorod. In der Zeit dieser Fürsten … wurde Zwietracht gesät, die Streitigkeiten wurden immer heftiger, unser Leben ging in den Kämpfen dieser Fürsten unter, und das Leben der Menschen verkürzte sich.« Der zweite Teil dieser Notiz ist offensichtlich eine Bearbeitung der folgenden Textstelle aus dem »Igorlied«: »Zur Zeit Olegs, des Sohnes des bitteren Ruhms, wurde Zwietracht gesät, und die Streitigkeiten wurden immer heftiger, und der Reichtum des Enkels von Daschbog ging verloren, und in den Kämpfen der Fürsten verkürzte sich das Leben der Menschen.«

Zu Beginn des 15. Jahrhunderts diente das »Igorlied« als literarische Vorlage für die ›Sadonschtschina‹. Es handelt sich dabei um ein kurzes dichterisches Werk zur Verherrlichung des Sieges von Dimitrij Donskoj auf dem Schlachtfeld von Kulikowo, ›za Donom‹, also jenseits des Don. Dieses »Epos von der Schlacht am Don« verwendet für seinen Zweck einige Bilder aus dem »Igorlied« und stellt die traurige Vergangenheit der Freude des Sieges gegenüber. In Wirklichkeit verstand der Autor der »Sadonschtschina« das ›Igorlied‹ nicht völlig, veränderte viele künstlerische Bilder oder schwächte sie ab. So durchquert der Dnjepr im »Igorlied« die »felsigen Berge« und bildet Flußschnellen. In der »Sadonschtschina« wird dieses Bild auf den Don übertragen. So steht dort etwa, daß auch der Don Felsengebirge durchquere. Dieser begegnet indes in seinem Lauf weder Flußschnellen noch Gebirgen.

Im 16. Jahrhundert wurde das »Igorlied« in Pskow und in Nowgorod kopiert (das Manuskript, das in der Feuersbrunst von 1812 verbrannte, stammte ohne Zweifel von dort). So machte sich das »Igorlied« von Zeit zu Zeit in verschiedenen Gebieten der Rus bemerkbar. Es wurde gelesen und kopiert, und Schriftsteller suchten darin Inspiration für ihre eigenen Werke. Obwohl im Süden der Rus entstanden, »verirrte sich das ›Igorlied‹«, wie A. S. Orlow sagt, »nicht auf der Schwelle eines wilden Gebiets, sondern nahm den gesamten Horizont des russischen Territoriums ein und durchlief dieses mehrere Male«.[23]

Eines der Manuskripte des »Igorliedes«, das offenkundig im 16. Jahrhundert kopiert worden war, gelangte in den neunziger Jahren des 18. Jahrhunderts in die Hände des bekannten Liebhabers und Sammlers russischer Altertümer A. I. Musin-Puschkin. Der Text des »Igorliedes« fand sich in einer Sammlung altrussischer Werke mit profanem Inhalt. Den Angaben von Musin-Puschkin zufolge kaufte es ein von ihm Beauftragter zusammen mit anderen Manuskripten von Ioil Bykowskij, den ehemaligen Archimandriten des Erlöserklosters von Jaroslawl, das zu jener Zeit bereits geschlossen war. Abgesehen vom »Igorlied« enthielt diese Sammlung auch dem »Chronograf«, eine Chronik, welche »die wechselnde« genannt wurde, »da sie die Chronik der russischen Fürsten und der Rus enthält«, die »Erzählung über das indische Reich« und die »Geschichte von Akir dem Weisen«. Musin-Puschkin könnte diese Literatursammlung allerdings auch auf illegale Weise in einem der Klöster von Pskow erhalten haben, indem er seine Stellung als oberster Staatsanwalt beim Heiligen Synod dazu mißbrauchte.

Die erste, sehr kurze Notiz über diese Kopie des »Igorliedes« geht auf einen berühmten Dichter jener Zeit zurück, auf M. M. Cheraskow, und erschien 1797 in der zweiten Ausgabe seines Epos »Der wiedergeborene Wladimir«. Auf etwas detailliertere Informationen stoßen wir in einem Artikel von N. M. Karamsin im Oktoberfaszikel 1797 der Zeitschrift »Spectateur du Nord«, die in Hamburg von französischen Emigranten herausgegeben wurde. Vom Manuskript des »Igorliedes« wurden zwei Kopien erstellt. Die eine, die für Katharina II. bestimmt war, hat sich bis heute erhalten. Abgesehen vom kopierten Text des »Igorliedes« enthielt das Manuskript, das für Katharina hergestellt wurde, auch eine Übersetzung, ferner Notizen und einige Kurzinformationen über das Werk. Im 18. Jahrhundert wurden zwei weitere Übersetzungen des »Igorliedes« angefertigt, die echte Verbesserungen gegenüber der ersten darstellten. Im Jahr 1800 veröffentlichte A. I. Musin-Puschkin das Epos in Zusammenarbeit mit seinen Studienfreunden A. F. Malinowskij, I. I. Bantysch-Kamenskij und dem Historiker N. M. Karamsin. Diese drei waren zu jener Zeit die hervorragendsten Kenner altrussischer Manuskripte. Im Jahr 1812 verbrannte die Sammlung, die das »Igorlied« enthielt, in der Feuersbrunst von Moskau zusammen mit der unschätzbaren Sammlung altrussischer Manuskripte im Hause von Musin-Puschkin am Rasguljaj-Platz.[24] In der Sammlung von A. I. Musin-Puschkin verbrannten auch weitere Manuskripte von allerhöchster Bedeutung, zum Beispiel ein großer Teil der Exemplare der ersten Ausgabe des »Igorliedes«. Wir dürfen uns also nicht wundern, wenn von diesem Dichtwerk sich nur ein einziges Manuskript erhalten hat. In diesem Manuskript ist uns nicht nur das Igorlied, sondern es sind uns auch viele weitere Werke gerettet worden, darunter einige erstklassige, etwa die »Belehrung« von Wladimir Monomach, das »Epos vom Untergang des russischen Landes« (dessen zweites Manuskript erst in den vierziger Jahren unseres Jahrhunderts veröffentlicht wurde), die »Geschichte von Leid und Unglück«, die Übersetzung aus dem Griechischen der Chronik von Georgios Synkellos und viele andere mehr.

Interpretationen

Die ersten Kommentare und Übersetzungen des »Igorliedes« zeigen uns deutlich, daß viele Stellen dieses Werkes anfänglich nicht verstanden wurden.

Die heutige Interpretation des »Igorliedes« ist das Ergebnis eines langen Studiums des Werkes und seiner Zeit, der altrussischen Literatur, der Geschichte der russischen Sprache, der russischen Volksdichtung sowie der gesamten altrussischen Literatur. Viele Aussagen im »Igorlied« wurden von kürzlich erfolgten Entdeckungen verschiedener Werke der altrussischen Literatur bestätigt: etwa der »Sadonschtschina«, der berühmten Notiz im »Apostel« von Pskow des Jahres 1307 oder dem »Epos vom Untergang des russischen Landes«. Nur die unwiderruflich verdorbenen Stellen bleiben endgültig ohne eine befriedigende Erklärung. Dies ist übrigens auch bei anderen Werken der altrussischen Literatur der Fall, besonders bei jenen, die wie das »Igorlied« nur in einem einzigen Exemplar erhalten geblieben sind.

Es gibt keinen russischen Philologen, der nicht irgend etwas über das »Igorlied« geschrieben hätte. In der wissenschaftlichen Literatur zählen wir über eintausend Arbeiten über das Thema.[25] Die Studien der ersten Hälfte des 19. Jahrhunderts sind von einer kritischen Haltung von seiten einiger Forscher (die der sogenannten skeptischen Schule der russischen Geschichtsschreibung angehörten) gegenüber der Authentizität des »Igorliedes« gekennzeichnet. Die Skeptiker zweifelten an der Echtheit vieler Werke des 12. und 13. Jahrhunderts, weil sie ihren ungenauen Vorstellungen vom Niveau der altrussischen Kultur widersprachen. Der Skeptizismus der ersten Hälfte des 19. Jahrhunderts gegenüber dem »Igorlied« legte sich aus zwei Gründen. Zunächst ging die skeptische Schule samt ihren Ansichten ganz einfach unter. An zweiter Stelle verschwanden die Zweifel gegenüber dem »Igorlied« aufgrund neuer Tatsachen, die die Echtheit des Werkes stützten. Langsam gelang es nämlich, die einzelnen »dunklen Punkte« des Epos zu klären. Man suchte Parallelen in anderen altrussischen Werken, die Sprache wurde weiter erforscht und erhellt, und man konnte auch die historischen Umstände klären, die im »Igorlied« erwähnt wurden. Schließlich traten die Verbindungen zwischen dem Epos und der Volkskultur zutage, so daß nach und nach ein abgerundetes Bild entstand.

Als der bekannte französische Slawist Professor A. Mazon in unserer Zeit erneut seine Zweifel an der Echtheit des »Igorliedes« äußerte, war er deswegen anfänglich dazu gezwungen, die »Sadonschtschina« zu »rehabilitieren«. Entgegen allen Hinweisen in den Texten versuchte er nachzuweisen, daß nicht das »Igorlied« die »Sadonschtschina« beeinflußte, sondern daß es gerade umgekehrt war. Mazon versuchte seine Leser von vier Dingen zu überzeugen: 1. Daß die »Sadonschtschina« ein Werk von hohem künstlerischem Rang sei, während es sich beim »Igorlied« nur um ein sekundäres Werk handle.[26] 2. Daß die »Sadonschtschina« nicht im Jahr 1852, sondern gegen Ende des 18. Jahrhunderts entdeckt wurde. Das Manuskript sei versteckt und schließlich eigens vernichtet worden. 3. Daß das Verstecken und die Zerstörung dieses Werks über den größten Sieg Rußlands, der die Befreiung vom Tatarenjoch brachte, aus chauvinistischen Gründen erfolgt seien. Es sei darum gegangen, auf der Grundlage dieses authentischen Werks über den Sieg der Russen eine gefälschte Version über eine Niederlage herzustellen, und dies sozusagen zur Verherrlichung des »Imperialismus« von Katharina II. und um ihr zu schmeicheln, weil sie die südlichen Gebiete erobert und die Grenzen Rußlands gegen den Westen ausgedehnt habe. 4. Daß die ersten Herausgeber des »Igorliedes« den Text nicht verstanden und dadurch eigens den Anschein der Authentizität schufen. Mazons Theorie entspricht jedoch keinesfalls der Richtigkeit.

Die Bittschrift Daniils des Verbannten

Die Handschriften des Sendschreibens von Daniil Satotschnik (»dem Verbannten«) sind in zwei untereinander erheblich differierenden Redaktionen auf uns gekommen: die »Rede« und die »Bittschrift«. Es handelt sich um zwei der rätselhaftesten Texte der altrussischen Literatur. Die Dichtungen sind alt, stammen vielleicht sogar aus dem 12. Jahrhundert. Sie gelangten allerdings nur in jüngeren Transkriptionen auf uns, nachdem sie zahlreiche Textveränderungen mit verderbten Stellen und großen Lücken erfahren hatten. Kein Forscher konnte bis heute genau die Beziehungen zwischen den Manuskripten und den Redaktionen dieser beiden Werke herstellen. Es wurde auch noch keine definitive Antwort auf die Frage gefunden, welches der beiden denn nun älter sei. Daß diese Meisterwerke einander nahestehen, steht außer Diskussion, doch gelang es bisher noch nicht, definitiv nachzuweisen, welcher konkreten Art die Beziehung ist. Wir verfügen nur über Annahmen und Hypothesen, hier bleibt ein weites Feld für Textforscher.

Wir wollen hier die Rede und die Klageschrift als ein einzelnes Werk mit dem Titel »Bittschrift« definieren. Es stellt das Gnadengesuch eines Verbannten an seinen Fürsten dar. Die Bittschrift entstand im fernen Nordosten der Rus. Der Autor schreibt, er lebe am Latschasee, der vom heutigen Wologda nicht weit entfernt liegt. Dies wiederum bezeugt, daß zu seinem kulturellen Bereich nicht nur Kiew, Nowgorod, Galitsch und Wladimir, sondern auch der ferne Norden gehörte.

Wie wir auch die einzelnen Kopien der Bittschrift von Daniil Satotschnik betrachten, eines bleibt klar: Dieses Werk wurde nicht nur gelesen und kopiert, sondern auch dauernd neu bearbeitet, vervollständigt und extrahiert. Es nahm im Laufe der Jahrhunderte verschiedene Formen an. Die neubearbeiteten oder neuverfaßten Teile unterscheiden sich kaum vom Hauptteil, als wäre der Stil, in dem die Bittschrift ursprünglich verfaßt wurde, all jenen wohlbekannt, die sich auf die eine oder andere Weise in die Arbeit des Autors »einmischten«.

Der Wert der Bittschrift liegt teils in ihrer ideellen Ausrichtung und teils in ihrem Stil. Wer sie liest, hat das Gefühl, sie sei in der wohlbekannten Manier der alten Rus geschrieben, und es handle sich bei ihr um die Fortsetzung einer Tradition, die eng an das Leben in Rußland gebunden ist. Die unbekannten Coautoren und Redaktoren der Bittschrift besaßen ein hervorragend entwickeltes Gefühl für diesen Stil und die ideelle Ausrichtung; sie schätzten beides und versuchten, Brüche zu vermeiden. Das gibt uns das Recht, zwischen den verschiedenen Überarbeitungen keine besonderen Unterscheidungen zu treffen. Bei unserer Untersuchung halten wir deswegen die Detailfragen über den Ursprung der einzelnen Überarbeitungen, ihre chronologische Einordnung und ihre Unterschiede als für nicht ausschlaggebend. Für wenig bedeutsam halten wir auch das Problem der Identifikation des Originalmanuskripts und des Autors. Bei unserer Darstellung wollen wir das Werk als Gesamtkomplex betrachten und sprechen dabei der Einfachheit halber von »seinem Autor«, also von Daniil, obwohl die Bezeichnung »Autoren« vielleicht stimmiger wäre.

Daniil

Es wurden einige Versuche unternommen, um die soziale Umgebung zu bestimmen, der der Autor der Bittschrift angehörte. Diese Studien führten jedoch zu offensichtlich gegensätzlichen Ergebnissen. Einige Forscher halten ihn für einen Dworjanin, einen adeligen Höfling[27], andere für ein Mitglied der Druschina des Fürsten[28], wiederum andere für einen Diener.[29] Wieder andere gehen davon aus, Daniil habe keine feste soziale Stellung besessen.[30] Trotz der Widersprüchlichkeit dieser Hypothesen über die soziale Herkunft des Autors steht doch eines fest: Er gehörte nicht den dominierenden sozialen Schichten an, sondern war ein Untergebener.

Ein Merkmal des Daniil indes ist bedeutsam: Er unterstreicht seine völlige Abhängigkeit vom Fürsten. Nur in ihm sieht er die mögliche Quelle des eigenen Glücks, nur den Fürsten lobpreist er. Dieser Umstand läßt vermuten, daß wir in Daniil einen »Fürstenliebling« sehen dürfen, wie es viele im Gebiet von Wladimir-Susdal gab, die sich aus den unterschiedlichsten Untertanenschichten rekrutierten. »Lieblinge« des Fürsten waren Diener, Bauern, Handwerker und Männer der unterschiedlichsten Berufe, die ins Unglück geraten waren. Sie waren oft Gelegenheitsarbeiter mit chaotischem Leben, die ihre einzige Hoffnung in den Fürsten und in sein »Wohlwollen« setzten. Es ist kein Zufall, wenn das Wort »Wohlwollen« und dessen Anrufung so häufig in der Bittschrift auftreten. Wir werden in der Folge sehen, daß die Bezeichnung des Autors der Bittschrift als »Liebling« des Fürsten auch noch von weiteren Einzelheiten gestützt wird.

Der Fürst

Daniil vergleicht den Fürsten mit dem Frühling, der die Erde mit Blumen schmückt, mit einem Fluß, der den Durst der Menschen und Tiere löscht. Der Fürst schickt die Wolken und den Sturm. Er ist so reich, daß sich seine Reichtümer nie erschöpfen, wie das Meer, das man nicht mit einer Tasse ausschöpfen kann. Der großzügige Fürst ist wie ein Vater für seine Knechte, er ist der »warmherzige Verteidiger«, er schenkt Reichtum und Ruhm wie die Erde die Früchte und der Baum sein Laub. Zum Fürsten nehmen alle ihre Zuflucht und »werden von ihm von der Trübsal befreit«. Die eigene Haltung gegenüber dem Fürsten drückt Daniil in Vergleichen mit der Tierwelt aus. Der Fürst ist ähnlich dem Adler, der über die Vögel herrscht, dem Stör, der die Fische regiert, und dem Löwen, dem König der vierfüßigen Tiere. Nur ein sehr geschultes Ohr kann im Ton dieses Panegyrikos (Lobrede) die Spuren einer leichten Ironie vernehmen. Für Daniil Satotschnik war der Fürst weder eine heilige Figur noch unfehlbar

Warum bleibt für den Autor der Bittschrift der Fürst eine derart positive Figur? Mit seiner Macht kann der Fürst den Untertanen von seinem Elend befreien, ihn auf der Stufenleiter der sozialen Beziehung nach oben befördern und ihn gegen die Willkür der Reichen verteidigen. Auf der anderen Seite ist der Fürst der Verteidiger der Heimat vor ihren äußeren Feinden, und es ist kein Zufall, wenn eine der Überarbeitungen der Bittschrift mit der Lobpreisung des Fürsten und mit dem Gebet an Gott aufhört, er möge die Rus gegen ihre Feinde verteidigen: »Verstärke die Macht unseres Fürsten; festige die Trägen; flöße den Herzen der Ängstlichen Mut ein. Überlasse, o Herr, unsere Heimat nicht Völkern, die Gott leugnen, damit diese Fremden nicht sagen können: ›Wo ist denn ihr Gott?‹ Unser Gott wohnt im Himmel und auf der Erde. Gib, o Gott, deinem Volk die Kraft Samsons, die Bedeutung Alexanders, die Keuschheit Josefs, die Weisheit Salomos, die Süßigkeit Davids. Laß dein Volk in Ewigkeit unter deiner Herrschaft wachsen, damit dich alle Länder und jede menschliche Seele lobpreisen kann.«

Wir wissen, daß die Fürsten im 12. und 13. Jahrhundert bei ihrem Kampf gegen die Macht der Bojaren aktiv von den abhängigen Bevölkerungsschichten unterstützt wurden. Das war im Gebiet von Galitsch-Wolynien und besonders in Wladimir-Susdal der Fall. Trotz der »demokratischen« Haltung des Autors würden wir sie nicht als universal bezeichnen wie die ideelle Position des Autors des »Igorliedes«. Die Positionen Daniils waren auf zu enge, zu zeitgebundene und zu lokale Ziele ausgerichtet und besaßen damit nur eingeschränkte Bedeutung. In seinem Werk ist das Konzept der Heimat zweitrangig. Sein Horizont ist begrenzt, und seine Ideale werden von persönlichen Interessen getrübt. Dennoch gibt es in der Bittschrift ohne Zweifel im ideellen Gehalt, wie wir später sehen werden, und in den künstlerischen Grundlagen allgemeingültige Elemente.

Der Stil

Der Stil der Bittschrift soll das Hauptelement sein bei unserem Versuch, die sozialen Auffassungen des Autors zu bestimmen. Die Form liefert uns den Schlüssel zum Inhalt. Der Stil stellt den stabilsten Aspekt der Bittschrift in ihren verschiedenen Bearbeitungen dar. Die Erklärungen des Autors über seine eigene soziale Stellung sind zu unbestimmt, um auf überzeugende Weise seine Position in der Gesellschaft bestimmen zu können. Bei dieser Frage hängt viel von den Interpolationen, den Zusätzen und Neubearbeitungen ab, und es ist praktisch unmöglich, ein Inventar zu erstellen, das die fast fünf Jahrhunderte zwischen dem Originalmanuskript und den uns heute zur Verfügung stehenden Manuskripten überbrückt. Jedenfalls läßt uns die Genauigkeit des Stils auch viel über den ideellen Gehalt des Werkes erraten. Der Stil und die ideelle Seite des Werkes sind eng miteinander verbunden. Bis heute wurde der Stil der Bittschrift leider kaum studiert. Es wurden Forschungen getrieben über die »Anleihen« des Autors, die »Parallelismen«, die Informationsquellen, aber nicht über den Stil. Merkwürdigerweise haben die Philologen ihre Aufmerksamkeit bisher nicht dem Humor, den parodistischen Elementen und der Ironie dieses Werkes zugewandt. Die Forscher bemerkten in ihrer »Ernsthaftigkeit« nicht, daß zum Beispiel die angeblichen Anleihen aus den Psalmen Parodien ähneln; die Ironie der Darstellungen entging ihnen völlig.

Das Werk weist mehr als jedes andere der russischen Literatur des 11. bis 13. Jahrhunderts historisch-alltägliche Züge auf. Dies wurde zum ersten Male von D. V. Ajnalow in seinem Werk »Essays und Notizen über die Geschichte der altrussischen Kunst« aufgeführt. In den ältesten Fassungen finden wir Ausdrücke wie: »das Zinn kochen«, »das Gold mit dem Feuer prüfen«, »das Zinn verringert sich« (das heißt, beim erneuten Aufschmelzen geht die Menge zurück), »das Eisen kann man nicht kochen«. Unter den weiteren Begriffen des täglichen Lebens seien erwähnt: »die Winkel sind gefallen«, Salzfaß, Netz, Zugnetz, Schlinge, Hermelindecken, weiche Betten, verlängerte Kopfstütze (das ist ein langes Seidenkissen für den Kopf, wie wir es aus byzantinischen und altrussischen Malereien kennen), Filzhimmel und Lindensterne (Ausdruck für die Beschreibung der Dekoration in alten Palästen, verdiente eine nähere Untersuchung). Ausdrücke wie »in Stein meißeln« geben Anzeichen einer Vertrautheit mit steinbearbeitenden Techniken. Dem Autor sind ferner bekannt: das Schuhwerk aus Lindenholz und die roten Schuhe im Palast des Bojaren, der Ohrring aus Gold, der Stil des schnellen Schreibers und vieles andere mehr. Wir finden eine Beschreibung der »Pawoloka«, eines kostbaren Gewebes: »... wie ein Tuch mit vielen Seidenfäden, es sieht schön aus.« Den Begriff »Paradies« verwendet er im allgemeinen zur Bezeichnung von Obstgärten und nicht für das biblische Paradies: »Ein wunderschöner Garten mit vielen Früchten.« Er kennt auch den heidnischen Ausdruck »rod« für einen Verrückten: »Die Kinder fliehen vor dem Verrückten, und der Herr meidet den Betrunkenen.« Er kennt auch Schminke und Spiegel der Frauen. Abgesehen von diesen Elementen des täglichen Lebens sind besonders interessant die Bezüge zur damaligen Gewohnheit, die Zukunft mit Hilfe des Psalters oder des Gusli vorherzusagen. Hier kennt sich Daniil gut aus: »Die Gusli werden mit den Fingern gestimmt.«[31]

Es ist von Bedeutung, daß der Autor des Klageliedes alle diese Objekte und Tätigkeiten des täglichen Lebens anführt, um damit Vergleiche, Metaphern und einzelne Ausdrücke aufzubauen. Das alltägliche und ganz gewöhnliche Leben in Rußland dringt so in das dichterische System ein. Dies ist eine ganz außergewöhnliche Erscheinung des 12. und 13. Jahrhunderts. Hier eine weitere Auswahl: »Das Eisen wirst du zum Glühen bringen, doch der bösartigen Frau wirst du nicht Meister.« »Wie sich das Zinn beim Schmelzen zu oft aufbraucht, so erträgt auch der Mensch viele Unglücksfälle.« »Gold prüft man im Feuer, den Menschen im Unglück. Wird das Korn lange gemahlen, so gibt es reines Brot, und im Schmerz erwirbt sich der Mensch einen vollkommenen Geist.« »Wie das Netz das Wasser nicht zurückhält, sondern nur die Fische, so sollst auch du, Fürst, weder Gold noch Silber horten, sondern es an die Menschen verteilen.« »Es macht Freude, im Schutze eines Hügels die Pferde zu weiden, und ebenso, für einen guten Fürsten zu kämpfen.« »Säe keinen Roggen auf die Raine der Felder und keine Weisheit ins Herz der Dummen.« »Es ist nicht das Feuer, das das Eisen zum Glühen bringt, sondern der Windhauch des Blasbalgs; so stürzt auch du dich, Fürst, nicht allein ins Unglück, sondern es treiben dich dazu deine Ratgeber.« »Um nicht wie ein löchriger Krug zu sein, der Reichtümer jenen, die nichts besitzen, verteilt; um nicht ähnlich zu sein den Mühlsteinen, die viele Menschen sättigen, sich selbst aber nicht.« »Ich bin ein armer Mann, wie ein Baum am Straßenrand; viele schneiden an ihm herum und werfen ihn ins Feuer.« »Es ist in der Tat besser, ein wildes Pferd zu reiten, als mit einer bösartigen Frau zusammenzuleben.« »Niemand kann gerade schießen, ohne am Pfeilende Federn angebracht zu haben, und niemand kann mit Faulheit zu Ehren kommen.« »Für mich ist es besser, Eisen zu schmelzen, als mit einer bösartigen Frau zu leben.«

Offenkundig steht dieser Reichtum an Bildern aus dem täglichen Leben und aus den Handwerksberufen in einem direkten Zusammenhang damit, daß Daniil diesen niederen Schichten der Bevölkerung angehörte, die er mit so viel Scharfsinn und Ausdauer »aufs Korn nimmt«. Die niedrige soziale Stellung Daniils bestimmt

17. Eid des Fürsten Igor und seiner heidnischen Krieger auf dem Hügel vor dem Standbild Peruns sowie der Christen bei der Elias-Kirche (945), aus der Radziwill-Chronik, fol. 26v.

seinen literarischen Stil und seine Ideologie. Er führt Elemente des Arbeitslebens, der Volksweisheit und auch profane Sprichwörter ein: »Die Ziege ist kein Haustier unter den Haustieren, der Igel kein Raubtier unter den Raubtieren, der Krebs kein Fisch unter den Fischen, die Fledermaus kein Vogel unter den Vögeln, und kein Mensch unter den Menschen ist jener, der von der eigenen Frau beherrscht wird.« »Wer einem guten Herrn dient, gewinnt die Freiheit, doch wer einem schlechten Herrn dient, erntet nur noch mehr Sklaverei.« »Wenn sich der Fürst mit einem guten Ratgeber berät, wird er eine hohe Stufe erreichen, doch wenn er sich mit einem schlechten Ratgeber berät, wird er auch all das Bescheidene, das er hat, verlieren.« Daniil verwendet das geläufige Vokabular. Es waren die »einfachen« Redensarten des »einfachen« Mannes, die den Lesern und dem Schreiber vertraut waren und die zur Folge hatten, daß es so leicht wurde, sich in den Stil dieses Werkes einzufühlen, so daß neue Zusätze sich praktisch nicht vom Haupttext unterscheiden ließen. Es ist kein Zufall, daß die Bittschrift seit jeher die Aufmerksamkeit jener auf sich gezogen hat, die sich mit den Sitten und Gebräuchen und den sozialen Beziehungen im 12. und 13. Jahrhundert beschäftigen.

Betrachten wir die Stilistik Daniils etwas näher, und sehen wir uns den Beginn seines Werkes an. Mit seiner Einleitung richtet sich Daniil gewissermaßen an Zuhörer: »Laßt uns, Brüder, die Intelligenz unseres Geistes wie auf einer goldenen Trompete hinausposaunen und als Zeugnis meiner Weisheit die Saiten der silbernen Lyra schlagen; und schlagen wir die Trommeln unseres Geistes, spielen wir durch Gott inspiriert auf Flöten, damit in uns erbauliche Gedanken erklingen. Erhebe dich, meine Ehre, wache auf, Psalter und Gusli. Ich werde meine Geheimnisse in Sprüchen darlegen und meinen Ruhm unter den Völkern verkünden. Das Herz des Klugen wächst in seinem Körper durch Schönheit und Weisheit.« (Gusli: russisches Volksmusikinstrument; Brettzither unterschiedlicher Größe und Form, der Harfe nicht unähnlich; die Saiten werden mit Fingern oder Plektron angerissen). Es handelt sich hiermit um eine Paraphrase der Psalmen 57 und 108[32], doch entstand diese Paraphrase nicht zu Gebetszwecken.

In dieser metaphorischen Einleitung sucht D. V. Ajnalow nach den Zügen der Realität. Das Psalterium ähnelt zu deutlich dem Gusli des Spaßmachers. D. V. Ajnalow schrieb dazu: Trompeten, Orgeln und Flöten sind in der Bittschrift von Daniil von fürstlichen Konzerten und Unterhaltungen beeinflußt, an denen auch er teilnahm, wobei er zum besten Gusli-Spieler wurde. Nur mit dieser Interpretation der Einleitung können wir auch den unmittelbar darauf folgenden Satz adäquat erklären: »Erhebe dich, meine Ehre, wache auf, Psalter und Harfe (Gusli).« [33]

In der Bittschrift fallen die Bitten um Almosen und die Großherzigkeit des Fürsten auf. Falls Daniil wirklich ein Verbannter war (vieles spricht dagegen: vielleicht handelt es sich hier auch um eine Verwechslung mit einem anderen Daniil, der in der altrussischen Chronik unter dem Jahr 1378 zu finden ist), so bittet er doch nicht um die Freiheit. Wenn er zeitweilig in Ungnade gefallen war, so bittet er den Fürsten nicht darum, ihn wieder in seine alte soziale Stellung aufzunehmen. Das einzige, worum er mit großer Bestimmtheit bittet, sind Almosen. In seiner Bitte führt er uns zu einem virtuellen Bankett: »Doch wenn du dich an vielen Speisen erfreust, so denke an mich, der ich trockenes Brot esse. Oder wenn du ein süßes Getränk trinkst, denke an mich, der ich lauwarmes Wasser trinke.« Daniil bittet um das Wohlwollen des Fürsten: »Schau mich nicht, o Herr, wie der Wolf das Lamm an, sondern betrachte mich wie die Mutter ihr Kind. Sieh die Vögel des Himmels, die weder pflügen noch säen, sondern auf das Wohlwollen Gottes vertrauen. So erflehen wir, Herr, dein Wohlwollen.« Das Wort »wir« steht dabei offenkundig für alle Untertanen des Fürsten, nicht nur für den »Verbannten«, der persönlich in Ungnade gefallen ist. Von Ungnade ist nicht einmal die Rede.

Daniil unterstreicht die Freigebigkeit und den Reichtum des Fürsten: »Der großzügige Fürst ist dein Vater; viele Knechte verzichten in der Tat auf Vater und Mutter und flüchten sich zu ihm.« Und: »Mein Fürst, Herr! Wie das Meer sich nicht dadurch füllt, daß es viele Flüsse aufnimmt, so wird auch dein Haus nicht voll von Reichtum, weil deine Hände wie eine mächtige Wolke, die das Wasser dem Meer entzieht, die Reichtümer deines Hauses den Elenden in die Hände legen. Deswegen dürste auch ich nach deinem Wohlwollen.«

Auf der anderen Seite unterstreicht Daniil das eigene Elend: »Und du deckst mich zu, Armut, wie das Rote Meer den Pharao.« Er sei »wie welkes Gras, das an der Mauer wächst und das weder Sonne noch Regen empfängt«, und werde »von allen beschimpft, ist ärmlich gekleidet«. Daniil denkt darüber nach, wie er seinem Unglück entfliehen kann, und seine Lösungsvorschläge sind bewußt absurd: Eine »häßliche, doch reiche Frau heiraten, stehlen und ähnliches«. Je absurder seine Pläne sind, um so auswegloser muß seine Lage erscheinen.

Daniil vergleicht sich und seine Gefährten mit den Vögeln des Himmels, die »nicht pflügen und nicht säen«. Er schweift in der Welt umher, und wo er sich auch befindet, es geht ihm schlecht. Er lobt die Großzügigkeit des Fürsten gegenüber Fremden aus verschiedenen Ländern: »Es singt das Rebhuhn, so sagt man, um die Küken zusammenzurufen, diejenigen, die es selbst gezeugt hat, und auch die anderen – so versammle auch du, o Fürst, viele Menschen um dich, nicht nur deine Untertanen, sondern auch die aus anderen Gegenden, die zu dir eilen und die von deiner Großherzigkeit wissen.« Sollte auch Daniil von dieser Großzügigkeit des Fürsten profitieren, so verspricht er, seinen König zu preisen, »wie wenn ich ein reiches Goldgeschenk erhielte, damit ich ihm singe, wie wenn ich betrunken wäre vom Wein, damit ich ihn lobe als Meister der Lebensart«.

Eine Belohnung fordert Daniil für seine »Worte«, für seine »Reden« und für seinen »Geist«. Er sagt: »Hier will ich enden, um nicht meinen Geist in vielem Gerede zu verspritzen und wie ein löchriger Sack zu sein, der Reichtümer in die Hände anderer streut; um nicht ähnlich zu werden den Mühlsteinen, die zwar andere Menschen sättigen, aber selbst kein Getreide anhäufen können.« Der Fürst soll nun das »viele Reden«, das »Erschöpfen des Geistes«, die Einfälle, die Ratschläge und die »Weisheit« entschädigen.

Humor und Satire

Der humoristische Wert der Schrift zeigt sich besonders deutlich, wo Daniil eine der Optionen beschreibt, zu denen es kommen kann, wenn ihn der Fürst nicht von seinem Elend befreit. Dieser Ausweg aus dem Elend ist die

Ehe mit einer zwar häßlichen, aber reichen Frau. Daniil schildert sein »Eheglück« in allen Farben. »Eine häßliche Frau ist wie eine Wunde: Hier juckt sie, dort schmerzt sie.« Sie ist »schieläugig, einem Teufel ähnlich, mit einem großen Mund, einem mächtigen Kiefer, einer bösen Zunge«. Daniil beschreibt sie, während sie sich im Spiegel betrachtet: »Ich sah eine häßliche Frau, die sich vor dem Spiegel schminkte, und sagte zu ihr: ›Schau nicht in den Spiegel, sonst wirst du von großer Schwermut befallen werden.‹« »Lieber wollte ich bei Ochsen wohnen denn bei einem häßlichen Weibe. Der Ochse kann weder sprechen noch sich Bösartiges ausdenken, doch die böse Frau gerät in Wut, wenn man sie züchtigt, wird hochmütig, wenn man ihr schmeichelt, sie wird im Reichtum mit Stolz erfüllt, und in der Armut klagt sie die anderen an.«

Daniils Werk ist gespickt mit humoristischen Stellen dieser Art. »Verspotte keinen Toten und belehre keinen Dummen.« »Wenn die Meise den Adler frißt, wenn der Stein auf dem Wasser schwimmt, wenn das Schwein dem Eichhörnchen nachzubellen beginnt, dann wird der Dumme Verstand annehmen.« »Ein goldener Ring gehört nicht ins Nasenloch des Schweines, und ebensowenig passen prächtige Kleider den Dienern.«

An die Scherze von Hofnarren erinnern auch seine Assoziationen zu einigen Ortsbezeichnungen: »Für den einen ist es Perejaslawl, doch für mich ist es nur Goreslawl (das heißt »bitterer Ruhm«), für den einen ist es Bogoljubowo (das heißt »wer Gott liebt«), doch für mich ist es nur Gore lutoje (das heißt »schlimmer Kummer«).«

Des weiteren bedient sich Daniil mehrerer volkstümlicher Rätsel: »Was gibt es Wilderes unter den Vierfüßern als den Löwen, was gibt es Grausameres unter den Reptilien dieser Erde als die Schlange?« fragt Daniil und antwortet selbst: »Schlimmer als dies alles ist die bösartige Frau.« Der expressive, bewußt grobe Stil der Bittschrift beinhaltet extrem rohe, ungeschliffene Bilder.

Anleihen aus der Bibel

Eine ironische Färbung erlangen unter Daniils Feder sogar die Worte der Psalmen. Daniil setzt ihre Bedeutung herab und wendet ihre hochstehende, »geistige« Thematik auf seine Situation als Bettler und Bittsteller an. Der Psalmist David wendet sich an Gott: »Wie der Hirsch lechzt nach frischem Wasser, so lechzt meine Seele, Gott, nach dir.«[37] Daniil wendet sich so an den Fürsten: »Nur ich habe Durst nach deinem Wohlwollen, wie der Hirsch nach der Wasserquelle.« Im ersten Fall geht es um die Neigung der Seele zu Gott, im zweiten ist das Streben Daniils nur darauf ausgerichtet, das allzu weltliche Wohlwollen des Fürsten zu erlangen.

Hier und an vielen weiteren Stellen der Bittschrift verwendet Daniil das Wort »Herr«, das in den Psalmen »Gott« bedeutet, im Sinne des weltlichen Herrn, seines Fürsten. »Wende dein Ohr mir zu, erhöre mich, Herr! Denn ich bin arm und gebeugt.«[38] »Mein Fürst und Herr! Schau nicht auf mein Aussehen, sondern vielmehr auf mein Inneres.« Daniil parodiert auch die Worte des reuigen Schächers am Kreuz. Er schreibt: »Mein Fürst und Herr! Erinnere dich meiner in deinem Fürstentum.« Daniil verwendet das Wort »Diener« (des Herrn) in dem engen juristischen Sinn »Leibeigener«. Er schreibt beispielsweise: »Denn ich bin dein Leibeigener, Sohn deiner Leibeigenen«, was sich auf die Worte des Psalms 116, Vers 16 zurückführen läßt: »Ach Herr, ich bin doch dein Knecht, dein Knecht bin ich, der Sohn deiner Magd.« Daniil wendet die biblischen Bilder stets als leichte Parodie an. Dieser Eindruck entsteht durch das Auseinanderklaffen zwischen der Grandiosität des Bildes und der Trivialität, auf die es gemünzt ist: »Es bedeckt mich die Armut wie das Rote Meer den Pharao.« »... auf der Flucht vor dem Unglück, wie die Magd Hagar vor ihrer Herrin Sara.«

Schon vor langer Zeit haben Forscher auf die Übereinstimmung zahlreicher Stellen der Bittschrift mit der Bibel aufmerksam gemacht, was man aber bisher als einfache Anleihe betrachtete. Offensichtlich ist der ihnen innewohnende Spott noch niemandem aufgefallen. Alle diese Zitate dienen dazu, das Wohlwollen des Fürsten und nicht das Mitleid Gottes zu erlangen. Daniil bittet den Fürsten in höhnischem Ton um materielle Hilfe, er wendet sich nicht in inbrünstigem Gebet an Gott, um geistliche Hilfe zu erflehen. Der Funktionswechsel der Zitate enthält ein komisches Element, und dies ist die eigentliche Natur der Bittschrift. Eindeutig ist dies dort wahrzunehmen, wo der Autor von der eigenen Niedrigkeit spricht, von der eigenen Armut, der Ausweglosigkeit seiner Situation, wenn er sagt, er sei der Sohn eines Knechts und einer Magd des Fürsten. Spürbar ist der Spott auch, wo sich Daniil in die Figur eines Diebes oder des Ehemannes einer »häßlichen« Frau versetzt, wie oben beschrieben. Auch in den übertriebenen Lobpreisungen der Macht des Fürsten finden wir den spöttischen Unterton. Sie dürften dem Fürsten wohl kaum gefallen haben, wenn Daniil in vollem Ernst gesagt hätte: »Der Löwe brüllt, wer erschrickt dabei nicht? Und wenn du, o Fürst, den Mund öffnest, wer hat nicht Angst? Wie die Schlange Schrecken erregt durch ihr Zischen, so bist auch du, o Fürst, bedrohlich durch die Vielzahl deiner bewaffneten Krieger.«

Hofnarr oder Intellektueller?

Viele biographische Angaben von Daniil, die Klagen über sein Unglück und den Geldmangel, seine Niedrigkeit etc. entsprächen der Stellung eines Spaßmachers am Hofe. Daniil befindet sich in der Lage eines Mannes, der eine Gabe vom Fürsten erhalten will. Er appelliert an dessen Großzügigkeit, indem er sich selbst erniedrigt und übertriebene Lobpreisungen ausspricht. Dies führte dazu, daß er in seinem Stil die Elemente der Spaßmacher, den volkstümlichen Humor der Armen, die sich über ihr Schicksal lustig machen, und selbst die Neigung, Worte der Heiligen Schrift im Scherz zu verwenden, aufnimmt.

Doch die Bittschrift steht der Kunst der Spaßmacher und Hofnarren nicht nur durch den scherzhaften Ton nahe. Zu ihrem Repertoire gehörte auch das satirische Element der Volkspoesie, die während der ganzen Feudalzeit der herrschenden Klasse einen Spiegel vorhielt. W. P. Adrianowa-Peretz bemerkt dazu: »Unter der oberflächlichen Maske des ›Fürstenlieblings‹ verbirgt Daniil Satotschnik in seiner Bittschrift auch satirische Angriffe gegen die Reichen, gegen die reichen Frauen ›mit häßlichem Aussehen‹, gegen die Freunde, die ›sich im Unglück als Feinde erweisen ...‹« Jeder mußte mit der spitzen Zunge des »Verbannten« rechnen. Auch ein »geiziger Fürst« wird humoristisch als ein »Fluß zwischen Dämmen, zwischen steinernen Dämmen« geschildert: »Man kann nicht aus diesem Fluß trinken, auch das Pferd kann man dort nicht zur Tränke führen.« Mit Hilfe unerwarteter, verächtlicher, aber treffender Vergleiche anhand alltäglicher

Bilder verurteilt der »Verbannte« die »mitleidlosen« Repräsentanten der dominierenden Schicht, indem er sie in den Augen der Leser lächerlich erscheinen läßt.[39]

Wie stark das Element des Scherzhaften in Daniils Bittschrift auch sei, so handelt es sich doch nicht etwa um die Rede eines Hofnarren, die von einem Kopisten aufgeschrieben wurde. Es ist nicht ein scherzhaftes Werk. Es enthält lediglich ein spaßmacherisches Element. Das Element der Gelehrsamkeit tritt in der Bittschrift noch deutlicher hervor als im »Igorlied«. So greift im »Igorlied« die Natur der volkstümlichen Auffassung entsprechend direkt in das Leben der Menschen ein. Sie bekommt einen Geist, wird poetisiert, während sie in der Bittschrift ein bloß moralisches Lehrstück bietet.

Daniil ist eine Art »Intellektueller« der alten Rus des 12. und 13. Jahrhunderts, der den ausgebeuteten Schichten der Gesellschaft angehörte. »Wer auch Daniil Satotschnik gewesen sein mag«, schreibt W. G. Belinskij, »wir haben gute Gründe für die Annahme, daß er einer jener Typen war, die zu ihrem Unglück zuviel Intelligenz, zuviel Begabung und eine zu gute Bildung besaßen und die den Menschen ihre Überlegenheit nicht verheimlichen konnten. Damit verletzten sie die Eigenliebe der Mittelmäßigen. Diese Menschen leiden in ihrem innersten Herzen, und sie sterben vor Mißgunst für Dinge, die sie nichts angehen. Sie sprechen, wo es besser wäre zu schweigen, sie schweigen, wo es angebrachter wäre zu reden. Kurz, Daniil war einer jener Menschen, die von den anderen erst gelobt und aufmerksam behandelt werden. Doch dann läßt man sie umkommen, und wenn sie am Ende zerstört sind, beginnt man sie erneut zu loben.«[40]

Daniil hat von den Spaßmachern und Hofnarren gelernt, gehörte aber selbst doch wohl nicht zu ihnen. Deswegen steht Daniils Humor dem volkstümlichen Humor so nahe und wirkt gleichzeitig originell. Daniil konnte ebenso ein Leibeigener oder ein Herr sein. Vielleicht bat er den Fürsten gar nicht um eine Gabe, sondern um die Freiheit von der Verbannung. Seine Angaben über sich selbst und die Details seiner Biographie mögen der Wirklichkeit entsprechen. Aber ob Leibeigener oder Edelmann, Daniil fand einen Weg, fand einen scherzhaften Weg, um vor dem Fürsten Mitleid mit sich zu erbitten, in Form einer materiellen Unterstützung oder Begnadigung.

Wer Daniil auch gewesen sein mag, ein Leibeigener oder ein Dworjanin (Dienstleute, die in der fürstlichen bzw. bojarischen Gefolgschaft den niederen Dienstadel bildeten und zum Teil unfreier Herkunft waren) in der Bedeutung, die dieser Begriff im 12. und 13. Jahrhundert besaß, auf jeden Fall entstammte er den niedrigen Schichten der Gesellschaft, und er gehörte zu jenen, die man vielleicht als »Fürstenlieblinge« bezeichnen kann. Wenn der Autor des »Igorlieds« ein Mitglied der Druschina oder ein Bojare war, der trotz alledem die Ansichten des Volkes zum Ausdruck brachte, so wird Daniil weder das eine noch das andere gewesen sein. Zu jener Zeit hätte weder ein Mitglied der adligen Schicht der Bojaren noch ein echter Vertreter des Volkes, ein Bauer oder ein Handwerker, seinen Stil derart humoristisch überzeichnen können. Keiner unter diesen hätte es sich erlaubt, über sich selbst zu lachen, seinen Spaß zu treiben und an das »Mitleid« des Fürsten zu appellieren.

Anmerkungen

1 In der Kiewer Rus wurden aus dem Hebräischen übersetzt das Buch »Iosippon« (N. A. Mescerskij, »Problemy izucenija slavjanorusskoj perevodnoj literatury IX–XIV VV.«, in »Trudy Otdela drevnerusskoj literatury« (TODRL), Band XX, 1964, Seite 198ff.

2 A. I. Sobolevskij meinte, aus dem Lateinischen seien übersetzt worden die Legende vom Gumpold über Vjaceslav Cesskij, die Lebensgeschichten der Heiligen Vitus, Apollinaris von Ravenna, Anastasius Romanus und Chrysogonus sowie eine Reihe von Gebeten, die in russischen Manuskripten erhalten blieben (A. I. Sobolevskij, Materialy i issledovanija v oblasti slavjanskoj filologii i archeologii, Sankt Petersburg 1910, Seite 43, 95 und so weiter).

3 Die Geschichte über Akir den Weisen wurde eindeutig aus dem syrischen Original übersetzt.

4 S. P. Sevyrev, Istorija russkoj slovesnosti, Teil 2, 2. Auflage, Moskau 1860, Seite 26.

5 I. N. Zdanov, Socinenija, Band 1, Sankt Petersburg 1904, Seite 80.

6 Anfänglich glaubte man, die »Rede« richte sich gegen die jüdischen Lehren. Diese Hypothese wurde vom Akademiemitglied I. N. Zdanov (Socinenija, Band 1, Seite 1–80) jedoch abgelehnt.

7 V. M. Istrin, Ocerk istorii drevnerusskoj literatury, Band 2, P., 1922, Seite 131.

8 A. A. Sachmatov, Razyskanija o drevnejsich russkich letopisnych svodach, Sankt Petersburg 1908, Seite 398ff.

9 M. D. Priselkov, Ocerki po cerkovno-politiceskoj istorij Kievskoj Rusi XI–XII VV, Sankt Petersburg 1913, Seite 98.

10 Hier korrigiert, denn im Manuskript steht »Hirte«.

11 Des Metropoliten Ilarion Lobrede auf Wladimir den Heiligen und Glaubensbekenntnis, nach der Erstausgabe von 1844 neu herausgegeben, eingeleitet und erläutert von L. Müller, Wiesbaden 1962.

12 D. V. Ajnalov – E. Redin, Drevnie pamjatniki iskusstva Kieva, Band 10, Harkov 1899, Seite 5.

13 A. A. Sachmatov, op. cit., Seite 583.

14 D. V. Ajnalov – E. Redin, op. cit., Seite 30–40.

15 Pamjatniki drevne-russkoj literatury, Nr. 2, Zitija sv. mucenikov Borisa i Gleba, herausgegeben von D. I. Abramovic, Petrograd 1916, Seite 2.

16 Siehe dazu P. Sokolov, Russkij archierej iz Vizantii, Kiew 1913, Seite 37ff.

17 In Osteuropa wurde sehr häufig behauptet, der Ursprung der Völker, der Stadtgründer, der Stammväter von Dynastien ginge auf Persönlichkeiten zurück, die am Trojanischen Krieg teilgenommen hatten. An die Abstammung der Franzosen von dem Sohn Hektors und der französischen Könige von den Trojanern glaubte man noch im 16. Jahrhundert. Die Deutschen glaubten, viele ihrer Dynastien würden aus Rom stammen, während die Italiener meinten, sie stammten von den Germanen ab. Eine Legende, die der russischen Überlieferung von der Berufung der Waräger nahesteht, erzählt Vidukind Krveiskij, der in seiner Chronik berichtet, es seien drei angelsächsische Brüder gerufen worden. Siehe dazu die Anmerkungen von V. S. Ikonnikov, Opyt russkoj istoricgrafii, Band 2, Buch II, Kiew 1908, Seite 65ff.

18 Siehe dazu: N. N. Voronin, »O vremene i meste vkljucenija v letopis' socinenij Vladimira Monomacha« in »Istoriko-archeologiceskij sbornik«, Moskau 1962; R. Matesen, Tekstologiceskie zamecanija o proizvedenijach Vladimira Monomacha, in TODRL, Band XXVI, Leningrad 1971.

19 Über die Schirmherrschaft siehe meinen Artikel: Nekotorye voprosy ideologii feodalov v literature XI–XII VV., in TODRL, Band X, Moskau; Leningrad 1954, Seite 76–82.

20 In den Werken des Mittelalters galten die Verhaltensweisen der Tiere und deren Beziehungen untereinander immer als ein Beispiel für das moralische Verhalten des Menschen.

Damit rechtfertigte man auch die Ungleichheit zwischen den Menschen. Siehe dazu in der Klageschrift von Daniil Satotschnik: »Der Adler ist König aller Vögel, der Stör der König der Fische, der Löwe der der Raubtiere, und du, o Fürst, der Herrscher der Bewohner von Perejaslawl ... Wie das Rebhuhn die Küken behütet, und nicht nur seine eigenen, sondern auch die anderer Nester, so versammelst auch du, o Fürst, viele Knechte ...« (N. N. Zarubin, Slovo Daniila Zatocnika, Leningrad 1932, Seite 66). Vergleiche dazu die historische Sage »Die Vögel«, ferner verschiedene Artikel in Physiologus und viele andere.

21 Istorija russkoj literatury, herausgegeben vom Institut für Russische Literatur der Akademie der Wissenschaften der UdSSR, Band I, Moskau; Leningrad 1941, Seite 292.

22 Über den Erdkult siehe auch: V. L. Komarovic, Kul't roda i zemli v knjazeskoj srede XI–XII VV., in TODRL, Band 16, Moskau, Leningrad 1970.

23 A. S. Orlov, Slovo o polku Igoreve, Moskau–Leningrad 1946, Seite 6.

24 Bei der Feuersbrunst von 1812 wurden auch viele weitere reiche Bibliotheken zerstört, zum Beispiel von A. A. Barsov , I. N. Boltin, I. P. Elagin, I. I. Bantys-Kamenskij, F. G. Bauze, D. P. Buturlin, E. R. Daskova, P. G. Demidov, N. M. Karamzin, I. T. Orlov und A. L. Slecer.

25 Siehe dazu: V. P. Adrianova-Peretc, Slovo o polku Igoreve. Bibliografija izdanij, perevodov i issledovanij, Moskau–Leningrad 1940; L. A. Dmitriev, Slovo o polku Igoreve. Bibliografija izdanij, perevodov i issledovanij. 1938–1954, Moskau–Leningrad 1955. Siehe auch: B. Gasparov, Poetika »Slovo o polku Igoreve«, Wien 1984.

26 In einer seiner späteren Arbeiten (in »Slavonic and East European Review«) bezeichnet A. Mazon das Igor-Epos als ein Werk, das künstlerisch über der Zadonscina steht.

27 I. U. Budovnic, Pamjatnik rannej dvorjanskoj publicistiki (Molenie Daniila Zatocnika), in TODRL, Band VIII, Moskau, Leningrad 1951.

28 P. Mindalev, Molenie Daniila Zatocnika i svjazannye s nim pamjatniki, Kazan 1914.

29 N. K. Gudzij, K kakoj social'noj srede prinadlezal Daniil Zatocnik, in Sbornik statej k 40-letiju ucenoj dejatel'nosti akad. A. S. Orlova, Leningrad 1934.

30 B. A. Romanov, Ljudi i nravy Drevnej Rusi, Leningrad 1947.

31 Izvestija Otdela rus. jazyka i slovesnosti AN, Band XIII, 1908, Buch I, Seite 353–354.

32 Siehe Psalm 57, Vers 9: »Wach auf, meine Seele! Wacht auf, Harfe und Saitenspiel!«, oder Psalm 108, Verse 3–4: »Wacht auf, Harfe und Saitenspiel! Ich will das Morgenrot wecken. Ich will dich vor den Völkern preisen, Herr, dir vor den Nationen lobsingen.«

33 D. V. Ajnalov, Dva primecanija k »Slovu« Daniila Zatocnika, in Izvestija Otdelen russkogo jazyka i slovesnosti AN, Band XIII, 1908, Buch I, Seite 361.

34 Richtigerweise sieht P. N. Berkov hier die Elemente des künftigen Abzählverses (Russkaja narodnaja drama. Redaktion, Einführung und Kommentar von P. N. Berkow, Moskau 1953, Seite 31).

35 Letopisec Pereslavl'-Suzdal'skogo (Jahr 1139), Moskau 1851, Seite 54.

36 Der Name Rostislav (im Kopenhagener Manuskript steht der Name Jaroslav) ersetzt den Namen von Andrej in den redigierten Manuskripten, die sich bis auf den heutigen Tag erhalten haben.

37 Psalm 42, 1.

38 Siehe Psalm 86.

39 V. P. Adrianova-Peretc, Satiriceskaja literatura xvii veka, Moskau, Leningrad 1954.

40 V. G. Belinskij, Russkaja narodnaja poezija, in »Otecestvennye zapiski«, 1841, Band XIX, Nr. 11, Seite 19–20.

41 L. S. Septaev, Russkij raesnik xvii veka, in Ucenye zapiski Leningradskogo Gosudarstvennogo pedagogiceskogo instituta, Band LXXXVII, 1949, Seite 36.

DIE ALTRUSSISCHE KUNST

G. K. Wagner

Der künstlerische Genius der Kiewer Rus verstand es, das kulturelle Erbe des sassanidischen Orients, der westlichen Romanik, des Kaukasus und besonders der Antike in originelle Werke allerhöchsten Formats einfließen zu lassen. Diese Tatsache bezeugt die Solidität der künstlerischen Traditionen des russischen Volkes.
D. W. Aynalow

Wie tief auch die Wurzeln der ostslawischen Völker reichen mögen, die Geschichte der Kiewer Rus beginnt im Jahr 988 mit der Annahme des Christentums.

Wenn wir nicht die Mechanismen berücksichtigen, die das Gewissen bewegen, werden wir wahrscheinlich nie richtig erfahren, wie die neue christliche Religion von jenen assimiliert wurde, die kurz zuvor noch Heiden gewesen waren. Doch wenn wir die uns bekannten heidnischen Auffassungen mit den christlichen Denkstrukturen, die jene ersetzten, vergleichen, können wir verstehen, warum es für die Kiewer Rus nicht nur notwendig, sondern sogar unvermeidlich war, das Christentum zu übernehmen.

Natürlich hatte das slawische Heidentum im 10. Jahrhundert schon seit einiger Zeit das mythologische Stadium hinter sich gelassen, bei dem sich der Mensch als eine untrennbare Einheit mit der Natur auffaßte und auch den Gegenständen und Phänomenen dieselben Qualitäten wie sich selbst zuerkannte. Wenn man allen Dingen eine Seele zuschrieb (Animismus), so bedeutet dies keinesfalls, daß sie damit auch in die geistige Sphäre gehoben wurden, denn auch in der antiken Philosophie des Plato wurde die Seele als etwas Materielles aufgefaßt (Luft, Feuer, Atome). Wenn man allen Dingen eine Seele zuschreibt, führt dies zu einer vielfältigen und diversifizierten Personifikation der Naturkräfte in verschiedenen Gottheiten. Allein durch ihre Vielfalt und durch die Unmöglichkeit, sie als von den Naturkräften getrennt aufzufassen, kommt ihnen keine persönliche Bedeutung zu. Ihre scheinbare Personifizierung ist rein äußerlicher Natur ohne geistige Grundlage. Wie wir bereits gesagt haben, entspricht die Gottheit in der griechischen Antike mit ihrem hochentwickelten mythologischen Anthropomorphismus nicht einer Person, sondern Kräften der Natur oder der Gesellschaft.

So versteht es sich von selbst, daß der Mensch innerhalb einer solchen kosmologischen Auffassung sich seiner eigenen Persönlichkeit nicht bewußt werden konnte; er konnte kein adäquates Selbstbewußtsein entwickeln, vor allem nicht von seiner Einmaligkeit. Überdies stellt die Untrennbarkeit der ideellen von der materiellen Ebene das Wesen des Heidentums dar. So wie jede materielle Bewegung den Gesetzen eines vernünftigen Kosmos unterliegt und die kosmische Harmonie zum Ausdruck bringt, trifft dies auch für die ideelle Bewegung zu. Folglich hat auch das Gewissen des Menschen, das diese kosmische Harmonie widerspiegelt, nicht die Möglichkeit der freien Wahl und Willensentscheidung, sondern handelt sozusagen automatisch oder besser fatalistisch.

Die Unmöglichkeit der freien Willensentscheidung ist eine grundlegende Eigenschaft des heidnischen Glaubens, eine Art epische Ataraxie, eine Unerschütterlichkeit und absolute Ruhe des Geistes. Für den epischen Glauben gibt es das Drama des Todes nicht, und ebensowenig hat die menschliche Existenz einen Wert. Wie A. A. Dachogodi sehr richtig bemerkte, ist für das Heidentum die Auffassung des menschlichen Lebens als einer Art ›Bühne‹[1] typisch, auf der die Menschen von irgendwoher auftreten und von der sie irgendwohin verschwinden. Deswegen ist diese »Bühne« von keinem besonderen Wert. Geschehnisse werden als etwas völlig Unvermeidliches, Unwillentliches gesehen.

Damit stehen auch viele ethische Aspekte in Zusammenhang. Eine rein natürliche und damit mythologische Auffassung vom Wesen des Menschen löste die moralischen Urteile vom Sinn der menschlichen Justiz ab, das heißt vom Bewußtsein der Schuld. »Die Mythen berichten nicht von einer Moral« (N. A. Lipschitz). »Das moralische Gesetz des epischen Bewußtseins schützte das Recht der ›starken Persönlichkeit‹ auf ein individuelles Urteil. In der Folge stimmten das Ziel, die Pflicht und

18

19

20

21

22

23

Aus der Radziwill-Chronik: 18. Sieg des Heeres von Igor Swjatoslawitsch bei Nowgorod-Sewerskij gegen die Vorhut der Kumanen (1185), fol. 232v. 19. Die Geschichte mit dem Kissel von Belgorod (997), fol 72v. 20. Die Heere von Jurij Wladimirowitsch Dolgorukij und Isjaslaw Mstislawowitsch, die sich unter den Stadtmauern von Kiew gegenüberstehen (1115), fol. 190v. 21. Mstislaw Wladimirowitsch legt den Grundstein für die Mariä-Himmelfahrts-Kirche (Pirogoschtschaja) in Kiew (1131), fol. 164v. 22. Ermordung Andrej Bogoljubskijs durch die Hand der Verschwörer im Palast (1175), fol. 215. 23. Massaker an den Bewohnern von Bogoljubowo durch die Hand der Höflinge und Diener von Andrej Bogoljubskij, fol. 215v.

die Haupttugend des epischen Helden ohne Zweifel mit der Verwirklichung des eigenen individuellen Rechts zusammen (auch auf Kosten des Rechtes eines anderen Individuums).«[2] Mit anderen Worten: Der Eckstein war der Wert des Individuums und nicht das Gewissen, und das führte unvermeidlich zur Willkür. Nicht einmal das Benehmen der Götter war davor gefeit.

Diese beiden Umstände, nämlich das Fehlen eines höheren Ziels für die eigenen Bestrebungen und die von jeder Ethik freie individuelle Willkür bildeten in der klassischen Zeit den fruchtbaren Boden für das Heldenepos und etwas später für die Entstehung des Dramas sowie auch der anthropomorphen Plastik. Doch auf einer solchen Grundlage hätten weder die »Bekenntnisse« des heiligen Augustinus noch die byzantinische Architektur noch die altrussische Ikonographie entstehen können, ohne die nicht nur die europäische Kultur, sondern auch die ganze Weltkultur undenkbar ist.

Gewiß konnte das Wesen des heidnischen Glaubens, wie wir es hier in äußerst schematischen Zügen dargestellt haben, im ostslawischen Raum keine weite Verbreitung gefunden haben. Das Fehlen eines hochentwickelten Sklaventums in der Kiewer Rus brachte die Entwicklung der heidnischen Auffassung von der Welt fast auf dem Niveau der Stammeskultur zum Stillstand. Doch die allgemeine historische Entwicklung West- und Osteuropas zog die Rus in ihren Bann, und hier zeigte die heidnische Religion die eigene Unhaltbarkeit. Byzanz kündigte sich bereits in ganz Westeuropa und teilweise auch im Orient als neue, glänzende Kultur an. Die christlichen Missionare brachten einem Land nach dem anderen den neuen Glauben, während man in der Rus damals primitive »Olympe« mit Idolen aus Holz und Steinen zu bauen begann. Der neue Glaube erhob den Menschen zu einer noch nie gekannten Höhe (»Ich habe gesagt, ihr seid Götter«, Joh. 10, 34), während in Kiew noch Menschenopfer vollzogen wurden und unter den Opfern auch Christen waren (!). In Konstantinopel glänzten die Monumentalarchitektur und die Malerei in ihrer Pracht, und in der Rus betete das Volk in heidnischen Tempeln ohne Dach, die von einem Graben umgeben waren. Anscheinend kannten die Ostslawen überhaupt keine Malerei. Und wen hätten sie überhaupt porträtieren wollen?! Die Darstellungen der heidnischen Götter waren so amorph, daß der Chronist bei der Beschreibung des »Olymps« von Kiew, der auf Anordnung des Fürsten Wladimir geschaffen worden war, das Aussehen dieser Gottheit nicht schildern konnte. Nur bei Perun bemerkte er den »goldenen Schnurrbart«. Und das ist keineswegs merkwürdig. Die heidnischen Gottheiten waren keine Personen, sondern Elemente der Natur, Verkörperungen der Naturkräfte.

Doch vielleicht hätte die heidnische Rus im Laufe der Zeit diesen primitiven Zustand verlassen? Wir wollen hier eine Antwort auf diese Frage wagen. Auch wenn sich das slawische Heidentum bis zum Stadium der Griechen weiterentwickelt hätte, auch wenn die slawischen, primitiven Idole höher entwickelten Skulpturen Platz gemacht hätten, hätte die Rus trotz allem nicht die Grenzen zur »natürlichen« Bedingung überschreiten können. Tatsächlich waren auch die antiken Gottheiten sterblich. An verschiedenen Orten des Mittelmeergebiets sind Grabmäler von Zeus und Apollo bezeugt. Der Himmel des heidnischen Weltbildes war sehr hoch und entsprach dem gesamten Kosmos. Doch dieser Kosmos wurde als dreidimensionaler Körper, als etwas »Materielles« aufgefaßt. Und der heidnische Glaube konnte die Grenzen dieser Materialität der gesamten Existenz nicht überschreiten. (Aus diesem Grunde sind auch die heutigen Theorien zum Scheitern verurteilt, die es sich zur Aufgabe gemacht haben, mit Hilfe eines »globalen Metamythos« eine universelle Einheit zu schaffen.) Das Bewußtsein konnte die Grenzen des stofflichen Kosmos erst mit dem Auftreten transzendenter, letzter Wahrheiten überschreiten, vor allem mit einer persönlichen Auffassung vom Absoluten.

Im Christentum unterschied sich die persönliche Auffassung vom Absoluten, wie sie in den Dogmen einer Dreifaltigkeit in drei unterscheidbaren Hypostasen und der Menschwerdung Gottes zum Ausdruck kommt, von der alttestamentarischen Auffassung, weil sich Gott in der historisch nicht wiederholbaren menschlichen Gestalt von Jesus Christus offenbarte. Die Auffassung von Jesus Christus als eines Gesichts des Absoluten, den beiden anderen Teilen der Dreifaltigkeit gleichgestellt, und gleichzeitig als einer realen Einheit des Göttlichen mit der gesamten menschlichen Natur, das heißt mit dem Körper, der Seele, dem Geist und dem Willen, verweist nicht nur darauf, daß sich Gott den Menschen zuneigte (Anthropodizee), sondern auch darauf, daß sich der Mensch zu Gott erhob (Theodizee). Auf diese Weise wurde der Mensch als Individuum, wurde das persönliche Gewissen geadelt. Auf den ersten Blick könnte dies wie ein Ausschluß, eine Ausweisung des Menschen aus dem Kosmos und damit eine Entwertung seiner Person erscheinen. Doch in Wirklichkeit handelt es sich um die Befreiung des Menschen von einer blinden kosmologischen Abhängigkeit und um die Tatsache, daß ihm nun ein freier Wille zugeschrieben wurde.

Doch die Befreiung des Menschen von einer materiellen, mechanischen Zugehörigkeit zur Natur oder zum Kosmos führte auch zur Zugehörigkeit zu einem anderen System: dem der Verantwortlichkeit gegenüber dem Göttlichen aufgrund der moralischen Selbstbestimmung des Menschen. Das Problem des freien Willens war lange Zeit ein Gegenstand der Diskussion. Nach einem langen unentschiedenen Zögern zwischen der Anerkennung der totalen Freiheit und einer Gnade, die diese lenkt, gelangte man zum Konzept, daß eine Freiheit in der Wahl der Mittel besteht, mit denen man die allen zugängliche Gnade erreichen kann. So eröffnete sich ein breiter Weg für die persönliche Lebensführung und für das persönliche Heil.

Fassen wir zusammen, was wir über den neuen Typ des Bewußtseins gesagt haben: die Auffassung des Absoluten als eines persönlichen Prinzips wie eines Wesens, das in sich selbst widerspruchslos ist; die Auffassung von der Menschwerdung Gottes in der Gestalt von Jesus Christus; die Vergöttlichung des Menschen; die Freiheit des Willens beim Erreichen der Gnade und bei der Möglichkeit des persönlichen Heils. Wenn wir dies alles betrachten, können wir nicht umhin, die effektive Widersprüchlichkeit des Heidentums festzustellen, auf die auch S. M. Solowew hingewiesen hat. Das reicht aber nicht aus. Es erscheint unbestreitbar, daß die schrittweise Überwindung des Heidentums und die Übernahme des neuen Glaubens, die zur Christianisierung der alten Rus führten, nicht nur eine politisch-soziale Notwendigkeit waren, sondern einer inneren geistigen Entwicklung im Sinne des Christentums entsprachen. Sonst verlöre die Anerkennung des fortschreitenden Charakters des Christentums ihre ganze Kraft.

Lassen wir einmal die Frage beiseite, wie freiwillig die Christianisierung der Rus erfolgte. Auch unabhängig von der zeitlichen Ausdehnung dieses Vorgangs steht fest, daß es sich um einen nicht aufhaltbaren Übergang von einer Religion zur anderen handelte. Es gab keine Dwoewerija (doppelte Religionszugehörigkeit). Der Religionswechsel war ein inneres Bedürfnis der Bevölkerung jenes großen Landes. Der beste Beweis dafür ist der überraschende kulturelle Aufstieg der Kiewer Rus.

Die Kiewer Rus verdankte gewiß sehr viel der Stadt Byzanz, die sie mit Meistern auf allen Gebieten der Künste versorgt hatte. Und nicht nur Künstler, sondern auch bereits fertige Kunstwerke wie die Ikonen und die unterschiedlichen Gegenstände für den Gottesdienst stammten aus Byzanz; viele kamen auch aus Bulgarien. Doch weder Byzanz noch Bulgarien hätten etwas ausrichten können in einem Land, das nur heidnische Idole gekannt hätte. Die Rus experimentierte in großem Umfang bereits mit einem neuen künstlerischen Bewußtsein. Wir wissen, daß es schon vor der Taufe Olgas eine dem Elias geweihte Kirche gab, die auch die Funktion der Kathedrale (Sobor) erfüllte: Aus diesem Grund muß es weitere Pfarrkirchen gegeben haben. Die heidnischen Initiativen des Fürsten Wladimir sind späte Versuche, Stammesgebräuche zu erhalten. Die Christianisierung der Rus zeigt uns, daß sowohl der Fürst als auch die Spitzen des Adels seit einiger Zeit die Vorteile des Christentums kannten. Wenn diese Vorteile lediglich sozioökonomischer oder politischer Art gewesen wären, häte es sich nicht um Menschen mit einem freien Willen und einem komplexen geistlichen Leben, sondern um hinterhältige Politiker und Pragmatiker gehandelt. Doch das käme einer extremen Vulgarisierung der Geschichte gleich, und im Mittelalter gab es auch keine pragmatischen Politiker dieses Kalibers.

Selbst wenn wir bedenken, daß die Erbauer der ersten russischen Kirchen und auch die Urheber der ersten Fresken, Mosaiken und Ikonen Griechen waren, so war doch die Geburt dieser Kunst und deren unaufhaltsamer Aufstieg nur möglich, weil sie auf das entsprechende Verständnis stieß. Das geschah zum Beispiel, als Wladimirs Botschafter nach der Teilnahme an einem

Gottesdienst in der Hagia Sophia in Konstantinopel ein begeistertes Urteil darüber abgaben.

Ihre Worte bezeugen nicht nur einen »Durchbruch« nach oben, in die Sphäre des Transzendenten, sondern auch die persönliche Natur dieses Durchbruchs. Gemeint ist damit eine persönliche Auffassung des Absoluten und der geistigen Vereinigung mit ihm. Man kann sagen, daß dies ein entscheidender Schritt für die Bildung eines neuen künstlerischen Bewußtseins und für die künstlerische Schöpfungskraft allgemein war.

Natürlich fand der Prozeß der Assimilierung des neuen Glaubens langsam statt und war sehr komplex. Jahrhundertelang leistete das Heidentum nicht nur in dunklen Winkeln, sondern auch im hellen Licht der Öffentlichkeit zähen Widerstand. Auch Rußland hatte seinen Julianus Apostata, sogar mehrere davon. Das bedeutet aber nicht, daß die oberen gesellschaftlichen Schichten der Rus das Christentum auf eine andere, höhere Weise aufgenommen hätten als die niederen Schichten – denn dies hätte die Bildung der sogenannten Dwoewerija begünstigt. Gewiß müssen wir kritisch auf die verschiedenen Theorien des »Gottesvolks« der Rus reagieren. Wir können aber auch die antireligiösen Tendenzen der Bauern nicht über Gebühr betonen, was die ernsthaften Forscher übrigens nie taten.

Nachdem wir nun auf die hauptsächlichen Antriebskräfte der geistigen Kultur der Kiewer Rus eingegangen sind, müssen wir den Beweis antreten, daß sie auch wirklich so produktiv waren, wie sie beschrieben wurden. Wir werden sehen, wie sie sich in den grundlegenden Aspekten der bildenden Künste manifestiert haben, nämlich in der Architektur, in der Bildhauerei und in der Malerei. Wir sind dabei gezwungen, von der urbanen Kunst zu sprechen, doch ist damit nicht gesagt, daß sie der einzige Ausdruck der neuen künstlerischen Kreativität war. Alle fortschrittlichen Kräfte der Kiewer Rus nahmen an diesem schöpferischen Prozeß teil, und erst später können wir von einer sozialen Differenzierung sprechen.

Die Kunst der Kiewer Rus im 10. und 11. Jahrhundert

Architektur

Trotz der typologischen Einheit in der historischen Entwicklung der Harmonisierung des Raumes, die allen Kulturen des alten Orients, der Antike und des Mittelalters gemeinsam ist, sieht jedes Volk doch die Welt auf seine Weise und hat eigene Vorstellungen über die Harmonie ihrer Teile und über die Prinzipien der architektonischen Organisation, die als Bild dieser Welt dienen soll. In diesem Sinne sind natürlich die ersten Schritte der Monumentalarchitektur eines Volkes von besonderem Interesse. Wenn wir sie genauer untersuchen, können wir sofort sagen, was »ursprünglich« und was »erworben« ist. Dies gilt in besonderem Maße für die alte Rus, weil sie den Weg zu einer entwickelten Monumentalarchitektur beschritt, als die Architektur der benachbarten Staaten schon eine jahrhundertelange Geschichte hinter sich hatte.

Wie bereits gesagt, trug eine der ersten christlichen Kirchen in Kiew, die Elias geweiht war, auch den Titel einer Kathedrale (Sobor). Einige Daten lassen vermuten, daß sie schon nicht mehr aus Holz bestand. Das bedeutet, daß es in Kiew auch Pfarrkirchen gab, die nicht mehr nur aus Holz bestanden, sondern auch gemauert waren. Hinweise darauf geben Sockel aus Backsteinen, die 1975 bei Ausgrabungen einer Kirche in der Nähe der Zehnt-Kirche gefunden wurden.

Beim Übergang zur religiösen Architektur der Kiewer Rus springt die offenkundige typologische Vielfalt der Kirchen je nach ihrer konkreten Verwendung ins Auge: Sitz des Metropoliten, Sitz des Bischofs, Kirche des Fürstenhofes, einfache Pfarrkirche der Zünfte in den Stadtvierteln, einfache Klosterkirche oder Privatkapelle. Um diese funktionellen und typologischen Strukturen zu kennzeichnen, verwende ich den Begriff »Gattungen«, der in dieser Arbeit eine beträchtliche Bedeutung erlangt.

Zahlen- und Formensymbolik in der Architektur

Da wir über die Formen der ersten Kiewer Kirchen nichts wissen, müssen wir uns an die Marienkirche (deren bekannterer Name »Zehnt-Kirche« daran erinnert, daß Wladimir den zehnten Teil seiner Einnahmen für den Unterhalt stiftete; auch: Desjatin-Kirche) halten, deren Fundamente im Jahr 989 gelegt wurden, kurz nach dem Feldzug gegen Cherson und der Taufe des Fürsten Wladimir.

Über die Zehnt-Kirche gibt es eine reiche Literatur, und wir haben hier nicht die Absicht, die strittigen Fragen zu behandeln. Wir beschränken uns auf die »spezifischen Bedingungen« des Baus der Kirche, die eine vertiefte Analyse verdienen.

Als man in jener großen Stadt – Kiew zählte damals fast zwanzigtausend Einwohner – in einer noch heidnischen Umgebung ohne Kenntnis der höheren Monumentalarchitektur mit dem Bau einer christlichen Kirche begann – das heißt mit einem Modell von der Welt –, müssen wohl sehr spezielle Bedingungen vorgelegen haben. Das Problem betrifft nicht so sehr den technischen Aspekt, als vielmehr, wenn man so sagen darf, den erkenntnistheoretischen, die Möglichkeit, den räumlichen Charakter dieses neuen Gebäudes zu interpretieren und zu seinem eigenen zu machen. Wenn das architektonische Bewußtsein der Kiewer – und unter ihnen auch das des Fürsten – nicht darauf vorbereitet gewesen wäre, die rechtwinklige Quaderform des byzantinischen Tempels wahrzunehmen und zu schätzen, wenn es also nicht über die kreisrunde, altslawische Form des Kurgan (Tumulus) und der heidnischen Tempel hinausgereicht hätte, so wäre ihnen die räumliche Struktur der Marienkirche vom Zehnten doch sehr ungewohnt, vielleicht auch unerträglich vorgekommen. Es gibt im Gegensatz dazu jedoch gute Gründe für die Annahme, daß die Formen dieser Kirche mindestens zu einem großen Teil keine absolute Neuigkeit für die Kiewer Bürger darstellten. Werfen wir einen Blick zurück auf die Kiewer Steinarchitektur in der vorchristlichen Zeit und betrachten wir den heidnischen Tempel, den W. W. Chwojka 1908 ausgrub. Wahrscheinlich wurde er bis zur Übernahme des Christentums benutzt.

Bekanntlich war das wichtigste Merkmal des heidnischen Tempels von Kiew die Umzäunung seiner zentralen Form, die in diesem Fall kreisrund (oder genauer elliptisch) war, mit einer rechteckigen Struktur aus Steinen (nicht aus Ziegeln). Wir nehmen an, daß es sich dabei um die Mauerfundamente handelte. Das Bauwerk ist mit seinen vier aus dem zentralen Kreis hervorspringenden Ecken nicht nach den Kardinalpunkten ausgerichtet, wie oft behauptet wird, sondern nach Nordosten, Nordwesten und so weiter. Offenkundig hatten sie eine andere Bedeutung. Es ist wenig wahrscheinlich, daß die kreisrunde zentrale Steinmauer einen Opferaltar darstellte, wie einige meinen, weil dieser Altar mit seiner Ostseite an die Umzäunung stieß. Aus diesem Grund hätte man zur Umzäunung von Westen her gelangen müssen. Alle diese Einzelheiten verlangen eine Interpretation.

Am interessantesten ist, daß mit dem Auftreten des viereckigen heidnischen Tempels seine alte kreisrunde Form nicht als nunmehr bedeutungslos aufgegeben wurde. Vielmehr wurde sie durch vier Vorsprünge verstärkt, die sicher nicht nur zur Raumfüllung dienten, sondern eine Bedeutung hatten. Aber welche?

Bekanntlicherweise ist die Vorstellung vom Kreis fast allen Völkern angeboren. In der kreisrunden Form finden die alten Gegensätze zwischen »einheimisch« und »fremd«, zwischen »Kultur« und »Natur«, zwischen »Ordnung« und »Chaos« die natürlichste Ausdrucksform.

Der Übergang von der kreisrunden zur rechteckigen Form war keineswegs leicht. Der Tempel von Perun bei Nowgorod (9. Jahrhundert, entdeckt von W. W. Sedow) war nicht von einer rechteckigen Struktur umgeben, obwohl er über eine vielfach gelappte Form verfügte. Selbst die übrigen heidnisch-slawischen Tempel in der Gegend des Dnjestr hatten keine rechteckigen Umrisse.

Damit jene Form der Einfriedung auftreten konnte, war ein stärker begrifflich geprägtes Bewußtsein vonnöten, das sich nicht damit zufriedengab, den kreisrunden, den Sinnen zugänglichen Raum der Erde automatisch in die architektonische Form des Tempels zu übertragen, sondern das ein spekulativeres Konzept vom Bild der Welt entdeckte. Dieses Konzept war zu seiner Zeit auch im antiken Orient, wahrscheinlich in Ägypten, entstanden, wie dies die ägyptische Darstellung eines Weltalls in rechteckiger Form und einer Erde in Quaderform bezeugt. Bekanntlich schrieb der antike Orient der Zahl 4 eine mystische Bedeutung zu, und auf dieser Grundlage entstanden die kosmographischen Theorien Akkads und Assyrobabyloniens von einem in vier Orte gegliederten Universum. Eine Bestätigung dafür finden wir in der architektonischen Tradition des Alten Testaments, die direkt zu den Anfängen des Christentums, schließlich nach Byzanz und bis ins Mittelalter führt.

Die Bundeslade des Alten Testaments und das zugehörige Zelt hatten eine rechtwinklige Form mit den Proportionen eins zu drei, während die rechtwinklige Umfriedung des Zeltes ein Maßverhältnis von eins zu zwei aufwies. Diese Maße sind vom Buch Exodus (Kapitel 25 bis 27) vorgeschrieben, so daß wir mit voller Berechtigung einen Einfluß der ägyptischen Traditionen annehmen dürfen. Von der Funktion her gesehen wurden die Proportionen des Offenbarungszeltes bestimmt von seiner Längsorientierung in westöstlicher Richtung (mit dem Eingang auf der Ostseite), von der Unterteilung in einen vorderen offenen Teil (das »Begegnungszelt«) und einem hinteren mit dem Allerheiligsten, das seinerseits wieder zweigeteilt ist, nämlich in den vorderen Teil für die Priester und den hinteren Teil für die Bundeslade. Das Offenbarungszelt wurde nicht als Aufenthaltsort Gottes, sondern nur als Ort seiner Erscheinung betrachtet (Exodus 34). Deswegen war es offen und entsprach dem Bild der Welt.

Parallel zur alttestamentarischen Entwicklung des Tempels verlief die Evolution des Kultgebäudes der antiken Welt. Die älteste kreisrunde Form (Begräbnisurnen von der Insel Milos, Häuser auf Kreta) verwandelte sich dort schnell in das Megaron, dem wiederum der antike Peripteros entstammt. Im Inneren des Megarons hütete man den kreisrunden Herd, und in der Mitte des antiken Tempels war ein runder Omphalos dargestellt, der das Zentrum der Erde symbolisierte.

Als der Mönch und Theologe Kosmas Indikopleustes, der zuvor Händler gewesen war, an seiner »Christlichen Topographie« arbeitete und das Universum in Übereinstimmung mit der Bibel in Form einer rechteckigen länglichen Scheibe wiedergab, hielt er sich an die analoge Darstellung der vier Kardinalpunkte nach Ephorus.[4] Es ist schwierig zu entscheiden, ob die rechteckige Darstellung der Welt durch Ephorus auf altorientalische Vorstellungen vom Weltall zurückging oder ob man in ihr das Echo der Zahlentheorie Platons (127/8–347/8 vor Christus) erkennen kann. Plato verwendete bei der Herausarbeitung des Prinzips der Symmetrie Rechtecke, die auf der Diagonalen eines Quadrats konstruiert wurden. Doch für unser Thema ist etwas anderes wichtig. Bei den altrussischen Reproduktionen der Zeichnung von Kosmas Indikopleustes liegt der Kreis der Planeten im Zentrum des Rechtecks, und an den Ecken liegen die Symbole für die Winde.[5] Auf der einen Seite steht diese Darstellung der geographischen Konstruktion von Ephorus nahe, auf der anderen Seite ähnelt sie im Wesen dem Grundriß des heidnischen Tempels von Kiew. Damit wäre dieser nach der Vorstellung seiner Erbauer keinesfalls eine primitive Anhäufung von Steinen, sondern stellt im Gegenteil dazu eine ziemlich weit entwickelte kosmographische Komposition dar, die man mit den entsprechenden Auffassungen der Antike vergleichen kann. Diese sind teilweise auch ins Christentum eingedrungen, und sie interessieren uns hier ganz besonders.

Als Prototypen der frühchristlichen Basiliken gelten die Basiliken in Rom. Im Zusammenhang mit der Basilika S. Paolo fuori le mura (Datierung 386) schrieb M. Dworschak, sie sei »die reine Inkarnation des Geistes der christlichen Architektur«.[6] Doch die frühchristliche Architektur gelangte nicht durch eine simple Assimilation dorthin, sondern weil sie viel ältere Traditionen umfaßte. Vielleicht hatten das alttestamentarische und das antike Erbe hier eine ebenso bedeutende Funktion.

Clemens Alexandrinus (gestorben vor 215) und Origenes (185–254), die Schöpfer der christlichen Gnosis, ließen sich bei ihren Theorien über die Struktur der Erde in Form einer viereckigen Lade von der alttestamentarischen Tradition inspirieren. Ihre Theorie erstreckte sich bis zum Aufbau des christlichen Gottesdienstes und bis zur Hymnographie.[7] Es erscheint deswegen nicht merkwürdig, daß die Empfehlung, den christlichen Tempel in länglicher Form (»einem Schiff ähnlich«) zu bauen, auch auf die Struktur des alttestamentarischen Tempels zurückgriff – oder mit anderen Worten auf das Offenbarungszelt.

Es wäre falsch zu glauben, die Erbauer frühchristlicher Gotteshäuser hätten sich nicht für die zeitgenössischen Kuppelbauten interessiert, die meist die Funktion einer Gedächtniskirche über einem Märtyrergrab hatten. Ebenso verfehlt wäre die Annahme, die Anhänger der neuen Religion hätten die Basiliken vorgezogen, weil sie keine andere architektonische Form besaßen und kannten. Der Grund war ein ganz anderer. Besonders die Basilika paßte sich am besten der neuen Liturgie an, wie Clemens Alexandrinus, Origenes und andere erkannten. Das wichtigste Merkmal dieser neuen Weltsicht war ein Historismus, der die antike Auffassung vom ewigen Kreislauf ersetzte. Eine historische Zeitauffassung machte eine linear-räumliche Entwicklung der liturgischen Handlung notwendig, und dafür eignete sich die Basilika am besten. Sie war sozusagen eine räumliche Darstellung des Wegs vom Alten zum Neuen Testament, und in der Folge waren auch ihre Teile in einer sakral-hierarchischen Ordnung (von Westen nach Osten) ausgerichtet: Die Vorhalle (auch: Narthex) ist für die Katechumenen da, der Naos für die Gläubigen und das Sanktuarium für die Priester. In dieser Ordnung wurden später auch die Fresken entwickelt. In einer Kirche mit kreisrundem Umriß war dies viel schwerer darzustellen, bisweilen geradezu unmöglich. Doch auch das basilikale Schema brachte seine Schwierigkeiten mit sich.

Die Zentralbauten hatten Vorteile, die den Basiliken abgingen: Sie konnten nämlich mit einer Kuppel überdeckt werden. Die Notwendigkeit der Kuppel wurde nicht nur diktiert vom Fortgang der liturgischen Handlung, die sich immer mehr auf das Zentrum der Kirche konzentrierte (vor der Altarstufe, wo der Ambo stand), sondern auch von der semantischen Komplexität des Gotteshauses und von dessen architektonisch-symbolischem Wert. Es trifft zu, daß die Basiliken als Abbilder der Welt aufgefaßt wurden, doch war dieses Abbild ziemlich abstrakt. Vielleicht konkretisierte es sich nur im Omphalos, der nach der antiken Tradition das »Zentrum der Welt« bedeutete. Vom Omphalos gingen Streifen (die »Flüsse«) aus, und das führt uns erneut zum Aufbau des heidnischen Tempels von Kiew mit seinen Ecken, die aus dem zentralen Kreis vorspringen. Doch als christliche Architektur reichte das nicht aus. Die Theorien der verschiedenen byzantinischen Ideologen waren voller »Neigung zur Kuppel«. Das ist nur natürlich. Es gibt kein besseres Symbol für den Himmel als die Kuppel. Das römische Pantheon konnte die Erbauer frühchristlicher Kirchen nicht unbeeindruckt lassen, und in frühbyzantinischer Zeit wurde die Vorstellung von der Kuppel fast dominierend. In der Folge erschienen auch Monumente wie San Lorenzo in Mailand (6. Jahrhundert), die Rote Kirche bei Peruschtizja in Bulgarien (6. Jahrhundert), die Kirche der heiligen Sergius und Bacchus in Konstantinopel (527–530) und San Vitale in Ravenna (547). Mit deren Bau kehrte man unwillentlich zu einer Anordnung zurück, die sich für die stets komplizierter werdende Liturgie nicht eignete. Der Ausweg aus dieser Situation war bekanntlich die Kombination von Basilika und Kuppelkirche. Diese führte nach einer Reihe von Versuchen zum Bau der berühmten Hagia Sophia in Konstantinopel (532–537), des »neuen Modells des Universums«.[8] Für den Dichter Corippus (6. Jahrhundert) stellte die Kuppel der Kirche der heiligen Weisheit »die exakte Darstellung des Himmels« dar. Euagrios Scholastikos, der im Jahr der Fertigstellung der Hagia Sophia geboren wurde (und 594 starb), fügte eine wesentliche Präzisierung hinzu, indem er sagte, die Kuppel der Hagia Sophia sei »der Himmelskuppel auf der Erde gleich«.[9] Diese Ausrichtung des Gedankens auf die Erde stellte auch den Inhalt der gesamten mittelbyzantinischen und somit auch altrussischen Architektur dar. Dieser wenden wir uns nun nach einer letzten Bemerkung zu.

Kosmas Indikopleustes sagt in seiner »Christlichen Topographie« nichts über den Bau Justinians, obwohl Kosmas sein Werk zehn Jahre nach dem Bau der Hagia Sophia vollendet hatte. Man könnte doch annehmen, Kosmas wisse etwas über das neue byzantinische Weltbild, weil seine Theorie vom »schachtelförmigen« Universum mit einem einzigen Gewölbe in ihrem Wesen der Architektur der Hagia Sophia verwandt ist. Gewiß wußten die Erbauer des heidnischen Tempels in Kiew nichts über die Hagia Sophia und ebensowenig über die »Christliche Topographie« des Kosmas. Sie bauten den zentralen Teil in Form eines großen Kreises, umgaben ihn mit rechtwinkligen Mauern und fügten in Richtung auf die Ecken dieses Vierecks die Vorsprünge dieses zentralen Kreises ein. Schließlich bauten sie im östlichen Teil des Tempels einen zweiten Mauerring. Damit nahmen sie, topographisch gesehen, die grundlegenden Komponenten der künftigen christlichen Kirchen von Kiew vorweg, und diese Tatsache sollten wir nicht unterschätzen.

Was das Problem der Quellen der altrussischen Steinarchitektur angeht, so ist die Tatsache von besonderer Bedeutung, daß es gegen das 10. Jahrhundert hin, als der heidnische Tempel von Kiew noch benutzt wurde, in der byzantinischen Architektur zu Veränderungen kam, die eine Assimilation von seiten der heidnischen Rus deutlich erleichterten. Ausgehend von einem Staat, in dem es noch die Sklaverei gab und der noch einige Spuren der Antike konserviert hatte, wurde das Byzantinische Reich zu einem Feudalstaat. Die neuen feudalen Zentren erlangten dabei eine große Selbständigkeit. Es bestand weder die Notwendigkeit noch die Möglichkeit, Gebäude nach der Art der Hagia Sophia in Konstantinopel zu bauen. So lösten sich die architektonischen Auffassungen von einem symbolischen Kosmos auf. Es veränderte sich auch der Charakter der Liturgie. Die feierliche Gebärdensprache wandelte sich in ein stärker verinnerlichtes Beten. Da die Kirchen immer stärker als »Himmel auf Erden« galten, veränderte sich auch ihr Aussehen. Anstelle einer grandiosen, universalen Kuppel (»genaue Darstellung des Himmels selbst«, wie Corippus schreibt) erheben sich nun kleine Kuppeln auf Tambouren. Diese Kreuzkuppeln werden von einem System von Pfeilern und Gewölben getragen. Ein größeres Fassungsvermögen erhält man durch eine Vermehrung der Schiffe und durch den Zusatz von Exonarthices und großen Chören.

Das System der Kreuzkuppelkirche war sehr vielseitig: Man konnte damit Kirchen mit vier oder mit acht Pfeilern, mit drei Schiffen oder mit fünf Schiffen bauen, je nach der Aufgabe der betreffenden Kirche.

Die Leichtigkeit, mit der man Varianten der architektonischen Struktur ausführen konnte, hat ihre Grundlage in der Verwendung regelmäßiger Ziegel. Ferner übernahm Kiew gleichzeitig mit Konstantinopel die Mauertechnik der verdeckten Schicht, bei der jeweils eine Reihe von offenen, sichtbaren Ziegeln mit einer Lage zurückgesetzter Ziegel mit starker Mörtelausfugung abwechselte. Damit entstand eine recht dekorativ wirkende Oberfläche. Mit dieser Technik wurde auch die erste monumentale Kirche von Kiew gebaut, die Desjatin-Kirche oder Zehnt-Kirche.

Die Zehnt-Kirche in Kiew

Die Zehnt-Kirche nahm in Kiew eine besondere Stellung ein. Das bezeugen vor allem ihre einzigartigen Aufgaben und ihre besondere Komplexität. Sie war ohne Zweifel die Kirche des Fürsten, denn zur Zeit von Wladimir Swjatoslawitsch gab es noch keine eigene Kirche für den Hof.

Die Bestimmung der Zehnt-Kirche als Hofkirche ergibt sich auch aus der Tatsache, daß hier Fürst Wladimir und seine Frau Anna begraben wurden. Im Jahr 1044 überführte man dorthin auch die sterblichen Überreste der Fürsten Oleg und Jaropolk Swjatoslawitsch, die während der Unruhe des 10. Jahrhunderts getötet worden waren, ferner noch die Reliquien der Fürstin Olga. Begraben wurden hier auch der Fürst Isjaslaw Jaroslawowitsch und sein Enkel Rostislaw Mstislawowitsch, während die Fürsten Wsewolodowitsch nicht in der Zehnt-Kirche beigesetzt wurden.

Wenn wir von der Ähnlichkeit des zentralen Raumes der Zehnt-Kirche und der Christi-Verklärungs-Kathedrale von Tschernigow ausgehen, haben wir Grund zur Annahme, daß beide über große Chöre verfügten, die ein charakteristisches Merkmal einer Hofkirche darstellten. Doch das stimmt nicht genau. Für den Fürsten, der der Liturgie mit denselben Modalitäten beiwohnte wie der Kaiser, brachten die Chöre keinerlei Nutzen. Sie waren eher für die Frauen bestimmt, auch für die der Fürstenfamilie.

Gleichzeitig war die Zehnt-Kirche die Kathedrale der Stadt, auch wenn man den Begriff »Kathedrale« (Sobor) strenggenommen nur dann verwenden darf, wenn weitere Pfarrkirchen vorhanden sind. Doch dies ist wahrscheinlich, wenn man etwa bedenkt, daß es in Kiew viele Holzkirchen gab. Der Status einer städtischen Sobor forderte ein großes Fassungsvermögen und die tägliche Feier der Liturgie. Dazu zählten zum Beispiel vierstimmige Gottesdienste, die von vielen Priestern zelebriert wurden. Dafür mußte jedoch genügend Platz vorhanden sein.

Doch damit waren die Aufgaben der Desjatin-Kirche noch nicht erschöpft. Im bekannten »Heiligenleben der Märtyrer Boris und Gleb« von Nestor wird sie »Katholikani isklisia« genannt, was dem Begriff der Kathedralkirche entspricht. Ohne Zweifel ist dieser Titel eine Erinnerung an die Vergangenheit, weil schon lange vor Nestor die Sophien-Kirche die Kathedrale von Kiew war. Doch in dieser Erinnerung liegt ein Element der Realität.

Die Theorie, nach der es vor 1037 (das heißt vor Theopemptos) in Kiew keinen Metropoliten gab, wird von den Tatsachen keinesfalls gestützt, und dies nicht etwa, weil der Metropolit bis 1037 seinen Sitz in Perejaslawl Juschnji gehabt hätte. Wir haben bereits genügend Beweise angeführt, daß es schon vor Theopemptos in Kiew (und nicht in Perejaslawl) Metropoliten gab.[10] Es gibt keinen Grund, warum man am Text der »Regel« (Ustaw) des Fürsten Wladimir über den Zehnten zweifeln sollte: »Die Bindungen des ersten Metropoliten Michail mit Kiew und der ganzen Rus, dem das ganze russische Land seine Taufe verdankt«.[11] Aus diesem Text geht ohne Zweifel hervor, daß die Zehnt-Kirche tatsächlich die Funktion der Metropolitenkirche erfüllte[12], und daraus ergibt sich auch die Komplexität ihrer Architektur. Die Kirche mit sechs Pfeilern und drei Schiffen, die den Kern des Bauwerks darstellten, besaß neben der für byzantinische Architektur typischen Vorhalle auch einen umfangreichen Exonarthex, ferner seitliche Galerien und eine Kapelle an der Südwestecke.

Ich teile die Meinung, daß sich die Zehnt-Kirche wie die Christi-Verklärungs-Kirche von Tschernigow an die Traditionen der Architektur der Metropolitenkirchen in Konstantinopel gehalten hat (mit der »Wiedergeburt« prämazedonischer Merkmale)[13], und vermute gleichzeitig, daß lokalhistorische Umstände eine wichtige Rolle spielten. An diesem Punkt kommen wir nicht um eine funktionelle Betrachtungsweise herum. Als erste große Kiewer Kirche mußte die Zehnt-Kirche genügend Menschen aufnehmen können, die sich auf die Taufe vorbereiteten (die Katechumenen), und damit über eine große Vorhalle verfügen. Es ist unwahrscheinlich, daß der Westteil der Kirche, der mit Narthex und Exonarthex eine große Ausdehnung erlangte und der Kirche eine ungewöhnliche, basilikale Größe verlieh, später hinzugefügt wurde. Wir müssen somit die Hypothese von N. W. Cholostenko und I. S. Krasowskij akzeptieren. Diese Autoren meinen, der Westteil der Kirche sei gleichzeitig mit dem zentralen Teil entstanden. In diesem Zusammenhang sei daran erinnert, daß »die Hauptkirchen der Athonitenklöster Thessaliens und viele andere östliche Klöster nicht selten noch heute zwei Vorhallen aufweisen«.[14] In dem Narthex begann die feierliche Vesper oder die Matutin, und dies war wohl auch in der Zehnt-Kirche der Fall. Auch das Baptisterium fand hier Platz. Bereits diese missionarische Funktion reichte aus, um die Zehnt-Kirche von der klassischen byzantinischen Kirche des 10. und 11. Jahrhunderts zu unterscheiden. Sehr wahrscheinlich war Fürst Wladimir über die Tatsache besorgt, daß der Kiewer Metropolit nicht über eine eigene Kathedrale verfügte. Mit anderen Worten: Der Fürst hätte eigens eine Kirche mit Kathedralfunktion bauen oder eben seine Hofkirche mit dem Metropoliten »teilen« müssen. Der Bau einer anderen Kathedrale machte offensichtlich nicht viel Sinn, denn Kiew war noch nicht offiziell zu einer Eparchie ernannt worden. Es war leichter, die Architektur der Zehnt-Kirche auf »Metropolitenniveau« zu heben, und auch dieses Unterfangen war keine geringe Leistung. Die Feier der Liturgie unterschied sich nicht von den Formen des Kultes, welche die Russen in der Hagia Sophia in Konstantinopel gesehen hatten. »Diese Formen des Gottesdienstes, welche die Große Kirche von den übrigen unterschieden, enthielten nichts, was kategorisch daran gehindert hätte, sie von Anfang an in die Zehnt-Kirche von Wladimir, in Jaroslawls Sophienkirche von Kiew und in unsere übrigen wichtigen Kathedralen einzuführen.«[15] Abgesehen von der Notwendigkeit, das Fassungsvermögen der Kirche zu erhöhen, war es absolut unumgänglich, in Altarnähe sogenannte Skeuophylakia oder Sakristeien zu errichten. In diesen Räumen zogen der Metropolit und der Fürst die für die Zelebration notwendigen kirchlichen Gewänder an (in der Hagia Sophia von Konstantinopel waren diese Räumlichkeiten für den Patriarchen und den Kaiser bestimmt). Die Galerien der Zehnt-Kirche übernahmen mit ihren Räumen im Osten diese Aufgabe.

Die offene Form der Galerien (gemäß der Hypothese von N. W. Cholostenko[16]) war keine große Neuerung. Diese Art Galerien kennen wir auch von byzantinischen Kirchen, und den Kiewern waren sie durch die Ähnlichkeit mit den Schranken der Holzkirchen vertraut, wie N. N. Woronin bestätigt. Der christliche Glaube der Russen war noch voller heidnischer Ängste. Nicht alle Bürger brachten zum Beispiel den Mut auf, die Kirche zu betreten. Ein Teil unter ihnen blieb aus Tradition draußen, wie dies auch in Georgien geschah (»alle wurden von großer Furcht erfaßt«).[17] Es ist kein Zufall, wenn mit der Zehnt-Kirche rituelle Gesten verbunden sind, die alles andere als eine christliche Tradition haben.[18] Diese wären in der Sophien-Kathedrale gänzlich unmöglich gewesen. Die längliche Vorhalle der Zehnt-Kirche glich denen einiger Kirchen in Cherson, Bulgarien und Mähren. W. Koratsch glaubt mit absoluter Sicherheit, daß die bulgarische Vorliebe für die Basilika im Vergleich zur Kreuzkuppelkirche mit der Funktion dieser Kirchen als Kathedrale im Zusammenhang stand und folglich mit der Notwendigkeit, für die Katechumenen genügend Platz in einer Vorhalle zur Verfügung zu haben.[19] Typisch westlichen Charakters war der Schmuck an der Fassade der Zehnt-Kirche mit einem großen Relief der Muttergottes vom Typ der Hodegetria. Man darf das Gesagte aber nicht dahingehend interpretieren, als

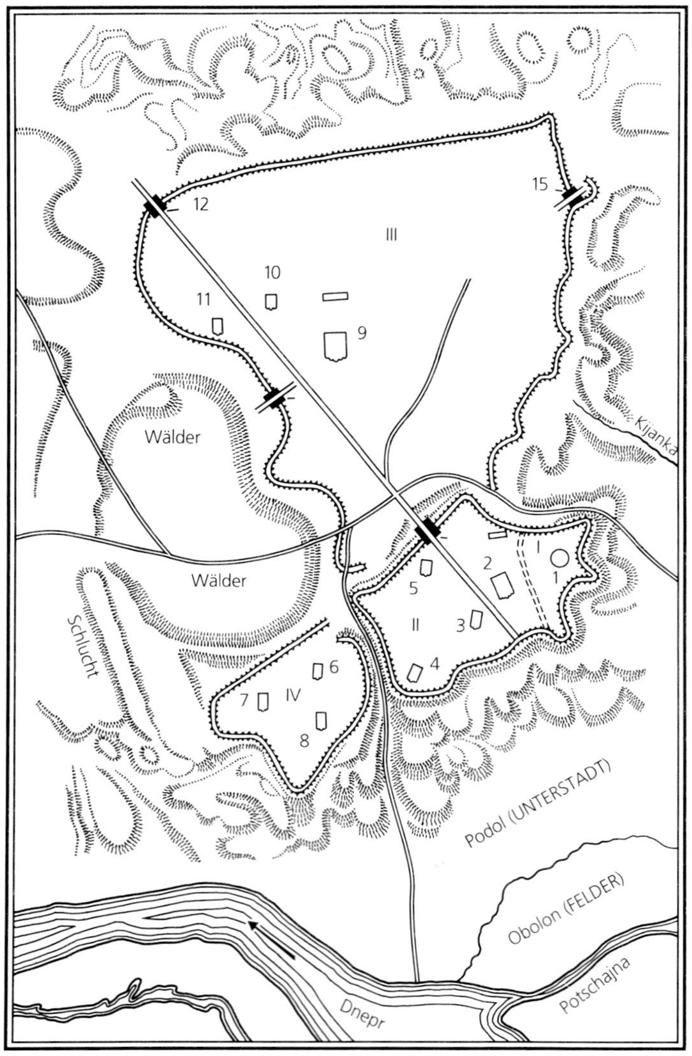

24. Stadtplan von Kiew, 11.–12. Jahrhundert: I. Die Altstadt (Gorodischtsche) im 8.–9. Jahrhundert – II. Die Wladimir-Stadt – III. Die Jaroslaw-Stadt – IV. Hügel des heiligen Michael – 1. Heidnischer Tempel – 2. Zehnt-Kirche – 3. Jantschin-Kloster – 4. Basilios-Kirche – 5. Theodor-Kirche – 6. Kathedrale des Michael-Klosters mit den goldenen Kuppeln – 7. Demetrioskirche – 8. Peterskirche – 9. Sophien-Kathedrale – 10. Georgskirche – 11. Irenenkirche – 12. Goldenes Tor – 13. Ljad-Tor – 14. Batu-Tor – 15. Lwower Tor

seien diese Merkmale getrennt voneinander entstanden und künstlich miteinander kombiniert worden. In ihrer Gesamtheit waren sie das Produkt des Bewußtseins jener, die am Bau der Zehnt-Kirche und ihres Komplexes teilhatten. Gewiß ist die Figur von Anastas von Cherson, des Pfarrers der Zehnt-Kirche, von besonderem Interesse. Er spielte im politischen Leben Kiews an der Wende vom 10. zum 11. Jahrhundert eine wichtige Rolle. Gewiß hatte er, und nicht Fürst Wladimir, das »Programm« der Zehnt-Kirche ausgearbeitet, und dabei kam sicher auch seine Vorliebe für Cherson und den Westen zum Ausdruck. Man weiß nicht, in welcher Kirche von Cherson Anastas den Gottesdienst zelebrierte und welche Kirchenform er vorzog. Von Bedeutung ist, daß im 10. Jahrhundert im südwestlichen Taurien die Basilika überwog. Es gab Basiliken mit fünf Schiffen, mit Narthex und Exonarthex. Das Problem der architektonischen Struktur der Zehnt-Kirche läßt sich gewiß nicht nur mit den oben angeführten Beobachtungen lösen, doch glauben wir nicht an die in unseren wissenschaftlichen Kreisen vorherrschende Meinung, die Architektur der Rus habe keine Anleihen bei der von Cherson gemacht.[20]

Es gibt leider keinerlei Möglichkeit, die Fresken der Zehnt-Kirche zu rekonstruieren. Mit ihrer Hilfe hätten wir uns näher an die allgemein formalen Merkmale herantasten können. Es steht fest, daß in der Apsis die Gottesmutter abgebildet war, doch für den Rest können wir nur Vermutungen anstellen. Die beträchtliche Ausdehnung des Westteils der Kirche läßt vermuten, daß alttestamentarische Themen mit ihrer historischen Tendenz große Aufmerksamkeit erfuhren. Der neue Historismus war jene treibende Kraft, welche die Auffassung von einem ständigen Kreislauf ersetzte.

Im großen Ganzen stellte die Zehnt-Kirche als erstes monumentales Bauwerk von Kiew ein Abbild und Symbol der neuen Verhältnisse dar, unter denen die Menschen in Rußland nun leben mußten. Die scheinbare Rückkehr zur traditionellen byzantinischen Vorstellung bedeutete im Wesen einen enormen Schritt nach vorne für die junge russische Architektur. Es ist nicht notwendig, dieses Symbol zu entziffern, weil für den kommunikativen Aspekt nicht der konventionelle Symbolgehalt, sondern jene Assoziationen wichtig waren, die sich spontan beim Betrachter einstellten, wenn er sich der Kirche näherte. Mit einer Länge von fast zweiundvierzig Metern, einer Breite von vierunddreißig Metern und mit ihren glänzenden Kuppeln mußte die neue Steinkirche in Kiew sehr wohl einen ähnlichen Eindruck erwecken wie die Sophienkirche in Edessa mit ihrem »Himmel der Himmel«, der »Krone«, den »Ecken des Universums« und den »Gesichtern aus Wolken«. Diese Epitheta und Vergleiche sind historisch belegt und dürfen uns nicht verkünstelt erscheinen. Wir müssen nur eine »zeitliche Korrektur« anbringen. Im 10. Jahrhundert hätte ein Bild des Kosmos in Kiew kaum so viel Begeisterung hervorgerufen wie zur Zeit Justinians. Die Zehnt-Kirche war in Übereinstimmung mit der byzantinischen Tradition eher der »Himmel auf Erden«, und auch die Kuppel der Hagia Sophia in Konstantinopel wurde von den russischen Pilgern als solcher betrachtet (bis zu Wasilij Barskij). In unserem Fall interessiert uns aber mehr die Beziehung zwischen dem architektonischen Typus der Kirche und ihrer Funktion. Wir haben bereits dargelegt, daß die Zehnt-Kirche vielfältige Aufgaben übernahm: Sie mußte gleichzeitig die Kirche des Fürsten und der Stadt und Kathedrale sein. Das verlieh ihr im wesentlichen den Status einer Sobor. Wenn für eine Hofkirche ein zentraler Kern mit drei Schiffen und Chören, Vorhallen und einer Kuppel ausreichte, so war dies für die Kathedrale einer Stadt, die zum Metropolitensitz werden wollte, völlig ungenügend. Deswegen wurden weitere Vorhallen, Galerien und Kuppeln gebaut. Der persönliche Charakter der architektonischen Form wurde zum Ausdruck einer Kollektivität (Sobornost). Der Charakter als Kathedrale, der allerdings nicht offiziell bestand, kam durch die äußere Form und auch durch Reminiszenzen an die Kuppelbasilika zum Ausdruck. Sie erhöhten ohne Zweifel das Prestige der liturgischen Handlungen auf dem Ambo, unter der Kuppel. So entstanden die architektonischen Eigenheiten, die den Boden für einen besonderen Typ vorbereiteten, den ich Staatskathedrale oder Metropolitenkirche nennen möchte. Ich betone, daß es sich hier nur um eine vorbereitende Phase handelt, weil diese Gattung erst bei der Sophienkirche in Kiew voll realisiert wird.

Die Sophienkirche in Kiew

Bekanntlich zog sich die Diskussion um die Bauzeit der Sophien-Kathedrale lange hin. Einige Forscher legten den Bau der Fundamente dieser Kirche ins Jahr 1017, andere kamen auf 1037. Man kann auch nicht behaupten, daß die Diskussion schließlich zu einer einhelligen Meinung führte. Wenn die vorliegende Arbeit rein historische Zwecke verfolgen würde, müßten wir uns diesem Problem vertieft widmen, doch dafür haben wir nicht genügend überzeugende Daten. Für das Studium der architektonischen Gattungen ist es nicht so wichtig, festzustellen, ob die Sophien-Kathedrale vor oder nach der Christi-Verklärungs-Kirche in Tschernigow errichtet wurde. Wenn die Grundsteinlegung 1017 erfolgte, also vor der Christi-Verklärungs-Kirche von Tschernigow, so kann man diese nur als eine Reminiszenz an die Gattung der Staatskathedralen (Metropolitenkirchen) betrachten. Begann man hingegen erst 1037 mit dem Bau der Sophienkirche, so können wir die Christi-Verklärungs-Kirche von Tschernigow als eine Vorläuferin der uns hier interessierenden Gattung bezeichnen. Die erste Hypothese erscheint uns logischer.

Aus dem einen oder anderen Grund war Metropolit Theopemptos von Kiew, der in den Chroniken des Jahres 1039 aufgeführt wird, ohne eine Kathedrale, die seiner Position angemessen gewesen wäre, und wahrscheinlich mußte er sich mit der Gastfreundschaft begnügen, die ihm die Zehnt-Kirche bot. Schließlich begann Jaroslaw mit dem Bau einer große Steinkirche in Kiew für den Metropoliten, und zu diesem Zweck legte er die Fundamente für die Sophien-Kathedrale.

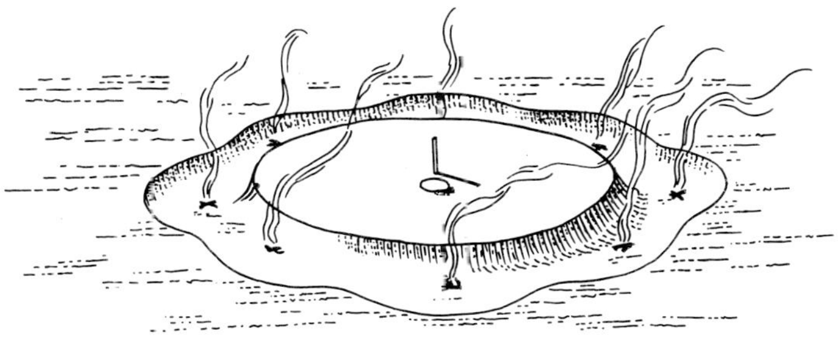

25. Peruntempel bei Peryn bei Nowgorod, 10. Jahrhundert (Rekonstruktion).

Daß die Sophienkirche von Kiew als Kathedrale und Sitz des Metropoliten gebaut wurde, können wir nicht nur den Chroniken entnehmen: »Er (Jaroslaw) gründete auch die Kirche der heiligen Weisheit, Sitz des Metropoliten.« Beim Bau berücksichtigte man die geringe Eignung der Zehnt-Kirche. Sie faßte nicht genügend Menschen für die liturgischen Feiern des Metropoliten, an denen viele Gläubige und Priester teilnahmen. Mit der offiziellen Einrichtung des Metropolitensitzes von Kiew wurde die Liturgie immer feierlicher. Erinnern wir uns daran, daß man an der Zehnt-Kirche versuchte, diesen Nachteil mit dem Bau von zwei Galerien, einer südlichen und einer nördlichen, zu beheben. Doch sie erlaubten es nicht, ungehindert in den zentralen Raum zu gelangen, noch zu sehen, was dort vor sich ging.

Die Sophienkirche in Kiew entstand als fünfschiffige Kirche mit Galerien. Überdies öffneten sich die Galerien der ersten Ordnung (mit später zwei Stockwerken, denn sie wurden erhöht) nicht nur zum Naos, sondern auch zu den äußeren Galerien hin. Auf diese Weise kann man die Sophienkirche als siebenschiffig bezeichnen, und wenn man die äußeren Arkaden-Galerien (die begehbar sind) hinzuzählt, kommt man sogar auf neun Schiffe. Heute vertritt man die Ansicht, daß dieser ganze Komplex mit den zwei Türmen auf der Westseite gleichzeitig entstanden ist. Längs der äußeren Galerien finden die Prozessionen statt, und dort trat auch die Wetsche zusammen, die Kiewer Volksversammlung.

Die enormen Chöre der Sophien-Kathedrale konnten nicht für den Fürsten und seine Familie reserviert bleiben. Mit aller Wahrscheinlichkeit lagen dort nach dem Vorbild von Konstantinopel die Räume des Metropoliten. Der restliche Teil – stets nach byzantinischem Vorbild – konnte den Frauen vorbehalten sein.

Auch wenn wir die äußeren Arkaden-Galerien nicht mitzählen, so entsprach die Sophien-Kathedrale doch zum ersten Mal der Aufgabe einer Metropolitenkirche. Die Längenreduktion der Kirche, der Ersatz der längsgerichteten Basilika durch den Zentralbau (quadrati-

26. Heidnischer Tempel in Kiew, 10. Jahrhundert.

scher Grundriß) erklären sich durch die Tatsache, daß die missionarische Funktion der Kirche nunmehr zweitrangig geworden war. Es waren nun immerhin schon vierzig bis fünfzig Jahre seit der »Taufe der Rus« vergangen, und die Zahl der Katechumenen in Kiew hatte sich nun sicher verringert. Die außergewöhnliche Entwicklung des kreuzförmigen Zentralraums (um den Ambo herum, der sich unter der Kuppel befand) bestätigt, daß die Liturgie des Metropoliten in höchstem Maße Feierlichkeit verströmte. Wenn in den bischöflichen Kathedralen die Zahl der Kleriker, welche die Liturgie feierten, auf zwanzig kam (ohne die Sänger), so brauchte der Metropolit für seine Liturgie doppelt so viele Geistliche.[21] Das führte zu besonderer Feierlichkeit, die auch die Masse des Volkes ansprach. Der feierliche Einzug, die Prozession und der Aufenthalt mit den Gaben im Angesicht des Volkes wurde zu einer Zeremonie, bei der ein großer Teil der Kirche durchquert wurde. Die Masse der Gläubigen konnte dem Gottesdienst von den äußeren Schiffen und auch von den Galerien aus folgen. Das erhöhte die räumliche Distanz, verlieh der Handlung aber eine große spektakuläre Wirkung. Die gleichförmige Beleuchtung der Kirche durch die dreizehn mit Öffnungen versehenen Tamboure der Kuppeln vereitelten eine Unterteilung in »gute« und »schlechte« Plätze – mit Ausnahme eines kleinen dunklen Raumes unter den Chören. Offenkundig war es noch nicht zu einer ausgeprägten sozialen Differenzierung gekommen, zumindest während des Gottesdienstes. Das bezeugt auch die Tendenz, der Zelebration einen extremen Massencharakter zu verleihen. Dies kommt durch den Bau einer äußeren Ordnung von Arkadengalerien und deren bogenförmige Struktur zum Ausdruck, die es möglich machte, daß sich die Liturgie in einem offenen Raum abspielte. Dies alles unterschied ganz deutlich die »Metropoliten«-Kirche von Kiew von der Hagia Sophia in Konstantinopel mit ihrem deutlich geschlossenen Kosmos.

Wenn die Zehnt-Kirche (wie die Kathedrale von Tschernigow) tatsächlich eine architektonische Reminiszenz der byzantinischen Auffassungen des 6. bis 9. Jahrhunderts (Kuppelbasilika) darstellte, so war die Sophienkirche von Kiew nicht mehr der zeitgenössischen byzantinischen Architektur verbunden, denn diese kannte keine Kreuzkuppelkirche mit fünf Schiffen. Im Vergleich mit der Zehnt-Kirche stellte sie eine beträchtliche Neuerung dar.

Trifft es zu, daß hier nur funktionale Bestrebungen eine Rolle spielten, oder kamen andere Gründe dazu? Wenn wir alles in Betracht ziehen, was wir über Jaroslaw, die Rus zu seiner Zeit und die entsprechenden Pläne und Aussichten wissen, so können wir mit Sicherheit sagen, daß sich die Vorstellung von den Aufgaben einer Kathedrale des Metropoliten und damit der Sobor der gesamten Rus zu jener Zeit vertiefte.

Fürst Wladimir baute seine Kirche, während er sich seinen Platz in der Geschichte eroberte. Er mußte noch mit den heidnischen Kräften der Rus kämpfen: Obwohl alle heidnischen Idole zerstört worden waren, konnte er nicht sicher sein, daß sich die neue Religion ohne weitere Schwierigkeiten ausbreiten würde. Es gab noch nicht unterworfene Stämme. Die endgültige Anerkennung von Byzanz stand noch aus, und die kirchliche Organisation der Rus war noch nicht vollständig.[22] Unter solchen Bedingungen konnte die Vorstellung einer universellen Autorität der Rus, ganz zu schweigen von der russischen Kirche, nur unter Schwierigkeiten entstehen. Nur die großen Unternehmungen zählten. Wenn sich trotzdem bestimmte historische Auffassungen in dieser Zeit herausbildeten, so waren sie doch weit entfernt von der Selbstverherrlichung. In der Laurentius-Chronik lesen wir für das Jahr 988: »Wolodimer ... sagte froh: Gott ... sorge dich um diese neuen Menschen ... Steh mir bei, o Herr, gegen den Feind, der mich angreift.«[23] Wie sehr unterscheidet sich dies doch von der Aussage des Metropoliten Hilarion unter Jaroslaw: »Ich schaue auf die Stadt, die vor Größe leuchtet, ich schaue auf die blühenden Kirchen, ich betrachte das heranwachsende Christentum ...«[24] Während der Blütezeit Kiews unter Jaroslaw erschien der majestätische Bau Wladimirs als ungenügend für den gesamten Staat, und die ungenaue Bestimmung seiner Funktion führte zu Widersprüchen in der Form. Zum »basilikalen« Charakter mit seiner Tendenz zum geistesgeschichtlichen Historismus traten zufällige zusätzliche Bauten, die von praktischen Notwendigkeiten diktiert wurden. Wenn die Form der Basilika mit der eines Zentralbaus nach dem Vorbild der Hagia Sophia in Konstantinopel kombiniert worden wäre, so wäre dies nicht so gekommen. Doch Wladimir konnte sich einen solchen Bau nicht leisten, er ging über seine Kräfte. Und eine derart universale Auffassung konnte damals noch nicht entstehen: Sie wurde erst unter Jaroslaw möglich. Doch warum befahl er den griechischen Architekten nicht einfach, die Formen ihrer Hauptkathedrale, wenn auch in reduziertem Maßstab, beizubehalten? War das eine zu schwierige Aufgabe selbst für die griechischen Handwerker? Ich glaube, hier geschah dasselbe wie in Byzanz nach dem Bau der Hagia Sophia von Justinian: Ihre Formen zu kopieren brachte keinen Nutzen. In Kiew konnte der Nachbau der Architektur der Hagia Sophia von Konstantinopel den Präzedenzfall einer offenkundigen ideellen und religiösen Abhängigkeit vom Patriarchat bedeuten, was Jaroslaw sicherlich nicht beabsichtigte. »Jaroslaw gelingt es, die Autorität der Rus gegenüber den übrigen Staaten zu festigen. Auf der Grundlage der allgemeinen Entwicklung des Bewußtseins in seinem Volk in der ersten Hälfte des 11. Jahrhunderts legt er solide Grundlagen für die politische und religiöse Unabhängigkeit der Rus, für die russische Literatur, die russische Annalistik, die russische Architektur und die bildenden Künste Rußlands.«[25] Eine Reproduktion des architektonischen Vorbilds der Hagia Sophia in Konstantinopel hätte diesem Programm widersprochen.

Dennoch konnte Jaroslaw nicht eine Metropolitenkirche außerhalb jeglicher byzantinischer Tradition erbauen. Dem standen der Kult und die griechischen Baumeister entgegen, deren Teilnahme historisch sicher nachgewiesen ist und die sicher viel einbrachten – aber nicht alles. Der fünfschiffige Grundriß der Sophienkirche in Kiew stammte nicht von Konstantinopel, und auch ihr gesamtes architektonisches Aussehen zeigt wenig Gemeinsamkeiten mit byzantinischen Vorbildern. Die Wahl einer fünfschiffigen Kreuzkuppelkirche für die Sophienkathedrale in Kiew erklärt sich dadurch, daß dieser Typ, obwohl er einige der »praktischen Funktionen« der Hagia Sophia in Konstantinopel (die Zentralisierung auf den Raum unterhalb der Kuppel) beibehielt, die brüske Gegenüberstellung der Massen der Gläubigen (die sich in den dunklen Seitenschiffen drängten) und der zentralen Haupthandlung unterhalb der Kuppel vermied. In ihr verlor sich die Person nicht im Kosmos (und ebensowenig in einem Absolutismus monarchischer Prägung). Wir haben bereits auf die ziemlich homogene Qualität der Plätze für das Volk in der Sophienkathedrale von Kiew hingewiesen. Dazu kommt, daß die zahlreichen vertikalen Gliederungen die Bedingungen für den relativen Abschluß einer beschränkten Zahl von Personen in einem kleinen Raum schufen. Mit Gewißheit stammt diese Eigenschaft (»der Himmel auf Erden«) von den fünfschiffigen Kirchen in Konstantinopel. Diese waren im allgemeinen aber klein und gehörten Klöstern. Die Zahl der inneren Pfeiler erreichte nie die Zahl 12, wie wir dies in der Kathedrale von Jaroslaw beobachten können. In Kiew zur Zeit Jaroslaws wurden jene Züge der byzantinischen Architektur hervorgehoben, die der nationalen Funktion nicht entgegenstanden, auch wenn man nicht sagen kann, daß sie diese gewollt betont hätten. In der Hagia Sophia von Konstantinopel steht die grandiose Kuppel mit einer sehr abstrakten theologisch-kosmologischen Symbolbedeutung im Zusammenhang. Die dreizehn Kuppeln auf Tambouren der Sophienkirche in Kiew symbolisierten die zwölf Apostel und Christus oder die Einheit »aller christianisierten Länder der Rus unter der Führung von Kiew«. Kürzlich durchgeführte Forschungen bestätigen, daß die zwölf Abteilungen der Arkadengalerien (der zweiten Ordnung) Kuppeln trugen, so daß die fünfundzwanzig »Scheitel« wahrscheinlich die der Sophienkathedrale waren und fälschlicherweise der Zehnt-Kirche zugeschrieben wurden.[26] Jedenfalls manifestierte sich bei der Sophienkathedrale mit ihren vielen Kuppeln zuallererst ein ausschließlich russisches Prinzip und erst an zweiter Stelle das universale Prinzip des Sobornost. Es wird wohl nicht übertrieben sein, in dieser »Universalität« eine überlebende Form jenes epischen Demokratismus zu sehen, der die Zeit der epischen historischen Sagen (Bylina) des Zyklus von Wladimir kennzeichnet.

Die funktionalen Voraussetzungen der Architekturgattung, der die Sophien-Kathedrale in Kiew angehört, erlauben es uns, diese Gattung als Staatskathedrale oder Metropolitenkirche zu definieren. Natürlich wird diese Definition um so realer, je umfangreicher die Palette der Phänomene ist, die sie umfaßt. Deswegen empfiehlt es sich, diese Gattung auch an anderen Beispielen zu studieren.

Folgebauten

Besondes interessant und aufschlußreich in dieser Beziehung ist die Kathedrale des Erzengels Michael in Perejaslawl Russkij (Juschnij).

Nach dem Text der »Chronik der vergangenen Jahre« in der Laurentius-Chronik wurde die Erzengel-Michael-Kirche in Perejaslawl Russkij 1089 vom Metropoliten geweiht. Dieser trat sein Amt in Perejaslawl zwischen 1077 und 1078 oder noch früher an, zwischen 1072 und 1076. Sein erster Bau war den Chroniken zufolge die Kathedrale des heiligen Michael. Wir wissen nicht, ob Efrem der erste Metropolit von Perejaslawl Russkij war, doch für uns ist das nicht einmal wesentlich. Wichtig ist hingegen die Tatsache, daß es neben dem Metropolitensitz (Eparchie) von Kiew und Tschernigow in den siebziger bis neunziger Jahren des 11. Jahrhunderts auch die »Titular«-Eparchien von Perejaslawl gab. Ihre Einrichtung geht auf Wsewolod Jaroslawitsch zurück, der eine Metropolie »mit gleichen Rechten« wie seine Brüder Isjaslaw von Kiew und Swjatoslaw von Tschernigow haben wollte. Auf diese Umstände geht unser großes Interesse für die Metropolitenkirche des heiligen Michael zurück. Was war sie für eine Kirche?

Aufgrund der Ausgrabungen von M. G. Karger (1949–1954) konnte man feststellen, daß es eine große fünfschiffige Kathedrale (Länge 33 Meter, Breite 27 Meter) mit drei Arkaden unter der Kuppel (mit Ausnahme des Ostteils) war, die sich, wie in der Sophienkirche von Kiew, in Richtung auf die Seitenschiffe öffneten. Kurze Zeit danach fügte man diesem fünfschiffigen Kern an der Nord- und an der Südseite weitere Bauten hinzu, die der Kathedrale einen noch mächtigeren Ausdruck verliehen. Es ist kein Zufall, wenn die Chroniken sie als »Große Kirche« bezeichnen. Hervorzuheben ist auch der Reichtum der Mosaikfußböden.

Wie die Zehnt-Kirche ist auch die Kathedrale des heiligen Michael ein »Monument von außergewöhnlicher Bedeutung«. Über die äußeren Formen weiß man nicht genau Bescheid, doch angesichts der außergewöhnlich massiven Pfeiler (drei mal drei Meter) und des Fehlens von Lisenen auf den Innenmauern konnte die Bedachung eine sehr große Zentralkuppel inmitten von vier kleineren Kuppeln erhalten, was eher auf byzantinische Vorbilder als auf die Kiewer Sophienkirche verweist. Die Forscher nennen hier Baudenkmäler wie die Sophienkirche in Thessaloniki (8. Jahrhundert), die Kirche der Kalenderhane Cami (9. Jahrhundert) und die Kirche der heiligen Theodosia (heute Gül Cami, 11. Jahrhundert) in Konstantinopel.[27] Dabei dürfen wir nicht vergessen, daß Efrem vor seiner Amtseinsetzung in Perejaslawl als Metropolit lange Zeit in Byzanz gelebt hatte. Die Einführung eines dritten östlichen Pfeilerpaars in der Kathedrale von Perejaslawl deutet auf eine Verwandtschaft mit der Kathedrale von Tschernigow und ebenso mit der Sophienkirche von Polozk, auf die wir noch zurückkommen werden.

Die Zerstörung der Erzengel-Michael-Kathedrale verhindert eine detaillierte Untersuchung ihrer Merkmale, doch aus dem Gesagten können wir den Schluß ziehen, daß Metropolit Efrem logisch und kohärent handelte, als er den architektonischen Typ für seine Kirche aussuchte. Es ist nicht auszuschließen, daß dabei auch Fürst Wsewolod Jaroslawitsch, der Herr von Perejaslawl, eine Rolle spielte, den die Ernennung von Efrem zum Metropoliten sehr erfreute. Für die Eparchie brauchte man eine große, mächtige und imponierende fünfschiffige Kirche mit allen Räumen, die notwendig sind für die feierlichen Gottesdienste des Metropoliten, zum Beispiel mit Sakristeien und Ankleideräumen. In der Sophien-Kathedrale wurden alle diese Bedürfnisse erfüllt. Efrem und Wsewolod blieb nichts anderes übrig, als diese funktionelle, politisch-religiöse und idealkünstlerische »Norm« im Rahmen des Möglichen zu übernehmen, was sie dann auch taten.

Das Auftreten majestätischer Kathedralen in der Kiewer Rus wie der Zehnt-Kirche, der Sophienkirche von Kiew und der Kirche des heiligen Erzengels Michael in Perejaslawl machte einen enormen Eindruck auf die Zeitgenossen. Redner und Chronikenschreiber verwendeten für sie enthusiastische Begriffe. Doch dies ist nur eine Seite der Angelegenheit: Im Zusammenhang mit dieser neuentstandenen Kirche standen auch bestimmte staatlich-administrative und sogar idealpolitische Programme. Mit der Liquidierung der Titularmetropolien von Tschernigow und Perejaslawl hätten keine weiteren Metropolitenkirchen mit Ausnahme der von

Kiew existieren dürfen. Doch der Einfluß, den ihr architektonisches Vorbild ausübte, führte dort zu einer praktischen Realisierung, wo die lokalhistorischen Kräfte zu einem Anspruch (oder auch nur zum Wunsch) auf Gleichheit mit Kiew führten. Das galt nicht nur für die Fürsten, die Fürstentümer und ihre Hauptstädte, sondern auch für Klöster. Jaroslaw selbst gab den Anstoß dazu. Fast zur gleichen Zeit wie die Sophienkirche baute er zwei große Kirchen im Irenen- und im Georgs-Kloster in Kiew, nicht weit von der Sophienkirche entfernt. Keine dieser Kirchen ist erhalten geblieben, doch Ausgrabungen an Ort und Stelle zeigten, daß dort Komplexe mit fünf Schiffen und drei Absiden und einem Turm nahe der Südwestecke standen. In den Proportionen ihrer Elemente waren sie der Sophien-Kathedrale ähnlich. Wie können wir ihren Typus verstehen, wobei wir berücksichtigen müssen, daß es sich nicht um Kirchen eines Metropoliten handelte, sondern um Klosterkirchen?

Wir müssen in diesem Zusammenhang daran erinnern, daß der fünfschiffige Aufbau auch byzantinischen Klosterkirchen nicht fremd war. Das gilt für die große Kirche der heutigen Kalenderhane Cami in Istanbul (Ende des 9. Jahrhunderts), die wir bereits in Zusammenhang mit der Kathedrale von Perejaslawl erwähnt haben, und für die Kirche des Lips-Klosters (10. Jahrhundert), der N. I. Brunow eine besondere Wichtigkeit zuschrieb.[28] Ähnliche Kirchen entstanden in byzantinischen Klöstern auch in der darauffolgenden Epoche. Sie wurden von Adligen in Auftrag gegeben (Konstantin Lips war ein Würdenträger des Hofes), waren als Grabkapellen der kaiserlichen Familie vorgesehen und erfüllten schließlich die Aufgabe einer zentralen Kathedrale des Klosters (Katholikón). N. I. Brunow bemerkte einen gewissen Widerspruch zwischen dem fünfschiffigen Gebäude und dessen Funktion im Inneren des Klosters und bezeichnete eine wiederholte Gliederung des Raumes und die Struktur der Kapellen als deren besonderen Eigenschaften. Wir wissen nicht, ob das Irenen- und das Georgs-Kloster in Kiew Kapellen besaßen, doch besteht kein Zweifel daran, daß diese fünfschiffigen Komplexe zusammen mit der Sophien-Kathedrale den Stempel von Jaroslaws Triumph trugen, wie er von Hilarion in seiner »Rede über das Gesetz und die Gnade« gefeiert wird. Gewiß konnte Jaroslaw große dreischiffige Kirchen in den Klöstern errichten, wie dies sehr viel später Fürst Swjatoslaw im Höhlenkloster von Kiew tat. Doch Jaroslaws Vorliebe für die fünfschiffige Kirche ist ein Zeichen dafür, daß diese architektonische Form mit besonderen Funktionen in Zusammenhang stand. Die Kirche des Georgs-Klosters wurde zu Ehren des Himmelspatrons von Jaroslaw erbaut. Der heilige Georg galt auch als Beschützer der Fürsten und Krieger. Daher stammte wohl die besondere Vorliebe für das Georgs-Kloster und dessen Kirche, die wir als die eigentliche Kirche Jaroslaws bezeichnen können. Deshalb bekam die Sankt-Georgs-Kirche auch einen Bischof und wurde somit, gleichberechtigt neben der Sophienkirche, in den Rang einer Kathedrale erhoben. Wie Makarij bezeugt, fand in der Kirche des heiligen Georg die »Amtseinsetzung« der neuen Bischöfe statt.[29] Hier konnte Jaroslaw zusammen mit dem Metropoliten, dessen Residenz sich neben der Kirche befand, an besonderen Gottesdiensten teilnehmen. Dies alles reicht aus als Beweggrund für Jaroslaws Wunsch nach einer Kirche, die der Metropolitenkirche »ebenbürtig« war.

Das Gesagte betrifft zum Teil auch die Kathedrale des Irenen-Klosters. Diese trägt denselben Namen wie Jaroslaws Frau Ingegärd, die Tochter eines schwedischen Königs. Diese Tatsache erforderte eine adäquate Architektur, wenn auch nur, um Ingegärd ein repräsentatives Gebäude nach europäischem Geschmack zur Verfügung zu stellen. Ich glaube, daß dies auch die Entscheidung zugunsten des fünfschiffigen Typs bei der Sophienkirche von Nowgorod, von der wir weiter unten noch sprechen werden, beeinflußt hat. Das Irenen-Kloster in Kiew gehörte territorial gesehen zum »Haus des Metropoliten«. Dieser verlieh mit seiner Präsenz dem Kloster von Jaroslaws Frau einen besonderen Glanz, und daraus läßt sich leicht der fünfschiffige Aufbau der Klosterkirche erklären.

Noch nicht sicher steht die Zugehörigkeit der großen fünfschiffigen Kirche fest, deren Spuren in Kiew während der Ausgrabungen an der Wladimirskaja-Straße gefunden wurden. Forscher des 19. Jahrhunderts glaubten, diese Kirche sei der heiligen Irene geweiht, doch P. A. Rappoport zweifelte diese Zuschreibung an.[30] Auf die eine oder andere Weise gab es aber im 11. Jahrhundert in Kiew einige Repliken aus der Gattung der Staatskathedralen. Sie geben uns einen Hinweis auf das grandiose Bauprogramm Jaroslaws des Weisen.

Die Nowgoroder Sophien-Kathedrale

Es gilt als seit langem anerkannte Tatsache, daß die Sophien-Kathedrale von Nowgorod eine Art Replik der Sophienkirche in Kiew darstellt. Ihr zentraler Kern mit fünf Schiffen ist allerdings nicht von zwei, sondern nur von einer Ordnung von Arkadengalerien (Papert) umgeben. An der Westseite steht nur ein Turm neben der Kirche, und die Nowgoroder Kathedrale hat nur sechs anstelle von dreizehn Kuppeln. Es ist jedoch bedeutsam, daß »die Kirchen im Hinblick auf ihre Ausmaße identisch sind. Die Sophien-Kathedrale von Nowgorod übertrifft die gleichnamige Kirche in Kiew sogar an Höhe.«[31]

Die Sophien-Kathedrale in Nowgorod diente nicht als Kirche eines Metropoliten, und es ist nicht wahrscheinlich, daß ihr Erbauer, Fürst Wladimir Jaroslawitsch, der von 1034 bis 1054 regierte, den Bischof von Nowgorod auch nur in den Rang eines Titularmetropoliten erheben wollte, weil er mit seinem Vater Jaroslaw dem Weisen nicht im Streit lag. Ganz im Gegenteil: Der Bau der Sophien-Kathedrale von Nowgorod wurde 1055 begonnen, als mit aller Wahrscheinlichkeit der der Sophienkirche von Kiew abgeschlossen wurde. Man kann sogar annehmen, daß Jaroslaw, der für Nowgorod stets eine besondere Vorliebe gezeigt hatte, mit seinem Sohn Wladimir zum Bau einer fünfschiffigen Kathedrale beitrug. Jaroslaw wurde dazu vielleicht auch von seiner Erinnerung an seine frühere Herrschaft über Nowgorod und von einem Gefühl der Dankbarkeit gegenüber den Nowgorodern bewegt, die ihm geholfen hatten, sich des Thrones von Kiew zu bemächtigen. Vielleicht spielte auch das Prestige eine Rolle, das er durch diesen Bau beim benachbarten schwedischen König erringen wollte. Jaroslaws Ehefrau Irene wollte ihrer Heimat näher sein. So erhielt sie für sich das Gebiet um den Ladoga-See und starb offensichtlich im Norden, weil sie in der Sophien-Kathedrale von Nowgorod begraben liegt.[32]

Das Vorhandensein umfangreicher Arkadengalerien (Papert) in der Kathedrale von Nowgorod läßt vermuten, daß man sie für den Bau zusätzlicher Kapellen vorgesehen hatte. Das trifft zu. Damit ist aber nicht gesagt, daß die Idee zum Bau der Arkadengalerien (und somit die Idee von einer fünfschiffigen Struktur) im Zusammenhang mit diesen zusätzlichen Kapellen entstand. Die Struktur mit den fünf Schiffen besaß schon ihre typologische Semantik, wie auch der fünfschiffige Grundriß der Sophien-Kathedrale von Polozk bezeugt.

W. N. Lasarew interpretierte den Bau dreier großer Kathedralen, die der heiligen Weisheit geweiht sind (Kiew, Nowgorod, Polozk), als Ausdruck einer »Orientierung nach Konstantinopel hin«.[34] Doch bedeutete dies keinesfalls eine Konzession gegenüber Byzanz. Es war vielmehr die Demonstration der Gleichheit. Die großen fünfschiffigen Kathedralen aus der »Epoche von Jaroslaw« drückten mit ihren Formen die Idee von der Größe des russischen Staates vom Norden (Sophien-Kathedrale von Nowgorod) zum Süden und bis in den Westen (Sophien-Kathedrale von Polozk) aus. Dies gehörte ohne Zweifel zu ihrer typologischen Funktion.

Die Sophien-Kathedrale von Polozk

Es gilt nunmehr als sicher, daß auch die Sophien-Kathedrale von Polozk, die zwischen 1044 und 1066 gebaut wurde, dieselbe Tendenz wie die gleichnamigen Kathedralen von Kiew und Nowgorod zum Ausdruck bringt. Bereits die Tatsache, daß auch sie der göttlichen Weisheit (Sophia) geweiht ist, ist ein Beweis dafür. Obwohl die Polozker Kathedrale nur mit starken Veränderungen erhalten geblieben ist, können wir noch heute ihre fünfschiffige Struktur deutlich erkennen. Nachdem festgestellt wurde, daß die Westabsiden eine spätere Hinzufügung sind[35], kann man nunmehr die fünfschiffige Struktur der Kathedrale auf die Vorbilder in Nowgorod und Kiew zurückführen. Neben der Kirche wurden auch die Spuren eines Treppenturms gefunden. Der hauptsächliche Unterschied der Kathedrale von Polozk besteht in der größeren Zahl von Querschiffen, die sich auf fünf und nicht auf vier summierten. Deswegen stellte K. N. Afanasew die Sophien-Kathedrale von Polozk der Christi-Verklärungs-Kirche in Tschernigow zur Seite[36], was

27. Kiew, Sophien-Kathedrale, Querschnitt.

mehr Material für unser Thema liefert als die übrigen Eigenschaften der Kirche (wie ihre sieben Kuppeln). Der »basilikale« Charakter des Grundrisses der Polozker Sophien-Kathedrale – selbst wenn er nach außen hin kaum Ausdruck findet – schafft im Inneren in der Längsrichtung ausgedehnte Schiffe. Da sich aber die Vierung unterhalb der Kuppel genau im Zentrum der Kirche befand, erschien nicht der Westteil, der sich vor dem Altar befand und ein zusätzliches Querschiff aufwies, als stark zentriert. Die Absiden wurden damit sehr tief. Der Altarraum (Bema) und die Altarstufe wurden vergrößert, und das hatte sicher eine genau umrissene Funktion. Wenn die Sophien-Kathedrale von Polozk wirklich von jenen errichtet wurde, die auch die Sophien-Kathedrale von Nowgorod erbaut hatten, so erscheint diese Abweichung vom Kiewer und Nowgoroder Vorbild doch als sehr merkwürdig.

Doch vom Stifter der Polozker Kathedrale, wahrscheinlich Fürst Wseslaw Brjatschislawitsch, der in der epischen Literatur gefeiert wurde und von 1044 bis 1101 regierte, können wir keine passive Imitation erwarten. Bekannt ist seine Feindseligkeit gegenüber Nowgorod (und die der Nowgoroder ihm gegenüber), und auch mit Kiew stand er nicht in freundlichen Beziehungen. Deswegen wurde er vom »weisen Bojan« sehr ungünstig beschrieben. Im Jahr 1068 feierte er einen Triumph, als er nach einer Gefangenschaft durch das wütende Volk (als einziger unter allen Fürsten!) auf den Thron von Kiew gehoben wurde. Das Fürstentum »mit Apanage« (Isgojnoe) von Polozk[38] unterschied sich beträchtlich von dem von Kiew und in noch größerem Maße von dem von Nowgorod, und wenn Fürst Wseslaw es für unumgänglich erachtete, in seiner Hauptstadt eine große fünfschiffige Kathedrale zu erbauen, so war dies keinesfalls ein Akt der Ehrerbietung gegenüber seinem mächtigen Nachbarn, sondern bedeutete im Gegenteil offene Opposition. In diesem Sinn ist auch der Satz im »Igorlied« zu deuten: »Er öffnete die Pforten Nowgorods und erschütterte den Ruhm Jaroslaws.« Er gibt gut den Inhalt der Taten des Polozker Fürsten wieder. B. A. Rybakow erkannte in diesem Satz sogar eine Schadenfreude des Autors im Hinblick auf die Niederlage des Nowgoroder Fürsten und auf das Schwanken des »Ruhms von Jaroslaw«.[39] Wie sich Jaroslaw mit seiner Sophienkirche in einen Gegensatz zu Konstantinopel stellte, so tat dies Wseslaw mit seiner Sophien-Kathedrale im Hinblick auf Kiew und Nowgorod. Diese Gegenüberstellung wurde um so deutlicher, je ähnlicher die architektonischen Typen (nicht die Formen, sondern die Typen) waren Durch Gleichheit des Typus oder – mit einem Ausdruck, den ich vorziehe – der architektonischen Gattung konnte man die künstlerische Originalität stärker hervorheben. Bei der Sophien-Kathedrale von Polozk verwendete man die Gattung der Staatskathedrale dazu, das Prestige des Fürstentums (und natürlich des Fürsten) auf die gleiche Ebene wie das Kiews und Nowgorods zu heben. In diesem Zusammenhang hat W. Koratsch (siehe Anmerkung früher) recht, wenn er meint, in der Sophien-Kathedrale von Polozk (wie auch in der von Nowgorod) spiegle sich die Idee der heiligen Weisheit als Kathedralkirche«[40] wieder. Obwohl Polozk keine Metropolie war, erschien die Stadt durch ihre Staatskathedrale als einer Metropolie gleichwertig, und dadurch erklärt sich wahrscheinlich ihre ideologische Funktion. Doch warum wies die Sophien-Kathedrale von Polozk besondere Eigenschaften auf? In der politischen und religiösen Orientierung von Wseslaw von Polozk sind keine philobyzantinischen Tendenzen zu erkennen. Ganz im Gegenteil. In den Chroniken, in den historischen Sagen (Bylina) und im »Igorlied« wird Wseslaw als ein Mensch geschildert, der in der slawischen Mythologie stark verwurzelt ist. Er stamme von einem Schamanen ab, könne seine Gestalt verändern und ähnliches mehr. »Dies alles«, schrieb B. A. Rybakow, »ließ das Bild eines außergewöhnlichen, übernatürlichen Helden entstehen, der es mit der Sonne selbst, dem großen Chors, aufnehmen konnte.« Wseslaw hatte einen kirchlichen Würdenträger als Berater, der über die byzantinischen Streitigkeiten gut Bescheid wußte, darüber nämlich, ob es dem Priester erlaubt sei oder nicht, die Paramente im Sanktuarium anzuziehen. In der Hagia Sophia von Konstantinopel baute man für den Patriarchen und den Kaiser Skeuophylakia oder Sakristeien ein, wo sie die heiligen Gewänder anziehen konnten. Doch langsam kam die Sitte auf, sich im Sanktuarium anzuziehen, das deswegen vergrößert werden mußte. Die erste russische Kirche, in der dieses Merkmal deutlich auftritt, war die Christi-Verklärungs-Kirche in Tschernigow (vollendet kurz nach 1036), von der später noch die Rede sein soll. Die Sophien-Kathedrale von Polozk brauchte ein besonders großes Sanktuarium, weil der Westteil stark verkürzt war. Wir dürfen auch die Tatsache nicht vergessen, daß die Vergrößerung des Ostteils deswegen erfolgte, weil sich der »dramatische« Aspekt der liturgischen Feiern immer mehr in den Vordergrund schob. Dies geschah unter dem Einfluß des Westens, wo die Liturgien jener Zeit den Charakter einer ausgebreiteten Mysterienhandlung annahmen.

Die großen Ausmaße der ersten Kathedralen, die (gezwungenermaßen) die Funktionen von Metropolitenkirchen übernahmen, ihr besonderer missionarischer Charakter, die »Restauration« frühbyzantinischer Formen, deren Kombination mit lokalen Eigenheiten, die formale und strukturelle Grandiosität des Gebäudes, in dem Vergangenheit (Byzanz, teilweise auch vorbyzantinische Traditionen), Gegenwart (die neue Rus) und die Zukunft (die östliche Orthodoxie) miteinander vereinigt wurden, und gleichzeitig eine evidente quantitative Einheit: alle diese Faktoren schufen jenen Stil, der in seiner optimalen Variante die Bezeichnung »monumentaler Historismus«[41] erhielt. Dieser entstand vor allem im Rahmen der architektonischen Gattung der Staatskathedralen und Metropolitenkirchen.

Die Christi-Verklärungs-Kirche von Tschernigow

Nach dem Auftreten der großen fünfschiffigen Kathedralen des 11. Jahrhunderts, welche alle Merkmale von »Metropoliten«-Kathedralen besaßen, obwohl nur die Sophienkirche in Kiew wahrhaft der Sitz eines Metropoliten war, folgte eine lange Zeit, in der keine entsprechende historische und somit auch funktionelle Notwendigkeit zu ihrem Bau gegeben war. Das bedeutet aber nicht, daß die alte Rus endgültig ihren sublimen architektonischen Charakter aufgegeben hätte. Wir werden später sehen, wie die Merkmale dieser architektonischen Gattung immer dann auftauchen, wenn ein Fürst ehrgeizig wurde und die Vorherrschaft anstrebte. Dies ist eine weitere Bestätigung für die Spezifität dieser Architekturgattung und deren soziale Wirksamkeit, die von den Zeitgenossen als real anerkannt wurde. Zu diesen Ereignissen kam es vor allem in der zweiten Hälfte des 12. Jahrhunderts. Doch oft auch im 11. und in der ersten Hälfte des 12. Jahrhunderts hing der Erfolg bei der Lösung bestimmter historischer Probleme zu einem großen Teil von der Grandiosität und Ausdruckskraft ab, mit der diese in der Monumentalarchitektur dargestellt wurden. Man kann das auch anders sagen: Die in diesen historischen Situationen angesammelte und kondensierte ideelle und spirituelle Energie spiegelte sich in der Bedeutsamkeit der architektonischen Bilder wider. Einige dieser Bauten mächtiger Stifter, welche die Macht über die gesamte Rus anstrebten, stehen der Gattung der Staatskathedralen und Metropolitenkirchen besonders nahe, so daß wir sie als Reminiszenzen bezeichnen können. Mit diesem Begriff meine ich hier und später die teilweise Assimilierung nicht von Details, sondern von bestimmenden Zügen einer architektonischen Gattung, zum Beispiel von Türmen, Arkadengalerien, Baptisterien, Kapellen und teilweise auch Vorhallen. Zu diesen Kirchen zählte als erste die Christi-Verklärungs-Kirche in Tschernigow, die wir schon mehrere Male erwähnt haben. Wie die Zehnt-Kirche entstand auch sie unter sehr schwierigen Bedingungen. Im Jahr 1023, als sich Jaroslaw noch nicht fest in Kiew eingerichtet hatte, marschierte von Tmutorakan sein Bruder Mstislaw der Schöne mit einem großen Heer gegen ihn. Nach der Niederlage Jaroslaws im Jahr 1024 ließ Mstislaw sich in Tschernigow nieder und überließ dem Bruder Kiew und alle Gebiete auf dem linken Dnjepr-Ufer.

Für den »Helden Mstislaw«, den Bojan besang, reichte dies aus, um für seine neue Hauptstadt nicht einen Bischof, sondern einen Metropoliten, und sei er auch nur ein Titularmetropolit[42], zu wünschen. Wir müssen also davon ausgehen, daß die Christi-Verklärungs-Kathedrale in Tschernigow von Anfang an nicht nur als Kathedrale (wie bereits M. D. Priselkow meinte), sondern als Metropolitenkirche gedacht war. Das erkennt man schon allein an der Tatsache, daß sich die Kathedrale von Tschernigow wesentlich von Mstislaws Kirche in Tmutorakan aus dem Jahr 1022 unterschied: Diese war eine kleine Kreuzkuppelkirche (6,5 m × 10,4 m) mit einem Narthex[43] (die Hypothese von N. I. Brunow, diese Kirche habe fünf Kuppeln besessen, wird von keinen Daten gestützt). Wir dürfen auch nicht vergessen, daß nach Mstislaw Fürst Swjatoslaw (sein Enkel) dasselbe Ziel verfolgte und für den Bischof Neofit die Metropolitenwürde bekam.[44] Dies geschah bereits in den sechziger Jahren des 11. Jahrhunderts, doch solche Pläne werden im allgemeinen weit im voraus geschmiedet. Auf die eine oder andere Weise war die von Mstislaw gegründete Kathedrale perfekt an ihre Funktion als Kirche eines Metropoliten angepaßt. Wir müssen annehmen, daß die Kirche von Tmutorakan hier eine gewisse Rolle spielte.

Im Vergleich zur Kirche von Tmutorakan erscheint die Kathedrale von Tschernigow grandios. Doch deswegen wurden die Formen der Kirche von Tmutorakan nicht aufgegeben und beiseite gelegt. Im Gegenteil: Aus ihnen ging eine ganze Reihe von Bischofskathedralen des 12. Jahrhunderts hervor. Vorläufig interessieren uns die Reminiszenzen an die Gattung der Metropolitenkirche. Die Eparchie von Tschernigow war wie die von Perejaslawl provisorisch und bedingt vom Anspruch des Fürsten von Tschernigow auf die politische Vorherrschaft. An diesem Fürsten war auch der byzantinische Hof interessiert, weil er seine Verbindung mit der Rus ausbauen wollte. Die Metropolitenkirche unter Swjatoslaw war sicher die Christi-Verklärungs-Kathedrale, die Mstislaw in den Jahren 1030 und 1031 begonnen und die Jaroslaw nach dem Tode Mstislaws im Jahr 1036 vollendet hatte. Es ist jedoch nicht auszuschließen, daß bereits Jaroslaw die Kathedrale von Tschernigow als Metropolitenkirche betrachtete. Die (vermutlich) hölzerne Sophienkirche wäre wohl kaum den imperialen Plänen Jaroslaws gerecht geworden. Die neue gemauerte Sophienkirche war noch nicht fertig. So war die Fertigstellung der Kathedrale von Tschernigow (wahrscheinlich im Jahr 1038) für Jaroslaw nicht nur eine brüderliche Pflicht, sondern auch eine sehr praktische Notwendigkeit, und dies um so mehr, als Mstislaws Projekt Züge enthielt, welche diese Kirche von der Masse der gewöhnlichen Bauten abhoben. Fast alle Forscher der altrussischen Architektur machen auf die ungewöhnliche Längenausdehnung der Christi-Verklärungs-Kirche aufmerksam. Trotzdem stehen wir einer Vier-Pfeiler-Kirche gegenüber, obwohl man sie auch als Sechs- oder sogar als Acht-Pfeiler-Kirche (wie die Zehnt-Kirche) betrachten kann. A. I. Kometsch erkennt darin eine Art Wiedergeburt der Basilikenarchitektur frühbyzantinischer Zeit, doch muß man dazu sagen, daß gerade diese Züge typisch waren für die griechischen (athenischen) Kirchen des 11. und 12. Jahrhunderts vom sogenannten »synthetischen Typ«.[45] Gleichzeitig geht diese Eigenheit auf byzantinische Bauwerke zurück, etwa die Nordkirche des Klosters von Lips (Beginn des 10. Jahrhunderts). Überdies geschah diese Verlängerung durch die Einfügung eines weiteren östlichen Pfeilerpaars vor den Absiden. Sie bildeten damit vor dem Altar ein zusätzliches Querschiff. Man kann hier kaum vom Einfluß einer ästhetisch-architektonischen Strömung sprechen (zum Beispiel der Neigung zur Symmetrie). Wir haben es hier vielmehr mit liturgischen Besonderheiten zu tun, bei denen, wie wir bereits wissen, der Ritus des Ankleidens vor dem Gottesdienst eine erhebliche Rolle spielte. Die Hagia Sophia von Konstantinopel besaß zu diesem Zwecke eigene Räume neben dem Sanktuarium, die Skeuaphylakion oder Mutatoria genannt wurden. Wahrscheinlich gab es sie auch in der Zehnt-Kirche, wo sie am östlichen Ende der Arkadengalerien lagen. Doch in der Kathedrale von Tschernigow fehlten diese Räume. Die Einkleidung mußte im Sanktuarium geschehen; diese Sitte hatte sich nach und nach in Konstantinopel eingebürgert. Dieses Problem wurde bisher noch nicht untersucht, und wir sind ihm bereits bei der Sophien-Kathedrale von Polozk begegnet. Wir wollen darauf hinweisen, daß der umfangreiche Westteil der Christi-Verklärungs-Kirche in Tschernigow einer großen Zahl von Katechumenen und der Feier der Litija Platz bot. Die guten Sichtverhältnisse des Raums unterhalb der Kuppel mit dem Ambo im Zentrum erhöhten das Prestige der liturgischen Feiern, die der Bischof oder der Metropolit leitete. Der enorme Altar schuf die Möglichkeit, die Zahl der Zelebranten während des kleinen und vor allem während des großen Einzugs zu vergrößern. Bei besonders festlichen Gelegenheiten nahmen daran die Priester aller benachbarten Kirchen teil. Schließlich verlieh die Struktur mit fünf Kuppeln der Kirche die »Sobornost« einer Kathedrale. Es gibt keinen Grund zu zweifeln, daß die ersten Erbauer mit diesen Merkmalen der Kathedrale den äußeren Status einer Metropolitenkirche verleihen wollten. Aus irgendeinem Grund verzichteten sie auf die Arkadengalerien, obwohl diese wie bei der Zehnt-Kirche das Fassungsvermögen der Kirche fast verdoppelt hätten. Wir können allerdings annehmen, daß diese Galerien vorgesehen waren. Die Grabkapellen bei den nördlichen und südlichen Absiden können wir uns nämlich als Abschluß dieser Galerien vorstellen. Zu diesen sollte wohl auch das Baptisterium an der Südwestecke gehören (im 18. Jahrhundert abgebrochen). Die Grandiosität und die Pracht der Christi-Verklärungs-Kirche deuten darauf hin, daß dies alles in der Intention projektiert war, die Funktion der Hofkirche mit der der Metropolitenkirche zu vereinigen. A. I. Kometsch stellte viele scharfe Beobachtungen über den hellenisierenden metropolitanisch-byzantinischen Stil dieses wundervollen Bauwerks an. Alle seine Bemerkungen sind heute noch aktuell. Bei diesem Beitrag geht es darum, die Umstände zu klären, unter denen sich die besondere Struktur der Kathedrale von Tschernigow herausbilden konnte. Ich sehe diese Umstände im raschen Aufstieg von Tschernigow, der damit im Zusammenhang steht, daß Fürst Mstislaw Wladimirowitsch der Schöne (980–1036) sich in dieser Stadt niederließ. Selbst wenn er nicht nach dem Thron von Kiew schielte, so bildete er dennoch zusammen mit Jaroslaw eine Art Duumvirat Rußlands. Dieses Bewußtsein als »Duumvir« wäre nur schwerlich mit der kirchlichen Unterwerfung unter die Eparchie von Kiew zu vereinbaren gewesen. Man forderte vielmehr ein eigenes religiöses Zentrum, das wahrscheinlich die Christi-Verklärungs-Kirche sein sollte. Deren Widmung und Weihe an ein derart königliches religiöses Fest stand mit ihrer Rolle in vollkommenem Einklang.

28. Kiew, Sophien-Kathedrale, Ostfassade, Apsiden, Ausschnitt.

Farbtafeln II

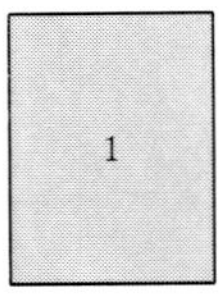

1. Kiew, Sophien-Kathedrale, Treppe im Turm, Innenansicht.

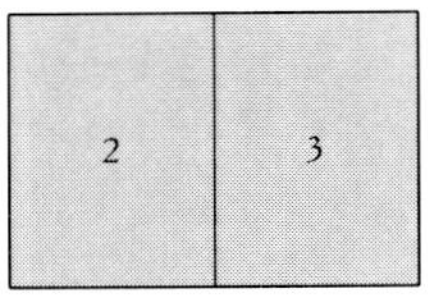

2. Kiew, Sophien-Kathedrale, Ansicht von Osten.
3. Nowgorod, Sophien-Kathedrale, Südfassade.

4. Kiew, Erlöserkirche zu Berestowo, heutige Ansicht.
5. Tschernigow, Christi-Verklärungs-Kathedrale, Ostfassade, Apsiden.

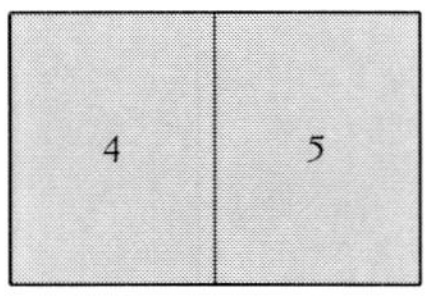

6. Die Heiligen Nestor und Demetrius, Schiefer, 11. Jahrhundert, Moskau, Tretjakow-Galerie.

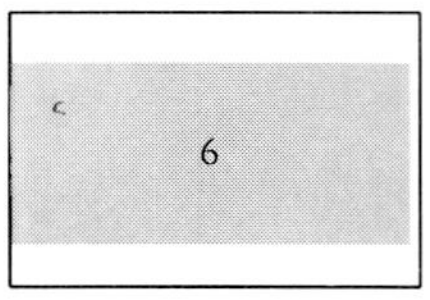

7. Nowgorod, Georgs-Kathedrale im Jurjew-Kloster, Ansicht von Südwesten.

Typisch für die Architektur der Kiewer Rus dieser Zeit ist eine gewisse »Doppeldeutigkeit« des geistigen und künstlerischen Programms. Auf der einen Seite erkennen wir die wohldefinierte Tendenz zur Assimilierung des byzantinischen Erbes. Dies erlaubt es, die Reste eines früheren, auf der Stammeskultur aufbauenden Synkretismus zu überwinden. Auf der anderen Seite wird aber ebenso die Suche deutlich, in diesem kulturellen Prozeß die eigenen jahrhundertealten Traditionen zu bewahren; dabei wird der Wunsch verständlich, sich nicht in etwas völlig Neuem aufzulösen, sondern in sich selbst zu bleiben. Daran ist nichts Merkwürdiges. Im Gegenteil: Dieses Phänomen entspricht ganz genau den Phänomenen auf anderen Gebieten der zeitgenössischen russischen Kultur. Wir weisen hier nur auf die bildenden Künste hin, obwohl uns dies zu weit führen würde. Viel interessanter für unser Thema ist die Literatur des 10. und 11. Jahrhunderts, weil ihr Schicksal mit dem der Architektur eng verbunden ist.

Zur Einführung des liturgischen Dienstes in den neuen russischen Kirchen waren bestimmte Bücher notwendig. Da die Liturgie in russischer Sprache (Staroslava) gefeiert wurde, mußten Übersetzungen angefertigt werden. Dies geschah sofort unter Beteiligung aller, zum Beispiel von Griechen, die das Altslawische kannten, und von Bulgaren, die diese Sprache noch vor den Russen beherrschten. Am bedeutsamsten ist aber, daß nicht die Texte des 10. und 11. Jahrhunderts, sondern vor allem die Klassiker der griechischen religiösen Literatur des 4. bis 11. Jahrhunderts übersetzt wurden. D. S. Lichatschew lieferte eine durch und durch praktische Erklärung für diese Tatsache, die in unserem Zusammenhang besonders wichtig erscheint. Bei der Übersetzung der Klassiker aus dem 4. bis 7. Jahrhundert wurden die altrussischen (und bulgarischen) Gelehrten nicht von Stilproblemen geplagt (die standen für sie erst an zweiter oder sogar dritter Stelle), sondern sie wurden vielmehr von der Notwendigkeit getrieben, »zuallererst über kanonische und kirchlich anerkannte Werte zu verfügen, ohne die das Leben der Kirche nicht möglich gewesen wäre«.[46]

Zu diesen religiösen Texten kamen Werke allgemeineren Charakters sowie Predigten. Die erste Gruppe der Übersetzungen wurde ziemlich wörtlich durchgeführt. Die zweite Gruppe wurde hingegen nicht von kanonischen Beschränkungen bestimmt, so daß sich dort unter dem Einfluß lokaler und praktischer Gegebenheiten die unterschiedlichsten Veränderungen finden. Ein ähnliches Bild können wir auch bei der ältesten Architektur von Kiew und Tschernigow beobachten. Sehr vieles wurde von kanonischen Einschränkungen bestimmt: Die Struktur des Längsschiffes, des Narthex, des Sanktuariums, des Ambos und so weiter, doch viele Elemente änderten ihre Form aufgrund lokaler Gegebenheiten.

Wir haben schon gesehen, daß nur die zentralen Teile der Zehnt-Kirche und der Kathedrale von Tschernigow auf die byzantinische Tradition, allerdings nicht des 10. bis 11. Jahrhunderts, sondern auf eine ältere, zurückgeführt werden können. Die restlichen Elemente wurden in ihrer Funktion von lokalen historischen Bedingungen diktiert. Eine Rolle spielten dabei die staatlich geförderte Missionierung, politische und kirchlichverwaltungstechnische Bedingungen und Prestigewünsche. Da unter all diesen Faktoren noch keine innere Einheit entstanden war, erschien die Architekturgattung der Staatskathedrale und Metropolitenkirche nur in der Sophienkirche von Kiew als völlig homogen. Ihre Architektur übernahm erst im Endstadium solche Reminiszenzen. Wir meinen hier nicht nur die Hinzufügungen, sondern die abschließenden Elemente, die der optimalen typologischen Funktionalität dienen. Das spiegelte sich bis zu einem gewissen Grad auch im Stil. Auch er fiel ziemlich widersprüchlich aus.

Bei anderen Beispielen für Reminiszenzen der Gattung der Staatskathedralen und Metropolitenkirchen müssen wir einen Vorbehalt anbringen. Vieles hing davon ab, wie das ursprüngliche architektonische Vorbild aussah. War es die Sophienkirche von Kiew, so fielen die Reminiszenzen ziemlich deutlich aus. Dies gilt zum Beispiel für die große Kathedrale des Fürsten Isjaslaw Jaroslawitsch im Demetrios-Kloster und die Muttergotteskirche im Kloster von Kiew. Weitere Baudenkmäler können wir als Reminiszenzen von Reminiszenzen dieser Architekturgattung betrachten, auch wenn sie durch ihre Erhabenheit einen großen Eindruck auf uns machen.

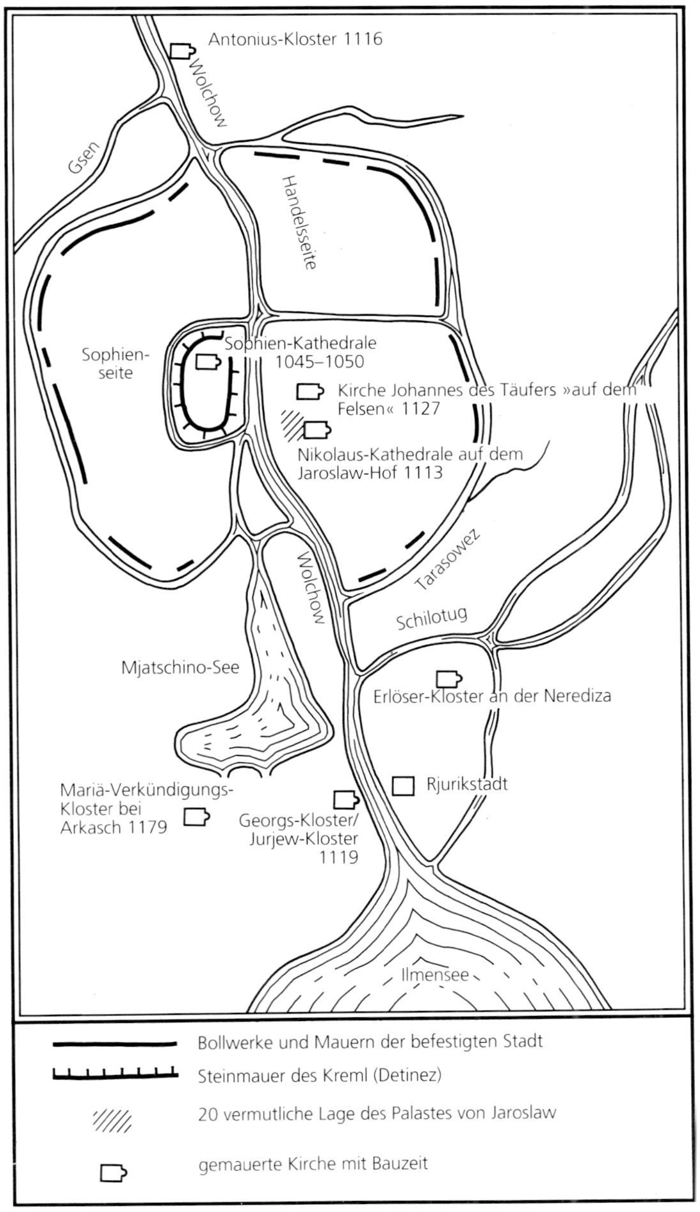

29. Stadtplan von Nowgorod, 11.–12. Jahrhundert.

Beginnen wir mit der Demetrios-Kathedrale. Sie wurde in jenen kritischen Jahren erbaut, als nach dem Tod von Jaroslaw dem Weisen (1054) die Kiewer Rus auseinanderzufallen drohte.

Anfänglich teilten sich Jaroslaws Söhne Isjaslaw, Swjatoslaw und Wsewolod zu gleichen Teilen in die Macht und bildeten eine Art Triumvirat. Doch offensichtlich träumte jeder von ihnen von der Vorherrschaft. Das geht bereits aus der Tatsache hervor, daß sie einer nach dem anderen »eigene« Kathedralen in Klöstern bauten, die ihrer Familie besonders nahestanden (Otnie). Bereits M. D. Priselkow behauptete, der Bau von Kathedralen in Klöstern, die den Fürstenfamilien besonders nahestanden, sei nicht so sehr aus Bequemlichkeitsgründen erfolgt (dauernder Aufenthalt des Fürsten im Kloster und Begräbnis an Ort und Stelle), sondern beruhe auf einer Übereinstimmung zwischen den »Triumviren«, deren Inhalt aber schwer auszumachen sei.[47] Ich glaube, daß wir diesen Inhalt im Wunsch suchen oder vermuten können, ein geistliches Bollwerk als Symbol der Unabhängigkeit zu besitzen, wie es die Sophien-Kathedralen in Kiew, Nowgorod und Polozk waren. Allein diese Tatsache schuf die Voraussetzungen für einen »architektonischen Wettbewerb« nicht nur mit der Metropolitenkirche, das heißt der Sophien-Kathedrale in Kiew, sondern auch der Kirchen untereinander. Dieses architektonischen Wettbewerbs waren sich die Historiker des politisch-kirchlichen Lebens der alten Rus wohl bewußt. Im Hinblick auf den Bau der Kirchen der Heiligen Boris und Gleb von seiten Wladimir Monomachs und des Fürsten David Swjatoslawitsch von Tschernigow schrieb M. D. Priselkow: »Der Wettstreit zwischen Tschernigow und Kiew hörte also auch später nicht auf.«[48]

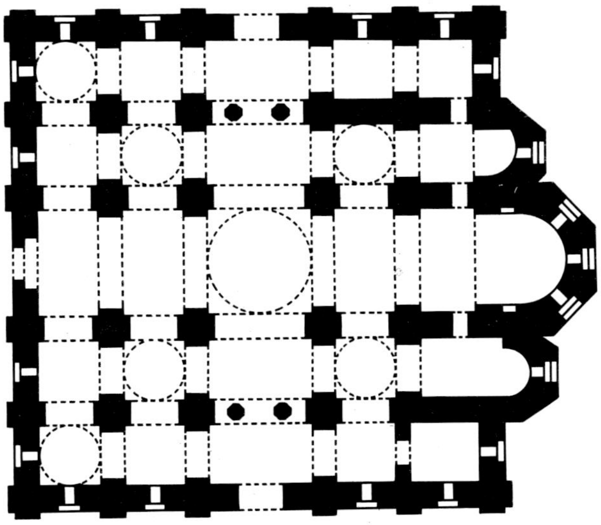

31. Polozk, Grundriß der Sophien-Kathedrale zwischen 1044 und 1066.

30. Nowgorod, Sophien-Kathedrale, Ansicht von Osten.

Leider wissen wir nichts über die Kirche Swjatoslaws in seinem ihm nahestehenden Simeon-Kloster. Isjaslaw baute die Kathedrale im Demetrios-Kloster (Mitte des 11. Jahrhunderts), und auch diese ist nicht erhalten geblieben. Nach Materialien, die J. S. Aseew[49] veröffentlichte, mußte es sich um eine große dreischiffige Kirche mit Narthex, vielleicht auch mit Türmen und Arkadengalerien handeln. Damit wäre sie in die Kategorie der Nachfolgerinnen der Staatskathedralen und Metropolitenkirchen einzureihen. Moderne Untersuchungen bringen die bekannten großen Schieferreliefs, die heilige Krieger zu Pferde, darunter auch den heiligen Demetrios, darstellen, mit dieser Kirche in Zusammenhang.[50]

Sehr interessant liest sich, was die Chroniken über Isjaslaws Bauvorhaben berichten: »Isjaslaw baute das Demetrios-Kloster und setzte Warlaam als Abt ein, um die Bedeutung dieses Klosters zu unterstreichen, da er viele Reichtümer besaß.«[51] Isjaslaw, der sich eines enormen Reichtums erfreute, versetzte den Abt Warlaam vom Höhlenkloster von Kiew in sein ihm nahestehendes Kloster, um dieses noch über das Kiewer Kloster zu stellen.

In diesem Zusammenhang wäre es sehr wichtig, zu wissen, ob die Kirche des Demetrios-Klosters eine oder fünf Kuppeln besaß. Darüber haben wir keine direkten Angaben, doch können wir einige Vermutungen anstellen.

Neben Swjatoslaw und Isjaslaw nahm auch Wsewolod, der dritte »Triumvir«, an diesem Architekturwettstreit teil. In den Jahren 1070 bis 1086 errichtete er in »seinem« Kloster von Wydubitschkij eine enorme Kathedrale mit Türmen. Sie hatte drei Schiffe bereits ohne Galerien und kann deswegen nur teilweise als eine Nachfolgerin der Staatskathedralen betrachtet werden. Doch gleichzeitig besaß sie fünf Kuppeln[52], und das kompensierte ohne Zweifel das Fehlen der Galerien vom Gesichtspunkt des Prestiges aus.

Swjatoslaws Kirche im Simeon-Kloster verfügte nicht über genügend Ausdruckskraft und konnte somit ihre ideologischen Funktionen nicht ausfüllen. In der Zwischenzeit war Swjatoslaw 1073 Großfürst von Kiew geworden und befand sich in einer ziemlich schwierigen Situation. Tatsache ist, daß nach 1072 das »Triumvirat« schnell auseinanderfiel. Swjatoslaw vertrieb mit Wsewolod Isjaslaw von Kiew. Die Beziehungen mit dem Westen und mit Byzanz wurden schwieriger bis hin zu einem Konflikt mit dem Metropoliten von Kiew und sogar mit dem Höhlenkloster. Dieses klagte Swjatoslaw offen der widerrechtlichen Machtergreifung an: »Er übernahm auf ungesetzliche Weise den Thron seines Vaters, nachdem er seinen älteren Bruder vertrieben hatte.«[53] Noch heftiger wütet gegen Swjatoslaw der Mönch und Chronist Nikon. Unter diesen Umständen riskierte Swjatoslaw, obwohl er in Bojan seinen eigenen Hofpoeten hatte, die Unterstützung des Höhlenklosters von Kiew zu verlieren, das stets zugunsten der Einheit Rußlands intervenierte.[54] So versöhnte er sich sofort mit dem Kloster, schenkte ihm Ländereien und legte die Fundamente für die neue Mariä-Himmelfahrts-Kathedrale. An der Grundsteinlegung nahm Fürst Wsewolod mit seinem Sohn Wladimir aus Perejaslawl teil. Das hindert uns aber nicht daran, in der Mariä-Himmelfahrts-Kathedrale ein Denkmal zu sehen, das Swjatoslaw als Hofkirche diente. Dennoch war die Aufgabe dieser Kathedrale viel umfangreicher.

Das Höhlenkloster von Kiew

Das Höhlenkloster von Kiew war in Opposition zur Macht der griechischen Metropoliten in jener Zeit zum wichtigsten Zentrum der russischen Kultur geworden und stellte einen bedeutenden nationalen Machtfaktor dar. Hier nahm die russische Annalistik ihren Anfang, und von hier stammten auch die Bischöfe aller russischen Eparchien. Hier entwickelte sich vor allem aber auch die Überzeugung, »die Russen könnten sich in religiösen Fragen selbst helfen und seien sogar imstande, ihre ›Meister‹ zu übertreffen«. Bekanntlich folgte das Höhlenkloster einer strengen Regel. Wir dürfen uns nicht wundern, wenn das Höhlenkloster, das in einem harten Gegensatz zur Ausrichtung der Kiewer Metropolie nach Byzanz stand, dringend auch eines »architektonischen Kontrastprogrammes« zur Sophien-Kathedrale bedurfte. Dieses Programm, über das wir natürlich nur Vermutungen anstellen können, hätte auf fruchtbare Weise verwirklicht werden können, wenn die neue Kathedrale des Klosters einer Metropolitenkirche gleichzeitig ähnlich und unähnlich gewesen wäre. Mit anderen Worten: Sie hätte ebenso grandios ausfallen müssen, doch vom künstlerischen Gesichtspunkt aus eben etwas anders. Man kann nicht sagen »russischer«, weil es in diesem Sinn noch keine russische Tradition gab, doch jedenfalls nicht so wie die Sophienkirche. Natürlich war es aufgrund der Tradition nicht möglich, auf das byzantinische Erbe ganz zu verzichten, doch war eine solche Tendenz in gewisser Hinsicht wünschenswert.

Die Mariä-Himmelfahrts-Kathedrale im Kiewer Höhlenkloster wurde hauptsächlich von russischen Handwerkern nach dem Vorbild der dreischiffigen Sechs-Pfeiler-Kirchen mit Narthex gebaut. Doch auch mit dieser Typologie war sie die imponierendste Kirche in der Rus des 11. und 12. Jahrhunderts, und eindeutig deswegen erhielt sie den Beinamen ›die Große‹. Kürzlich durchgeführte Untersuchungen zeigten, daß die Kathedrale nicht über eine Kuppel verfügte, wie man früher glaubte, sondern über fünf.[55]

Das war aber zuwenig. Der dreischiffige Kernbereich der Kirche machte nicht genügend Eindruck, und deswegen wurde sie um Kapellen, Galerien und um ein Baptisterium erweitert, so daß sie am Ende nicht weniger imponierend aussah als die Zehnt-Kirche, von der Christi-Verklärungs-Kirche in Tschernigow ganz zu schweigen. Es ist nicht auszuschließen, daß sich die Erbauer der Kathedrale des Höhlenklosters auch von der Struktur dieser fünfkuppeligen Kirchen beeinflussen ließen, während die Erbauer der Kathedrale von Wydubitzki sich wiederum von dieser Kirche mit ihren fünf Kuppeln inspirieren ließen. Wie wir in der Folge sehen werden, übernahmen auch einige weitere Fürstenkathedralen diese Eigenschaft, so daß eine ganz andere Tradition entstand, als man bisher glaubte. Mit anderen Worten: Die Mariä-Himmelfahrts-Kirche (auch: Kirche der Lawra) des Höhlenklosters steht keinesfalls am Anfang der Tradition städtischer Bischofskathedralen des 12. Jahrhunderts. Diese Tradition entstand hingegen aus einer völlig anderen Architektur. Damit bleibt die Kirche der Lawra eine Nachfolgerin der Staatskathedralen und Metropolitenkirchen, was auch mit ihrer historischen Funktion in vollem Einklang steht.

Boris und Gleb

Fürst Swjatoslaw begnügte sich nicht damit, sich am Bau der großen Mariä-Himmelfahrts-Kathedrale zu beteiligen. Mit seinem Namen ist der Bau der Boris-und-Gleb-Kirche in Wyschgorod verbunden, wo er seine ausgedehnten Kenntnisse der historischen Umstände unter Beweis stellte.

Die Verehrung von Boris und Gleb, der jüngeren Brüder von Swjatopolk Wladimirowitsch, die auf dessen Betreiben hin meuchlerisch ermordet worden waren, wurde bald zu einer Angriffswaffe in den Händen der Fürsten und kirchlichen Würdenträger bei ihrem Kampf um eine geordnete Nachfolge auf dem Thron des Großfürsten. Das beeinflußte zahlreiche Werke der bildenden Kunst, der Architektur und der Literatur. Diese waren um so bedeutender, je mehr die Programme, die damit zum Ausdruck kamen, in die Tiefe gingen. Noch einmal war es Fürst Jaroslaw der Weise, der dieser Verehrung architektonischen Ausdruck verlieh, indem er in Wyschgorod eine fünfschiffige Holzkirche anstelle der alten Basiliuskirche errichtete um dort die sterblichen Überreste der getöteten Brüder zu bestatten. Als ein halbes Jahrhundert später die Kirche verfiel, baute dort Fürst Isjaslaw Jaroslawitsch im Jahr 1072 eine neue Holzkirche, die allerdings bereits eine Kuppel aufwies.[56] Diese architektonische Änderung ist schon in sich sehr bedeutsam. Die Vorliebe für eine einzige Kuppel bedeutete keineswegs, daß die Kirche des Jahres 1072 nun weniger wichtig geworden war. Die Kirchenweihe und die Überführung der Gebeine von Boris und Gleb wurden mit außergewöhnlicher Feierlichkeit begangen. An der Zeremonie nahmen neben allen Fürsten des »Triumvirats« auch der Metropolit von Kiew, der »Titular«-Metropolit von Tschernigow, drei Bischöfe und die Äbte verschiedener Kiewer Klöster teil. Wir können annehmen, daß M. K. Karger der Wahrheit sehr nahe kam, als er meinte die eine Kuppel der Kirche von 1072 manifestiere eine patriotische Idee und stelle den Wunsch dar, die Ähnlichkeiten mit der Tradition von Byzanz zu verringern.[57]

Doch das architektonische Aussehen der Holzkirche eignete sich nicht besonders, um der Verehrung von Boris und Gleb viel Auftrieb zu verleihen. In diesem Zusammenhang ist die Tatsache bedeutsam, daß es Fürst Swjatoslaw war, der mit dem Bau der Steinkirche begann. Er hatte auch den Bau der Mariä-Himmelfahrts-Kathedrale im Höhlenkloster von Kiew in die Wege geleitet. Die Boris-und-Gleb-Kirche wurde noch größer projektiert: Sie übertraf die Klosterkirche in der Längenausdehnung um sieben Meter. Mit dem Bau begann man 1073. Fürst Swjatoslaw starb jedoch drei Jahre danach und ließ ihn unvollendet. Fürst Wsewolod schloß den Bau ab, doch die Kirche verfiel bald. Im Jahr 1115 wurde sie von Swjatoslaws Sohn Oleg restauriert, der im »Igorlied« als »Gorislawitsch« (»Sohn des bitteren Ruhms«) auftaucht. Die Feiern zur Überführung der sterblichen Reste von Boris und Gleb und der Kirchenweihe wurden von Wladimir Monomach geleitet. Dies zeigt, welch ungeheure Bedeutung dieser Kathedrale zukam, und das fand seinen Ausdruck auch in der Architektur. Sie wurde ohne die traditionellen Türme, ohne Vorhallen geplant, doch haben wir Gründe zur Annahme, daß auch sie über fünf Kuppeln verfügte. Angesichts ihrer mächtigen Ausmaße ist kaum anzunehmen, daß sie mit einer einzigen Kuppel auskam. So stellt die Boris-und-Gleb-Kirche auch eine Nachfolgerin der architektonischen Gattung der Staatskirchen dar.

Ihre architektonische Resonanz war enorm, denn nach ihr wurden sofort weitere gleichnamige Kirchen gebaut. Als erster machte sich anscheinend Wladimir Monomach daran. Obwohl er bei den Ereignissen von Wyschgorod des Jahres 1115 eine entscheidende Rolle gespielt hatte, nahm er doch nicht direkt am Bau der Boris-und-Gleb-Kirche teil. Gleichzeitig mußte er als Fürst von Kiew öffentlich beweisen, daß die Verehrung von Boris und Gleb sein allererstes Vorrecht war, denn Boris war Fürst von Rostow gewesen. Zu diesem Zweck baute Monomach am Fluß Alta, wo Fürst Boris getötet worden war, eine Boris-und-Gleb-Kirche. Über deren Formen wissen wir nichts. Die Annalistik bezeichnet sie als »sehr schön«. Im Jahr 1120 tritt in dieser Angelegenheit auch der Fürst von Tschernigow auf den Plan, Dawid (Gleb) Swjatoslawitsch, der Neffe von Wladimir Monomach. Dieser hatte ihm beim Fürstentreffen von Ljubetsch im Jahre 1097 Tschernigow überlassen, obwohl sein Bruder Oleg seit langem diesen Thron begehrt hatte.

Im Hinblick auf die Datierung der Boris-und-Gleb-Kathedrale in Tschernigow gibt es unterschiedliche Meinungen, doch die meisten Forscher plädieren für die Jahre 1120 bis 1123. Neue Elemente zugunsten dieser Datierung lieferten vor kurzem E. W. Worobewa und A. A. Titsch.[58]

Dawid Swjatoslawitsch konnte auf den Thron des Großfürsten Ansprüche erheben, weil er der Älteste war. Doch wie sein Bruder Oleg wurde auch er von Wladimir Monomach ausgetrickst. Es kam ihm deswegen zupaß, sich der Verehrung von Boris und Gleb zuzuwenden, und dies um so mehr, als der ermordete Fürst Gleb nicht nur der Namenspatron von Dawid (Gleb), sondern der ganzen Familie Swjatoslawitsch war.

Die Wahl der Schutzpatrone Boris und Gleb verlangte natürlich alles überragende, ausdrucksstarke und repräsentative Formen, die mit der Kathedrale von Wyschgorod konkurrieren konnten. Darin äußerte sich in der Architektur jener »Wettstreit zwischen Tschernigow und Kiew«, auf den M. D. Priselkow (siehe oben) aufmerksam machte.

Die Boris-und-Gleb-Kathedrale in Tschernigow (die anfängliche Gleb-und-Boris-Kathedrale hieß) ist mit fünfundzwanzig Metern Länge eine recht große Kirche. Sie hat drei Schiffe, einen Narthex und nur eine, allerdings umfangreiche Kuppel. Sie wurde als Grabkapelle der Familie Swjatoslawitsch gebaut, wie zahlreiche Arkosolien bezeugen. Die Kathedrale war gewiß so geplant, um in monumentaler Form zu demonstrieren, daß Dawid Swjatoslawitsch gleiche Rechte wie alle

32. Tschernigow, Christi-Verklärungs-Kirche, Ansicht von Osten.

33. Tschernigow, Christi-Verklärungs-Kirche, Säule im Inneren.

anderen Enkel von Jaroslaw dem Weisen beanspruchte.[59] Anfänglich kam dies in der besonderen künstlerischen Qualität der Kirchen zum Ausdruck: Zur Bereicherung dienten nicht nur Lisenen an der Fassade, sondern auch ausgeprägte Halbsäulen (die bereits in der Sophien-Kathedrale von Kiew vorkamen) und aus weißem Stein gehauene Kapitelle. Skulpturen aus weißem Stein finden sich auch an den Portalen der Kathedrale. Um sie herum baute man Arkadengalerien ähnlich wie bei der Sophienkirche in Kiew. Es ist allerdings möglich, daß die Galerien schon im ersten Bauplan vorgesehen waren. Auf diese Weise zog Fürst Dawid nicht nur mit der Christi-Verklärungs-Kirche, sondern auch mit den wichtigsten Kathedralen der Großfürsten von Kiew gleich.

Kiew

Bevor wir weiter fortfahren, wollen wir einen Blick auf eine merkwürdige Seite der Kiewer Architekturgeschichte des 11. Jahrhunderts werfen.

Vorerst bleibt noch im dunklen, auf welche Weise unter all den Rivalitäten zwischen den Söhnen Jaroslaws des Weisen Stefan zum Abt des Höhlenklosters in Kiew wurde. Die Mönche wählten ihn nach dem Tod von Feodosi, jagten ihn dann aber bald weg. Der Grund dafür liegt, M. D. Priselkow zufolge, in der Unterstützung, die Stefan dem Fürsten Wsewolod in einem Augenblick gewährte, da das Höhlenkloster mit ihm im Streit lag. Wsewolod und Swjatoslaw hatten nämlich ihren Bruder Isjaslaw ungerechterweise aus Kiew vertrieben. Dieser Stefan baut in einem Kloster an der Klowa die enorme Mutter-Gottes-Kirche der Blachernen (1096–1108), einen Bau mit drei Schiffen und acht Pfeilern mit zwei Ordnungen von Arkadengalerien.[60] Stefan bekam viel materielle Hilfe von den Bojaren. Offensichtlich gehörten sie zu »Wsewolods Partei«, und der Bau der Kirche demonstrierte dieselbe Macht Wsewolods wie »seine« Kathedrale von Wydubitzki. In gewisser Hinsicht ähneln sich die beiden Kirchen. Wsewolods Kirche war keine Replik, sondern nur eine Erinnerung an die Architekturgattung, die uns hier interessiert.

Als Nachfolgerinnen der Staatskathedralen und Metropolitenkirchen können auch alle monumentalen Kirchen ohne kreisförmige Galerien gelten.

Ordnen wir die Baudenkmäler wie die Kathedralen der Kiewer Klöster in historischer Reihenfolge an, die anfänglich künstlich erscheint: Wydubitzki (1070 – ca. 1088), Höhlenkloster (1073–1078), Heiliger Michael mit den goldenen Kuppeln (1108 – ca. 1113), Berestowo (erstes Viertel des 12. Jahrhunderts), Boris-und-Gleb-Gedenkkirche im Viertel Wyschgorod (Ende des 11. bis Anfang des 12. Jahrhunderts), die Kathedralen des Beltschiz-Klosters bei Polozk (Beginn des 12. Jahrhunderts), die Kathedrale des Elezkij-Klosters bei Tschernigow (auf der Schwelle zwischen dem 11. und dem 12. Jahrhundert), die Boris-und-Gleb-Kathedrale in Rjasan (»Staraja«, Mitte des 12. Jahrhunderts), Nikolaus-Kathedrale auf dem Hof von Jaroslaw, die Kathedrale des Antonius-Klosters (1117), die Georgs-Kathedrale des Jurjew-Klosters. Dabei können wir nicht umhin zu bemerken, daß sie trotz ihrer ikonographischen und stilistischen Verschiedenheit gewisse Züge der Architekturgattung der Staatskathedralen und Metropolitenkirchen beibehalten. So stellt sich die Frage: Wenn wir die stilistischen Unterschiede der aufgezählten Baudenkmäler wahrnehmen können, wozu dient dann das Studium ihrer Gattung? Ihr Stil änderte sich gerade in einer größeren oder kleineren Abweichung von den »typologischen Normen«, und deswegen beanspruchen diese ein besonderes Interesse. Wie äußern sich also diese »Züge« der Gattung der Staatskathedralen und Metropolitenkirchen? Zuallererst zeigen sie sich in den gigantischen Proportionen.[61] Nehmen wir als Vergleich nur die Länge der Kathedralen: Wyschgorod 42 Meter, Erlöserkirche von Berestowo 40,4 Meter, Kathedrale des Höhlenklosters 35,25 Meter, Kathedrale von Wydubitzki und Elezkij 30 Meter, Sankt-Michaels-Kathedrale 28,6 Meter und so weiter. Natürlich waren dies alles Sechs-Pfeiler-Kirchen, bisweilen sogar Acht-Pfeiler-Kirchen.

Das zweite Merkmal, das diese Bauten mit den Staatskathedralen und den Metropolitenkirchen gemeinsam haben, ist die Gliederung des dreischiffigen Hauptraumes mit Hilfe von Treppentürmen (Kathedrale von Wydubitzki, Sankt-Michaels-Kathedrale, Erlöserkirche von Berestowo, Kathedralen des Antonius- und Georgs-Klosters von Nowgorod). Diese Türme gehörten zum Narthex oder bilden ein Volumen für sich. In der genannten Gruppe bemerken wir noch zusätzliche Bauten neben der dreischiffigen Hauptstruktur: Kapellen, Baptisterien und Narthices.

Eine besondere Erwähnung verdienen die Narthices. In der wissenschaftlichen Literatur werden sie im allgemeinen als architektonische Neuigkeiten betrachtet, die das künstlerische Aussehen der Gebäude des neuen »hohen« Typs bestimmten. Ohne ihnen diese Funktion in späteren Zeiten absprechen zu wollen, betrachte ich die ältesten Vorhallen als eine Art rudimentäre Galerien, das heißt »unvollendet gebliebene« Galerien, und hier stehen sie in der Nachfolge der Staatskathedralen und Metropolitenkirchen.

Was das Dach der Kirchen anbelangt, so besaßen die Kathedralen des heiligen Michael von Berestowo und die Nikolaus-Kathedrale auf dem Jaroslawhof (Dworischtschenskij) sicher fünf Kuppeln. Die Elezkij- und die Antonius-Kathedrale kamen hingegen mit drei Kuppeln aus. Die Anzahl der Kuppeln der übrigen Kirchen steht noch nicht fest.

Das sind die gemeinsamen Merkmale jener Baudenkmäler, die wir provisorisch zu einer Gruppe vereinigt haben. Sie bezeugen klar die Suche nach einer neuen, nüchternen architektonischen Form für große Kirchen. Gleichzeitig verraten sie eine gewisse Verbundenheit mit den großartigen Baudenkmälern Jaroslaws des Weisen. Gerade diese Art von Kirchen können wir als Nachfolgerinnen der Nachfolgerinnen der Gattung der Staatskathedralen und Metropolitenkirchen betrachten.

Um das Wesen dieser typologischen Verschiebung zu erfassen, müssen wir, wenn auch nur kurz, die Entstehungsgeschichte dieser Baudenkmäler behandeln und, wenn möglich, deren Funktion ergründen. Daraus können wir dann die richtigen Schlüsse ziehen.

Alle Kirchen, die wir in dieser Gruppe zusammengefaßt haben, sind im wesentlichen durch eine einheitliche Geschichte gekennzeichnet. Mit Ausnahme der Kathedralen des Antonius- und des Beltschiz-Klosters wurden alle von den Söhnen und Enkeln Jaroslaws des Weisen errichtet. Sie versuchten mit allen Mitteln, das eigene väterliche Erbe zu konsolidieren. Für die einen war es Kiew, für die anderen Tschernigow, Nowgorod oder das ferne Susdal. In der Architektur sahen sie die Inkarnation der eigenen Macht. »Nach und nach wurden die Sobor für die wichtigsten und vor allem ältesten und reichsten Städte und für die von ihnen abhängigen ›Wolost‹ (ländlichen Territorien) das, was die Sophien-Kathedrale für das ganze russische Reich bedeutete.«[62]

Dieser ideologischen Funktion der Architektur wurden einige russische Kirchenhistoriker gewahr. A. Golubtschow beispielsweise schreibt: »Im Bau der Sobor erblickte man zu jener Zeit eines der Mittel, um die Besitztümer der Fürsten zu vereinigen, um den Vorrang gegenüber anderen Fürstentümern zu erlangen und um diese zu konsolidieren. Sogar die Bischöfe förderten diese Idee bei den Fürsten und riefen sie dazu auf, Kathedralen zu bauen, indem sie deren Vorteile und positive Folgen ausmalten.«[63]

Im Jahr 1093 wurde Swjatopolk Isjaslawitsch, der Enkel Dawids, Großfürst von Kiew. Obwohl Swjatopolk auch von den Kiewern, die Wladimir Monomach nicht liebten, begrüßt wurde, mußte er seine Autorität unter schwierigen Umständen konsolidieren. In jenem Jahr 1093 zogen die Kumanen gegen Kiew, und Swjatopolk floh vor ihnen. Dann begann sein Kampf mit Wladimir Monomach. Die harte Steuerpolitik Swjatopolks führte zu einer Erhebung der Kiewer Bürger im Jahr 1113. Unter diesen Umständen baute er 1108 eine große Kathedrale in »seinem« Kloster des heiligen Michael.

Was den Durchmesser der Zentralkuppel und die Gesamthöhe anbelangt, war die Michaels-Kathedrale etwas kleiner als die Kiewer Sophien-Kathedrale, doch in den Proportionen war sie ihr ähnlich. Nachdem die Beweggründe für die dynastische Auseinandersetzung zwischen den Söhnen und den Enkeln Jaroslaws des Weisen auf ähnlichen Interessen beruhten, war auch das architektonische Programm der Rivalen ungefähr dasselbe: die Darstellung ihrer Größe in der sublimsten Architekturgattung. Doch weil die Gattung der Staatskathedralen und Metropolitenkirchen nicht zur Verfügung stand, hielten sich die Söhne der »Triumviren« an jenen architektonischen Typ, der in vielerlei Hinsicht an die Vergangenheit erinnerte. Auch die Kathedrale des Michaels-Klosters war von diesem architektonischen Zwittertyp. Die Erbauer der Kathedrale des heiligen Michael behielten die fünf Kuppeln bei, wobei sie sich von der Kathedrale des Höhlenklosters inspirieren ließen. Diese Vermutung trifft um so mehr zu, als Swjatopolk 1098 enge Kontakte mit dem Kloster aufnahm, das Wladimir Monomach nicht geschätzt hatte. Im Wettstreit mit dem weisen Neffen zeigte Swjatopolk keineswegs eine weniger geschickte, vielleicht sogar eine klügere Hand auf dem Gebiet der kirchlichen Allianzen.

34. Kiew, Michael-Kathedrale im Wydubizy-Kloster, heutige Ansicht.

Wie wir bereits gesagt haben, war Wladimir Momomach, der Sohn des Triumvirn Wsewolod, lange Jahre der Rivale von Swjatopolk im Wettstreit um den Thron des Großfürsten von Kiew.

Es wurde viel geschrieben über die hervorstechende Rolle Wladimir Monomachs bei der Bewahrung der Einheit der Kiewer Rus. Der Besieger der Kumanen, Held historischer Sagen (Bylina) und selbst Autor des bedeutenden Werks »Belehrung« (Poutschenie), kannte von Kindheit an die Größe der fünfschiffigen Metropolitenkirche von Perejaslawl. Als Erwachsener hatte er dort zusammen mit dem Metropoliten Efrem an feierlichen Gottesdiensten teilgenommen. Von ihm konnte man erwarten, daß er diese Architekturgattung beim Bau der Kathedrale von Susdal und der Erlöserkirche in »seinem« Kloster von Berestowo weiter ausbauen würde. Doch selbst Monomach, der »die ganze Rus fest beherrschte«, war dazu nicht imstande.

Die Erlöserkirche im Kloster von Berestowo

Die Architektur der Erlöserkirche besaß nach den Rekonstruktionen drei Schiffe, sechs Pfeiler, einen Narthex und einen Treppenturm. Bereits diese Anordnung reichte aus, um in Monomachs Bau eine Tendenz zur Vergangenheit zu entdecken. Die Erlöserkirche war 30,4 Meter lang und damit fünf Meter länger als die Sophien-Kathedrale von Kiew und nur fünf Meter kürzer als die Mariä-Himmelfahrts-Kathedrale. Die Kuppel hatte denselben Durchmesser wie bei der Sophien-Kathedrale. Die Vorhallen der Kirche wurden trotz ihres reduzierten Volumens als Reste alter umlaufender Galerien interpretiert. Sie verstärkten den Ausdruck des gesamten Gebäudes und verliehen ihm ein treppenartiges Profil ähnlich wie bei der Kiewer Sophien-Kathedrale. Besonders interessant ist der westliche Narthex, der von einem Gewölbe mit drei Rippen überdacht wird. Es handelt sich dabei um das älteste Beispiel dieser konstruktiven Lösung. Es ist nicht auszuschließen, daß eine derart großartige Kirche über fünf Kuppeln verfügte.[64] Leider kennen wir auch die Bauzeit von Monomachs Kathedrale nicht. Er regierte jedenfalls von 1113 bis zu seinem Tod 1125 in Kiew, doch ist praktisch auszuschließen, daß die Kirche von Berestowo vor 1114 bis 1116 gebaut wurde. In jenen Jahren betraute Wladimir Monomach nicht das Höhlenkloster, sondern »sein« Wydubitzki-Kloster mit der Aufgabe, eine neue Redaktion der »Chronik« zu erstellen. Den Auftrag erhielt Abt Silwestr, der die Arbeiten 1116 abschloß. Einem derartig intelligenten und politisch scharfsichtigen Mann wie Wladimir Monomach war gewiß ein treuer Chronist wichtiger als der Ort der Redaktion. Trotzdem können wir uns schwer vorstellen, daß die Kirche von Berestowo bereits fertig war. Nach Abschluß der Arbeiten wurde sie für Monomach zu einem ideellen und politischen Bollwerk, wie es das Höhlenkloster von Kiew für seine Vorgänger war. Die Annäherung zwischen Wladimir Monomach und dem Metropoliten und gleichzeitig die Entfremdung zwischen ihm und dem Höhlenkloster, das zu jener Zeit nur eine zweitrangige Rolle spielte, trugen ohne Zweifel dazu bei, daß die Erlöserkirche die Hauptzüge der Kathedrale der Höhlenkirche übernahm. Wahrscheinlich wollte Wladimir Monomach in seinem Bau den historischen »Erben« der vielgerühmten Wiege der russischen Kirche sehen. So erklären sich auch die Reminiszenzen an die Gattung der Staatskathedralen in der Architektur der Erlöserkirche.

Vom typologischen Standpunkt aus erscheint die Erlöserkirche von Berestowo wie die »Cousine« der Elezkij-Kathedrale. Aber auch bei diesem Vergleich müssen wir Vorbehalte anbringen.

Die Mariä-Himmelfahrts-Kathedrale in Tschernigow

Die Mariä-Himmelfahrts-Kathedrale des Elezkij-Klosters in Tschernigow ist ein äußerst wichtiges und interessantes Baudenkmal. Wenn es uns gelingt festzustellen, ob sie vor oder nach der Erlöserkirche von Berestowo gebaut wurde, würde dies Entscheidendes zur Kenntnis der Kirchen mit einem Narthex beitragen.

Die Kirche sieht heute nach verschiedenen Eingriffen wie ein nüchternes Viereck mit einer einzigen barocken Kuppel aus. Nach den Forschungen von N. W. Cholostenko war sie jedoch einst so beeindruckend, daß man sie mit der Erlöserkirche Wladimir Monomachs von Berestowo vergleichen konnte. Es war eine sehr große (ohne Narthex dreißig Meter lange), dreischiffige Kirche mit Narthex und drei überdachten Vorhallen mit drei Kuppeln, wie N. W. Cholostenko meint. Die Kirche besaß keinen Treppenturm mehr, doch im Narthex befand sich das Baptisterium. Die Kirche bestand ganz aus Ziegeln. Die Halbkuppeln der Fassade, die Reliefs aus weißem Stein und die Friese an den Rundgiebeln (Sakomara) deuten auf eine Ähnlichkeit mit der Boris-und-Gleb-Kirche.[65]

Was die überdachten Vorhallen anbelangt, so können wir sie als Reste runder Galerien oder als ganz neue Bildung auffassen.

N. W. Cholostenko hält die Mariä-Himmelfahrts-Kathedrale des Elezkij-Klosters für älter als die Boris-und-Gleb-Kirche und betrachtet sie als Werk des Fürsten Oleg Swjatoslawitsch, der Tschernigow 1097 verließ. E. W. Worobewa und A. A. Titsch legen die Zeit des Baus der Kathedrale in die Jahre 1110 bis 1120[66], das heißt in die Regierungszeit von Dawid Swjatoslawitsch. Andere Forscher treten für ein noch späteres Datum ein, bis hin zur zweiten Hälfte des 12. Jahrhunderts. Bis jetzt können wir uns nicht für das eine oder andere Datum entscheiden. Die Meinung von N. W. Cholostenko ist allein deswegen fraglich, weil in jener Zeit Fürst Oleg, »der Sohn des bitteren Ruhms«, keine Kathedrale bauen konnte, ganz zu schweigen von einer derart beeindruckenden. Er war stets auf Reisen zwischen Tschernigow, Tmutorakan, Byzanz, dann wieder Tschernigow, Smolensk und dem weitentfernten Rjasan, um mit seinem Neffen abzurechnen. Die älteren Datierungen wurden mit ziemlich überzeugenden Argumenten von A. W. Worobewa und A. A. Titsch abgelehnt. Die von ihnen vorgeschlagene Datierung stimmt mit der historischen Situation in jener Zeit in Tschernigow sowie mit den technischen und stilistischen Merkmalen der Kirche überein. Noch nicht völlig geklärt ist das Problem des Erbauers. Man kann die Kirche nicht dem Fürsten Dawid Swjatoslawitsch zuschreiben, weil er in jener Zeit keinen Grund gehabt hätte, eine weitere den Heiligen Boris und Gleb geweihte Kathedrale zu bauen. Der Fürst von Tschernigow allerdings mußte zusammen mit seinem Neffen zur Verstärkung und Verschönerung des städtischen Klosters beitragen. Für ihn konnte dieses eine ebenso wichtige Rolle spielen wie das Höhlenkloster von Kiew. Wir dürfen nicht vergessen, daß die Zeit von 1108 bis 1120 außerordentlich gespannt war wegen der Machtansprüche der Enkel von Jaroslaw dem Weisen: Zu diesen zählten Oleg Swjatoslawitsch, Swjatopolk Isjaslawitsch und Wladimir Wsewodolowitsch Monomach, die Söhne der berühmten »Triumviren«. Jeder versuchte den eigenen Vorrang mit dem Bau einer großen Kathedrale mit Reminiszenzen an den Typus der Staatskathedralen und Metropolitenkirchen auszudrücken. Ich glaube, daß E. W. Worobewa und A. A. Titsch der Wahrheit nahekommen, wenn sie im Bischof Feoktist von Tschernigow den Stifter der Elezkij-Kathedrale sehen.[67] Feoktist übersiedelte 1112 vom Kiewer Höhlenkloster, dem er seit 1103 als Abt vorgestanden hatte, nach Tschernigow. Er konsolidierte mit außergewöhnlichem Geschick die nationale Rolle des Klosters. Dank seiner Beharrlichkeit erhielt er von Swjatopolk und dem Metropoliten die Zustimmung zur Heiligsprechung Feodosijs. Für M. D. Priselkow ist Feoktist deswegen der einzige Abt des Höhlenklosters, der mit dem Titel eines Archimandriten ausgezeichnet wurde.[68] Nachdem er selbst aus diesem Kloster stammte, hätte er dessen architektonische Tradition vorziehen müssen. Doch ist die Elezkij-Kathedrale, obwohl sie mit dem Höhlenkloster eine Nachfolgerin der Gattung der Staatskathedralen darstellt, vom kompositorischen Standpunkt aus ganz anders. Ich glaube, daß die Bedürfnisse oder

35 Tschernigow, Boris-und-Gleb-Kathedrale, 1120–1123, Südfassade, restauriert 1957.

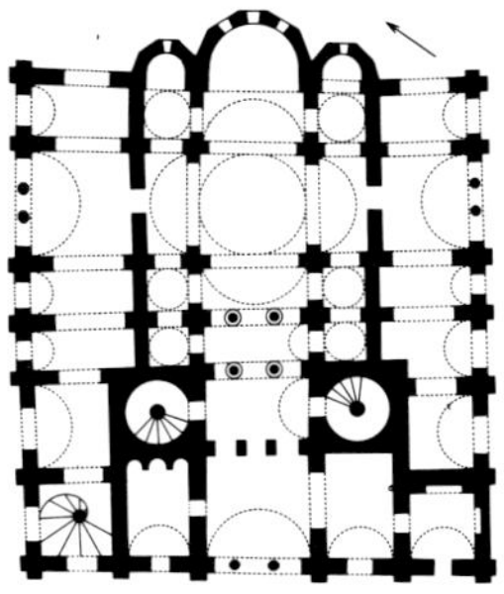

36

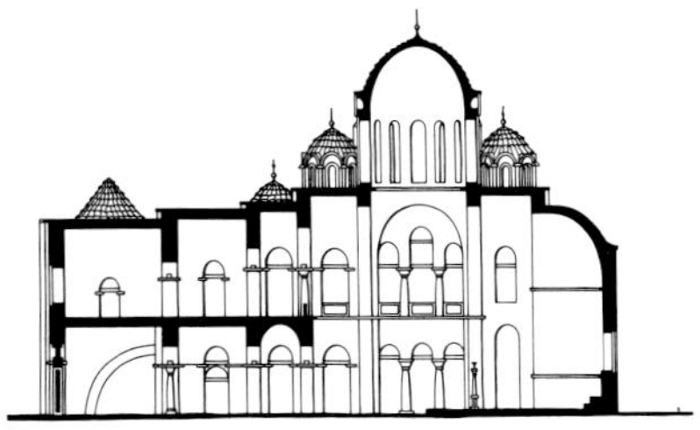

37

38

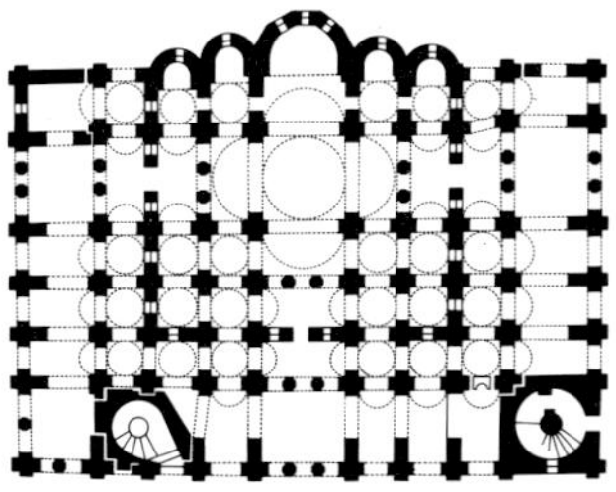

39

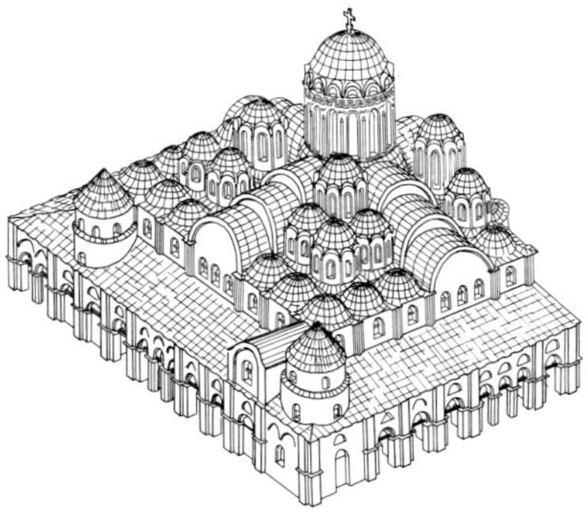

40

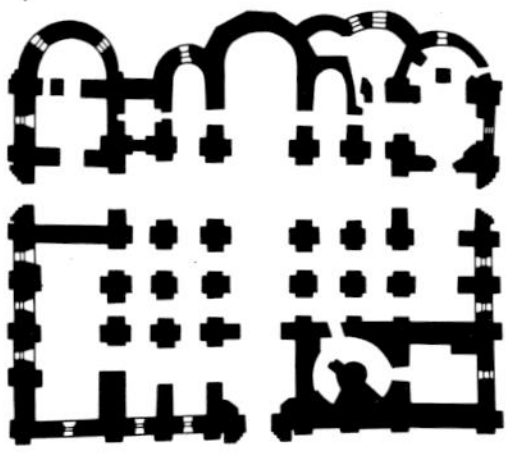

41

42

43

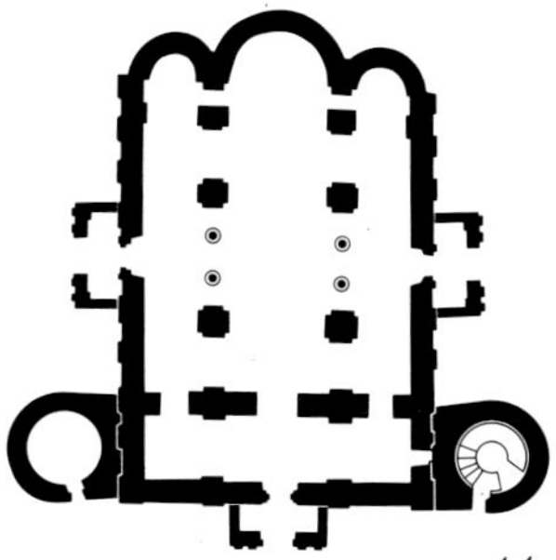

44

45

46

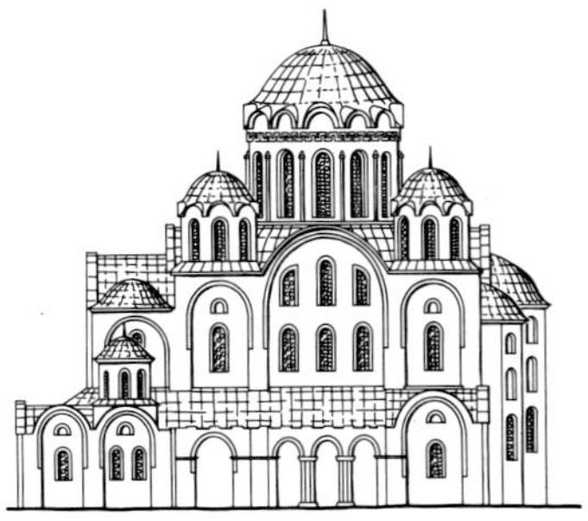

47

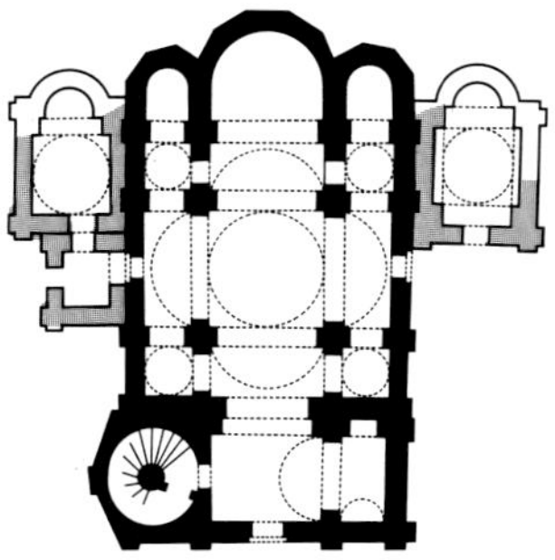

48

49

50

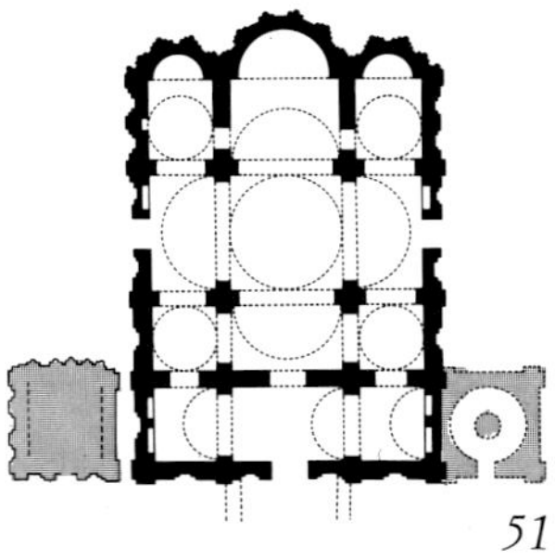

51

36.–38. Kiew, Mariä-Himmelfahrts-Kathedrale (Zehnt-Kirche), 989–996 (Rekonstruktion von N. Logwin): Grundriß; Längsschnitt; Südfassade. 39.–40. Kiew, Sophien-Kathedrale, 1017/19–1031/32 (Rekonstruktion von N. Logwin): Axonometrie, Ansicht von Südwesten. 41.–43. Nowgorod, Sophien-Kathedrale, 1046–1050: Grundriß; Westfassade; Querschnitt (Rekonstruktion von G. Stender). 44.–46. Tschernigow, Christi-Verklärungs-Kathedrale, 1031–1038: Grundriß; Längsschnitt (nach A. Tiz); Kathedrale (Rekonstruktion von N. Cholostenko). 47. Kiew, Kathedrale des Demetrios-Klosters, zwischen 1055 und 1062, Südfassade (Rekonstruktion von N. Logwin). 48.–50. Kiew, Michael-Kathedrale im Wydubizy-Kloster, 1070–1086: Grundriß; Nordfassade; Südfassade (Rekonstruktion von N. Logwin). 51. Kiew, Mariä-Himmelfahrts-Kathedrale im Höhlenkloster, 1073–1078, Grundriß auf der Höhe der Chöre (Rekonstruktion von N. Logwin).

die Wünsche des Fürsten dabei eine große Rolle spielten. Wie wir wissen, häuften sich zwischen dem Ende des 11. und dem Beginn des 12. Jahrhunderts die Bauten von Klöstern, die enge Beziehungen zu den verschiedenen Fürstenfamilien besaßen. Die Swjatoslawitsch von Tschernigwo hatten seit jeher kein »eigenes« Kloster, doch das Elezkij-Kloster konnte sehr wohl als solches bezeichnet werden. Abt Feoktist war der Beichtvater von Dawid Swjatoslawitsch, und deswegen war es beiden keineswegs egal, wie sich die neue Kathedrale im Vergleich zu den Bauten von Swjatopolk und Wladimir Monomach machte. Vor allem mußten sie sich für das »architektonische Manifest« von Wladimir Monomach interessieren. Ausgehend vom Gesagten und unter der Annahme, daß die vorgeschlagene Lösung richtig ist, glaube ich, daß die Erlöserkirche von Monomach in Berestowo bereits existierte, als die Fundamente für die Elezkij-Kathedrale gelegt wurden. Der Wunsch des Fürsten und des Bischofs von Tschernigow, nicht schlechter als Wladimir Monomach dazustehen, trug zur kompositorischen Ähnlichkeit der Kirche von Berestowo und der Elezkij-Kathedrale bei. Die Zeit vereinfacht jedoch vieles. Der Verzicht auf den Treppenturm bei der Mariä-Himmelfahrts-Kathedrale ist gewiß das Symptom einer Vereinfachung der großen Architekturgattung der Metropolitenkirchen, und allein schon deswegen gilt die Kirche von Tschernigow als Nachfolgerin der Kathedrale von Berestowo.

Der Elezkij-Kathedrale stehen zwei weitere Monumente des Jahrhunderts typologisch nahe: die Boris-und-Gleb-Kathedrale in Rjasan (Staraja) und die große Kathedrale des Beltschizkij-Klosters in Polozk.

Die Kathedrale von Staraja-Rjasan gilt bei allen Forschern beinahe als Kopie der Elezkij-Kathedrale. Deswegen brauchen wir uns bei ihren Eigenheiten nicht aufzuhalten. Wir wollen nur daran erinnern, daß es eine Fürstenkirche war, erbaut zur Zeit des Kampfes mit dem Fürstentum von Wladimir, um die Mitte des 12. Jahrhunderts. Die Beltschizkij-Kathedrale wurde auf die zwanziger bis dreißiger Jahre des 12. Jahrhunderts datiert. Sie ist ein Werk des Fürsten Rostislaw von Polozk, der Beltschizkij in eine Art fürstliches Kastell umbaute.[69] Mit anderen Worten: Auch hier wirkte die große Sechs-Pfeiler-Kathedrale mit Narthices in einem gewissen Sinn »zentrierend«. Dadurch erklären sich auch die Reminiszenzen an die Gattung der Staatskirchen und Metropolitenkirchen.

Nowgorod

Die Ereignisse in Südrußland mußten auch Auswirkungen auf Nowgorod haben. Obwohl die Nowgoroder Fürsten nicht am Kampf der südlichen Fürsten um den Thron von Kiew teilnahmen, waren auch sie vom Wunsch beseelt, ihre prekäre Position mit den Mitteln der Architektur aufzuwerten. In Nowgorod herrschte eine besondere Lage, weil die Handwerker und Händler einerseits und die Bojaren andererseits mehr Macht gewannen und weil Nowgorod in eine Republik unter der Leitung einer Volksversammlung (Wetsche) umgewandelt wurde. Der Fürst mußte sich mit der Rolle des Heerführers begnügen und die Stadtburg (Detinetz) mit ihrer Sophienkirche verlassen. »Als Ersatz« baute Fürst Mstislaw eine neue Fürstenkathedrale, zunächst in Gorodischtsche (1003) und dann im Hof des Jaroslaw (1113). Es wäre merkwürdig gewesen, wenn Mstislaw, der Sohn von Wladimir Monomach, nach zwölf Jahren Herrschaft in Nowgorod, in denen er die Nowgoroder, wie der Chronist schreibt, »erzogen« hatte, sich von der politischen Szene von Nowgorod zurückgezogen hätte. Als Beauftragter des Großfürsten von Kiew repräsentierte er weiterhin die höchste Form lokaler Macht[70] und mußte dies natürlich auch durch den Bau einer Kirche zur Schau stellen, die der Sophien-Kathedrale gleichwertig war. Die Nikolaus-Kathedrale im Jaroslaw-Hof (Dworischtschenskij) war keine Kloster-, sondern eine Fürstenkirche. Vielleicht aus diesem Grund wünschte Mstislaw keine Galerien, sondern behielt die feierliche Überdachung mit fünf Kuppeln bei. Da ein Treppenturm fehlte, gab es keine sechste Kuppel, und auch dadurch unterschied sich die Kirche von der Sophien-Kathedrale. Ohne Zweifel war die Kirche in ihrer architektonischen Form der Sophien-Kathedrale nicht gleichwertig, doch fiel Mstislaws Bau immerhin so mächtig aus, daß er die Nowgoroder an die Bedeutung des Fürsten erinnerte. Die fehlenden Eigenschaften der Nikolaus-Kathedrale zeigte dann die dreischiffige Kathedrale des Antonius-Klosters (1117–1119), die am Nordende des Narthex einen Treppenturm mit einer unabhängigen Kuppel (wie bei der Sophien-Kathedrale) und zwei weitere Kuppeln besaß. Die Kathedrale des Antonius-Klosters wurde in dem Jahr gegründet, da Mstislaw Nowgorod verließ. Ihre Form bestimmte die Form der enormen Georgs-Kathedrale im gleichnamigen Jurjew-Kloster (1119–1130). Ihr Stifter war Wsewolod, der Sohn von Mstislaw. Man nimmt an, daß beide Kathedralen von Meister Petr gebaut wurden, der seinen Namen und sein »Selbstporträt« auf einer Mauer der Antonius-Kathedrale hinterließ.[71] Obwohl beide Bauten von Meister Petr praktisch in Abwesenheit von Mstislaw entstanden, lassen doch beide noch den Geist seines Wirkens zugunsten der Einheit der Rus deutlich erkennen. Sie bedeuteten gleichzeitig den Niedergang der großen Gattung der Staats- und Metropolitenkirchen und stellten die Vorboten eines neuen Typs der Monumentalarchitektur dar.

Fürstenklöster

Nach dem Tode Jaroslaws des Weisen (1054) wurde die Einheit der Rus auf eine harte Probe gestellt. Die Rivalität zwischen seinen Söhnen und Enkeln führte zu einer Situation, in der »Streitigkeiten gesät wurden und heranwuchsen und der Reichtum des Enkels von Daschdbog verlorenging …« (»Igorlied«).

Nach dem Tode Wladimir Monomachs (1125) bewahrte sein Sohn Mstislaw der Große noch sieben Jahre lang die Einheit Rußlands. Jaroslaws Söhne, die Triumviren Isjaslaw, Swjatoslaw und Wsewolod, die stets im Wettstreit untereinander lagen, versuchten, ihre eigene Politik zu gestalten, indem sie dazu das große architektonische Erbe aus der Zeit Jaroslaws nutzten. Und obwohl keiner unter ihnen (mit Ausnahme Isjaslaws) mehr imstande war, fünfschiffige Kirchen, und sei es auch nur im Stil der Sophien-Kathedrale von Polozk, zu errichten, bleiben doch auf die eine oder andere Weise die typologischen Eigenschaften dieser großen Formen der Staatsarchitektur erhalten. Sie zeigen sich bei einigen Bauten in Form von Zusätzen, die an Galerien erinnern, in anderen in Form monumentaler Treppentürme, in wiederum anderen in der Vielzahl der Kuppeln. Die allgemeine Tendenz geht dahin, die Zusatzbauten und die Kuppeln zu reduzieren, um die Form der Kathedrale auf einen rechtwinkligen Block mit einer einzigen bekrönenden Kuppel zu bringen (Tschernigow). Eine Reihe von Kathedralen behält allerdings den länglichen Grundriß nach Art der Basilika bei.

Fast alle Kathedralen des Typs, den wir hier untersucht haben, waren fürstliche oder fürstlich-klösterliche Bauten. Dieser Umstand fällt ins Auge und veranlaßt uns, eine bestimmte funktionelle Anpassung der Architektur zu suchen. Ich sehe sie in der Schöpfung illusorischer »Mikrometropolien«: Da der Fürst, der nach dem Kiewer Thron oder allgemeiner nach der Führungsrolle im politischen Leben der Rus trachtete, keine eigene »Titular«-Metropolie wie in Tschernigow oder Perejaslawl-Juschnij besitzen konnte, versuchte er der eigenen Fürstenkirche auf kirchlichem Niveau eine dominierende Rolle zuzuweisen. Die Kathedrale in »seinem eigenen« Kloster wurde zum geistlichen Zentrum der Fürstenpolitik, die von jedem Fürsten jener Zeit als »panrussisch« betrachtet wurde. Als die große Mariä-Himmelfahrts-Kirche im Höhlenkloster gebaut wurde, wollte man damit ein Gegengewicht zur Sophienkathedrale von Kiew schaffen. Beim Bau der Kathedrale des Demetrios- und des Wydubitzki-Klosters beabsichtigte man das Höhlenkloster zwar nicht zu übertreffen, aber ihm gleichwertig zu werden. Diese Kette von Vergleichen und Gegenüberstellungen bestimmte viele charakteristische Züge: große Ausmaße, retrospektive architektonische Formen und so weiter. Sehr wahrscheinlich berührte dies auch die Funktionen der Kathedrale im eigentlichen Sinn, das heißt die Gottesdienste, die darin abgehalten wurden.

Die Liturgiefeiern, denen der Metropolit vorstand, beschränkten sich nicht nur auf die Sophien-Kathedrale in Kiew. An besonderen Tagen mußten sie auch in Kathedralen der Fürstenklöster vollzogen werden. Da die großen Fürsten dieser Zeit noch als Herrscher der gesamten Rus galten (oder sich selbst dafür hielten), konnten die Zelebrationen in deren »eigenen« Kathedralen im wesentlichen den Gottesdiensten in der Hagia Sophia in Konstantinopel gleichgestellt werden. Wenn der Metropolit zelebrierte, mußten die Äbte aller Klosterkathedralen daran teilnehmen oder konzelebrieren. Jede Fürstenkathedrale in einem Kloster hatte einen Abt, und darunter befanden sich auch herausragende Persönlichkeiten, zum Beispiel Silwestr, dem Wladimir Monomach die Redaktion der Chronik des Kiewer Höhlenklosters anvertratut hatte. Vor Silwestr war Nikon Chronist des Höhlenklosters gewesen. M. D. Priselkow zufolge handelte es sich dabei um den Namen, den der erste russi-

52

53

54

55

56

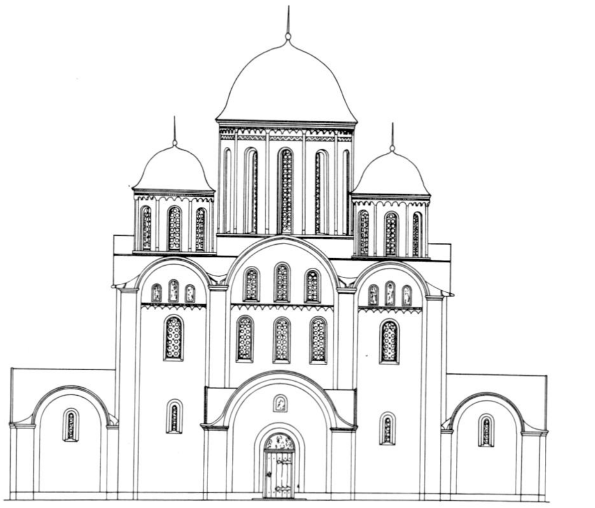

57

52. Kiew, Mariä-Himmelfahrts-Kathedrale im Höhlenkloster, Nordfassade (Rekonstruktion von N. Logwin). 53.–54. Kiew, Michael-Kathedrale mit den goldenen Kuppeln, 1108–1113/14: Südfassade vor der Hinzufügung der Kapelle; Westfassade mit angebauter Kapelle (Rekonstruktion von N. Logwin). 55.–56. Kiew, Erlöserkirche zu Berestowo, zwischen 1113 und 1125: Südfassade; Westfassade (Rekonstruktion von N. Logwin). 57. Tschernigow, Mariä-Himmelfahrts-Kathedrale im Elezkij-Kloster, zwischen dem 11. und dem 12. Jahrhundert (Rekonstruktion von N. Cholostenko).

sche Metropolit Hilarion annahm, als er mit dem Schima zum Mönch eingekleidet wurde.[72] Nach Nikon war Abt Iwan Chronist gewesen. Beide mischten sich aktiv in das politische Leben in Kiew ein und wurden von den Fürsten bestraft. Angesichts des Fehlens von Kontakten mit den griechischen Metropoliten konnte die Fürstenkathedrale mit ihrem Abt und den zahlreichen Priestern die Illusion einer eigenen fürstlichen »Mikrometropolie« erwecken, und deswegen mußte sie vom funktionellen wie repräsentativen Standpunkt aus angemessene architektonische Formen besitzen. Sie mußte groß sein mit einem umfangreichen Narthex, einem geräumigen Sanktuarium, viel Platz unter der Kuppel (Ambo), Chören und Treppen, für die ein besonderes turmförmiges Volumen notwendig wurde. Nicht alle Fürsten konnten sich den Bau grandioser Kathedralen leisten. Oft wurde die Zahl der Kuppeln, der Galerien und der Türme reduziert. Die Merkmale, die an die großartige Gattung der Staats- und Metropolitenkirchen aus der Zeit Jaroslaws erinnerten, wurden immer weniger. Der Verlust einer Reihe typischer Merkmale wurde von der Tendenz der architektonischen Formen zu monumentalen hin kompensiert. In dieser Hinsicht zeichnen sich vor allem die Kathedralen von Nowgorod aus. Ein weiteres dekoratives Mittel waren die »gemischte Mauerung« und ähnliche Dekorationen durch Veränderung der Mauertechnik sowie mit Flachreliefs versehene Schieferplatten an der Fassade (Kathedrale des Kiewer Höhlenklosters, Kathedrale des Demetrios-Klosters). Ein wichtiges Moment in der architektonischen Entwicklung war das Auftreten der Narthices in der Erlöserkirche von Berestowo. Sie ersetzten in einem gewissen Sinn die runden Galerien und erzielten eine deutlich andere Wirkung. Der rechteckige Block der Kathedrale, der durch Mauern vom umgebenden Raum scharf abgegrenzt war und in seiner sakralen Isolierung zu ihm einen Gegensatz bildete, erschien nach allen Seiten hingestreckt, dem Boden und den umgebenden Gebäuden »verhaftet«, etwas »geschützt«. Bei der Elezkij-Kathedrale treten so viele neue Merkmale auf, daß einige Forscher sie an den Beginn einer neuen stilistischen Phase der Architektur der alten Rus stellen. Tatsächlich steht sie typologisch den »Mikrometropoliten«-Kirchen des 11. Jahrhunderts in Kiew näher. Die hier angeführten Eigenschaften mußten sich noch in der Zukunft entwickeln.

Der Monumentale Historismus

Weil sich die Merkmale der Staats- und Metropolitenkirchen in der russischen Architektur der zweiten Hälfte des 11. und in der ersten Hälfte des 12. Jahrhunderts immer mehr verloren, führte dies natürlich zu einer Änderung des historisch-monumentalen Stils. Die stärkste Veränderung betraf aber nicht den Monumentalismus, sondern den Historismus. Die Monumentalität verlor ihre Bedeutung nicht, ganz im Gegenteil. Sie verwendete zur Kompensierung auch einige architektonische Merkmale, die sich verloren hatten (oder gerade am Verschwinden waren), zum Beispiel Galerien, Türme und die Vielzahl der Kuppeln. In der Monumentalität manifestierte sich vor allem die Sorge jedes Fürsten um die eigene Macht und die eigene Stärke. »Die Verehrung, welche die Menschen der alten Rus der Kathedrale entgegenbrachten, und das tiefe Vertrauen in den Schutz, den diese Kathedrale der Stadt gewährte, wurden von verschiedenen Umständen aufrechterhalten und belebt, an erster Stelle jedoch vom Eindruck, den diese Kathedrale auf die Menschen machte ...«[73] Mit dieser Wirkung, die sich natürlich auch auf die Erbauer der Kathedrale erstreckte, mußte sich auch der Fürst und mit ihm der Abt beschäftigen. Erreicht wurde sie vor allem durch physische Elemente. Doch der Historismus?

Im Hinblick auf den Historismus lagen die Dinge viel komplizierter. Der Eindruck eines Historismus in der Architektur am Ende des 10. und in der ersten Hälfte des 11. Jahrhunderts entstand vor allem durch Assoziationen und Symbolik. Wir wissen heute nicht, ob die Zehnt-Kirche tatsächlich fünfundzwanzig »Scheitel« hatte. G. N. Logwin und N. G. Logwin meinen, diese Nachricht beziehe sich auf die Sophien-Kathedrale zu Kiew. Die Zehnt-Kirche hatte nicht weniger als fünf Kuppeln, und dies galt wahrscheinlich auch für die Kathedrale des Höhlenklosters. Eine beträchtliche Vermehrung der Kuppeln fand bei der Sophien-Kathedrale statt. Wir wissen nicht, ob ihre dreizehn Kuppeln die Einheit zwischen den zwölf Aposteln und Jesus Christus oder die Einheit der zahlreichen Volksstämme der Rus symbolisierten. Vielleicht waren es auch nicht dreizehn, sondern noch mehr Kuppeln und bedeuteten weder das eine noch das andere, sondern etwas Drittes. Jedenfalls erinnern die Assoziationen, die sie hervorrufen, an eine kollektive Vorstellung: Irgend etwas wird vereinigt. Das Konzept der Vereinigung setzt einen Zielort voraus für das, was vereinigt werden muß, einen Zeitpunkt für die Vereinigung, das heißt einen Prozeß. Und das wiederum ist das Wesen des Historismus. Eine ähnliche Funktion wie die Kuppeln hatten auch die architektonischen Volumina, die sich nach und nach integrierten: Zahlreiche Blendbögen, architektonische Gliederungen, Arkadengalerien, die erinnerten an die früheren offenen Bogengänge, unter denen das öffentliche Leben stattfand.

Das Konzept der Vereinigung als historischer Prozeß setzt eine versteckte Handlung voraus, doch diese wird angesichts der relativen Unpersönlichkeit des Bildes vom epischen Element dargestellt. Die epische Grandiosität und der Heroismus und auch der Patriotismus der historischen Sagen (Bylina) sind voll von einem

58. Tschernigow, Paraskewe-Kirche, Ansicht von der Westseite.

Gefühl für den Historismus, und dies alles kommt dem architektonischen Bild des Stiles nahe, den wir »monumentalen Historismus« nennen. Und so konnte nichts das zunehmende Verschwinden der typologischen Merkmale kompensieren, welche den Historismus verkörperten. Die Momente der Vereinigung, der epischen Handlung, der freien Pluralität der Elemente, einer Sobornost des Volkes und sogar des ganzen Universums, die das Gefühl für den Historismus schufen, verwandelten sich nach und nach in etwas Geordneteres, in etwas Dogmatisch-Repräsentatives, in etwas Ideallokalisiertes. Der monumentale Historismus übernahm einen Aspekt des repräsentativen Monumentalismus, der sich natürlich in verschiedenen Formen äußerte. Im Gebiet von Kiew hielten sich lange die Traditionen aus der Zeit Jaroslaws. Im Gebiet von Smolensk, Polozk und Rjasan wandte sich die Entwicklung zu einem zentralisierten Vertikalismus der architektonischen Komposition. Tschernigow nahm eine Mittlerstellung zwischen Kiew und Smolensk ein. In Nowgorod wurde die Kiewer Tradition mit eigenständigen »nordischen Elementen« verschönert. Der eben entstandene Stil hatte eine interessante Entwicklung vor sich. Doch bevor wir uns diesem Problem zuwenden, wollen wir uns einer weiteren Architekturgattung zwischen dem 11. und dem Beginn des 12. Jahrhunderts widmen. Sie erfüllte bestimmte Aufgaben. Es handelt sich um die Geburt einer »privaten« Architekturgattung.

In diese »private« Architekturgattung gehören jene Gebäude, die keine staatlichen Funktionen erfüllen, sondern Bedürfnisse persönlichen Charakters befriedigen. Darunter rechnen wir Baptisterien, Grabkapellen, ferner persönliche Kapellen des Fürsten und des Bischofs. Solche Gebäude traten in der russischen Architektur des 11. und bis zum Beginn des 12. Jahrhunderts auf und gaben Impulse zur Entstehung unabhängiger Gattungen. Bei der privaten Kirche konnte man nicht einmal darauf zählen, daß ein Bischof den Gottesdienst feiern würde. Es fanden auch nicht alle Tage Gottesdienste statt, und nur eine beschränkte Zahl von Priestern nahm daran teil. Auf diese Weise entstanden die folgenden Gebäude: ein kleines Baptisterium mit vier Pfeilern und einer Kuppel neben der Kathedrale des Kiewer Höhlenklosters (11. Jahrhundert), die Kirche mit vier Pfeilern über der Pforte desselben Klosters (1108), die Kapelle des heiligen Georg in Oster mit zwei Pfeilern (Ende des 11. Jahrhunderts), die pfeilerlose Eliaskirche in Tschernigow (11. bis 12. Jahrhundert), die pfeilerlose Kirche von Wladimir Monomach in Perejaslawl-Juschnij, die Letskaja-Kapelle (Boris-und-Gleb-Kirche) am Ort der Ermordung des Fürsten Boris in der Nähe von Perejaslawl-Juschnij (Russkij), die Paraskewe-Kirche (Grabkapelle) im Beltschitzkij-Kloster von Polozk (Beginn des 12. Jahrhunderts) sowie viele andere. Diese Art Kirchen findet man vor allem in Perejaslawl-Juschnij.

Auf den ersten Blick erscheint diese private Architekturgattung bedeutungslos; sie eröffnete jedoch viele Möglichkeiten. Hier nimmt zum Beispiel die Gattung der Fürstenkirchen des Hofes und die Gattung der Pfarrkirchen ihren Anfang.

Für die Architektur der Kiewer Rus zwischen dem 10. und dem Beginn des 12. Jahrhunderts gelten die Worte von M. W. Alpatow, die dieser auf die gesamte Kunst jener Zeit münzte: »In Kiew wurden die Fundamente für jene Entwicklung gelegt, die viele Jahrhunderte lang das Schicksal der Kunst in der alten Rus bestimmte.«[74] Jene Zeit war interessant wegen der Vielfalt der architektonischen Gattungen und wegen deren funktioneller Disziplin. Hinter jeder dieser Gattungen wird eine mehr oder minder bestimmte Funktion deutlich. Das kann man von den Architekturgattungen zur Zeit der feudalen Aufsplitterung nicht behaupten. In dieser Zeit verwoben sich die Funktionen und die Architekturgattungen, wodurch die Analyse und das Ziehen von Schlüssen erschwert wurden.

Plastik und Skulptur

Das heidnische Skulpturenerbe der Kiewer Rus ist ziemlich arm, aber nicht, weil es heidnisch war (das galt auch für die klassische Antike), sondern wegen des Polymorphismus des Inhalts. Die Naturkräfte hatten noch nicht ihre Personifizierung in der Figur des Menschen erreicht. Der Kosmos erschien noch wie ein wenig gegliedertes Bild, das aus der Vereinigung verschiedener Elemente zusammengesetzt war: der unterirdischen Welt, der irdischen Welt, der sakralen Welt. Eine Verkörperung dieser Vorstellungen finden wir im großen säu-

59. Nowgorod, Georgs-Kathedrale im Jurjew-Kloster, Ansicht von Nordosten.
60. Tschernigow, Mariä-Himmelfahrts-Kathedrale im Elezkij-Kloster, heutige Ansicht.

lenförmigen Steinidol, das im Fluß Sbrutsch (Dnjestr-Gebiet) gefunden wurde. Wen stellt es dar: Perun? Swjatowit? Wir haben keine sichere Antwort auf diese Frage. Für die Kunstgeschichte reicht es aus, zu wissen, daß es sich um ein Werk der vorchristlichen Kiewer Rus und um ein absolut unpersönliches Werk handelt.

Die antike Kiewer Skulptur wird von Werken mit ziemlich unsicherer »Genealogie« repräsentiert. Nicht in unsere Betrachtung gehören die verschiedenen marmornen Architekturfragmente und auch nicht die Sarkophage, die von Cherson und anderen Orten im Süden nach Kiew gebracht wurden. Da sie schon längst überwundenen historischen Phasen und Stilen angehören, kann man sie weder als Quellen noch als Bestandteile der geistigen Kultur der Kiewer Rus betrachten. Auch das bronzene Viergespann von Cherson und andere Statuen können nicht als Beispiele der Kiewer Plastik gelten. Dennoch müssen wir sie hier auf irgendeine Weise berücksichtigen, denn für die Kiewer stellten sie bis anhin noch nie gesehene Kunstwerke dar, so daß sie ihnen sicher einen großen Eindruck machten.

Bis vor kurzem galt das imponierende Relief der Maria Hodegetria als ein Werk vom Ende des 10. oder der ersten Jahre des 11. Jahrhunderts, wie wenn es mit dem Schmuck der Westfassade der Zehnt-Kirche zu tun hätte. Vor kurzem wurde allerdings die Hypothese formuliert, die Datierung gehe ins 12. Jahrhundert zurück.[75] Wenn dies zutrifft, sind die vier monumentalen Reliefs (aus rotem Schiefer) die ältesten Skulpturen der Kiewer Rus. Ihre Datierung auf die sechziger und siebziger Jahre des 11. Jahrhunderts stößt nicht auf Widerspruch. Das erste Reliefpaar stammt aus dem Höhlenkloster von Kiew, das zweite vom Michaelkloster mit den goldenen Kuppeln (auch Demetrioskloster genannt). Alle vier Reliefs zeigen die Form eines langgezogenen Rechtecks und schmückten entweder die Fassaden der Kirchen oder die Brüstungen der Chöre.

Man kann die Reliefs leicht aufgrund der Darstellungen und des Stiles paarweise anordnen. Das erste Reliefpaar zeigt Herakles, wie er den Nemeischen Löwen besiegt, und Dionysos auf einem zweirädrigen Wagen, der von einem Löwen und einer Löwin gezogen wird. Auf dem zweiten Reliefpaar sind einmal die heiligen Ritter Georg und Theodor Stratilat und zum zweiten Nestor und Demetrios dargestellt. Das erste Paar befand sich an einem unbekannten Gebäude, das zweite gehörte zur Architektur der verschwundenen Demetrios-Kathedrale. Die Reliefs mit der mythologischen Thematik erscheinen älter als die historischen Reliefs, denn das Interesse für solche Themen erscheint plausibler in einer Zeit, als das Heidentum noch seine eigene Existenz retten wollte.

Erinnern wir uns an die nichtchristlichen Praktiken, die in der Zehnt-Kirche zugelassen waren. Auch die Gesetzesnorm des Zehnten, die Wladimir verfügte, war nicht charakteristisch für die Ostkirche. Nicht umsonst bedrohte Wladimir alle mit einem Fluch, die sich nicht an diese Norm hielten. Nicht umsonst war der Pfarrer der Zehnt-Kirche, Anastas von Cherson, zusammen mit jenem emigriert, der Kiew zeitweilig erobert hatte, und wurde dann vom polnischen König Boleslaw gezwungen, sie wieder zu verlassen. Offensichtlich war die Rechtgläubigkeit des Klerus der Zehnt-Kirche nicht besonders stark. Schwach war auch die Orthodoxie des Sohnes von Jaroslaw dem Weisen, Isjaslaw, einem der am stärksten nach Westen ausgerichteten Fürsten der russischen Geschichte und, unter anderem, dem Stifter der Demetrios-Kathedrale. Die Fürsten Swjatoslaw und Wsewolod mußten harte Kämpfe mit den benachbarten Polen und Deutschen von Isjaslaw bestehen, und wir könnten auf den Gedanken kommen, daß der wesentliche mythologische und historische Unterschied zwischen den Reliefpaaren, die uns hier beschäftigen, in gewisser Hinsicht auch diesen Kampf widerspiegelt. Swjatoslaw und Wsewolod stützten sich offen auf die griechische Tradition, deren Bollwerk das Höhlenkloster von Kiew war. Dieses war Swjatoslaw in hohem Maße verpflichtet. Die griechischen, byzantinischen Quellen der mythologischen Reliefdarstellungen mit Herakles und Dionysos stehen außer Zweifel. Gerade nach byzantinischer Auffassung waren Reliefs mit heidnischen Persönlichkeiten durchaus möglich, denn gegen das 11. Jahrhundert hatten sie sich schon stark dem Christentum angenähert. Herakles konnte damals sogar Jesus Christus symbolisieren!

Man kann sich kaum vorstellen, daß die Autoren der mythologischen Reliefs byzantinische Künstler waren. Der lokale Werkstoff (roter Schiefer) und anatomische Freiheiten bei der Gestaltung der Figuren verraten

61. Nowgorod, Georgs-Kathedrale im Jurjew-Kloster, Innenansicht.

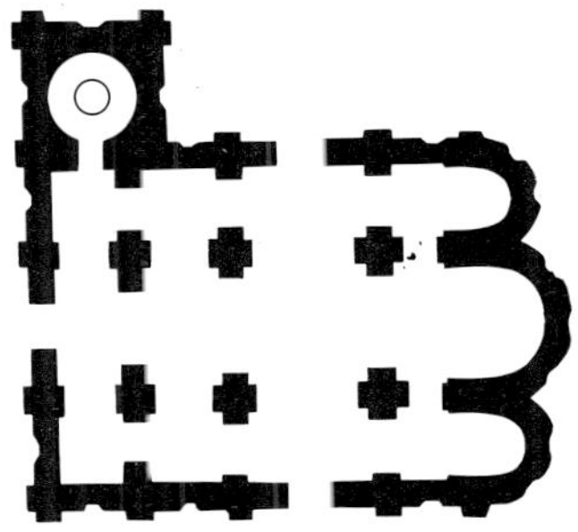

62. Nowgorod, Grundriß der Georgs-Kathedrale im Jurjew-Kloster, Baubeginn 1119.

die Hand einheimischer Künstler, die nach byzantinischen Vorbildern arbeiteten. Wahrscheinlich dürfen wir auch den Einfluß volkskundlicher Quellen nicht vernachlässigen. Wir möchten zum Beispiel eine Verbindung herstellen zwischen dem mythischen Kampf des Herakles gegen den Löwen und der in den Chroniken erzählten Legende von Jan Usschmowitsch, der einen wütenden Stier in vollem Lauf aufhielt.

Die Arbeit auf dem Gebiet der dekorativen, monumentalen und ziemlich voluminösen Plastik mit mythologischer Thematik war eine vorzügliche Vorbereitung auf die künftige altrussische Skulptur. Die Künstler litten nicht unter einem Verbot plastischer Darstellungen des Menschen, von dem die Skulptur der Rus in der Folge stark beeinflußt wurde. Wie der Bau der Zehnt-Kirche eröffnete auch die Skulptur den russischen Völkern neue weite Horizonte und teilte dem kreativen Denken die Ablösung von der unbelebten objektiv-materiellen Welt mit. Wenn in diesem kreativen Denken noch etwas Heidnisches übrigblieb, so erhob sich dieses Heidentum zur Höhe einer universellen Harmonie. Das Bild der Zehnt-Kirche war das der neuen Welt. Das Bild des Herakles, der den Löwen besiegt, war das Bild des neuen Menschen. Wir müssen diese Veränderung im darstellenden System berücksichtigen, weil die Gedankenwelt, die dahintersteht, durchscheint, wie man dies am Stil der Reliefs erkennen kann.

Auf den ersten Blick erscheint der Stil der mythologischen Reliefs etwas grob. Die Proportionen der Arme und Beine von Herakles sind etwas übertrieben. Im Gegensatz dazu fällt die Figur des Dionysos durch ihr etwas schwächliches Aussehen ins Auge. Wir halten dies nicht für eine Folge künstlerischen Unvermögens. Die Vergrößerung jener Körperteile, die in der betreffenden Darstellung am wichtigsten erschienen, ist ein typisches Merkmal der gesamten romanischen Plastik, die im wesentlichen einheitlich ist für ganz Europa. Hier zeigte sich also nicht eine Gestaltungsschwäche der Künstler, sondern deren Stärke. Bei den Kampfszenen mit dem Löwen, der in der Bibel und im Evangelium überwiegend als Symbol des Bösen auftritt, ist diese Übertreibung der Proportionen besonders angebracht. Herakles geht daraus bekanntlich als Sieger hervor. Wenn das Relief im Auftrag von Fürst Swjatoslaw angefertigt wurde, so mußte es ihm gefallen. Nicht nur ihm, sondern auch seinen Anhängern, vielleicht auch allen Kiewern, die dem »heuchlerischen« Isjaslaw nicht freundlich gesinnt waren. Die Kiewer hatten Swjatoslaw damit gedroht, sie würden »nach Griechenland«[76] auswandern, wenn er nicht gegen Isjaslaw marschiere.

Und so stehen wir vor dem glänzenden Beispiel der Verwendung heidnischen Erbes, um den neuen Menschen des neuen Glaubens zu lobpreisen.

Auch das Dionysosrelief ist nicht weniger bedeutsam. Wenn der Herakles als Personifikation des neuen Menschen auftritt, so stellt der schlaffe, betrunkene Dionysos das genaue Gegenteil dar. Sogar der Löwe und die Löwin, die den zweirädrigen Wagen ziehen, auf dem Dionysos liegt, zeigen einen »positiveren« Gesichtsausdruck als dieser. Vielleicht klingt die Behauptung etwas gezwungen, in einer derart ironischen Interpreta-

63. Nowgorod, Mariä-Geburts-Kathedrale im Antonius-Kloster, 1117–1119, Architekt Petr, Ansicht von Osten.

64. Nowgorod, Mariä-Geburts-Kathedrale im Antonius-Kloster, Innenansicht.

tion der griechischen Gottheit der Naturkräfte manifestiere sich die durch und durch ethische Weltauffassung der Künstler und im allgemeinen der russischen Menschen des 11. Jahrhunderts. Dennoch liegt deutlich auf der Hand, daß Dionysos als Gegenstück zu Herakles dargestellt ist.

Auf der anderen Seite dürfen wir nicht vergessen, daß die reiche Symbolik des Dionysos diesen Gott auch als Kämpfer gegen die Feinde kennt. Er straft sie dabei mit dem Wahnsinn.[77] In engem Zusammenhang mit dieser Symbolik steht auch die »wilde Vergangenheit« des Dionysos, auf die im Kiewer Relief auch das Löwenpaar hindeuten kann. Auf die eine oder andere Weise erwies sich die Dionysos-Symbolik als sehr heikel im Zusammenhang mit dem schwierigen Kampf Swjatoslaws und Wsewolods mit dem »Heuchler« Isjaslaw, obwohl dieser doch ihr älterer Bruder war.

Wenn im Herakles-Relief eine heroische Symbolik zum Ausdruck kommt, während die Figur des Dionysos ironisch gemeint ist, so bestätigt dies einmal mehr, daß die Kreativität der russischen Meister der ersten Hälfte des 11. Jahrhunderts im Rahmen der altbyzantinischen Ästhetik bereits eine differenzierte Vorstellung vom künstlerischen Bild besaß. Kurz danach spiegelte sich diese in den »Isbornik« des Fürsten Swjatoslaw aus dem Jahr 1073 wider.[78]

Im Stadium, das wir hier untersuchen, überwogen eine positive Auffassung und die Interpretation des Symbols, und dies müssen wir wahrscheinlich einer gewissen Verwandtschaft zwischen dem noch stark heidnisch beeinflußten Glauben der slawischen Neophyten und den antiken Mythenschöpfern zuschreiben. So erklärt es sich auch, daß auf unseren Reliefs das körperliche Prinzip das geistige überwiegt.

Eine interessante Veränderung trat einige Jahre später ein, als die Schieferreliefs der heiligen Rittergestalten geschaffen wurden.

Auf den ersten Blick erfolgte die Komposition dieser Reliefs nach demselben zweigleisigen Prinzip: Es wurde wie beim Herakles-Relief die linke Figur der rechten gegenübergestellt. Doch bei den beiden mythologischen Reliefs stehen sich die Kräfte des Guten und des Bösen gegenüber, des Siegers und des Besiegten. Hier hingegen sind die einander gegenübergestellten Kräfte gleichwertig: Der Gegenpart des heiligen Georg ist Theodor Stratilat, der des Nestor der heilige Demetrios. Im Wesen ist diese Gegenüberstellung nur formalen und kompositorischen, aber nicht semantischen Typs. Man könnte sie eher als rituelle Äquidistanz bezeichnen, ähnlich jener, die wir bei den sassanidischen Felsreliefs vorfinden. Doch auch auf diesen Reliefs erschien der König im Angesicht der Gottheit, die ihm die Krone aufsetzte. Die heiligen Kiewer Ritter sind absolut gleichwertig: Sie präsentieren sich auf dieselbe Weise vor der höheren Macht, die unsichtbar unter ihnen wie ein mögliches ideales Zentrum der Komposition schwebt. Diese unsichtbare, doch mächtige Kraft, welche die heiligen Ritter an sich zog, konnte nur Gott sein.

Tatsächlich erschien in jener Zeit in der georgischen Monumentalskulptur[79] gerade diese Art einer dreiteiligen Komposition mit der Figur von Jesus Christus im Zentrum. Man kann sie als die nächste Vorläuferin der Kiewer Reliefs betrachten. Die Quelle der georgischen Komposition war wahrscheinlich Ahtamar. Doch die ikonographische Quelle gibt noch nicht das Vorbild an. Der ikonographische und künstlerische Unterschied zwischen den Kiewer und den georgischen Reliefs ist ziemlich bemerkenswert. Es wurde auch die Hypothese aufgestellt, daß die Kiewer Reliefs mit den heiligen Rittern den Beweis für eine Verbindung mit Thessaloniki[80] darstellten, weil es in der christlichen Kunst der Ostkirche keine stilistischen Analogien dazu gebe. Doch diese Vermutung wird von keinem stilistischen Vergleich gestützt. Viel wahrscheinlicher ist die Hypothese von einem lokal geprägten Kiewer Werk, dies um so mehr, als Fürst Isjaslaw den Griechen gegenüber ziemlich feindlich eingestellt war und wohl kaum Meister aus Thessaloniki gerufen hätte. Der (oder die) Kiewer Meister ließ sich von der Ikonographie der Ostkirche, die schon eine ziemlich weite Verbreitung gefunden hatte, inspirieren und stellte seine kreativen Fähigkeiten unter Beweis. Vom technisch-formalen Standpunkt war das Niveau nicht besonders hoch: Die Figuren sind ziemlich flach, und die Mähnen der Pferde sind so dargestellt, als sähe man sie von oben, die Formen sind lapidar, nicht plastisch, was sich nicht mit der Härte des Schiefers erklären läßt, weil die mythologischen Reliefs plastischer wirken und aus demselben Werkstoff gehauen wurden. Insbesondere kann man keinesfalls die Meinung teilen, »die Reliefs der heiligen Ritter seien, von der künstlerischen Ausführung her gesehen, denen der Lawra absolut überlegen«.[81] Die intellektuelle Analyse des Werkes kann nicht getrennt von der künstlerischen Analyse durchgeführt werden. Und diese sagt uns etwas anderes. Wenn man das hypertrophe Größenverhältnis wie im Beispiel des Herakles-Reliefs nicht als Mangel an Können betrachten will, so muß man doch sagen, daß die berittenen Heiligen auf den Reliefs weniger körperlich und plastisch wirken. Eine gewisse Plastizität zeigt sich noch in den Figuren der fülligen Tierkörper mit ihren kurzen Beinen, doch bei den Rittern ist eine Abstraktion von aller Körperlichkeit zu beobachten. Die Figuren wirken schematisch, in einem gewissen Sinn geradezu vergeistigt, fast auf ein graphisches Zeichen reduziert. Offensichtlich mußte man diese Abstraktion zu Hilfe nehmen, um nicht in die Versuchung der antikisierenden Plastizität zu fallen, welche die Materie verehrt und der menschlichen Individualität indifferent ge-

65. Götterstatue von Zbrutschkij, 10. Jahrhundert; Zeichnung, Krakau, Museum.

Farbtafeln III

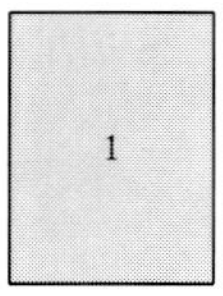

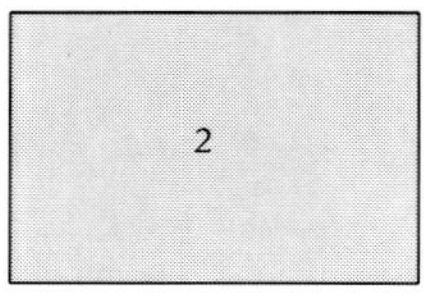

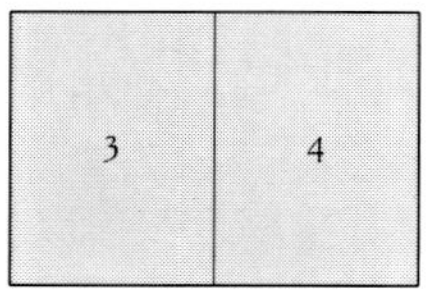

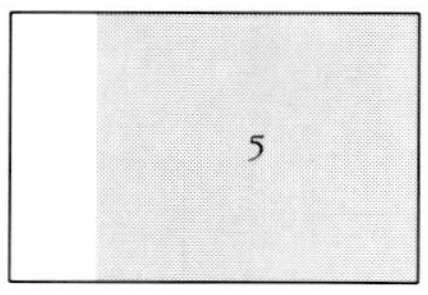

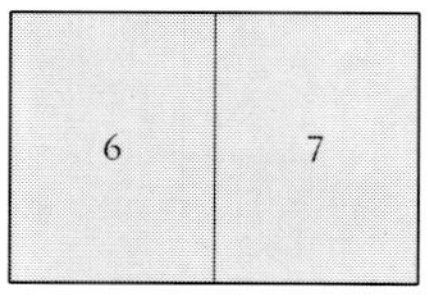

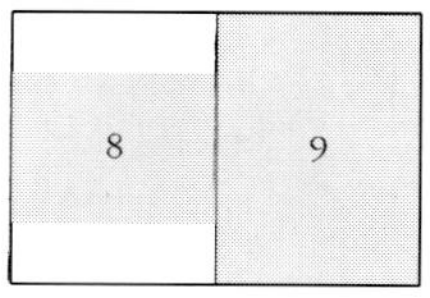

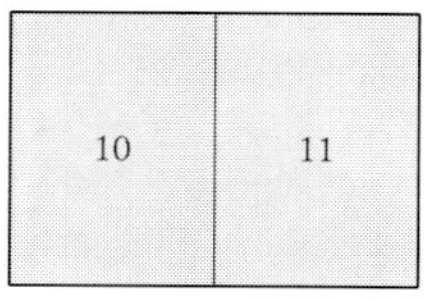

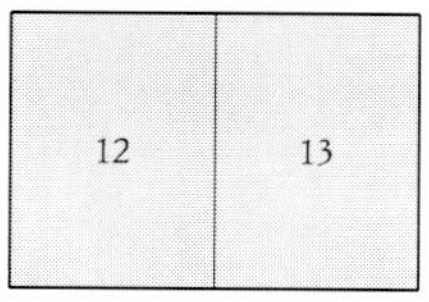

1. Nowgorod, Sophien-Kathedrale.
2. Nowgorod, Sophien-Kathedrale.
3. Kiew, Sophien-Kathedrale, Deesis-Mosaik, Christus als Priester.
4. Kiew, Sophien-Kathedrale, Mosaik der zentralen Apsis (1043–1046), die Muttergottes in Gebetshaltung (Orans).
5. Kiew, Sophien-Kathedrale, Mosaik der Zentralkuppel, Christus Pantokrator.
6. Kiew, Sophien-Kathedrale, Erzengel Gabriel, Ausschnitt aus dem Verkündigungsmosaik.
7. Kiew, Sophien-Kathedrale, Muttergottes, Ausschnitt aus dem Verkündigungsmosaik.
8. Kiew, Sophien-Kathedrale, Abraham, Ausschnitt aus dem Fresko »Die Begegnung zwischen Abraham und den drei Pilgern« an der Südseite der Chöre.
9. Kiew, Sophien-Kathedrale, Fresko in der Apsis der Joachim und Anna geweihten Kapelle, die Begegnung zwischen Maria und Elisabeth.
10. Kiew, Sophien-Kathedrale, Kapelle der Heiligen Petrus und Paulus, der Apostel Paulus.
11. Kiew, Sophien-Kathedrale, unbekannte Märtyrerin, Ausschnitt aus dem Fresko des Hauptschiffs.
12. Kiew, Sophien-Kathedrale, unbekannte Heilige, Ausschnitt aus dem Fresko in der Antonij und Feodosij geweihten Kapelle.
13. Nowgorod, Sophien-Kathedrale, Salomo, Ausschnitt aus dem Fresko im Tambour der Zentralkuppel.
14. Nowgorod, Sophien-Kathedrale, der Apostel Petrus, Ausschnitt aus dem Fresko der Deesis in der Martiriewskij-Vorhalle (Ende des 12. Jahrhunderts).
15. Nowgorod, Mariä-Geburts-Kathedrale im Antonij-Kloster, Heiliger aus dem Fresko im Allerheiligsten (1125).
In den Wandmalereien dieser Kathedrale wird der Einfluß der romanischen Kunst deutlich, was sich durch die lebhaften Beziehungen zwischen Nowgorod und Westeuropa erklärt. Der Überlieferung zufolge wurde dieses Kloster von Antonius Romanus gegründet, der aus Rom oder Süditalien stammte.
16. Kiew, Sophien-Kathedrale, unbekannter Heiliger, Ausschnitt aus dem Fresko der äußeren nördlichen Galerie.
17. Kiew, Kyrill-Kloster, unbekannte Märtyrerin, Ausschnitt aus dem Fresko des Hauptschiffes (um 1175). Diese Kirche wurde von den Fürsten Olgowitsch aus Tschernigow erbaut, die das Fürstentum Kiew erobert hatten, und diente ihnen als Grabkapelle. Hier wurde einer der Helden des Igor-Epos begraben, Fürst Swjatoslaw Wsewolodowitsch aus Kiew. Die Wandmalereien der Kirche führten ortsansässige Meister durch. Ihr Stil und ihr Bildprogramm verraten eine enge Verwandtschaft mit der südslawischen Malerei des Balkangebietes. Es wurden hier dreizehn Szenen aus dem Leben des heiligen Kirill, des Apostels der Slawen, ferner fünfundzwanzig Heilige aus dem Balkan dargestellt. In der Szene vom Jüngsten Gericht ist die einzigartige Figur eines Engels zu sehen, der den Himmel einrollt. Die Wandmalereien der Kirill-Kirche sind das letzte uns bekannte Zeugnis der Kiewer Malschule.
18. Nowgorod, Sophien-Kathedrale, Konstantin und Helena, Ausschnitt aus dem Fresko der Südgalerie (zweite Hälfte des 12. Jahrhunderts).
19. Kiew, Sophien-Kathedrale, Duell zweier Männer, Ausschnitt aus dem Fresko am Nordturm.
20. Kiew, Sophien-Kathedrale, Bärenjagd, Ausschnitt aus dem Fresko am Nordturm. Die Fresken der Treppentürme, die zu den Chören führen, stellen die beliebten Vergnügungen des Fürstenhofes dar. Das Bildprogramm des Freskenzyklus verfolgte das Ziel, die Kiewer Fürsten mit den Basileus in Konstantinopel zu identifizieren. Am Nordturm sind Jagdszenen, Trainingskämpfe, exotische Tiere und auch Szenen aus dem byzantinischen Hofleben dargestellt.
21.–22. Muttergottes Große Panagia (Orantin von Jaroslawl), Rus von Wladimir-Susdal, um 1224; Moskau, Tretjakow-Galerie. Zum alten ikonographischen Typ der Muttergottes in Orantenhaltung (Mosaik der Sophien-Kirche in Kiew) gibt es eine komplexere Variante, die in dieser prächtigen Ikone der Malschule von Wladimir wiedergegeben ist. Die Muttergottes Große Panagia, die auf der Schulter ein Medaillon des segnenden Erlösers Emanuel trägt, stammt aus der byzantinischen Monumentalmalerei.
23. Muttergottes vom Höhlenkloster (Swenskaja), Ende des 13. Jahrhunderts; Moskau, Tretjakow-Galerie. Es handelt sich bei diesem Bild um das einzige Zeugnis der später verschwundenen Malschule von Kiew aus dem 11. und 12. Jahrhundert. Diese Kopie des 13. Jahrhunderts stellt die Muttergottes mit dem segnenden Christus auf den Knien dar. Zu beiden Seiten befinden sich die Gründer des Kiewer Höhlenklosters, die Heiligen Antonij und Feodosij. Sehr wahrscheinlich diente als Vorlage die berühmte Ikone der Muttergottes vom Höhlenkloster, eines der am meisten verehrten Bilder Kiews.
24. Diadem mit der Darstellung der Himmelfahrt Alexanders, Gold, Zellenschmelzemail, 12. Jahrhundert; Kiew, Historisches Museum. Zusammen mit dem Krönungsritus übernahmen die russischen Fürsten von Byzanz auch den Typus der Diadem-Krone aus Goldplatten. Diese waren mit symbolischen Darstellungen in der beliebten künstlerischen Technik der alten Rus geschmückt, dem Zellenschmelzemail. Das Thema der Himmelfahrt Alexanders symbolisiert die höchste Macht und den Schutz der fürstlichen Macht (wie auch in der Skulptur der Demetrios-Kathedrale in Wladimir). Ein weiteres Thema war die Deesis, welche die Vorstellung des himmlischen Eintretens für die Menschen widerspiegelte. Aus dem 12. Jahrhundert haben sich über zehn Fürstendiademe beziehungsweise Fragmente erhalten, darunter auch eine Goldplatte mit der Darstellung der Muttergottes aus Wladimir. Das Diadem wurde zusammen mit einem Halsband mit Medaillons (Barma) getragen, von dem noch Stücke aus Susdal und Staraja-Rjasan existieren.
25. Armband mit der Darstellung ritueller Szenen, Silber, Guß, Gravur, Niellotechnik, 12. Jahrhundert; Kiew, Historisches Museum. Der Wappenadler ist auf der linken Seite von den Figuren einer Tänzerin und eines Musikanten und auf der rechten Seite von einem vogelähnlichen Drachen und einem Krieger in schützender Haltung umgeben. Ähnliche Armbänder, die in vielen Städten der Rus vor dem Mongoleneinfall gefunden wurden, verwendete man bei heidnischen Riten, deren Sinn aber zu einem Teil noch im dunkeln liegt. Sie wurden oft mit geheimnisvollen Fruchtbarkeitsriten in Verbindung gebracht, wie sie bei den meisten europäischen Völkern der Antike üblich waren.
26. Kolt mit der Darstellung von Greifen, Kiew, Silber, Gravur, Niellotechnik, 12. Jahrhundert; Moskau, Historisches Museum.
27. Schläfenring, Stamm der Wjatitschen, Bronze, Guß, Ende des 12. Jahrhunderts; Nowgorod, Museum.
28. Anhänger in Form einer kleinen Ente, Bronze, Guß, 12. Jahrhundert; Nowgorod, Museum.
29. Anhänger und Kolt mit Darstellung eines weiblichen Kopfes, Kiew, Gold, Zellenschmelzemail, 12. Jahrhundert; Kiew, Historisches Museum.
30. Truhe aus einer Kirche, Fürstentum Tschernigow, Bronze, Guß, Meister Konstantin, zweite Hälfte des 12. Jahrhunderts; Moskau, Historisches Museum.
31. Anhänger und Kolt mit der Darstellung der Sirenen, Kiew, Gold, Zellenschmelzemail, 12. Jahrhundert; Kiew, Historisches Museum.
32. Kleine Schlange von Wladimir Monomach, Gold, Guß, 12. Jahrhundert; Sankt Petersburg, Russisches Museum. Die »kleine Schlange« ist ein Amulett in Medaillonform. Auf der einen Seite ist eine Persönlichkeit aus dem christlichen Leben (hier der Erzengel Michael), auf der Rückseite eine aufgerollte Schlange (heidnisches Apotropaion) dargestellt. Die wundervolle Goldschlange gehörte offensichtlich dem Fürsten Wladimir Monomach von Kiew. Auf der Rückseite ist die folgende Inschrift angebracht: »Herr, hilf deinem Knecht Wasilij« (Wasilij war der christliche Name des Fürsten).
33. Kolt mit der Darstellung eines Vogels, Kiew, Gold, Zellenschmelzemail, 12. Jahrhundert; Kiew, Historisches Museum. Die Kolt waren medaillonförmige Anhänger, die zum weiblichen Galakostüm gehörten. Man flocht sie auf der Höhe der Schläfen in die Haare ein oder befestigte sie an der Kopfbedeckung.
34. Kolt mit der Darstellung von Vögeln beim Lebensbaum, Kiew, Gold, Zellenschmelzemail, 12. Jahrhundert; Kiew, Historisches Museum.
35. Tafel mit der Darstellung der Gottesmutter, Gold, Zellenschmelzemail, 12. Jahrhundert; Sankt Petersburg, Russisches Museum.
36a–b. Kolt mit der Darstellung eines Heiligen (auf beiden Seiten), Tschernigow, Gold, Zellenschmelzemail, 12. Jahrhundert; Sankt Petersburg, Museum Ermitage.
37. Diadem mit der Darstellung der Deesis, Gold, Zellenschmelzemail, 12. Jahrhundert bis Beginn des 13. Jahrhunderts; Sankt Petersburg, Russisches Museum.
38. Großes Sion aus der Sophien-Kathedrale von Nowgorod, Silber, ziseliert, vergoldet, Niellotechnik, Mitte des 12. Jahrhunderts; Nowgorod, Museum. Dieses »Sion« oder »Jerusalem« ist ein symbolisches Modell der Auferstehungskirche in Jerusalem. Es diente dem Transport der heiligen Gaben während hoher liturgischer Feiern. Wenn man die sechs Türen mit den zwölf Darstellungen von Apostelfiguren öffnet, erkennt man im Inneren den Tabernakel.

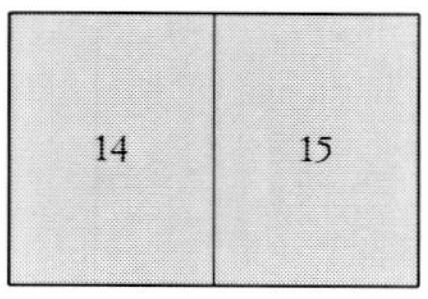

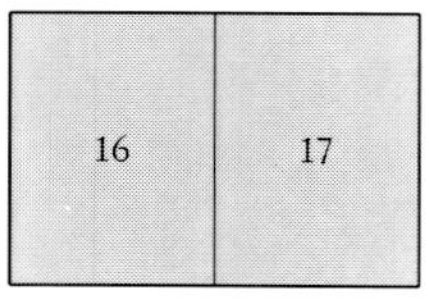

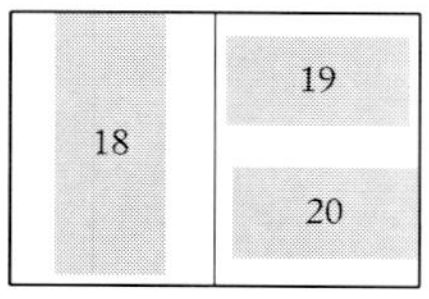

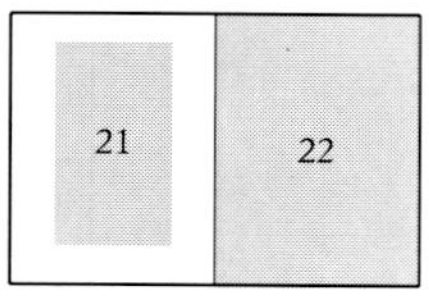

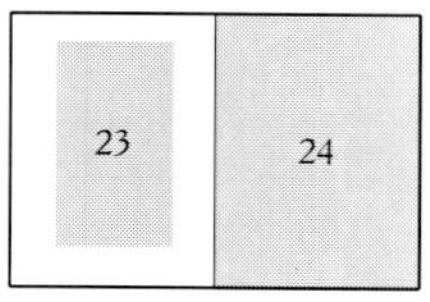

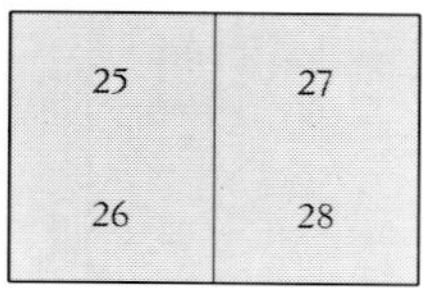

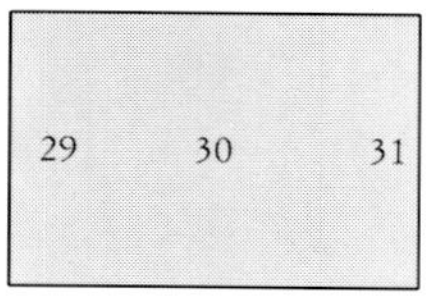

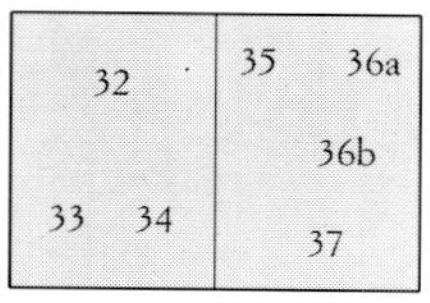

IC
XC

ΜΡ
ΘΥ

IC

XC

MP ΘY
IC XC

genübersteht. Trotz ihres gedrungenen Stils sind die Figuren des Herakles und des Dionysos bei den Kiewer Reliefs unpersönlich, während die des heiligen Georg, des heiligen Theodor Stratilat, des heiligen Nestor und des heiligen Demetrios als Individuen wirken (soweit dies möglich war). Georg, Demetrios und Theodor Stratilat sind trotz der lapidaren Technik der Steinbearbeitung an ihrem Gesicht zu erkennen. Nur Nestor macht Probleme, und es ist somit kein Zufall, wenn einige in der Figur dieses Ritters Merkur sehen. Von der Überlieferung bestimmt ist auch die Interpretation des Herrschers, der sich den Rittern unterwirft, als Diokletian (während andere in ihm Maximilian zu erkennen glauben). Während sich in der Architektur der Zehnt-Kirche das vorchristliche autochthone Erbe in freier Auseinandersetzung mit dem Vorbild aus Konstantinopel entwickelte (und dieses Vorbild war durch die architektonischen Traditionen von Cherson und Bulgarien bereits gefiltert worden), so zeigt bei den mythologischen und historischen Schieferreliefs die lokale Aufarbeitung orientalischer und byzantinischer Vorbilder doch deutlich mehr Charakter. Deswegen können wir vom Beginn der russischen Skulptur sprechen.

67. Muttergottes Hodegetria, Kalkstein, 10. Jahrhundert, Kiew, Historisches Museum.

Malerei

Es wäre von hohem Interesse, wenn wir den ersten Schritten und damit den Ursprüngen der Malerei der Kiewer Rus vor dem Hintergrund der eben beschriebenen Architektur und Plastik nachspüren könnten. Fragmente von Fresken wurden in den Ruinen der ersten aus Ziegel gemauerten Kirchen in Kiew gefunden. Diese entstanden noch vor der Zehnt-Kirche. Leider sind die Fragmente so unbestimmt, daß sie nichts zur Beurteilung des Charakters dieser Fresken beitragen. Auch

66. Sophien-Kathedrale in Kiew, Grab des Fürsten Jaroslaw der Weise, Marmor, 11. Jahrhundert.

die Fresken der Zehnt-Kirche sind, abgesehen von einigen kleinen Fragmenten, zusammen mit der Kirche verlorengegangen. Im Stil dieser Fragmente mit Teilen des Gesichts eines unbekannten südlichen Heiligen erkennen wir archaisierende, nicht byzantinische Züge, die mit Thessaloniki in Verbindung gebracht werden.[82] Diese Hypothese ist leichter zu akzeptieren als die Behauptung über den thessalonischen Ursprung der Bildhauer, welche die Reliefs mit den berittenen Kriegern schufen. Die Slawen beherrschen die Plastik jedenfalls besser als die monumentale Malerei.

Hier müssen wir allerdings den folgenden Umstand berücksichtigen: Der Bau einer Kirche wie der des Zehnten, die siebenundzwanzig Meter lang, achtzehn Meter breit und wahrscheinlich gerade so hoch, wenn nicht höher war, sowie deren Ausmalung mit Fresken konnte nicht allein durch griechische Handwerker erfolgen, denn die Oberfläche der Wände und Gewölbe lag bei ungefähr fünfzehnhundert Quadratmetern. Die Griechen fungierten vielmehr als Aufseher, und unter ihrer Leitung arbeiteten Maurer, Stukkateure, Glasarbeiter, Farbmischer und vielleicht auch Maler, Lehrlinge wie Gesellen. In diesem Labor wurden die russischen Maler in den verschiedenen Techniken ausgebildet. Wenn ihr Beitrag zur Realisierung der Zehnt-Kirche unbemerkt bleibt, so tritt er doch bei dem Bau und der Ausschmückung der Sophien-Kathedrale ziemlich deutlich in Erscheinung. Sogar die rigorosesten Forscher meinen, sie könnten diesen Beitrag identifizieren. Doch bevor wir dieses Thema vertiefen, wollen wir auf das Hauptelement hinweisen, das die neue Malkunst mit sich brachte: Es handelt sich um ein komplexes Freskensystem. Es steht mit der musikalischen Struktur der Liturgie in engem Zusammenhang.

Der Grund für die Entwicklung der Malerei in der Kiewer Rus wird oft in der Tätigkeit der griechischen Handwerksmeister, dem Auftreten neuer Malmaterialien und so weiter gesehen. Doch dies alles konnte nur Früchte tragen, wenn die Menschen der neuen Kunst gegenüber aufgeschlossen waren und sie verstehen konnten, wie dies zum Beispiel bei der Architektur der Fall war. Verstehen bedeutet hier nicht, zu wissen, wer der Pantokrator ist, was die Verkündigung und der Einzug in Jerusalem bedeutete. Das Verständnis ist die Fähigkeit, hinter dem Bild die Bedeutung in ihren verschiedenen Aspekten und in den Umwandlungen zu sehen, von denen schon beim Kanon die Rede war.

Es ist kein Zufall, wenn gerade in der Blütezeit des Kanons (9. Jahrhundert) jenes System der Bemalung des Gotteshauses entstand, das die Kiewer Rus übernahm, und dies besonders bei den Fresken der Sophien-Kathedrale.

Wie wir bereits bemerkt haben, war die Malerei mit der Architektur (und dies nicht nur im Inneren der Kirchen, sondern auch außen) so organisch verbunden, daß man sie nicht getrennt betrachten darf. Die Mauern und die Gewölbe gehören gleichzeitig auch zur Malerei, und diese ist ein Bestandteil der Mauern. Selbst die Tafeln der Ikonen galten nicht als Bilder, sondern als Teil der Mauern.

Wenn aber die Mauern und Gewölbe der Kirche dieses Universum darstellen, das mit Hilfe der göttlichen Weisheit (Sophia) geschaffen wurde, so stellt auch das »Haus« dieser Weisheit mit seinen sieben Pfeilern, den Malereien auf den Mauern und den Gewölben ebenfalls das Universum der göttlichen Weisheit dar.

Wie wir später noch sehen werden, entwickelte sich dieses Bild von der Weltenweisheit in der Malerei in konzentrischen Kreisen. Wenn wir hier vom größten Kreis der Weltordnung sprechen, sollten wir vor Augen haben, daß sich vom 9. Jahrhundert an in den Fresken der Kirchen ein Programm durchgesetzt hatte, das wir als universal bezeichnen können. Universal bedeutet aber auch historisch.

Für den heidnischen Slawen stellt der Erdkreis (Tempel, »Kurgan«) das Symbol des Universums dar – oder es ist die Säule mit der Darstellung der drei Bereiche des Universums, des Himmels, der Erde und der Unterwelt (Idol aus der Sbrutsch). Für den christianisierten Russen stellt das Universum eine komplexere Hierarchie architektonischer Formen und siebentausend Jahre Geschichte in figürlichen Formen dar.

Wir wissen bereits, daß die Darstellung der siebentausendjährigen Universalgeschichte mit alttestamentarischen Bildern im Westteil der Kirche begann und sich bis zur Verkündigung erstreckte, die auf den Ostpfeilern abgebildet wurde. Die Darstellungen von Christi Geburt und seinem Kommen in die Welt, seiner Passion bis zu Wiederauferstehung und Himmelfahrt befanden sich an den oberen Teilen der Mauern und auf den Gewölben.

68. Herakles und der Nemeische Löwe, Schiefer, 11. Jahrhundert, Kiew, Museum des Höhlenklosters.

Die unteren Mauerteile waren für die Darstellung der Kirchenväter und der wichtigsten Asketen bestimmt. Auf den Bogen unter der Kuppel fanden die Märtyrer Platz. Diese Kirche vereinigte sich mit der gigantischen Figur der Muttergottes, die als Betende (Orans) dargestellt wurde, mit erhobenen Armen, um alle Anwesenden zu verteidigen, zu schützen und zu segnen. So waren auch die Fresken der Sophien-Kathedrale von Nowgorod und vielleicht auch der Zehnt-Kirche. Dieses Mosaikbild hieß in der Sophien-Kathedrale von Kiew auch »Mutter Gottes unzerstörbare Mauer«. Unter ihr steht die sophiologische Inschrift: »In ihr ist Gott; sie kann nicht wanken. Gott hilft ihr, wenn der Morgen anbricht« (Psalm 46, 6). S. S. Awerintschew interpretiert das folgendermaßen: die Muttergottes und die göttliche Weisheit inmitten des russischen Staates von Kiew. Den Bilderzyklus der Sophien-Kathedrale vervollständigen die Evangelisten (Eckzwickel unter der Kuppel), die Muttergottes unter den Aposteln (Wiederholung des Themas der streitenden Kirche) und der Pantokrator mit den Erzengeln in der Kuppel (triumphierende Kirche im Himmel). Der Pantokrator in der Kuppel hatte überdies einen sophiologischen Gehalt als Logos, der der Sophia die Gabe der Weisheit schenkt.

Es ist ziemlich wahrscheinlich, daß ein ähnlicher Bilderzyklus (vielleicht ohne die heiligen Inschriften?) bereits in der Zehnt-Kirche vorhanden war und nach der Sophien-Kathedrale auch in den übrigen Hauptkathedralen von Kiew. In der Sophien-Kathedrale von Nowgorod waren anstelle der Evangelisten in den Eckzwickeln unter der Kuppel Propheten abgebildet. Alttestamentarische Themen waren auch in anderen Teilen des Bilderzyklus stärker ausgeprägt.[83] Das hing wahrscheinlich mit dem Thema der göttlichen Weisheit (Sophia) zusammen. Überdies gilt die besondere Betonung der sophiologischen Bedeutung von Jesus Christus als eine Nowgoroder Eigenheit.

In jedem Fall findet das historische oder sogar universalhistorische Moment eine starke Ausprägung in den Monumentalbildern des 11. Jahrhunderts. Das spiegelt ohne Zweifel das neue Gefühl der Zugehörigkeit der Kiewer Rus, »ohne Unterschied zu den anderen«, zur Universalgeschichte wider. Durchtränkt von diesem Gedanken ist Hilarions Festhomilie »Das Gesetz und die Gnade«. Und es ist nicht nur ein Gefühl der Zugehörigkeit, sondern, was vielleicht noch wichtiger und interessanter ist, ein Gefühl der Freude, der Würde und der Feierlichkeit. Und auch der monumentale Malstil diente als Vehikel für solche Gedanken.

Der Monumentalismus im russischen Malstil des 11. Jahrhunderts besteht nicht nur in dem großen Ausmaß der Figuren (in der Kiewer Sophien-Kathedrale bis 5,45 Meter!), sondern auch in der typisierten Interpretation aller Volumina, in der Reinheit der Linien der Gewandfalten, in den großen Oberflächen der Farbflecken. Dies alles stört keineswegs die Plastizität der Formen und auch nicht die Buntheit der Farben. Der Zählung der Fachwissenschaftler zufolge wurden in der Sophien-Kathedrale von Kiew achtzehn Farben in hundertneunundzwanzig Abstufungen verwendet! Nur der Stil des »monumentalen Historismus« konnte das Bild des Universums und die Stellung des neuen Menschen (als Sohn und nicht als Sklave!) in diesem Universum zum Ausdruck bringen.

Die wichtigste Rolle bei dieser Perzeption und Gesamtdarstellung der Welt übernahmen die Architektur und die Malerei. Sie bestimmten in großem Ausmaß die Feierlichkeit im Rahmen der Liturgie. Der neue Choralgesang nahm darin auch eine herausragende Stellung ein. Wenn die mittelalterliche Orgelmusik die germanischen Götter aus ihren Wäldern vertrieben und die Vorbilder der neuen Epoche eingeführt hatte, so galt dasselbe in der Kiewer Rus für den Choralgesang der christlichen Hymnen. Vom 8. Jahrhundert an setzte sich im Gesang die Form des Kanons durch. Dabei spielten die sophiologischen Motive des 9. Kapitels im Buch der Sprichwörter (Mysterium der Fleischwerdung) eine bedeutsame Rolle. Der Kanon setzt sich bekanntlich aus einer Leitstrophe und sich entwickelnden Troparien zusammen. Im wesentlichen folgte auch das System der Bilder diesem Aufbau mit Leitstrophe und Troparien, und auf diese Weise verließ die neue Kunst den heidnisch-primitiven Ornamentalismus.

Bisher haben wir die universelle sophianische Sphäre der Kunst zwischen dem Ende des 10. und dem Beginn des 11. Jahrhunderts behandelt. Doch worin bestanden die eigentlich kirchliche und die individuelle Sphäre? Es reicht nicht aus zu sagen, die Sophien-Kathedralen stellten die ideale Kirche dar. Sie waren das Zentrum dieser Darstellung. Doch dieselbe ideale Funktion erfüllten auch andere bedeutende Kirchen: die Christi-Verklärungs-Kathedrale in Tschernigow, die Mariä-Himmelfahrts-Kathedrale in Kiew, die Kirche des Erzengels Michael in Kiew und Perejaslawl-Saleskij, die Boris-und-Gleb-Kirche in Wyschgorod, die Demetrios-Kirche in Kiew und andere. Die beiden erstgenannten stehen in engem Zusammenhang zum sophiologischen Thema, während bei den anderen das Motiv des Kirchenpatrons überwiegt.

Die Auffassung der Sophien-Kathedrale als Idealkirche fand auch in der Tatsache ihren Ausdruck, daß gerade diese große dreischiffige Sechs-Pfeiler-Kathedrale, ausgehend von der Mariä-Himmelfahrts-Kirche im Höhlenkloster von Kiew, eine Art Modell für die wichtigsten Kathedralen aller russischen Städte wurde.

69. Säule mit der Darstellung eines Greifen und eines Zentauren, Holz, 11. Jahrhundert, Zeichnung, Nowgorod, Museum.
70. Boris-und-Gleb-Kathedrale in Tschernigow, Kapitell mit Flachrelief, Zeichnung.

Natürlich drückte sich auch hier die Sophianizität des Themas der Idealkirche in der Malerei deutlich aus. Das hierarchisch aufgebaute Bildersystem wurde zum Bild der idealen Kirche. Es beruht auf der Darstellung der Kirchenväter, der Eremiten und Asketen ganz unten, der Propheten, der Apostel und der Muttergottes weiter oben und des Christus Pantokrator in der Höhe der Kuppel. In der Folge wurde dieses System nur an einigen Stellen und auch hier nur unbedeutend verändert.

Nach den Fresken der Sophien-Kathedrale in Kiew zu urteilen, nahmen die Darstellungen der Muttergottes und von Jesus Christus den wichtigsten Platz ein und prägten dadurch den gesamten Bilderzyklus. Gerade hier fand das sophiologische Thema zu einem personifizierten Ausdruck. Überdies artikulierte sich im 11. Jahrhundert die Beziehung zwischen der Muttergottes und Christus als Bildträger der Sophia auf komplexe Weise. Dem Anschein nach überwog jedenfalls der Aspekt der Muttergottes.

Wir können kaum sagen, welchen Quellen die christlichen Maler das Bild der Muttergottes, die Schönheit und Reinheit ihres Angesichts entnahmen. Wir beziehen uns hier nicht auf die verschiedenen ikonographischen Ausdrucksformen, die von vielen Forschern, die sich dabei vor allem auf die Quellensuche machten, untersucht wurden, sondern auf das Bild der Gottesmutter im allgemeinen in seiner gesamten neuen Spiritualität. Sicher kannten die alten Meister nicht die Schrift des Kirchenhistorikers Nikephoros Kallistos (14. Jahrhundert) über das Aussehen der Muttergottes, doch mußten sie mindestens von den Materialien Kenntnis haben, auf die sich Nikephoros berief. Ohne Zweifel stammen aus diesen Quellen Merkmale wie die »goldfarbenen« Haare, »die lebhaften Augen mit den olivenfarbenen Pupillen, die geschwungenen, fast schwarzen Augenbrauen, die lange Nase, die blühenden Lippen voller süßer Worte, das weder runde noch zugespitzte, sondern leicht verlängerte Gesicht«.[84]

Gewiß brachten jede Epoche und jeder Stil in dieses Bild etwas vom Zeitgeschmack ein, doch im allgemeinen kann man sagen, daß das beschriebene Bild Bestand hatte. In der Mosaikdarstellung der betenden Maria erscheinen diese Gesichtszüge unerschütterlich (auch wenn die Haare vom Omophorion bedeckt sind; doch vom Bild Christi kann man den Schluß ziehen, daß sie blond waren). Die beste personifizierte Darstellung des sophianischen Themas der Fleischwerdung war das Bild der großen Panhagia (der sogenannten Maria Orans Jaroslawskaja). Die überzeugendste Datierung setzt dieses umstrittene Werk in die Zeit Wladimir Monomachs.

Die Darstellung der Muttergottes bestimmte nicht nur wegen ihrer Sophianizität, sondern auch aufgrund ihrer besonderen Funktion als Beschützerin der Nation bis zu einem gewissen Grad das ideale Menschenbild. Demnach können wir ihre Züge in den Darstellungen junger Frauen und auch Männer erkennen. Besonders bedeutsam in dieser Hinsicht ist die berühmte Ikone des heiligen Kriegers Georg, die ins 12. Jahrhundert datiert wird.[85] Ich hatte die Gelegenheit, auf dieses Bild das antike Konzept der »gleichzeitigen Gegenwart des Schönen und Guten« anzuwenden. Es trifft im wesentlichen auch auf das Bild der Gottesmutter in der russischen Malerei des 11. Jahrhunderts zu, allerdings mit der Ausnahme, daß im Vergleich zur Antike diese »gleichzeitige

71. Mariä-Himmelfahrts-Kathedrale (Zehnt-Kirche) in Kiew, Fragment einer Wandmalerei vom Ende des 10. Jahrhunderts, heute verloren (Fotografie von N. Syzew).

Gegenwart des Schönen und Guten« in der russischen Malerei des 11. und 12. Jahrhunderts unvergleichlich stärker geistig geprägt ist. In einer Paraphrase Florenskijs könnten wir sagen, daß die Schönheit die Weisheit ist.

Von der Dekoration der heute zerstörten Michaelskirche (1108–1113) sind nur einige wenige Mosaiken erhalten geblieben, insbesondere die Darstellung der Eucharistie (in der Apsis) und die Figur von Demetrios von Thessaloniki. Es waren die letzten Mosaiken der alten Rus. Sie wurden von den Wänden abgenommen und werden heute in Museen aufbewahrt: die Eucharistie in der Sophien-Kathedrale, Demetrios von Thessaloniki in der Tretjakow-Galerie. Trotz der ikonographischen Nähe des Eucharistiemosaiks zur Komposition der Sophien-Kathedrale in Kiew fällt doch die große Eleganz der Apostelfiguren auf, die überdies ohne Heiligenschein dargestellt werden (!). Die mutige Figur von Demetrios von Thessaloniki führt zu Assoziationen mit der italienischen Kunst des 15. Jahrhunderts. A. I. Nekrasow hat sie sogar mit dem Bild eines Condottiere verglichen. Dies ist gewiß nicht das Symptom einer Herabsetzung der Kunst, doch zeichnet sich damit eine gewisse Veränderung ab.

In Übereinstimmung mit der Dekoration der Kuppel sind auch die Fresken der Nowgoroder Sophien-Kathedrale aus dem 12. Jahrhundert (im Kirchenraum und in den Kapellen) nicht so monumental und episch. Abgesehen von einer umfassenden Kenntnis des künstlerischen Erbes von Byzanz beobachtet man eine Russifizierung der Gesichter und eine Verstärkung der Linearität des Stils. Stärker malerische Effekte charakterisieren die Fragmente der südlichen Vorhalle (Martirieewskij), besonders das Bild des Apostels Petrus in der Deesis. Die Fresken der Nowgoroder Kathedralen des heiligen Nikolaus auf dem Jaroslaw-Hof, des heiligen Georg und der Geburt Mariens (erstes Drittel des 12. Jahrhunderts) sind uns in derart winzigen Fragmenten erhalten geblieben, daß es äußerst schwierig ist, daraus Informationen über die ursprüngliche Bemalung zu ziehen. Obwohl der Stil – wie auch die Malerei – die Züge des »byzantinischen und Kiewer Monumentalismus« bewahrt, läßt er doch deutlich auch das Auftreten lokaler Eigenheiten erkennen, die an eine Verwandtschaft mit dem romanischen Stil erinnern.

Angewandte Kunst

Im Gegensatz zu den sogenannten »hohen« bildenden Künsten, nämlich der Architektur, der Malerei und der Plastik, drang die angewandte Kunst viel tiefer in das tägliche Leben der heidnischen Slawen ein. Deswegen fand sie in der Kunst der Kiewer Rus mit einer ziemlich durchgängigen Schichtung ihren Platz. Es fällt hier äußerst schwer, festzustellen, was eine eigentlich slawische Schöpfung ist, was von benachbarten Völkern stammt und was bereits als Ergebnis der Christianisierung der Kiewer Rus auftrat.

Nur über archäologische Ausgrabungen sind wir in den Besitz von Werken der angewandten Kunst aus der Kiewer Rus und der Zeit davor gelangt. Dementsprechend ist ihre Zusammensetzung ziemlich dem Zufall unterworfen. Immerhin gelingt es uns, ein generelles Bild davon zu entwerfen.

Aus dieser allgemeinen Übersicht geht hervor, daß wir in den angewandten Künsten nicht jene Grenze vorfinden, die wir auf dem Gebiet der Architektur und der Malerei zwischen der Kiewer Rus und der Zeit davor ziehen müssen. Es gab hier keine Zehnt-Kirche oder Muttergottes »unzerstörbare Mauer«. Die bevorzugten Schmuckformen der heidnischen Slawen hielten sich auch noch lange Zeit nach der Taufe der Rus. Dennoch ist eine Geschmacksveränderung festzustellen.

Nach der dunklen Zeit des 6. und 7. Jahrhunderts, in der sich verschiedene Fibeltypen ausgebreitet hatten, darunter auch einige mit zoomorphem Aussehen, wurden Filigranarbeiten zum bevorzugten Dekor. Sie waren aus dem Orient übernommen worden, doch die Slawen vervollkommneten die Filigrantechnik und erzielten mit ihrem geometrischen, besonders üppigen Stil hervorragende Ergebnisse. In dessen Natur erkennt man eine Verwandtschaft mit der Textilkunst. Je weiter man sich nach Norden begibt, um so deutlicher wird der Einfluß des benachbarten mächtigen Skandinavien auf die angewandte Kunst der Rus. Besonders deutlich zeigt er sich in Nowgorod und im Gebiet des Ladoga-Sees im üppigen »Tierstil« der lokalen Handwerker. Gegen das 9. Jahrhundert drang dieser Stil auch in die Dnjeprregion vor. Ein prächtiges Beispiel dafür ist das Auerochshorn von Tschernigow. Die märchenhafte Jagdszene, die auf dessen Silberinkrustation abgebildet ist, ist bis auf den heutigen Tag nicht befriedigend interpretiert.

Wie bereits gesagt, hielt sich der heidnische Geschmack noch lange im Kunstgewerbe der Kiewer Rus. Es blühten bereits eine neue sakrale Architektur und eine neue christliche Malerei, doch in der angewandten Kunst stellte man weiterhin zahlreiche Ornamente mit mythologischen Motiven her. Im bäuerlichen Bereich waren das zoomorphe Bronzeamulette (Pferde, Enten und so weiter), während in der Stadt Objekte aus Gold und Silber hergestellt wurden: Griwny (Ketten), Kolty (Zubehör zum altrussischen Kopfschmuck, Anhänger auf Schläfenhöhe), Armreife, Halsketten, Diademe und so weiter. Für deren Herstellung wurden die unterschiedlichsten Techniken eingesetzt, zum Beispiel Zellenschmelzemail (Cloisonné), Metallguß, Metallbearbeitung im erhitzten Zustand, Ziselierung und so weiter.

Besonders bemerkenswert sind die Kolty, die ursprünglich Emailfiguren von Vögeln und Greifen, später aber auch von menschlichen Figuren aufwiesen. Bei den Narutschy (Armbändern aus Silber) waren mythologische Darstellungen weit verbreitet. Doch mit der Zeit kamen auch Veränderungen. Auf den Diademen erschienen nun ausgedehnte Kompositionen mit christlichen Themen. Besonders prächtig ist das Diadem des Kiewer Schatzes mit der Darstellung einer Deesis mit sieben Figuren, während das Goldkreuz des Erlöser-Euphrosyne-Klosters von Polozk (das im Zweiten Weltkrieg verlorenging) mit zahlreichen Heiligenfiguren geschmückt war.

Merkwürdigerweise fehlte in Nowgorod zwischen dem 11. und dem Beginn des 12. Jahrhunderts das Goldschmiedehandwerk fast völlig. Der Grund liegt wahrscheinlich in der großen Entfernung von Byzanz. Auch war die Macht des Fürsten hier nicht so stark wie in Kiew. Abgesehen von der hohen Kunst der Holzschnitzerei, die bereits im 11. Jahrhundert Meisterwerke hervorbrachte, waren hier die Bearbeitung von Knochen, das Schmelzen von Metall und das Ziselieren weit verbreitet. Bei den Knochenschnitzereien aus dem 11. und 12. Jahrhundert dominierten unangefochten die mythologischen Motive. Der Tierstil, der in der Schnitzkunst in Holz wie in Knochen weite Verbreitung fand, macht uns bis zu einem gewissen Grad verständlich, daß die Plastik aus weißem Stein an der Fassade von Wladimir-Susdal keinesfalls ein Fremdkörper in der altrussischen Kunst der vormongolischen Zeit war.

Die Hauptarbeiten des Nowgoroder Kunsthandwerks waren repräsentative Stücke für ganz bestimmte Zwecke. Zu ihnen zählten der große und der kleine Sion und auch die beiden Kratere (Weinkrüge) der Meister Bratila und Kosta. Bei ersteren werden byzantinische Züge deutlich, doch stammen sie sehr wahrscheinlich aus Rußland. Die lokale Provenienz der Kratere hingegen wird von den Inschriften dokumentiert. Die beiden Kratere sind Beispiele für das höchste Niveau, das die Nowgoroder Kunsthandwerker beim Ziselieren erreichten, obwohl damals die feudale Aufsplitterung der Kiewer Rus bereits begonnen hatte.

Es bleibt für immer die Frage offen, wie sehr die Kunst der Kiewer Rus auch wirklich vom ganzen Volk geschätzt wurde. Wir müssen daran erinnern, daß die sozialen Widersprüche in jener Zeit nicht sehr tief sein konnten. Natürlich unterschied sich die städtische Kultur von der bäuerlichen, doch ging sie nicht aus besonderen Persönlichkeiten hervor, sondern aus Menschen, die aus dem Volk stammten. »Man darf sich nicht die Elite wie ein aktives, bildendes Prinzip vorstellen und die ›Masse‹ wie ein unbewegliches, passives Prinzip.« Doch das reicht nicht aus: »Die Ausrichtung des theologischen Denkens und dessen grundlegender Inhalt wurden zuallererst von der ›Masse‹ bestimmt, aus dem einfachen Grund, weil das Christentum die ›Philosophie der Millionen‹ darstellte.«[86]

Doch wie einheitlich diese ursprüngliche künstlerische Kultur der Kiewer Rus auch war, sie mußte einen Bruch erleiden und erlitt ihn auch in der Tat.

Die Kunst in der Zeit der feudalen Aufsplitterung: Vom 12. Jahrhundert bis zur ersten Hälfte des 13. Jahrhunderts

Im Jahr 1132 starb Mstislaw der Große. Er hatte mit seiner Autorität und Kraft noch verhindern können, was nach seinem Tod nun eintrat: die feudale Aufsplitterung der Kiewer Rus. Die Fürsten von ungefähr fünfzehn souveränen Staaten, ähnlich den Königreichen Westeuropas, machten sich nun daran, »ihre eigenen Territorien zu organisieren«. In der Geschichtsschreibung hat sich die Vorstellung fest verankert, die feudale Aufsplitterung der Kiewer Rus (ein Vorgang, der dem ganzen europäischen Mittelalter gemein war) habe nicht etwa zum Niedergang des Landes geführt, sondern zu einem »schnellen Wachstum der Städte« und zur Blüte der russischen Kultur.

Anstelle der einzigen Kiewer Rus entstanden ungefähr fünfzehn Fürstentümer, die den früheren Stammeseinheiten entsprachen. Fünfzehn Fürstentümer bedeuteten auch fünfzehn »territoriale Hauptstädte«, unter ihnen neben Kiew, Tschernigow, Polozk, Nowgorod und Perejaslawl-Juschnij auch Smolensk, Nowgorod-Sewerskij (das nördliche), Rostow Welikij (die Große) – später Wladimir, Galitsch, Wladimir Wolynskij, Murom (Rjasan), Turow und andere. Gleichzeitig entwickelten die Fürsten den Ehrgeiz, einen eigenen Bischofssitz zu erhalten. Zu den bereits vorhandenen (Kiew, Nowgorod, Belgorod, Jurew) kamen im 11. Jahrhundert Tschernigow, Perejaslawl, Rostow, Tmutarakan, Wladimir Wolinskij und Porose dazu; im 12. Jahrhundert Polozk, Smolensk, Turow, Galitsch, Wladimir an der Kljasma. Jede feudale Hauptstadt mußte eine Kirche besitzen, die als Bischofskathedrale fungieren konnte. Wenn diese nicht gleichzeitig auch die Fürstenkirche war, kam noch eine eigene Hofkirche dazu.

Architektur

Die typologische Ausbildung der russischen Architektur des 12. Jahrhunderts

Das 12. Jahrhundert erlebte die schnelle Entwicklung zweier Architekturgattungen. Die eine können wir als die der klassischen Landes- oder Bischofskathedrale (Sobornyj) bezeichnen, die andere war die der Fürsten- und Hofkirche.

Von einer »Landeskathedrale« oder »territorialen« Kathedrale sprechen wir, weil die Weltauffassung, die sie zum Ausdruck brachte, nolens volens nicht die eines gesamtrussischen Bewußtseins war, sondern die eines eigenen »Territoriums«, des Fürstentums, weil sich, wie wir gesehen haben, die Fürsten in jener Zeit daranmachten, »ihre eigenen Territorien zu organisieren«. So groß diese Fürstentümer auch waren, so handelte es sich doch immer um einzelne Territorien, zum Beispiel von Wladimir-Susdal, Polozk, Smolensk und so weiter. Der Begriff »russisches Land« oder »Rußland« blieb dem Gebiet von Kiew. Er entsprach aber nicht mehr ganz Rußland, sondern stellte eher eine Art Symbol dar.

Die »territoriale« Kathedrale war die Hauptkirche des betreffenden Fürstentums; anfänglich konnte sie gleichzeitig Fürstenkirche und Bischofskathedrale sein. Dieser zuletzt genannte Umstand war grundlegend wichtig, damit die Kirche den Status einer Kathedrale (Sobor) annehmen konnte. Eine Reihe von Fürstenkirchen wurden nur aufgrund ihrer historischen Bedeutung oder ihrer besonderen architektonischen Schönheit schließlich Kathedralen (Sobor) genannt.

Wir haben schon früher dargelegt, daß einige Fürstenkirchen (nicht Bischofskirchen) traditionsgemäß auch Kathedralen (Sobor) genannt wurden – etwa die Kirche des Michaels-Klosters und andere. Deswegen akzeptieren wir hier – und das gilt auch für den weiteren Text – den Begriff »Sobor« formell für Kathedralen und informell auch für die Hauptkirchen des einen oder anderen Stadtviertels, für die Kirchen eines Klosters oder sogar eines Fürstentums.

Den Begriff »klassisch« könnte man auch durch »kanonisch« ersetzen, wie ihn gelegentlich N. N. Woronin verwendete. Doch dieser Begriff suggeriert etwas Erstarrtes und Versteinertes, während der Begriff »klassisch« die intensive Tätigkeit kreativen Denkens zuläßt.

Die funktionelle Reduktion der Territorial-Kathedrale (Eparchie) auf ein genau umrissenes Territorium bedeutete keineswegs auch eine Reduktion ihres Symbolgehalts. Die Kathedrale des 12. Jahrhunderts, wie nüchtern und lakonisch sie auch in ihren äußeren Formen ausfallen mochte, blieb doch immer ein Bild der Welt und somit unveränderlich. Das erkennt man allein schon an der Tatsache, daß »die Kathedralen der Hauptstädte (von A. Golotschow), angefangen von den ältesten und reichsten, nach und nach für diese Städte und für das mit ihnen verbundene Umland (Wolost) das bedeuteten, was die Sophien-Kathedrale von Kiew für ganz Rußland war«.[87] Das Bild der Welt hatte sich nicht geändert, nur seine architektonische Darstellung.

Nur jene, welche die Geschichte besonders ausersehen hatte – sei es, daß sie sich mit umfangreichen politischen Plänen beschäftigten oder daß sie im Gegensatz dazu gezwungen waren, sich solchen Plänen zu widersetzen –, konnten es sich erlauben, große, außergewöhnliche Kirchen zu errichten, die an die Gattung der Staatskathedralen erinnerten. In einem ähnlichen Dickicht der Thronansprüche und der Programme, wie es damals herrschte, fällt es schwer, ein architektonisches System zu errichten, das der historischen Realität mehr oder minder entspricht. Dies gilt um so mehr, als viele Denkmäler uns nur aufgrund schriftlicher Quellen bekannt und nicht erhalten geblieben sind. Selbst wenn bei Ausgrabungen einige Reste ans Tageslicht befördert wurden, so sind richtige Zuschreibungen noch verfrüht.

Es müssen hier auch zwei weitere wichtige Umstände berücksichtigt werden. Zunächst waren alle Elemente, die für die Funktion als Bischofskirche unerläßlich waren, als Synthese bereits in der Kirche von Mstislaw dem Schönen in Tmutorakan (1022) enthalten. (Wir weisen hier noch einmal darauf hin, daß N. I. Brunows Hypothese über die Struktur dieser Kirche in Tmutorakan mit fünf Kuppeln von keinerlei Beweisen gestützt wird.) Man mußte diese Elemente entwickeln, um die volle funktionelle »Leistung« zu erhalten. An zweiter Stelle mußte man der neuen Architekturgattung eine Art Bestätigung der Universalität verleihen. Bis vor kurzem glaubte man, die Rolle dieser stillschweigenden »Bestätigung« habe die große Mariä-Himmelfahrts-Kathedrale im Höhlenkloster von Kiew gespielt, von der man glaubte, sie habe nur eine Kuppel besessen. Als jedoch feststand, daß sie eine Fünfkuppelkirche war, änderte sich ihre Stellung in beträchtlichem Maße. So besaß die erste monumentale Kathedrale, die Monomach in Susdal im Jahr 1096 baute, zwar einen Narthex, aber offensichtlich nur eine einzige Kuppel, keine Arkadengalerien, überdachten Vorhallen und Treppentürme. Das galt wahrscheinlich auch für die Kathedrale von Monomach in Smolensk (um 1101), die völlig zerstört wurde. Das läßt den Gedanken aufkommen, es sei nicht die Kathedrale des Höhlenklosters, sondern es seien die Kirchen von Monomach der Anfangspunkt für die Gattung der »territorialen« Kirchen der einzelnen Eparchien, der Bischofskathedralen des 12. Jahrhunderts mit ihrer präzisen Aufgabe, gewesen. Es ist übrigens nicht auszuschließen, daß weder die Kathedrale von Smolensk noch jene von Susdal zu den ersten Bauten dieses Typs zählten. M. K. Karger datiert zwei Kirchen ohne Namen ins Ende des 11. Jahrhunderts, deren Fundamente auf dem Grund des Kiewer Kunstinstituts und des Zaruwskij-Klosters[88] gefunden wurden und deren Erbauer wir nicht kennen. Das führt uns wieder zur weitentfernten Kirche des Fürsten Mstislaw in Tmutorakan zurück, zur ersten Kuppelkirche mit Narthex, die sicher nicht für den Metropoliten, sondern einen Bischof bestimmt war.

Mit dem Tod Wladimir Monomachs und des Metropoliten Nikita im Jahr 1125 blieb der Sitz des Metropoliten bis 1130 vakant. Beide ideologischen Strömungen in Kiew, die des Fürsten und die des Höhlenklosters, konnten somit über eine volle »Unabhängigkeit« verfügen. Es trifft zwar zu, daß die Bischöfe, die als Leiter der Eparchie eingesetzt wurden, kaum aus dem Kloster kamen[89], doch müssen wir eine besondere Vorliebe des Fürsten Mstislaw für dieses Kloster bemerken. Seine zweite Kirche in Kiew und die Mariä-Himmelfahrts-Kirche Pirogoschtschaja gründete er im Jahr 1131 nach dem Vorbild der Kathedrale seines Vaters in Susdal. Noch zuvor, nämlich im Jahr 1127, hatte sein Sohn, Fürst Wsewolod, der bekanntlich ein gefügiges Werkzeug in den Händen seines Vaters war, eine ähnliche Kirche in Nowgorod gegründet, die Kirche des Johannes auf den Felsen. 1135 baute er hier auch eine Kirche am Markt, stets von derselben Art. Das ist um so interessanter, als keine der beiden Kirchen der Sitz eines Bischofs war. Fürst Wsewolod hatte beide offenkundig gebaut, um sich bei den Nowgorodern einzuschmeicheln, die mit dessen Politik nicht zufrieden waren.[90] Wahrscheinlich trat etwas Ähnliches auch in Pskow beim Bau der Kathedrale des Johannesklosters ein, die fast identisch war, aber drei Kuppeln aufwies. Dies geschah allerdings viel später (1230). Im ersten Entwicklungsstadium waren die Funktionen der Kirchen der neuen Gattung »komplex«. Aus diesem Grund und auch, weil wir die Kirchen, deren Fundamente auf dem Grund des Kiewer Kunstinstituts und des Zaruwskij-Klosters gefunden wurden, nicht genau zuschreiben können, gelingt es uns auch kaum zu sagen, wie die territoriale Architekturgattung entstanden ist. Heute steht fest, daß diese Bauten »ikonographisch« nicht von der großen Mariä-Himmelfahrts-Kathedrale im Kiewer Höhlenkloster, sondern von einem anderen Modell abstammen. Die Ikonographie kennzeichnet in unserem Fall aber nicht die Gattung, weil diese von der »Thematik« bestimmt wird. In der großen Mariä-Himmelfahrts-Kathedrale des Kiewer Höhlenklosters bestand diese Thematik in dem des Schutzes der Muttergottes über ganz Rußland.

Obwohl diese Schutzfunktion der Muttergottes und deren Patrozinium nicht zur politischen Legende im Zusammenhang mit der architektonischen Realisierung des Kiewer Höhlenklosters gehörten, blieb sie doch für Kiew und für ganz Rußland bestimmend.[91] So erklären sich die großartigen Ausmaße der Kirche, die an einigen Stellen auch die der Sophien-Kathedrale von Kiew übertreffen. So versteht man auch die Hinzufügung des Baptisteriums, von Kapellen und anderen Komponenten zu einem bereits großen Gebäude. Ich neige dazu, den Grund für die fünf Kuppeln (anstelle der zahlreichen Kuppeln der Sophien-Kathedrale) mit dem Fehlen eines historischen Plans (Wiedervereinigung der verschiedenen Stämme der Rus), mit der rigoros byzantinischen Regel des Klosters, die vom Studios-Kloster in Konstantinopel übernommen wurde, zu erklären. Vielleicht spielte auch die Weigerung eine Rolle, sich der von den Griechen dominierten Eparchie anzugleichen – und damit ein gewisser Oppositionsgeist (siehe oben). Auch wenn die Fünfkuppelkirche, wie N. I. Brunow meint, nicht für Byzanz (oder besser Konstantinopel) typisch war, so konnten doch die gräzisierenden Assoziationen der Kathedrale von Tschernigow eine gewisse Aversion gegenüber der Vielzahl der Kuppeln der Sophien-Kathedrale hervorrufen. Auf symbolischer Ebene assoziierten sich die fünf Kuppeln frei mit der Vorstellung des Fürstenadels, die von der zweiten Hälfte des 11. Jahrhunderts an sehr aktuell wurde. Wie dem auch sei, das traditionelle Eintreten des Kiewer Höhlenklosters für die Verstärkung der Einheit der Rus spiegelte sich optimal in der Form der Mariä-Himmelfahrts-Kathedrale wider. Weder unter typologischem noch unter stilistischem Aspekt konnte sie ein »Vorbild« für den Bau von Bischofskathedralen in den verschiedenen Eparchien darstellen: Sie war zu großartig und sozusagen »der gesamten Rus auf den Leib geschnitten«. Eine andere Situation ergab sich am Ende des 12. Jahrhunderts, doch darauf werden wir zu gegebener Zeit zurückkommen.

Wie wir bereits festgestellt haben, waren viele Kathedralen (Sobor) von Eparchien des 12. Jahrhunderts gleichzeitig auch Bischofskathedralen, Hof- und Stadtkirchen. Diese komplexe Funktion wurde sicher nicht von besonderen Prinzipien diktiert, sondern war durch konkrete Notwendigkeiten gegeben. Wie die Zehnt-Kirche, die als erste große Kirche von Kiew und der ganzen Rus den Bedürfnissen des Metropoliten, des Fürsten und der Bürger entsprechen mußte, so befanden sich auch die Kathedralen der russischen Städte des 12. Jahrhunderts, in denen ein Bischof herrschte, in analoger Situation. Nur in Galitsch und Wladimir gab es vor dem Bau der Bischofskathedralen, die der Himmelfahrt Mariens geweiht waren, bereits eigene Hofkirchen für den Fürsten. Wie wir später sehen werden, entstand dieser Kirchentyp (neben den Bischofskirchen) nach und nach auch in anderen Städten. Aber in den ersten Lebensstadien der feudalen Hauptstädte erfüllte die Stadtkathedrale vielfältige Funktionen: Feier des festgelegten liturgischen Zyklus, Teilnahme des Fürsten und seiner Familie an den wichtigsten, wenn nicht an allen religiösen Feierlichkeiten, Teilnahme aller Bürger an den Gottesdiensten. Es handelte sich dabei nicht um Pfarrmitglieder, weil es die Pfarrei als solche noch gar nicht gab, sondern um die gesamte städtische Bevölkerung. Wie konnte man alle diese Anforderungen auf bestmögliche Weise erfüllen?

Der Gottesdienst in der Kathedrale der Eparchie hielt nicht der Metropolit, sondern ein Bischof ab, und dies auch nur an besonderen Tagen, während an normalen Festen der Pfarrer der Kathedrale und an Arbeitstagen einfache Priester mit wenigen Konzelebranten den Gottesdienst leiteten. Da die Stifter über wenig Material verfügten, reduzierten sie die Architektur auf ein minimales Maß. Für eine Bischofskirche lag dieses Maß bei einem dreischiffigen Bau mit Narthex, drei Apsiden und einer Kuppel. Die drei Schiffe waren notwendig, um der Kuppel eine einigermaßen ausdrucksstarke Tribüne zu liefern. Die drei Apsiden wurden bei der komplexen Abfolge der liturgischen Feiern (Proskomidie, kleiner und großer Einzug, Ankleidung und Aufbewahrung der Kirchengüter) gebraucht. Der Narthex diente den Katechumenen, von denen es in den Gebieten fern von Kiew noch viele gab. Im Narthex einiger Kathedralen wurde das Baptisterium eingerichtet (Rjasan).

So präsentierte sich »der architektonische Purismus« sui generis jener Epoche. Das Gesagte bezieht sich nicht nur auf die Bischofskirchen des 12. Jahrhunderts, sondern auch auf die Kirchen von Klöstern und Städten, die von den Fürsten oder vom Kloster selbst gebaut wurden. Sie waren keine Hauptkirchen – »Mikro-Eparchien« der »fürstlichen« Klöster –, sondern bestenfalls Votivkirchen, wie dies auch bei der Mariä-Himmelfahrts-Kirche des Fürsten Mstislaw Wladimirowitsch im Stadtviertel Pirogosch (Pirogoschtschaja) der Fall war. Offenkundig richteten sich nach solchen Bauten auch die Sechspfeilerkirchen mit einer Kuppel aus der zweiten Hälfte des 12. Jahrhunderts.

Wie bei jedem historischen Prozeß müssen zu Beginn der neuen Gattung auch Anfangs- und Übergangsformen gestanden haben. Da die Gattung der »territorialen« Kathedralen aus einer umfangreichen Gruppe von Bauten mit Reminiszenzen an die Gattung der Staats- und Metropolitenkirchen bestand, ist es nur natürlich, daß einige Züge davon erhalten blieben. Bereits in der ersten Phase der Übernahme von Eigenschaften der alten Architektur kam es zu einer gewissen »Auswahl«, die von der sozialen Funktion des zu errichtenden Gebäudes bestimmt war. Wir haben somit Grund zur Annahme, daß in den eigentlichen Fürstenbauten, fern von den Augen des Metropoliten und auch des Bischofs, gewisse Merkmale der zivilen Architektur erhalten blieben, etwa die Türme, die wir auch bei der Kirche des Palastes von Wolkowysk (zweite Hälfte des 12. Jahrhunderts) sehen. Mit dieser Begründung erklärte N. N. Woronin auch die architektonischen Eigenschaften der »Unterkirche« von Grodno, die Fürst Wsewolod in seinem eigenen Palast erbauen ließ.[92] Diese selektive Haltung nicht nur im Hinblick auf das überkommene Erbe, sondern auch auf die neuen architektonischen Vorstellungen finden wir während der gesamten Geschichte der »territorialen« Kathedralen, und deswegen wäre es besser, von der Gattung der Fürsten- und Bischofskirchen oder einfach der städtischen Kathedralen zu sprechen. Ich spreche indes lieber von der Gattung der »territorialen« Kathedralen, wobei von Fall zu Fall entschieden werden kann, ob die Funktion als Fürstenkirche oder als Bischofskirche überwog, wie dies bereits für Wolkowysk und Grodno geschehen ist.

Wir müssen einen weiteren wichtigen Umstand berücksichtigen, der einen Einfluß auf die typologische Ausbildung der russischen Architektur des 12. Jahrhunderts ausübte. Durch die Thronbesteigung Wsewolod Olgowitschs in Kiew im Jahr 1139 ändern sich die Beziehungen zum Höhlenkloster und zu dessen russischer Linie. Wsewolod gelingt es, das Kloster dem Einflußbereich des Metropoliten zu entziehen und es in eine Stauropegie des Patriarchen umzuwandeln.

So tritt das Kloster erneut in den Vordergrund, und aus seinen Mönchen werden erneut die Kandidaten für die Bischofskathedralen ausgesucht.[93] Doch die »architektonische Tradition des Höhlenklosters« konsolidiert sich eindeutig nicht. Im Jahr 1144 baut Wsewolod Olgowitsch eine Sechspfeilerkathedrale mit einer Kuppel in der Residenz des Bischofs von Jurew, die in Kanew liegt. 1146 beginnt er mit dem Bau einer gleichen Kirche im Kyrillos-Kloster in Kiew; die Fertigstellung erfolgt unter der Leitung seiner Gemahlin Marija Olgowna. Die Allianz von Wsewolod Olgowitsch mit Andrej von Perejaslawl (dem künftigen Bogoljubskij) und auch die Versöhnung mit Mstislaw Isjaslawitsch von Wladimir (Wolynien), das heißt die Versöhnung auf nicht philobyzantinischem, sondern eindeutig philorussischem Gebiet, führt zur Ausdehnung der »territorialen architektonischen Tradition« in die westlichen und nordöstlichen Gebiete der Rus. Im Westen baut Fürst Mstislaw Isjaslawitsch in den Jahren 1156 bis 1160 die riesenhafte Mariä-Himmelfahrts-Kathedrale in Wladimir-Wolynsk. An-drej Bogoljubskij errichtet im Nordosten, in Rostow-Welikij, eine nicht minder grandiose Kirche, die ebenfalls der Himmelfahrt Mariens geweiht ist. Was zur Zeit von Wsewolod Olgowitsch die ersten Gehversuche unternommen hatte, war nun zu einem wohlausgearbeiteten Programm geworden und lieferte glänzende Ergebnisse.

Die Mariä-Himmelfahrts-Kathedrale in Wladimir-Wolynsk wurde von Fürst Mstislaw Isjaslawitsch unter besonderen Umständen erbaut.

Die Gegensätze zwischen den Fürsten von Wladimir in Wolynien und der Eparchie verschärften sich besonders gegen die Mitte des 12. Jahrhunderts, als Isjaslaw II. Mstislawitsch von Kiew alle ihm zu Gebote stehenden Mittel einsetzte, damit ein russischer Metropolit gewählt wurde, nämlich Kliment Smoljatitsch. Im heftigen Kampf zwischen der griechischen und der antigriechischen Fraktion konnte Isjaslaw fast die Oberhand behalten, doch er erhielt dafür nicht die Zustimmung des Patriarchen. In der aufgeheizten Atmosphäre zog er sich wahrscheinlich nach Wladimir zurück und »nahm auch den Metropoliten Klim mit«.

Nach dem Tode seines Vaters versuchte Mstislaw Isjaslawitsch erneut die Ernennung Klims bestätigen zu lassen. Da er aber seine eigene Stellung in Kiew noch nicht gefestigt hatte, zog er sich nach Wolynien zurück. Ihm folgte auch Klim Smoljatitsch. Das waren die besonderen Voraussetzungen in Wladimir-Wolynsk, die dazu führten, daß Fürst Mstislaw Isjaslawitsch eine Kathedrale für den nicht anerkannten Metropoliten baute. Das erklärt wahrscheinlich auch die enormen Ausmaße der Mariä-Himmelfahrts-Kathedrale, die 34,7 Meter lang war!

In Kiew erschien zu jener Zeit der griechische Metropolit Konstantin, so daß kein Grund zum Bau einer Metropolitenkirche in Wladimir bestand. Doch Mstislaw wollte sich nicht geschlagen geben und baute eine außergewöhnlich imponierende Bischofskirche.

Die einkuppelige Mariä-Himmelfahrts-Kathedrale von Wladimir in Wolynien, die der Architekt G. I. Kotow 1900 rekonstruierte, macht auch im Vergleich mit der Michaels-Kathedrale mit ihren fünf Kuppeln, die sein Onkel Swjatopolk Isjaslawitsch errichtet hatte, keine schlechte Figur. Mstislaws Bau hatte aber weder den Treppenturm noch seitliche Galerien oder ein Baptisterium, von den Reliefs auf Schiefertafeln ganz zu schweigen, so daß die Bezeichnung »Mikrometropolitenkirche« nicht angebracht wäre. Trotz des großen Narthex und der basilikalen Ausmaße der drei Schiffe besaß die Mariä-Himmelfahrts-Kathedrale kein zusätzliches Querschiff vor dem Altar, wie dies sonst in einigen Kirchen des 11. Jahrhunderts der Fall war. Das bedeutet, daß die Funktion als Metropolitenkirche im Grunde nicht in Betracht gezogen wurde. Dies alles trug dazu bei, die typologische Struktur zu vereinfachen, wobei eine Art schematischer Geometrismus eingeführt wurde. Später werden wir jedoch sehen, daß dabei die Skulpturen an der Fassade vergrößert wurden. Auch ihre Bedeutung nahm gegen Ende des Jahrhunderts immer mehr zu.

Die Mariä-Himmelfahrts-Kathedralen

Widmen wir uns nun der Kathedrale von Andrej Bogoljubskij in Rostow, die typologisch der Kirche von Wladimir in Wolynien »brüderlich« verwandt ist. Wenn wir sie mit der Mariä-Himmelfahrts-Kathedrale von Wladimir (am Fluß Kljasma, siehe weiter unten) vergleichen, werden wir den typologischen Unterschied zwischen der Bischofskathedrale und der Kirche verstehen, die wir »Mikrometropolitenkirche« nannten.

Die Mariä-Himmelfahrts-Kathedrale in Rostow wurde in den Jahren 1161 bis 1162 von Andrej Bogoljubskij erbaut, nachdem die große Holzkirche, die schon vorher bestanden hatte, niedergebrannt war. M. D. Priselkow zufolge gab es seit 1077 eine Bischofskathedrale in Rostow. Fürst Andrej ersetzte also nur die Holzkirche durch eine gemauerte Kirche, natürlich ohne jeden Ehrgeiz, daraus eine Metropolitenkirche zu machen, weil er die Kathedrale von Wladimir in diesen Rang erheben wollte. Aus diesem Grund finden sich in der Rostower Kathedrale, obwohl sie größer ist als die von Wladimir, keine Merkmale aus der Gattung der Metropolitenkirchen. Die Kirche hatte drei Schiffe, eine Kuppel und den traditionellen Narthex. Die riesenhaften Ausmaße der Kirche, die in dieser Beziehung fast an die Kathedrale des Höhlenklosters heranreicht, lassen sich als indirekte Antwort auf den Anspruch Andrej Bogoljubskijs auf die Unabhängigkeit der Kirche von Rostow, Susdal und Wladimir erklären. Jedenfalls mußte auch sie die auf ferne Ziele ausgerichteten Intentionen des Fürsten zum Ausdruck bringen. Die Mariä-Himmelfahrts-Kathedrale von Rostow galt als eine der getreuesten »Nachahmungen« der großen Mariä-Himmelfahrts-Kathedrale des Höhlenklosters, was auch von unmittelbaren Zeitzeugen so empfunden wurde. »Und in seinem Fürstentum gründete der fromme Wladimir, angesichts der Maße jener göttlichen Kirche im Höhlenkloster, eine ihr ähnliche Kirche in der Stadt Rostow ...« Doch in diesem Text wurde alles verwechselt: der Name des Erbauers und sogar die Dimensionen.[94]

Im gleichen Geist wurde zehn Jahre danach die Mariä-Himmelfahrts-Kathedrale in Rjasan gebaut. Damals hing Rjasan noch von der Diözese Tschernigow ab, doch durch die räumliche Entfernung vom kirchlichen Zentrum ergab sich die Notwendigkeit, einen Bischofssitz in Rjasan wie schon in Kanew zu errichten. So kann man die Mariä-Himmelfahrts-Kathedrale in Rjasan als Bischofskirche betrachten – im Unterschied zur Fürstenkirche, die Boris und Gleb geweiht war. Wegen der völligen Zerstörung der Kathedrale während der tatarisch-mongolischen Invasion im Jahr 1237 können wir sie nicht hinreichend charakterisieren, doch bestehen kaum Zweifel daran, daß sie drei Schiffe, eine Kuppel und einen Narthex besaß, während eine überdachte Vorhalle fehlte.

Apsidialnischen und andere Neuerungen

Wahrscheinlich war auch die Mariä-Verkündigungs-Kirche in Witebsk, die 1961 barbarisch zerstört wurde, der Sitz eines Bischofs, diesmal des Bischofs von Polozk. Sie besaß drei Schiffe und eine Kuppel und war in der Längsachse ziemlich ausgedehnt, mit einem Narthex und einer halbkreisförmigen Apsis. Eine charakteristische Eigenheit dieser Kirche war die Anordnung dreier Pfeilerpaare, die zwei Quadrate mit denselben Ausmaßen bildeten (unter der Kuppel und an der Westseite). Damit wurde die künftige Möglichkeit geschaffen, die Kuppel nicht über der Ostgruppe der vier Pfeiler, sondern über der Westgruppe zu errichten. Diese Kirche entfernt sich auch durch die sehr schmalen Seitenschiffe von der Kiewer Tradition.

Hinzuzufügen ist, daß das Gebäude anstelle der seitlichen Apsiden nur apsidiale Nischen in den Ostmauern aufweist. Die Forscher sehen in diesen Besonderheiten einen kaukasischen (armenischen) oder sogar westeuropäischen Einfluß, und das ist in der Tat nicht auszuschließen. Bedeutsam in diesem Zusammenhang ist, daß die Mariä-Verkündigungs-Kirche kein zusätzliches Querschiff vor dem Altarraum besaß, und somit ist das Vorhandensein dieses Elements in der Sophienkirche in Polozk und den anderen Kathedralen des 11. Jahrhunderts kein westliches, sondern ein byzantinisches Merkmal. Doch warum traten in der westrussischen Architektur des 12. Jahrhunderts Apsidialnischen auf? Wir finden sie nicht nur in der Witebsker Kirche, sondern auch in der Erlöserkirche des Erlöser-Euphrosyne-Klosters in Polozk (Mitte des 12. Jahrhunderts), in der Kathedrale des Detinez von Polozk (12. Jahrhundert), in der Boris-und-Gleb-Kirche und in der Paraskewe-Kirche von Beltschiz (Mitte des 12. Jahrhunderts), in einer kleinen Kirche in Minsk (erste Hälfte des 12. Jahrhunderts), in der Kirche von Wolkowysk (12. Jahrhundert), in der sogenannten »Unterkirche« von Grodno (erste Hälfte des 12. Jahrhunderts). In der zweiten Hälfte des 12. Jahrhunderts zeigt sich dieses Merkmal auch bei einer Reihe von Bauwerken in Smolensk Man darf in diesem Detail nicht nur eine Besonderheit der westrussischen Architektur des 12. Jahrhunderts sehen, weil es eine deutlich weitere Verbreitung aufweist (Armenien, Georgien). In der russischen Architektur kommt es bereits in Kiew vor (Baptisterium der Sophien-Kathedrale und der Berestowo-Kathedrale). Wir sehen es auch in Bauwerken, die von Smolensker Handwerkern errichtet wurden, zum Beispiel in Rjasan (Erlöserkathedrale), in Nowgorod (Paraskewe-Kirche) und auch in Kiew (Christi-Himmelfahrts-Kirche). Interessant ist noch etwas anderes. Obwohl viele der hier aufgeführten Bauten Fürstenkirchen waren, erfuhren Seitenaltäre in den Klosterkirchen eine weite Verbreitung. A. J. Jakobson und W. W. Beridse machten mich darauf aufmerksam, daß dieses Merkmal typisch war für jene alten Bauwerke, zum Beispiel für die Nestorianerkirchen an der Grenze zwischen Irak und Mesopotamien, die sich noch wenig von der Struktur der Wohnhäuser unterschieden. Mit anderen Worten: Es handelt sich hier nicht um ein vom Ritus bedingtes sondern ein strukturell-architektonisches und somit letztlich architektonisch-künstlerisches Merkmal. Dahinter stand der Wunsch nach einer geradlinigen Ostfassade. Dem füge ich hinzu, daß weder die Fürstenkirchen noch die Klosterkirchen jene »ziemlich beträchtlichen funktionellen Kräfte besaßen« (A. Golubtschow), welche den Kathedralen der Hauptstädte eigen waren Beim Bau von Kirchen, die verhältnismäßig wenige Priester aufnehmen mußten, fiel es leichter, auf die halbkreisförmigen seitlichen Apsiden zu verzichten, die ohne Zweifel die Zentralisierung der nach oben strebenden Gesamtkomposition störten. Diese stilistische Tendenz dominierte in der Architektur des 12. Jahrhunderts.

Wir dürfen die Bedeutung dieses Merkmals allerdings nicht überbewerten. Für unser Thema stellt es nur ein zweitrangiges Phänomen dar, weil die Typologie der altrussischen Architektur, die an architektonische Gattungen und an Funktionalität gebunden war, auch ohne dieses Merkmal entstand.

Viel interessanter sind einige Neuerungen der westrussischen Architektur bei der Gattung der Territorialkathedralen, zum Beispiel die Turmform der Komposition, die man dadurch erhält, daß der Tambour der Kuppel nicht direkt auf den Stützbögen ruhte, sondern auf einem speziellen Zwischenelement: einem Postament, das außen am Dreipaßgiebel zu erkennen ist. Unter den Bauten, die erhalten geblieben sind, erscheint diese Komposition erstmals bei der Erlöserkirche des Erlöser-Euphrosyne-Klosters in Polozk (Mitte des 12. Jahrhunderts). Die Anlage der Kirche der Fürstin Pretslawa (Euphrosyne) erscheint ohnehin mehr fürstlichen als klösterlichen Zuschnitts. Aber auch im nahegelegenen Beltschizkij-Kloster zeigte die Boris-und-Gleb-Kirche dasselbe Merkmal – und dies zeitlich noch vor der Erlöserkirche. Anscheinend war auch die Boris-und-Gleb-Kirche nicht die erste in dieser Reihe, so daß der Ausgangspunkt für diese neue architektonische Form noch weiter zurückliegt. N. N. Woronin legt die Entstehung dieses Merkmals ins 11. Jahrhundert (Wyschgorod).[95] Wesentlich ist dabei, daß die Entstehung an Kirchen gebunden war, die nicht nur als Kathedralen dienten, sondern die auch eine komplexere Bestimmung aufwiesen. Die Kirchen von Wyschgorod waren Mausoleen, im Beltschizkij-Kloster stand eine Fürstenkirche, und die Euphrosyne-Kirche war eine Fürsten- und Klosterkirche.

Das bedeutet nicht, daß die Ausbreitung der neuen Merkmale das Ende der Gattung der Territorial-Kathedralen einläutete. Sechspfeilerkirchen mit Narthex, einer oder drei Kuppeln, doch ohne Galerien und ohne überdachte Vorhallen wurden auch in der zweiten Hälfte des 12. und sogar noch zu Beginn des 13. Jahrhunderts gebaut. Das gilt für die Boris-und-Gleb-Kirche des Detinez in Nowgorod (1167), die der Bojare Sotko Sytinitsch errichtete, ferner die bereits erwähnte Kirche des Johannes-Klosters in Pskow (1243) und andere. Wahrscheinlich wurde die romanisierende Nüchternheit der Architektur, die wir durchaus als »plastischen Purismus« bezeichnen können, nicht nur von einem funktionellen, sondern auch von einem ästhetischen Standpunkt aus geschätzt. Auch auf uns macht die Nüchternheit der Nowgoroder Kirche des heiligen Johannes »auf dem Felsen« einen starken Eindruck.

Wie stark diese lakonische Architektursprache auch wirken mochte, das sich entfaltende Leben hatte seine eigenen Bedürfnisse. In der zweiten Hälfte des 12. Jahrhunderts wurden nicht nur Fürstenkirchen, sondern auch einige Klosterkirchen vom Typ der Bischofskirche vom dekorativen und plastischen Standpunkt aus komplexer, sei es durch Einführung der Polychromie oder durch eine verstärkte Fassadengliederung.

Beispiele für die erstgenannte Gattung sind einige Kirchen von Grodno: die bereits genannte »Unterkirche« und besonders die Boris-und-Gleb-Kirche von Kolosch vom Ende des 12. Jahrhunderts. Die Ziegelfassade wird von unterschiedlich gefärbten, bearbeiteten Natursteinen und durch Majolikaplatten an den Ecken mit verschiedenen Figuren aufgelockert. Die Fassade der Smolensker Kirche an der Mündung des Flusses Tschurilowka (Ende des 12. Jahrhunderts) wird von Lisenen mit drei Stufen gegliedert. An den Ecken sind es sogar fünfzehn Stufen (!). Man könnte diese mehrstufigen Lisenen durchaus auch als Bündelpfeiler auffassen, weil sie auch deren Funktionen übernehmen, so sehr haben sie sich unter den plastisch-linearen Aspekt differenziert.

Natürlich waren die Kathedralkirchen nicht die ersten, die eine solche delikate Färbung aufwiesen. Diese stammte vielmehr von den Fürstenkirchen des 12. Jahrhunderts, die eine eigene Architekturgattung bildeten: die der Hofkirchen. Bevor wir aber zu diesen kommen, müssen wir noch die Nachfolgebauten und Reminiszenzen der Gattung der Staatskathedralen betrachten. Im 12. Jahrhundert war diese Gattung noch ziemlich stark, vor allem in den Fürstentümern, die eine herausragende Rolle im politischen Leben jenes Jahrhunderts spielten: den Fürstentümern von Galitsch und von Wladimir-Susdal.

Die Nachfolgebauten der Staatskathedralen

Die großen historischen Ansprüche des Fürstentums Galitsch gründeten auf dessen Lage an der Grenze zu Westeuropa, auf der Union mit Byzanz und auf den »eisernen Regimentern«, mit denen Fürst Jaroslaw Wladimirowitsch Osmomysl (»mit dem achtfachen Gedanken«), der Sohn von Wladimir Wolodarewitsch, »die Pforten von Kiew öffnet« (Igorlied). In der Zeit, in der Jaroslaw regierte, in den Jahren von 1153 bis 1187, besaß das Fürstentum Galitsch am meisten Macht. Bis zum Jahr 1157 besaß es aber keinen Bischofssitz. Nachdem dieser eingerichtet worden war, wurde auch eine Kathedrale notwendig. Es gibt keinen Grund für die Annahme, die Mariä-Himmelfahrts-Kathedrale, die wir jetzt behandeln wollen, sei die Fürstenkirche gewesen, weil die Erlöserkirche, die in den Chroniken des Jahres 1152 genannt wird, diese Funktion übernahm. Auf der Grundlage des Gesagten reicht die riesenhafte Mariä-Himmelfahrts-Kathedrale jedoch nicht weiter zurück als in das Jahr 1157. In den Jahren 1937 bis 1939 wurde sie von J. Pasternak archäologisch erforscht. Sie paßte sich vollkommen der Funktion als Bischofskirche an. Doch nicht genug. In ihren Formen zeigten sich einige Züge aus der Gattung der Staatskathedralen. Es war eine sehr große Kirche (Länge: 36,7 Meter) mit drei Schiffen, Narthex, Galerien (und Baptisterium?) in der Südwestecke, ähnlich wie bei der Elezkij-Kathedrale. Das Vorhandensein des Narthex läßt auf eine Sechspfeilerstruktur schließen. Man muß annehmen, daß die Kathedrale nur eine Kuppel besaß – eine etwas merkwürdige Tatsache angesichts ihrer enormen Ausmaße. Vom kompositorischen Standpunkt aus erinnert sie an die Kathedrale des Demetrios-Klosters des Fürsten Isjaslaw von Kiew (siehe weiter oben). Der Kiewer Tradition folgend, hatte die Kathedrale eine Reihe von Reliefs aus weißem Stein an der Fassade.[97] Diese trugen viel zum imponierenden Aussehen bei.

Galitsch erhielt als Bischof den Griechen Kosmas. Angesichts der Union zwischen Galitsch und Byzanz und der antibyzantinischen Politik von Kiew unter Isjaslaw Mstislawitsch können wir annehmen, daß der Bischof von Galitsch umfangreiche kirchliche Befugnisse besaß, die denen des Kiewer Metropoliten nahekamen. Die Formen der Kathedrale von Galitsch erfüllen die Anforderungen, die an eine Metropolitenkirche gestellt werden.

Der historiographischen Tradition folgend müssen wir nun zur Architektur des Fürstentums von Wladimir-Susdal kommen, das gegen die Mitte des 12. Jahrhunderts im politischen Leben der Rus ganz im Vordergrund stand. Doch die archäologischen Studien der beiden letzten Jahrzehnte zeigten, daß unter den Nachfolgerinnen der Staatskathedralen in der Mitte des 12. Jahrhunderts Smolensk am bedeutendsten war. Bis zu den sechziger Jahren des 12. Jahrhunderts, als Andrej Bogoljubskij in Wladimir mit seiner umfangreichen Bautätigkeit begann, gab es in Smolensk bereits eine grandiose Kirche mit drei Schiffen und Galerien, die Boris-und-Gleb-Kathedrale am Fluß Smjadyn.

Die Boris-und-Gleb-Kathedrale wurde 1145 gegründet, das heißt kurz nach dem Bau der gleichnamigen Kirche in Tschernigow. Sie stellte ein wichtiges Bindeglied in der Kette der architektonischen Initiativen zur Verehrung der Heiligen Boris und Gleb dar. Zur Verehrung dieser Heiligen nahmen die bedeutenderen Fürsten bei ihren Familienzwisten Zuflucht. Die Kirche wurde an der Stelle am Smjadyn errichtet, wo Fürst Gleb ermordet worden war, als er sich von Murom nach Kiew begeben wollte. Der Erbauer der Kirche war Fürst Rostislaw Mstislawitsch (1127–1159), der Enkel von Wladimir Monomach und folglich Hüter und Förderer der Verehrung des heiligen Fürsten Boris, des Patrons der Familie Monomach. In den dreißiger Jahren des 12. Jahrhunderts mußte Rostislaw Mstislawitsch einige Anstrengungen unternehmen, um die Einrichtung einer Eparchie in Smolensk zu erreichen. Im Jahr 1136 gelang ihm dies. Bischof von Smolensk wurde der Grieche Manuil. In dieser Zeit übte die Eparchie einen starken Druck aus, um die Russen aus der kirchlichen Hierarchie zu entfernen. Griechische Bischöfe wurden auch für Nowgorod, Wladimir und Turow ernannt. Das Kiewer Höhlenkloster verlor an Bedeutung. In der Zwischenzeit herrschte offener Streit zwischen Rostislaw Mstislawitsch von Smolensk und den Olgowitsch. Zum Beweis ihrer »dynastischen Rechte« besaßen diese die Grabkirche von Boris und Gleb, die »ihr Stammvater« Oleg Swjatoslawitsch in Wyschgorod erbaut hatte (dies taten auch die Swjatoslawitsch-Olgowitsch von Tschernigow). So »oblag« es nun Rostislaw von Smolensk als Nachfahre von

Monomach und »Besitzer« der Stelle, an der Gleb ermordet wurde, eine »eigene« Kathedrale zu erbauen. In dieser komplizierten Situation konnte die neue Kirche nicht eine normale Bischofskathedrale sein, sondern mußte die gleiche Bedeutung wie die bereits bestehenden Boris und Gleb geweihten Kirchen erlangen. Mit der Grabkirche von Wyschgorod konnte sich die Smolensker Kathedrale nicht vergleichen, wohl aber mit der von Tschernigow. Die beiden haben in der Tat viel gemeinsam. Beide sind Sechspfeilerkirchen mit Narthex und einer Kuppel. Beide sind von Galerien umgeben, was auf alte Traditionen zurückgeht. E. E. Worobewa und A. A. Titsch vertreten sogar die Ansicht, die Kathedrale von Tschernigow könne als Modell für die von Smolensk gedient haben.[98] Diese scheint keine Reliefs aus weißem Stein aufgewiesen zu haben. Mit ihren Ausmaßen (Länge: 31,5 Meter mit der Galerie) und ihrem gesamten Aussehen paßt sie gut zu jenen Kirchen, die mit der alten Gattung der Staatskathedralen in Zusammenhang stehen.

Die Natur der Reminiszenzen an die Gattung der Metropolitenkirchen zeigt sich besonders deutlich in der Geschichte der Mariä-Himmelfahrts-Kathedrale von Wladimir.

Bekanntlich setzte Andrej Bogoljubskij alles daran, den Patiarchen dazu zu bewegen, eine von Wladimir unabhängige Eparchie einzurichten. »Ich will diese Stadt tatsächlich zur Eparchie machen, damit sie zu einem großen Fürstentum an der Spitze aller Fürstentümer wird.«[99] Auch wenn Andrej sein Ziel nicht erreichte, wurde die Mariä-Himmelfahrts-Kathedrale in Wladimir (1158–1160) doch eindeutig für diese zukünftige Eparchie errichtet. Das wird nicht nur an ihren beträchtlichen Ausmaßen (Länge: 26,3 Meter), sondern auch an gewissen retrospektiven Elementen deutlich, wie den Türmen an der Ostseite, den überdachten Vorhallen und einem besonderen Komplex an der Nordmauer, den N. N. Woronin als »bischöfliche Gemächer«[100] deutete. Wahrscheinlich handelte es sich eher um das Skeuophylakion, wo der künftige Metropolit oder der Fürst die Paramente für die liturgischen Feiern anziehen sollte. Das Skeuophylakion in der Hagia Sophia in Konstantinopel befand sich genau an derselben Stelle. Es gibt auch noch andere Hinweise darauf, daß die Kathedrale von Wladimir bewußt als Metropolitenkirche konzipiert wurde. In der Höhe übertraf sie die Kiewer Sophien-Kathedrale, und die Zahl der Fenster im Tambour war dieselbe, nämlich zwölf. Schließlich sagt N. N. Woronin: ›Die Tatsache, daß das Überleben der Mariä-Himmelfahrts-Kathedrale durch den Einzug des Zehnten und die fürstlichen Besitztümer garantiert war, zeigte, daß hier wiederholt werden sollte, was Wladimir der ›Heilige‹ für die erste Kirche der Rus, die Zehnt-Kirche des Zehnten getan hatte.«[101]

72. Pskow, Kathedrale Johannes des Täufers im Johannes-Kloster, 1243.

Die Kathedrale von Wladimir hat besonders die Anlage mit der Erlöserkirche in Berestowo gemeinsam, die der Großvater des Fürsten Andrej erbaut hatte. Man kann annehmen, daß die Kirche in Berestowo fünf Kuppeln hatte, doch die Kathedrale von Wladimir folgte der ›einheimischen Tradition« (die, wie wir noch sehen werden, schließlich im 12. Jahrhundert überwiegen wird). Ganz allgemein gesehen, trat Andrej Bogoljubskij bei religiösen Fragen nicht in die Fußstapfen seines Vaters, der sich nach Byzanz ausgerichtet hatte. Die Einladungen an westeuropäische Künstler, die Übernahme weißen Steins als Baumaterial und die Einführung figürlicher Darstellungen bei der Dekoration[102] verliehen dem Gebäude ein neues künstlerisches Gepräge. Von der Struktur her gesehen, enthielt die Mariä-Himmelfahrts-Kathedrale Anklänge an die Gattung der Staatskathedralen. Das war kein Zufall. Weil die Mariä-Himmelfahrts-Kathedrale eine Bischofskirche war, unterschied sich die Liturgie, die darin gefeiert wurde, von der der Pfarrkirchen oder der Klosterkirchen. Zunächst war sie mit einem Prunk geschmückt, der einer Metropolitenkirche wohl angestanden hätte. Doch das reicht nicht aus. Die alte liturgische Ordnung in den Kathedralen, vor allem wenn sie Sitz eines Metropoliten waren, doch auch in Bischofskirchen, war von der Gottesdienstordnung der Hagia Sophia in Konstantinopel übernommen worden. »Die liturgische Ordnung der Hagia Sophia in Konstantinopel galt auch in der Praxis unserer Kathedralkirchen.«[103] Das bedeutet, daß auch Fürst Andrej, der von den Chronisten mit Salomo verglichen wurde, wie der byzantinische Kaiser an den liturgischen Feiern teilnahm. Doch das Wesen dieser Frage lag gewiß nicht in der Ausrichtung nach Byzanz, sondern im Zeremoniell, das ein konkretes historisches Ziel verfolgte: nämlich die Bestätigung, daß die Kirche der ganzen nordöstlichen Rus (und darüber hinaus) unabhängig war. So ist die Ähnlichkeit der Architektur der Mariä-Himmelfahrts-Kathedrale in Wladimir mit der Gattung der Staatskathedrale voll gerechtfertigt. Der Experte A. Golubtschow urteilte folgendermaßen: »Nachdem sie (die Mariä-Himmelfahrts-Kathedrale, der Autor) die Stelle der Sophien-Kathedrale in Kiew übernommen hatte, eignete sie sich sehr gut für die russische Eparchie und für die Hauptstadt des Großfürsten ...«[104]

Wir werden später sehen, daß die Funktion der Mariä-Himmelfahrts-Kathedrale als Metropolitenkirche sich immer mehr ausweitete.

Die Erinnerungen an die Gattung der Staatskathedralen in der Architektur der Mitte des 12. Jahrhunderts blieben nicht auf die wichtigsten Fürstentümer beschränkt. Analoge Tendenzen zeigten sich nach Bedarf auch in jenen Fürstentümern, die gezwungen waren, vor den anderen die Illusion der Unabhängigkeit aufrechtzuerhalten.

Im 12. Jahrhundert wurde Rjasan vom Fürstentum Wladimir-Susdal besetzt und mußte um die eigene Unabhängigkeit kämpfen. Nach zahlreichen Schlachten zog der Fürst von Rjasan in Wladimir ein und brachte die Muttergottesikone, die von den Menschen in Wladimir sehr verehrt wurde, in seine Heimatstadt. Bevor sich Fürst Gleb (1155–1177) definitiv Wladimir unterwarf und im Gefängnis starb, baute er in Rjasan eine Kathedrale, die seinem Namenspatron geweiht war – sozusagen eine Kopie der Mariä-Himmelfahrts-Kathedrale des Elezkij-Klosters (siehe oben). Wie diese hatte sie drei überdachte Vorhallen und das Baptisterium im Narthex. Die Daten, über die wir verfügen, lassen nicht den Schluß zu, daß die Kirche drei Kuppeln besaß. Obwohl dies nicht ausgeschlossen ist, bleibt das Problem offen. Ihre großen Ausmaße (30,8 Meter Länge ohne Vorhalle) stellen diese Kirche in eine Reihe mit der Elezkij-Kathedrale, der Wydubitzki-Kathedrale und der Michaels-Kathedrale. Kirchlich gesehen war Rjasan mit Tschernigow verbunden, doch: Reicht diese Bindung aus, um die Ähnlichkeit der Kirche von Rjasan mit der von Tschernigow zu erklären? Für Rjasan war es wichtiger, die eigene »Gleichwertigkeit« mit Wladimir zu beweisen, auch wenn dies eine Illusion war. Unter diesen Umständen erwies sich der Bezug auf die Verehrung von Boris und Gleb als wirksames Mittel, weil Gleb in Rjasan, das sich von Murom gelöst hatte, ganz besonders geschätzt wurde. Gleb war Fürst von Murom gewesen – zumindest nominell.

Diese große Kathedrale mit überdachten Vorhallen konnte den Vergleich mit der Mariä-Himmelfahrts-Kathedrale von Andrej Bogoljubskij aufnehmen. Der Bau des Fürsten Gleb stürzte 1160 ein, als die Kathedrale von Wladimir bereits gebaut war.

Der Fürst von Rjasan konnte sich keinen architektonischen Luxus wie den Bau einer Kirche aus behauenen weißen Blöcken leisten. In seiner Kathedrale werden allerdings teilweise auch weiße Steine verwendet – ein Unterscheidungsmerkmal für die Handwerker von Rjasan im Vergleich mit denen von Tschernigow. Die Reliefs aus weißem Stein an der Fassade der Rjasaner Kathedrale sind sehr verschieden von den Arbeiten an der Kathedrale von Tschernigow. Auch von denen von Wladimir sind sie weit entfernt und stellen eine lokale Variante einer Dekoration dar, die (aufgrund des verwendeten Materials) häufig ist in Galitsch, Tschernigow, Wladimir-Susdal und Rjasan.[105]

Vom Gesichtspunkt der Stilbildung aus unterscheiden sich die späteren Anklänge (der »zweiten Redaktion«) an die Architektur der Staatskathedralen (Mitte des 12. Jahrhunderts) von denen der »ersten Redaktion« (Beginn des 12. Jahrhunderts) durch die Tatsache, daß sie eine aktivere Rolle zu spielen begannen. Wie sehr auch die großen Volumina der »Mikrometropolitenkirchen« mit ihren Rundgiebeln (Sakomary), Galerien, überdachten Vorhallen und gelegentlich auch Türmen, Kuppeln und schließlich Plastiken auf weißem importiertem Stein an den Fassaden monumental wirkten, so waren es doch nicht diese architektonischen Merkmale, welche die Entwicklung bestimmten und den Bauten ein modernes Aussehen verliehen. Die Entwicklung bestand in der schrittweisen Verschiebung des baulichen Akzents von der waagrechten blockartigen Gliederung (Reste des Historismus der vorangegangenen Gattung) zu einer senkrecht-zentralisierten, plastischen Dynamik. Die traditionelle Kreuzkuppelstruktur wurde allerdings beibehalten. Den gewünschten Effekt erhielt man teilweise durch einfache Vergrößerung der Gesamthöhe des Tschetwerik (der architektonischen Grundstruktur in Form eines Quaders). So übertrifft die Mariä-Himmelfahrts-Kathedrale von Wladimir am Fluß Kljasma mit einer Höhe von 32,3 Metern (bis zur Kuppel) um vier Meter die Sophien-Kathedrale von Kiew. Indem man die Höhe des Baus vergrößerte und die überdachten Vorhallen proportional verkleinerte, wie dies bei der Mariä-Himmelfahrts-Kathedrale von Wladimir in den Jahren 1158 bis 1160 der Fall war, schwächte man die byzantinischen Merkmale ab, und im Gesamtbild der Kathedralen erschien etwas Neues. Diese Neuigkeit kann man auch einem nationalen Geschmack zuschreiben, der an den Holzbauten vom »Turmtyp« (Terem) geschult war. Wie wir später sehen werden, spielten auch romanische Einflüsse eine Rolle. Einen Beweis für die Realität dieser stilistischen Tendenz erkennen wir darin, daß wir ihr auch in der Entwicklung der »klassischen« Gattung der russischen Architektur des 12. Jahrhunderts begegnen. Sie setzt sich nicht aus Hofkirchen, sondern aus Bauten vom Typ der Territorialkathedralen zusammen.

Wir können die stilistische Tradition nicht nur vom empirischen Gesichtspunkt aus betrachten. Wir benötigen für die charakteristischen Merkmale der stilistischen Entwicklung in der Mitte des 12. Jahrhunderts eine terminologische Definition. Ich schlage vor, diese Tendenz als Übergang vom byzantisierenden Stil des »monumentalen Historismus« (D. S. Lichatschew) zu einem repräsentativen romanisierenden Stil zu bezeichnen. Diese Repräsentation zeigte sich im 12. Jahrhundert bei einigen Formen, auf die wir nun eingehen wollen.

Die Fürstenhofkirchen

Die architektonische Gattung der Fürstenhofkirchen in der alten Rus umfaßte Vierpfeilerkirchen, überwiegend mit einer Kuppel, eingeschrieben und ohne Narthices. Als Attribut dieser Architekturgattung gelten auch die Chöre im Westteil, doch konnten wir bereits feststellen, daß die Chöre nicht allein den Fürsten vorbehalten waren, sondern auch von ihren Familienmitgliedern und allgemein von den weiblichen Angehörigen der feudalen Aristokratie genutzt wurden.

In einem strengen Sinn konnte man die Kirchen der Fürstenhöfe nicht Kathedralen (Sobor) nennen. Sie waren eher wie jene Kirchen, die einzelne Familien für sich errichteten, auch wenn sich diese mit der Zeit zu einer eigenen Gattung entwickelten. Wir haben festgestellt, daß die Fürstenkirchen vom Kathedraltyp sein konnten und in vielen Fällen dies auch wirklich waren. Die Gattung der Fürstenhofkirchen umfaßt vor allem Kirchen, die diese Funktion erfüllten, ohne daß man sie jedoch als solche in Auftrag gegeben hätte. Sie konnten auch außerhalb der Fürstenhöfe stehen, doch häufig standen sie mit dem Fürstenpalast durch besondere Passagen in Verbindung, wie dies bei der Erlöserkirche in Galitsch der Fall war.

Aus den typologischen Merkmalen ergibt sich, daß diese Kirchen nicht für Gottesdienste vorgesehen waren, die von einem Metropoliten geleitet wurden. Die Fürstenkirchen brauchten keinen Narthex (der hingegen für Klosterkirchen notwendig war) und auch kein sehr großes Allerheiligstes. Die Struktur mit einer Kuppel entsprach, wie wir gesehen haben, vollkommen der Vorstellung von der Souveränität des Fürsten. So erfüllte die kubische, eingeschriebene Kreuzkuppelkirche mit vier Pfeilern optimal die an sie gestellten Anforderungen. Doch bei unseren Studien konnten wir noch nicht feststellen, worin im wesentlichen diese Anforderungen bestanden. R. I. Brunow schrieb, der byzantinische Prototyp für diese Art Kirche sei »auf der Grundlage eines Gebäudes primärer Zweckdienlichkeit entstanden«.[106] Doch das reicht nicht aus. Das Gebäude sollte nicht nur utilitaristischen Ansprüchen entsprechen, sondern auch eine ideelle oder besser ideell-formelle Funktion erfüllen. Hier kehren wir zum grundlegenden Thema des Mittelalters zurück: der Kirche als Abbild der Welt.

Die Fürstenhofkirche symbolisierte immer noch die Welt, allerdings nach einer etwas anderen, nicht mehr so sehr unpersönlichen Auffassung wie zu Zeiten Jaroslaws und Ilarions. Wladimir Monomach konnte noch eine Ode zu Ehren des Universums[107] schreiben, doch in seinem Universum gab es noch keinen Gegensatz zwischen Gesetz (Vergangenheit) und Gnade (Gegenwart); die Völker der ganzen Erde und ihre Geschichte kamen darin noch nicht vor. Im wesentlichen fand darin auch die Zeitgeschichte noch keinen Platz. Der Historismus wird durch den Repräsentativismus ersetzt, bei dem persönliche Motive immer im Vordergrund stehen. Nach dem Hymnus an die »wundervollen Werke« des Schöpfers der Welt, den Himmel und die Erde, die wilden Tiere und die Vögel, widmet sich Wladimir Monomach in seiner berühmten »Belehrung« mit ganzer Seele der Darstellung der Bedenklichkeit des Menschen. Seine Worte über die Eitelkeit des Lebens lesen sich wie das Buch »Prediger«, das Salomo zugeschrieben wird. Die sogenannte »Lezkaja-Kapelle« von Monomach (die Kirche von Boris und Gleb am Fluß Alta) wird wie eine Privatkapelle und nicht wie eine normale Kirche beschrieben. Es ist kein Zufall, wenn der Chronist sie mit liebevollen Bezeichnungen wie »liebe Kirche« und »Wunderschöne« belegt[108], anstelle des gewohnten Ausdrucks »majestätisch, wie es keine zweiten mehr in der Rus gibt«. In Wirklichkeit werden auch in dieser Zeit grandiose Kirchen erbaut. Der Kern des typologischen Problems ist aber dieser: Für unterschiedliche Funktionen werden auch verschiedene Kirchen gebaut. Die Hofkirche war, wie wir noch sehen werden, mehr als »der Himmel auf Erden«, sie war »der Himmel im Menschen«, wie schon Maximus Confessor propagierte; diese Auffassung war Männern wie Nikolaj Swjatoscha vertraut. Gerade ihm wird der Bau einer der ersten Vierpfeilerkirchen in der Rus zugeschrieben, nämlich der der Dreifaltigkeitskirche über der Pforte zum Kiewer Höhlenkloster (1208).

Dies alles stellte keinesfalls eine Ausnahme dar. Das Leben wurde in der unruhigen Welt des Mittelalters zunehmend kompliziert. In Byzanz war dies die Zeit, in der Privatkirchen oder Kirchen für Familien gebaut wurden. »Jene kleinen Kirchen, eingeschlossen zwischen dicken Mauern, entsprachen vollkommen ihrer eigenen Bestimmung.«[109]

Gerade diese reglementierte Architektur, die vom materiellen und technologischen Standpunkt aus keine Probleme bereitete, errang das Wohlwollen der Herrscher der zahlreichen Fürstenhöfe in der alten Rus und erfüllte das gesamte 12. Jahrhundert. In der Architekturgattung der Fürstenhofkirchen des 12. Jahrhunderts kann man drei verschiedene Typen oder Untergattungen erkennen: eine gewöhnliche, eine nichtgewöhnliche und eine außergewöhnliche Untergattung. Zur gewöhnlichen zählen die Vierpfeilerkirchen ohne Narthex und ohne überdachte Vorhallen. Die nichtgewöhnliche umfaßt Vierpfeilerkirchen mit überdachten Vorhallen (bisweilen Türmen) und auch Galerien (»Paperti«). Zur außergewöhnlichen Untergattung zählen Kirchen mit rundem Grundriß, Drei- oder Vierkonchenabschluß (kleeblattförmiger Grundriß). Die chronologische Verteilung dieser Baudenkmäler entspricht ihrer wachsenden Komplexität.

Der »gewöhnliche« Typus

Erneut müssen wir bedauern, daß wir über die älteste Kiewer Kirche nichts wissen, nämlich über die des Propheten Elias. Angesichts der Tatsache, daß die heidnischen Slawen bereits über quadratische Tempel mit vier Pfeilern verfügten (zum Beispiel in Arkona), können wir wohl vermuten, daß dies auch für die Kirche des Propheten Elias galt. Daß sie als »Sobor« bezeichnet wurde, bedeutet noch nicht, daß sie keine Fürstenkirche war. Als es im alten Kiew die Zehnt-Kirche noch nicht gab, konnte man auch eine Fürstenkirche mit vier Pfeilern als »Sobor« bezeichnen. Vielleicht werden die Archäologen eines Tages deren Reste finden. Wir wollen hier nicht auf die Kirche des heiligen Basilius eingehen, die dem Fürsten Wladimir Swjatoslawitsch zugeschrieben wurde, weil diese Legende auf keinen Tatsachen beruht.[110] Als erste Fürstenkirche der gewöhnlichen Untergattung in der Geschichte der altrussischen Architektur können wir

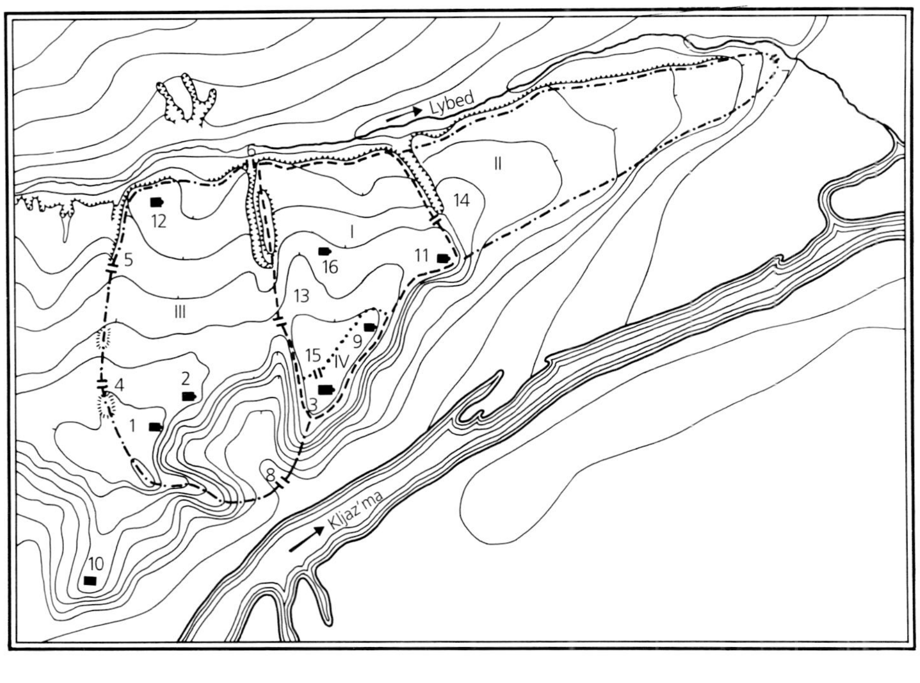

73. Stadtplan von Wladimir im 12. bis 13. Jahrhundert:
I. Monomach-Stadt – II. Altstadt, Befestigungen aus den Jahren 1158–1164 – III. Neue Stadt, Befestigungen aus den Jahren 1158–1164 – IV. Detinez.
1. Erlöserkirche – 2. Georgskirche – 3. Mariä-Himmelfahrts-Kathedrale – 4. Goldenes Tor – 5. Irina-Tor – 6. Bronzenes Tor – 7. Silbernes Tor – 8. Wolga-Tor – 9. Demetrios-Kathedrale – 10. Auferstehungskloster – 11. Mariä-Geburts-Kloster – 12. Mariä-Himmelfahrts-Kloster, auch Fürstinnenkloster genannt – 13. Tor der Kaufleute – 14. Tor des heiligen Johannes – 15. Detinez-Tor – 16. Kreuzerhöhungs-Kirche am Markt

auch die Muttergotteskirche in Tmutorakan nicht bezeichnen, die Fürst Mstislaw Wladimirowitsch im Jahr 1022 erbaute. Das wissen wir heute nach den Ausgrabungen von B. A. Rybakow mit Sicherheit. Bei diesen zeigte es sich nämlich deutlich, daß die Kirche von Mstislaw einen Kreuzkuppelaufbau auf vier Pfeilern ohne Galerien und überdachte Vorhallen, aber mit einem Narthex aufwies.[111] Aufgrund von Durchgängen zum Narthex kann man die Kirche auch als Sechspfeilerkirche betrachten. Ich möchte daran erinnern, daß die erste Kirche, die an einem bestimmten Ort als erste und für den Augenblick auch als einzige Kirche errichtet wurde, als Fürstenkirche und als Kirche für das Volk diente. Und wenn sie in Verwaltungszentren errichtet wurde, galt sie auch als Bischofskirche oder Kathedrale. Wir wissen jedenfalls sehr wenig über die Vierpfeilerkathedralen zur Zeit der Kiewer Rus, mit Ausnahme der Mariä-Himmelfahrts-Kirche von Galitsch, deren Sechspfeilerstruktur umstritten ist, weil die Fundamentreste schlecht erhalten blieben. Deswegen meinen einige Forscher, sie habe nur vier Pfeiler besessen. Doch wie wir gesagt haben, erfüllten die Kirchen zu Beginn des monumentalen Architekturstils eine Vielzahl von Aufgaben, während sich die typologische Unterteilung erst später zeigte.

Die ohne Zweifel in der Architektur der Kirche von Tmutorakan vorhandenen Byzantinismen (Marmorsäulen) und auch die strukturelle Ähnlichkeit mit der Kirche des Johannes des Täufer in Kertsch (10. Jahrhundert) lassen deutlich die Herkunft dieser Komposition erkennen. Es ist bezeichnend, daß Mstislaw nach der Eroberung von Tschernigow (1024) nicht die Formen der Kirche von Tmutorakan reproduzierte, sondern sich sofort an den Bau einer großen Bischofskathedrale machte, deren Baumeister wohl unter den byzantinischen Architekten von Tmutorakan ausgewählt wurden. Wahrscheinlich hatte Mstislaw nicht genügend Zeit, um eine eigene Fürstenhofkirche für sich zu bauen, weil er 1036 eines plötzlichen Todes starb. Danach entbrannte unter den Söhnen von Jaroslaw dem Weisen der Kampf um den Thron, wobei sie sich architektonischer Formen mit Anklängen an die Gattung der Staatskathedralen bedienten. Dasselbe taten auch die einflußreichsten Fürsten der übrigen Länder, darunter auch der von Nowgorod Welikij (der Großen). Das Bedürfnis nach einer Fürstenhofkirche wurde mit dem Bau kleiner Kirchen oder Kapellen etwas befriedigt, wie etwa der Kirche im »Detinez« von Smolensk. Doch dieser Gattung entsprach keinesfalls eine historische Entwicklungslinie. Eine solche konnte nur in der besonderen Gattung der Fürstenhofkirchen bestehen. Eine gewisse Verzögerung beim Entstehungsprozeß erklärt sich durch die Konzentration auf »Privatkirchen« und auf Bischofskathedralen, auf die man in der komplexen historischen Situation jener Zeit kaum verzichten konnte. Sobald ein Fürst aus dem verwickelten Kampf um die Macht innerhalb der Familie als Sieger hervorgegangen war, verstärkte er sofort seine Position, indem er eine besondere Kirche an seinem Fürstenhof bauen ließ.

Es ist allerdings merkwürdig, daß die ältesten uns bekannten Bauten dieser Gattung nicht zu den »Fürstenhöfen« von Kiew, Galitsch oder Smolensk gehörten, sondern zu Wladimir (Gründung 1108) und zur Kleinstadt Minsk. In den Jahren 1108 bis 1110 baute Wladimir Monomach in Wladimir die Erlöserkirche, eine kleine Vierpfeilerkirche im Fürstenhof. Und in Minsk gründete Fürst Gleb, der Sohn von Wsewolod von Polozk, eine kleine Kirche vom selben Typus, die in die beiden ersten Jahrzehnte des 12. Jahrhunderts datiert wird. Diese Bauten waren natürlich nicht programmatischen Charakters, denn sie konnten zu verschiedenen Zeitpunkten und unter vielfältigen Bedingungen entstehen, wie etwa die »kleine Kirche« von Belgorod bei Kiew (Ende des 12. Jahrhunderts), ohne den Charakter der Fürstenkirche zu verlieren. Natürlich entstanden an den Fürstenhöfen von Galitsch, Wladimir-Susdal und Smolensk deutlich monumentalere Bauten. Bereits in der ersten Hälfte des 12. Jahrhunderts war das alte Galitsch so weit angewachsen, daß es ein wichtiges feudales Zentrum bildete, wie wir bereits früher ausgeführt haben. Noch vor Jaroslaw Osmomysl begann die Stadt eine herausragende Rolle im politischen Leben der Kiewer Rus zu spielen. Fürst Wolodar von Galitsch wußte auch die Nähe zu Ungarn und Polen zu nutzen und befahl den Bau in weißem Stein. Leider haben sich nur einige archäologische, aber dennoch sehr bedeutsame Reste erhalten. Dank der archäologischen und architektonischen Studien der letzten Jahre konnte man feststellen, daß im Gebiet Galiziens neben der Erlöserkirche am Fürstenhof (1151–1152) in der ersten Hälfte des 12. Jahrhunderts auch die Kirche des heiligen Johannes in Peremyschl existierte. Sie gehörte zur selben Gattung.[112]

Aufgrund der engen Beziehungen zwischen dem Fürstentum von Galizien und dem von Wladimir-Susdal entstanden zur Zeit von Jurij Dolgorukij in Wladimir und anderen Städten Fürstenkirchen wie die von Galitsch mit vier Pfeilern und einer Kuppel. Allerdings gilt diese Aussage nur für Bauten aus weißem Stein, weil hier seit 1110 bereits die Hofkirche von Wladimir Monomach aus Ziegelsteinen existierte. Nach Wladimir Monomach baute Jurij Dolgorukij auf seinen Besitztümern vier (?) Kirchen aus weißem Stein der eben genannten Gattung: Zwei waren dem heiligen Georg geweiht (in Wladimir und in Jurew-Polskoj), eine Boris und Gleb (in Kidekscha) und eine der Verklärung Christi (in Pereslawl-Salesskij), und alle befanden sich beim Fürstenhof.

Unter den Kirchen, die sich bis auf den heutigen Tag erhalten haben, sind die Christi-Verklärungs-Kirche in Pereslawl-Salesskij und die Boris-und-Gleb-Kirche in der Fürstenresidenz von Kidekscha am bekanntesten. Beide gehen auf das Jahr 1152 zurück.

Die Christi-Verklärungs-Kirche in Pereslawl-Salesskij wird seit dem Beginn Sobor genannt, doch der Grund dafür liegt im dunkeln. Vielleicht war sie die einzige Kirche der Stadt im 12. Jahrhundert, und sie lag im Inneren der Erdwälle, das heißt im Zentrum des Fürstentums. Wahrscheinlich befand sich neben der Kirche auch der Fürstenpalast. Er war nach galizischem Vorbild wohl mit den Chören der Kirche durch Übergänge verbunden. Dasselbe kann man auch von Kidekscha behaupten.

Die vom Vater begonnene Tradition führte auf brillante Weise Andrej Bogoljubskij weiter, der sofort einige Untergattungen begründete. Seine Erlöserkirche im neuen »Fürstenhof« (beim Goldenen Tor) unterschied sich nur wenig von den Bauwerken seines Vaters. Deswegen werden wir nicht weiter auf sie eingehen. Die anderen Hofkirchen, denen wir uns hier widmen wollen, nämlich die von Bogoljubowo und die am Fluß Nerl, lösen sich schon von der gewöhnlichen Untergattung.

Wir können die folgenden Kirchen als mit Sicherheit der Architekturgattung der Fürstenhofkirchen in der zweiten Hälfte des 12. Jahrhunderts zugehörig betrachten (gewöhnliche Gruppe): die Kirche an der Perekopskij-Gasse in Smolensk (Fürst Rostislaw von Smolensk, Mitte des 12. Jahrhunderts), die Basilios-Kirche am Fluß Schmjadyn in Smolensk (Fürst Dawid Rostislawitsch, um 1191), die Erlöserkirche an der Nerediza in Nowgorod (Fürst Jaroslaw Wladimirowitsch, 1198), die Basilios-Kirche in Kiew (Fürst Rjurik Rostislawitsch, Ende des 12. bis Anfang des 13. Jahrhunderts), die Panteleimon-Kirche in Galitsch (Fürst Roman Mstislawitsch (?), um 1200), die Kirche von Cholm (Fürst Daniil Galitschki, Beginn des 13. Jahrhunderts). Die beiden Paraskewa-Kirchen, die berühmte von Tschernigow (Wende vom 12. zum 13. Jahrhundert) und die von Smolensk (Beginn des 13. Jahrhunderts), wurden wohl von Kaufleuten gestiftet, wenn man ihr Patronat und ihre Lage in Betracht zieht. Die Mariä-Verkündigungs-Kirche in Arkaschi (1179) sowie die Peter-und-Paul-Kirche auf dem Hügel von Sinitschia (1185), beide in Nowgorod, werden bojarischen Kaufleuten zugeschrieben. Unter den monastischen Bauten treten nur die Kirchen des Kyrill-Klosters in Nowgorod (1196) und die Kirche in der Straße der Großen Roten Flotte in Smolensk (Ende des 12. Jahrhunderts) hervor. Die genaue Lage der Smolensker Kirche bleibt jedoch unbekannt. Zu dieser unvollständigen Liste gehören noch die beiden heute noch existierenden Kirchen in Staraja Ladoga (Georgs-Kirche 1167, Mariä-Himmelfahrts-Kirche 1153), drei nur von Ausgrabungen her bekannte Kirchen sowie die elegante Kirche der Einsiedelei von Peryn in der Umgebung von Nowgorod (zwischen dem 12. und dem 13. Jahrhundert), in deren Formen wir einen Übergang zu einer volkstümlicheren Gattung erkennen.

Obwohl alle diese Bauwerke typologisch zur selben (gewöhnlichen) Untergattung zählen, gehören sie doch gewiß nicht einem einzigen Stil an. Genauer gesagt lassen sie eine stilistische Weiterentwicklung erkennen, über die wir mit hinreichender Genauigkeit berichten können, obwohl von vielen Bauwerken nur die Fundamente übrigblieben. Es ist in diesem Sinne bezeichnend, daß die Grundlage für die architektonische Entwicklung nicht so sehr die Zeit bildet, in der das Bauwerk errichtet wurde, sondern dessen soziale Wertigkeit.

Das älteste Bauwerk der Gruppe, die wir hier untersuchen (zweite Hälfte des 12. Jahrhunderts), ist die Kirche des Fürsten Rostislaw in der Perekopskij-Gasse in Smolensk (Mitte des 12. Jahrhunderts). In den Fundamenten erkennen wir einige Besonderheiten, welche die Vermutung nahelegen, der Bau habe eine beträchtliche Höhe erreicht (sehr massive Halbsäulen an den Lisenen der Fassade).[113] Im Gegenteil dazu sind die Mariä-Verkündigungs-Kirche bei Arkaschi und die Peter-und-Paul-Kirche auf dem Hügel Sinitschia in Nowgorod, die dreißig bis fünfunddreißig (und vielleicht auch mehr) Jahre danach gebaut wurden, mit ihren inerten Volumina und den nüchternen Fassaden ein Ausdruck der überaus statischen Ästhetik der bojarischen Kaufleute. Daran ist nichts merkwürdig, wenn man bedenkt, daß am Ende des 12. Jahrhunderts in Nowgorod der Kampf der Bojaren gegen das Fürstentum wieder aufflammte.[114]

Wir dürfen ein sehr wichtiges Merkmal der Kirchen der bojarischen Kaufleute nicht vernachlässigen, nämlich den Bau kleiner geschlossener Räume (Kapellen) in deren Innerem. Sie verliehen dem Innenraum mehr Sammlung und bereiteten funktionell gesehen die Gattung der Stadtteilkirchen vor.

Über die Entstehung der monastischen Kirchen des 12. Jahrhunderts, nämlich der Kirill-Kirche in Nowgorod und der Kirche an der Straße der Großen Roten Flotte in Smolensk, weiß man zu wenig, um sich dazu äußern zu können. Von der klösterlichen Architektur in der Mitte des 12. Jahrhunderts kann man jedenfalls behaupten, daß sie sich nicht so streng an die Tradition hielt. Originelle Bauwerke wie die Kirche des Miroschskij-Klosters in Pskow (Mitte des 12. Jahrhunderts) und die nahegelegene Kliment-Kirche in Staraja Ladoga (Mitte des 12. Jahrhunderts) mit ihren im oberen Teil kreuzförmigen Volumina sind, einmal abgesehen vom Ursprung dieser Merkmale, ein Hinweis darauf, daß man nach einer weniger zentrierten Komposition suchte. In den Bauwerken von der Mitte des Jahrhunderts war diese Suche noch mit der christlichen Symbolik verhaftet, doch gegen Ende des Jahrhunderts entwickelt sie sich zu einer künstlerischen Eigenschaft.

Gehen wir nun zur grundlegenden Gruppe der Fürstenhofbauten des 12. Jahrhunderts über. Ihre Baugeschichte reicht in die zweite Hälfte oder ans Ende des 12. Jahrhunderts oder sogar in den Beginn des 13. Jahrhunderts zurück.

Nach dem Auftreten ausgeprägter Lisenen mit Halbsäulen in der Kirche der Perekopskij-Gasse in Smolensk (Mitte des 12. Jahrhunderts) könnte man glauben, die neuen Bauwerke mit betonter Höhenausdehnung hätten ein schnelles Wachstum erlebt. Das war in der Tat so, doch nur in der anderen Gruppe von Bauwerken, auf die wir bald zu sprechen kommen. In der Gruppe, die wir hier behandeln, wurden noch bis in die letzten Jahre des 12. Jahrhunderts jene fast kanonisch gewordenen Kirchen geschätzt, die eine kubische Form, vier Pfeiler und eine Kuppel aufwiesen. Sie fielen durch ihre besondere Stabilität auf. Am meisten überrascht jedoch, daß sie unter den Fürsten das höchste Ansehen genossen. An erster Stelle ist hier die berühmte Erlöserkirche an der Nerediza zu nennen, die Fürst Jaroslaw Wladimirowitsch von Nowgorod (ein Enkel von Mstislaw dem Großen) 1198 errichten ließ.

Das war die letzte Nowgoroder Kirche, die im Auftrag der Fürsten erbaut wurde. Wie konnte eine derart traditionelle Form entstehen, angesichts der Tatsache, daß nicht mehr als sechs bis acht Jahre bis zur Entstehung des Turmtyps bei der Paraskewa-Kirche verstreichen sollten? Auch auf diese Frage können wir nur antworten, wenn wir den sozialen Aspekt berücksichtigen, der bis zu einem gewissen Punkt auch ein funktionaler ist. Fürst Jaroslaw Wladimirowitsch (ein Schwager des Fürsten Wsewolod III.) regierte 1197 in Nowgorod zum letzten Mal. Damit kann man die Gründung der Erlöserkirche an der Nerediza als ein Zeichen seiner Anerkennung betrachten. Dem Schwager von Wsewolod III. kam es wohl überaus zupaß, eine neue architektonische Sitte einzuführen, und sei dies auch mit der Form der Kirche von Rostislaw in Smolensk. Doch Nowgorod lag im Streit mit Rostislaw und seiner Familie. Jaroslaw konnte mit der Architektur von Wladimir keinesfalls mithalten. Im äußerst komplexen und verzwickten Kampf zwischen den Gruppen der Nowgoroder Bojaren war es gewiß viel vorsichtiger, sich an die alte Nowgoroder Tradition zu halten, um sozusagen die eigenen Verfehlungen gegenüber den Nowgorodern wiedergutzumachen (»weil sie viele Frevel auf Nowgoroder Gebiet begingen«). Aus diesem Grund entfernte Wsewolod III. auch den Fürsten Jaroslaw aus Nowgorod. Nach seiner Rück-

Farbtafeln IV

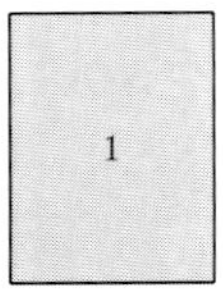

1. Susdal, Boris-und-Gleb-Kirche in Kydekscha, 1152, Südfassade.

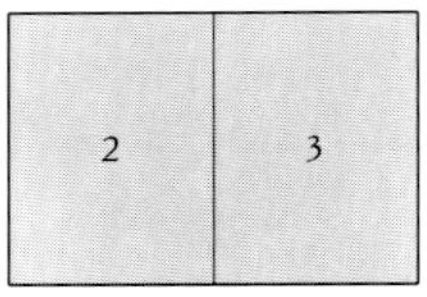

2. Staraja Ladoga, Georgij-Kirche, 1167.
3. Tschernigow, Paraskewe-Kirche, restauriert von P. Paganowskij

4. Nowgorod, Mariä-Geburts-Kirche in Peryn, Beginn des 13. Jahrhunderts.
5. Wladimir, Mariä-Schutz-Kirche am Nerl, Ansicht von Nordwesten.

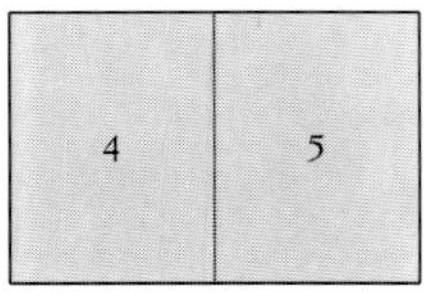

6. Wladimir, Bogoljubowo, Treppenturm des Palastes.
7. Jurew Bolskoj, Georgs-Kathedrale, Ansicht von Nordwesten.

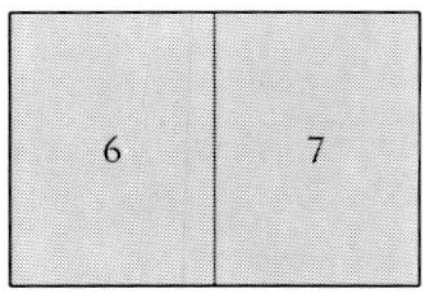

8. Susdal, Mariä-Geburts-Kathedrale, Gesamtansicht.

ВХОД В МУЗЕИ

kehr wurde er 1196 ein zweites Mal vertrieben. Deswegen war das Jahr seiner dritten Rückkehr, eben 1197, ein denkwürdiges Datum. Als übrigens die Fundamente der Kirche gelegt waren, mußte Jaroslaw ein weiteres Mal Nowgorod verlassen.

Was Jaroslaw Wladimirowitsch so schwer gefallen war, erfuhr in Smolensk bei der gegnerischen Familie der Rostislawitsch eine glänzende Entwicklung. Hier entstand eine Fürstenhofkirche vom Turmtyp nach der anderen, wobei diese allen drei Untergattungen angehörten: der gewöhnlichen, der nichtgewöhnlichen und auch der außergewöhnlichen. Dawid aus der Familie der Rostislawitsch erbaute 1191 die Basilios-Kirche am Fluß Schmjadyn, natürlich mit vier Pfeilern und einer Kirche, aber mit derart mächtigen Halbsäulen auf den Lisenen der Fassade, daß man an eine ursprünglich nach oben entwickelte Turmkomposition denken muß, vielleicht mit geschwungenen Giebeln mit drei Lisenen. Das näherte die Basilios-Kirche der berühmten Swirskaja an (der Erzengel-Michael-Kathedrale), die derselbe Fürst einige Jahre später erbaute.

Auf die architektonischen Unternehmungen von Dawid Rostislawitsch reagierte schnell sein Bruder Rjurik in Kiew. Die Kirche, die er 1197 in seinem »neuen Hof« in Kiew erbauen ließ, reproduzierte fast vollständig die Formen der Kirche in Smolensk, allerdings in etwas kleineren Ausmaßen. Auch sie war dem heiligen Basilios geweiht. Die Forscher vertreten die Ansicht, die Formen der Kiewer Kirche stünden unter dem Einfluß der Smolensker Schule, und vielleicht stammte der Baumeister auch aus dieser Stadt. Die Kirche wurde von einer Mannschaft (artel) lokaler Bauleute errichtet, die nicht sehr viel Erfahrung besaß. Tatsächlich ist das Gebäude nicht von großer Qualität.

Der künstlerische Einfluß der Architektur der Smolensker Fürstenhofkirchen des 12. Jahrhunderts war so stark, daß er sich auch in den Bauwerken widerspiegelte, die nicht von einem Fürsten in Auftrag gegeben wurden. Ein Beispiel dafür ist die Paraskewa-Kirche in Tschernigow mit ihren wundervollen, gewagten, schlanken Formen. Sie trägt nur eine Kuppel, die auf drei Ordnungen von leicht zugespitzten, nach oben an Größe abnehmenden Blendbögen ruht. Ihnen entsprechen im Inneren der Kirche Stufengewölbe. Diese außergewöhnliche Kirche wird dem berühmten Kiewer Architekten Petr Miloneg zugeschrieben, einem Freund des Fürsten Rjurik Rostislawitsch. Wenn dies zutrifft, haben wir Grund zur Annahme, der Großfürst von Kiew habe beim Bau der Paraskewa-Kirche teilgenommen. Damit baute der Fürst von Nowgorod für die Nowgoroder Kaufleute!

Die Paraskewa-Kirche in Smolensk, am »kleinen Markt«, war kein so großartiges Baudenkmal, doch weist sie einige Neuerungen auf. Die überdachte Vorhalle im Westen bildete einen Ausgleich zur einzigen stark hervortretenden Apsis. Es ist nicht auszuschließen, daß diese Kirche auch seitliche, überdachte Vorhallen aufwies, und in diesem Fall würde sie nicht zur Untergattung der gewöhnlichen, sondern der der nichtgewöhnlichen Kirchen gehören (siehe weiter unten).

Gegen Ende des 12. Jahrhunderts setzte sich innerhalb der gewöhnlichen Fürstenhofkirchen eine neue Strömung durch, die der alten Tradition treu blieb. Die kleine Vierpfeilerkirche mit einer Kuppel im Skit von Peryn (im Süden der Stadt) weist ausgeprägte vertikale Proportionen auf, und die Fassade endet oben im geschwungenen Giebel mit drei Lisenen. Vertikale Gliederungen fehlen. Der Name des Kirchenstifters ist unbekannt, doch die Entstehung in einem Skit läßt an einen klösterlich genutzten Bau denken. Am interessantesten ist jedoch, daß dieses Bauwerk den Ausgangspunkt darstellt für die Entwicklung einer neuen Gattung, die wir als Stadtviertelkirchen bezeichnen könnten.

Es wäre natürlich ziemlich merkwürdig, wenn sich die Tendenz zur Entwicklung der ganzen Komposition nach oben in der gewöhnlichen Form (bei fehlenden überdachten Vorhallen) nicht bereits in der Gattung der Fürstenhofkirchen der galizischen und wolynischen Architektur fände. Die Architektur in diesem westlichen Teil der Kiewer Rus nahm viele romanische Einflüsse auf, und der romanische Stil ist bekanntlich völlig von der »Idee des Turms« durchdrungen. Studien über die Pantemeilon-Kirche in Galitsch (um 1200) zeigten, daß dieses Bauwerk, das der altrussischen Kunstgeschichte schon längst bekannt ist, nicht so sehr wegen seiner Reliefdekoration auf der Fassade, sondern wegen der komplexen Form der Bündelpfeiler bedeutsam ist, welche die Kuppel tragen. Ihnen entsprechen im Inneren gleich geformte Lisenen. Dieses eindeutig westeuropäische Merkmal wurde als »Auftreten neuer gotischer Konstruktionen« bezeichnet.[115] Der Architekt der Pantemeilon-Kirche löste auf diese Weise die Aufgabe, eine turmförmige Kirche auf der Grundlage der »gotischen Konstruktion« mit ganz anderen Mitteln zu bauen, als sie bisher in der alten Rus verwendet wurden. O. M. Ioannisjan ist der Ansicht, der Meister der Pantemeilon-Kirche stamme aus dem Umfeld der Zisterzienser-Architektur.[116]

Eine ähnliche Komposition, allerdings in vereinfachter Version, weist auch die Kirche von Wasilewo auf, die aus weißem Stein erbaut und von B. A. Timoschtschuk und G. N. Loginow ausgegraben wurde. Das Baudenkmal stammt aus einer Zeit nach 1200, doch

74. Pskou, Christi-Verklärungs-Kathedrale im Mirosch-Kloster, Querschnitt.

noch vor 1230. Der Panteleimon-Kirche näher stand die Kirche des heiligen Johannes Chrysostomos in der Stadt Cholm. Sie wies plastischen Schmuck auf, der nicht rein ornamental war, sondern auch anthropomorphe Figuren zeigte, besonders unbekleidete menschliche Körper in den Kapitellen. Als Erbauer der Kirchen von Galitsch-Wolynija kommen in Frage Fürst Roman Mstislawitsch (der 1205 starb) und sein Sohn Daniil (Todesjahr 1266): Beide drückten der Geschichte ihrer Zeit ihren Stempel auf.

Der »nichtgewöhnliche« Typus

Ohne zu behaupten, alle »gewöhnlichen« Fürstenhofkirchen des 12. Jahrhunderts erschöpfend behandelt zu haben, gehen wir nun zur Untergattung der nichtgewöhnlichen Kirchen über. Sie enthält viel mehr Varianten, auch von derart individuellem Zuschnitt, daß man diese bereits wieder als »Untergattungen« bezeichnen könnte.

Das Hauptmerkmal der Untergattung der nichtgewöhnlichen Fürstenhofkirchen besteht darin, daß zum gewohnten Kern mit vier Pfeilern überdachte Vorhallen oder kreisrunde Galerien (mit oder ohne Kapellen) oder Treppentürme hinzukommen. Alle diese Elemente, welche die Struktur der Kirche komplizierter gestalten, stellten in der großen Architektur des 12. Jahrhunderts Repliken der oder Reminiszenzen an die Staats- und Metropolitenkathedralen dar. Das auslösende Moment dafür war gewiß nicht eine Laune der Handwerker, sondern sozusagen eine historische Notwendigkeit unmittelbar praktischen oder ideologischen Charakters. Die Verwendung solcher Elemente in der Architektur der Fürstenhofkirchen steht, so könnte man glauben, mit gewissen »autokratischen« Tendenzen in Zusammenhang. Dahinter steht das Interesse daran, daß die Kirchen mehr Funktionen ausüben mögen als nur die einer Hofkirche, was eine größere Feierlichkeit bei der Liturgie notwendig machte. Wir wollen hier von Anfang an die Monumente untersuchen, die Repliken von Elementen der Staats- und Metropolitenkathedralen enthalten. Wie der Leser wahrscheinlich erraten hat, handelt es sich um Kirchen mit kreisrunden Galerien (Paperti) oder Türmen. Die ältesten Beispiele dieser Untergattung sind fast so alt wie die ältesten Elemente in der Gruppe der gewöhnlichen Fürstenhofkirchen. Jedenfalls ist die Mariä-Schutz-Kirche am Fluß Nerl (1165) gewiß nicht die erste. Im Jahr 1159 wurde die Kirche des Evangelisten Johannes in Smolensk gegründet und erhielt sofort Kapellen und Galerien. Sie war die erste Hofkirche des Fürsten Roman Rostislawitsch (vollendet 1183). Die zugehörige Nord- und die Südkapelle sind kleine Kirchen ohne Pfeiler, von außen gesehen mit nur einer Apsis. Im Inneren zeigen sie allerdings an der dicken Ostwand die Absidialnischen, die wir bereits kennen. In den Galerien (Paperti) liegen zahlreiche Arkosolien für die Bestattung von Mitgliedern der Fürstenfamilie. Die Kirche hatte somit die Funktion einer Grabkapelle. Daraus geht auch der ruhige, feierliche Charakter der Architektur hervor, der einem Mausoleum gut ansteht. Es ist keine besondere, nach oben gerichtete Spannung der gesamten Komposition zu erkennen, doch sieht man deutlich eine stufenweise Vergrößerung der Massen von der Peripherie zum Zentrum hin. Dieses Merkmal beeinflußte das architektonische Empfinden der Smolensker Architekten und führte zu einer vertikalen Betonung des zentralen Baukörpers.

Noch vor der Kirche Johannes' des Evangelisten wurde die Peter-und-Paul-Kirche (1140–1160) gebaut, die viele Forscher als Vorbild für die Johanneskirche betrachten. N. N. Woronin und P. A. Rappoport schreiben, sie seien fast Zwillinge.[117] Der Unterschied zwischen den beiden besteht darin, daß die komplexe Komposition der Johanneskirche in einem Zuge entstanden ist, während dieselbe Komposition der Peter-und-Paul-Kirche durch Hinzufügung erst von Kapellen und dann von Galerien (Paperti) mit zahlreichen Arkosolien entstand. Bis zu ihrer architektonischen Erweiterung diente die Kirche als Grabkapelle der Fürstenfamilie, doch bald stand sie auch der »Welt« zur Verfügung. So wurde die Kirche zum Mausoleum bedeutender Exponenten der »Zunft des heiligen Petrus«.[118] Diese scheinbar bedeutungslose Veränderung der sozialen Funktion beeinflußte sofort auch die architektonische Form des Bauwerks. Die strenge symmetrische Gestaltung wurde aufgegeben. Die Kapelle an der Nordseite hat keine Apsis und keine Kuppel. An der Südwestecke der Galerie wurde eine zusätzliche Kapelle erbaut. Auch die Überdachung mit den vier Kuppeln ist nicht symmetrisch. Die Kuppeln stehen im allgemeinen nicht in enger Beziehung mit den Ausformungen der Liturgie. N. N. Woronin und P. A. Rappoport meinen, ihre Aufgabe sei es im wesentlichen, »die Bedeutung des Gebäudes zu erhöhen, den beeindruckenden Komplex stärker zum Ausdruck zu bringen und sozusagen einen ›Blickfang‹ zu schaffen«.[119] In einer gewissen Freiheit der Komposition nimmt man eine nicht so sehr fürstliche, sondern eher »freiere«, bürgerliche Auffassung von der Ästhetik wahr. Das erkennt man insbesondere, wenn man den Aufbau der Peter-und-Paul-Kirche mit der »klassischen« Komposition der

75. Nowgorod, Christi-Verklärungs-Kirche an der Nerediza, 1198, Ansicht von Südosten.

Mariä-Schutz-Kirche am Nerl vergleicht, die nur fünf Jahre später erbaut wurde.

Die Peter-und-Paul-Kirche und die Kirche des Evangelisten Johannes sind nicht die einzigen Bauwerke der Untergattung, die wir gerade untersuchen. Derselben Typologie folgen auch zwei wieder aufgebaute Kirchen von Polozk: die eine im Erlöser-Euphrosyne-Kloster, die andere beim alten Kastell. Beide gehen auf die erste Hälfte des 12. Jahrhunderts zurück. Unter ihnen gehörte aber nur die Kirche des Kastells dem Typus der Fürstenhofkirchen an. Die zweite Welle dieser Bauten fällt in das Ende des 12. Jahrhunderts und ist vor allem für Smolensk charakteristisch. Bevor wir darauf eingehen, wollen wir untersuchen, welche nichtgewöhnlichen Varianten der Gattung der Fürstenhofkirchen die russische Architektur in der Übergangszeit zwischen den antiken Kirchen und den späteren mit kreisrunden Galerien beeinflußten.

In dieser Übergangszeit entstanden drei Varianten der Untergattung der nichtgewöhnlichen Fürstenhofkirchen: die Kirche mit verbindenden Gängen zum Palast (Bogoljubowo), die Kirche mit offenen kreisrunden Galerien (Wschtschis) und die Kirche mit Treppentürmen (Owrutsch bei Kiew). Wie wir sehen, sind das keine wesentlichen Neuerungen. Auch die Kirchen des 11. Jahrhunderts waren schon mit den Gebäuden des Palastes verbunden, einige hatten auch offene Galerien und Treppentürme. Eigentümlich ist nur, daß bei allen genannten Varianten die auf den ersten Blick traditionellen Elemente wie Passagen, Galerien und Türme nicht in »Mikrometropoliten«-Kathedralen mit sechs oder mehr Pfeilern auftreten, sondern in kompakten Fürstenhofkirchen mit nur vier Pfeilern. Überdies verbinden sich diese Elemente schon im Projektentwurf organisch miteinander. Sie werden mit der eindeutigen Intention eingesetzt, einen Eindruck der Vertikalität zu schaffen, wobei sich die gesamte Komposition ändert, darin eingeschlossen der Charakter der Dekoration.

Möglicherweise bildet die Kirche von Wschtschis, einer unabhängigen Stadt im Fürstentum Tschernigow, das älteste Monument dieser Gruppe, auch wenn ihre Datierung in die Mitte des 12. Jahrhunderts nicht sicher feststeht. B. A. Rybakow zufolge ist die kreisrunde offene Galerie dieser Kirche später gebaut worden.[120] Die Galerie diente im oberen wie unteren Teil nicht als Grabkapelle, sondern als Treffpunkt für die Bevölkerung und erfüllte somit die gleichen Aufgaben wie die Wandelhallen des Hellenismus. Wie wir bereits wissen, geschah dasselbe auch bei der Sophien-Kathedrale in Kiew und vielleicht bereits bei der Zehnt-Kirche. Die Kirche von Wschtschis lag im Zentrum der Stadt, und vielleicht hat dieser Umstand die Umgestaltung der Vorhallen (Paperti) beeinflußt. Als sie »laisiert« wurde und in den Besitz der »Zunft des heiligen Petrus« überging, besaß die Peter-und-Paul-Kirche von Smolensk Vorhallen, die als Grabkapellen dienten, und keine Galerien. Wahrscheinlich kann man keine direkte Verbindung herstellen: Jedenfalls wäre dieses delikate Problem eine eigene Untersuchung wert. Man kann aber bereits sagen, daß die Umwandlung der Vorhalle bzw. Grabkapelle in eine kreisrunde offene Galerie einen Schritt zu auf die Säkularisierung des architektonischen Bildes und damit auch der Architekturgattung bedeutete. Das trat nie so klar zutage wie bei der Mariä-Schutz-Kirche am Nerl (1165).

Wir wollen uns hier nicht mit der Frage aufhalten, wer in diesem Fall die Priorität hat: die Handwerker von Wladimir oder die von Wschtschis (man nimmt jedoch an, daß die Kirche von Wschtschis unter dem Einfluß der Mariä-Schutz-Kirche am Nerl entstanden ist). Das Hauptproblem ist ein anderes: Bis zu welchem Grad können wir die Galerie der Mariä-Schutz-Kirche als gleichzeitig mit dem Bau entstanden betrachten?

Als N. N. Woronin eine Rekonstruktion der Mariä-Schutz-Kirche am Nerl mit einer bogenförmigen Galerie erstmals veröffentlichte (grafische Rekonstruktionen wurden von verschiedenen Forschern unternommen: B. A. Ognew, J. N. Trofimow, B. D. Deduschenko, G. K. Wagner. N. N. Woronin nahm in sein grundlegendes Werk die Zeichnungen der Architekten B. A. Ognew und B. D. Deduschenko auf[121]), stieß er nicht nur auf Zustimmung, sondern auch auf Ablehnung (A. W. Artschichowskij, P. N. Arkatow). Doch die beiden Zuletztgenannten waren auch unter sich uneins: Einer völligen Ablehnung stand eine ganz andere Lösung des Problems gegenüber.

Über die völlige Ablehnung der Existenz von Galerien können wir uns nur wundern. Das Vorhandensein von Spuren des ehemaligen Tores an der Südseite, das zu den Chören führte und heute »in der Luft hängt«, zeigt uns deutlich, daß es früher auf gleicher Ebene einen Zugang zu den Chören gab. Der Kunsthistoriker P. N. Arkatow vertritt die Ansicht, es handle sich dabei um den Absatz vor der Tür, zu dem man über eine im Südwestturm eingeschlossene Treppe gelangt.[122] N. N. Woronin hielt dem ausführlich entgegen, es handle sich nicht um einen Treppenabsatz, sondern um eine Galerie (natürlich mit Ausnahme der Ostfassade), wie die archäologischen Befunde der Fundamente mit Spuren von Pfeilern bezeugen, die denen der Fassade entsprechen. S. M. Nowakowskaja belegte anhand neuerer Untersuchungen die Existenz alter Einschnitte für die Aufnahme von Balken an der Fassade, die in der Höhe der Bedachung der Galerien entsprechen.[123] Dazu treten noch ganz andere funktionale Argumente: Die Kirche, die auf sumpfigem Boden neben dem Fluß gebaut wurde, war nicht für zahlreiche Begräbnisse geeignet; dazu war gerade eine offene und nicht geschlossene (Paperti) Galerie notwendig. Die offene halbkreisförmige Galerie, die dem darin Weilenden einen vollständigen Anblick des umgebenden Raumes gestattete, unterstrich ohne Zweifel das profane Konzept der Architektur und noch mehr ihr ästhetisches Prinzip. Daß sich die Baumeister von diesen Intentionen leiten ließen, geht aus der ganzen architektonischen Form der Mariä-Schutz-Kirche hervor. Das Vorhandensein der Galerien veranlaßte die Handwerker, die vertikalen Proportionen des Tschetwerik zu vergrößern. Die Mariä-Schutz-Kirche erscheint auch in den weniger gelungenen Rekonstruktionen nicht wie ein massiver Baukörper hinter den Galerien, wie dies noch bei den Smolensker Bauwerken aus derselben Zeit spürbar wird. Die Tendenz zum Turmartigen, die vertikale Spannung, die den Blick nach oben hebt, wird dadurch begünstigt, daß die umfangreichen Reliefs in den Rundgiebeln (Sakomary) untergebracht werden. Auch die wichtigste Figur an der Fassade, der König und Psalmensänger David, zieht mit seiner erhobenen Hand den Blick immer weiter nach oben. Zu jener Zeit gab es in der Rus keinen zweiten Bau im Rahmen des traditionellen architektonischen Systems der Kreuzkuppelkirchen (dem die Mariä-Schutz-Kirche rigoros treu bleibt), bei dem die Spannung nach oben mit solcher Klarheit zutage tritt. Hier befand sich die Grenze. Als die Architekten der alten Rus sie überschritten hatten, wagten sie sich mutig weiter auf den Weg zu verschiedenen turmartigen Schöpfungen.

Es muß hier angemerkt werden, daß die Handwerker von Wladimir, die sich an neue Aufgaben heranwagten, über mehr Möglichkeiten verfügten; gemeint ist damit ihre Auswahl innerhalb der Untergattung der nichtgewöhnlichen Fürstenhofkirchen. Bevor sie zur Variante der Kirche mit kreisrunder Galerie übergingen, versuchten sie sich in einer »ruhigeren« Redaktion der Fürstenhofkirche und realisierten den berühmten Komplex des »Palastes« von Bogoljubowo. Dieses architektonische Ensemble aus weißem Stein umfaßte die Mauern, den Palast mit den Verbindungsgängen zur Kirche, das »heilige Zelt« (Ziborium) und eine Muttergottessäule. Diese Residenz war in der Horizontalen so ausgebreitet, daß man einen für die damaligen technischen Fähigkeiten zu hohen zentralen Teil (natürlich die Kirche) hätte bauen müssen, um dem gesamten Komplex das Gefühl einer Vertikalität zu verleihen. Die Mariä-Geburts-Kirche verleiht dem gesamten Ensemble eine ziemlich zentralisierte Form, zentralisiert in klassischen Formen.

Die Mariä-Geburts-Kirche ist das typische Beispiel einer Fürstenhofkirche in der russischen Architektur der prämongolischen Zeit. Während von den übrigen Hofkirchen und ihrer Verbindung mit den Gemächern des Fürsten nur schriftliche Belege, lokale Legenden oder Vermutungen erhalten geblieben sind, ist hier in Bogoljubowo fast die gesamte Residenz intakt. Es hat sich der Treppenturm erhalten, auf der einen Seite die Kirche und auf der anderen der Palast. Es haben sich die Verbindungsgänge von den Türmen direkt zu den Chören der Kirche erhalten. Erhalten ist auch der untere Teil der Kirche selbst. Der obere Teil stürzte im 18. Jahrhundert ein und wurde sofort aus Ziegeln wieder aufgebaut, doch steht nicht fest, ob dieselbe Höhe wie früher eingehalten wurde. Es ist durchaus möglich, daß die ursprünglichen Proportionen in der Vertikalen stärker entwickelt waren. Jedenfalls machte die Plastik an der Fassade der Kirche, die mit Ausnahme von drei Löwenmasken[124] bei der Rekonstruktion verlorenging, einen ähnlichen Eindruck wie die Skulpturen der Mariä-Schutz-Kirche. Eine bedeutende Neuerung waren die Säulen unter der Kuppel, welche die herkömmlichen Pfeiler ersetzten. Zu jener Zeit war die Kirche Koloschskaja noch nicht erbaut, und die Handwerker von Wladimir kannten wohl kaum die Marmorsäulen der fernen Kirche von Tmutorakan. In Wirklichkeit bestanden die Säulen der Kirche von Bogoljubowo nicht aus Marmor, sondern aus einem anderen weißen Stein. Doch auch dieser rief den ungewohnten Eindruck eines »saalähnlichen« Raumes hervor und stellte damit ein weiteres profanes Element dar.

Wir können annehmen, daß angesichts der großen Resonanz der Hofkirche von Andrej Bogoljubskij und vor allem der Mariä-Schutz-Kirche am Nerl der Bau von Kreuzkuppelkirchen mit vier Pfeilern und Galerien zu einer Prestigefrage nicht nur unter den Fürstenhöfen, sondern in allen höheren Bereichen der Feudalstruktur wurde. Überdies ist nicht auszuschließen, daß man sich in einigen Fällen auch für die Gattung der Fürstenhofkirchen ohne eine entsprechende funktionelle Entsprechung entschied. Es gibt in der Architekturgeschichte mehrere entsprechende Beispiele bis auf den heutigen Tag. Wir dürfen uns deswegen nicht wundern, wenn wir einem Baudenkmal aus der Untergattung der nichtgewöhnlichen Fürstenhofkirchen in einem Handelskomplex oder sogar in einem Kloster begegnen.

Die Kirche mit angefügten Galerien (Paperti) stieß in Smolensk auf besondere Resonanz. Die Kirchen an der Malaja Ratschewka (Recherche, 1180–1204), am Protok-Bach (Recherche, 1181–1209) und beim Friedhof Okopnyi (Recherche, 1205–1228) stellen eine logische Weiterentwicklung dieser Komposition dar, wobei der zentrale Baukörper immer mehr erhöht wurde. Eine Übereinstimmung mit den Baudenkmälern von Smolensk finden wir in den Kirchen des Mariä-Geburts-Klosters (1192–1195) und der Mariä-Himmelfahrts-Kirche des Fürstinnenklosters (1192–1195) in Wladimir. Bei allen Smolensker Kirchen sind die seitlichen Absiden durch Nischen in der Ostwand ersetzt.

Die drei zuletzt genannten Kirchen gehörten zu Klöstern. Die Mariä-Geburts-Kirche erfüllte die Aufgabe einer Grabkapelle der Fürstinnen von Wladimir. Deswegen kann man sie als Fürstenhofkirche betrachten. Und gerade diese Kirchen wiesen keine komplexen Pfeilerbündel auf, sondern an deren Stelle treten Spuren normaler Lisenen. In der Kirche an der Malaja Ratschewka finden wir eine vertikale Gliederung mit sieben Profilen, und in den Ecken erreichten die Profile gar die Zahl vierzehn. Den kompliziertesten Aufbau hatte die Kirche am Protok-Bach, die an den westlichen Ecken neben einer kleinen Grabkapelle mit vier Seiten auch Galerien (Paperti) aufwies. Die Absiden der Zentralkirche und der Nordkapelle wiesen eine rechteckige (!) Form auf. Die zahlreichen Arkosolien mit entsprechenden Begräbnissen und die Interpretation der Westgalerie als Narthex (oder Refektorium) verleihen diesem Bauwerk einen etwas traurigen Charakter. Wahrscheinlich gehörte es ebenfalls zu einem Kloster. Dafür spräche auch die Vereinfachung der Bündelpfeiler, die ein Zeichen dafür darstellen, daß sich die Komposition nicht weiter in der Vertikalen entwickelte. N. N. Woronin und P. A. Rappoport vergleichen die Kirche am Protok mit der Kathedrale des Elezkij-Klosters[125], doch dieser Vergleich bezieht sich nur auf die Höhe und nicht auf die sonstigen typologischen Eigenheiten. Vom typologischen Gesichtspunkt aus ist die Smolensker Kirche im wesentlichen eine Fürstenhofkirche, selbst wenn sie viel umfangreicheren liturgischen und ideologischen Funktionen angepaßt wurde. Vielleicht war sie die »Kathedrale« des bischöflichen Klosters außerhalb der Stadt: In diesem Fall wäre es besser, sie in der Gruppe der späten Repliken der Gattung der Staats- und Metropolitenkathedralen unterzubringen.

Die Anpassungsfähigkeit der Struktur der Fürstenhofkirche mit vier Pfeilern und Galerien, die mit Leichtigkeit auch als Gedächtniskirche dienen konnte, spielte eine entscheidende Rolle bei der Wahl dieses Typus in den Klöstern. Die Häufigkeit solcher Kirchen aus dem 12. Jahrhundert, besonders im Gebiet von Polozk und Smolensk, macht es sogar möglich, von einer Art monastischer Fürstenkirche zu sprechen. Die bevorzugte Variante dieser Untergattung war die Vierpfeilerkirche mit Galerien (Paperti). Im letzten Viertel des 12. Jahrhunderts entwickelten sich die nichtgewöhnlichen Fürstenhofkirchen in zwei Richtungen: in die der eigentlichen Fürstenhofkirchen und die der Klosterkirchen. Die Architektur der eigentlichen Fürstenhofkirchen entwickelte den Zentralbau vom Turmtyp aktiv weiter, und dieser Bautyp fand mitunter auch bei Kirchen Verwendung, die im Auftrag von Kaufleuten gebaut wurden. Die Klosterbauten hielten sich streng an die Komposition mit Breitenwirkung. Die erste Entwicklungslinie führte zur Bildung der vertikal geprägten Kirche mit Galerien (Paperti), während die zweite Linie eher auf der Tradition der Sobornaja aufbaute.

Es gibt gute Gründe für die Behauptung, daß gegen Ende des 12. Jahrhunderts der Typ der Fürstenhofkirche mit Galerien immer weniger dem architektonischen Zeitgeschmack entgegenkam, der sich auf der Suche nach schlankeren und reineren Formen befand. Die russische Architektur zwischen dem Ende des 12. und dem Beginn des 13. Jahrhunderts hinterließ uns prachtvolle Beispiele solcher neuen Kompositionen. Doch dazu gelangte sie erst, nachdem sie den Typus der Kirche mit Galerien bis zur Erschöpfung ausgenutzt und einige weitere Lösungen der turmähnlichen Struktur ausprobiert hatte.

Bei meinem Hinweis auf die Erschöpfung der künstlerischen Möglichkeiten bei der Gestaltung von Kirchen mit kreisrunden Galerien beziehe ich mich natürlich nur auf die Gattung der Fürstenhofkirchen. In der anderen architektonischen Gattung war über diese kompositorische Variante noch nicht das letzte Wort gesprochen, während in einer Reihe anderer Gattungen noch nicht einmal die ersten Schritte unternommen worden waren. Worin bestand also diese Sackgasse? In der Tatsache, daß eine Komposition von der Art der Kirche Johannes des Täufers in Smolensk oder der Mariä-Schutz-Kathedrale am Nerl nicht zentraler gestaltet werden konnte, als dies ohnehin schon der Fall war. Die Zentralisierung bedeutet, daß man dem Ganzen eine Ausdruckskraft verleiht, die von allen Seiten die gleiche ist. Das wurde unmöglich gemacht durch die Abflachung des Baus, die starre viereckige Struktur, die relative Asymmetrie, mit einem Wort durch die Tatsache, daß das Ensemble von einem ganz bestimmten Beobachtungspunkt aus projektiert wurden. Überdies bewahrte ihre Form eindeutige Byzantinismen.

Am Ende des 12. Jahrhunderts gab es einen verspäteten Versuch, den Fürstenhofkirchen die Ausdruckskraft einer imposanteren architektonischen Gattung zu verleihen. Fürst Wsewolod III. von Wladimir und Fürst Rjurik Rostislawitsch von Kiew bauten ihre Hofkirchen mit ... den traditionellen Türmen.

Nach dem offenen Charakter der Mariä-Schutz-Kathedrale am Nerl erscheint die Demetrios-Kathedrale von Wladimir mit ihren ursprünglichen Treppentürmen an der Westecke und den überdachten Galerien (Paperti), die eine Verbindung zwischen den Türmen und den Absiden herstellten, um einiges komplexer. Die Türme verliehen der Fassade ein imposantes Aussehen, und wahrscheinlich aus diesem Grunde erhielt diese Kirche schon in frühester Zeit den Titel Sobor. In Wirklichkeit machte sie von allen anderen Ansichten aus angesichts der Kombination von hohen Türmen und niedrigen Galerien den Eindruck eines Baus ohne richtige Proportionen.

Auch die reiche Plastik, die von den Kirchenmauern zu den Türmen und wieder zurück zu den Kirchenmauern führte, machte keinen einheitlichen Eindruck. Das einheitliche Bild des Universums, das sich in ihr widerspiegelte, brach auf verschiedenen Ebenen auf. Wir dürfen dabei aber nicht vergessen, daß für den Menschen des Mittelalters das Gefühl der Einheit in der Vielfalt anders wahrgenommen wurde. Die Kombination zahlreicher und oft sehr verschiedener Elemente störte dieses Gefühl für die Einheit nicht. Die Einheit wurde nicht so sehr visuell, sondern vielmehr im Geiste durch das »Lesen« oder »Deuten« aufgefaßt. Und in dieser Hinsicht ergab das »Lesen« der Fassadenskulptur, von der man heute nicht mehr viel sieht[126], eine reiche Ausbeute. Man kann sagen, daß die Gattung der Fürstenhofkirche in der Form der Demetrios-Kathedrale in etwas mündete, das der architektonischen Gattung der Staatskathedralen nahekam. Darauf werden wir noch zurückkommen.

Vielleicht besser gelungen im Hinblick auf die organische Form des Projekts und die Geschlossenheit der Komposition war die Architektur der Basilios-Kirche in Owrutsch, die in den neunziger Jahren des 12. Jahrhunderts erbaut wurde.

Gegen Ende des 12. Jahrhunderts ging die alte Stadt Wrutschij (Owrutsch) in den Besitz von Rjurik Rostislawitsch über, des Mitregenten (»Duumvir«) des Kiewer Fürsten Swjatoslaw Wsewoloditsch. Wir wollen hier nicht darauf eingehen, wie dieses »Duumvirat« entstand. Es soll nur erwähnt werden, daß es keinesfalls zu einer Stabilisierung der komplexen internationalen Beziehungen am Ende des Jahrhunderts führte. Im Gegenteil entstand es als eine Art politischer Kompromiß zwischen den Familien Rostislawitsch und Swjatoslawitsch, die in dauerndem Streit miteinander lagen, um ihre eigenen Rechte über Kiew geltend zu machen. Dieses Gleichgewicht im »Machtkarussell« der Fürsten jener Zeit galt natürlich als ein Geschenk des Himmels. Der Chronist nennt Rjurik Rostislawitsch den »Zaren«, der die »patriarchalische Aufgabe« erfüllte, die Kirche zu stützen[127], auch wenn er zusammen mit seinem zweiten »Duumvir«, Roman Mstislawitsch von Wolynien, den Kiewern viel Leid zugefügt hatte und gezwungen war, sich nach Owrutsch zurückzuziehen.

Die hohe schlanke Basilios-Kirche in Owrutsch mit vier Pfeilern und einer Kuppel war das Ergebnis einer geschickten Anwendung des neuen Systems der runden Stufengewölbe, das dem Profil der Kirche das Aussehen einer Stufenpyramide, eines Turms, verlieh. Man nimmt an, daß der Architekt der Kirche derselbe Petr Miloneg war, dessen Name mit der analog gestalteten Paraskewe-Kirche von Tschernigow (siehe oben) verbunden ist. Das besondere und man kann sagen geradezu einzigartige Merkmal der Basilios-Kirche ist die Kombination des Tschetwerik mit zwei zylindrischen Treppentürmen an den Ostecken. Das verleiht der Kirche die Züge einer Festung, gleichzeitig aber auch etwas Majestätisches im Geist der Architekturgattung der Staats- und Metropolitenkathedralen. Doch diese Kirche können wir nicht als Replik dieser alten Gattung betrachten: Wir stehen vielmehr vor einer Art Reminiszenz, die uns unter anderem beweist, daß es exakte Beziehungen zwischen den verschiedenen Gattungen gab, die zu Zwischenformen führten. Diese Zwischenformen zwischen den verschiedenen Gattungen waren unten kubische und oben kreuzförmige Kompositionen nach der Art der Kirche an der Miroscha. Ferner sind auch einige Kaufmanns- und Klosterkirchen zu nennen, die in den Formen der Fürstenhofkirchen erbaut wurden.

Die Erinnerung an den Geist der Architektur der Staats- und Metropolitenkathedralen beim Bau von Rjuik Rostislawitsch wird uns absolut verständlich, wenn wir uns dessen erinnern, daß seine Position als Kiewer »Duumvir« in Zusammenhang mit dem Machtkampf stand, den er sogar mit seinem Bruder Roman ausfocht.

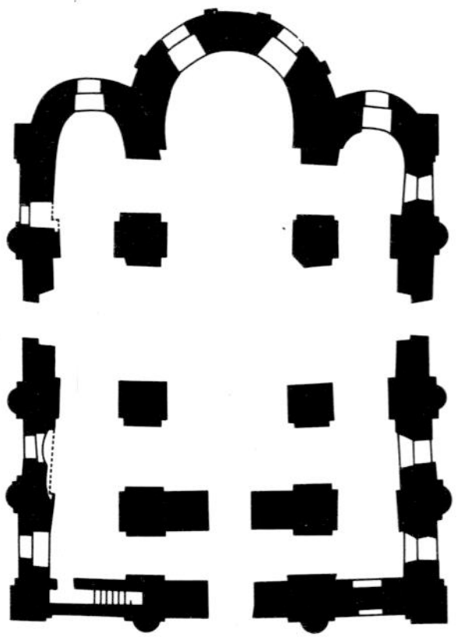

76

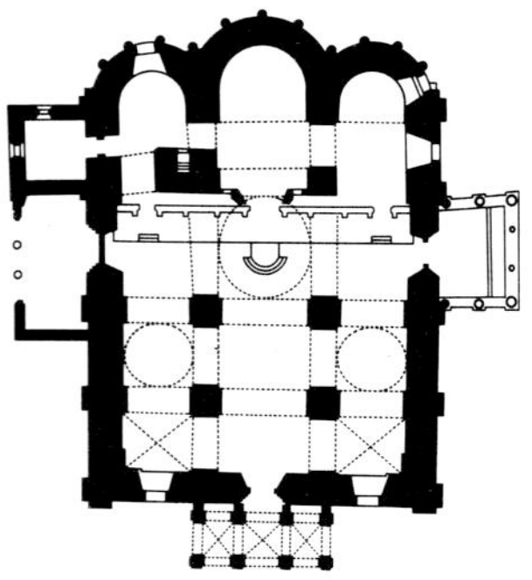

77

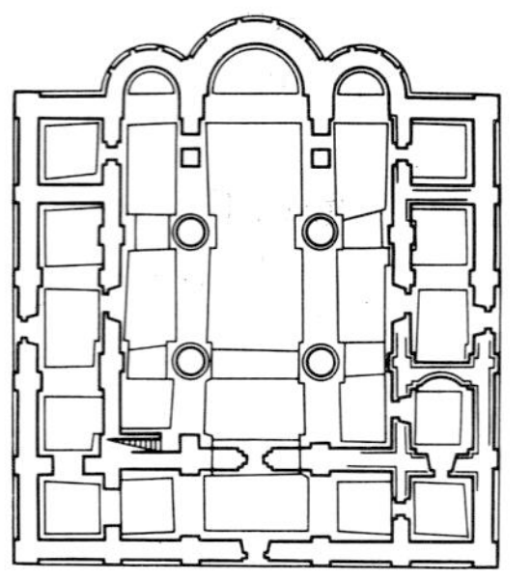

78

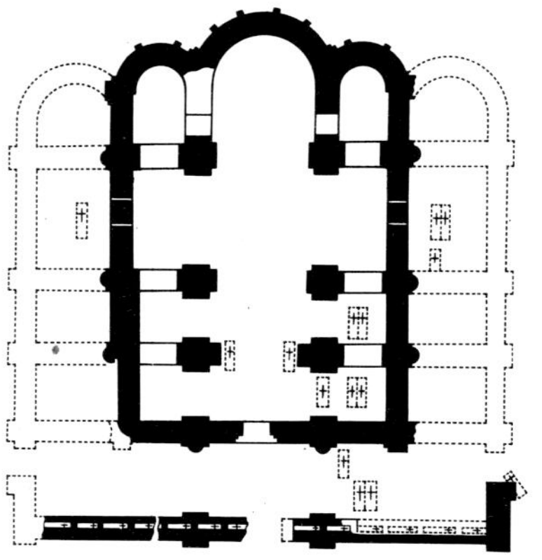

79

80

81

82

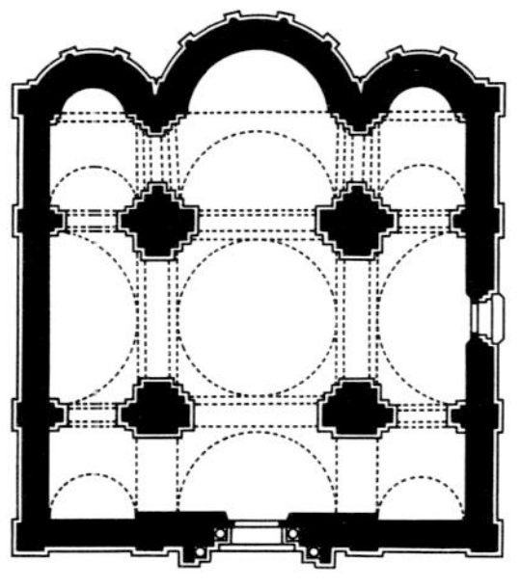

83

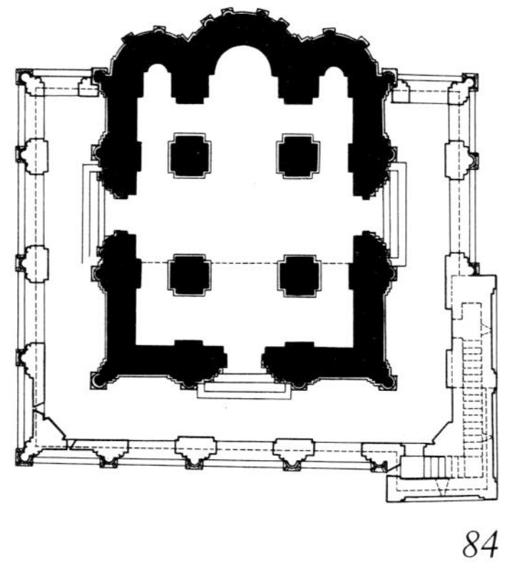

84

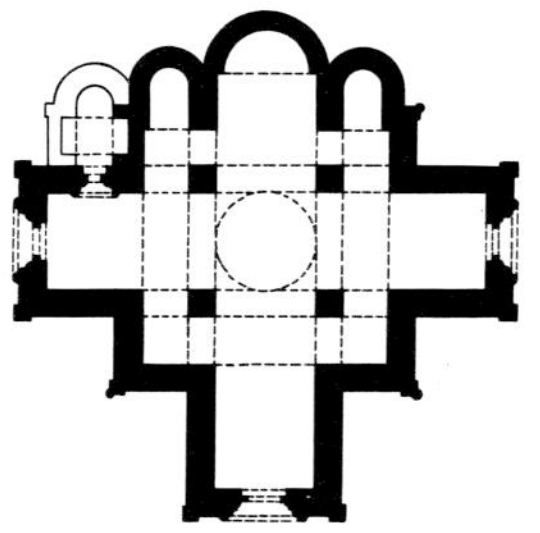

85

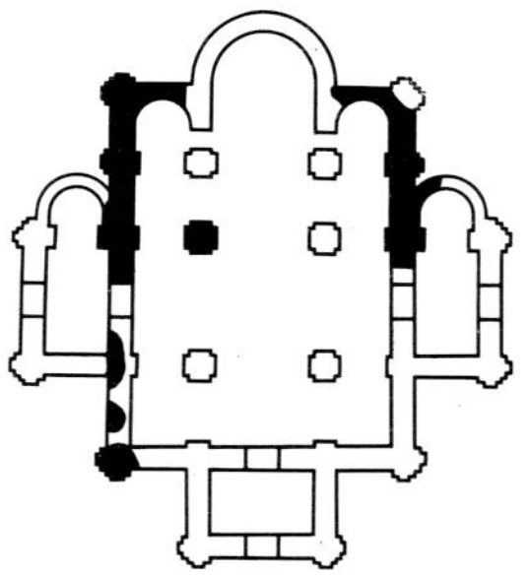

86

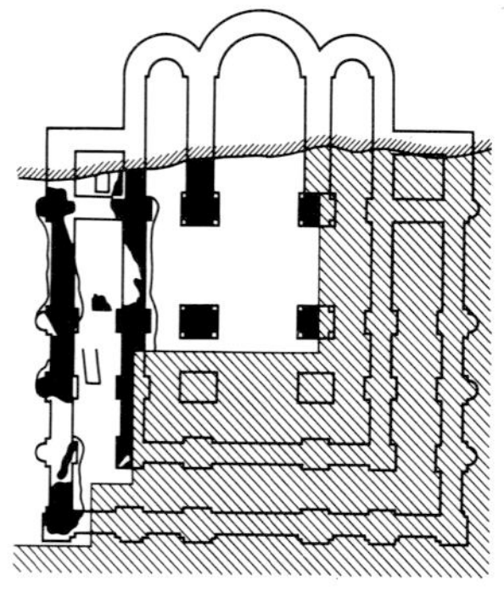

87

76. Kiew, Grundriß der Mariä-Himmelfahrts-Kirche, 1131. 77. Rostow Welikij, Grundriß der Mariä-Himmelfahrts-Kathedrale, 1161–1162. 78. Galitsch, Grundriß der Mariä-Himmelfahrts-Kathedrale, um 1157 (Rekonstruktion von E. Worobewa und A. Tiz). 79. Smolensk, Grundriß der Boris-und-Gleb-Kathedrale am Fluß Schmjadin, 1145. 80. Nowgorod, Paraskewe-Kirche am Markt, 1207 (Rekonstruktion von G. Stender). 81. Owrutsch, Basilios-Kirche (Rekonstruktion von P. Rappoport). 82. Pskow, Dreieinigkeits-Kathedrale, 1180–1190 (Skizzen der Rekonstruktion von N. Woronin). 83. Galitsch, Grundriß der Pantelejmon-Kirche, um 1200 (nach O. Ioanisjan). 84. Wladimir, Grundriß der Mariä-Schutz-Kirche am Nerl, 1165–1166. 85. Jurew-Polskoj, Grundriß der Georgs-Kathedrale, 1230–1234. 86. Polozk, Grundriß der Kirche in Detinez, zweite Hälfte des 12. Jahrhunderts. 87. Tschernigow, Grundriß der Verkündigungs-Kathedrale, 1183–1185 (nach B. Rybakow).

Wir dürfen dennoch weder die Stifterrolle von Rjurik Rostislawitsch noch die Neuerungen seines »Freundes«, des Architekten Petr Miloneg, überschätzen. Wie wir schon früher gesehen haben, war die Basilios-Kirche in Kiew (beim »Neuen Hof«) trotz einer zunächst ziemlich mutigen Projektierung letztlich doch nicht auf dem angestrebten Niveau realisiert worden, und die große Apostelkirche in Belgorod, die Rjurik Rostislawitsch 1197 errichtete, führt uns direkt zurück zu den Traditionen des 11. Jahrhunderts. Nicht einmal Petr Miloneg war ein großer Erneuerer. Wenn die Paraskewe-Kirche in Tschernigow wirklich auf ihn zurückgeht, dann wurde in dieser Kirche das System der runden Stufengewölbe der Kirchen von Owrutsch einfach wiederholt, während man im Hinblick auf die Gesamtkomposition eine starke Vereinfachung bemerkt: Es fehlen die Türme, und von offenen Vorhallen (Pritwory) ist keine Spur vorhanden. Natürlich kann man auch umgekehrt argumentieren: Wenn die Paraskewe-Kirche vor der Kirche von Owrutsch gebaut wurde, dann wählte Petr Miloneg im Gegensatz dazu den Weg der Reminiszenz und führte Türme ein, um die Komposition der Basilios-Kirche zu gliedern. Türme und Vorhallen waren am Ende des 12. Jahrhunderts keinesfalls gleichwertig. Die Türme waren der Pyramidenform des Ganzen eher abträglich und machten die Komposition schwer – einmal ganz abgesehen davon, daß Assoziationen mit archaisierenden Festungen möglich waren. Die Vorhallen hingegen boten beträchtliche Möglichkeiten. Nachdem die russische Architektur am Ende des 12. Jahrhunderts in der Mehrzahl der wichtigsten Städte zwei neue typologische Varianten der Fürstenhofkirche herausgebildet hatte, die turmförmige, pyramidale, mit drei Vorhallen, machte sie sich mit aller Kraft an die Wiederaufwertung der byzantinischen Kreuzkuppelkirche. Die Hauptrolle übernahm hier Smolensk.

Die erste Variante der Hofkirche mit drei Vorhallen wird von turmförmigen Vierpfeilerkirchen repräsentiert, die zweite durch Sechspfeilerbauten. Es ist nicht möglich, sie chronologisch aufzuteilen, und dies ergäbe auch keinerlei Sinn, weil die beiden Varianten von ihrer Herkunft gesehen voneinander unabhängig sind. Die Vierpfeilerkirchen mit Vorhallen gehen auf die Vierpfeilerkirchen der gewöhnlichen Untergattung innerhalb der Fürstenhofkirche zurück, während die Sechspfeilerkirchen von Kathedralen abstammen. Nur mit Vorbehalt kann man die Meinung vertreten, die eine Variante sei die Vereinfachung der anderen oder umgekehrt. Das Problem liegt vielmehr in der Funktion der Kirchen, in der Art der Auftragserteilung.

Wenn die Dreieinigkeitskathedrale von Pskow tatsächlich in den achtziger Jahren des 12. Jahrhunderts erbaut wurde[128], könnte sie die erste einer Reihe von Sechspfeilerkathedralen (wirklich Kathedralen!) mit drei Vorhallen sein. Doch die Datierung »achtziger Jahre« ist zu ungenau. Überdies halten es einige Forscher auch für plausibel, daß sie erst in den neunziger Jahren gebaut wurde. Deswegen ist es besser, wenn wir unsere Übersicht mit der Dreieinigkeitskathedrale am Fluß Klowka in Smolensk beginnen, die von 1188 bis 1209 erbaut wurde.[129]

Warum wird sie als Sobor bezeichnet, als Kathedrale? Die Forscher sind dieser Frage noch nicht nachgegangen. Vielleicht wäre es genauer, sie als Kloster- oder Fürstenhofkirche zu bezeichnen. Wahrscheinlich war sie die Hauptkirche des Klosters (Katholikon), und aus diesem Grund bezeichnete man sie auch als Sobor. Sie macht einen sehr kompakten Eindruck mit vier Pfeilern, mit außen rechteckigen seitlichen Absiden, mit innen gedeckten Vorhallen und ausgeprägten, vielfach abgestuften Lisenen. Diese starke Profilbildung läßt vermuten, daß der Baukörper der Kirche ähnlich wie bei der berühmten Erzengel-Michael-Kathedrale in Smolensk (Swirskaja) stark in der Vertikalen entwickelt war. Bei ihrer Rekonstruktion verglichen N. N. Woronin und P. A. Rappoport die Formen der Dreieinigkeitskirche in der Tat mit denen der Swirskaja[130], doch erscheint uns dies etwas merkwürdig, weil es sich bei dieser zuletzt Genannten nicht um eine Vierpfeiler-, sondern um eine Sechspfeilerkirche handelt. Überdies entspricht der Aufbau der Dreieinigkeitskathedrale, wie er in der Rekonstruktion erscheint, besser der Variante mit vier Pfeilern. Jedenfalls ist derselbe Aufbau des Tamboursockels wie in der Kirche des Erlöser-Euphrosyne-Klosters wahrscheinlich. Die Forscher datieren diese Kirche auf die Zeitspanne zwischen 1188 und 1209. Damit wurde sie zur selben Zeit wie die Erzengel-Michael-Kathedrale (Swirskaja) erbaut, deren Bauzeit sich von 1180 (1188?) bis 1197 erstreckte.[131] Die Spezialisten meinen auch, die Formen der Dreieinigkeitskirche seien im Verlauf des Baus durchaus von denen der Swirskaja beeinflußt worden. Ich möchte hier wiederholen, daß man hier nur

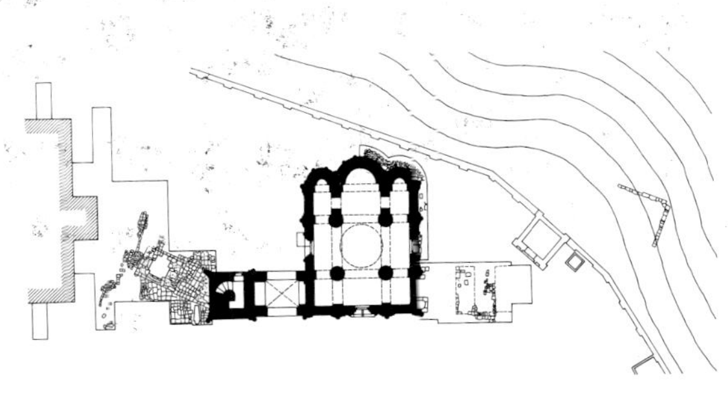

88–89. Wladimir, Bogoljubowo, Mariä-Geburts-Kirche, 1158–1165 (Rekonstruktion von N. Woronin); architektonischer Palastkomplex.

90

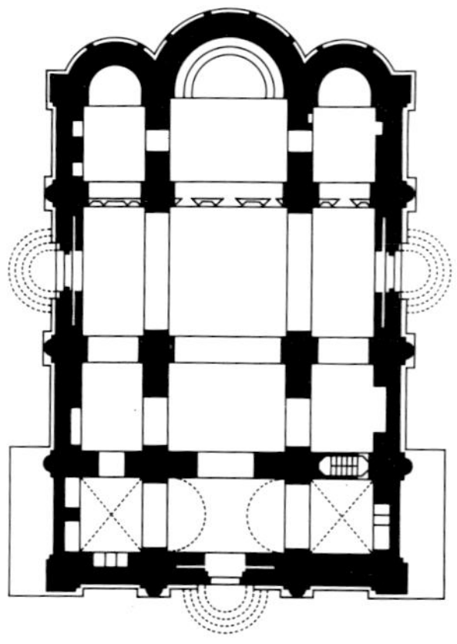
91

92

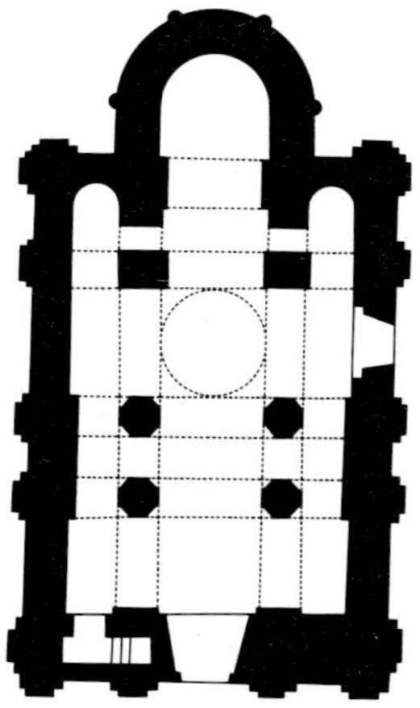
93

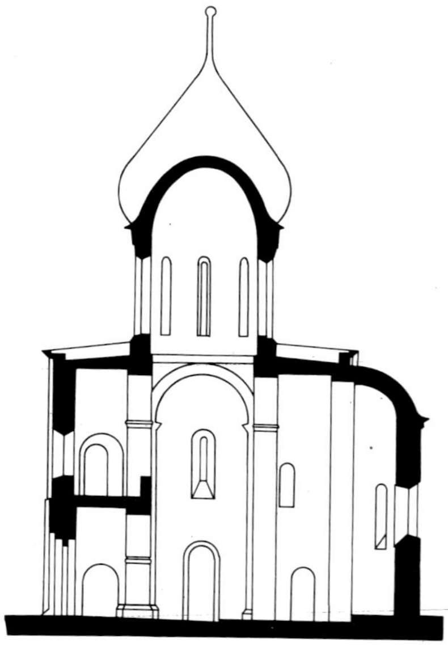
94

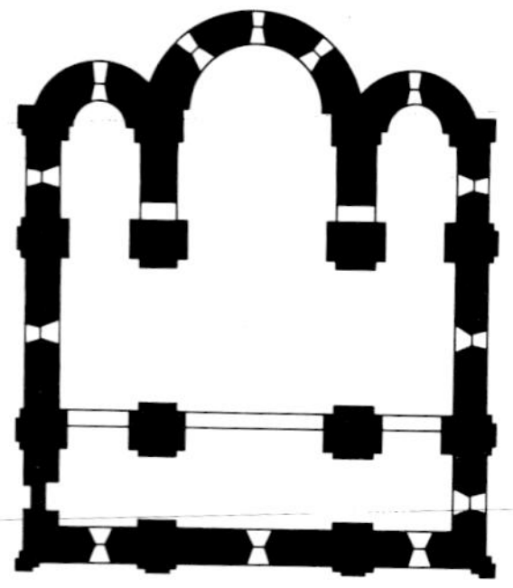
95

96

97

98

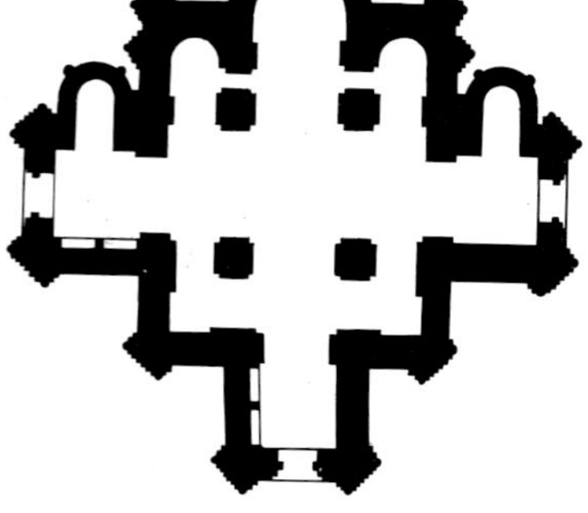
99

100

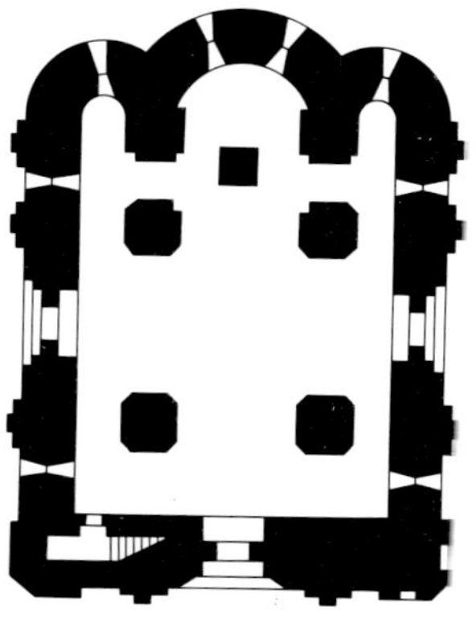
101

90–91. Wladimir-Wolynsk, Mariä-Himmelfahrts-Kathedrale, 1156–1160: Gesamtansicht (Rekonstruktion von N. Woronin); Grundriß. 92–93. Polozk, Erlöser-Kathedrale im Erlöser-Euphrosyne-Kloster, Mitte des 12. Jahrhunderts, Architekt Iwan: Westfassade (Rekonstruktion von I. Chosterow); Grundriß. 94–95. Pereslawl-Salesskij, Christi-Verklärungs-Kathedrale, 1152–1157: Längsschnitt, Grundriß. 96–97. Staraja Rjasan, Erlöser-Kathedrale, Beginn des 13. Jahrhunderts (Rekonstruktion von M. Tschernysow); Grundriß (nach A. Monhait). 98–99. Smolensk, Kathedrale des Dreieinigkeits-Klosters an der Klowka, 1188–1209 (Rekonstruktion von P. Rapoport); Grundriß. 100–101. Tschernigow. Paraskewe-Kirche, Ende des 12. bis Beginn des 13. Jahrhunderts: Längsschnitt; Grundriß.

von einem Einfluß und gewiß nicht von einer Kopie sprechen kann, angesichts der Tatsache, daß es sich bei der zuletzt Genannten um eine Sechspfeilerkirche handelt. Letztlich ist wichtig, daß am Ende der achtziger Jahre des 12. Jahrhunderts die Suche nach einer Komposition mit zentralem Grundriß und eine Entwicklung in die Höhe wie in Smolensk mit dem Bau einer Kirche mit quadratischem Grundriß, vier Pfeilern, einer Kuppel, drei Vorhallen und einem insgesamt stufenartig pyramidalen Profil (»turmförmig«) stattfanden.

Wir haben keine sicheren Anhaltspunkte für die Zuordnung der Dreieinigkeitskirche zu den Fürstenhofkirchen; die Erzengel-Michael-Kathedrale gehört aber sicher dazu. Bevor wir uns dieser näher widmen, möchten wir noch auf zwei oder drei Kirchen hinweisen, die zur Architektur der Rus von Wladimir-Susdal zählen, mit der Dreieinigkeitskirche verwandt sind und bereits über die Schwelle zum 13. Jahrhundert hinausreichen.

Auf das Jahr 1225 wird die Erlöserkirche von Nischnij Nowgorod datiert. Sie besaß drei Vorhallen und vier Pfeiler und natürlich nur eine einzige Kuppel. Über ihre Höhe gibt es keine genauen Angaben. Sie wurde von Fürst Rjurik Wsewoloditsch von Wladimir erbaut. Zwei Jahre darauf ließ er in unmittelbarer Nachbarschaft auch die Erzengel-Michael-Kathedrale errichten.

Präzisere Angaben existieren über die Georgs-Kathedrale von Jurew-Polskij (1230–1234), die Fürst Swjatoslaw Wsewoloditsch, der Bruder von Jurij, erbauen ließ. Auch dieser Vierpfeilerkirche mit drei Vorhallen und einer Kuppel wird der Ehrentitel Sobor verliehen. Sie zeigt Lisenen, die von ausgeprägten Halbsäulen verstärkt werden. Im Inneren der Kirche fehlen die Lisenen. Der obere Teil der Kirche stürzte im 14. Jahrhundert ein. Daraus kann man die Vermutung ableiten, daß die Bedachung der Georgs-Kathedrale sehr schwer und in ihrer Masse überladen war. So gelangen wir zur Rekonstruktion einer Kirche mit stufenartigem Aufbau, so daß ein pyramidenartig abgestuftes Profil entstand.[132] Das merkwürdigste Kennzeichen der Georgs-Kathedrale war die Steinbalustrade des Allerheiligsten. Ihr (und nur ihr) können mit Reliefs versehene Steinblöcke zugeschrieben werden, welche die Themen der plastischen Dekoration auf der Fassade wiederholen, ferner auch die großen Heiligenreliefs. Eine Skepsis im Hinblick auf die Existenz dieser Balustrade ist nicht angebracht. Es stellt sich nur die Frage, ob sie drei Seiten besaß oder ob sie sich nur zwischen den Pfeilern erstreckte. Beide Varianten sind aus früher Zeit belegt. Das Auftreten dieser Balustrade deutet jedoch auf die Tendenz hin, das Allerheiligste abzuschließen und andererseits die Gottheit (über die Ikonostase) dem Menschen und dem betenden Gläubigen wieder nahezubringen. Diese ziemlich komplizierte Idee entwickelte sich vor allem zwischen dem Ende des 14. und dem 15. Jahrhundert. Drei Jahre nach dem Bau der Georgs-Kathedrale wurde die Entwicklung der altrussischen Architektur für viele Jahrzehnte von der Invasion der Tataren angehalten.

Vor diesem tragischen Ereignis schufen die Architekten der alten Rus eine weitere Variante innerhalb der Gattung der Fürstenhofkirchen; wir könnten sie als Fürstenkathedrale bezeichnen. Es handelt sich auch hier um Kirchen mit drei Vorhallen und einem turmähnlichen Aufbau, jedoch nicht mit vier, sondern mit sechs Pfeilern. Eine von ihnen, sozusagen die Mutterkirche, haben wir schon öfter erwähnt. Es ist die Erzengel-Michael-Kirche in Smolensk, die vor allem unter der Bezeichnung »Swirskaja« bekannt ist. Fürst Dawid Rostislawitsch (ein Bruder von Rjurik Rostislawitsch von Kiew) erbaute sie von 1180 (oder 1188) bis 1197 in seiner Residenz auf dem Land. Das außergewöhnliche Format dieses Baudenkmals, das schon von den Zeitgenossen erkannt wurde (»es gibt im Norden keine ähnliche Kirche, und alle, die sie sehen, wundern sich über ihre außergewöhnliche Schönheit«[134]), seine Zerstörung während des Zweiten Weltkrieges und sein geschickter Wiederaufbau durch P. D. Baranowskij[135] trugen zur Berühmtheit und Bekanntheit dieser Kirche bei. Es ist deswegen nicht notwendig, daß wir sie von Grund auf analysieren. Wir wollen hier nur auf einige umstrittene Punkte eingehen.

Zunächst habe ich unter den Arbeiten über die Rekonstruktion dieses Baudenkmals jene von S. S. Podjapolskij ausgewählt, weil er meiner Meinung nach am vorsichtigsten zu Werke ging. Dies erlaubt es uns zu bestätigen, daß die Swirskaja und die Kirche des Dreieinigkeits-Klosters (siehe oben) zur gleichen Zeit entstanden sind. Folglich haben sich beide Varianten der Fürstenhofkirchen mit drei Vorhallen auch gleichzeitig entwickelt. Doch zu Beginn des 13. Jahrhunderts überwog eindeutig die Variante mit sechs Pfeilern. Nach dem Typus der Sechspfeilerkirche mit drei Vorhallen wurden erbaut: die Erlöserkirche in Staraja Rjasan, die Dreieinigkeits-Kathedrale in Pskow, die Paraskewe-Kirche in Nowgorod Welikij, die große Kirche des Beltschiz-Klosters in Polozk, die Kathedrale des Detinez in Polozk,

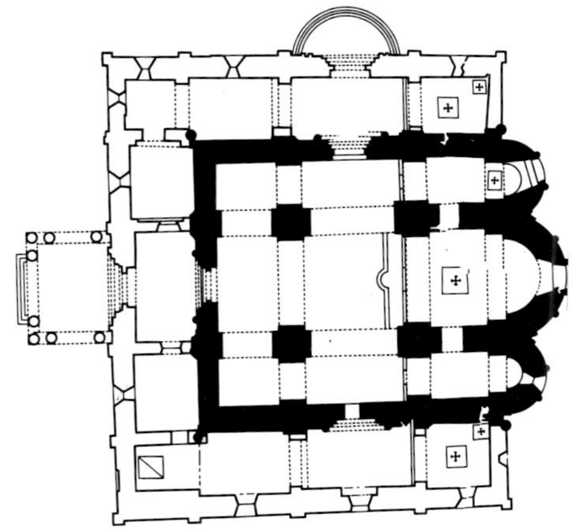

102–103. Wladimir, Demetrios-Kathedrale, 1185–1189; 1194–1197: Vor der Restaurierung (Zeichnung von W. Schukowskij); Grundriß.

die Mariä-Geburts-Kathedrale in Susdal und andere. Alle diese Bauwerke gelten durchaus als legitime Kathedralen (Sobor), mit Ausnahme vielleicht der Paraskewe-Kirche in Nowgorod, weil es dort bereits eine Sobor vom traditionellen Typ gab (Kathedrale-Bischofskirche). Die Paraskewe-Kirche hingegen war für das Viertel der Kaufleute zuständig. In der Geschichte der russischen Architektur wird die Erzengel-Michael-Kirche (Swirskaja) zu Recht als Sobor bezeichnet, und auch wir stimmen dieser Einordnung zu.

Es ist nicht leicht, auf die Frage, die nun auf der Hand liegt, eine Antwort zu finden: Warum empfand Fürst Dawid Rostislawitsch die Notwendigkeit einer Kathedralkirche mit derart spezifischer Funktion, nachdem in geringer Entfernung bereits die Boris-und-Gleb-Kirche (Sobor) und im Zentrum von Smolensk auch die eigentliche Kathedrale stand? Ich glaube, daß man bei der Beantwortung dieser Frage die altrussische Vorstellung von der Sobor im Auge behalten muß. Wie wir bereits im ersten Kapitel mindestens teilweise angedeutet haben, bedeutete der Begriff Sobor nicht nur das Vorhandensein eines Bischofssitzes (eine unverzichtbare Bedingung), sondern er drückte sozusagen auch den Bekanntheitsgrad des Fürsten aus, den Umfang seines politischen Einflusses und seiner Macht. Der Fürst kümmerte sich nicht nur um den Bischof, sondern auch um sich selbst. »Der Bau ... einer Sobor für den Fürsten ... bedeutete zu jener Zeit, die Zuneigung der Einwohner zu gewinnen, vom Volk geliebt zu werden. Das gilt zunächst und vor allem für die Fürsten, die den Thron des Großfürsten und andere schon seit langer Zeit bestehende Fürstentümer innehatten, aber auch für die sonstigen angesehensten Fürsten. Diese Fürsten mußten alle Formen der Repräsentation pflegen, auch die des kirchlichen Bereichs.«[136]

Natürlich gehörten nicht alle Fürstenhöfe, bei denen zwischen dem Ende des 12. und dem Beginn des 13. Jahrhunderts Kirchen der Untergattung der Fürstenkathedralen entstanden, zu den ältesten und »angesehensten«. Wir müssen jedoch die Tatsache berücksichtigen, daß nicht nur die angesehensten Fürsten monumentale Kathedralen bauten, sondern auch Herrscher, die anderen Fürsten die Stellung in der Feudalhierarchie streitig machten wollten (wenn auch vergeblich). Das betrifft nicht einmal nur Fürsten, sondern auch andere Auftraggeber oder besser Gruppierungen. In der fraglichen Zeit zeigten die Fürsten von Smolensk, Polozk, Wladimir-Susdal und Rjasan, ferner die Gemeinden (Mir) von Pskow und Nowgorod ein besonderes Interesse für Kirchen mit drei Vorhallen und überwiegend vertikaler Struktur. Der Fürst von Tschernigow war, wie wir noch sehen werden, einige Zeit zuvor in Erscheinung getreten und bevorzugte für seine Kathedrale traditionellere Formen.

Man kann ziemlich oft lesen, der neue architektonische Aufbruch zum »Turmstil« sei vom Architekten der Swirskaja eingeführt worden, und von hier aus gebe es Verbindungen nach Tschernigow, Nowgorod, Rjasan und so weiter. Von diesem Architekten, dessen Name noch heute unbekannt ist, glaubt man, er stamme aus Polozk und sei auch aus dieser Stadt berufen worden, wo bereits gegen die Mitte des 12. Jahrhunderts architektonische Werke vom Turmtyp entstanden waren. Als ihr Schöpfer gilt der Meister Ioann.[137] Es wäre wohl zu ahistorisch, wenn wir alle Verbindungen zu den in der Vertikalen stark entwickelten Sechspfeilerkirchen, die zwischen dem 12. und dem 13. Jahrhundert entstanden

104–106. Jurew Polskoj, Georgs-Kathedrale: Nordfassade; Wimperg der nördlichen Vorhalle (Rekonstruktion von A. Stoletow); Westfassade (Rekonstruktion von G. Wagner).

sind, auf die Swirskaja zurückführen wollten. Die architektonische Avantgarde war gleichzeitig in verschiedenen Städten am Werk und bediente sich eines so umfangreichen Erbes, daß man keine ununterbrochene, kontinuierliche Linie ausmachen kann. Wenn wir uns allerdings diese Aufgabe vornehmen, müssen wir die Verbindungen zwischen allen Gliedern mit größtmöglicher Genauigkeit überprüfen. P. A. Rappoport vertritt zum Beispiel die Ansicht, der Prototyp der Swirskaja sei die Kathedrale des Detinez in Polozk gewesen.[138] Als Beweis führte er die Marken auf den Ziegelsteinen an. Diese Tatsache vervollständigt das, was wir bereits über die Datierung der Dreieinigkeitskathedrale gesagt haben. Für uns ist es wichtig, festzustellen, daß die hier aufgeführten Bauwerke aus der Variante der Fürstenkathedralen durch funktionelle Umstände determiniert waren.

Diese Umstände können wir natürlich nicht in Details der Liturgie suchen, weil diese sich nicht spürbar ändern konnte. Wir können aber auch die Tatsache nicht übergehen, daß die Fürsten (und allgemein die Auftraggeber) beim Bau ihrer Kathedralen durchaus berücksichtigten, daß darin eine feierliche Liturgie abgehalten werden mußte, ähnlich oder fast gleich wie die Gottesdienste, denen ein Bischof vorstand.

Was den Fürsten Dawid Rostislawitsch angeht, so ist wohlbekannt, daß er »... eine Gewohnheit besaß; jeden Morgen begab er sich in die Kirche des heiligen Erzengels Michael, die er selbst in seinem Fürstentum hatte erbauen lassen«.[139] Beim Bau seiner »außergewöhnlichen« Kirche, der Swirskaja, dachte er natürlich nicht nur an seine Pflicht als Christ. Der Bau stammt aus der Zeit, in der die jahrelange Feindschaft mit Wsewolod III. zu Ende gegangen war, weil Rostislaw Rjurikowitsch (ein Enkel Dawids) und die Tochter des Fürsten von Wladimir heirateten, worüber in Smolensk große Freude herrschte.[140] So können wir die Swirskaja als eine Art Monument für den Sieg betrachten. Dem konnte Fürst Jaroslaw Glebowitsch von Rjasan nicht gleichgültig gegenüberstehen, denn er hatte die Tochter von Rjurik Rostislawitsch geheiratet, gehörte aber selbst der Gruppe um Wsewolod an. Im Jahr 1198 feierte er die Errichtung eines autonomen Bischofssitzes in Rjasan (zunächst hatte eine Abhängigkeit vom Bischof von Tschernigow bestanden) und baute in seiner Stadt eine ähnliche Kirche, die dem Erlöser geweiht war.[141] Wir können uns jedenfalls nur mit Schwierigkeiten vorstellen, daß in Rjasan eine Gruppe von Handwerkern (Artel) aus Smolensk gearbeitet haben soll, weil diese bereits mit Aufträgen aus ihrer Heimatstadt überhäuft waren. Andererseits erwies sich die Form der Erlöserkirche von Rjasan nach sehr genauen wiederholt durchgeführten Grabungskampagnen als der der Swirskaja so ähnlich, daß wir diesen Widerspruch nicht auflösen können. Ich glaube, daß man die Lösung für dieses Dilemma in der Annahme finden kann, ein Artel von Polozk sei nach Rjasan berufen worden. Das macht vom ikonographischen Gesichtspunkt wie vom Inhalt her Sinn. Ikonographisch und typologisch steht die Erlöserkirche der Kirche des Detinez von Polozk, die wir schon früher erwähnt haben[142], ebenso nahe. Wir müssen sie nicht nur unter dem Gesichtspunkt der Apologetik, sondern auch des »Wettbewerbs« betrachten, als architektonische Demonstration einer Macht, die der des Fürsten von Smolensk mindestens ebenbürtig war. Auch wenn dies eine der Illusionen des Mittelalters war, diese Illusion war damals eine der Antriebskräfte der Geschichte, die wir gewiß nicht vernachlässigen dürfen (weil sie vielleicht sogar bestimmend war).

Und die Kathedrale von Polozk? Ihre aktive Rolle in der Geschichte der russischen Architektur vom Ende des 12. Jahrhunderts, die sich langsam abzeichnet, verlangt nach einer Erklärung. Die Datierung dieses Baudenkmals auf die sechziger bis achtziger Jahre des 12. Jahrhunderts[143] vereinfacht dabei unsere Aufgabe. Zunächst ist es ziemlich wahrscheinlich, daß die Kathedrale von Polozk und nicht die von Smolensk am Anfang einer Reihe analoger oder sehr ähnlicher Bauwerke steht: Polozk – Smolensk – Rjasan – Nowgorod – Pskow – Susdal. Bei dieser Reihe war Polozk von Bedeutung für Rjasan, während für Nowgorod Smolensk wichtig war, wie auch in allen historischen Zusammenfassungen über die russische Architektur zu lesen ist. Die Paraskewe-Kirche auf der Handelsseite von Nowgorod wird unweigerlich als eine Nowgoroder Replik der Swirskaja betrachtet.

Kehren wir zurück nach Polozk: Die Vorläuferin der Kathedrale in Detinez war die große Kathedralkirche im Belschiz-Kloster. Sie unterschied sich von der Kathedrale des Detinez (und ihren Nachfolgerinnen) durch die gewohnte Halbkreisform der Seitenabsiden. Die Kathedrale von Belschiz hat ihrerseits Berührungspunkte mit der Kiewer Tradition und dem Typus der Erlöserkirche vom Berestowo. Von ihr ist das Polozker Baudenkmal nur durch ein oder zwei Jahrzehnte getrennt. Es zeichnet sich somit in den Grundzügen dieselbe Tendenz der Fürsten ab, das umfangreiche Programm der alten Kiewer Kirchen wieder ins Leben zurückzurufen, nicht in der Form der Metropolitenkirchen, sondern der der Fürstenkirchen. Wenn man überhaupt noch von Reminiszenzen an die Staats- und Metropolitenkirchen sprechen kann, so treten sie in der Struktur mit den sechs Pfeilern in den Vorhallen auf. Doch diese Reminiszenzen wurden auf völlig neue Weisen eingesetzt, um über einen zentralen, komplizierten (kreuzförmigen) Grundriß und eine stufenweise Erhöhung des Baukörpers von außen nach innen zu einer neuen architektonischen Ausdruckskraft zu gelangen. So entstand eine architektonische Formensprache, die zwischen der Romanik und der Gotik »vermittelt«, eine Art »altrussische Romanik«. Seinerzeit wandte F. Halle dieses Konzept nur auf die Architektur von Wladimir-Susdal an. Nachdem meine Versuche, den plastischen Stil von Wladimir-Susdal als eine »autochthone Entwicklung« zu definieren, mißlungen sind, während D. S. Lichatschew dem romanischen

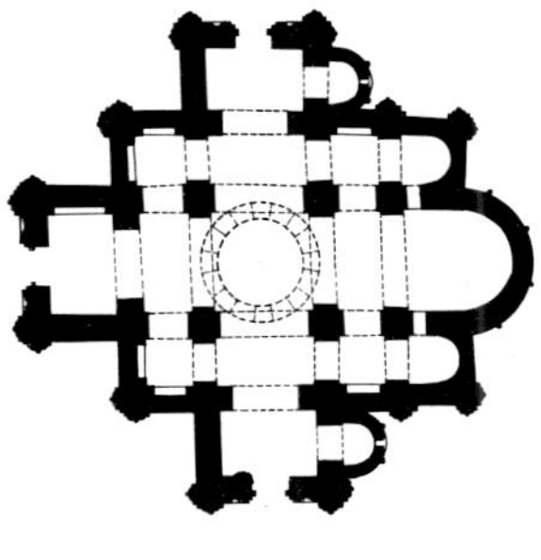

107–108. Smolensk, Erzengel-Michael-Kathedrale (Swirskaja) (Rekonstruktion von S. Podjapolskij), zwischen 1180 und 1190; Rekonstruktion des Grundrisses.

Stil eine internationale Interpretation verlieh[144], halte ich es für möglich, diesen auch auf die Rus des 12. und 13. Jahrhunderts anzuwenden. Die stilistischen Indizien, mit denen die Forscher die eigenständig russische und nicht romanische Natur der altrussischen Architektur des 12. und 13. Jahrhunderts (bis 1237) zu bestimmen versuchten, verlassen nicht die Grenzen der traditionellen Merkmale des romanischen Stils. Wir können hier nur von verschiedenen Färbungen sprechen. So ist die Architektur von Galitsch-Wolynija und von Wladimir-Susdal stärker mit romanischen Zügen durchtränkt. In der Architektur von Kiew-Tschernigow treten nebeneinander romanische und byzantinische Merkmale auf. Die Architektur von Nowgorod-Pskow steht der Kiewer Tradition näher, während die von Polozk-Smolensk byzantinische und romanische Charakteristika auf typisch russische Weise einsetzt. Diese stilistische Tendenz erfuhr sehr schnell eine immer weitere Verbreitung in der Rus, so daß man von der Bildung eines neuen panrussischen Stiles sprechen kann.[145] Weitere Untersuchungen haben jedoch gezeigt, daß der Prozeß der Bildung eines nationalen Architekturstils komplizierter ablief, und die Gattung der Fürstenhofkirchen spielte dabei nur scheinbar eine Hauptrolle. Wir müssen dazu näher auf diese spektakuläre Gattung eingehen.

Der »außergewöhnliche« Typus

Nachdem zwischen dem Ende des 12. und dem Beginn des 13. Jahrhunderts grandiose architektonische Kunstwerke aus der Untergattung der »nichtgewöhnlichen« Fürstenhofkirchen vom »Turmtyp« und vom »kubischen Typ« geschaffen worden waren, erschien die Gattung der Fürstenhofkirchen nur noch dazu bestimmt, diese Typen weiter auszuarbeiten und zu vervollkommnen. Doch das architektonische Denken der alten Rus fand im Inneren dieser Gattung mit der Schaffung zweier oder dreier weiterer architektonischer Formen seinen Ausdruck: dem Rundbau (der Rotunde), der Trikonche, der Tetrakonche und sogar der Oktokonche. Diese stellen außergewöhnliche Varianten der Gattung der Fürstenhofkirchen dar. Einige der Bauwerke, die nicht traditionellen Typen angehören, sind das Werk ausländischer Künstler. Andere wurden von russischen Meistern eindeutig nach ausländischen Vorlagen erbaut. Doch das Gesagte schließt nicht absolut aus, daß im Rahmen der altrussischen Architektur »außergewöhnliche« Bauten mit kreisrundem Aussehen entstanden sind. Fast alle diese Grundrisse waren den Slawen bereits in heidnischer Zeit bekannt. Mit dem Beginn des Einflusses der byzantinischen Kultur wurden diese Formen ins Unbewußte abgedrängt, doch kann man nicht behaupten, daß sie völlig vergessen wurden. Am Ende des 12. Jahrhunderts stiegen sie aus der Tiefe des künstlerischen Bewußtseins wieder hoch, vor allem, weil der rituelle Aspekt in den Hintergrund getreten war und einer profaneren Ästhetik Platz gemacht hatte. Unsere Aufgabe besteht darin, die Bedeutung dieser Formen im Rahmen ihrer architektonischen Gattung zu bestimmen.

Im vorigen Kapitel, in dem wir die architektonischen Gattungen des 11. und des beginnenden 12. Jahrhunderts behandelt haben, haben wir nur beiläufig auf die Bauwerke der »gewöhnlichen« Gattung hingewiesen. Zu ihr zählen sehr kleine, bisweilen sogar winzige Kirchen, die für den individuellen Gebrauch bestimmt waren. Gegen Ende des 12. Jahrhunderts hatten sich die Fürsten in einer Reihe von Territorien so sehr in separatistische Interessen versponnen, daß man neben den gewöhnlichen und nichtgewöhnlichen Fürstenkirchen mit dem Bau individueller Kapellen begann. Sie erhielten ein der Tradition nicht gerade gemäßes Aussehen, und manche waren so außergewöhnlich, daß man sie sozusagen als »Importe« betrachten muß. Hinter der Initiative der Fürsten standen wie in der vorhergehenden Epoche Zünfte der Kaufleute.

Bis vor nicht allzu langer Zeit schien die sogenannte »deutsche Kapelle« in Smolensk das einzige Beispiel eines Rundbaus zu sein. Weil diese Bauform in der christlichen Architektur der Rus unbekannt war, hielt man diese Kapelle für ein ziviles Bauwerk, genauer gesagt für eine alte Schule. N. N. Woronin und P. A. Rappoport konnten aber die liturgische Bedeutung dieses Zentralbaus nachweisen und Analogien zur nordeuropäischen Architektur (Dänemark, Schweden, Insel Gotland) feststellen. Sie lehnten die Bezeichnung »deutsche Kapelle« ab und datierten das Bauwerk auf die zweite Hälfte des 12. Jahrhunderts.[146] Sie nehmen an, daß ein fremder Architekt den Bau projektierte und leitete, während die handwerklichen Arbeiten von einheimischen Maurern durchgeführt wurden. Rundbauten dieser Art werden normalerweise als Kapellen in Burgen und Schlössern verwendet und sind besonders für die romanische Architektur des 12. Jahrhunderts typisch. Der Rundbau selbst ist also in einer westrussischen Stadt nicht völlig fremd. Schwerer fällt es, die Funktion festzulegen. Aller Wahrscheinlichkeit nach diente die Kirche als Gotteshaus der deutschen Kaufleute. Aber ist denn ein Rundbau dem altrussischen Denken so völlig fremd? Zu Beginn dieses Beitrags haben wir darauf hingewiesen, daß der Kreis bei den Slawen ein Abbild der Welt war. Es war auch die Rede von der Kreisform des heidnischen Tempels in Kiew, der nichts anderes darstellte als eine heidnische Kirche in Form einer Rotunde.

Im 10. und 11. Jahrhundert wurde der Kreis durch das Rechteck ersetzt, in dessen Rahmen sich die gesamte Architektur der Rus bis zur Mitte des 12. Jahrhunderts entwickelte. Es manifestierte sich darin die Abhängigkeit vom kosmologischen System des alten Byzanz (Kosmas Indikopleustes) und damit auch von noch älteren Auffassungen. Das Festhalten an diesem Rechteck erklärt sich nicht nur durch rationale, sondern auch durch irrationale, das heißt symbolische Gründe. Je mehr aber die Rechteckform an Symbolbedeutung verlor und sich immer mehr mit architektonisch-ästhetischen Inhalten füllte, verlor sie an Kraft, während die Kreisform eine Wiedergeburt erlebte. Im wesentlichen verliefen alle Tendenzen der Architektur zum Zentralbau parallel zu einer Renaissance des Kreises. Seit der Antike versinnbildlichte der Kreis die Ewigkeit, die Erfüllung und die Vollkommenheit. Alle kreuzförmigen Strukturen, vor allem die mit gleich langen Kreuzarmen, enthielten in latenter Weise auch die Vorstellung von einem Kreis. Die Idealform des Zentralbaus ist der Kreis. Bekanntlich ist in der volkstümlichen Ästhetik die Semantik des Kreises, des Quadrats und der Raute dieselbe. Diese semantischen Überlegungen haben aber keinerlei Bedeutung für die liturgischen Feiern. Man kann sich den Ablauf der Liturgie in einer kreisrunden Kirche ohne Absiden nur schwer vorstellen. Vielleicht war diese Kirchenform für eine persönliche Kapelle akzeptabel, wenn auch mit einigen Vorbehalten. In der byzantinischen Architektur waren Bauten dieser Art vor allem Baptisterien und Martyria, also Gedächtniskirchen. Die Kirche mit kreuzförmigem Grundriß war ganz anders. In ihr konnte man ohne Schwierigkeiten den Altar, den Fürstenthron, den Chor für die Sänger und so weiter unterbringen. Aus diesem Grund gelang es den Zentralbauten nicht, sich in der alten Rus durchzusetzen. Erst im Barock und im Klassizismus konnten die Zentralbauten Fuß fassen, und im Klassizismus wurden sie sogar zu einer der beliebtesten Bauformen.

Abgesehen von der runden Kapelle von Smolensk ist auch die Rotunde von Kiew (Ende des 12. bis Anfang des 13. Jahrhunderts) bekannt, über deren Funktionen ebenfalls abweichende Meinungen existieren. Einige halten sie für ein ziviles Gebäude, andere für eine katholische Kirche.

Die Eliaskirche in Staryi Galitsch (Krylos) hatte einen runden Grundriß, im Westen eine rechteckige Vorhalle und im Osten eine stark vorspringende Apsis. In der Datierung stimmt sie mit der zuvor genannten Kirche ungefähr überein.

Ein weiterer Zentralbau, der als Hofkirche diente, war im Fürstenpalast von Peremyschl integriert. Es ist sogar möglich, daß es sich dabei um den ersten Zentralbau der alten Rus handelt, wodurch seine Verbindung zum Palast noch an Interesse gewinnt.

Ein fünfter Zentralbau befand sich schließlich im Auferstehungswäldchen der Umgebung von Galitsch.[147]

So wenig solche Kirchen sich für die Feier der Liturgie eigneten, so sehr zogen sie durch ihre Originalität die Aufmerksamkeit von Auftraggebern aus privilegierten Schichten auf sich, und wir können sie als der außergewöhnlichen Untergattung der Fürstenhofkirchen als zugehörig betrachten.

Ein ähnliches Schicksal war der Trikonche und der Tetrakonche beschieden. Eine Trikonche wurde im Beltschiz-Kloster von Polozk erbaut. N. N. Woronin interpretierte sie als eine Klosterkirche vom balkanischen Typ und datierte sie ganz allgemein auf das 12. Jahrhundert.[148] A. W. Bogusewitsch, der die Trikonche von Putiwl entdeckte und untersuchte, widersprach allerdings der Einordnung des Polozker Baudenkmals als einer Klosterkirche und wies darauf hin, daß der »Zwillingsbau« von Putiwl nicht in einem Kloster, sondern im Detinez des Fürsten stand.[149] B. A. Rybakow präzisierte die Entstehungszeit der Trikonchenkirche von Putiwl

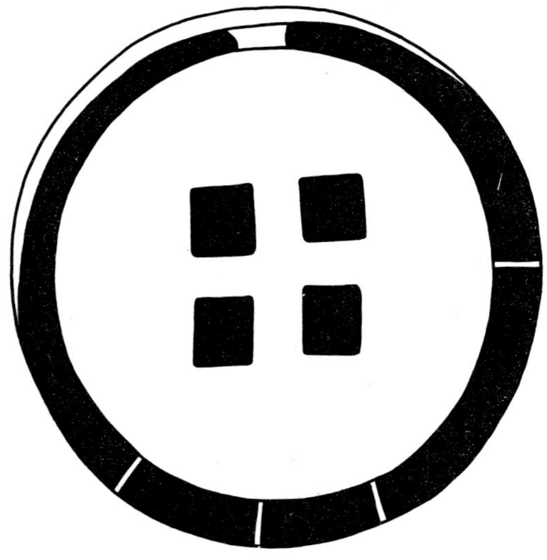

109. Smolensk, Grundriß der Rotunde, zweite Hälfte des 12. Jahrhunderts.

und setzte sie ans Ende des 12. Jahrhunderts.[150] In einem strengen Sinn stellt die Kirche von Putiwl nicht eine Trikonche, sondern eine Pentakonche dar, was ihr spezifisch russische Züge verleiht. Man darf aber auch die monastischen Züge der Trikonche des Beltschiz-Klosters nicht überbetonen. Die Interpretation der Nord- und der Südapsis dieser Kirche als »Chöre«, die mit der »besonderen Struktur des klösterlichen Gesangs« in Zusammenhang stehen, kann so nicht akzeptiert werden, weil auch der liturgische Gesang außerhalb des Klosters einen doppelten Chor erforderte, wobei der eine auf russisch und der andere auf griechisch sang. Diese »Anordnung« existierte noch in der vortatarischen Zeit.[151]

In den letzten Jahren hat man bei Ausgrabungen in Nowgorod-Sewerskij (der nördlichen) eine ähnliche Kirche wie in Putiwl gefunden. Es ist nicht auszuschließen, daß es sich um die Kirche des Fürsten Igor Swjatoslawitsch handelt, des Helden des Igor-Epos.

Die kleeblattförmige Tetrakonchenkirche tritt vor allem im Territorium von Galitsch auf. Eine Tetrakonche fand N. K. Karger 1953 auch beim Dorf Poberesche. Bei einer weiteren stellte erst O. N. Ioannisjan fest, daß es sich um eine Tetrakonche handelte.[152] Beide Baudenkmäler gehen ins dritte Viertel des 12. Jahrhunderts zurück und zeigen die Eigenschaften fürstlicher Bauten. Wahrscheinlich wurden sie weniger durch liturgische Feiern als vielmehr aus dem Wunsch nach etwas Neuem und Originellem erbaut. Unter diesem Gesichtspunkt kann man sie als Fürstenkapellen betrachten, in denen die Liturgie in intimstem Rahmen gefeiert wurde. So verschmilzt nach jahrhundertelanger Entwicklung im Rahmen der Fürstenhofkirchen das Alltägliche mit dem Außergewöhnlichen.

Die Basilios-Kirche in Wladimir-Wolynskij (13. Jahrhundert) kann als Höhepunkt aller Zentralbauten mit mehreren Konchen aus dem 12. und 13. Jahrhundert gelten. Der rundliche Baukörper neigt zur Form einer Oktokonche, das heißt einer achtteiligen Rosette.[153] Bedeutsam ist die Tatsache, daß sich gerade diese Form am Ende des 17. Jahrhunderts in den Kirchen der Fürsten- und Bojarengüter wieder findet.

In diesem Zusammenhang ist die kleine kreuzförmige und pfeilerlose Kirche in der Stadt Ologow bei Staraja Rjasan bedeutsam. Sie unterscheidet sich von einer Oktokonchenkirche nur dadurch, daß ihre »Rosettenblätter« nicht kreisrund, sondern rechteckig sind. Dieses Baudenkmal ist nicht nur innerhalb der Fürstenhofkirchen, sondern in der gesamten altrussischen Architektur einzigartig[154] und gehört deswegen zur Gruppe der außergewöhnlichen Kirchen. Die Kirche von Olgowo gilt unter den Forschern als »Burgkapelle« (das heißt Fürstenhofkapelle, G. W.), und sie ist zwischen dem 12. und dem Beginn des 13. Jahrhunderts anzusiedeln.

Die »panrussische Architekturästhetik«

Nach diesem Überblick über die Gattung der Fürstenhofkirchen erhebt sich spontan die Frage: Wie hätte der darauffolgende Entwicklungsschritt in der altrussischen Architektur ausgesehen, wenn keine Invasion durch die Goldene Horde stattgefunden hätte? Diese Frage ist auch für konkrete historische Betrachtungen bedeutsam: Bildeten sich in der altrussischen Architektur Vorstellungen der Vorrenaissance? Bei der Suche nach einer Antwort auf diese Frage verbinden sich Typologie und

Stilistik zu einem organischen Ganzen. Wir wollen auf diese Probleme etwas näher eingehen.

In einer seiner interessantesten Arbeiten über die historischen Ursprünge der russischen Nationalarchitektur schreibt N. N. Woronin: »... Die Anfangselemente der neuen architektonischen Ästhetik waren noch vor der Eroberung durch die Mongolen entstanden.«[155] Aus der Konstruktion dieses Satzes kann man erkennen, daß der Autor unter »neuer architektonischer Ästhetik« das architektonische Bild der postmongolischen Zeit verstand, insbesondere jenes Denken, das zu einer bedeutsamen Abweichung von der Tradition und damit von der byzantinischen Kreuzkuppelkirche führte.

In der russischen Architektur der vormongolischen Zeit gab es in der Tat vieles, das die stilistischen Grenzen der byzantinischen Architektur überschritt. Die typologische Betrachtungsweise der Architektur erlaubt es uns deswegen, die grundlegende Tendenz konkreter zu erfassen, die auf den ersten Blick in der Vorliebe für vertikale, pyramidenförmige Konstruktionen zu bestehen scheint. Wenn wir aber aufmerksam die historischen Funktionen der von uns untersuchten Baudenkmäler betrachten, fällt uns auf, daß keines darunter den Anspruch erhob, ein irgendwie geartetes panrussisches Prinzip zu verkörpern. Bedeutsam ist in dieser Hinsicht der Charakter der Aufträge. Fürst Dawid Rostislawitsch von Smolensk, der Erbauer der Swirskaja, erntete eine ziemlich kritische Beschreibung vom Autor des »Igorliedes«. B. A. Rybakow, der sich diesem Problem von Grund auf gewidmet hat, bezeichnet Dawid frank und frei als den »Negativhelden« des berühmten Liedes.[156] In analoger Weise wird auch Dawids Bruder Rjurik Rostislawitsch geschildert, der Erbauer der Kirche von Owrutsch. Hier entfernt sich der Autor des »Igorliedes« beträchtlich vom Chronisten, doch gibt es Gründe, mehr dem genialen Dichter zu trauen. Die Erbauer der Kirche von Nowgorod und Putiwl (Fürst Igor und wahrscheinlich sein Sohn) standen panrussischen Interessen so fern und waren wirtschaftlich und politisch so schwach, daß man ihnen kaum zutrauen kann, sie hätten ein bedeutsames Werk in Auftrag gegeben. Das bezieht sich auch auf alle übrigen Baudenkmäler innerhalb der Fürstenhofkirchen mit Ausnahme jener, die bedeutsame Züge der Staatskathedralen aufweisen. Bedeutsam ist die Tatsache, daß alle Fürstenhofkirchen mit nach oben strebender Komposition und mit stufenförmigem zentralem (kreuzförmigem) Aufbau vor allem an der Westseite der alten Rus verbreitet waren, von Nowgorod-Welikij bis nach Galitsch. In der Architektur der Rus von Wladimir-Susdal finden wir diesen Bautyp nur in der spätesten Kirche, der Georgs-Kathedrale von Jurew-Polskij (1230–1234), obwohl auch diese einen ziemlich zurückhaltenden Eindruck macht. Wir können nicht umhin festzustellen, daß die Tendenz zur Überwindung des statischen kubischen, byzantinisierenden Systems der Kreuzkuppelkirche zwar bestand, aber nicht einherging mit großräumigen, das heißt panrussischen architektonischen Konzepten und Programmen. Die »turmförmigen« Kirchen blieben somit innerhalb der Grenzen, die für Fürstenhofkirchen galten. Die Definition dieser Tendenz als neuer panrussischer Stil muß somit revidiert werden. Dafür spricht auch die Tatsache, daß sich im Zeitraum, den wir betrachten und der oft als die Epoche des »Igorliedes« bezeichnet wird, von neuem ein Interesse für die Architektur der Staatskathedralen herausbildete. In unseren Darlegungen stellt sie eine dritte Entwicklungsphase dar, und dieses Mal liegt die Beziehung zu einem panrussischen Programm so sehr auf der Hand, daß wir uns dieser Frage unbedingt näher widmen müssen.

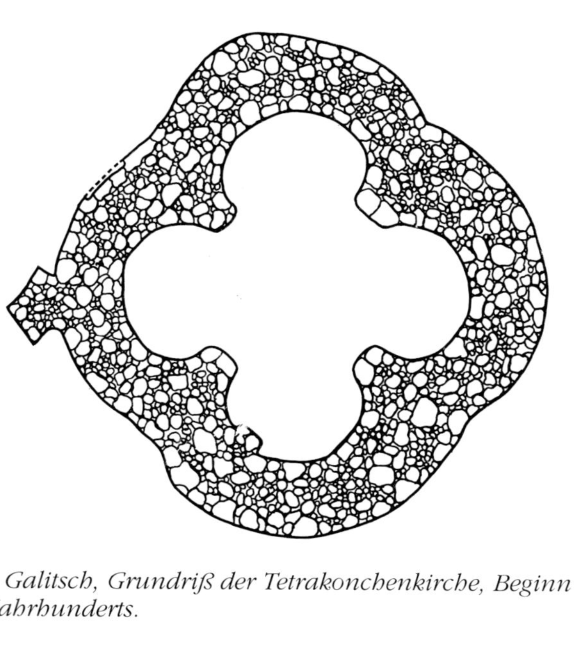

110. Galitsch, Grundriß der Tetrakonchenkirche, Beginn des 13. Jahrhunderts.

Bekanntlich waren die Protagonisten des »Igorliedes« Jaroslaw Osmomysl von Galizien, der »große und schreckliche« Swjatoslaw Wsewoloditsch aus Kiew (und Tschernigow) und Wsewolod III. (Großes Nest) von Wladimir. Auf diesen drei Fürsten ruhten die Hoffnungen, es würde ihnen gelingen, die russischen Kräfte zur Verteidigung der Grenzen zu einigen. Doch gerade diese Herrscher errichteten keine turmförmigen Baudenkmäler, sondern wandten sich dem großen architektonischen Erbe aus der Zeit der mächtigen Kiewer Rus zu, das heißt der Gattung der Staatskathedralen zur Zeit Jaroslaws des Weisen.

Jaroslaw Osmomysl begann damit als erster, noch zu Beginn der zweiten Hälfte des 12. Jahrhunderts. Deswegen zählt die von ihm erbaute Mariä-Himmelfahrts-Kathedrale in Galitsch für uns zu einer Frühphase der Reminiszenzen an die Staatskathedralen. Doch 1183 (jedenfalls in dieser Zeit) gründete Swjatoslaw Wsewoloditsch von Kiew in seiner Herrschaft Tschernigow die große sechspfeilerige Mariä-Verkündigungs-Kirche mit hohen kreisrunden Galerien, so daß sie fünf Schiffe aufwies. Der imponierende Bau ist leider nicht erhalten geblieben. Die Fundamente untersuchte B. A. Rybakow[157], so daß wir eine ziemlich vollständige Vorstellung vom architektonischen Aussehen dieser Kirche besitzen. Sie war mit den Absiden ungefähr zweiunddreißig Meter lang und mit den Galerien sechsundzwanzig Meter breit. Wie bereits gesagt, waren die Galerien gleich hoch wie das Haupt- und die beiden Nebenschiffe; im Osten mündeten sie in besondere Räume, in denen möglicherweise der Metropolit und der Fürst ihre Gewänder anzogen. Man kann demnach annehmen, daß diese Kirche für liturgische Feiern des Metropoliten gedacht war. Eine derart große Kirche mußte ohne Zweifel fünf Kuppeln besitzen.

So können wir, ohne noch auf die Frage des Baudekors einzugehen (das übrigens prächtig war mit Mosaiken und Reliefs aus weißem Stein!) festhalten, daß wir in diesem Fall nicht einfach vor einer Fürstenhofkirche mit den Merkmalen einer Kathedrale stehen, wie etwa jenen, von denen bereits die Rede war (Polozk, Smolensk, Susdal und anderen), sondern wir haben es mit einem Baudenkmal aus der Gattung der Staatskathedralen zu tun, das ohne Zweifel mit dem Ziel einer panrussischen Resonanz geplant wurde. Das wird auch davon bestätigt, was wir über den »großen und schrecklichen« Swjatoslaw Wsewoloditsch wissen. Bestätigt wird dies auch vom historischen Augenblick, den Swjatoslaw für den Bau dieser Kirche wählte: In der Mitte der achtziger Jahre des 12. Jahrhunderts hatte er seine Stellung in Kiew festigen können und »ergriff entscheidende und weitreichende Maßnahmen gegen seine Feinde«[158], die allerdings ohne Zweifel ziemlich beeinträchtigt wurden vom fehlgeschlagenen Feldzug des Fürsten Igor Swjatoslawitsch gegen die Kumanen. Vielleicht erklärt sich so das hohe Pathos des »Igorliedes«, dessen Autor »der Sänger Swjatoslaws« war. Doch trotz der Tragödie des Jahres 1185 war ein Jahr darauf die Mariä-Verkündigungs-Kathedrale fertig und geweiht: ein weiteres Beispiel für die Macht Swjatoslaws. Wir können davon ausgehen, daß die Form der Kirche, die in einem derart schwierigen und entscheidenden Augenblick gebaut wurde, vorher genau überdacht und im Hinblick auf ein möglichst vollständiges »funktionelles Ergebnis« gewählt wurde. B. A. Rybakow hatte ohne Zweifel recht, als er vor vierzig Jahren sagte, ›der aufwendige Bau des »großen und schrecklichen‹ Swjatoslaw habe die architektonischen Traditionen der vereinigten Rus des 11. Jahrhunderts ins Leben zurückgerufen. Ihn ahmten in den unmittelbar darauf folgenden Jahren mehrere rivalisierende Fürsten nach.«[159] Es ist durchaus nicht merkwürdig, daß Wsewolod »das große Nest«, der Großfürst von Wladimir, als erster Interesse zeigte. Swjatoslaws Bau ging dem Ende entgegen, als Wsewolod noch im Jahr 1185 begann, die Mariä-Himmelfahrts-Kathedrale von Andrej Bogoljubskij mit hohen Galerien zu umgeben, scheinbar als Ausgleich für die Folgen des Brandes, der 1184 im Inneren der Kathedrale ausgebrochen war. Diese Tatsache konnte natürlich nicht unbemerkt bleiben. Doch dies geschah 1185. Wsewolod III., der alle Initiativen Swjatoslaws aufmerksam verfolgte, begriff sehr wohl, daß die Mariä-Himmelfahrts-Kathedrale von Wladimir mit einer Kuppel und drei Schiffen nicht mit dem wundervollen Bau Swjatoslaws konkurrieren konnte, der immerhin fünf Schiffe und fünf Kuppeln aufwies. Im Jahr 1185 entstand auch das »Igorlied«. Es wurde kurz darauf, so meint B. A. Rybakow, am Hof des Fürsten Swjatoslaw vorgelesen.[160] Das Werk findet lobende Worte für Wsewolod III. Sie mußten folglich gerechtfertigt werden! Wsewolods Hinzufügung zur Mariä-Himmelfahrts-Kathedrale (1185–1189), so daß aus ihr eine fünfschiffige Kirche mit fünf Kuppeln entstand und sie noch länger wurde als Swjatoslaws Mariä-Verkündigungs-Kathedrale (fast achtunddreißig Meter lang und einunddreißig Meter breit), kann als erste Reaktion auf das »Igorlied« gelten. Natürlich wurde die äußere Form aus der Gattung der Staatskathedralen bewußt gewählt, was eine Orientierung auf die große architektonische Tradition der Zeit Jaroslaws des Weisen bedeutete.

Im Hinblick auf Wsewolod III. können wir sagen, daß ihn die Umbauten an der Mariä-Himmelfahrts-Kathedrale offensichtlich nicht befriedigten. Deswegen baute er von 1194 bis 1197 auch die Demetrios-Kirche, seine eigene Hofkirche, und sorgte dafür, daß dabei eine Assoziation zur Gattung der Staatskathedralen entstand, von der schon weiter oben die Rede war. Doch Natur und Funktion der Fürstenhofkirchen erlaubten es nicht, derart monumentale Formen wie in der Gattung der Staatskathedralen zu schaffen. Das ist der Grund, warum die Kirchen der typologischen Variante der »Fürstenhofkathedralen«, von der schon weiter oben die Rede war (Polozk, Smolensk, Susdal und andere), am Ende des 12. Jahrhunderts nur ein Seitenzweig in der Entwicklung der dritten Phase der Reminiszenzen an die Gattung der Staatskathedralen waren. Diese Tatsache ist bedeutsam bei der Antwort auf die wichtige Frage des nationalen panrussischen Architekturstils. Dazu müssen wir einige Aspekte der neuen »architektonischen Ästhetik« untersuchen.

Gehen wir einmal vom bereits erwähnten Hauptaspekt aus, dem Bild der Welt. Durch vielfältige Umformungen erhielt es in der Gattung der Fürstenhofkirche einen persönlicheren Ausdruck. Dieser Personalisierung darf aber kein so großes Gewicht beigemessen werden: Die Menschen waren noch weit von der Individualisierung der Renaissance entfernt. Nehmen wir ein beliebiges Baudenkmal aus der Gattung der Territorialkathedralen mit ihren vier Fassaden, die auf die vier Kardinalpunkte ausgerichtet sind, mit ihrem einförmigen Rhythmus (»Isozephalie«), mit ihren Blendbögen, mit ihrer horizontalen Ausdehnung und so weiter, und vergleichen wir sie mit der Fürstenhofkirche mit stufenförmigem, in der Vertikale betontem, nach oben verjüngtem Bau. Dann kommen wir nicht um die Feststellung herum, daß das Bild der erstgenannten Kirche ein kollektives, unpersönliches, geradezu »kanonisches« ist, wie wir etwa die Welt als unpersönlich und »kanonisch« empfinden. Das Bild der zweiten Kathedrale ist eher persönlich und gewiß keinesfalls »kanonisch«. Man nimmt bei ihr einen kreativen Impetus des Geistes zum Himmel, zur Idee des Wunderbaren hin wahr, das natürlicherweise das Göttliche und somit ziemlich unpersönlich ist, obwohl wir uns diese Gottheit als Person denken. Das Bild der Welt ist bei der Fürstenhofkirche stärker anthropomorph und subjektiver: Es manifestiert sich darin auch eine individualisiertere Funktion der betreffenden Kirche: Sie ist die Hofkirche oder besser persönliche Hauskirche und eben keine öffentliche Stadtkirche. Ich wiederhole in diesem Zusammenhang, daß die Fürstenhofkirche keinen Narthex brauchte und auch nicht viele Kuppeln (die, wie wir bereits gesehen haben, später unter anderen Umständen auftreten). Auch die Funktion der Galerie wurde reduziert, während die Plastik an der Fassade, die Verbindung mit den Türmen und die Harmonisierung aller Formen um die zentrale Achse herum mehr Bedeutung gewannen. Das Bild der Welt ist in der Architektur der Fürstenhofkirche anthropomorpher. Von der Kathedrale kann man nicht behaupten, sie stelle den Menschen dar, doch diese Aussage gilt für die zentralisierte Fürstenhofkirche. Natürlich ist sie aber kein Bild des Menschen, sondern immer noch der Welt, wenn auch durch deren Anthropomorphisierung gesehen. Diese Anthropomorphisierung geschah nicht nur mit Hilfe traditioneller metaphorischer Symbole (Fundamentsockel, Gürtel, Schultern und Kopf des Gebäudes), sondern auch mit Hilfe der Instrumente der Apperzeption, das heißt durch die Assoziierung neuer architektonischer Qualitäten (Zentralisierung, Höhe) mit psychologischen Konzepten wie Schlankheit, Erhöhung, Pracht, Individualität und so weiter. Den Begriff der »Schönheit« verwendeten Zeitgenossen oft, um gerade diesen Bautyp zu kennzeichnen.

Bei der neuen Tendenz ist ein Gefühl für das Monumentale unverkennbar. Doch auch diese Monumentalität ist anders, nicht massiv und ruhig, nicht schwer und monolithisch, nicht historisch und majestätisch, sondern sie besteht in einem andauernden, energischen und aktiven Aufstieg zum Himmel: Sie schafft die Illusion abzu-

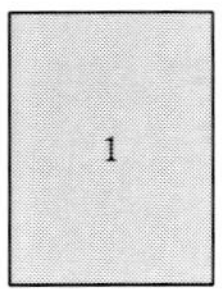

1. Pskow, Christi-Verklärungs-Kathedrale im Mirosch-Kloster, Gesamtansicht.

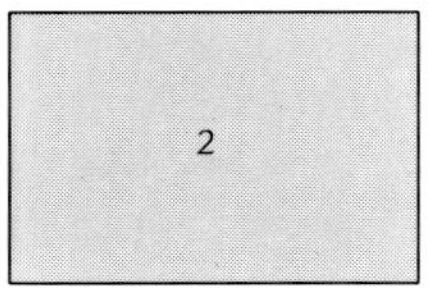

2. Wladimir, Mariä-Himmelfahrts-Kathedrale, Ansicht von Nordosten.

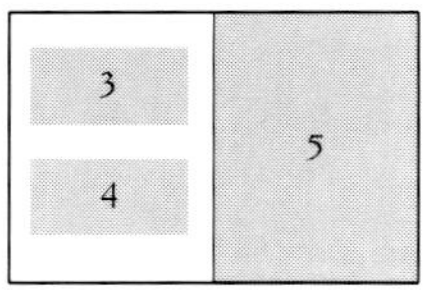

3. Pskow, Christi-Verklärungs-Kathedrale im Mirosch-Kloster, Fresko der Eucharistie in der Apsis des Allerheiligsten.
4. Pskow, Christi-Verklärungs-Kathedrale im Mirosch-Kloster, Höllenfahrt, Fresko an der Ostwand des nördlichen Arms des Querschiffs.
5. Pskow, Christi-Verklärungs-Kathedrale im Mirosch-Kloster, Fresko im Allerheiligsten (Mitte des 12. Jahrhunderts).

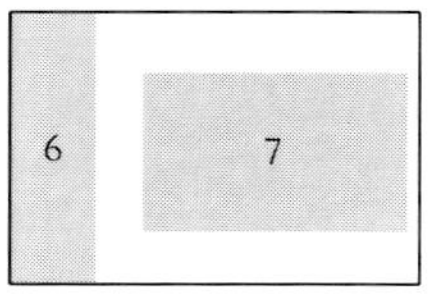

6. Pskow, Christi-Verklärungs-Kathedrale im Mirosch-Kloster, Muttergottes, Ausschnitt aus dem Fresko mit der Darstellung der Verkündigung in der Apsis des Allerheiligsten.
7. Pskow, Christi-Verklärungs-Kathedrale im Mirosch-Kloster, die Beweinung Christi, Ausschnitt aus dem Fresko in der Lünette der Nordwand.

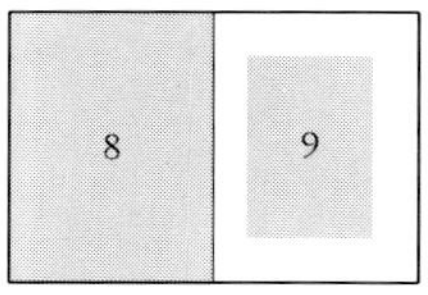

8. Pskow, Christi-Verklärungs-Kathedrale im Mirosch-Kloster, Erzengel Gabriel, Ausschnitt aus dem Fresko mit der Darstellung der Verkündigung in der Apsis des Allerheiligsten.
9. Verkündigung von Ustjug, Nowgorod, zweite Hälfte des 12. Jahrhunderts; Moskau, Tretjakow-Galerie.
Die Ikone stammt aus der Georgs-Kathedrale im Jurjew-Kloster.

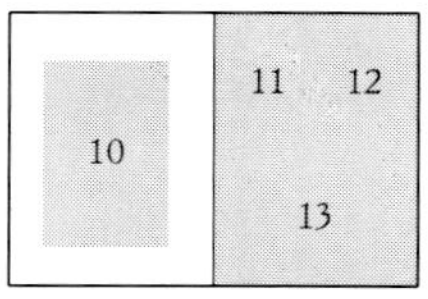

10. Demetrios von Saloniki, Rus von Wladimir-Susdal, Ende des 12. Jahrhunderts, teilweise mit späteren Eingriffen; Moskau, Tretjakow-Galerie.
11–12. Muttergottes vom Zeichen (auf der Rückseite der Apostel Petrus und die Märtyrerin Natalja), Nowgorod, vor 1169; Nowgorod, Museum.
13. Nicht von Hand geschaffenes Erlöserbild (auf der Rückseite Kreuzverehrung), Nowgorod, zweite Hälfte des 12. Jahrhunderts; Moskau, Tretjakow-Galerie.

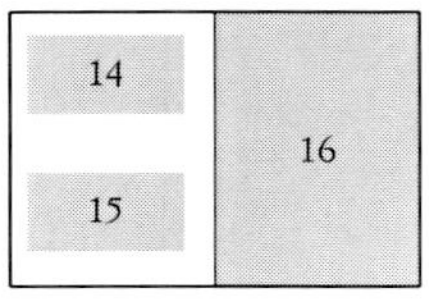

14. und 16. Der Erlöser Emanuel mit Engel, Wladimir, Ende des 12. Jahrhunderts; Moskau, Tretjakow-Galerie.
15. Deesis, Rus von Wladimir-Susdal, Beginn des 12. Jahrhunderts; Moskau, Tretjakow-Galerie.

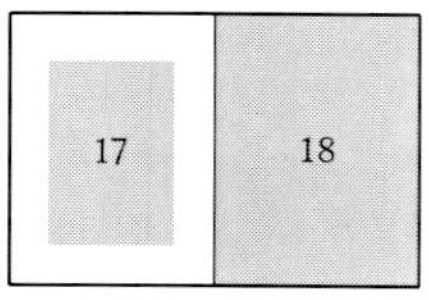

17–18. Mariä Entschlafung, Nowgorod, Beginn des 13. Jahrhunderts; Moskau, Tretjakow-Galerie.

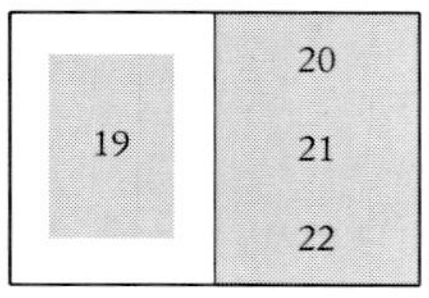

19. Muttergottes Beloserskaja, Nowgorod, erstes Drittel des 13. Jahrhunderts; Sankt Petersburg, Russisches Museum.
20. Armband mit Darstellung phantastischer Tiere und ritueller Szenen, Wladimir, Silber, Gravur, vergoldet, Niellotechnik, 12. Jahrhundert; Sankt Petersburg, Russisches Museum.
21. Armband mit Tierdarstellungen, Wladimir, Silber, Gravur, Vergoldung, Niellotechnik, 12. Jahrhundert; Sankt Petersburg, Russisches Museum.
22. Armband mit Tierdarstellungen, Silber, ziseliert, Niellotechnik, Rjasan, 12. Jahrhundert; Moskau, Historisches Museum.

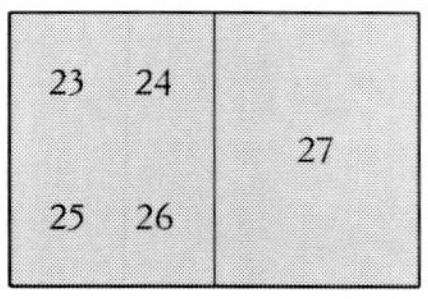

23–24. Geschmeide aus Halsband und Medaillons mit der Darstellung blühender Kreuze und des heiligen Gleb, Rjasan, Silber, Gravur, Vergoldung, Niellotechnik, zweite Hälfte des 12. bis erstes Drittel des 13. Jahrhunderts; Rjasan, Museum der Schönen Künste.
25. Barma von Rjasan, Rjasan, Gold, Edelsteine, Perlen, Zellenschmelzemail, Filigrantechnik, 12. Jahrhundert; Moskau, Museum des Kreml.
26. Kolt in Sternform, Silber, Gravur, Niellotechnik, 12. Jahrhundert; Moskau, Museum des Kreml, Rüstkammer.
27. Kette mit Medaillons (Barma) aus Susdal, nordöstliche Rus, Silber, Gravur, Beginn des 13. Jahrhunderts; Moskau, Historisches Museum.

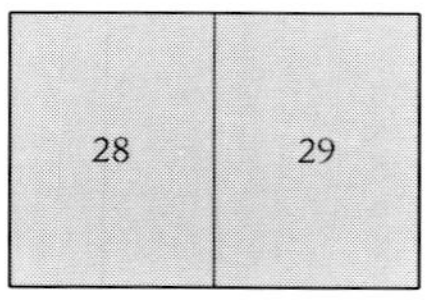

28–29. und 32. Helm, Rus von Wladimir-Susdal, Silber, Ziselierung, Gravur, 12. Jahrhundert; Moskau, Museum des Kreml, Rüstkammer.

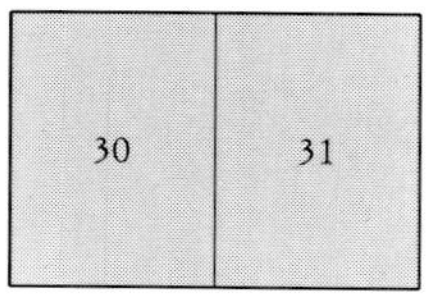

30. Weihwassergefäß aus der Sophien-Kathedrale von Nowgorod, Nowgorod, Silber, Guß, Ziselierung, Gravur, Vergoldung, Meister Kosta, 12. Jahrhundert; Nowgorod, Museum.
31. Kelch, Rus von Wladimir-Susdal, Silber, Gravur, Vergoldung, 1152–1157; Moskau, Museum des Kreml, Rüstkammer. Dieser Kelch für die Kommunion stammt aus der Christi-Verklärungs-Kathedrale von Perejaslawl-Salesskij. Er wurde im Auftrag von Jurij Dolgorukij angefertigt und nach dem Tode dieses Fürsten von seinem Sohn Andrej Bogoljubskij der Kathedrale überlassen.

IC
XC

heben und wird gleichzeitig symmetrisch und heraldisch (daher stammt ihre Einzigartigkeit, die darauf abzielt, einen optischen, einen visionären Eindruck zu machen). Dieser Stil kann nicht mehr als monumentaler Historismus bezeichnet werden; er nähert sich eher der epischen Lyrik, die typisch ist für das »Igorlied«. Dieses ist jedoch ganz von der Vorstellung der Einheit der Rus durchzogen. Dieser Art der Semantik begegnen wir nicht in der Architektur der »turmförmigen« Fürstenhofkirchen.

Bei den Fürstenhofkirchen des letzten Viertels des 12. Jahrhunderts wird nicht so sehr die Mächtigkeit der Mauern, sondern vielmehr das Pittoreske, nicht die Stabilität der Masse, sondern die leichte Beweglichkeit, nicht die Trägheit des Baukörpers, sondern dessen Impulsivität unterstrichen. Durch die funktionelle Individualisierung wird diese Architekturgattung subjektiver. Das Bild der Welt in der Architektur der Christi-Verklärungs-Kathedrale in Smolensk oder einer beliebigen anderen Tetrakonchenkirche ist eine subjektivierte Welt. Es fällt sehr schwer, für diesen Stil einen genauen Fachbegriff zu finden. Wir können ihn nicht mit der Gotik vergleichen, obwohl er verschiedene romanische und gotische Elemente enthält.

Wir müssen hier zwei Umstände in Betracht ziehen: Zunächst war die Anthropomorphisierung und die Humanisierung der Architektur kein isolierter Prozeß. Sie stellte vielmehr eine Erscheinung in ganz Europa (und sogar in Eurasien) dar. Wir bezeichnen diese Entwicklung als Vorrenaissance. Dann umfaßte die Vorrenaissance nicht nur gotische, sondern auch romanische Elemente.[161] Die »Tendenz«, die wir in der russischen Architektur beobachtet haben, stellte also kein ausschließliches Phänomen dar. Wir möchten diese Tendenz als »romanisierenden und heraldisierenden Visionismus« bezeichnen.

Angesichts dieser Bezeichnung begreift man, warum es notwendig ist, die Definition des »turmförmigen« Stils der Fürstenhofkirchen als neuen panrussischen Stil zu revidieren. Er war zwar neu, aber panrussisch konnte er nicht sein wegen der Begrenztheit der »Ästhetik des Individuellen«.

Das bedeutet aber keineswegs, daß die architektonische Ästhetik der Rus am Ende des 12. Jahrhunderts in eine Sackgasse gelangt war. Es gab einen sehr breiten Ausweg. Zur Lösung dieses Problems führt uns die »Architekturpolitik« der positiven Protagonisten des »Igorliedes«, wie wir bereits kurz erwähnt haben.

Man darf Neuerungen nicht nur unter formalen Aspekten sehen. Die neue Form brachte ohne Zweifel auch einen neuen Inhalt. Doch welchen? Was war die universelle Bedeutung und folglich der historische Wert dieses neuen Inhalts? Die neue Form der »turmförmigen« Fürstenhofkirchen besaß keineswegs eine universelle Bedeutung. Wenn die Zeitgenossen dies nicht hätten verstehen können, dann hätte auch Swjatoslaw Wsewoloditsch nicht auf die historisch-monumentalen Formen aus der Gattung der Staatskathedralen zurückgegriffen, und Wsewolod III. wäre dem Beispiel Swjatoslaws nicht gefolgt. Sowohl die Mariä-Verkündigungskirche in Tschernigow als auch die Mariä-Himmelfahrts-Kathedrale in Wladimir (in der von Wsewolod modifizierten Form) zeigten genau jene allgemeinen Linien der altrussischen Literatur auf, von denen man das beste Ergebnis im Hinblick auf die Bildung einer panrussischen Architekturästhetik erwarten konnte. Die Mariä-Himmelfahrts-Kathedrale in Wladimir hat ohne Zweifel eine größere formale Ausdruckskraft als die Swirskaja oder die Kathedrale von Susdal. Sie weist mehr nationale Assoziationen (Kiew, Tschernigow) auf. Gegen Ende des 12. Jahrhunderts wurden diese nationalen Assoziationen so allgemein verständlich und bedeutsam, daß jede Tendenz zu einem Byzantinismus ausgeschlossen war.

Die byzantinischen Merkmale (fünfschiffiger Aufbau, Kreuzkuppelkirche) waren schon so weit nationalisiert, daß man sie als echt russisch bezeichnen kann. Unter diesem Aspekt kann der Stil der Staatskathedralen viel mehr von sich behaupten, daß er panrussischer Natur sei, als der »turmförmige« Stil.

Was charakterisiert die Bildung des panrussischen Architekturstils am Ende des 12. Jahrhunderts? Zunächst ist es die bestimmende Rolle der antiken Tradition Jaroslaws. Dessen große fünfschiffige Kathedralen mit den fünf Kuppeln repräsentierten die panrussische Ausdrucksform.

An zweiter Stelle steht das Gefühl für die monumentale Integrität. Das gigantische Parallelepipedon des Gebäudes wurde nicht als Summe von Teilen mit unterschiedlichen Proportionen, sondern als einziger Block konzipiert.

Drittens besaß dieser Block ein Innenleben: Die Oberfläche der Mauern wurde in der Horizontalen von ausgeprägten Halbkuppeln und in der Vertikalen von einem Säulenfries mit Figurenkapitellen gegliedert.

Viertens: Bei den monumentalen Formen war ein plastisches Dekor möglich.

Der monumentale Historismus der Architektur des 11. Jahrhunderts entwickelte sich zu einem originalen monumental-ästhetisierenden Stil, der der architektonischen Schönheit viel mehr Aufmerksamkeit widmete. Deswegen hinterließ die Mariä-Himmelfahrts-Kathedrale in Wladimir eine derart breite Spur in der russischen Architektur.

B. A. Rybakow schrieb zu seiner Zeit, nach den prunkvollen Bauten Swjatoslaws von Kiew (Mariä-Verkündigungs-Kathedrale) und Wsewolods von Wladimir

111. Nowgorod, Mariä-Verkündigungs-Kirche bei Arkaschi, 1179, Gesamtansicht.

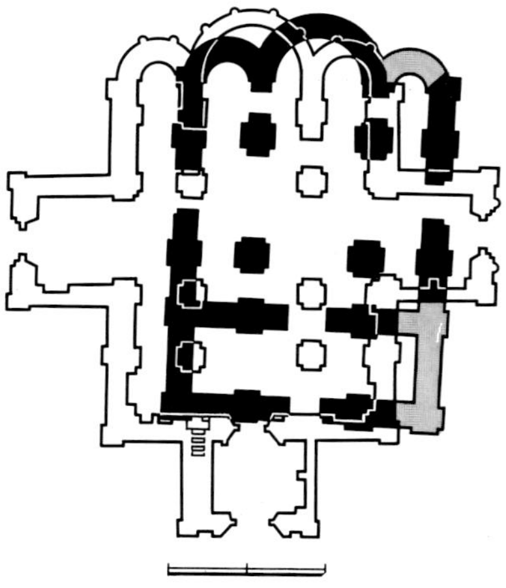

112–113. Susdal, Mariä-Geburts-Kathedrale, 1222–1225: Südfassade (Rekonstruktion von G. Wagner); Grundriß.
114. Wladimir, Goldenes Tor, heutige Ansicht.

(Veränderungen an der Mariä-Himmelfahrts-Kathedrale) wären die zukünftigen Wege der russischen Architektur schon angelegt gewesen: Ein Beispiel dafür sind Bauten wie die Swirskaja, die Dreieinigkeits-Kathedrale von Pskow, die Paraskewe-Kirche in Tschernigow und andere.[162] Das trifft aber nur zum Teil zu. Wir müssen daran denken, daß damals so imponierende Kirchen wie die schon öfter erwähnte Demetrios-Kathedrale von Wladimir (1194–1197) und die Mariä-Geburts-Kirche in Susdal (1222–1225) keine »turmförmige« Struktur besaßen, sondern die Monumentalform der Kathedralen aufwiesen. Wenn wir davon ausgehen, daß die getreueste Rekonstruktion der Bedachung der Georgs-Kathedrale von Jurew-Polskij (1230–1234) die von A. B. Stoletow war, so steht fest, daß dieses letzte Baudenkmal der Architektur von Wladimir-Susdal aus prämongolischer Zeit einen Tambour besaß, der auf einem rechteckigen, ziemlich traditionellen Sockel ruhte. Es geht hier nicht darum, die pyramidenförmigen »Turmbauten« und ihre Schönheit zu unterschätzen. Es geht hier um die Assoziation. Mit den pyramidenförmigen Turmbauten verbindet sich nicht die Idee von der Größe und der Einheit der Rus, die Idee der Sobornost. Es ist vielmehr die Annahme richtig, daß die allgemeine Entstehungslinie der panrussischen Architektur in der prämongolischen Zeit ihren Anfang bei den großen Fürstenkathedralen des 11. Jahrhunderts nahm, wie Swjatoslaw von Kiew und Wsewolod III. richtig begriffen. Diese Linie entwickelte sich im Inneren der Gattung der Staatskathedralen, deren Denkmäler des 12. Jahrhunderts wir als Reminiszenzen betrachten müssen.

Der geniale Elan der »Turm«-Architektur ging nicht verloren. Eine Reihe brillanter Elemente dieser architektonischen Ausdrucksform blieb erhalten und wurde in der Moskauer Staatsarchitektur verwendet, als sich der panrussische Stil bereits herausgebildet hatte.

Profanarchitektur

Im Unterschied zur religiösen Architektur läßt sich die zivile Monumentalarchitektur auf zwei Gattungen zurückführen: die Hof- oder Palastarchitektur und die Festungsarchitektur.

Von den Palästen und Fürstenhöfen des 10. bis 12. Jahrhunderts sind nur unbedeutende archäologische Reste in Kiew und Tschernigow erhalten geblieben. Diese bezeugen zwar, daß die Baukomplexe zu ihrer Zeit beträchtliche Ausmaße hatten. Von ihrem Aufbau her gesehen waren es längliche Parallelepipedien mit einem (Kiew) oder zwei Stockwerken (Tschernigow). Eine genauere Beschreibung können wir aus Materialmangel jedoch nicht geben.

Etwas mehr können wir über die Gattung der Festungsbauten aus prämongolischer Zeit aussagen. Nach der komplexen funktionellen Natur jeder Gattung im Rahmen der religiösen Architektur, die nicht nur rein praktische Aufgaben hatte, sondern auch geistliche, ideologische Wohnungen darstellte und ein Bild von der Welt zum Ausdruck brachte, erscheint die Festungsarchitektur sehr einfach: Ihr Zweck war ausschließlich defensiver Natur. Daraus ergab sich die Notwendigkeit von Mauern und Türmen, und die Struktur dieser Architekturgattung läßt sich auf den ersten Blick darauf reduzieren. Doch trifft dies beim zweiten Blick keineswegs zu. Zu Recht schreibt W. W. Kostotschkin: »... Die Verteidigungsbauten der alten Rus, die uns wegen der Monumentalität ihrer Formen, der nüchternen Proportionen des Baukörpers und der Ausdruckskraft des künstlerischen Bildes auffallen, stehen in der Geschichte der Architektur gleichberechtigt neben den übrigen zivilen und religiösen Bauten.«[163] Und weiter: »... Die militärischen Verteidigungsanlagen aus Stein übten einen deutlichen Einfluß auf die übrigen Zweige der Architektur aus, so daß diese Bauwerke Elemente der Verteidigungsanlagen aufnahmen.«[164] Wir haben schon mehrfach unsere Zustimmung dazu zum Ausdruck gebracht.

Die ältesten Steinbauten aus der Festungsarchitektur sind wohl das »Goldene Tor« von Kiew (1037) und das »Goldene Tor« von Wladimir-Susdal (1165). Diese Tore besaßen als Besonderheit Kirchen »über der Pforte«, die »nicht nur den Eingang in die Stadt heiligten, sondern auch einen Schutz für die Tore darstellten«.[165] Auch der Detinez von Nowgorod besaß Tore mit Kirchen über den Pforten. Im Unterschied zu Kiew und Wladimir schlossen an die Türme des Detinez in Nowgorod keine Befestigungen aus Holz und Erde an, sondern Mauern aus Stein.

Zusammenfassung

Wenn wir zusammenfassen, was über die typologische Differenzierung der russischen Architektur des 12. und des beginnenden 13. Jahrhunderts gesagt wurde, so können wir den Schluß ziehen, daß die treibende Kraft dieses Prozesses eine Differenzierung der architektonischen Funktionen war. Wenn die gesamte architektonische Entwicklung des 12. Jahrhunderts beispielsweise nur in der Gattung der Kathedralen (Sobor) ihren Anfang genommen hätte, so hätte sich nur unter Schwierigkeiten die Tendenz zu einer Wiederaufnahme des traditionellen byzantinischen Systems der Kreuzkuppelkirche so energisch entwickeln können. Die Differenzierung und die getrennte Entwicklung der Funktionen der Fürstenhofkirchen spielten hier eine entscheidende Rolle. Nehmen wir einmal an, die Rus wäre 1237 nicht von den Tataren und den Mongolen überfallen worden. Dann wären im 13. und 14. Jahrhundert harmonische Bauten etwa nach der Art der Panagia Mugliotissa in Konstantinopel (Maria Patronin der Mongolen, heute Kali Kilise) entstanden. Ihr intimer Tetrakonchenraum hat mit seinem Individualismus »Berührungspunkte mit der Renaissance«.[166] Es wären auch gotischere Bauten nach dem Vorbild der galizischen Architektur des dritten Stadiums entstanden, und auch sie hätten Anklänge an die architektonische Ästhetik der Vorrenaissance gezeigt.

Dahinter stand ohne Zweifel nicht nur eine Änderung des künstlerischen Geschmacks, dessen Individualisierung, sondern vor allem eine veränderte Weltanschauung, die Individualisierung der Symbolik, eine Personalisierung des Kults, der zwar an seiner ursprünglichen Symbolik festhielt, aber dennoch von einem höchst persönlichen Motiv durchdrungen war, von der Aufmerksamkeit und der Konzentration auf sich selbst. Die russische Geschichte vertraute die Hauptrolle der Gattung der Staatskathedralen an. Diese Rolle war vielleicht weniger aktiv, dafür aber grundlegender vom Gesichtspunkt der nationalen Spiritualität. Diese Gattung bewahrte das Bild der russischen Kathedrale bis zum Ende des 12. Jahrhunderts, und das hatte zur Folge, daß die entsprechenden Formen in der Moskauer Rus wieder Verwendung fanden. Trotz der Veränderung des historischen Wegs der altrussischen Architektur aufgrund des Tatareneinfalls wurde die Entwicklung der künstlerischen Errungenschaften nicht unterbrochen. Sie wurde gebremst und behindert, doch die Errungenschaften waren zu bedeutsam, als daß sie wieder hätten verschwinden können. Sie gehörten zu einer gesamteuropäischen Entwicklung. Verstümmelt bis fast zu den Wurzeln, keimten sie im 13. Jahrhundert nach und nach wieder aus. Die Verschlechterung der historischen Situation war der Grund für die Deformation dieser Tendenzen aus der Vorrenaissance.

115. Wladimir, Goldenes Tor, 1165, Skizze.

Plastik

Während Plastiken zwischen dem Ende des 11. und dem Beginn des 12. Jahrhunderts an den Kirchenfassaden von Kiew, Tschernigow und Galitsch nur beschränkte Anwendung fanden, begannen sie in der zweiten Hälfte des 12. und zu Beginn des 13. Jahrhunderts alle Außenmauern der Kirchen zu beleben und drangen auch ins Innere ein. Dieses Phänomen verglich A. A. Bobrinskij mit der Geburt der Athene aus dem Kopf von Zeus. Genaugenommen geschah dies nur im Fürstentum Wladimir-Susdal. Die Entwicklung wurde durch die Invasion der Tataren unterbrochen und trat später im selben Umfang nicht wieder auf.

Wie können wir diese Erscheinung erklären? Handelt es sich dabei um eine außergewöhnliche Entwicklung, oder steht sie im Zusammenhang mit einer gewissen Gesetzmäßigkeit?

Wenn A. A. Bobrinskij die Plastik von Wladimir-Susdal mit der Geburt der Athene vergleicht, so entzieht er sie jeglicher Gesetzmäßigkeit. Aber selbst, wenn »die Geschichte nie die Schule der Logik besuchte«[167], unterliegt sie auch wieder nicht der reinen Willkür. Wir haben anhand der Architektur gesehen, wie der »byzantinische Klassizismus« langsam ausstarb und durch originellere Formen ersetzt wurde. Dazu trug im 12. Jahrhundert eine besondere »Wiedergeburt« des »Volksbewußtseins« in erheblichem Maße bei. Es führte zur Blütezeit der dekorativen angewandten Künste im sogenannten »Tierstil«. In dieser Atmosphäre fand alles einen günstigen Nährboden, was nicht nach Byzanz aussah.

Die Chroniken berichten uns, daß Handwerker aus allen Territorien für Andrej Bogoljubskij arbeiteten. Wir können annehmen, daß die meisten aus Galitsch stammten, wo Künstler aus ganz Mitteleuropa zusammentrafen. Das erste Beispiel einer plastischen Außendekoration in der Rus von Wladimir-Susdal war die Fürstenhofkirche von Bogoljubowo bei Wladimir (1156–1158?). Die Kirche wurde mit Frauen- und Löwenmasken geschmückt, die stilistisch-romanischen Vorlagen nahestehen. Bei der Mariä-Schutz-Kirche am

Nerl (gleiche Bauperiode) stieg die Zahl der Frauenmasken, und neben zahlreichen Figurenkonsolen erschien auch die Figur des Psalmisten David, umgeben von Vögeln und Löwen. Im Inneren der Kirche kamen Reliefs mit Löwendarstellungen hinzu. In den Profilen der Frauenmasken sind teilweise romanische Züge erhalten geblieben, doch überwiegen eindeutig die »russifizierten« Darstellungen.

Eine außergewöhnliche »Explosion« plastischen Dekors fand statt auf den Mauern der Demetrios-Kathedrale in Wladimir, die in den Jahren 1192 bis 1197 erbaut wurde. Tatsächlich blieb die untere Hälfte der Mauer mit Ausnahme der Reliefs an den Portalen frei. Die obere Hälfte hingegen ist einschließlich der Absiden und der Kuppeltamboure völlig von Flachreliefs bedeckt, die wie ein Brokatstoff wirken.

Die vierzig Jahre, welche die Mariä-Schutz-Kirche am Nerl von der Demetrios-Kathedrale trennen, lassen vermuten, daß Fürst Wsewolod III. (der Bruder von Andrej Bogoljubskij, der 1174 ermordet wurde) einen neuen großen Artel (ungefähr zwanzig Personen) in seine Dienste nahm. Dieser Mannschaft gelang es, innerhalb von fünf Jahren ein solches Wunder der Architektur zu schaffen. Das zentrale Motiv der Plastik ist wiederum der Psalmensänger David. Doch dieses Mal ist er nicht von zwei Vögeln und zwei Löwen umgeben, sondern steht inmitten einiger hundert realer und phantastischer Tiere und Vögel. Dabei überwiegen die Darstellungen von Löwen und Greifen. Viel Raum wird auch Menschenfiguren zugestanden, unter denen wir die Fürsten Boris und Gleb sowie Wsewolod III. mit seinen Söhnen erkennen. Dieses phantastische Agglomerat von Flachreliefs ist mit einem pflanzlichen Ornament in Form stilisierter Bäume oder Zweige verwoben.[168]

116. Wladimir, Bogoljubowo, »Muttergottessäule« mit vierseitigem Kapitell, 1115–1165 (Rekonstruktion von G. Wagner).

Bemerkenswerterweise sind die romanischen Elemente im Stil der Plastik der Demetrios-Kathedrale beträchtlich zurückgegangen. Doch es kommt noch etwas anderes hinzu: Man kann Mauerabschnitte vor allem auf der Südfassade ausmachen, die durch einen Flachschnitt gekennzeichnet sind. Sie lassen auf eine Hand schließen, die das Holzschnitzen gewohnt ist. Hier arbeiteten ohne Zweifel russische Handwerker, wahrscheinlich Einheimische.

Es ist noch ein Rätsel, wer ein derart komplexes Skulpturenprojekt entwerfen konnte. Ganz gewiß dürfen wir es nicht auf eine reine Dekoration reduzieren, denn dahinter steht eindeutig eine tiefe Gedankenwelt. Doch welche Art von Gedanken waren es? Sollte Wsewolod III. dem König David, dem Einiger und Organisator eines einheitlichen Reiches, gleichgesetzt werden? Oder handelte es sich um eine Darstellung des Universums? Diese Fragen wurden ganz unterschiedlich beantwortet. Die Skulptur der Demetrios-Kathedrale enthält nichts Eschatologisches oder Apokalyptisches, und allein schon durch diese Tatsache kann man sie nicht dem romanischen Stil zuschreiben. Es kommen darin keine großen Statuen vor, auch keine schreckerregenden dämonischen Wesen, während dem pflanzlichen Ornament viel Raum gewährt wird. Statt desm Kampfes zwischen den Mächten der Finsternis und den Mächten des Lichts herrscht überall eine universelle Harmonie. Die freie Kombination vegetabilischer, zoomorpher und anthropomorpher Formen unterscheidet die Plastik von Wladimir-Susdal sowohl von der Plastik vorangegangener Epochen wie von der zentralasiatischen, islamischen Ornamentik. Wir stehen hier vor einer sehr unabhängigen Kunstform, die sich mit besonderer Klarheit in den dekorativen vegetabilischen Formen äußert.

Die Kenner der altrussischen Kunst haben viel über den Schmuck der Georgs-Kathedrale von Jurew Polskij geschrieben und sie einesteils mit der kaukasischen, anderntheils mit der asiatischen Skulptur verglichen. Stets unterstrichen sie jedoch ihre arabeskenhafte Natur. Doch dieses Dekor enthält nichts Arabeskenhaftes! Um ehrlich zu sein, kann man sie auch nicht als »realistisch« definieren. Der Grad der Stilisierung der »Bäume« verhindert aber nicht, daß die »Idee« eines Baumes entsteht, und gerade darin besteht ja der Sinn eines Ornamentes.

Der »Lebensbaum« auf dreieckigen Sockeln mit einigen Volutenpaaren ist in der Kunst von Bauernvölkern ein altes, weitverbreitetes Motiv. Es kam von Anfang an auch in der slawischen Kunst vor und überlebte in der Bauernkunst bis zum 19. Jahrhundert. Im Lauf der Geschichte dieses Motivs, das ursprünglich kultische Bedeutung hatte, ging langsam der Symbolgehalt verloren, während ästhetische Attribute der städtischen Profankunst hinzukamen. Doch wann immer es darum ging, das Thema der Natur, der Erde, des Lebens darzustellen, so bildeten die volkstümlichen Künstler unverändert den traditionellen »Lebensbaum« ab.

In der Bauplastik der Georgs-Kathedrale (1230 bis 1234) stellte das Ornament im unteren Teil des Kirchenbaus die Erde im weitesten Sinne dar. Darüber befand sich eine Skulptur über das Thema der irdischen und der himmlischen Kirche. Während das Ornament unten wie ein üppiger Garten aus Lebensbäumen erschien, verwandelte es sich weiter oben in ein viel feineres, pittoreskes Rankengeflecht, das direkt entmaterialisiert wirkt.

Die Vorstellung von der Erde wird vom Vorhandensein von Vogelpaaren in Baumwurzeln unterstrichen. Sie erinnern an den weitverbreiteten Mythos, daß Vögel die Welt schufen. Die Vögel und die anderen Tiere bei den Wurzeln der Bäume erinnern ebenso an antike Darstellungen des Lebensbaumes.

Das Bild der Erde in Form eines üppigen Gartens am Fuß des gesamten Universums verleiht dieser Plastik den Charakter einer Kosmogonie. Trotz der kirchlichen Elemente handelt es sich aber nicht um eine kirchliche, sondern um eine volkstümliche, tief und spontan realistische Kosmogonie, weil die Grundlage für die irdische wie die himmlische Kirche die Natur bildet, die Mutter Erde.

Der Stil der Plastik von Wladimir-Susdal ist genauso schwer zu definieren wie der Stil von Architektur und Malerei in der Rus zwischen der zweiten Hälfte des 12. und dem Beginn des 13. Jahrhunderts. Es fällt schon schwer, ihn auf den monumentalen Historismus zurückzuführen. Auch die Architektur selbst ist nicht so sehr monumental. Wichtiger ist, daß bei der Plastik der Historismus sozusagen in einen phantastischen Rahmen aus den unterschiedlichsten Elementen eingebettet ist. Volkskunst? Sicher spielt sie hier eine Rolle. Doch können wir nicht alles auf die Volkskunst zurückführen. Man kann in der Skulptur von Wladimir-Susdal nicht einmal das Vorhandensein eines gelehrten Elementes leugnen. Wir stehen hier vielleicht vor dem steingewordenen Ausdruck jener volkstümlichen Theologie des Mittelalters, die sich aus volkstümlichen Werken nach der Art des Elucidarium nährte und sich an das breite Volk wandte.[169] Wenn sich aber die westeuropäische Plastik der Romanik der drohenden Höllenstrafen bediente, so spielten in der Rus und insbesondere im Fürstentum von Wladimir-Susdal der Sieg des Guten über das Böse (die Figur Davids als Friedensfürst) und das Thema der Rettung (Bilder der Leiden des Herrn) eine herausragende Rolle. Der Mikrokosmos (der Mensch) war dem Makrokosmos (Universum) nicht entgegengesetzt, sondern bildete mit ihm eine Einheit. Unter diesem Aspekt bildeten alle Formen der bildenden Kunst der Kiewer Rus eine Einheit.

117. Wladimir, Demetrios-Kathedrale, Nordfassade.

Malerei

Die Malerei in der Zeit zwischen der zweiten Hälfte des 12. und dem Beginn des 13. Jahrhunderts ist besser bekannt als die der vorangegangenen Epoche. Ohne Zweifel stellt sie einen Ausdruck der fruchtbaren Entwicklung vieler lokaler Kunstzentren dar, von denen schon früher die Rede war. Obwohl man sich alle diese Zentren nicht ohne Kiew vorstellen kann, blieb auch hier die feudale Aufsplitterung nicht ohne Auswirkungen. Die Zahl der Monumentalbauten stieg rasch an, und man mußte sie mit Wandmalereien, mit Ikonen und liturgischem Gerät versehen. Heute können wir uns kaum mehr vorstellen, wie viele Artel und Handwerker in der Rus kurz vor der Tatareninvasion tätig waren. Darunter waren Russen, Griechen, und viele stammten aus dem Balkan oder der romanischen Welt Westeuropas.

Diese große Vielfalt an Handwerkern und Künstlern hatte weitreichende Auswirkungen. Wer Handwerker in seine Dienste nehmen wollte, hatte eine reiche Auswahl, denn die künstlerische Ausrichtung dieses oder jenes Artel war überall bekannt. Nehmen wir einmal an, der eine wollte ein byzantinisierendes Gemälde in Auftrag geben, der andere ein nach dem Stil des Balkans gemaltes, während wiederum andere den romanischen oder einen einheimischen Stil bevorzugten. Auch wenn der Auftraggeber gar keine Wahl in dieser Richtung traf, trat die spezifische Tradition jedes Artel spontan hervor. Auch im Inneren eines einzigen Artel gab es Künstler mit ganz unterschiedlichen künstlerischen Neigungen. Das war gewiß auch im 11. Jahrhundert der Fall, doch folgte man damals viel rigoroser der panrussischen Linie. Mit der feudalen Aufsplitterung der Rus zerfiel auch diese Einheitlichkeit. Auf die Bildung »architektonischer Schulen« folgte auch die Differenzierung der Malerei, auch wenn wir in jener Zeit noch nicht von der Bildung der Malschulen sprechen können.

Wir können hier schematisch gesehen zwei Tendenzen beobachten: eine »gräkophile« und eine eindeutig russische.

Die gräkophile Tendenz ist charakteristisch für Arbeiten, die vom hohen Feudaladel in Auftrag gegeben wurden. Diese Art der Malerei nahm in der Zeitperiode, die uns hier interessiert, ihren Anfang beim komplexen Freskenzyklus in der Christi-Verklärungs-Kirche des Mirosch-Klosters. Der Auftraggeber konnte nicht mehr Bischof Nifont von Nowgorod (gestorben 1156) sein, doch Inhalt und Stil der Fresken spiegelten jene gräkophile Orientierung wider, die Nifont mit Jurij Dolgorukij gemeinsam hatte. Es handelte sich aber nicht mehr um eine rein byzantinische Linie. Im Stil der Fresken fällt uns eine Ungeschlachtheit und eine Verdichtung der Figuren auf, und vor allem tritt jene ornamentale Tendenz auf, die sich in der darauffolgenden Zeit in der lokalen Malerei entwickelt. Einige Forscher erkennen darin den möglichen Einfluß der Romanik und vergessen dabei, daß es sich um ein gemeinsames Merkmal der russischen wie der romanischen Kunst handelte.

Im Lauf der Zeit entwickelten sich diese beiden Tendenzen der Malerei parallel zueinander. Das »gräkophile Prinzip« tritt gegen Ende des Jahrhunderts im prächtigen Gemäldezyklus der Fürstenhofkirche des heiligen Demetrios in Wladimir (1194–1197) zutage, der von einem hellenistischen Geist durchtränkt ist. Leider ist nur der Westteil der Fresken (das Jüngste Gericht) erhalten geblieben. Doch gerade hier sind die abgebildeten menschlichen Figuren (Apostel) in derartigen Proportionen wiedergegeben, daß dies den Künstlern ermöglichte, ihre Fähigkeit der psychologischen Individualisierung bei den Gesichtern unter Beweis zu stellen. Einige Apostel (besonders Markus) sind so ausdrucksstark, daß sie die stilistischen Grenzen des 12. Jahrhunderts fast zu überschreiten scheinen. Denselben Eindruck macht auch ein freierer Malstil, der sich weit entfernt hat von der linearen Stilisierung. In der Rus des 12. Jahrhunderts gilt diese Kunst als typisch für die Hauptstadt, denn zur Zeit Wsewolods III. war Wladimir die inoffizielle Hauptstadt der Rus. Obwohl wir nicht wissen, woher die Künstler, welche die Fresken von Wladimir und von Pskow (Mirosch-Kloster) schufen, stammten, muß es sich aber doch ohne Zweifel um Griechen gehandelt haben, die aber nicht notwendigerweise aus Konstantinopel waren.

Unter den byzantinischen Monumentalmalern, die in der zweiten Hälfte des 12. Jahrhunderts in der Rus arbeiteten, gab es natürlich auch Ikonenmaler. Diese beiden Arbeitsbereiche waren nicht streng voneinander getrennt. Nicht alle Monumentalmaler beherrschten aber die viel feinere und minutiösere Kunst der Ikonenmalerei. Es ist nicht auszuschließen, daß aus der Gruppe von Künstlern, welche die Demetrios-Kathedrale von Wsewolod III. ausmalten, auch der Meister hervorgegangen ist, der die große, wundervoll ausgeführte Ikone des heiligen Demetrios von Thessaloniki schuf. In stolzer Haltung auf einem Thron sitzend, das halb aus der Scheide gezogene Schwert auf den Knien haltend, ähnelt der heilige Krieger den Bildern der Apostel im Jüngsten Gericht auf den Fresken der Demetrios-Kirche. Demetrios von Thessaloniki muß nicht notwendigerweise als das Idealbild für Wsewolod III. gelten, obwohl dies psychologisch durchaus gerechtfertigt wäre. Wichtig für die altrussische Kunstgeschichte ist die Tatsache, daß es sich hier um ein lokales und nicht um ein von Byzanz importiertes Werk handelt. In der Rus des 12. Jahrhunderts fand also keineswegs jene Entwertung der Kunst statt, die bisweilen mit der feudalen Aufsplitterung einhergeht.

Abgesehen von der Ikone des heiligen Demetrios von Thessaloniki entstanden zwischen der zweiten Hälfte des 12. und dem Beginn des 13. Jahrhunderts noch verschiedene weitere vorzügliche Ikonen. Unter den berühmtesten seien erwähnt: das nicht von Menschenhand geschaffene Bildnis des Erlösers aus der Mariä-Himmelfahrts-Kathedrale des Kreml, der heilige Nikolaus aus dem Nowodewitsch-Kloster, der Engel mit den goldenen Haaren, die fälschlicherweise so genannte Verkündigung von Ustjug (von Nowgorod), der heilige Georg als Krieger (aus der Mariä-Himmelfahrts-Kathedrale des Kreml), die Apostel Petrus und Paulus aus Beloosero und verschiedene andere. Die vergeistigten Gesichter mit den großen, ausdrucksstarken Augen verraten die Hand von Meistern, welche die byzantinische Kunst gut kannten. Von besonderer Schönheit ist die Ikone mit der Darstellung des Engels mit den Goldhaaren, bei der sich irdische und überirdische Schönheit in vollkommener Weise vereinigen. Viel männlicher wirkt das Bild des heiligen Georg, das in seiner Art den Mosaiken der Sophien-Kathedrale in Kiew sehr nahesteht.

Wie bereits erwähnt, faßte in der Epoche, die uns hier interessiert, auch eine Malerei mit eindeutig »russifizierten« Zügen Fuß. Bei dieser Art der Malerei wird ein steifer byzantinischer Stil sozusagen durch konkrete, stärker an die Erde gebundene Züge bereichert. Diese sind schon in Malereien aus der ersten Hälfte des 12. Jahrhunderts zu spüren (Fresken der Sophien-Kathedrale von Nowgorod). Doch nunmehr entsteht aus ihnen ein Stil, den W. N. Lasarew kühn als »lokalen Stil« bezeichnet.

W. N. Lasarew ging hauptsächlich von der Analyse der Fresken der Christi-Verklärungs-Kirche an der Nerediza aus, die auf das Jahr 1199 zurückgehen. Dieser Stil bildete sich aber gewiß nicht auf einmal heraus. Schon bei den Fresken der Kyrill-Kirche in Kiew (sechziger bis siebziger Jahre des 12. Jahrhunderts) ist eindeutig eine Abweichung vom klassischen byzantinischen Stil zu beobachten, sowohl beim System wie bei den formalen Zeichen. Anstelle des starren byzantinischen Systems erkennen wir eine Verdichtung des Dargestellten, eine ziemlich freie Assoziierung von Mauerschmuck und ikonenähnlichem Fresko. Es entwickelt sich ein »Bildteppich-Verfahren«, das sich auch in der Vergrößerung der Malflächen äußert. Dazu kommt eine stärker grafische Note. Die Gesichter der Heiligen werden deutlich »slawi-

118. Wladimir, Demetrios-Kathedrale, der Apostel Markus, Ausschnitt aus dem Fresko mit der Darstellung des Jüngsten Gerichts im Hauptschiff.

scher«. Dieser etwas lapidare Stil entwickelte sich während der letzten Jahrzehnte des 12. Jahrhunderts auf den Fresken der Nowgoroder Kirchen (Verkündigungskirche in Arkaschi, 1189; Georgskirche in Staraja Ladoga, achtziger Jahre des 12. Jahrhunderts; Christi-Verklärungs-Kirche an der Nerediza, 1199). So entsteht, wie W. N. Lasarew meint, ein eigenständiger Nowgoroder Stil.[170] Einen besonders klaren Ausdruck findet er in den Fresken der Kirche an der Nerediza, deren Reichtum und Realismus, so W. N. Lasarew, »mit außergewöhnlicher Kraft die volkstümliche Wurzel erkennen läßt. Das ist um so interessanter, als wir es hier mit Fresken zu tun haben, die eine Fürstenkirche schmücken.«[171] Nachdem die Fresken von Nowgorod, Pskow und Ladoga in jener Zeit fast die Gesamtheit der russischen Malerei repräsentierten, kann man ihren Stil als russisch bezeichnen. Dies zeigt sich ebenso deutlich bei den Ikonen, besonders bei jenen, die keine so starke Verbindung zur byzantinischen Tradition aufwiesen (der heilige Nikolaus aus dem Heilig-Geist-Kloster, die Muttergottes vom Zeichen und andere).

Bei der Ikone des heiligen Nikolaus verdichtet sich die traditionelle Kombination von Zentralfigur und ziemlich kleinen Heiligenfiguren an den Rändern vom kompositorischen Gesichtspunkt aus. Die Farbe ist stärker lokalisiert und reiner und bringt in das Malsystem der Ikone durch die Verstärkung des grafischen Eindrucks und durch die stärker betonten Umrisse ein Element aus der angewandten Kunst ein. Auch die ausgeprägte Flachheit der Figuren trägt dazu bei.

Man kann nicht sagen, daß sich das Ikonenbild (das Bild des Heiligen) damit vereinfacht hätte. Es verlor vielleicht seine eigene Individualität, den psychologischen

119. Wladimir, Demetrios-Kathedrale, Engel, Ausschnitt aus dem Fresko mit der Darstellung des Jüngsten Gerichts.

120. Nowgorod, Christi-Verklärungs-Kirche an der Nerediza, Taufe Christi, Fresko auf der Südwand.

Abstand, doch wurde es für das Gebet viel besser geeignet. Es gewann dafür eine viel konkretere Wirkung, weil auf dem Bild die Schutzpatrone der großen Familie des Auftraggebers dargestellt waren. Dies alles begünstigte die Verfestigung lokaler Züge und damit des Hauptmerkmals der Nowgoroder Schule zu Beginn des 13. Jahrhunderts.

Dieser Prozeß begann noch in der zweiten Hälfte des 12. Jahrhunderts, und aus dieser Zeit stammt auch die Ikone der Muttergottes vom Zeichen. Auf der Rückseite dieser Ikone sind Petrus und die Märtyrerin Natalia abgebildet, die Christus anbeten. Die malerische und nicht grafische Interpretation des Gesichts des heiligen Petrus mit akzentuiertem Hell-Dunkel (probelka) sowie die süße Zartheit des Ausdrucks entfernen sich doch sehr vom byzantinischen Kanon und kündigen eine neue Epoche der russischen Kunst an.

Etwas anders war die Lage in der Rus von Wladimir-Susdal. Das tragische Ende Andrej Bogoljubskij schwächte nicht die Macht des Fürsten mit seinen panrussischen Tendenzen, sondern verstärkte sie. Dies äußerte sich in einer größeren Aufmerksamkeit gegenüber dem byzantinischen Erbe, wie wir bereits anhand der Fresken der Demetrios-Kathedrale schon gesehen haben.

121. Susdal, Mariä-Geburts-Kathedrale, Greif, Ausschnitt aus der Westpforte, Kupfer, Feuervergoldung, Niellotechnik, um 1235.

122. Susdal, Mariä-Geburts-Kathedrale, unbekannter Heiliger, Ausschnitt aus dem Fresko an der Sakristei (1230–1233).

Aus dem vortatarischen Wladimir sind zwei hauptsächliche Deesis bekannt, die eine mit Christus, der Muttergottes und Johannes dem Täufer, die andere mit Christus in der Gestalt des Emanuel und den Engeln. W. N. Lasarew betrachtet sie als die in ihrer Art am stärksten byzantinischen Werke.[172] Gleichzeitig schreibt er sie jedoch nicht einem byzantinischen Meister zu, insbesondere nicht die erste Deesis mit der Muttergottes und Johannes dem Täufer. Ein gewisser Mangel an Spiritualität und ein gewisser Aristokratismus werden in dieser Ikone von nicht traditionellen und somit nicht byzantinischen, sondern lokalen Merkmalen kompensiert.

Es ist schwer auszumachen, wie stark die beiden »Tendenzen« in Wladimir waren. Doch das Auftreten eines derart vergeistigten Bildes wie des des Erlösers von Jaroslawl wahrscheinlich noch vor der Tatareninvasion ist ein Zeichen dafür, daß die Malerei nicht nur in Nowgorod, sondern auch in der Rus von Wladimir-Susdal ein nationales Fundament gefunden hatte. Dies bezeugt die Moskauer Ikone der Gottesmutter Eleusa aus dem 12. Jahrhundert, eine Art russisches »Pendant« zur berühmten byzantinischen Eleusa (Muttergottes von Wladimir) und Vorläuferin der Muttergottes vom Don (Donskaja).[173]

Natürlich verstärkte sich mit dem Fall Konstantinopels im Jahr 1204 die lokale russische Kunst, und dies half ihr auch, die schreckliche Invasion der Goldenen Horde zu ertragen. Bei den Ikonen »im eigenständigen Nowgoroder Stil« (Lasarew) können wir eine gewisse volkstümliche Naivität wahrnehmen, die sich zum Beispiel in falschen Proportionen der Figuren, einer an heidnische Idole gemahnenden Unbeweglichkeit und einem heraldischen Stil erkennen läßt. Bei einigen Miniaturen (zum Beispiel aus dem Evangeliar von Galitsch in Wolynien, Beginn des 13. Jahrhunderts) werden hingegen die Anzeichen einer Erholung dieses Stils bereits deutlich. Sie ist ein Zeichen »der Teilnahme der vortatarischen russischen Malerei am Prozeß der Erneuerung der mittelalterlichen künstlerischen Formen, wie er zu Beginn des 13. Jahrhunderts für ganz Europa gemeinsam ist«.[174] Das geht aus der festlichen Atmosphäre der Miniaturen und aus der »ungewohnten Beweglichkeit der Figuren, der Posen und der Drapierung« sowie dem Eindruck der »Spontaneität und Fröhlichkeit« hervor, »welche die Nüchternheit der byzantinischen Kunst beleben«.

Es ist sinnvoll, den Abschnitt über die Malerei der Rus von Wladimir-Susdal mit einem Werk zu beschließen, das sich an der Schwelle zur angewandten Kunst befindet und das am Vorabend der Tatareninvasion entstand. Es handelt sich um die beiden goldenen Bildtüren der Mariä-Geburts-Kathedrale von Susdal aus den Jahren 1222 bis 1225.

Sie sind in Niellotechnik bearbeitet und feuervergoldet. Jede Tür besteht aus achtundzwanzig Feldern. Die in Niellotechnik ausgeführte Zeichnung besteht in den unteren Reihen aus zoomorphen Motiven; die übrigen Reihen zeigen liebliche Themen (Türen im Süden) sowie christliche Themen (Türen im Westen). Während ihrer jahrhundertelangen Geschichte wurden die Susdaler Türen mehrere Male »repariert«. Deswegen lohnt es sich nicht, über die Anordnung der Türfelder zu sprechen. Viel interessanter ist die Frage nach den ausführenden Künstlern. Die Türen sind ohne Zweifel das Werk mehrerer Meister oder verschiedener Artel. Der Stil der Westtüren zeigt mehr slawische Züge, während auf den Südtüren die byzantinischen Merkmale überwiegen. Die Inschriften auf beiden Türen sind jedoch altslawisch.[175] Die Susdaler Türen gehören zu den schönsten Zeugnissen der vortatarischen Kunst. In ihnen vereinigen sich geistige Tiefe, ein feiner Sinn für das Dekorative und eine große technische Meisterschaft. Kurz nach der Fertigstellung dieser Türen ergossen sich die Horden von Batyj/Batu über die nordwestliche Rus …

Angewandte Kunst

Die angewandte Kunst der Rus zur Zeit der feudalen Aufsplitterung ist vielleicht nicht so brillant wie zur Zeit der Kiewer Rus, doch erscheint sie vielfältiger und steht der volkstümlichen Ästhetik näher. Mit dem Wachstum der lokalen Zentren wuchsen und festigten sich auch Fähigkeiten lokaler Künstler. Doch das Kiewer Erbe, das D. S. Lichatschew als »unsere Antike« bezeichnete, war so groß und so reich, daß es die lokalen Zentren weiterhin bis zur Katastrophe der Jahre 1237 bis 1240 anregen konnte. Dieser Katastrophe entgingen nur Nowgorod und Pskow. 1237 fiel Rjasan, 1240 Kiew.

Nach der feudalen Aufsplitterung der Kiewer Rus, die gegen Mitte des 12. Jahrhunderts ihren Anfang nahm, blieben nicht nur Galitsch und Tschernigow, sondern auch entferntere Städte noch lange Zeit Zentren eines Handwerks, das aus den Gebieten um den Dnjepr stammte. Rjasan war zum Beispiel berühmt für die goldenen Barma (Halsbänder), die Kolty (Schläfenanhänger) und die silbernen Armbänder, deren Ausführung noch deutlich das Kiewer Erbe erkennen läßt.[176]

Bei der Herstellung der goldenen Barma von Rjasan spielte das Zellenschmelzemail (Cloisonné) eine sehr wichtige Rolle. Es ist nicht so auffallend wie bei den Kie-

123

124

125

126

127

128

123. Wladimir, Bogoljubowo, weibliche Maske, Relief in der Mariä-Geburts-Kirche, 1158–1165. 124. Wladimir, Mariä-Himmelfahrts-Kathedrale, Kapitell einer Halbsäule an der Fassade. 125. Wladimir, Demetrios-Kathedrale, Darstellung eines Pfaus, Relief am linken Teil der Nordfassade. 126. Susdal, Mariä-Geburts-Kathedrale, Ausschnitt aus der Archivolte des westlichen inneren Tores. 127. Jurew Polskoj, Georgs-Kathedrale, Zentaur, Relief auf der Nordwand der westlichen Vorhalle. 128. Susdal, Mariä-Geburts-Kathedrale, Türklopfer in Form eines Löwenkopfes, Westtor.

wer Schmuckarbeiten, sondern wirkt durch die Miteinbeziehung farbiger Steine harmonischer. Beim Schmuck der Barma wurde auch Filigran verwendet. Die Heiligenbilder im Zentrum der Barma stehen in einem spitzenartig wirkenden feinen Rahmen, wie wenn die arabeskenähnlichen Fassaden der Bauwerke von Wladimir-Susdal vorweggenommen werden sollten. Man weiß auch, daß die Technik der Feuervergoldung in Rjasan bekannt war.

Es ist keineswegs merkwürdig, wenn wir in der angewandten Kunst von Wladimir-Susdal viele Analogien finden. Das Zellenschmelzemail ist ähnlich wie in Rjasan, wird aber nicht auf Gold, sondern auf Kupfer appliziert. Bei den silbernen Armbändern treten die Motive der russischen Mythologie in einem Schmuckrahmen auf, der sich an den Steinmetzarbeiten alter Kathedralen inspirierte.[177] Einen stärker individuellen Charakter weisen weitere einzelne Gegenstände auf, zum Beispiel ein Kriegshelm, der Fürst Jaroslaw Wsewolodowitsch[178] zugeschrieben wird. Er ist von ziselierten Silberplatten mit Heiligenfiguren und einer großen Darstellung des Erzengels Michael an der Stirnseite bedeckt. Als Schmuck dient ein arabeskenartiger Rand mit Greifen ähnlich den Flachreliefs beim Baudekor und den goldenen Türen der Mariä-Geburts-Kathedrale von Susdal.

Der beschriebene Helm wurde auf dem Feld jener Schlacht gefunden, die 1216 zwischen den Fürsten von Pereslawl und Nowgorod stattfand. An ihr nahmen – in feindlichen Lagern! – zwei deutsche Brüder teil.

Schlußbemerkung

Die altrussische Kunst vor dem Tatareneinfall war außerordentlich lebhaft und vielfältig. Die heidnischen Tempel und die damit verbundenen Idole wurden relativ leicht aufgegeben. Die altrussische Kunst bewahrte jedoch ihren belebenden Geist und interpretierte die spirituellen Werte aus Byzanz ohne übermäßigen theologischen Rationalismus. Das Heidentum als Religion und als Kult wurde langsam überwunden, doch seine hauptsächlichen ästhetischen Werte blieben bestehen und wurden zu einer belebenden Kraft der neuen Kunst: nämlich das Gefühl der Einheit mit der Natur, die Naturpoesie und die Poesie der künstlerischen Schöpfung. Im Rahmen des Christentums entwickelte der Mensch die Auffassung vom Wert der Seele, wie sie Wladimir Monomach mit den folgenden Worten zum Ausdruck brachte: »Meine Seele ist mir mehr wert als die ganze Welt.«[179] Er schrieb aber auch: »Weder das Leben in der Einsiedelei noch das Leben als Mönch oder das Fasten wird euch das göttliche Erbarmen einbringen, sondern nur ein kleines Werk.« Für ein kleines Werk sind jedoch große physische Kräfte notwendig, und ohne sie kann man keine heroischen Opfer für den Staat erbringen. Alle dreiundachtzig Kriegszüge von Wladimir Monomach waren heroische Opfer dieser Art. Das steinerne Relief, das den Kampf des Herakles mit dem Löwen zeigt und das sich im Höhlenkloster in Kiew befindet, beschreibt sehr gut den heroischen Geist. Ihre zentrale Idee war die der Einheit der russischen Heimat. In der Kunst entstand daraus der Stil des monumentalen Historismus. In seinen Formen fanden die neuen Auffassungen von der Rus als einem wichtigen Teil der Weltgeschichte Ausdruck. Mit größter Klarheit formulierte dieses Selbstverständnis der erste russische Metropolit Ilarion in seiner Rede über das Gesetz und die Gnade. Die Kunst von Kiew, Tschernigow, Nowgorod und teilweise Polozk zwischen dem 11. und dem Beginn des 12. Jahrhunderts repräsentierte – wenn auch mit unterschiedlichen Einzelheiten – diesen einheitlichen Stil der Zeit, den wir wegen der »gleichzeitigen Präsenz des Schönen und des Guten« als »unsere Antike« bezeichnen können.[180]

Die Einheitlichkeit des monumentalen Historismus war so stark, daß die Reminiszenzen daran im ganzen 12. Jahrhundert und auf allen Gebieten der Kunst noch spürbar waren. Das ist mindestens zum Teil der Grund, warum die Datierung der einzelnen Werke so große Schwierigkeiten bereitet. Ikonen wie die des heiligen Georg oder die Gottesmutter der Menschwerdung (Jaroslawskaja in Orantenhaltung) werden sowohl dem 11. als auch dem 12. und sogar dem 13. Jahrhundert zugeschrieben, und dasselbe geschieht bei einigen Ikonen, die den Pantokrator darstellen.

Das Leben unter der feudalen Aufsplitterung hat sein eigenes Diktat. In der Architektur bilden sich lokale Schulen heraus. Neben dem klassischen Bild der Gottesmutter Eleusa (einer berühmten byzantinischen Ikone des 12. Jahrhunderts, bekannt auch als Gottesmutter von Wladimir, Wladimirskaja) treten weitere ikonographisch verwandte, doch stilistisch eigenständige Werke auf, etwa die Muttergottes Belooserskaja, die Muttergottes der Zärtlichkeit und andere. Das Drama der mütterlichen Aufopferung, das in diesen Bildern zum Ausdruck kommt, besonders bei der Belooserskaja, wirkt unter psychologischem Gesichtspunkt nicht so sehr überzeugend, stellt aber einen Hinweis dar auf eine selbständige Interpretation dieser Thematik. Besonders wird dies deutlich in der Ikone im Kreml. Noch viel zahlreicher sind die lokalen Varianten der Erlöserdarstellungen. Unter ihnen finden wir auch einige mit überraschend träumerischem, weichherzigem Ausdruck, »die jede Strenge verloren haben« (W. N. Lasarew). Es gibt aber keine Bilder, die »dem gesamten Staat gemeinsam sind«, wie etwa der Pantokrator in den Kuppeln von Kiew und Nowgorod. Und solche Kuppeln gab es auch nicht in der Architektur des 12. und des beginnenden 13. Jahrhunderts. In den Kuppeln begann man dafür oft Christi Himmelfahrt darzustellen.

Die einst universale Bedeutung der Architektur und der Malerei wurde in dieser Zeit eingeschränkt, und es erfolgte eine Konkretisierung der künstlerischen Programme in Übereinstimmung mit den lokalen Lebensbedingungen. In Nowgorod entstand der Kult der göttlichen Weisheit (Sophia), im Fürstentum von Wladimir-Susdal die Verehrung der Muttergottes, in einigen weiteren Fürstentümern wie Tschernigow und Rjasan die Verehrung der Fürsten Boris und Gleb. Die Kunst näherte sich dem Menschen an, und in die Bilder der Architektur und der Malerei fand das Prinzip des Individuellen Eingang. In der Plastik überlebte längere Zeit ein gewisser »Kosmologismus«, doch erschien auch hier zu Beginn des 13. Jahrhunderts ein derartig emotionales Bild Christi, daß man es mit einigen Werken der italienischen Kunst vergleichen kann.[181] Neben Heiligen werden auch gewöhnliche Figuren dargestellt, teils aus dem Umkreis des Fürstenhofes, teils Personifizierungen der verschiedenen »Völker«. Dies alles bedeutet, daß in der russischen Kunst zu Beginn des 13. Jahrhunderts Merkmale heranreiften, die man vielleicht nicht als »russisches Duecento«, wohl aber als eine Vorphase dazu bezeichnen kann. Ausgerechnet in diesem hochinteressanten Stadium kam die Entwicklung der russischen Kunst durch die Invasion der Goldenen Horde im Jahr 1237 und durch die anschließende Fremdherrschaft, die über zwei Jahrhunderte dauerte, zum Stillstand.

Anmerkungen

1 Tacho-Godi A. A., Zizn'kak seniceskaja igra v predstavlenii drevnich grekov, in »Iskusstvo slova«, Moskau 1973, Seite 310.

2 Stoljarov A. A., Fenomen sovesti v anticnom i srednevekovom soznanii, in »Istoriko-filosofskij ezegodnik 1986«, Moskau 1986, Seite 24–34.

3 Sedov V. V., Drevnerusskoe jazyceskoe svatilisce v Peryni, in »Kratkie soobscenija Instituta istorii material'noj kul'tury«, fasc. 50, Moskau 1953, Seite 92–103.

4 Redin E. K., »Christianskaja topografija« Koz'my Indikoplova po greceskim i russkim spiskam, Moskau 1916, Seite 2.

5 Ibid., Seite 76 ff.

6 Dvorzak M., Istorija ital'janskogo iskusstva v epochu Vozrozdenija, t. 2, Moskau 1978, Seite 98.

7 Averincev S. S., U istokov poeticeskoj obraznosti vizantijskogo iskusstva, in Drevnerusskoe iskusstvo. Problemy i atribucii, Moskau 1977, Seite 430–431.

8 Polevoj V. M., Iskusstvo Grecii. Srednie veka, Moskau 1973, Seite 69.

9 Evagrij Scholastik, Cerkovnaja istorija, Buch IV, Sankt Petersburg 1858, Seite 31.

10 Poppe A. V., Russkie mitropolii Konstantinopol'skogo patriarchata v XI stoletii, in »Vizantijskij vremennik«, t. XXVIII, Moskau 1968, Seite 86.

11 Drevnerusskie knjazeskie ustavy XI–XV VV., Herausgeber J. N. Scapov, Moskau 1976, Seite 15.

12 Diese Meinung teilt auch A. Golubtschow. Golubcov A., Sobornye Cinovniki i osobennosti sluzby po nim, Moskau 1907, Seite 21–22, Fußnote 4.

13 Komec A. I., Spaso-Preobrazenskij sobor v Cernigove, in »Drevne-russkoe iskusstvo. Zarubeznye svjazi«, Moskau 1975, Seite 25.

14 Vagner G. K., Iskusstvo myslit'v kamne. Opyt funcional'noj tipologiji pamjatnikov drevnerusskoj architektury, Moskau 1990, Seite 3 ff.

15 Ibid.

16 Cholostenko N. V., Z istorii zodcestva drevn'oi Rusi X st., in »Archeologija«, XX, Kiew 1965, Seite 76 ff.

17 Beridze V. V., Gruzinskaja architektura rannechristianskogo vremeni (IV–VII VV.), Tbilisi 1974, Seite 8.

18 Siehe besonders: Vagner G. K., U istokov drevnerusskoj monumental'noj architektury, in »Trudy Akademii chudozestv SSSR«, 4, Moskau 1987, Seite 209.

19 Korac V., Dva tipa kafedral'nych soborov XI v. V oblastjach, kul'turno svjazannych s Vizantiej, in Srednevekovaja Rus', Moskau 1976, Seite 163.

20 Cfr. Korzuchina G. F., O pamjatnikach »korsunskogo dela« na Rusi, in »Vizantijskij vremennik«, t. XIV, Moskau 1958, Seite 130.

21 Golubcov A. Sobornye Cinovniki ..., cit., Seite 175.

22 Scapov J. N., Formirovanie i razvitie cerkovnoj organizacii na Rusi v konce X–XII v., in Drevnerjsie gosudarstva na territorii SSSR, Moskau 1985, Seite 59–60.

23 Logvin G. N., K istorii sooruzenija Sofijskogo sobora v Kieve, in Pamjatniki kul'tury. Novye otkritija, Moskau 1977, Seite 169–186; Aseev Ju. S., K voprosu o vremeni osnovanija Kievskogo Sofijskogo sobora, in »Sovetskaja archeologija«, 1980, n. 3, Seite 128–140.

24 Chrestomatija po drevnej russkoj literature, Herausgeber N. Gudzij, Moskau 1947, Seite 60; (italienische Übersetzung in »L'Altra Europa«, 1, Milano 1987, Seite 51).

25 Lichacev D. S., Russkie letopisi i ich kul'turno-istoriceskoe znacenie, Moskau–Leningrad 1947, Seite 47–48.

26 Logvin N. G., O zaversenii vtorogo jarusa vnutrennich galerej Sofijskogo sobora v Kieve, in Archtektura Kieva, Kiew 1982, Seite 85–89; v. anche Logvin G.N., Kiev, Moskau 1982, Seite 53.

27 Malevskaja M. V., Rappoport P. A., Cerkov' Michaila v Perejaslavle, in »Zograf«, n. 10, Belgrad 1979, Seite 31–32.

28 Brunov N. I., Architektura Konstantinopolja IX–XII vv., in »Vizantijskij vremennik«, t. XXVIII, Moskau 1968, Seite 78, 168.

29 Makarij, Istorija russkoj cerkvi, t. I, Sankt Petersburg 1857, Seite 224–225, Fußnote.

30 Rappoport P. A., Russkaja architektura X–XIII vv., Moskau 1982, Seite 15.

31 Afanas'ev K. N., Postroenie architekturnoj formy drevnerusskimi zodcimi, Moskau 1961, Seite 61.

32 Grekov B. D., Kievskaja Rus', Moskau–Leningrad 1944, Seite 285.

33 Komec A. I., Rol' pridelov v formirovanii obscej kompozicii Sofijskogo sobora v Novgorode, in »Srednevekovaja Rus'«, cit., Seite 149.

34 Lazarev V. N., Mozaiki Sofii Kievskoj, Moskau 1960, Seite 19.

35 Siehe auch: Rappoport P. A., Russkaja architektura X–XIII vv., cit., Seite 93–94.

36 Afanas'ev K. N., Postroenie architekturnoj formy ..., cit., Seite 66.

37 Rybakov B. A., Drevnaja Rus'. Skazanija. Byliny. Letopisi, Moskau 1963, Seite 80; Id., Russkoe letopisi i avtor »Slova o polku Igoreve«, Moskau 1972, Seite 442–459.

38 Das Fürstentum von Polock wurde als Apanage (izgojnoe) angesehen, weil der Fürst von Polock (der Sohn von Wladimir) starb, während sein Vater noch am Leben war. Seine Nachkommen verloren das Erstgeburtsrecht (Primogenitur, izgoj).

39 Rybakov B. A., Russkie letopisi i avtor »Slova o polku Igoreve«, cit., Seite 451–452; (italienische Übersetzung E. Bazzarelli, in Il canto dell'impresa di Igor, Rizzoli, Milano 1991, Seite 73).

40 Korać V., Dva tipa kafedral'nich soborov XI v ..., cit., Seite 168.

41 Lichacev D. S., Razvitie russkoj literatury X–XVII vekov, Leningrad 1973, Seite 65.

42 Der Metropolit von Tschernigow war nur Titularmetropolit. Über diese berichtet Sokolov P., Russkij archierej iz Vizantii i pravo ego naznacenija do nacala XV veka, Kiew 1913, Seite 21 ff.

43 Die Kirche von Mstislaw in Tmutorakan, die in den Chroniken des Jahres 1022 aufgeführt ist, wurde 1953–1954 während der Ausgrabungen von B. A. Rybakov entdeckt. V. »Archiv Instituta archeologii AN SSSR«, Sekt. I, n. 1051, 1417.

44 Priselkov M.D., Ocerki cerkovno-politiceskoj istorii Kievskoj Rusi X–XII vv., Sankt Petersburg 1913, Seite 78. Siehe auch: Poppe A. V., Russkie mitropolii Konstantinopol'skogo patriarchata v XI stoletii, cit., Seite 103. Fußnote 71.

45 Komec A. I., Spaso-Preobrazenskij sobor c Cernigove, cit., Seite 9.

46 Lichacev D. S., Razvitie russkoj literatury X–XVII vekov, cit., Seite27.

47 Priselkov M. D., Ocerki cerkovno-politiceskoj istorii Kievskoj Rusi ..., cit., Seite 121.

48 Ibid., Seite 330.

49 Aseev J. S., Novye dannye o sobore Dmitrievskogo monastyrja v Kieve, in »Sovetskaja archeologija«, 1961, n. 3, Seite 291–296.

50 Pucko V. G., Kievskie rel'efy svjatych vsadnikov, in »Starinar«, XXVII, 1976, Belgrad 1977, Seite 111–124.

51 Polnoe sobranie russkich letopisej, t. I, Sankt Petersburg 1846, Seite 69.

52 Logvin N. G., O rekonstrukcii pervonacal'nych architekturnych form pamjatnika XI v. Michajlovskoj cerkvi v Vydubicach, in »Sovetskaja archeologija«, 19.

53 Priselkov M. D., Ocerki cerkovno-politiceskoj istorii Kievskoj Rusi, cit., Seite 220.

54 Lichacev D. S., Russkie letopisi i ich kul'turno-istoriceskoe znacenie, cit., Seite 79.

55 Logvin N. G., Cerkov'Spasa na Berestove v Kieve, in »Stroitel'stvo i architektura«, 7, Kiew 1983, Seite 28.

56 Siehe auch: Voronin N. N., U istokov russkogo nacional'nogo zodcestva, in »Ezegodnik Instituta istorii iskusstv 1952«. Moskau 1952, Seite 257–316.

57 Karger M. K., Drevnij Kiev, t. II, Moskau–Leningrad 1961, Seite 318.

58 Siehe auch: Vorob'eva E. V., Tic A. A., O datirovke Uspenskogo i Borisoglebskogo soborov v Cernigove, in »Sovetskaja archeologija«, 1974, n. 2, Seite 99 ff.

59 Ibid., Seite 107.

60 Aseev J. S., Charlamov V. O., Movcan, I.I., Doslidzenija Borisoglibskogo soboru v Cernigovi, in Architekturni pam'jatniki, Kiew 1950, Seite 71.

61 Afanas'ev K. N., Postroenie architekturnoj formy ..., cit., Anhang 5.

62 Golubcov A., Sobornye Cinovniki ..., cit., Seite 37.

63 Ibid., Seite 65.

64 Logvin N. G., Cerkov'Spasa na Berestove ..., cit., Seite 28.

65 Cholostenko N. V., Architekturno-archeologiceskie issledovanija Uspenskogo sobora Eleckogo monastyrja v. Cernigove, in »Pamjatniki kul'tury«, 3, Moskau 1961, Seite 67.

66 Vorob'eva E. V., Tic A. A., O datirovke Uspenskogo i Borisoglebskogo soborov ..., cit., Seite 102–104.

67 Ibid., Seite 99 ff.

68 Priselkov M D., Ocerki cerkovno-politiceskoj istorii Kievskoj Rusi ..., cit., Seite 320.

69 Voronin N. N., Bel'cickie ruiny, in »Architekturnoe nasledstvo«, 6, Moskau 1956, Seite 14–18.

70 Janin V. L., Novgorodskie posadniki, Moskau 1962, Seite 51.

71 Karger M. K., Novgorod Velikij, Moskau–Leningrad 1961, Seite 240–241.

72 Priselkov M. D., Ocerki cerkovno-politiceskoj istorii Kievskoj Rusi ... cit., Seite 182.

73 Golubcov A., Sobornye Cinovniki ..., cit., Seite 41.

74 Alpatov M. V., Vseobscaja istorija iskusstv, t. III, Moskau 1953, Seite 62.

75 Pucko V.G., Kamennyi rel'ef iz kievskich nachodok, in »Sovetskaja archeologija«, 1981, n. 2, Seite 230–231.

76 Polnoe sobranie russkich letopisej t. I, col. 173.

77 Losev A. F., Dionis, in Mify narodov mira, t. I, Moskau 1980, Seite 380.

78 Vagner G. K., Stat'ja Georgija Chirovoska »Ob obrazach« v »Izbornike Svjatoslava 1073 g., Moskau 1977, Seite 189, 152.

79 Aladasvili N. A., Monumental'naja skul'tura Gruzii, Moskau 1977, Seite 146 ff.

80 Pucko V. G., Kievskie rel'efi svjatych voinov, cit., Seite 121, 123.

81 Ibid.

82 Sycev N. N., Iskusstvo Kievskoj Rusi, in Istorija iskusstva vsech vremen i narodov, 1–16, Leningrad 1929, Seite 188.

83 Lazarev V. N., Zivopis' i skul'ptura Kievskoj Rusi, in Istorija russkogo iskusstva, t. I, Moskau 1953, Seite 188.

84 Florenskij P. A., Stolp i utverzdenie istiny, Moskau 1914, Seite 365–366; italienische Übersetzung Pietro Modesto, La colonna e il fondamento della verità, Milano 1974, Seite 429.

85 Lazarev V. N., Russkaja srednevekovaja zivopis', Moskau 1970, Seite 59.

86 Sidorov A. I., Nekotorye problemy rannevizantijskoj filosofii, in Drevne sie gosudarstva na territorii SSSR, Seite 217 ff.

87 Golubcov A., Sobornye Cinovniki ..., cit., Seite 180.

88 Karger M. K., Drevnij Kiev ..., cit., Seite 418–420.

89 Priselkov M. D., Ocerki cerkovno-politiceskoj istorii Kievskoj Rusi, cit., Seite 341.

90 Janin V. L., Novgorodskie posadniki, cit., Seite 70–71.

91 Lichacev D. S., Gradozascitnaja simvolika Uspenskich chramov, in »Unikal'nomu pamjatniku russkoj kul'tury Uspenskomu soboru Moskovskogo Kremlja 500 let. Tezisy naucnoj konferencii«, Moskau 1979 Seite 35.

92 Voronin N. N., Drevnee Grodno, MIA 1954, n. 41, Seite 202.

93 Priselkov M. D., Ocerki cerkovno-politiceskoj istorii Kievskoj Rusi ..., cit., Seite 356 ff.

94 Vagner G. K., Belokamennaja rez'ba drevnego Suzdalja, Moskau 1975, Seite 20.

95 Voronin N. N., U istokov nacional'nogo zodcestva ..., cit., cap. 3.

96 Vorob'eva E. V., Tic A. A., Analiz i restavracija Uspenskogo sobora v Galice XII v., in »Sovestkaja archeologija« 1983, n. I, Seite 215.

97 Vorob'eva E. V., Rel'ev s drakonom iz Galica, in »Sovetskaja archeologija« 1980, n. I, Seite 209–218.
98 Vorob'eva E. V., Tic A. A., O datirovke Uspenskogo i Borisoglebskogo soborov ..., cit., Seite 109.
99 Polnoe sobranie russkich letopisej, t. IX, Moskau 1965, Seite 222.
100 Voronin N. N., Zodcestvo Severo-Vostocnoj Rusi XII–XV vv., t. I. Moskau 1961, Seite 167.
101 Ibid., Seite 316.
102 Vagner G. K., Skul'ptura Drevnej Rusi. Vladimir. Bogoljubovo, Moskau 1969, Seite 95 ff.
103 Golubcov A., Sobornye Cinovniki ..., cit., Seite 84.
104 Ibid., Seite 133.
105 Vagner G. K., Architekturnye fragmenty Staroj Rjazani, in »Architekturnoe naslestvo«, 15, Moskau 1963, Seite 22 ff.
106 Vseobskaja istorija architektury, t. III, Moskau–Leningrad, 1966, Seite 80.
107 Chudozestvennaja proza Kievskoj Rusi XI–XIII vv., Moskau 1957, Seite 157.
108 Polnoe sobranie russkich letopisej, t. I, Seite 129.
109 Polevoj V. M., Iskusstvo Grecii. Srednie veta., cit., Seite 157.
110 Karger M. K., Drevnij Kiev, cit., Seite 455.
111 «Archiv Instituta archeologii AN SSSR«, sez I, n. 1417, Seite 16.
112 Ioannisjan O. M., Galickoe zodcestvo XII-pervoj poloviny XIII v., Avtoreferat, Leningrad 1982, Seite 11–12.
113 Voronin N. N., Rappoport P. A., Zodcestvo Smolenska XII–XIII vv., Leningrad 1971. Seite 109 ff.
114 Janin V. L., Novgorodskie posadniki, cit., Seite 106.
115 Ioannisjan O. M., Galickoe zodcestvo ..., cit., Seite 15.
116 Ibid.
117 Voronin N. N., Rappoport P. A., Zodcestvo Smolenska ..., cit., Seite 135.
118 Ibid., Seite 88–89.
119 Ibid.
120 Rybakov B. A., Stol'nyj gorod Cernigov i udel'nyj gorod Vsciz, in Po seldam drevnych kul'tur. Drevnjaja Rus', Moskau 1953, Seite 120
121 Voronin N. N., Zodcestvo Severo Vostocnoj Rusi, t. I. Tafel zwischen den Seiten 288 und 289 befindlich.
122 «Kratkie soobscenija Instituta archeologij«, fasc. 144, Moskau 1975, Seite 112.
123 Novakovskaja S. M., K voprosu o galerejach belokamennych soborov Vladimirskoj zemli, in »Kratkie soobscenija Instituta archeologij«, fasc. 164, Moskau 1981, Seite 43–51.
124 Vagner G. K., Skul'ptura drevnej Rusi ..., cit., Seite 66–85.
125 Voronin N. N., Rappoport P. A., Zodcestvo Smolenska, cit., Seite 325, Fußnote 27.
126 Mit der Rekonstruktion dieser Plastik beschäftigen sich Arbeiten von G. K. Vagner und S. M. Novakovskaja.
127 Polnoe sobranie russkich letopisej, cit., t. II, Seite 153.
128 Voronin N. N., U istokov russkogo nacional'nogo zodcestva, cit., Seite 292.
129 Voronin N. N., Rappoport P. A., Zodcestvo Smolenska ..., cit., Seite 373.
130 Ibid., Seite 213, 394, 400.
131 Ibid., Seite 163 (Text von S. S. Pod'japol'skij).
132 Vagner G. K., Skul'ptura Vladimiro-Suzdal'skoj Rusi. G. Jur'ev-Pol'skoj, Moskau 1964, Seite 83–93.
133 Stoletov A. I., Recenzija na knigu G. K. Vagnera, in »Sovetskaja archeologija«, 1967, n. 2, Seite 274.
134 Polnoe sobranie russkich letopisej, cit., t. II, Seite 151.
135 Istorija russkoj architektury. Kratkij kurs, Moskau 1951, Seite 23.
136 Golubcov A. Sobornye Cinovniki ..., cit., Seite 65.
137 Voronin N. N., U istokov russkogo nacional'nogo zodcestva, cit., Seite 260 ff.
138 Rappoport P. A., Polockoe zodcestvo XII v., in »Sovetskaja archeologija«, 1980, n. 3, Seite 156.
139 Polnoe sobranie russkich letopisej, cit., t. II, Seite 151.
140 Alekseev L. V., Smolenskaja zemlja, Moskau 1980, Seite 225–226.
141 Vagner G. K., Architekturnye fragmenty Staroj Rjazani, cit., Seite 25.
142 Voronin N. N., Rappoport P. A., Zodcestvo Smolenska, cit., tav. 176–1, 183–2.
143 Rappoport P. A., Polockoe zodcestvo, cit., Seite 156.
144 Lichacev D. S., Poetika drevnerusskoj literatury, Moskau 1979, Seite 34–35.
145 Voronin N. N., U istokov russkogo nacioal'nogo zodcestva, cit., Seite 292.
146 Voronin N. N., Rappoport P. A., Zodcestvo Smolenska, cit., Seite 148–149.
147 Rappoport P. A., Russkaja architektura X–XIII vv., cit., Seite 108, 109, 112.
148 Voronin N. N., K istorii polockogo zodcestva XII v., in »Kratkie soobscenija Instituta archeologii«, fasc. 87, 1962, Seite 103–104.
149 Bogusevic A. V., Raskopki v Putivl'skomu kremli, in »Archeologija«, 1963, XV, Seite 165–174.
150 Rybakov B. A., Raskopki v Putivle, in »Archeologiceskie otkrytija 1965«, Moskau 1966, Seite 154–156.
151 Golubcov A., Sobornye Cinovniki ..., cit., Seite 117–118.
152 Ioannisjan O. M., Galickoe zodcestvo ..., cit., Seite 13–14.
153 Istorija russkoj architektury. Kratkij kurs. cit., Seite 39.
154 Vagner G. K., Esce raz o cerkvi Ol'gova gorodka, in Srednevekovaja Rus', cit., Seite 240–243.
155 Voronin N. N., U istokov russkogo nacional'nogo zodcestva, cit., Seite 132.
156 Rybakov B. A., Otricatel'nyj geroj »Slova o polku Igoreve«, in Kul'tura Drevnej Rusi, Moskau 1966, Seite 238–242.
157 Rybakov B. A., Drevnosti Cernigova, in Materialy i issledovanija po archeologii SSSR«, n. II, Moskau–Leningrad 1949, Seite 69 ff.
158 Ibid., Seite 96.
159 Ibid., Seite 93.
160 Rybakov B. A., »Slovo o polku Igoreve« i ego sovremenniki, Moskau 1971, Seite 280.
161 Lazarev V. N., Proischozdenic ital'janskogo Vozrozdenija, t. I, Moskau 1956, Seite 57.
162 Rybakov B. A., Drevnosti Cernigova ..., cit., Seite 33.
163 Kostockin V. V., Russkoe oboronnoe zodcestvo konca XIII–nacala XIV vv., Moskau 1962, Seite 7.
164 Ibid., Seite 7–8.
165 Ibid., Seite 19.
166 Brunov N. I., Ocerki po istorii architektury, t. II, Moskau–Leningrad 1935, Seite 537.
167 Erenburg I., Ljudi. Gody. Zizn', in »Novyj Mir«, 1963, n. 1, Seite 69 (italienische Übersetzung Uomini, anni, vita, Editori Riuniti, Roma 1963).
168 Vagner G. K., Skul'ptura Drevnej Rusi ..., cit., Seite 233–415.
169 Gurevic A. J., Populjarnoe bogoslovie i narodnaja religioznost'srednich vekov, in »Iz istorii kul'tury srednich vekov i Vozrozdenija«, Moskau 1976. Seite 65–91.
170 Lazarev V. N., Zivopis' i skul'ptura Novgoroda, in Istorija russkogo iskusstva, t. II, Moskau 1954, Seite 111.
171 Ibid., Seite 110–111.
172 Lazarev V. N., Russkaja srednevekovaja zivopis', cit., Seite 128–139.
173 Zonova O. V., »Bogomater' Umilenie« XII veka iz Uspenskogo sobora Moskovskogo Kremlja, in »Drevnerusskoe iskusstvo. Chudoz-estvennaja kul'tura domongol'skoj Rusi«, Moskau 1971, Seite 270–282.
174 Popova O. S., Galicko-Volyneskie miniatjury rannego XIII veka, in Drevnerusskoe iskusstvo. Chudozestvennaja kul'tura domongol'skoj Rusi, cit., Seite 284.
175 Medveďeva E. S., O datirovke vrat Suzdal'skogo sobora, in »Kratkie soobscenija Instituta istorii material'noj kul'tury AN SSSR«, fasc. II, Moskau–Leningrad 1945, Seite 106 ff.; Janin V. L., O datirovke vrat Suzdal'skogo sobora, in »Sovetskaja archeologija«, 1959, n. 3, Seite 91–98.
176 Makarova T. I., Peregorodcatye emali Drevnej Rusi, Moskau 1975, Seite 58 ff.
177 Für weitere Details siehe: Makarova T. I., Cernevoe delo Drevnej Rusi, Moskau, 1986.
178 Janin V. L., O pervonacal'noj prinadleznosti tak nazyvaemogo slema Jaroslava Vsevolodovica, in »Sovetskaja archeologija«, 1958, n. 3, Seite 55 ff.
179 Chudozestvennaja proza Kievskoj Rusi XI–XII vv., cit., Seite 128.
180 Lichacev D. S., Razvitie russkoj literatury X–XVII vekov, cit., Seite 119.
181 Vagner G. K., Mastera drevnerusskoj skul'ptury. Rel'efy Jur'eva-Pol'skogo, Moskau 1966, Seite 60.

Teil II

Russland unter der Tatarenherrschaft

G. Wsdornow

129–130. Muttergottes Hodegetria; die Propheten Daniel, David und Salomon; um 1497, Ikonen aus der Ikonostase der Mariä-Himmelfahrts-Kathedrale des Kirill-Klosters von Beloosero; Moskau, Tretjakow-Galerie.

Einführung

Das 13. Jahrhundert war ohne Zweifel eine Epoche, in der das Überleben des russischen Staates auf dem Spiele stand. Bereits im 12. Jahrhundert hatte sich die mächtige Kiewer Rus, die die russischen Gebiete von den Ufern des Dnjepr bis zum Oberlauf der Wolga und der nördlichen Dwina unter einer Herrschaft vereinigt hatte, in Dutzende kleiner Fürstentümer aufgelöst, und um jedes dieser Fürstentümer stritten sich die Vertreter dieser oder jener Adelsfamilie. Kiew hatte schon seit langem aufgehört, das staatliche Zentrum der russischen Gebiete zu sein, hatte nur noch die kirchliche Macht inne, und auch diese nicht mehr in vollem Umfang, weil sich das Machtzentrum langsam in die Stadt Wladimir an der Kljasma verschob, die Wladimir Monomach gegründet hatte. Wie in vielen Fällen führten die Umwandlung und der Verfall der alten administrativen Strukturen dazu, daß einige staatliche Einrichtungen untergingen und dafür völlig neue entstanden. Kiew, Tschernigow, Perejaslawl, Polozk und Smolensk traten zurück, während der Stern von Wladimir und weiterer Städte des Reiches von Susdal hell aufleuchtete, zum Beispiel Rostow, Jaroslawl, Nischnij-Nowgorod, Twer und zuletzt auch Moskau.

Unsere heutigen Forscher geben als Hauptgrund für diese Veränderungen die Aufsplitterung der staatlichen Einheit der Kiewer Rus in unabhängige Fürstentümer an. Ihre feudale Macht bildete die Grundlage für die Aufteilung des Landes, und am Ende war das große Gebäude des ursprünglichen russischen Staates zerstört. Der Zerfall der Kiewer Rus geschah nach und nach, war aber bereits im 12. Jahrhundert so weit vorangeschritten, daß jedem die politischen Folgen klar sein mußten, die der Bevölkerung im Gebiet des Dnjepr und anderen südrussischen Territorien drohten. Die Hauptgefahr lag in einer äußeren Bedrohung und kam vor allem von den Steppengebieten jenseits der Wolga, die von den Kumanen bewohnt wurden. Diese hatten schon in früheren Zeiten gutbewaffnete, bewegliche Heere ausgesandt, die befestigte russische Städte wie Kiew, Perejaslawl und Nowgorod-Sewerskij belagert hatten. Die Niederlage der russischen Fürsten unter Igor Swjatoslawitsch, dem Fürsten von Nowgorod-Sewerskij, in der Schlacht gegen die Kumanen im Jahr 1185 (beschrieben im »Igorlied«) war eine klare Warnung an alle souveränen Fürsten, die sich auf endlose Streitigkeiten bei der Abgrenzung ihrer persönlichen Einflußsphäre einließen, anstatt an eine gemeinsame Verteidigungspolitik zu denken. Nicht einmal ein halbes Jahrhundert danach wurde in den Annalen der alten Rus eine neue tragische Seite aufgeschlagen: An die Pforten Rußlands klopften die ersten tatarisch-mongolischen Horden.

Die Tataren

Der Kompilator der Laurentius-Chronik berichtet folgendermaßen über das Auftreten neuer Eroberer in der Rus: Im Jahr 1223 »sind Völker eingedrungen, die niemand genau kennt und von denen niemand weiß, woher sie kommen, welche Sprache sie sprechen, zu welcher Rasse sie gehören und welchen Glauben sie bekennen. Man nennt sie Tataren.« In dieser geheimnisvollen Bedrohung werden die Züge einer erschrecken-

131. Isjaslawl nach der Verwüstung durch die Tataren im Jahr 1240, Ausgrabung von M. K. Karger.

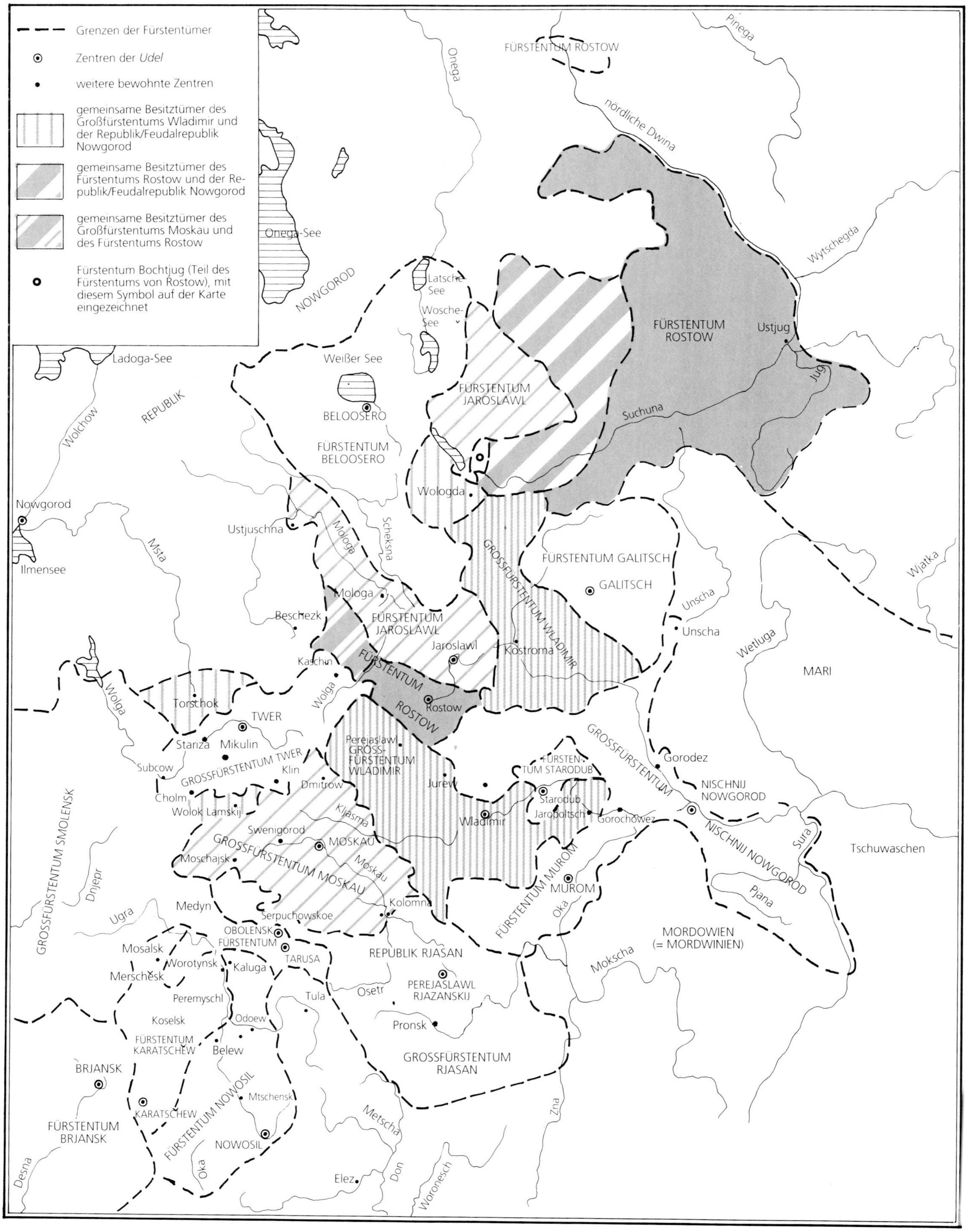

132. Rußland im 14. Jahrhundert. Die Karte wurde von W. A. Kutschkin und A. A. Korolewa für das Werk »Kulikovskaja bitva« (»Die Schlacht von Kulikowo«), Miscellanea, Verlag Nauka, Moskau 1980, gezeichnet.

den, gesichtslosen Macht deutlich, die von Osten nach Westen drängt.

Unter dem Begriff »Tataren« faßt man zentralasiatische Völker unterschiedlicher Herkunft zusammen, die wohl in den Wüstengebieten des Karakorum entstanden. Weil sie über keine fruchtbaren Böden verfügten, die den Anbau von Getreide erlaubt hätten, blieben sie Nomaden, die immer wieder bewaffnete Gruppen zur Eroberung fremder Territorien aussandten. Zu Beginn des 13. Jahrhunderts zogen Hunderttausende von Tataren unter der Leitung von Khan Batu nach Westen. Im Jahr 1273 eroberten sie den Kaukasus und die Steppenheimat der Kumanen, 1236 Wolgabulgarien, und 1237 verwüsteten sie die Stadt und das Fürstentum von Rjasan. Die inneren Streitigkeiten machten einen organisierten Widerstand der Rus gegenüber Batus Heer fast unmöglich. Im Jahr 1238 fielen Wladimir, Kolomna, Torschok, Murom, Nischnij-Nowgorod und weitere Städte der nordöstlichen Rus. 1239 verschwanden die Fürstentümer von Perejaslawl und Tschernigow, 1240 ereilte Kiew und das Gebiet von Galitsch-Wolynien dasselbe Schicksal. Die Invasion Rußlands durch die Tataren ist nur mit der Zerstörung von Byzanz durch die Kreuzfahrer (1204) und später der Eroberung des Byzantinischen Reiches durch die Türken (1453) zu vergleichen. Die einst blühenden russischen Städte waren nur noch ein Haufen rauchender Ruinen. Tausende von Leichen lagen in den Straßen, die Felder wurden nicht bestellt, die Handwerkskünste verfielen, weil niemand mehr dergleichen Leistungen brauchte. Die Überlebenden litten unter ständiger Angst und Ungewißheit, und weinende Kinder brachte man zum Schweigen, indem man mit den »schrecklichen Tataren« drohte.

Doch das »grausame tatarische Joch« der Rus war immerhin so geartet, daß die Russen von den Eroberern nicht völlig verschluckt wurden, sondern ihre ethnische Individualität, ihre Kunst und Kultur beibehalten konnten. Die Tataren lebten als Nomaden in dem großen Steppengebiet, das von den Territorien jenseits des Don bis in die nordwestliche Mongolei und zur Nordküste des Schwarzen Meeres reichte. In der russischen Geschichte erhielt dieses unendliche Land die bedeutungsvolle Bezeichnung »wildes Feld«. Aus diesen Gebieten drohte dauernd die Gefahr eines unerwarteten feindlichen Angriffs. Die Russen identifizierten die Tataren vor allem mit jenem Teil, den wir Goldene Horde nennen. Das Hauptquartier der beiden mächtigsten Khane, nämlich von Batu, dem Enkel Dschingis-Khans (13. Jahrhundert), und von Mamaj (14. Jahrhundert) befand sich in Saraj an der Wolga, nördlich vom Kaspischen Meer. Aus einer Reihe von Gründen, vor allem weil sie für ihre riesigen Herden von Kriegspferden anderswo keine geeigneten Weiden fanden, verlegten die Tataren ihre Hauptstadt nicht in die eroberten russischen Gebiete. Aus diesem Grund blieb das tatarische Joch für die Rus von relativer Bedeutung. Die Tataren verfolgten eine Politik der Tribute, und besondere Abteilungen wurden in Abständen in die russischen Fürstentümer gesandt, um den »Jasak« einzutreiben: Er bestand aus Geld, Fellen und anderen wertvollen Gegenständen. Bei ihrer Politik nutzten die Tataren auch die Streitigkeiten unter den russischen Fürsten. Diese wiederum gingen bei ihrem Machtkampf oft Allianzen mit den Tataren ein und überzogen mit deren Hilfe ihre Nachbarn und sogar ihre engen Verwandten mit Krieg. Schließlich kam es auch zu einer Assimilierung der Tataren von seiten der Rus. Mit dem langsamen Niedergang der tatarischen Macht wurde dieser Prozeß immer stärker.

Die ältere historische Literatur ist voller Hinweise darauf, daß die Tataren die Rus knechteten und versklavten. Schon längst ist aber die Zeit gekommen, da wir diese Auffassung vom tatarischen Joch, von der Rus »unter der Herrschaft der Tataren«, revidieren müssen. Die Auswirkungen der ersten Invasion durch diese Steppenvölker waren in der südlichen Rus am deutlichsten zu spüren. Die Lebenskraft dieses Gebietes war schon seit längerer Zeit erschöpft, und von der zweiten Hälfte des 13. Jahrhunderts an hatte das Gebiet einen Niedergang erlebt. Die Zerstörung Kiews durch Batu war nur der Abschluß einer historischen Entwicklung, die nach den Worten von L. N. Gumilew das Ergebnis »des Alterns des ethnischen Systems oder – was dasselbe ist – des Rückgangs der Intensität der Leidenschaft« war. Ganz anders präsentierte sich die Lage in der nordwestlichen Rus, die in der zweiten Hälfte des 12. Jahrhunderts eine kulturelle Blütezeit erlebt hatte. Als die Tataren mit ihren Verwüstungen anfingen, befand sich dieses Gebiet auf dem Höhepunkt der politischen und kulturellen Macht. Großfürst Wsewolod, »das große Nest« (1176–1212), legte nicht nur solide Grundlagen für die künftige staatliche Ordnung der Salese, des Territoriums zwischen den Flüssen Oka und Wolga, wo sich in der Folge Städte wie Moskau, Twer, Nischnij-Nowgorod entwickelten. Wsewolod gelang es auch, die Bedingungen für eine prächtige Kultur zu schaffen, in der Elemente der künstlerischen Tradition Rußlands, von Byzanz und der Romanik

133. Umgebung von Pskow. Der Fluß Welikaja nahe dem Kloster von Snetogory, Abbildung vom Beginn des 20. Jahrhunderts.

134. Ansicht von Nowgorod, Aufnahme vom Beginn des 20. Jahrhunderts.

miteinander harmonierten. Im Februar 1238 belagerten die Tataren die Hauptstadt der nordwestlichen Rus, und die Eroberung führte dazu, daß die Stadt nie wieder zu ihrem früheren Glanz zurückfinden sollte. Dennoch waren die Tataren keineswegs an der Zerstörung der russischen Städte, ihrer künftigen Tributgeber, interessiert. Sie verwendeten vielmehr eine selektive Taktik: Die Städte, die sich ihnen widerstandslos ergaben, konnten nicht nur überleben, sondern wurden mit der Zeit wiederum so mächtig, daß sie Widerstand leisten und schließlich die fremde Macht besiegen konnten. Wir wissen mit Sicherheit, daß Rostow, Jaroslawl, Perejaslawl, Susdal, Twer, Uglitsch und Moskau von der Tatareninvasion verschont blieben. Batus Heer wäre auch physisch nicht imstande gewesen, alle die zahlreichen, großen und kleinen Städte zu zerstören, die in dem riesigen russischen Territorium zerstreut lagen. Es war kein Zufall, wenn Rußland in mittelalterlichen Quellen »Gaardariki« genannt wird: »Reich der Städte«. Die Annalen erwähnen nur einige befestigte und bewohnte Orte, die von den berittenen Kriegern von Munke und Batu geplündert und niedergebrannt wurden: Insgesamt waren es vierzehn. Überdies erholten sich auch die geplünderten Städte ziemlich schnell. Die Tataren ließen in den eroberten Festungen keine Garnisonen zurück. Nachdem sie wieder abgezogen waren, kehrten die Menschen zurück und bauten die Häuser und Kirchen wieder auf, so daß das wirtschaftliche und kulturelle Leben wieder aufblühte. Schließlich müssen wir dem hinzufügen, daß die Tatareninvasion die Hälfte des russischen Territoriums praktisch unberührt ließ. Der Norden Rußlands war vom Einfall überhaupt nicht betroffen, und auf diese Weise erhielten sich Formen des wirtschaftlichen und kulturellen Lebens, die uns eine Vorstellung davon geben, wie die Architektur, die Malerei, die Literatur und die Volkspoesie in den frühesten Zeiten ausgesehen haben mögen. Nowgorod und Pskow, die von den Nomadenheeren nicht berührt wurden, gelten bis auf den heutigen Tag als die Zentren der russischen Kultur. Dank ihrer politischen Unabhängigkeit hatten sie im 13. und 14. Jahrhundert die Möglichkeit, viele Bauwerke zu errichten, so daß das Gesicht dieser Städte noch heute zu einem großen Teil von grandiosen Befestigungen und Dutzenden nicht weniger großartiger Kirchen und Klöster bestimmt wird.

135. Nordrussische Landschaft, Umgebung des Ferapont-Klosters.

Historische Bedingungen

Das »grausame Tatarenjoch« war nur eines und gewiß nicht das schlimmste der Übel in der mittelalterlichen Rus. Die große Mehrheit der Kriege und der Zerstörungen im 13. und 14. Jahrhundert geht nicht auf das Konto der Tataren, sondern der Rus, die beim Umgang mit ihren eigenen Nachbarn oft eine Grausamkeit an den Tag legten, die sich nicht einmal mit der der ersten Tatareneinfälle vergleichen läßt. In diesem Zusammenhang ist es sinnvoll zu erwähnen, daß die tatarischen Khane bisweilen die russischen Fürsten versöhnen mußten und sie dazu aufriefen, die inneren Streitigkeiten zu vergessen, wie dies zum Beispiel 1303 in Pereslawl Salesskij der Fall war. Auf der anderen Seite gingen aus den inneren Kämpfen die mächtigsten und politisch intelligentesten Fürsten als Sieger hervor. Man könnte es eine Art natürliche Selektion nennen, die in relativ kurzer Zeit, allerdings mit wechselndem Schicksal, zur Konsolidierung der persönlichen Macht einer dynastischen Familie führte. Als Ergebnis der blutigen Kämpfe zwischen Moskau, Twer, Nischnij-Nowgorod und einer Reihe kleinerer Fürstentümer schälte sich in der Mitte des 14. Jahrhunderts – ein Jahrhundert nach dem ersten Tatareneinfall – deutlich die Führerrolle Moskaus heraus.

Das Moskauer Fürstentum entstand auf den Ruinen des Kiewer Staates. Zu Beginn stellte es nur eine zweitrangige Bildung dar, denn es war eines der Besitztümer der Großfürsten von Wladimir. Zu Beginn war Moskau eine Kleinstadt ohne Bedeutung gewesen, die Jurij Dolgorukij gehört hatte; seine Feudalherrschaft ist erstmals für das Jahr 1147 erwähnt. 1283 ging Moskau in den Besitz von Daniil, einem der Söhne des Großfürsten Alexander Newskij, über, und von diesem Augenblick an betrat es bereits als unabhängiges Fürstentum die politische Bühne. Genau zwanzig Jahre danach vergrößerte Daniil seinen Besitz, indem er Perejaslawl annektierte, das ihm ein ohne Nachkommen verstorbener Verwandter vererbt hatte. Die Söhne von Daniil Aleksandrowitsch, Jurij und Iwan, herrschten nicht nur in Moskau, sondern waren auch Großfürsten von Wladimir. Dieser Umstand war in der späteren Entwicklung Moskaus zum politischen, kirchlichen und kulturellen Zentrum der nordöstlichen Rus von entscheidender Bedeutung. Wie in Nowgorod und Pskow, die ihre Unabhängigkeit bis in die zweite Hälfte des 15. Jahrhunderts beibehalten konnten, reifte im Verlauf zweier Jahrhunderte das russische Nationalbewußtsein heran. Dies führte zur Ausbildung einer nationalen, russischen Kunst, eines eigenen Baustils und einer eigenständigen Literatur.

Eine Eigenschaft der Rus, die für das geschichtliche Schicksal von größter Bedeutung war, bestand in der ethnischen Einheitlichkeit der Bevölkerung und im gemeinsamen christlichen Glauben. Auf russischem Gebiet lebten auch viele andere Völker, die früher ihrerseits von Menschen aus dem Süden kolonisiert worden waren. Doch schon früh gerieten sie in die Einflußsphäre der Slawen und der orthodoxen Kirche. Sie hatten nie eine staatliche Organisation und eine eigene Verwaltung besessen, und aufgrund ihres friedlichen Charakters hatte es nie Konflikte mit den benachbarten Russen gegeben.

Die wichtigsten staatlichen Bildungen im 13. bis 15. Jahrhundert waren die Fürstentümer von Twer und Moskau sowie die freie Republik Nowgorod mit ihrer »kleineren Schwester« Pskow. Alle anderen Fürstentümer hatten den Status eines »Udel«, eines unabhängigen Teilfürstentums, und gehörten gewöhnlich unbedeutenderen Zweigen der Familien der Großfürsten. Sie besaßen keine echte Macht und scharten sich in Kriegen um ihre größeren Brüder. Jahrzehnte nach Batus Heerzug in der nordwestlichen Rus fand ein unerbittlicher Kampf zwischen den beiden mächtigsten Familien der Großfürsten von Twer und Moskau statt. Diese beiden Fürstentümer beanspruchten das Recht, das Fürstentum Wladimir und dessen Macht zu übernehmen. Nachdem Wladimir seine politische Macht verloren hatte, konnte es immerhin seine kirchliche Bedeutung beibehalten, weil es der Sitz des gesamtrussischen Metropoliten Maksim war, der nach der Zerstörung Kiews (1299) hier Zuflucht gefunden hatte. Die Kirche konnte bei den Streitigkeiten unter den Fürsten natürlich nicht abseits stehen, und die Position, die sie einnahm, entschied den Ausgang vieler Streitigkeiten. Anfänglich erkannten die Khane der Goldenen Horde die Vorrangstellung der Fürsten von Twer an und übergaben ihnen auch zweimal entsprechende Beglaubigungsschreiben. Doch angesichts eines extremen Separatismus von seiten von Twer, angesichts der unerbittlichen Feindseligkeit der Fürsten gegenüber der Goldenen Horde und des Wunsches der Kirche nach Unabhängigkeit von Konstantinopel schmolzen auch die zahlreichen Erfolge der Verwaltung von Twer dahin. Das Verhalten Moskaus erschien vernünftiger und politisch sinnvoller, weil man begriffen hatte, daß keine kurzfristige radikale Änderung nötig war, solange das Protektorat durch die Goldene Horde und die historisch begründete Praxis, Griechen aus Konstantinopel als russische Metropoliten zu berufen, weiterhin existierten. Die Taktik einer Allianz mit der Horde und die bedingungslose Anerkennung der Entscheidungen des Patriarchen in Konstantinopel sowie langfristige Pläne zur Konsolidierung der militärischen und politischen Macht in den Händen der Söhne und sogar der Enkel gaben den Fürsten von Moskau die historische Gelegenheit, ihre Pläne zu verwirklichen. Im Jahr 1326 übersiedelte Metropolit Petr von Wladimir nach Moskau und weihte es damit zur neuen Hauptstadt der gesamten Rus. Petr drückte damit die Interessen aller Russen, unabhängig von ihrem Wohnort, aus. Zusammen mit seinen Nachfolgern Theognost und Aleksej legte er eine solide ideologische Basis für die Pläne der Moskauer Großfürsten.

Geographische und klimatische Bedingungen

Wenn wir die Karte Rußlands in der Zeit um 1300 betrachten, sehen wir, daß die Bevölkerung sich vor allem in der nordwestlichen Rus konzentrierte, vor allem in Nowgorod und Pskow, ferner in der nordöstlichen Rus, besonders in Twer, Moskau und Nischnij-Nowgorod. Im Osten bildete die Wolga eine natürliche Grenze, im Süden der Fluß Oka und der Oberlauf des Don. Im Westen, an der Grenze mit Litauen und deutschen Fürstentümern, befand sich Pskow. Wenn wir die genannten geographischen Orte miteinander verbinden, erhalten wir einen riesenhaften, ungefähr zweitausend Kilometer langen Bogen, der wie eine Schale die nordrussischen Territorien enthielt. Sie erstreckten sich bis zum Eismeer. Mit anderen Worten: Rußland war in der Tatarenzeit nicht etwa kleiner, sondern sogar größer als Südrußland während seiner Blütezeit. Es war Großrußland, der Keim, aus dem sich in der Folge der moderne russische Staat entwickelte. Selbstverständlich gab es in diesem Riesenland unterschiedliche Landschaftsformen und Klimatypen. Aus undurchdringlichen Wäldern gelangte man in teils steppige Zonen; das Land war von Tausenden von Seen und Sümpfen übersät und wurde von zahlreichen großen und kleinen Flüssen durchzogen. Diese vereinigten sich schließlich zu den großen Flußsystemen der Wolga und der nördlichen Dwina, die nach Süden beziehungsweise Norden entwässerten. Die Landschaft war fast immer flach mit gelegentlich einigen Erhebungen. Bergketten gab es keine. Fast überall im Norden konnte man die Spuren der Gletscher in Form großer Schuttströme erkennen, die einen Anbau von Pflanzen sehr erschwerten. Doch mit zäher Arbeit schufen die Bauern das Land, das sie für den Anbau von Getreide und Lein brauchten. Diese beiden Produkte waren grundlegend für die Ernährung und für die Kleidung.

Die wichtigsten Verbindungslinien bestanden aus Seen und Flüssen, die stromauf- und stromabwärts von zahlreichen Booten befahren werden konnten. Es gab auch schon größere Transportschiffe. Die Wasserscheiden waren kurz, und wo es nötig war, zog man die Boote von einem Flußsystem zum anderen: Eine Erinnerung daran erhielt sich in den Namen der Städte Wyschnij Wolotschek und Wolokolamsk am Weg zwischen Nowgorod und Moskau: Russisch »wolok« bedeutet deutsch »schleppen«. Hunderte von Flüssen und kleineren Gewässern, in denen heute nur Wäsche gewaschen wird, waren früher mit Schiffen befahrbar. Die Binnenflotten der russischen Fürsten und vor allem von Städten wie Nowgorod oder der freien Bürger Nordrußlands zählten Zehntausende von Booten. Sie wurden für den Transport von Waren und Truppen, für den Fischfang, den Abtransport von Holz und Heu aus überschwemmten Wiesen genutzt. Mit Schiffen reisten auch Botschafter und Kaufleute, sofern sie es nicht besonders eilig hatten.

Der Winter dauerte wegen des kontinentalen Klimas in der russischen Tiefebene lange Zeit. Schon von Oktober an fiel dichter Schnee, und bis in den März hinein waren Wege eröffnet, auf denen Schlittenkonvois und ganze Schlittenzüge die unterschiedlichsten Waren transportierten. Dabei legten sie Entfernungen von Tausenden von Werst zurück. Wir dürfen allerdings auch die Bedeutung der Pferde und damit der Reisen zu Pferd nicht unterschätzen. Wenn im trockenen Sommer das Gras hoch stand, war das Pferd sowohl für die Truppen der Fürsten wie für den Bauern und den Kaufmann unerläßlich, sofern es sich nicht um zu lange Reisen handel-

136. Das Dorf Sujsari im Gebiet jenseits des Flusses Onega.

te. Es gab nur Verbindungsstraßen zwischen zwei Orten, und während der Regenzeit konnte man sie nicht benutzen, was auch heute noch für die Straßen in der russischen Provinz gilt.

Trotz der endlosen Weite, in der ohne Schwierigkeiten zehn westeuropäische Staaten Platz gefunden hätten, stellte Großrußland damals bereits einen ziemlich kompakten Organismus dar. Die einzelnen Fürstentümer hatten keine Schwierigkeiten, mit ihren Nachbarn in Verbindung zu treten, dasselbe galt für die Kommunikation zwischen den Provinzstädten und ihrem Zentrum. Transportzüge, Reisende zu Pferd und zu Fuß sowie Boote und Schiffe durchquerten das weite Rußland; und selbst lange Reisen, zum Beispiel nach Konstantinopel, zum Berg Athos, nach Deutschland und Italien, waren keineswegs so selten, wie man heute annehmen könnte.

Rußland war landwirtschaftlich geprägt, seine Prosperität beruhte auf der Produktion von Getreide und Gemüse und auf der Viehzucht. Angesichts der strengen Winter, der häufigen Schneefälle und der kurzen Sommer waren der Getreideanbau und die Viehzucht keine leichte Sache. Der Bauer mußte zäh und beständig sein, sich selbst in der Hand haben und Erfindungsgabe zeigen bei Extremsituationen, vor die ihn das Leben dauernd stellte. Dies alles formte am Ende die Charakterfestigkeit des russischen Volkes, welche die Nation vor den inneren Kämpfen, den deutschen und tatarischen Invasionen rettete.

Die unendlichen Räume der russischen Tiefebene führten dazu, daß die Grenzen zwischen den verschiedenen Fürstentümern fließend waren. Die Streitigkeiten entstanden meist um Landbesitz oder um den Titel des Großfürsten. Wenn fremde Kavallerie sich innerhalb der Grenzen eines anderen Fürstentums zeigte, führte dies natürlich zu Reaktionen, doch einzelne Reisende, Gesandtschaften und Karawanen von Kaufleuten stießen an den Grenzen nicht auf Hindernisse. Im Bewußtsein der Menschen überwog das Gefühl für die gemeinsame Heimat und nicht die Zugehörigkeit zu einem einzelnen Fürstentum wie Rostow oder Twer.

In diesem Zusammenhang ist der nicht vollständig erhalten gebliebene Text des Epos vom Untergang des russischen Landes bemerkenswert. Er wurde von einem südrussischen Autor kurz nach dem Einfall Batus in die nordwestliche Rus zwischen 1238 und 1246 geschrieben. »O du hell erleuchtetes und wunderbar geschmücktes russisches Land! Für viele Schönheiten bist du berühmt: Prächtig sind deine vielen Seen, die Flüsse und die Quellen in verschiedenen Gegenden, die Berge, die steilen Hügel, die hohen Eichenwälder, die unberührten Ebenen, die wundervollen Tiere, die Vielfalt der Vögel, die zahllosen berühmten Städte, die glorreichen Menschen, die Klostergärten, die heiligen Gotteshäuser, die machtvollen Fürsten, die edlen Bojaren, die vielen großen Herren. An allem bist du reich, o russisches Land, o wahrer christlicher Glaube!« Allein die Tatsache, daß der Autor in jenem schwierigen Augenblick, als die Kiewer Rus definitiv zerbrochen war, von Rußland in der Gegenwart spricht und nicht in der Vergangenheit, zeigt uns, daß die Rus immer noch als ethnisch einheitliches Ganzes mit einem gemeinsamen Glauben aufgefaßt wurde. Diese Rus erstreckte sich von den Litauern und den Deutschen bis zu den Mordwinen und den Steppenbewohnern am »leise säuselnden« Meer. Kein anderes europäisches Volk im 13. und 14. Jahrhundert konnte ähnliches von sich behaupten: Der Horizont der Russen war absolut nicht mit dem der übrigen mittelalterlichen Völker vergleichbar.

Architektur

Das private und das kirchliche Gebäude stellten in Rußland wie in anderen Ländern die Hauptformen der Architektur dar. Doch wenn die Kirchen der Städte und der Klöster, dauerhafte Bauten aus Ziegel und Stein, die Jahrhunderte überdauerten und bis in unsere Zeit erhalten blieben, so sind sie doch nicht die einzigen Manifestationen der nationalen Kreativität auf dem Gebiet der zivilen und religiösen Architektur. In einem waldreichen Land stellt Holz das wichtigste Baumaterial dar. Die jahrhundertelange Gewöhnung an das Holz und an die mit ihm verbundenen architektonischen Formen hinterließ natürlich nicht nur konkrete Spuren in der Architektur, sondern beeinflußte den gesamten Stil in beträchtlichem Maße. Noch bedeutsamer ist die Tatsache, daß das Aussehen der Dörfer, Klöster und Städte in Rußland über viele Jahrhunderte weg gerade von den Holzgebäuden geprägt wurde. In den russischen Dörfern dominieren sie noch heute. Mit diesen Voraussetzungen wollen wir nun die grundlegenden Eigenschaften der Holzarchitektur in der alten Rus analysieren.

Dörfer und Städte

Wir besitzen nur wenige Quellen, die es uns erlauben, die Formen der Holzarchitektur im 13. bis 15. Jahrhundert zu bestimmen, doch wenn wir die außergewöhnliche Stabilität, ja den Konservativismus der antiken Lebensformen in Betracht ziehen, so können wir das Aussehen der Stadt, des Dorfes und einzelner privater und religiöser Gebäude in der alten Rus rekonstruieren.

In Nowgorod verliefen parallel zum Flußufer im allgemeinen eine oder zwei Straßen. Dutzende weiterer, kürzerer Straßen waren im rechten Winkel dazu angeordnet und mündeten in die Uferstraße. Die Straßen und Gassen waren auch in den Vierteln der Händler und nahe der Sophienkirche gleich angeordnet. Befestigungen mit Bastionen und Türmen umgaben die Stadt. Das blinde, dem Land zugewandte Ende der Straßen führte zu den Türmen und Stadttoren. Durch diese fand die Kommunikation mit dem umgebenden Territorium statt, und durch die Tore zogen die Pferde und andere Haustiere auf die Weide. Die Bevölkerungsdichte im Inneren der sicheren Stadtmauer zwang dazu, wertvollen Raum zu sparen, so daß die herrschaftlichen Häuser üblicherweise eine recht begrenzte Oberfläche einnahmen. Die Stadt wuchs folglich in die Höhe, und wir können davon ausgehen, daß die Häuser mehrere Stockwerke aufwiesen. Lager, Brunnen und Schuppen befanden sich nebenan. Überdies war der ganze Gebäudekomplex umzäunt mit in den Boden gerammten Pfählen; diese Palisade war möglicherweise mit waagrechten Balken verstärkt. Die Straßen und Gassen verliefen eigenwillig gewunden, so daß man nur in seltenen Fällen einen Ausblick über mehrere hundert Meter hatte. In diesem chaotischen Agglomerat von Privathäusern dominierten die Holz- und Steinkirchen, von denen es in jeder großen Stadt mehrere Dutzend gab. Es kam oft vor, daß sich an einer einzigen Straße oder in einem Block mehrere Kirchen befanden. In alten Darstellungen von Nowgorod, Pskow und Moskau sieht man einen regelrechten Wald von Kirchen mit Kuppeln und kreuzbekrönten Giebeln, die von der religiösen Gesinnung der Einwohner zeugen.

137. Nowgorod, Flugbild des Viertels mit der Sophien-Kathedrale, dem Kreml und der Handelsseite sowie Umgebung. Moskau, Fotografisches Archiv von W. L. Janin.

Wohnhäuser

»Andere Länder, andere Sitten«, sagt ein Sprichwort, das sich auch durchaus auf diese frühen Zeiten anwenden läßt. Im Unterschied zu Nowgorod gab es in Pskow viele Wohnhäuser, die halb aus Stein und halb aus Holz gebaut waren, ferner kolossale Befestigungen. Moskau versetzte den Betrachter durch die ungeheure Fülle beeindruckender Holzpaläste mit unterschiedlichstem Aussehen in Erstaunen. Sie bildeten bizarre Kombinationen, was die äußere Form und die Art der Bedachung anbelangt. Der Holzpalast des Zaren Aleksej Michailowitsch im Dorf Kolomenskoe nahe bei Moskau, der viel später gebaut wurde, war der letzte Ausdruck des alten Traumes von einem Haus, das nicht nur bequem, sondern auch exquisit schön sein sollte.

Trotz aller gebotenen Vorsicht bewegen wir uns auf viel sichererem Boden, wenn es um das architektonische Aussehen der Dörfer, besonders in Nordrußland, geht. Hier verwendete man bis zum 19. Jahrhundert die alten architektonischen Formen. Die dichten Wälder und die zahlreichen Sümpfe erschwerten Kontakte mit der Außenwelt, und die Siedlungen der Menschen lagen an Flüssen. Sie bauten ihre Häuser an Steilufern und reihten sie längs langer Straßen auf. Weiter unten, zum Bette des Flusses hin, hatte jedes seine eigene Sauna. Die Feldarbeit erforderte viele Arbeitskräfte, und so entwickelte die bäuerliche Gesellschaft bald eine patriarchalische Struktur. Dies hatte zur Folge, daß die verheirateten Söhne nur in seltenen Fällen das Elternhaus verließen. Daher resultieren die wahrhaft enormen Ausmaße der nordrussischen Bauernhäuser – vor allem in den Gebieten jenseits des Onegasees und in der Provinz Archangelsk –, welche die Reisenden auch noch in unserer Zeit in Erstaunen versetzen. Unter einem einzigen Dach fanden verschiedene Familien mitsamt dem Vieh, den Heuvorräten, den überdachten Tennen, dem Hausflur und den verschiedenen bäuerlichen Geräten Platz. Die Häuser, die eine Grundstruktur aus enormen Balken besaßen, hatten oft zwei oder sogar drei Stockwerke. In der nächsten Umgebung entstanden noch weitere Gebäude, so daß am Ende ein spektakulärer Gesamtkomplex vorhanden war. Der obere Stock hatte einen Balkon mit durchbrochenen und bemalten Schnitzarbeiten. Der Giebelbalken des Daches ragte oft ein Stück weit hervor, und der vorkragende Teil wurde in Form eines Pferde- oder Hirschkopfes beschnitzt. Gelegentlich setzte man diesem auch ein echtes Geweih auf.

Kirchen

Auch die Kirchen wurden wie die Privathäuser gebaut. Nach altem Brauch errichtete man sie in dem »Pogost«, in großen Dörfern, die als kirchliche und verwaltungstechnische Zentren eines Gebietes fungierten, das durchaus hundert Dörfer umfassen konnte. Einer der kulturhistorisch bekanntesten ist der Pogost von Kischi unweit von Petrosawodsk, der im 16. Jahrhundert, noch vor dem Bau der heute noch existierenden Kirchen mit den vielen Kuppeln, ungefähr hundertdreißig Dörfer mit sechshundertsiebenundachtzig Höfen umfaßte. Dank der Unterstützung einer so zahlreichen Gemeinschaft wurden die Pogost mit außergewöhnlich monumentalen Gebäuden verschönert. Wyja, Belaja Sluda, Panilowo, Turtschasowo, Uftjug, Nenoksa, Wasenzy, Warsuga, Kondopoga, Kischi und viele weitere Pogost, die zum größten Teil erst vor kurzem verschwanden, zerfielen oder abbrannnten, waren lebende Zeugen der Vergangenheit gewesen. Ihre monumentalen Kirchen konnte man aus kilometerweiter Entfernung wahrnehmen, und wenn man sich ihnen näherte, wuchs das Staunen über ihre unglaublichen, riesenhaften Dimensionen. Das gilt vor allem für die gewagten Zeltdachkonstruktionen, angefangen von den eher strengen von Wyja und Panilowo bis zur späteren Dreifaltigkeitskirche von Nenoksa, wo über einer vieleckigen Basis fünf Zeltdachkonstruktionen stehen. Welche Bedeutung der Tradition zukommt, die es uns heute noch ermöglicht, einen Blick in die Vergangenheit zu werfen, zeigt uns die Notiz über den Bau der »runden Kirche« von Uftjug in den Annalen des Jahres 1490. Der Bau erfolgte nach einer antiken Vorlage. Den Auftrag erhielten Zimmerleute aus Wologda unter der Leitung von Meister Aleksej. Sechzig Handwerker bauten in einem Sommer die erhabene Kirche aus Holz. Sie war so hoch, daß der Chronist, ganz besonders die hundert (weniger fünf) »Kronen« (übereinanderstehende Bauelemente) hervorhob, die nur die Hauptstruktur der Kathedrale darstellten. Nach Berechnungen auf der Grundlage der Standardgröße von Balken, die beim Bau großer Kirchen verwendet wurden, erreichte die Mariä-Himmelfahrts-Kirche in Uftjug eine Höhe von siebzig bis achtzig Metern und war damit ohne Zweifel eines der großartigsten Gotteshäuser in der alten Rus.

138. Haus von Lepsin im Dorf Kusnezy jenseits des Flusses Onega (Karelien); 19. Jahrhundert, Zeichnung von A. Opolownikow, 1949.

139. Pogost von Kischi, Gebiet jenseits des Onega, Luftbild.

Trotz der Einfachheit ihrer Formen besitzen die nordrussischen Kirchen einen großen dekorativen Reichtum im Detail. Die Künstler verwendeten dabei Vorlagen ganz verschiedener Machart und aus unterschiedlichen Zeiten, was auch dem oberflächlichen Betrachter der heute noch erhalten gebliebenen Kirchen sofort auffällt. Die Verklärungskirche in Kischi (1714) hat einen achteckigen Grundriß mit vier Anbauten und zweiundzwanzig zwiebelförmige Kuppeln, die auf sechs verschiedenen Ebenen liegen. Dadurch ähnelt sie einer riesenhaften Tonne. Offensichtlich waren ähnliche Kirchen mit zahlreichen Kuppeln in den vergangenen Jahrhunderten keineswegs eine Seltenheit. Wir wissen zum Beispiel, daß die alte, im Jahr 989 von lokalen Handwerkern aus Holz erbaute Sophienkathedrale in Nowgorod dreizehn Kuppeln besaß. Diese Zahl symbolisiert Christus mit seinen Aposteln. Welchen Symbolgehalt die architektonischen Formen auch aufweisen mögen, die Holzkirchen der alten Rus verschmelzen mit außergewöhnlicher Schlichtheit in der Weite des umgebenden Landes.

In den späteren Zeiten gab es keine solche Harmonie zwischen den Werken des Menschen und dem Werk der Natur mehr. Es gab aber einen Bereich der Volkskunst, in dem dieser angeborene Sinn für die Einheit des natürlichen und des menschlichen Lebens zu einem noch vollkommeneren Ausdruck fand. Es handelt sich um die Beziehung zwischen dem Land, dem Dorf, der Stadt oder dem Kloster und der Umgebung. Charakteristisch in dieser Hinsicht ist das Gleichgewicht der Proportionen; nur in seltenen Fällen besteht ein Kontrast zwischen den Dimensionen oder Formen eines Gebäudes und der Umwelt oder der menschlichen Figur. Daraus leitet sich die Verschmelzung der Architektur mit der Landschaft ab – ein Element, das in der Baukunst des 20. Jahrhunderts fast verlorenging. Es wird aber noch auf alten Fotografien deutlich, und man kann diese Erscheinung in kleinen russischen Städten, in abgelegenen Dörfern und in Klosterkomplexen beobachten, wo in jüngster Zeit nur wenig hinzugebaut wurde. Früher lebten die Menschen im Einklang mit der Natur, ohne den Fluß der Gewässer, den Boden und die Wälder zu stören. Der Bedarf an Wasser, an bebaubarem Land und an Baumaterial überstieg lange Zeit nicht den normalen Reproduktionszyklus der natürlichen Ressourcen, und bisweilen mußte der Mensch sogar dem Einfluß der umgebenden Natur Einhalt gebieten. Er paßte sich der Umwelt an, anstatt sie umzuformen. Das erklärt die vorherrschende Rolle des landschaftlichen Elements in den architektonischen Formen des alten Rußlands.

140. Pskow, Blick auf die Dreieinigkeits-Kathedrale vom gegenüberliegenden Ufer der Pskowa aus, Aufnahme vom Ende des 19. Jahrhunderts.

Erste Steinarchitektur nach dem Tatareneinfall

Die Tatareninvasion im 13. Jahrhundert unterminierte das Vertrauen der Russen in die Zukunft in beträchtlichem Maße. In der Folge reduzierten sich die Ressourcen für die Bautätigkeit und für andere aufwendige Projekte. In zuvor blühenden Städten wie Wladimir, Rostow, Jaroslawl und Susdal wurde die Architektur in Stein erst im 16. bis 17. Jahrhundert wiederaufgenommen und gehörte somit einem ganz neuen Kapitel der Kulturgeschichte an. Doch Pskow und Nowgorod im Nordwesten, Twer und Moskau im Nordosten und die zahlreichen Klöster nördlich von Moskau und Rostow erholten sich ziemlich schnell vom Tatarenjoch und begannen mit einer intensiven Bautätigkeit von Kirchen in Stein und Ziegel. Zu Recht glaubten sie, daß grandiose Gotteshäuser aus widerstandsfähigen Baumaterialien das beste und offenkundigste Zeugnis für die Macht einer Stadt oder die Bedeutung eines Klosters ablegten. Die Turbulenzen im 14. bis 15. Jahrhundert führten dazu, daß zunächst sichere Befestigungsanlagen um die Städte gebaut wurden. Die Arbeiten für den Bau der Bastionen von Nowgorod »bei der Stadt zu beiden Seiten« gehen auf die Jahre 1262, 1270 und 1316 zurück. Zu Beginn des 15. Jahrhunderts wurden die Fundamente für die ersten Steinmauern und Türme von Pskow gelegt. Mit der Zeit wurden Nowgorod und Pskow zu mächtigen, praktisch uneinnehmbaren Festungen. Hohe Mauern auf Erddämmen, Wassergräben und bedrohliche Türme stürzten den Feind in Zweifel, ob er solche Festungsanlagen angreifen und erobern könne. Nur durch die Verwendung der Artillerie war es möglich, die Festungsanlagen von Nowgorod und Pskow zu zerstören.

Auf Ikonen aus dem 17. und 18. Jahrhundert, die auf Vorlagen vom Ende des 16. und vom Beginn des 17. Jahrhunderts zurückgehen, sind einige Darstellungen von Pskow und Nowgorod erhalten geblieben. Die einen wie die anderen geben mit außergewöhnlicher Genauigkeit die Topographie der beiden größten nordwestrussischen Städte an und können als Grundlage für das Studium der religiösen und militärischen Architektur verwendet werden.

In Nowgorod wie in Pskow gab es, wie es weitverbreitete Praxis war, mehrere Verteidigungslinien. Den Kern stellte die Innenstadt dar: In Nowgorod war es der

Detinez und in Pskow der Krom (Kreml). Hier befanden sich die städtische Kathedrale und der offizielle Sitz der kirchlichen und weltlichen Behörden. Im Unterschied zu Nowgorod befand sich neben dem Pskower Krom ein weiterer befestigter Stadtteil mit zahlreichen kleinen nebeneinanderstehenden Kirchen. Diese wurden in der Folge völlig zerstört und schließlich bei archäologischen Grabungen des Museums Ermitage wieder ans Tageslicht gebracht. Die eigentliche Stadt hatte eigene Bastionen und Türme (in Pskow selbst wurden sie als »Brust« und »Feuer« bezeichnet), während die Dörfer von einer dritten Verteidigungslinie aus Mauern oder aus Wall und Graben umgeben waren. Die Klöster, die in der Umgebung verstreut lagen, waren völlig ohne Schutz. Bei Gefahr zogen sich die Mönche in die Stadt zurück, wobei sie oft die Holzgebäude in Brand steckten, um dem Feind jeden Unterschlupf zu nehmen. Wenn wir die Darstellungen von Nowgorod und Pskow betrachten, empfinden wir eine große Bewunderung für das malerische Aussehen, wie es im Lauf der Jahrhunderte entstanden war. Dazu kamen noch die majestätischen Flüsse Wolchow und Welika. Die Russen bauten mit viel Liebe und Sorgfalt, mit solcher Überlegtheit und mit solchem Geschmack, daß die Stadt an sich schon ein Kunstwerk darstellte und ein Bild vermittelte von der Macht und Schönheit, von militärischer Kraft und zivilen Tugenden.

Die altrussischen Städte waren ursprünglich meist befestigte Siedlungen auf einer höher gelegenen Ebene oder besser einem Vorgebirge beim Zusammenfluß zweier Flüsse. Das galt für Pskow, und auf genau dieselbe Weise entstand auch Moskau. Moskau entwickelte sich im 14. und 15. Jahrhundert und wurde schließlich eine große, erfolgreiche Stadt: Zum Kreml kamen weitere umfangreiche Viertel mit unabhängigen Befestigungen: Kitaj Gorod, Belyj Gorod, Semljanoj Gorod. Als Nowgorod und Pskow gegen Ende des 15. Jahrhunderts ihre Unabhängigkeit verloren und Moskau offiziell zur Hauptstadt des Vereinigten Russischen Staates proklamiert wurde, konsolidierten die Großfürsten Iwan III. und Wasilij III. die Bedeutung Moskaus mit dem Bau neuer Mauern und Türme für den Kreml und Belyj Gorod. Damit beauftragten sie unter anderem berühmte italienische Experten für Militärarchitektur. Trotz des Verlusts fast aller Mauern, aller Türme, der Bollwerke und der äußeren Gräben behielt der Kreml durch einen Glücksfall den Aspekt einer bedrohlichen mittelalterlichen Festung bei. Im 17. Jahrhundert fügte man den dekorativen Überbau aus Türmen hinzu.

Nach dem Tatarenüberfall wurde die erste Steinkirche 1292 in der Umgebung von Nowgorod errichtet. Es handelt sich um die Nikolauskirche auf Lipna und das einzige Gebäude, das vom gleichnamigen Männerkloster übriggeblieben ist. Im Zweiten Weltkrieg wurde die Kirche halb zerstört, doch dann von Nowgoroder Restauratoren in ihrem Originalzustand samt den Dreipaßformen an den Außenmauern wieder aufgebaut. Die Kirche fällt durch die unerwartete Kombination von massigen Formen und der gewagten Höhe des Innenraumes auf. In Wirklichkeit kommt diese nur durch die geräumige Kuppel zustande, weil die Pfeiler, auf denen die Gewölbe ruhen, weit auseinander und nahe den Wänden stehen. Bedauerlicherweise mußte man während der Restaurierungsarbeiten die Wände verputzen, um das Mauerwerk vor den zerstörerischen Einflüssen der Witterung zu schützen. Die Kirche wurde nämlich aus groben, bunten Steinen und großen roten Ziegeln erbaut. Der Farbwechsel von Graublau bis zum hellen Rotbraun, die Stein- und Majolikakreuze im Mauerwerk verliehen der Kirche jene lebhafte, bunte Plastizität, die heute leider fast allen Nowgorodern Kirchen fehlt.

Nach dem Tatareneinfall in die Rus änderte sich der Charakter der russischen Architektur innerhalb einiger Jahrzehnte in beträchtlichem Maße. Völlig unterbrochen wurde der Bau großer Kathedralen in den Städten und Klöstern. Es breitete sich dafür die Gewohnheit aus, kleine Pfarrkirchen in Stadtvierteln zu errichten. Gleichzeitig änderte sich auch die Bautechnik: Die solide Ziegelbauweise machte einem Mauerwerk aus Fragmenten, Geröllsteinen, Ziegeln und Holz Platz. Die mindere technische Qualität, die mit einer geringeren Nachfrage nach Handwerkern und einem damit zusammenhängenden Mangel an Erfahrung einherging, hatte zur Folge, daß auch neu errichtete Kirchen schnell verfielen. Von über hundert Kirchen, die im 14. bis 16. Jahrhundert in Pskow vor allem aus lokalem, nicht sehr widerstandsfähigem Stein errichtet wurden, hat sich keine einzige im Originalzustand und ohne störende Überarbeitung erhalten. Der weitaus überwiegende Teil verfiel schon früh. Nur wenige Bauten, wie die Kathedrale des Klosters von Snetogory (1310) und die Kirche der Er-

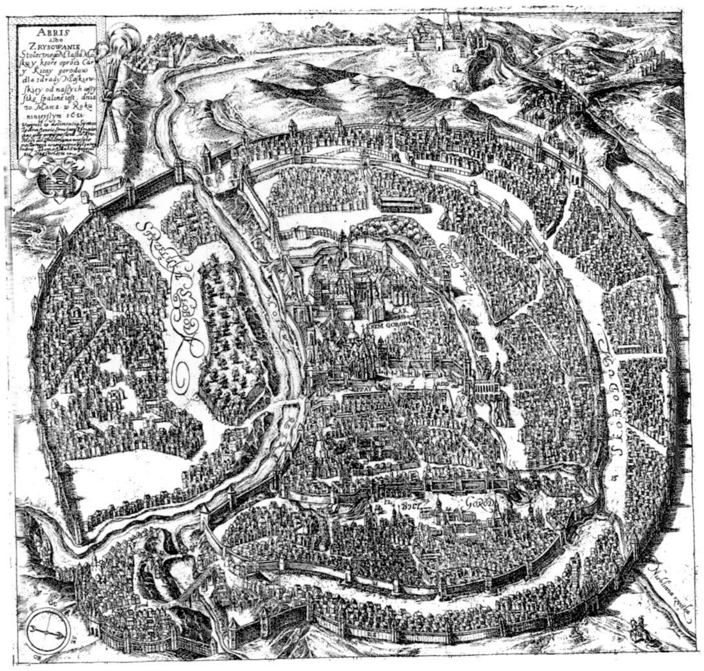

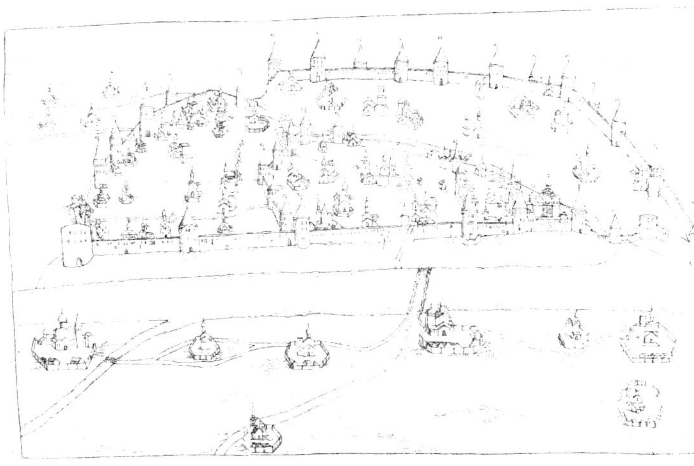

141. Moskau, Stich von T. Makowskij nach einer Zeichnung von S. Smetanskij (um 1607); Polen, Nationalmuseum von Poznan.
142. Befestigungen und Kirchen von Pskow, schematische Darstellung auf einer Ikone mit Blick auf die Stadt, wie sie im 17. Jahrhundert aussah, Kopie des 19. Jahrhunderts.

143

144

145

146

147

148

149

150

151

143. Mariä-Geburts-Kathedrale des Klosters von Snetogory bei Pskow, 1311. 144. Basilios-Kirche »auf dem Hügel« in Pskow, 1413. 145. Theodor-Stratilat-Kirche in Nowgorod, 1360–1361. 146. Mariä-Himmelfahrts-Kirche im Dorf Meljotowo bei Pskow, 1462–1463. 147. Christi-Verklärungs-Kirche in Kowaljowo in der Umgebung von Nowgorod, 1345, in ursprünglicher Gestalt restauriert (Architekt E. Krasnoretschew). 148. Kathedrale der nicht von Menschenhand geschaffenen Ikone des Erlösers im Erlöser-Andronikos-Kloster in Moskau, 1410–1427. 149. Christi-Verklärungs-Kirche in Nowgorod, 1374. 150. Peter-und-Paul-Kirche in Koschewniki, Nowgorod, 1406. 151. Mariä-Himmelfahrts-Kirche von Wolotowo bei Nowgorod, 1352.

scheinung Christi in der Region Pskow (1496), bewahren in ihrem Äußeren ihre ehemaligen Merkmale. Rein grafische Rekonstruktionen machen es aber möglich, sie sich im Originalzustand vorzustellen. Ohne uns auf eine Analyse der architektonischen Merkmale einlassen zu wollen, sei nur folgendes gesagt: Alle Pskower Kirchen weisen eine überraschende Qualität auf – eine enorme Plastizität, die sie durch gleichsam bildhauerisches Modellieren der Mauern und Räume erhielten.

Entschieden besser sind die Nowgoroder Monumente erhalten, weil das Baumaterial und die Technik des Mauerns mit größerer Sorgfalt gewählt wurden. Während des Zweiten Weltkrieges wurden viele Kirchen in Nowgorod halb zerstört, und als es um den Wiederaufbau ging, versuchte man, ihren Originalzustand wiederherzustellen. Die Christi-Verklärungs-Kirche in Kowalewo (1394), die Wlassi-Kirche (Blasius-Kirche) (1407), die Peter-und-Paul-Kirche in Koschewniki (1406) bekamen ihre alten Formen wieder. Dies gelang zu einem großen Teil auch bei der Theodor-Stratilat-Kirche (1360–1361), bei der Christi-Verklärungs-Kirche an der Eliasstraße (1374) und bei der Geburts-Kirche auf dem Friedhof (1381–1382). Unter den erhaltenen Kirchen unterscheiden wir zwei Gruppen: die Klosterkirchen, welche die Erzbischöfe von Nowgorod bauten, und die Kirchen der Stadtviertel, welche die Bewohner der einen oder anderen Pfarrei errichteten; einen Großteil der Geldmittel brachten dabei die reichen »Gosti« oder Kaufleute auf. Die religiöse Bautätigkeit ging im 14. bis 15. Jahrhundert stark zurück und fand in vielen Fällen zu bescheideneren Formen und Ausmaßen. Die isolierten Klöster in der Umgebung von Nowgorod besaßen oft keine Steinkirchen und überlebten als kleine Konvente mit einer Handvoll Mönche. Wo hingegen Steinkirchen gebaut wurden, lebte eine klösterliche Gemeinschaft von nicht mehr als zehn oder zwanzig Mönchen oder Nonnen, und es bestand nicht die Notwendigkeit zu monumentalen Bauten. Das Mariä-Himmelfahrts-Kloster auf dem Wolotowo-Feld, fünf Kilometer von Nowgorod auf der Straße nach Moskau gelegen, ist eines der charakteristischsten Beispiele für den »Saaltyp«. Die isolierte Kirche wurde als kleines Gebäude mit quadratischem Grundriß geplant; im Inneren befinden sich die vier Pfeiler, welche die Gewölbe und die Kuppel tragen. Zu Beginn sah der obere Teil der Kirche ohne Zweifel eleganter aus, denn er verhüllte den Übergang vom voluminöseren Teil des Baus zum langen und schmalen Tambour, durch den tagsüber das meiste Licht eindrang. Die schmalen Fenster in den Deckenwänden dienten eher der Fassadenauflockerung, als daß sie viel Licht durchließen. Das Innere ist getrennt von der Welt und manifestiert die mystische Vorstellung des Gotteshauses als Himmel auf Erden.

Sehr viel feierlicher und größer sind die städtischen Kirchen, etwa die Christi-Verklärungs-Kirche an der Eliasstraße in Nowgorod (1374). Dieses enorme Gotteshaus – vor allem im Zustand des 14. Jahrhunderts – wurde mit dem Geld der reichen Bewohner des Kaufmannsviertels erbaut. Bis zum Bau der benachbarten Kathedrale des Muttergottes-Klosters im 17. Jahrhundert war sie die größte Kirche im Ostteil Nowgorods. In den sechs Jahrhunderten ihrer Existenz erfuhr die Christi-Verklärungs-Kirche nur wenige Veränderungen; abgesehen vom Narthex an der Westseite, der abgetragen wurde, und dem Bau von Kreuzdächern anstelle der ursprünglich dreigeteilten Schaufeldächer behielt sie ihr ursprüngliches Aussehen bei. Wenn man sich die heutigen spitzen Kreuzdächer einmal wegdenkt, so besaß die Christi-Verklärungs-Kirche in der Vergangenheit ein anderes Aussehen und erschien in gewissenem Sinne wie ein schwerer Monolith. Die Monumentalität des Gebäudes machte den Eindruck einer Unbeweglichkeit der Formen, doch die Nowgoroder Einwohner liebten diese Kraft, und in der Christi-Verklärungs-Kirche kommt gerade die Schönheit der selbstgewissen physischen Kraft zum Ausdruck.

Der architektonische Typ der Christi-Verklärungs-Kirche wurde in noch vollständigerer Weise in der Peter-und-Paul-Kirche verwirklicht. Man baute sie im Jahr 1406 im Stadtviertel Nerewskij von Nowgorod, das auch Koschewniki heißt. Nach dem Krieg erhielt sie ihre ursprüngliche Form wieder zurück, darin eingeschlossen den Wiederaufbau des Daches in Gewölbeform, bedeckt mit Holzschindeln. Die Peter-und-Paul-Kirche führt uns in die Blütezeit der Nowgoroder Bautätigkeit zurück. Die Wände sind zum größten Teil aus unregelmäßigen, einheimischen Blöcken gemauert. Ein gewisser Eisengehalt verleiht eine rote Tönung. Die dekorativen Motive, bestehend aus unterschiedlich geformten Nischen und Kreuzen, sind aus Ziegel und verleihen der pittoresken Fassade den letzten Schliff. Diese wirkt so ganz anders als bei den Kirchen mit verputzten Mauern.

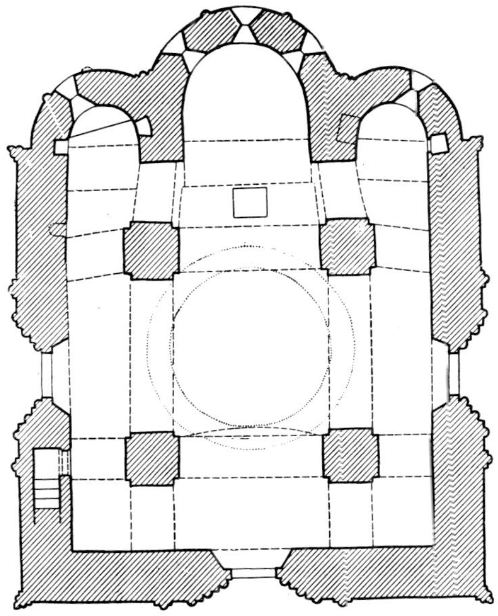

152–153. Mariä-Himmelfahrts-Kathedrale von Gorodok, Swenigorod, um 1400; Grundriß. 154. Mariä-Geburts-Kathedrale im Sabba-Kloster von Stroschi, Swenigorod, um 1405. Rekonstruktion des ursprünglichen Aussehens und Zeichnungen von B. A. Ognew.

155. Die Moskauer Kirchen von Ende des 14. und Beginn des 15. Jahrhunderts, die sich bis auf den heutigen Tag erhalten haben, sind Bauten von seltener Schönheit und struktureller Komplexität: Die Dreieinigkeits-Kathedrale im Dreieinigkeits-Sergius-Kloster (1422–1424) sieht in ihrer Gesamtanlage klösterlich kraftvoll und sogar streng aus, was sehr gut zum Charakter des heiligen Sergius von Radonesch paßt, wie er uns in den Lebensbeschreibungen und den ersten Porträts erscheint. 156. Bereits im 14. und 15. Jahrhundert wurde der Norden aktiv von Mönchen besiedelt, die zum größten Teil aus Rostow und Moskau stammten. Dort entstanden auch berühmte Abteien wie das Ferapont-Kloster. 1490 wurde dort die Mariä-Geburts-Kathedrale erbaut. 157. Das Ferapont-Kloster liegt zwischen zwei Seen an der Spitze einer Anhöhe.

Kloster und Kirche im 14. und 15. Jahrhundert

Im Unterschied zu den imponierenden Kirchen in den Stadtvierteln, die vom Wohlstand ihrer Spender und gelegentlich auch des ganzen Viertels zeugten, war die Klosterarchitektur im 14. und 15. Jahrhundert sehr viel bescheidener. Die Epoche der monumentalen Klosterkomplexe des 12. Jahrhunderts war weit entfernt. Der Grund für die Bescheidenheit klösterlicher Gebäude ist nicht so sehr in einem Mangel an Mitteln, sondern in einer Veränderung der Machtverhältnisse und der allgemeinen Meinung über den Sinn des Lebens in der Einöde zu suchen. Der Fürst von Nowgorod hatte bereits im 12. Jahrhundert seine Autorität eingebüßt und einer Republik Platz gemacht, die de facto in den Händen der Nowgoroder Erzbischöfe lag. Ihre Jurisdiktion erstreckte sich auch bis nach Pskow und die Nowgoroder Besitzungen im Norden der Rus. Die Kirche nutzte ihre Substanz sparsam und legte nicht so sehr auf Größe denn auf die Zahl kirchlicher Gebäude Wert. Im 14. und 15. Jahrhundert wurden zahlreiche neue Klöster gegründet und viele alte erneuert. Die Wohnungen und häuslich genutzten Gebäude wurden natürlich aus Holz gebaut, während man die Kathedralen immer häufiger aus Ziegel und Stein errichtete. Im allgemeinen handelte es sich um kleine Kirchen, deren Ausmaße für eine Gemeinschaft von nicht mehr als zehn bis fünfzehn Personen berechnet war. Ein Beispiel für diesen Typ ist die Mariä-Himmelfahrts-Kirche auf dem Wolotower Feld nicht weit von Nowgorod. Wir erfahren aus der Chronik, daß Bischof Moisej die Wolotower Kirche im Sommer 1352 baute. Da die Mönche in diesem Kloster lange Zeit ein Eremitenleben führten, wobei jeder seine eigene Zelle hatte und seine eigene Wirtschaft führte, muß das Kloster im 14. bis 15. Jahrhundert sehr pittoresk ausgesehen haben mit vielen Holzhäuschen, die sich um eine Steinkirche herumlagerten. Diese bildete das natürliche Zentrum des Baukomplexes, und dort trafen sich auch die Mönche alle Tage für den Morgen- und Abendgottesdienst. Die Kirche war klein mit quadratischem Grundriß, vier Pfeilern als Stütze für die Gewölbe und den überkuppelten Tambour, der auf hohen Bögen ruhte. An der Nord- und an der Südseite wurden zwei Vorhallen angefügt, von denen die jeweils westliche als Vestibül diente und aller Wahrscheinlichkeit nach einen kleinen Glockenturm trug. Trotz vieler Änderungen an der Überdachung der Kirche sind alle ursprünglichen Schmuckelemente unter dem neuen Dach erhalten geblieben. Kurz vor dem Zweiten Weltkrieg, in den Jahren 1940 und 1941, führte das Nowgoroder Museum eine umfassende Rekonstruktion der oberen Teile des Gebäudes durch. Leider sind die Fotografien, die damals angefertigt wurden, während der deutschen Besatzung verlorengegangen, und die deutsche Artillerie zerstörte die Kirche. Wir sind also bei der Beurteilung der Architektur auf die Fotografien von vor dem Zweiten Weltkrieg und auf zeichnerische Darstellungen angewiesen. Glücklicherweise gibt es bereits aus der Zeit vor hundert Jahren viele Reproduktionen und sogar Farbfotografien. Eine besondere Stellung nimmt dabei das Bild der Mariä-Himmelfahrts-Kirche von Wolotowo in den Händen des Erzbischofs Moisej ein, der das Gotteshaus errichtet hatte. Darauf ist ein harmonisches Gebäude mit dreigeteilten Fassaden und einer eleganten Kuppel dargestellt. Man erkennt darauf, daß es sich um eine verkleinerte Version jener großen städtischen Kirche von Nowgorod handelt, für die die Christi-Verklärungs-Kirche und die Peter-und-Paul-Kirche repräsentative Beispiele darstellen.

Die Mariä-Himmelfahrts-Kirche von Wolotowo war vor dem Krieg eine der bezauberndsten Nowgoroder Kirchen. Die Hektik der Großstadt gelangte nicht bis dorthin. Die alten Bäume und der winzige, ungepflegte Landfriedhof erfüllten den Betrachter mit einer nostalgischen, lichterfüllten Wehmut, und das benachbarte Getreidefeld symbolisierte die ewige Schöpferkraft des Lebens. Die Kirche fügte sich wunderbar in die Landschaft ein, ihre Formen paßten zum niedrigen Hügel mit den sanften Abhängen, auf dem sie sich befand. Die Frische und der Halbschatten im Inneren gaben dem Betrachter den lebhaften Eindruck, ins 14. Jahrhundert zurückgekehrt zu sein. In keiner anderen Nowgoroder Kirche hatten sich die architektonischen Formen und die Wandmalerei so gut erhalten – mit Ausnahme natürlich der Kirche an der Nerediza, die ebenfalls von den Deutschen zerstört wurde.

Moskau

Neben Nowgorod und Pskow war Moskau das dritte kulturelle Zentrum, das während der Tatarenzeit in raschem Wachstum begriffen war. Gegen Ende des 14. Jahrhunderts wurde die Stadt – allerdings noch nicht formell – zur Hauptstadt der nordwestlichen Rus. Dies wird durch die Tatsache bestätigt, daß der Moskauer Großfürst Dimitrij im Jahr 1380 vor einer Entscheidungsschlacht gegen die tatarischen Truppen des Khans Mamaj die Aufgabe übernahm, eine gesamtrussische Streitmacht gegen die Tataren zu bilden. Unter seinem Banner mit dem nicht von Menschenhand geschaffenen Bild des Erlösers (Acheiropoietos) vereinigten sich die Truppen von nicht weniger als zwanzig Fürstentümern und Städten. Die Quellen sprechen von Soldaten aus Moskau, Nowgorod, Nischnij-Nowgorod, Rostow, Jaroslawl, Perejaslawl-Salesskij, Serpuchow, Moschajsk, Kostroma, Beloozero, Dimitrow, Uglitsch und vielen anderen Orten.

Im Unterschied zu Nowgorod und Pskow hatte Moskau erst eine kurze Geschichte, die nicht mehr als zweihundert Jahre zurückreichte. Die junge Moskauer Kultur fußte auf dem leuchtenden Erbe des Großfürstentums von Wladimir, und die Stadt nutzte die in der Vergangenheit angesammelten Erfahrungen in vollem Maße. Wie auch die Anfangserfahrungen Moskaus auf dem Gebiet der Architektur ausgesehen haben mögen, wir kennen nur die Endergebnisse der Moskauer Architekturentwicklung im Verlauf des 14. und 15. Jahrhunderts: die imponierenden Kathedralen und die Mauern des Kreml, die am Ende des 15. Jahrhunderts erbaut wurden.

Die Architektur nahm in Moskau mit sehr bescheidenen Bauten ihren Anfang. Ohne in die Diskussion über die einigermaßen fragliche Annahme eintreten zu wollen, die erste Mariä-Himmelfahrts-Kathedrale im Kreml sei bereits am Ende des 13. Jahrhunderts aus Stein erbaut worden, wissen wir immerhin mit Sicherheit, daß nicht lange danach, nämlich im Jahr 1326, Metropolit Petr mit dem Bau einer Steinkirche in seiner Residenz begann. Gerade in dieser Zeit entschied der Metropolit, seinen Sitz von Wladimir nach Moskau zu verlegen. Nach der Hauptkirche begann man in Moskau geradezu fieberhaft mit dem Bau einer ganzen Reihe gemauerter Kirchen. Im Jahr 1329 ist die Johannes-Klimakos-Kirche fertig, 1330 wird die Erlöser-Kathedrale »im Walde« errichtet, 1333 die Erzengel-Michael-Kirche, 1365 die Erzengel-Kathedrale des gleichnamigen Klosters im Kreml, und schließlich errichtet man in den Jahren 1366 bis 1368 die ersten Steinmauern des Kreml von Moskau. Steinbauten wurden nicht nur aus praktischen Gründen vorgezogen, weil sie Schäden aufgrund der dauernden Brände und das Risiko feindlicher Angriffe verringerten, sondern sie verfolgten auch einen politischen Zweck: Damit wollten die Moskauer Fürsten ihre Macht und ihren Erbanspruch auf das Großfürstentum in Rußland demonstrieren.

Alle erwähnten Kirchen und Befestigungen wurden nach hundert oder mehr Jahren zerstört und in noch viel beeindruckenderer Form wieder aufgebaut. Nur mit Hilfe archäologischer Befunde kann man sich vorstellen, wie sie von außen wirkten und was für ein Gesamtbild sie erzeugten. Noch viel spärlichere Informationen besitzen wir über einzelne Steinkirchen in Twer, Kolomna und Nischnij-Nowgorod, die ebenfalls später zerstört wurden. Wir haben jedoch gute Gründe für die Annahme, daß sich die Architektur in der nordöstlichen Rus ziemlich schnell entwickelte, weil die Moskauer Kirchen vom Ende des 14. und vom Beginn des 15. Jahrhunderts, die sich bis auf den heutigen Tag erhalten haben, von seltener Schönheit und struktureller Komplexität sind. Wir beziehen uns dabei vor allem auf die Mariä-Himmelfahrts-Kathedrale in Gorodok, auf die Mariä-Geburts-Kathedrale im Sawwa-Kloster in Storoschi bei Swenigorod (um 1400–1401), auf die Dreieinigkeits-Kathedrale im Dreieinigkeits-Sergius-Kloster (1422) und die Erlöser-Kirche (Acheiropoietos, das heißt: nicht von Menschenhand geschaffene) im Erlöser-Andronikow-Kloster in Moskau, die auf die Zeit um 1427 datiert wird. Für ihren Bau verwendete man den weißen Stein aus der Umgebung von Moskau. Er wurde mit einer derartigen technischen Perfektion behauen, daß man eine handwerkliche Tradition voraussetzen muß, die nicht zu langen Zwangspausen gezwungen war. Alle diese Moskauer Kirchen wiederholen ein einziges architektonisches Modell: rechteckiger Grundriß mit vier Pfeilern, drei einfache Apsiden und eine hohe Kuppel. Der Teil, der den Hauptkörper der Kirche mit der Kuppel verbindet, trägt kielbogenförmige Giebel die den oberen Abschluß der äußeren Mauern bilden. Entsprechende Formen zeigen sich auch an der Basis des Tambours. Die Fassaden werden von Pfeilern unterteilt und haben in der Mitte einen Streifen aus weißem Stein, der auf zwei oder drei Seiten um die Kirche läuft. Überdies zeigt der Ostteil der Kirche ein ähnliches kleines Band an der Spitze der Apsiden. Besonders komplex ist der architektonische Aufbau des oberen Teils der Kathedrale im Erlöser-Andronikow-Kloster: Sie ruht auf einem Sockelgeschoß, so daß man Treppen zu den Pforten bauen mußte. Die Erlöserkirche weist zur Kuppel hin zwei Reihen kielbogenförmiger Giebel mit wechselnder Höhe auf. Diese Formensymphonie, die hundert Jahre später in der Holzkirche von Kischi wiederholt wurde, zeigt einmal mehr, daß eine enge Beziehung zwischen der Stein- und der Holzarchitektur besteht und daß diese aller Wahrscheinlichkeit nach ziemlich alten Ursprungs ist.

Im Unterschied zu Nowgorod vermeiden die Moskauer Handwerker bewußt die überdachten Vorhallen und die isolierten Kapellen. Auf diese Weise erhalten sie eine seltene Reinheit und Expressivität der Umrisse ihrer Kirchen. Sie verfolgen ganz eindeutig das Ziel, der Kirche ein zusammenhängendes Bild und eine Pyramidalstruktur zu verleihen. Besonders deutlich ist dies in der Dreieinigkeits-Kathedrale im gleichnamigen Kloster. Die hohen, schmalen Fensteröffnungen betonen die Eleganz der vertikalen Struktur. Die Kirche wirkt insgesamt klösterlich kraftvoll, mächtig und sogar streng, was sehr gut zum Charakter des Sergius von Radonesch paßt, wie er uns in den Biographien und den ersten Porträts entgegentritt.

Wie groß und vielfältig das Rüstzeug der Moskauer Architekten in der Zeit von Sergius von Radonesch und von Andrej Rublew war, erfahren wir auch aus den Resten anderer Kirchen. Unter ihnen sticht die Mariä-Geburts-Kathedrale im Kreml hervor, die sich heute im Komplex des Bolschoj-Palastes (1393) befindet; dasselbe gilt für die Nikolaus-Thaumaturgos-Kirche im Dorf Kamenskoe bei Moskau (Ende des 14. Jahrhunderts), die kaum bekannt ist, sich aber in einem Zustand vollkommener Erhaltung befindet. Beide Kirchen wurden auf Veranlassung des Großfürsten errichtet, doch im Unterschied zur eleganten Kirche im Kreml beschränkt sich die Architektur der Nikolaus-Kirche auf einen ganz einfachen Grundriß und auf ebenso einfache äußere Formen. Verwendet wurde dabei die Vorstellung einer Kirche ohne Pfeiler, und ihre Gewölbe ruhen auf mächtigen winkelförmigen Stützen, die direkt mit dem Mauerwerk der Wände verbunden sind. Entsprechende Kirchen gibt es auch im Balkan, und es ist nicht auszuschließen, daß diese neuen Ideen während der Anfänge der Moskauer Architektur unter dem Einfluß serbischer Baumeister entstanden sind. Während der kurzen Amtszeit des Metropoliten Kiprian und teils der des Metropoliten Photios lebten viele von ihnen in Moskau. Die Moskauer Architekten begriffen wie die übrigen Künstler, wie bedeutend die neuen, von ihnen verwendeten künstlerischen Verfahren waren, und es ist kein Zufall, daß sogar Werke der angewandten Kunst wie das von Nikon von Radonesch signierte silberne Weihrauchfaß in der Sakristei des Dreieinigkeits-Sergius-Klosters (1405) und das »Kleine Sion« in der Rüstkammer (1486), das aus der Mariä-Himmelfahrts-Kathedrale des Moskauer Kreml stammt, die Formen der erwähnten Kirchen in Moskau wiedergeben.

In der Mitte des 15. Jahrhunderts war Moskau voller Bautätigkeit. Schnell stieg nicht nur die Zahl der religiösen, sondern auch der säkularen Gebäude an, angefangen von Wohnpalästen bis zu Klosterrefektorien, von Glockentürmen bis zu Befestigungsmauern. Durch einen merkwürdigen Zufall hat sich keines dieser ungefähr dreißig Gebäude bis auf den heutigen Tag erhalten, und der Autor einer vor relativ kurzer Zeit erschienenen Monographie über diese Periode der russischen Architektur war gezwungen, sein Thema nur unter einem rein historisch-archäologischen Gesichtspunkt darzulegen, ohne konkrete Bilder jener Bauwerke vorlegen zu können. Und doch war das 15. Jahrhundert unglaublich reich an Meisterwerken, sei es in der Architektur oder in der Literatur und der Malerei. Die Liste der architektonischen Meisterwerke eröffnet die Mariä-Himmelfahrts-Kathedrale im Moskauer Kreml, wo die Zaren und Zarinnen gekrönt, die Patriarchen und Metropoliten ernannt wurden und alle wichtigsten kirchlichen sowie staatlichen Zeremonien stattfanden.

Die Mißerfolge, mit denen der Bau der heutigen Mariä-Himmelfahrts-Kathedrale begann, lieferten den Beweis dafür, daß viele technische und künstlerische Lösungen plötzlich nicht mehr zu brauchen waren. Im Jahr 1474 stürzte die Kathedrale, welche die Moskauer Architekten Kriwzow und Myschkin fast fertig gebaut hatten, infolge eines leichten Erdbebens ein, und die Architekten, die von Pskow geholt wurden, weigerten sich, den Bau wieder herzurichten und fertigzustellen. So lud Iwan III. den berühmten Florentiner Architekten Aristotele Fioravanti nach Moskau ein. Um den Grund dieser für das orthodoxe Rußland so ungewöhnlichen Berufung des lateinischen (katholischen) Baumeisters zu verstehen, muß man wissen, daß Großfürst Iwan Wasilewitsch in zweiter Ehe mit der byzantinischen Prinzessin Sophia verheiratet war. Sie war die Enkelin des letzten griechischen Kaisers, Konstantins XII., der bei der Eroberung Konstantinopels durch die Türken gefallen war. Sophias Vater, Thomas Paläologos, war Herr von Morea, des heutigen Peloponnes, gewesen und hatte nach der Eroberung seines Landes durch die Türken in Rom Zuflucht gefunden. Als Iwan III. sich entschloß, Sophia zur Frau zu nehmen, kam sie mit einem reichen Gefolge aus Griechen und Italienern nach Moskau. An dessen Spitze stand der päpstliche Nuntius, Kardinal Antonio. Mit dieser Ehe verfolgte der Vatikan natürlich das Ziel, Moskau zur Union mit Rom zu bewegen. Dies erschien nach dem Florentiner Konzil von 1439 als wahrscheinlich, weil dort der Moskauer Metropolit Isidor eine Übereinkunft mit dem Heiligen Stuhl unterzeichnet hatte. Doch Moskau zeigte in diesem Fall Stärke und ließ sich nicht von der Propaganda der Lateiner überzeugen. Moskau erklärte sich sogar offiziell zum Erben von Konstantinopel und des ganzen byzantinischen Kaiserreichs. Die Heirat Iwans hatte somit auch einen rein politischen Aspekt, an den der Vatikan nicht im geringsten gedacht hatte. Jedenfalls kamen mit Sophia Paläologa auch Dutzende von Personen aus ihrem Gefolge nach Moskau, und mit deren Hilfe lernten die Moskauer Intellektuellen die italienische Kultur kennen. Die Berufung von Fioravanti nach Moskau ging ohne Zweifel auf die Initiative eines Höflings im Gefolge von Sophia zurück, die selbst schon Kontakte mit dem Florentiner Baumeister gehabt hatte.

Wenn es um den Bau der neuen Mariä-Himmelfahrts-Kathedrale geht, erinnern alle Moskauer Chronisten unweigerlich daran, daß Aristotele Fioravanti wie seine glücklosen Vorläufer nach Wladimir geschickt wurde, um die Hauptkirche der früheren Metropolie zu studieren: die Mariä-Himmelfahrts-Kathedrale von Wladimir. Moskau ließ die übrigen russischen Städte unmißverständlich wissen, daß es das große Erbe der Vergangenheit vollständig übernehmen und eine Kirche errichten wolle, die nicht weniger feierlich als die von Andrej Bogoljubskij und Wsewolod »großes Nest« war. Die schwierige Aufgabe wurde voll und ganz erfüllt. Nachdem die Trümmer der 1474 eingestürzten Kirche weggeräumt waren, gelang es Aristotele Fioravanti, von 1475 bis 1479 die Kirche fertigzustellen. Sie versetzte die Zeitgenossen durch die imponierende Schönheit ihrer Formen in Erstaunen und stellt heute die beste Schöpfung von Fioravanti und ein Meisterwerk der religiösen Weltarchitektur dar.

Die Mariä-Himmelfahrts-Kathedrale ist die Synthese der altrussischen Architektur und der italienischen Renaissance-Architektur. Zunächst fällt die außergewöhnliche Reinheit ihrer Linien auf. Trotz ihrer grandiosen Ausmaße und der Bescheidenheit des Schmucks macht die Südfassade, die den Kathedralenplatz des Kreml abschließt, den Eindruck einer vollständigen Harmonie. Majestätisch erheben sich die Bögen, welche die Fassade gliedern; fünf mächtige Kuppeln bekrönen den Korpus der Kirche, und in uns hält sich der Gedanke, daß der Architekt jenes Gleichgewicht gefunden hat, das sich nicht dem menschlichen Maß beugt, sich aber auch nicht über alle Maße erhebt, wie dies bei den kolossalen gotischen und romanischen Kathedralen des katholischen Westens

158. Kleines »Sion« aus der Mariä-Himmelfahrts-Kathedrale im Moskauer Kreml, 1486; Moskauer Kreml, Rüstkammer.

der Fall ist, die dem ästhetischen Empfinden unangenehm auffallen. Bereits die Zeitgenossen von Fioravanti, die direkt das Werden seines Werkes in Moskau verfolgen konnten, hielten es für notwendig, zu behaupten, die Mariä-Himmelfahrts-Kathedrale werde nach Art »der Paläste« gebaut. Sie wollten damit auf die Größe der Innenräume hinweisen, die es in dieser Form bisher in Rußland noch nicht gab. Dank genauer statischer Berechnungen ließen sich zu massive Pfeiler als Stützen der Gewölbe und der Kuppeln vermeiden. Fioravanti gelang es so, eine außergewöhnliche Einheitlichkeit des Innenraums zu erlangen, die sich ebenso in der Horizontalen wie in der Vertikalen erstreckt. Die mächtigen säulenartigen Stützpfeiler und das Fehlen facettierter Formen mildern die Ausrichtung der Bewegung entlang der axialen Linien der Längs- und Querschiffe, die sonst in Bauten dieses Typs dominieren. Der Innenraum der Kirche ähnelt dem eines Saales; es überwiegt die zentrale kreisrunde Ausrichtung anstelle einer linearen. Das Individuelle weicht hier eindeutig dem Gemeinsamen und geradezu dem Universalen, was mit dem Konzept des Gotteshauses als Bild des Himmels auf Erden gut übereinstimmt.

Michail Wrubel fand mit seiner großen künstlerischen Sensibilität vielleicht die einzige richtige Definition der Eigenschaften der Mariä-Himmelfahrts-Kathedrale: Er vergleicht den Markusdom in Venedig, den er sehr wohl als originelle italo-byzantinische Kirche zu schätzen weiß, mit der russischen Kathedrale und sagt dann deutlich: »Unsere Kathedrale hat mehr ›Würde‹ als die in Venedig.« Diese staatliche »Würde« der Mariä-Himmelfahrts-Kathedrale ist tatsächlich ihre wichtigste künstlerische Eigenschaft.

Die Mariä-Himmelfahrts-Kathedrale war die erste einer langen Reihe neuer Gebäude des Kremls, deren Bauherren zum größten Teil italienische Architekten waren. Nur die Kirche der Niederlegung des Gewandes Mariä im Metropolitenhof (1484–1486) und die Mariä-Verkündigungs-Kathedrale, die Hofkirche des Großfürsten, wurden von Baumeistern aus Pskow errichtet. Den Facettenpalast, der zwischen diesen beiden Kirchen steht, bauten Marik Frjasin und Antonio Solari (1487–1491); die Erzengel-Kathedrale geht auf Aloisio Nuovo (1505–1508), der Glockenturm »Iwan der Große« auf Bono Frjasin (1505–1508), die neuen Mauern und Türme des Kremlins auf Pietro Antonio Solari, Mark und Antonio Frjasin und weitere italienische Meister zurück (1485–1499). Mit dem Abschluß dieser umfangreichen Bauarbeiten nahm der Moskauer Kreml sein heutiges Aussehen mit jenem System von Plätzen und architektonischen Komplexen an, die noch heute seine Gliederung und seine künstlerische Bedeutung bestimmen.

Bekanntlich folgten die neuen Befestigungen des Moskauer Kreml den Mauern, die zur Zeit Dimitrij Donskojs aus weißem Stein gebaut worden waren. Sie wurden allerdings ausgehend von der Außenseite ihrer Vorgängerin errichtet, so daß sich die Gesamtoberfläche des Kreml und die Länge der Befestigungsmauern vergrößerten. Der Umfang erreichte nun 2,235 Kilometer. Bevor im 17. Jahrhundert die Dekorationen der Türme hinzugefügt wurden, bildeten die Mauern eine mächtige, uneinnehmbare Festung, die nach den neuesten Prinzipien der westeuropäischen Militärarchitektur entworfen worden war. Die Höhe der Mauern schwankt zwischen sechs und neunzehn Metern; oben sind sie von Schwalbenschwanzzinnen mit einer Höhe von zwei bis zweieinhalb Metern bekrönt. Die schmalen Schießscharten an den Zinnen und die entsprechenden Geschützpforten am Boden eigneten sich für Waffen unterschiedlichen Typs. Es wurden dort Bogenschützen und Artillerie eingesetzt. Die Dicke der Mauern reicht von dreieinhalb bis sechseinhalb Metern. Es war eine uneinnehmbare Festung, die überdies von Gräben und den natürlichen Barrieren der Moskau und der Jausa verstärkt wurde. In Osteuropa war somit ein bedrohliches Bollwerk entstanden, und dahinter erstreckte sich das weite Rußland bis zur Wolga. Jenseits dieses Flusses begann die wenig bekannte asiatische Tiefebene mit den noch weniger bekannten Nomaden- und Halbnomadenvölkern, die den europäischen Fürsten und Königen weiterhin einen Schrecken einjagten.

Einer der originellsten Bauten der Italiener im Kreml ist der Facettenpalast, ein Zeremoniensaal, in dem ausländische Botschafter empfangen wurden und feierliche Bankette stattfanden. Es handelt sich um ein Gebäude mit fast quadratischem Grundriß und vier Kreuzgewölben, die auf dicken Außenmauern und auf dem massiven Pfeiler in der Mitte des Saales ruhen. Weil auf diese Weise keine Querverstrebungen aus Holz oder Eisen mehr notwendig waren, kann man mit dem Blick den ganzen Innenraum frei umfassen. Unabhängig von westlichen Vorlagen erinnert der Facettenpalast an Klosterrefektorien, die in der altrussischen Architektur eine weite Verbreitung gefunden hatten. Das älteste Refektorium aus Stein in Moskau wurde in der Mitte des 15. Jahrhunderts im Tschudow-Kloster im Kreml errichtet. 1469 bekam das Dreieinigkeits-Sergius-Kloster ein ähnliches Refektorium. Vom Ende des 15. Jahrhunderts an entstanden überall ähnliche Refektorien aus Stein mit einem zentralen Stützpfeiler. Mit der Zeit wurden sie zu einem der wesentlichen Elemente von Klosterkomplexen. Alle diese Refektorien errichtete man auf hohen Unterbauten, in denen sich die Eiskeller, weitere häusliche Räume, die Küchen und die Heizungsräume befanden, die dafür sorgten, daß Warmluft in den darüber liegenden Saal aufstieg. Im Unterschied zu den Klosterrefektorien, die meistens keinerlei Schmuck aufwiesen, erhielt der Facettenpalast eine elegante Ausstattung: Seine Fassadenfront zeigt eine Verkleidung aus weißen Diamantquadern, die Fenster mit doppelten Spitzbögen im Stil der italienischen Gotik haben rechteckige Rahmen, und an den Enden befinden sich hohe Schlangensäulen. Die Seitenwände sind rot bemalt, und an der Südwand befindet sich ein hoher Ehreneingang mit einer Treppe, die zur »Königspforte« führt, deren Türklopfer Aloisio Nuovo schuf.

Dieses künstlerisch einzigartige Gebäude schloß die Westseite des Platzes mit den Kathedralen ab, während der Glockenturm »Iwan der Große« an dessen Ostseite und die Erzengel-Kathedrale an der Südseite errichtet wurde. Zu beiden Seiten des Facettenpalasts entstanden in kurzer Zeit noch zwei weitere Kirchen: die Mariä-Verkündigungs-Kathedrale und die Kirche der Niederlegung des Gewandes Mariä. Beide gehen nicht auf italienische Architekten, sondern auf Pskower Baumeister zurück, denen wir auch die Heilig-Geist-Kirche im Dreieinigkeits-Sergius-Kloster (1476–1477) verdanken. Alle drei Kirchen haben trotz der klaren Aussagen in den Chroniken, in denen stets auf Baumeister aus jener Stadt verwiesen wird, nichts mit Pskow gemeinsam. Es handelt sich hingegen um typische Beispiele der Moskauer Architektur aus dem späten 15. Jahrhundert. Die Formen sind harmonisch, die Wände zeigen die typische Moskauer Dekoration mit Bündeln aus Halbsäulen oder Terrakottafliesen. Die Apsiden der Heilig-Geist-Kirche im Dreieinigkeits-Kloster haben eine Dekoration aus schmalen Halbsäulen, die am oberen Ende durch eine Art Girlanden untereinander verbunden sind. Dieses Muster ist sonst nirgendwo in Rußland zu finden, tritt aber in der Architektur einiger Kirchen von Mistra (Peleponnes) aus dem 14. und 15. Jahrhundert auf. Es bleibt noch herauszufinden, woher diese Baumeister aus »Pskow« wirklich stammten. Sie erschienen unerwartet zur Zeit des Einsturzes der ersten Mariä-Himmelfahrts-Kathedrale in Moskau und hatten sich geweigert, die Arbeit von Myschkin und Kriwzow zu Ende zu führen.

Von den drei genannten »Pskower« Gotteshäusern ist die Heilig-Geist-Kirche am interessantesten. Sie gehört zum Typ der Kirchen »unter den Glocken«, stellt aber ein einzigartiges Beispiel für eine Kirche mit Glockenturm dar. Dieser besteht in der Übergangszone von den Gewölben zur Kuppel, so daß diese, als Folge davon, nicht als Lichtspender für das ganze Gebäude, sondern nur als Resonanzkörper dient. Die Kirche ist somit nur ungenügend beleuchtet, und wahrscheinlich fanden in ihr vor allem Begräbnisgottesdienste für Mönche statt.

Weitere architektonische Zentren

Moskau, Nowgorod und Pskow hatten sicher nicht die einzigen architektonischen Schulen in Rußland. Besondere Eigenschaften zeichneten auch die Bauten von Twer und Nischnij Nowgorod aus, von denen aber fast nichts erhalten geblieben ist. Noch eigentümlicher ist der Stil der Rostower Schule, die bereits im 15. Jahrhundert eine Reihe bedeutsamer Gebäude hervorgebracht hatte, vor allem im Norden Rußlands. Die Diözese von Rostow umfaßte die enormen Territorien jenseits der Wolga, und die jüngsten Fürsten aus dem Moskauer Geschlecht hatten in diesen Gebieten ausgedehnte Besitzungen wie Wologda, Kuben und Saosere. Wir erinnern schließlich daran, daß Mönche, die zum größten Teil aus Rostow und Moskau stammten, bereits im 14. und 15. Jahrhundert den Norden aktiv kolonisierten. Gerade in dieser Zeit entstanden berühmte Konvente, zum Beispiel das Kirill-Kloster von Beloosero, das Ferapont-Kloster, das Dionisij-Kloster von Gluschiza, das Alexander-Kuschtskij-Kloster, das Erlöser-Kloster von Priluzk, das Nil-Kloster von Sora sowie viele andere mehr. Fast alle errichteten früher oder später Steinkirchen, die sich teilweise bis auf den heutigen Tag erhalten haben.

Eines der ältesten Klöster in diesem Gebiet war das Erlöser-Kloster auf dem Felsen, das der Überlieferung zufolge um 1260 der Fürst von Beloosero Gleb Vasilkowitsch aus der Fürstenfamilie von Jaroslawl gegründet hatte. Es mußten jedoch zweihundert Jahre vergehen, bevor das Kloster mit dem Bau einer Steinkirche begann. Die Christi-Verklärungs-Kirche wurde mit dem Geld des jüngeren Bruders von Iwan III. erbaut, dem zu jener Zeit Wologda und die Gebiete um den Kuben-See gehörten. Einige Zeit danach, im Jahr 1490, baute auch das benachbarte Ferapont-Kloster eine Steinkirche, die mit der Christi-Verklärungs-Kathedrale viel gemeinsam hat. Man weiß, daß die Kathedrale des Ferapont-Klosters auf Betreiben von Josaf Obolenski, dem Erzbischof von Rostow, errichtet wurde. Dieser zog sich schließlich in dieses Kloster zurück, wo er auch starb. Zusammen mit der Mariä-Himmelfahrts-Kathedrale des Kirill-Klosters von Beloosero, die Baumeister Prochor von Rostow 1497 baute, stellten die architektonischen Monumente von Rostow aus dem 15. Jahrhundert bereits eine zusammenhängende und beachtenswerte stilistische Gruppe dar. Gerade die drei genannten Kirchen stellen in der russischen Kulturgeschichte die reinsten Beispiele des Rostower Stils im Rahmen der nordöstlichen architektonischen Schule dar.

Man kann wohl ohne Zögern feststellen, daß das architektonische Konzept der Rostower Kirchen sich an die Moskauer Architektur des 15. Jahrhunderts anlehnt. Es ist kein Zufall, daß die Kathedralen des Ferapont- und des Christi-Verklärungs-Klosters auf dem Felsen sich auf hohen Gewölbestrukturen erheben. Zur Kirche gelangt man über eine steile Treppe, wie dies auch in Moskau bei den Kathedralen des Erlöser-Andronikow-Klosters und in der Kirche der Niederlegung des Gewandes Mariä der Fall ist. Die Architektur mußte natürlich die natürlichen Gegebenheiten im Norden berücksichtigen, und die hohen Strukturen des Erlöser-Klosters auf dem Felsen und des Ferapont-Klosters verhinderten, daß Grundwasser in die Kathedralen eindringen konnte. Die dekorativen Streifen an den Gesimsen und den Sockelgeschossen gehen eindeutig auf Moskauer Tradition zurück und erschienen erstmals in Swenigorod und im Dreieinigkeits-Sergius-Kloster. Trotzdem besitzen alle genannten Kirchen ihre Eigentümlichkeiten: eine eindeutige Vorliebe für den Fries bei der Dekoration, der in den reinen, volkstümlichen Stil der »Gorodki« mündet, in die mit Festonstich gestickten Girlanden bäuerlicher Arbeiten; dazu kommt das Fehlen einer Symmetrie, zu der die Künstler in den Hauptzentren immer neigten. Die Kathedralen des Ferapont- und des Erlöser-Klosters auf dem Felsen hatten insbesondere eine zusätzliche Kuppel auf der Kapelle des heiligen Nikolaus beziehungsweise des Metropoliten Petr.

Viele Klöster im Norden sind im lebhaften Rahmen einer bis vor kurzem unberührten Natur und der traditionellen ländlichen Wohnhäuser erhalten geblieben. Dadurch erhielten sie eine unvergleichliche Faszination. Das Erlöser-Kloster auf dem Felsen befindet sich auf einem Inselchen des Kuben-Sees, wie wenn es mit seiner Lage das zurückgezogene Leben der Mönche symbolisieren wollte. Das Ferapont-Kloster liegt auf dem Rücken eines hohen Hügels zwischen zwei Seen, und das Kirill-Kloster von Beloosero steht wörtlich »zwischen den Wassern«. Selbst wenn man es von nahe betrachtet, verschwindet das niedrige Ufer, und der majestätische Komplex verschmilzt mit der glänzenden Oberfläche des Siwerk-Sees. Daß diese Klöster an landschaftlich derart schönen Stellen stehen, ist keinesfalls ein Zufall. Ein ästhetischer Sinn führte zur Wahl des Ortes für das Kloster, und praktische Erwägungen stimmten nur in seltenen Fällen nicht mit der Vorstellung der landschaftlichen Schönheit überein.

159. Inschrift auf Birkenrinde, Ende des 13. Jahrhunderts, Ausgrabungen von Nowgorod.

Bildung und Literatur

Entgegen der alten Vorstellung, im Mittelalter hätten nur die Klöster eine schulische Ausbildung geboten, gab es diese vor allem in den Städten. Die Funktion des Erziehers übten Personen aus verschiedenen sozialen Gruppen aus: Kleriker ebenso wie Laien und Sekretäre (djak). Die »Lehrer« (parobki), die zu Dutzenden am Hof der Nowgoroder Erzbischöfe Moisej und Aleksej im 14. Jahrhundert lebten, schrieben so viele Bücher über Liturgie und andere Themen, daß ihre Werke noch heute, nach den zahllosen Verlusten russischer Bibliotheken in den darauffolgenden Jahrhunderten, eine eigene Schule mit leicht erkennbaren Merkmalen bilden. Trotz ihres imitatorischen Charakters trug diese Literatur, die sich an byzantinische Vorlagen und Übersetzungen hielt, viel zur Lehre und zur Hebung des kulturellen Niveaus des Volkes bei.

Allgemeine Bildung

Die Kirche und ihre erleuchtetsten Repräsentanten verkörperten in dieser unruhigen Zeit die russische Bildung. Das erklärt sich leicht daher, daß die Ausübung der kirchlichen Funktionen und der Gottesdienst im besonderen es erforderlich machten, daß der Priester eine Ausbildung besaß und sich in den Texten, die in der Kirche gelesen wurden, leicht zurechtfand. Auch die einfache Kanzleiarbeit in den Diözesen erforderte die ständige Präsenz ausgebildeter Männer, die Sendschreiben, Beglaubigungsbriefe und Anordnungen jeglicher Art verfassen konnten.

Die vielen tausend Manuskripte, die uns erhalten geblieben sind, bestätigen, daß viele lesen und schreiben konnten. Vor einem halben Jahrhundert stellte man fest, daß diese Fähigkeit unter den Laien genauso weit verbreitet war wie unter den Klerikern, und dies nicht nur unter den Männern, sondern auch unter den Frauen. Wir beziehen uns dabei auf die sogenannten Beresta von Nowgorod, das sind Texte auf Birkenrinde. Es handelt sich um persönliche Briefe oder Geschäftsbriefe, deren älteste Stücke auf das 11. und das 12. Jahrhundert zurückgehen. Der größte Teil stammt allerdings aus dem 13. bis 15. Jahrhundert. Die ersten Nowgoroder Beresta fand man 1951 durch Zufall bei archäologischen Grabungen, und bis heute liegen uns ungefähr 700 vor. Man fand sie bei Spezialuntersuchungen auch in anderen russischen Städten, in Pskow, Staraja Ladoga, Witebsk, Mstislawl, Staraja Russa und Twer. Weil die hohe Bodenfeuchtigkeit in Nowgorod besonders günstige Bedingungen für die Konservierung von Holz bietet, werden die Beresta vor allem hier gefunden. Ihr Inhalt ist unglaublich vielfältig. Besonderes Interesse verdienen einige Beresta, weil es sich um praktische Handbücher für das Studium der Schrift und somit um eine Art Abecedarien mit den Buchstaben des Alphabets oder um Schulbücher für Kinder aus gefalteten Rindenschichten handelt. Man trifft darin auf Rechenübungen oder auf die in der Schule üblichen schriftlichen Wiederholungen häufiger Ausdrucksweisen. Diese Tatsache bezeugt, daß viele zu einer Grundausbildung Zugang hatten, die wie heute im Alter von sieben Jahren begann.

Ein auffälliges Merkmal der Nowgoroder Birkenrindenmanuskripte ist die Vielfalt der Autoren und der Empfänger der Briefe. Es sind darunter Kinder und Erwachsene, Männer und Frauen, Kleriker und Laien, Verwaltungsbeamte der Republik und einfache Bürger, Händler, Geschäftsleute, Bauern, Künstler und Auftraggeber. In den Texten geht es um private oder öffentliche Interessen, die Liebe kommt zur Sprache, ebenso Freundschaft und geschäftliche Angelegenheiten. Wir finden darin das Leben der großen Stadt und das der nahen und fernen Provinz. Die Feudalherren führen Korrespondenz mit ihren Vertretern auf dem Land, die Bauern mit den Herren. Entgegen der Vorstellung eines Rückgangs in der Beherrschung des Lesens und Schreibens während der Tatarenzeit zeigen die Dokumente gerade in dieser Epoche eine Zunahme der Korrespondenz, weil man aus dem 14. Jahrhundert viel mehr Beresta fand als aus den vorhergehenden Jahrhunderten. Wir müssen in diesem Zusammenhang natürlich daran erinnern, daß Nowgorod nicht von den Tataren zerstört wurde und daß das kulturelle Leben der Stadt seinen normalen Lauf nahm.
Das Bildungsniveau des russischen Volkes zeigt sich aber nicht nur in den Beresta. Es haben sich enorme Mengen anderer Dokumente auf Pergament, auf Papier sowie Manuskripte erhalten. Sie gehen in die Tausende, und das 13. Jahrhundert steht, was die schiere Produktion anbelangt, nicht hinter den vorhergehenden Jahrhunderten zurück. Im 14. Jahrhundert verzeichnen wir eine Zunahme der unterschiedlichsten Literaturformen. Natürlich überwiegen liturgische Bücher, Evangeliarien, Apostoloi, Triodien für die Fasten- und die Osterzeit, Typika, Meßbücher und Gebetbücher. Doch neben diesen treten immer häufiger auch Lesebücher auf: Hagiographien, die von Lesern der unterschiedlichsten Gesellschaftsschichten geliebt wurden, Chronographien, der Slatostrui von Johannes Chrysostomus, Werke der Kirchenväter, Werke von heiligen Bischöfen und Asketen aus jüngerer Zeit, Legenden und historische Erzählungen und Reiseberichte. In einer Beresta, die in Nowgorod gefunden wurde und die aus der zweiten Hälfte des 14. Jahrhunderts stammt, bittet Jakow seinen Gevatter und Freund Maksim, ihm »eine gute Lektüre« zu schicken: Gewiß gehörte dies angeforderte Werk nicht zu den liturgischen Büchern, sondern in die zweite Gruppe.

160. Schreibgerät, Mitte des 14. Jahrhunderts, aus den Ausgrabungen von Nowgorod.

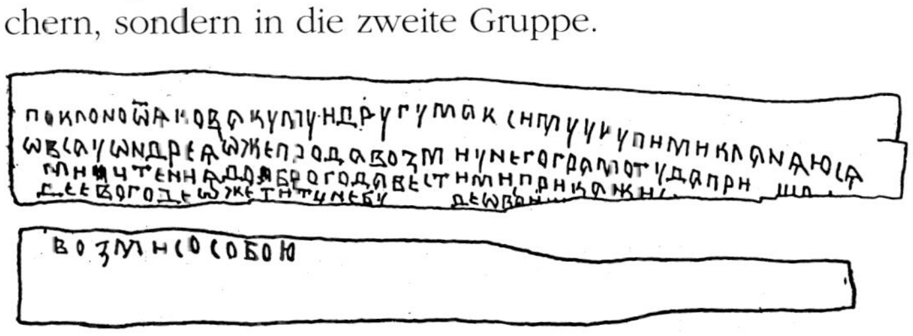

161. Brief von Jakow an seinen Freund Maksim, zweite Hälfte des 14. Jahrhunderts, Museum von Nowgorod.

162. Chludow-Psalter, Ende des 13. Jahrhunderts, Schule von Nowgorod; Moskau, Historisches Museum.

In der älteren Literatur über dieses Thema, besonders in populären Fachbüchern, wurde der schöpferische Beitrag der Klöster zur Geschichte der Malerei, der Architektur und des Ausbildungswesens übertrieben. Neue Forschungen haben gezeigt, daß sich diese Meinung nicht länger halten läßt. Die weltliche und nichtkirchliche städtische Umgebung brachte viel mehr neue Ideen hervor und bildete Menschen auf den unterschiedlichsten Gebieten aus. In den großen Zentren lebten Verfasser von Chroniken, Lehrer, Literaten, Maler, Goldschmiede, Architekten, Ingenieure und Schreiber. Sie boten ihre Dienste und Kenntnisse jedem Auftraggeber an, der gewillt war, sie gut zu bezahlen, mochte es sich nun um einen Großfürsten oder den Souverän eines unabhängigen Fürstentums, einen hohen Würdenträger, einen Kaufmann oder um die Mönche naher oder ferner Klöster handeln.

Die Geschichte der russischen Literatur im 13. bis 15. Jahrhundert zeigt immer wieder dieselben Gedanken und Ideen, die die Gesellschaft beschäftigten, weil die Literatur das einzige kreative Umfeld war, das auf die täglichen Ereignisse einging. Die dominierenden Literaturgattungen sind weiterhin Chroniken, Heiligenlegenden, Epen, Reiseberichte und Briefe. Doch wie D. S. Lichatschew richtigerweise sagt, entsprachen die Literaturgattungen in der alten Rus oft praktischen Bedürfnissen der Gesellschaft, und ihre Palette war so weit wie das Leben selbst.

Es gibt kein zweites slawisches Land, das wie Rußland ein derart konstantes Interesse an seiner eigenen Geschichte zeigt. Nicht später als in der Mitte des 11. Jahrhunderts begann die Kompilation der Annalen, die Aufzeichnung der wichtigsten Ereignisse in der Geschichte des Vaterlandes in chronologischer Reihenfolge. Mit der Zeit entwickelten sich die Annalen von einer einfachen Sammlung kurzer Anmerkungen zu einem grandiosen historischen und literarischen Gebäude. Da es sich dabei um eine Tätigkeit handelte, die eindeutig mit dem Leben des Staates in Zusammenhang stand, wurde sie nur in seltenen Fällen aus eher beiläufigen Gründen unterbrochen. Vielmehr fuhr man an den Höfen der Fürsten und Großfürsten, an den Bischofskathedralen und Metropolitenkirchen und in den wichtigsten Klöstern unverändert mit dem Abfassen von Annalen fort. In Privathäusern geschah das fast nie, weil man dies als ungerechtfertigte Aneignung staatlicher Funktionen und somit als eine Art Übergriff betrachtet hätte.

In den Annalen werden nicht nur Fakten registriert, bedeutende und weniger bedeutende Ereignisse fragmentarisch aufgezählt, und sie haben auch nicht eine ausschließlich lokale Bedeutung. Im Geist des Chronisten sind stets Dutzende weiterer Staaten dauernd präsent; er versucht, die Ursprünge und die Beweggründe der Geschichte zu ergründen, er hat die ganze lange Geschichte Rußlands präsent und interpretiert die Ereignisse oft von einem panrussischen Standpunkt aus. Bald entstand die Tradition, lokalhistorische Ereignisse in den geschichtlichen Prozeß der gesamten Rus einzufügen. Dies führte zum Entstehen großer allgemeiner Werke.

Annalen

Die russische Annalistik hatte ihre Zeiten der Blüte und ihre Zeiten des Rückgangs, doch wurde sie nie unterbrochen. Als im 14. und 15. Jahrhundert ein zentralistischer russischer Staat und ein neues politisches Machtsystem entstanden (in den Fürstentümern wurde das Ältestenrecht durch die dynastische Nachfolge ersetzt), erfuhr die Annalistik eine intensive Entwicklung. Die Kompilation der Annalen, die in Wladimir nach der Zerstörung der Stadt durch die Tataren aufgegeben wurde, führten Rostow und Twer weiter, und sie konzentrierte sich in der zweiten Hälfte des 14. Jahrhunderts in Moskau. Man darf nicht vergessen, daß auch in Nowgorod und Pskow Chroniken weitergeführt wurden. Die letzten offiziellen Anmerkungen in der Nowgoroder Chronik beziehen sich auf das Jahr 1446, in Pskow sogar auf das Jahr 1547. Im Jahr 1478 gelang es Iwan III. nach jahrzehntelangen Streitigkeiten, die Nowgoroder Republik aufzulösen. 1485 fiel das Fürstentum von Twer, und zu Beginn des 16. Jahrhunderts verloren auch Pskow und Rjasan definitiv ihre Unabhängigkeit. Von diesem Zeitpunkt an übernahm Moskau die Aufgabe, die russische Geschichte zu lenken.

163. Heiliger Sergius von Radonesch, 1425–1427. Grabtuch aus der Dreieinigkeits-Kathedrale des Dreieinigkeits-Sergius-Klosters; Museum des Dreieinigkeits-Sergius-Klosters.

Chroniken

Die Chroniken waren im wesentlichen ein »Tagebuch« oder vielleicht genauer ein »Jahrbuch«, weil die herausragendsten Ereignisse des Jahres geordnet registriert und beschrieben wurden. Den definitiven Text fügte man anschließend zum Korpus der Chroniken hinzu.

Die erste Chronik von Nowgorod bietet vielleicht eines der besten Beispiele für den Stil dieser Annalen. Hier eine Leseprobe: »Im Sommer des Jahres 1352. Es gab ein großes Sterben in Pskow. In diesem Sommer kamen die Gesandten von Pskow nach Nowgorod, um Bischof Wasilij zu einem Besuch einzuladen, damit er sie segne, und der Bischof erhörte ihre Bitte, ging zu ihnen und segnete sie, nachdem er dort angekommen war. Und während er von Pskow nach Nowgorod zurückging, starb er auf dem Weg am Fluß Uza am dritten Tag des Monats Juli, am Gedenktag des heiligen Märtyrers Akinfij, an einem Dienstag um neun Uhr morgens. In jenem Sommer errichtete Bischof Moisej eine Steinkirche in Wolotowo im Gedächtnis an die Himmelfahrt der heiligen Muttergottes. In jenem Sommer machten sie unter großen Bitten Moisej zum Erzbischof der Sophienkirche. In jenem Sommer herrschte auch ein großes Sterben in Nowgorod ... In jenem Frühjahr starb Theognost, der Metropolit der gesamten Rus, nach langer Krankheit.« Ähnliche Texte gibt es zu Tausenden, doch das bedeutet nicht, daß alle Ereignisse auf gleiche Weise erzählt wurden. Besonders in politisch komplizierten Situationen ließen sich die Chronisten auf eine detaillierte Erzählung ein, die eine Art Rechenschaftsbericht des Ereignisses darstellt. Das Leben in der mittelalterlichen Stadt lieferte dem historischen Chronisten reichlich Material, und nur in ganz außergewöhnlichen, seltenen Fällen schrieb er in sein Buch (1260) die Worte: »Während des ganzen Sommers herrschte Ruhe.«

Trotz ihrer informativen Natur und dem offenkundig einfachen Stil stellen die Chroniken brillante Prosawerke dar. Der angeborene literarische Geschmack der Kompilatoren und ihre plastische Denkweise machen es möglich, daß man die russischen Annalen noch heute mit großem Interesse liest – ganz im Gegensatz zum Beispiel zu den skandinavischen Chroniken. Überdies entwickelte sich die Annalistik als eigene Literaturgattung so sehr weiter, daß sie im Rahmen der Literatur eine immer größere Bedeutung erlangte, vor allem im 15. Jahrhundert und besonders in Moskau. Als der Bulgare Kiprian an der Schwelle vom 14. zum 15. Jahrhundert Metropolit ganz Rußlands wurde, wurde Moskau sehr stark von den Normen der südslawischen Literatursprache beeinflußt, die im 14. Jahrhundert entstanden war und die ihren besten Ausdruck in den zahlreichen Schriften von Pachomij Logofet gefunden hatte. Obwohl Pachomij vor allem als Kompilator und Autor von Lebensbeschreibungen russischer Heiliger berühmt ist, ist sein Einfluß doch in fast allen Literaturgattungen zu spüren. Dank der allgemeinen Praxis, in die Annalen auch Lebensbeschreibungen von Heiligen, Erzählungen und Lobgedichte besonders verehrter heiliger Mönche aufzunehmen, treffen wir auch in den Chroniken auf die Schriften von Pachomij.

Hagiographien

Pachomij Logofet kam vor 1438 nach Rußland und ließ sich zunächst in Nowgorod nieder. Um 1440 war er bereits in Moskau, lebte und arbeitete lange Zeit im Dreieinigkeits-Sergius-Kloster, hielt sich dann ein zweites Mal in Nowgorod, dann im Kirill-Kloster von Beloosero und im Ferapont-Kloster und schließlich noch einmal in Nowgorod auf, wo er aller Wahrscheinlichkeit nach kurz nach 1484 starb. Pachomij war ein außergewöhnlich fruchtbarer und beliebter Schriftsteller, und seine Werke umfassen wie eine große Welle die gesamte russische Literatur des 15. und teilweise auch des 14. Jahrhunderts. Sein schwülstiger, verwickelter Stil voller Schmuckfiguren war dem der Hymnographie ähnlich und kommt bei den Lebensbeschreibungen der Heiligen meisterhaft zum Ausdruck. Nach einer äußerst bescheidenen Schätzung schrieb Pachomij nicht weniger als fünfzig oder sechzig Heiligenviten, Lobgedichte, Erzählungen, Liturgien und Kanones! In seinem Werk sind die Lebensbeschreibungen aller berühmten russischen Heiligen vertreten: Warlaam von Chutin, Sergius und Nikon von Radonesch, die Metropoliten Petr und Aleksej, Kirill von Beloosero, Michail von Tschernigow, die Erzbischöfe Ioann und Moisej von Nowgorod. Die ersten, eher zufälligen Anmerkungen, die oft sofort nach ihrem Tod niedergeschrieben wurden, um die Zeugnisse von Zeitgenossen zu fixieren, schmückte Pachomij mit allen Blüten der Beredsamkeit aus. In dieser Variante werden die Heiligenlegenden bis auf den heutigen Tag von der russischen Kirche verwendet.

Die Heiligenviten waren viele Jahrhunderte lang die Lieblingslektüre der Russen. Die moralische Autorität des Klosters und seiner Bewohner – unabhängig davon, ob es sich um Griechen oder Slawen handelte – übte in Rußland einen sehr großen Einfluß auf die Gesellschaft aus, weil das Leben der Gerechten als Maßstab für das Leben aller Menschen galt. Überdies stellten die Heiligen in den Augen der Leser himmlische Beschützer und Fürbitter bei den täglichen Sorgen dar, und das galt für den Fürsten genauso wie für den Kaufmann, den Soldaten oder den Bauern. Die »gute Lektüre«, um die im 14. Jahrhundert der Nowgoroder Jakow seinen Korrespondenten bittet, war aller Wahrscheinlichkeit nach eine Sammlung von Heiligenleben. Diese wiesen konstante Merkmale auf. Besonders beliebt waren die Prologe, die in ihrer vollständigen Version die Lebensbeschreibungen aller Heiligen umfaßten, Tag für Tag geordnet durch das ganze Jahr hindurch. Aus unterschiedlichen Gründen, besonders wegen des ungeheuren Umfangs des Gesamtwerks, wurden einzelne Lebensbeschreibungen oder Gruppen davon herausgenommen. Bald bildeten die Viten der russischen Heiligen eine besondere Variante des Prologs; überdies zirkulierten sie in verschiedenen Redaktionen. Es ist ein Jammer, daß nur einige Lebensbeschreibungen russischer Heiliger in ihren Originaltexten erhalten geblieben sind: Die weitaus überwiegende Zahl wurde im 15. und 16. Jahrhundert umgeschrieben, als nämlich eine Massenkanonisierung alter und neuer Heiliger erfolgte. Um sich liturgischen Notwendigkeiten anzupassen, mußten die individuellen Eigenschaften der Originaltexte mit ihren alltäglichen und topographischen Details »Wortverflechtungen« Platz machen, die abstrakt, feierlich und ziemlich stereotyp klingen.

Eine der beliebtesten Lebensbeschreibungen der Rus war natürlich die Geschichte von Sergij von Radonesch (um 1322–1392), des »Erleuchters« Rußlands. Kurze Zeit nach dem Tod des Heiligen schrieb sein Jünger Epifanij Premudryj (der Allweise) eine kurze Lebensbeschreibung von Sergij, wohl anläßlich der Wiederauffindung der Reliquien des Heiligen im Jahr 1422 und der Weihe der Steinkirche der Dreieinigkeit, die man in den Jahren 1422 bis 1424 über dem Grab des Heiligen errichtete. Nach einem Vierteljahrhundert arbeitete Pachomij die Lebensbeschreibung stilistisch um und fügte in den bereits existierenden Text noch eigene Beobachtungen ein. Das war damals sehr wohl möglich, weil es so etwas wie ein Urheberrecht nicht gab. Im Hinblick darauf, was Sergius alles gelungen war, obwohl er sein Kloster fast nie verlassen hatte, schreibt Pachomij: »Er wollte nicht nach Konstantinopel, zum Heiligen Berg oder nach Jerusalem gehen wie ich, der ich verflucht und ohne Unterscheidungsgabe bin. O weh, ein Gewicht bedrückt mich! Ich schleppe mich dahin und dorthin, bin überall mit dem Schiff unterwegs und begebe mich von einem Ort zum anderen. Der Heilige wanderte nicht umher, sondern verharrte in lobenswertem Schweigen und lieh seinem eigenen Herzen sein Ohr. Er besuchte nicht viele Orte, war nicht in fremden Ländern, sondern blieb an einer Stelle und lobte dort Gott. Denn er suchte nicht die schwierigen Dinge dieser Welt, die man nicht braucht ...«

Literatur im 14. und 15. Jahrhundert

Das 14. und das 15. Jahrhundert waren außergewöhnlich reich, auf traurige Weise reich auch an Kriegen und Verwüstungen, die Zehntausende von Soldaten und Zivilpersonen das Leben kosteten. Auf die Bürgerkriege folgten die blutigen Auseinandersetzungen mit den Tataren, die am 8. August 1380 ihren Höhepunkt in der Schlacht auf dem Schnepfenfeld (Kulikowo) am Oberlauf des Don fanden. Großfürst Dimitrij Donskoj leitete ein großes gesamtrussisches Heer. Er wußte wie Khan Mamaj sehr wohl, daß der Ausgang dieser Schlacht für lange Zeit die Machtverhältnisse zwischen den beiden Völkern bestimmen würde. Aus diesem Grund nahmen auf russischer Seite ungefähr siebzigtausend Männer an der Schlacht teil; bei den Tataren waren es nicht weniger als hunderttausend. Der Schlacht von Kulikowo waren schon eine Schlacht am Fluß Pjana im Jahr 1377, wo die russische Armee eine Niederlage erlitten hatte, sowie eine Schlacht am Fluß Woscha vorausgegangen, in der die Russen gesiegt hatten. Auch der Sieg in der Schlacht von Kulikowo setzte den tatarischen Invasionen in die Rus noch kein Ende: 1382 eroberte Khan Tochtamysch Moskau, Wladimir, Swenigorod und Moschajsk und zündete diese Städte an. Im Jahr 1408 drang Chan Edigej für kurze Zeit nach Rußland vor und zerstörte Wladimir. Die Moskauer Schriftsteller waren sich der historischen Bedeutung dieser letzten Zusammenstöße mit der Goldenen Horde bewußt und fixierten die Ereignisse nicht nur in Chroniken, sondern auch in epischen Werken. Auf diese Weise entstanden viele Werke, zum Beispiel die Berichte über die Schlacht an der Pjana, die Berichte über die Schlacht von Kulikowo, die Berichte über die Invasion des Tochtamysch, die Berichte über die Schlacht an der Woscha, das Epos von der Schlacht am Don (Sadonschtschina), der Bericht über die Mamaj-Schlacht, der Bericht über die Invasion von Edigej. In all diesen Werken dient als Leitfaden die patriotische Idee, man könne die Gewalttaten der Tataren nicht mehr weiter hinnehmen und müsse die Rus vor allen Angriffen auf ihre Unabhängigkeit schützen. Im Namen der heiligen Kirche und des orthodoxen Glaubens verloren Zehntausende von Russen ihr Leben auf den Schlachtfeldern.

Die russische Literatur des 14. und 15. Jahrhunderts und vor allem die alten und neuen Werke aus der Feder von Pachomij Logofet richteten sich natürlich an gebildete Leser, welche die langen Erzählungen und den sprachlichen Reichtum besonders liebten. Die literarische Form ließ die Umrisse seiner oder anderer Helden am Ende verschwimmen. Der moderne Leser liest die lange Lebensbeschreibung des Sergij von Radonesch nur mit erheblicher Anstrengung, und wir können füglich daran zweifeln, ob diese Literatur früher für viel verdaulicher galt. Vor diesem Hintergrund treten die Frische und die Spontaneität der wenigen literarischen Werke aus der Zeit von Dimitrij Donskoj, Andrej Rublew und Epifanij Premudryj, die im Originaltext erhalten blieben, noch stärker hervor. Ihre Sachbezogenheit, ihre lakonische Form, die Sachbeschreibungen und die Sprache, die der gesprochenen nahestand, entführen uns in die lebhafte Atmosphäre der Zeit vor sechshundert Jahren. Dazu gehören zum Beispiel die folgenden Werke: Der »Brief über das Paradies« des Nowgoroder Bischofs Wasilij an Feodor, den Bischof von Twer; der Brief von Epifanij Premudryj an Kirill von Twer über Theophanes den Griechen, die phantastische Erzählung des Nowgoroder Bischofs Ioann über seine Reise nach Jerusalem auf dem Rücken eines Teufels, die Reise zum Konzil von Florenz, der Bericht über die Blendung Wasilijs II. durch Dimitrij Schemjaka, die Erzählung des Zarewitsch Petr Ordynskij. Diese kurze Liste reicht aus, um nicht nur die Vielfalt der Literaturgattungen, sondern auch ihre geographische Spanne zu zeigen. Vertreten sind darin Moskau, Nowgorod, Twer, Rostow Welikij sowie, als genauere Bezugspunkte, der Hof des Großfürsten, Bischofssitze, Staatskanzleien und Privatpersonen, in deren Korrespondenz

164. Schlacht der Nowgoroder und Susdaler, Mitte des 15. Jahrhunderts, Nowgoroder Schule; Museum von Nowgorod.

sich gleichermaßen die Interessen und sozialen Tendenzen widerspiegeln. Die äußerste Vielfalt der Orte, wo die einzelnen Geschichten stattfinden, verleiht der Literatur dieser Zeit ein besonderes Kolorit: Moskau und Umgebung, die Goldene Horde, Palästina, Florenz und Rom, Nowgorod, Rostow, Twer, das Eismeer, die Halbinsel Krim, Konstantinopel, der Berg Athos. Dabei haben wir noch nicht erwähnt die vielen Übersetzungen oder Neuredaktionen griechischer Texte des Alten und des Neuen Testaments, ferner die Werke der Kirchenväter, die Kommentarsammlungen und die Sammlungen historischer Werke. Nach der Befreiung von der Tatarenherrschaft ist Rußland nunmehr begierig darauf, sein kreatives Potential zu vergrößern. Es tritt, ohne zu zögern, in den Kreis der europäischen Völker ein und begründet in Übereinstimmung mit der damals gerade herrschenden Epoche der Renaissance eine eigene neue nationale Kultur.

Um die Atmosphäre besser zu erfassen, die an der Wende des 14. zum 15. Jahrhundert herrschte, führe ich hier den vollständigen Text des Briefes von Epifanij Premudryj, einem Schriftsteller in Moskau, an seinen Freund Kirill an, der Archimandrit im Erlöser-Kloster von Afanasiew bei Twer war. Wie aus den ersten Zeilen deutlich hervorgeht, gehört der Brief zu einer viel umfangreicheren und leider verlorengegangenen Botschaft, doch auch das erhalten gebliebene Fragment ist von großem Interesse für die Charakterisierung des berühmten byzantinischen Malers Theophanes. Dieser war von Konstantinopel nach Rußland geflohen, wo er seine besten Werke schuf.

»Du hast vor kurzem die Sophienkirche in Konstantinopel gesehen. Sie ist in meinem Buch vom Evangelium dargestellt, das auf griechisch Tetra-Evangelium und in unserer russischen Sprache Tschetweroblagowestie heißt. Und so kam es, daß dieses Werk in unserem Buch abgebildet wurde.

In jener Zeit, als ich in Moskau lebte, hielt sich auch der berühmte Weise und Philosoph Theophanes dort auf. Er war Grieche von Geburt, ein bekannter Illustrator von Büchern und der beste Ikonenmaler. Er schmückte viele verschiedene Steinkirchen mit Fresken aus – über vierzig: einige in Konstantinopel und Chalkedon und auch in Galata, in Kaffa, in Nowgorod und Nischnij Nowgorod. Auch in Moskau hat er drei Kirchen mit Fresken ausgeschmückt: die Verkündigungs-Kirche der allerheiligsten Gottesmutter, die Erzengel-Michael-Kirche und noch eine weitere. In der Kirche des heiligen Michael hat er auf die Mauer die Stadt mit allen Einzelheiten und Farben gemalt. Auf einer Wand im Haus des Fürsten Wladimir Andreewitsch hat er erneut Moskau abgebildet. Auch der Terem des Großfürsten wurde von ihm in außergewöhnlicher, ungewohnter Weise ausgeschmückt. Und in der Steinkirche von der Verkündigung stellte er auf dieselbe außergewöhnliche Weise die Wurzel Jesse und das Jüngste Gericht dar. Während des Malens oder Zeichnens sah niemand und an keinem Ort, daß er sein Modell angeschaut hätte, wie es gewisse unserer Ikonenmaler tun, die sich in ihrer Unsicherheit dauernd dieses Kunstgriffes bedienen und da und dort kopieren – und das in einem Ausmaß, daß man sagen könnte, sie beschränkten sich auf die Wiedergabe einer Vorlage, statt selbst zu malen. Er hingegen malte immer für sich und bewegte sich andauernd; er sprach mit Neuankömmlingen, doch immer nur über geistliche und niemals über weltliche Dinge; mit den äußeren Augen sah er die Schönheit dieser Erde. Dieser wundervolle, berühmte Mann brachte meiner Wenigkeit Liebe entgegen, und auch ich, der ich ein Nichts bin, liebte ihn. Ich ging oft, um mich mit ihm zu unterhalten, weil ich das Gespräch mit ihm schätzte.

Wer mit ihm sprach, sei es wenig oder viel, mußte sich über seine Erfindungsgabe wundern, über seine Allegorien und die geschickte Darstellung seiner Gedanken. Als ich sah, daß er mich liebte und mir auch seine Freundschaft bewies, verband ich Kühnheit mit Unverschämtheit und sagte zu ihm: ›Ich bitte dich, male mir in Farbe das Bild der Sophienkirche in Konstantinopel, die der große Kaiser Justinian nach dem Vorbild des heiligen Salomo errichten ließ. Einige sind der Ansicht, daß sie insgesamt nach Qualität und Grandiosität ihrer Mauern und ihrer Anlage an den Kreml in Moskau erinnert. Wenn ein Pilger sie betritt und ohne Führer besuchen will, so gelingt es ihm nicht, wie klug er auch sein mag, den Ausgang zu finden, ohne sich darin zu verirren, dies wegen der vielen Säulen und Säulenreihen, der Treppen, die hinauf und hinunter führen, der Durchgänge und Galerien, der vielen Gebäude und Kirchen, der Aufgänge und Lager, der Grabstätten von Heiligen, der vielartigen Nebengebäude und Kapellen, der Fenster und Türen, der Ein- und Ausgänge und der Steinsäulen. Male für mich auch Justinian, wie er auf seinem Streitpferd sitzt, in der rechten Hand mit einer Bronzekugel, die so viel faßt wie zweieinhalb Eimer Wasser. Und dies alles auf ein Blatt, so daß ich es als erste Seite in das Buch einfügen kann. Wenn ich dieses Bild betrachte, mich an dich erinnere, so wird es mir vorkommen, als sei ich selbst in Konstantinopel gewesen.‹

Er ist weiser als jeder andere und antwortete mir. ›Es ist nicht möglich‹, sagte er, ›daß du dieses bekommst, noch daß ich es male. Doch auf deinen Wunsch hin werde ich dir etwas Kleines malen, etwa einen Teil des Ganzen, oder besser nicht einen Teil, sondern den hundertsten Teil eines Teils, einen winzigen Ausschnitt im Vergleich zum Ganzen, doch auch anhand dieses kleinen gemalten Bildes wirst du dir den Rest vorstellen können.‹ Nach diesen Worten nahm er ohne Zögern Pinsel und Papier und zeichnete in aller Eile das Bild des Tempels, ähnlich dem der wahren Kirche in Konstantinopel, und übergab es mir. Dieses Blatt war auch den übrigen Moskauer Bildermalern von Nutzen, weil viele davon eine Kopie für sich anfertigten, und sie stritten darum und reichten es sich weiter. Schließlich entschloß auch ich mich als Künstler, dieses Bild in vier Versionen zu malen Diesen Tempel brachte ich in meinem Buch an vier Stellen unter: den einen mit der Säule des Justinian zu Beginn des Matthäus-Evangeliums, wo auch das Bild des Evangelisten steht, den anderen zu Beginn des Markus-Evangeliums, den dritten zu Beginn des Lukas-Evangeliums und den vierten zu Beginn des Evangeliums des heiligen Johannes. Ich habe die vier Tempel und die vier Evangelisten gemalt, die du gesehen hast, als ich vor allem vor Edigej nach Twer floh, wo ich bei dir Ruhe fand, dir von meinen Schwierigkeiten erzählte und die Bücher zeigte, die ich vor der Zerstörung und dem Verlust retten konnte. Damals sahst du das Bild der Kirche, und nach sechs Jahren hattest du im vergangenen Winter die Freundlichkeit, mich daran zu erinnern.‹

Bis jetzt ist das alles. Amen.«

Da die Periode der Tatarenherrschaft in der russischen Kulturgeschichte durch unvermittelte Veränderung der politischen Situation und von schnellen Umwandlungen der intellektuellen Umwelt gekennzeichnet ist, konnte sich in dieser Epoche nicht ein wohldefinierter eigener

Stil herausbilden. Man könnte sogar behaupten, daß ihr dominierendes Merkmal gerade die Stilvielfalt war, in der Reste des episch-monumentalen Stils, der Naturalismus, die langsame Erzählung, eine bewegte Lyrik, psychologische Reflexion und täglicher Realismus nebeneinander existierten. Doch welches literarische Werk man auch in die Hand nimmt, in der Regel steht es mit einem wohldefinierten Ort und einer ebenso wohldefinierten Zeit in engem Zusammenhang. Es treten immer Persönlichkeiten und Situationen auf, die in Wirklichkeit existiert haben. Das Fehlen einer Fiktion, der besondere »Historismus« dieser Literatur liegen so auf der Hand, daß sie eine Form des sozialen Selbstbewußtseins darstellt, die ebensoviel Gültigkeit besitzt wie die wichtigsten historischen Quellen. Es handelt sich dabei um ein dem Mittelalter gemeinsames Phänomen, doch in Rußland trat es in besonders ausgeprägter Form auf.

Autoren oder Auftraggeber schmückten ihre literarischen Werke oft mit Illustrationen. Seit den ältesten Zeiten enthielten besonders wertvolle Manuskripte Miniaturen und Zeichnungen. In der Mehrheit der Fälle handelt es sich um Bücher mit Evangelientexten oder mit liturgischen Texten. Wir wissen allerdings auch von der Existenz illustrierter Chroniken, zum Beispiel eines Korpus vom Beginn des 13. Jahrhunderts aus Rostow oder Wladimir. Der Zeitabschnitt, mit dem wir uns hier beschäftigen, ist nicht reich an solchen Texten. Es sind nur drei historische Texte mit Miniaturenzyklen bekannt: die Chronik von Georgios Hamartolos von Twer (13. Jahrhundert), die Paleja von Pskow (1477) und die Radziwill-Chronik von Smolensk oder Nowgorod (Ende des 15. Jahrhunderts). Wie man schon an den Titeln erkennt, überwiegen die universalgeschichtlichen Werke byzantinischer Autoren, und nur die Radziwill-Chronik mit ihren über sechshundert mit schnellem Strich und sogar bewußt nachlässig hingeworfenen Miniaturen illustriert Geschehnisse der russischen Geschichte. Es verging fast ein Jahrhundert, bis viele der von uns genannten literarischen Werke, insbesondere der Korpus der Chroniken oder die Lebensbeschreibung des heiligen Sergij von Radonesch, mit detaillierten Illustrationen versehen wurde. Der illustrierte Korpus der Chroniken enthält sechzehntausend Zeichnungen, die in dieser grandiosen historischen Reihe sozusagen einen zweiten Erzählstrang bilden, weil reale, im Text nicht behandelte Situationen aus dem Leben des 14., 15. und dem Beginn des 16. Jahrhunderts darin ihren Ausdruck fanden.

Es gab auch nicht nur Miniaturen, die die Worte von Manuskripten in künstlerische Bilder umzusetzen versuchten. Eine analoge Aufgabe übernahm gelegentlich auch die Ikonenmalerei. Die Bilder waren nicht so sehr für das Gebet bestimmt, sondern erzählten die Wunder dieser oder jener Ikone. Ein Beispiel für diese Art der Darstellung ist die Nowgoroder Ikone, die normalerweise unter dem Titel »Schlacht der Nowgoroder und Susdaler« bekannt ist. Ihr genauer Titel lautet jedoch: »Das Wunder der Gottesmutter des Zeichens«. Dargestellt ist die alte Nowgoroder Legende über die Schlacht zwischen dem eigenen Heer und den Susdalern im Jahr 1169. Damals belagerte Großfürst Andrej Bogolkubskij Nowgorod, um die Stadt zu unterwerfen. Die Nowgoroder vertrauten auf die göttliche Hilfe und stellten auf der Stadtmauer die wundertätige Ikone der Gottesmutter auf. Die feindlichen Bogenschützen trafen die Rückseite der Ikone, doch sie wurden geblendet und flohen. Die erste mündlich weitergegebene Legende, die wahrscheinlich schon die kleinsten Nowgoroder vom zartesten Alter an kannten, tritt in schriftlicher Form im »Gesang von der Gottesmutter des Zeichens« auf, der spätestens aus der Mitte des 15. Jahrhunderts stammt. Einige Jahrzehnte darauf kamen die ersten ikonenhaften Darstellungen desselben Themas auf. Zwei der ältesten Ikonen reichen ins 15. Jahrhundert zurück und befinden sich im Nowgoroder Museum und in der Tretjakow-Galerie. Ihre Komposition folgt einem rein erzählerischen Muster. Auf drei Streifen sind die fünf Hauptepisoden dargestellt: Der Transport der Ikone aus der Christi-Verklärungs-Kirche an der Eliasstraße, das Vorzeigen der Ikone vor Volk und Klerus auf der Welikij-Brücke, die Gespräche zwischen den Unterhändlern und der Beschuß der Ikone durch die Susdaler Bogenschützen, schließlich die Entscheidungsschlacht zwischen den beiden Heeren, die mit der Niederlage der Kavallerie des Großfürsten Andrej endet. Es ist kaum ein vernünftiger Zweifel daran möglich, daß die Legende und die beiden entsprechenden Ikonen auf die Zeit zurückgehen, in der Nowgorod seine eigene politische Unabhängigkeit verlor. Dreihundert Jahre später wiederholte sich dieselbe Situation des Jahres 1169, allerdings mit einem wesentlichen Unterschied: Im 12. Jahrhundert hatte Nowgorod gesiegt und seine eigene Unabhängigkeit verteidigen können; 1471 erlitt das Heer der Stadt, bestehend aus vierzigtausend Männern, am Fluß Schelon eine vernichtende Niederlage. 1475 betrat Großfürst Iwan III. feierlich die eroberte Stadt, und am 13. Januar 1478 »küßten die Nowgoroder Unterhändler das Kreuz« und übergaben dem Moskauer Großfürsten eine geschriebene Erklärung unter Eid mit Siegeln.

Bildende Künste

Die russische Malerei von der zweiten Hälfte des 13. bis zum Ende des 15. Jahrhunderts stellt die natürliche Fortsetzung der Malerei der vortatarischen Zeit dar. Doch aufgrund der Katastrophe, die mit der Tatareninvasion über das gesamte russische Volk hereinbrach, fand die Entwicklung in anderen künstlerischen Zentren statt und nahm unterschiedliche Nuancen sowie eine andere Ausrichtung an. Die erste Folge der Ereignisse in der Mitte des 13. Jahrhunderts bestand darin, daß das intensive künstlerische Leben vom Süden in den Norden verlegt wurde. In Wirklichkeit litten auch die nördlichen Städte, vor allem in der Region Salese, unter dem »großen Unglück« des Tatareneinfalls, doch der Schlag, den die Eroberer dort dem russischen Volk versetzten, hatte nicht so schwerwiegende, traurige Folgen wie im Süden. Rostow und Jaroslawl entgingen der Verwüstung durch die Feinde. Die Tataren verschonten auch Nowgorod und Pskow, die wichtigsten künstlerischen Zentren der nordwestlichen Rus. Diese Städte blieben unversehrt, und dort blieben kulturelle Traditionen am Leben. Auch die Malerei erfuhr dort eine Weiterentwicklung.

In der Kiewer Rus und in den wichtigsten Siedlungen in der ersten Phase der feudalen Aufsplitterung hatten die Kirchen vor allem Mosaiken und Fresken als Schmuck. Ein Merkmal der zweiten Hälfte des 13. Jahrhunderts ist im Gegensatz dazu das fast völlige Fehlen einer monumentalen Malerei. Das kommt daher, weil man in jener Zeit keine gemauerten Kirchen mehr baute. Dafür begann eine schnelle Entwicklung der Ikonenmalerei. Holzkirchen überwogen auch in der darauffolgenden Epoche, als keine direkte Gefahr mehr bestand, daß die Rus von den Tataren unterjocht wurde. Die Ikonenmalerei erlebte eine Aufwärtsentwicklung, und während des 14. und 15. Jahrhunderts schufen die Künstler zahlreiche Meisterwerke dieser Gattung. Ganz allgemein gesehen entstanden in jener Zeit künstlerische Werke, die keinen großen Aufwand und auch keine besonderen Werkstoffe erforderten. Die Künstler schufen Werke, die man im Notfall leicht von einem Ort zu einem anderen transportieren und damit verstecken und retten konnte. Parallel zur Ikonenmalerei erlebte auch die Buchmalerei eine große Blütezeit, der sich die besten Kalligraphen, Zeichner und Miniaturenmaler widmeten.

Bis zur Mitte des 13. Jahrhunderts waren die Malereien in den Städten der nordwestlichen und nordöstlichen Rus wie die Zweige eines einzigen Baumes, der im Kiewer Boden wurzelte. Lokale Eigenheiten traten nur in geringem Umfang hervor. Deswegen sind die ältesten russischen Ikonen, Manuskripte und Fresken nur unter Schwierigkeiten regionalen Gruppen zuzuordnen. Es gibt mehrere Meisterwerke, von denen man nicht mit Sicherheit sagen kann, ob sie aus Kiew, Nowgorod oder Wladimir stammen. Die intensiven künstlerischen Beziehungen, die zwischen Kiew und Nowgorod, zwischen Nowgorod und Pskow, zwischen Kiew und Wladimir und zwischen Rostow und Kiew, auch zwischen den russischen Städten und Byzanz bestanden, trugen unvermeidlich dazu bei, die künstlerische Eigenentwicklung der verschiedenen Städte zu nivellieren. Die Kunstwerke wiesen gemeinsame Merkmale auf, die gegenüber dem lokalen Stil bei weitem überwogen. Die Aufteilung der großen staatlichen Territorien in Udel, die im 12. Jahrhundert ihren Anfang nahm, begünstigte die Entwicklung lokaler Kunststile in dem einen oder anderen Fürstentum, und in einigen Fällen führte dies auch zum Entstehen eigenständiger Schulen. Bereits im 12. Jahrhundert bildeten sich in Nowgorod, Rostow und Wladimir künstlerische Traditionen heraus, die sich etwas von den Traditionen in Kiew und Byzanz abhoben. Die Tatareninvasion und die lange Isolation der Rus von Byzanz, aber auch das zunehmende Auseinanderfallen der russischen Städte verliehen der Entstehung lokaler Kunsttendenzen einen starken Impuls. Im 13. Jahrhundert erfuhren die Malerschulen von Nowgorod und Rostow ihre definitive Ausprägung; einige Zeit danach, aber bereits im 14. Jahrhundert, folgten die von Twer, Pskow und Moskau.

Nowgorod nach dem Tatareneinfall

Die Entwicklung der russischen Malerei in den ersten fünfzig Jahren nach der Tatareninvasion läßt sich am besten anhand der Monumente in Nowgorod verfolgen, weil diese besser erhalten blieben als in den übrigen russischen Städten. Überdies ist der lokale Ursprung vieler Nowgoroder Ikonen auch von illuminierten Manuskripten vorzüglich bezeugt. Sie sind für die Klassifikation der altrussischen Ikonen nach ihrem Ursprungsort und ihrer Entstehungszeit von unschätzbarer Bedeutung. Da in Anmerkungen festgehalten ist, wo und wann sie niedergeschrieben wurden, stellen sie die Ausgangspunkte für die Rekonstruktion ganzer Schulen und Strömungen dar.

Es sind uns einige bebilderte Nowgoroder Manuskripte aus der zweiten Hälfte des 13. Jahrhunderts erhalten geblieben. Das interessanteste darunter ist das Evangeliar von 1270, das Georgij, der Sohn des Popen der Mariä-Verkündigungs-Kirche in Gorodischtsche, für den Mönch Simon im benachbarten Georgij-Kloster schuf. Das Manuskript enthält vier Miniaturen mit den Evangelisten. Auf einem der Blätter ist unter einem orientalisierenden, hufeisenförmigen Bogen der Evangelist Lukas dargestellt. Die Komposition der Miniatur ist streng symmetrisch. Lukas hält das offene Buch in der Hand, richtet seinen Blick jedoch in die Ferne. Die starken Gefühle sind wie hinter einer Willensanstrengung verborgen, die Bewegungen sind gemessen und voller tiefer Bedeutung. Der Kopf des Lukas erinnert an sein Bild auf dem Fresko in der Kirche an der Nerediza. Gorodischtsche, wo das Manuskript entstand, und Nerediza sind nicht weit voneinander entfernt, und der Autor der Miniaturen kannte die Fresken dieser Kirche sehr gut und wollte auch bewußt an sie erinnern. Er war ein überzeugter Anhänger der ausgeprägtesten lokalen Strömungen in der Nowgoroder Kunst, und das ist um so aufschlußreicher, als das Manuskript in jenem Zentrum entstand, das sich mit größtem Nachdruck der Freiheit von Nowgorod widersetzte: dem Fürstenhof. Wir erkennen daran, wie unzusammenhängend der Einfluß des Fürsten und der mit ihm verbundenen sozialen Schichten auf die Nowgoroder Kunst war. Die Malerei dieser Stadt besitzt im Unterschied zur Kunst von Kiew, Wladimir Jaroslawl und Moskau nur einen ganz geringen Anteil von Werken, die im höfischen aristokratischen Ambiente geschaffen wurden. Diese Umgebung hinterließ sonst immer tiefe Spuren in der ideellen Ausrichtung und der praktischen Ausführung eines Kunstwerks.

Vom stilistischen Standpunkt aus können wir diesem Evangeliar zwei prächtige Ikonen zur Seite stellen, die ebenfalls aus der zweiten Hälfte des 13. Jahrhunderts stammen: »Die Heiligen Johannes, Georg und Blasius«, die im

165. Der Prophet Elias mit Szenen aus seinem Leben, Ende des 13. Jahrhunderts, Pskower Schule, aus der Kirche des Propheten Elias im Dorf Wybuty bei Pskow, Moskau, Tretjakow-Galerie.

Russischen Museum aufbewahrt wird, und »Der Erlöser auf dem Thron mit Hetoimasie und der Darstellung von Heiligen auf dem Rand«, die in der Tretjakow-Galerie zu sehen ist. Beide Ikonen sind auf rotem Grund gemalt. Bei der erstgenannten fällt die große Figur des heiligen Johannes Klimakos auf, die über doppelt so groß ausfällt wie die Bilder der Heiligen Georg und Blasius. Die Verallgemeinerung der Umrisse der Figur des Johannes, die einheitlichen Locken seines Bartes, die senkrechten Gewandfalten und die hervortretenden Züge seines Gesichtes lassen ihn einem holzgeschnitzten Idol ähnlich werden. Die Ikone ist aber keinesfalls grob oder primitiv, sondern zeichnet sich im Gegenteil durch ihre große künstlerische Ausdrucksfähigkeit aus. Auch die zweite Ikone mit dem thronenden Erlöser geht auf denselben Künstler zurück. Auch hier sind die Heiligen Georg und Blasius abgebildet, überdies in sehr ähnlicher Form wie auf der vorhergehenden Ikone. Beide Tafeln prunken mit intensiven Farben. Wir erkennen in ihnen den rein linearen, grafischen Aufbau der Formen, im Unterschied zur erzählenden Malweise der alten Nowgoroder Ikonen, wo die Formen durch Hell-Dunkel-Übergänge akzentuiert wurden.

Die stilistischen Merkmale dieser beiden Ikonen, die aus der Volkskunst hervorgegangen sind, ihr einfacher Aufbau ohne Allegorien, ihre hellen Farben und ihre Liebe zur Ornamentik finden ihre klassische Vollendung in der prächtigen Ikone des heiligen Nikolaus, die im Nowgoroder Museum aufbewahrt wird. Diese monumentale Ikone schuf im Jahr 1294 ein gewisser Alekscha Petrow für die Kirche des Nikolaus-Klosters auf Lipna in der Umgebung von Nowgorod. Zu jener Zeit befand sich die Ikone in der Kirche und nahm einen Ehrenplatz ein, wo sie gewiß die Aufmerksamkeit der Menschen auf sich zog. Alekscha Petrow schuf ein Bild mit starker Wirkung. Wenn es noch heute schwerfällt, den Blick von dieser Ikone abzuwenden, so empfanden die Menschen des 13. Jahrhunderts ganz gewiß beim Betrachten tiefe Emotionen. Nikolaus ist seit jeher der Lieblingsheilige der Russen. Weder im griechischen Orient noch in Italien, wohin später seine Reliquien gelangten, war die Verehrung des heiligen Nikolaus Thaumaturgos jemals so volkstümlich wie gerade in der Rus. Im Norden gab es keine Kirche, die nicht mindestens eine Ikone und einen ihm geweihten Altar besaß. Es ist kein Zufall, wenn eine volkstümliche Ausdrucksweise sagt: »Von Cholmogory bis Kola gibt es dreiunddreißig Nikoläuse.« Die Popularität beruhte vor allem auf dem vielfältigen Charakter seiner Wunder, um derentwillen er ja auch Thaumaturgos genannt wird, »Wundertäter«. Das russische Volk glaubte sogar, Nikolaus hätte Gott werden können, habe aber diese Ehre ausgeschlagen. Dem heiligen Nikolaus schrieb man die Macht zu, bei Zimmermanns- und Tischlerarbeiten helfen zu können, und vor Feuersbrünsten und den Gefahren des Reisens zu schützen. Vor allem aber wurde er als Schutzherr der Seeleute verehrt. Ihm allein traute man zu, Schiffe vor Unglück zu bewahren und Schiffbrüchige zu retten. In der alten Rus hatten die Wasserwege eine lebenswichtige Bedeutung, und aus diesem Grund breitete sich die Verehrung des heiligen Nikolaus so weit aus. Es ist wohl kein Zufall, daß auch die Ikone von Alekscha Petrow in der Kirche auf Lipna ihren Platz fand: Der Hügel von Lipna befindet sich an der Mündung des Flusses Msta in den Ilmen-See, und auf der Msta lief der Wasserweg, der Nowgorod mit den Städten der Wolga und der Salese verband.

Wenn man die Ikone des heiligen Nikolaus auf Lipna betrachtet, vergißt man, daß er ein ursprünglich griechischer Heiliger ist, so ausgeprägt russisch sind die Züge, die ihn kennzeichnen. Der nüchterne byzantinische Philosoph, wie er auf den ältesten griechischen und russischen Ikonen dargestellt wurde, verwandelt sich hier in einen aufmerksamen, praktisch denkenden Erzieher. Allein die süße Geste seiner segnenden Hand reicht aus, um zu verstehen, welche zu Herzen gehenden Gefühle der Künstler in dieses Bild einfließen ließ. Mit einer naiven Unmittelbarkeit umgibt der Maler das Bild des Hauptheiligen mit den Figuren anderer Heiliger, doch die wichtigste Rolle bleibt dabei natürlich Nikolaus erhalten.

Der Stil der Nikolaus-Ikone auf Lipna kennzeichnet sich durch einen ausgeprägten dekorativen Geschmack. Der weiße Nimbus des Heiligen wird von einem zarten linearen Ornament und von roten Medaillons verschönert. Die Streifen am Kragen, die Kreuze des Omophorions, die Ärmelaufschläge und der Bucheinband zeigen weiße Punkte, die Perlenstickereien darstellen. Die Kasel ist mit feinen Kreuzen in geometrischer Anordnung geschmückt, das hellblaue Kleid mit rautenförmigen hellen Blättchen. Dieser Reichtum an Ornamenten und hellen Farben hat seine Wurzeln ohne Zweifel im Einfluß der Volkskunst, die bekanntlich seit jeher auffällige oder sogar etwas grobe Friese und Farben liebt.

Die Miniaturen im Evangeliar von 1270, die Ikonen mit den drei Heiligen, dem thronenden Christus und dem heiligen Nikolaus auf Lipna stellen zusammen mit weiteren stilistisch verwandten Werken die expressivste und originellste Strömung der Nowgoroder Malerei in der zweiten Hälfte des 13. Jahrhunderts dar. Einzelne Ikonen und Fresken, die sich vom byzantinischen Kanon abhoben, hatte es auch schon früher gegeben, doch diese Werke waren nur episodische Erscheinungen und erhielten keine allgemeine Anerkennung. Bezeichnend ist die Tatsache, daß sich die neuen stilistischen Verfahren der Nowgoroder Tafelmalerei der vortatarischen Zeit in Bildern auf der Rückseite anderer Ikonen oder in Bildern des Rahmens und damit in nebensächlichen Szenen zeigen. Insgesamt waren die Werke jedoch in einem Stil ausgeführt, der dem byzantinischen nahestand. Erst nach den Ereignissen in der Mitte des 13. Jahrhunderts wurden die antiken gräkophilen Traditionen der Nowgoroder Malerei überwunden, und die Künstler legten eine solide Basis für die Entwicklung einer nationalen Kunst. Von den alten griechischen oder teils griechischen Originalen, deren Einfluß sich bei vielen Werken noch zu Beginn und sogar bis gegen die Mitte des 13. Jahrhunderts bemerkbar machte, blieb am Ende dieses Jahrhunderts im wesentlichen nur das ikonographische Schema übrig.

Die Kraft der Künstler dieser Strömung war so groß und ihre Werke waren so berühmt, daß sie geradezu darauf brannten, ihre Fähigkeiten auch bei der Monumentalmalerei unter Beweis zu stellen. Ein Beweis für ihre Tätigkeit auf diesem Feld waren die Fresken der Kirche auf Lipna, die während des Zweiten Weltkrieges zerstört wurde und von der nur unbedeutende Fragmente erhalten blieben. Es sind die einzigen Reste von Nowgoroder Fresken vom Ende des 13. Jahrhunderts. Sie wurden nach einem siebzigjährigen Intervall geschaffen, dessen Grund anfänglich die heftigen Kriege gegen Schweden und Deutsche und schließlich die Bedrohung durch die Tataren waren. Die Kirche wurde in derselben Zeit ausgemalt, in der Alekscha Petrow die Ikone des heiligen Nikolaus malte, die ebenfalls für diese Kirche bestimmt war. An den Arbeiten nahmen mehrere Meister teil, von denen jeder trotz des gemeinsamen Stils eine ganz bestimmte Malweise verwendete. Dies läßt erkennen, daß ihre Kunstfertigkeit nicht das Ergebnis einer systematischen Ausbildung im Atelier eines Künstlers war. Wahrscheinlich hatten diese Meister in verschiedenen Ateliers gelernt, die untereinander nur wenig in Verbindung standen.

Es wäre ein Fehler, den ästhetischen Wert der Miniaturen, der Ikonen und der Fresken von Nowgorod aus der zweiten Hälfte des 13. Jahrhunderts mit demselben Maßstab zu beurteilen, den wir für die byzantinische und altrussische Kunst in ihrer klassischen Ausprägung anlegen. Wir finden hier weder die glatte, in Jahrhunderten ausgearbeitete Form noch die raffinierte Ausdruckskraft der Farben. Gemeinsam ist ihnen jedoch eine besondere Faszination. Im Unterschied zur monumentalen Kunst der vorhergehenden Epoche, die in der weitaus überwiegenden Mehrzahl der Fälle das Niveau der griechischen Originale hielt, entwickelte sich die Nowgoroder Malerei der zweiten Hälfte des 13. Jahrhunderts in engem Kontakt mit der örtlichen Volkskunst. In der harten Zeit der Tatarenherrschaft, in der die ganze Rus jahrzehntelang praktisch in Kriegszustand lebte, kostete es zuviel, große Werkstätten von Handwerkern aufrechtzuerhalten; so wurden sie aufgelöst oder reduziert. Damit konzentrierte sich die Malerei bei einzelnen Meistern. Die Kunst, die bis anhin stets mit einer akademischen Ausbildung einhergegangen war, begann sich nun der volkstümlichen Kreativität anzunähern. Damit erklären sich teilweise die lebhaften Farben, die Verallgemeinerung der Umrißlinien, die armen, etwas steifen Kompositionsschemata und die wiederholte Darstellung von Lieblingsheiligen auf den Nowgoroder Ikonen. Diese waren nun verständlicher und standen dem gemeinen Volk näher als die strengen Heiligenbilder des 12. Jahrhunderts. Mit der Suche nach einer Ausdrucksweise, die allen verständlich und möglichst unmittelbar zugänglich war, entstand in der Nowgoroder Malerei langsam ein neuer künstlerischer Stil.

Malerei in Pskow

Die Kunst entwickelte sich in der »kleinen Schwester« Nowgorods, in Pskow, auf analoge Weise. Von der zweiten Hälfte des 13. Jahrhunderts an wurde auch hier das alte künstlerische Erbe einer kritischen Neubewertung unterzogen. Doch die Ikonen von Pskow stellten keine so eindeutige und stilistisch einheitliche Gruppe dar wie die Nowgoroder Werke und überraschen uns oft durch die extreme Altertümlichkeit ihrer Formen. Es handelt sich in den meisten Fällen um monumentale Kompositionen, zum Beispiel die »Muttergottes Hodegetria«, der »Prophet Elias mit Szenen aus seinem Leben« und das »Entschlafen der Gottesmutter«, die in der Tretjakow-Galerie aufbewahrt werden, sowie die »Muttergottes Hodegetria« aus dem Pskower Museum. Die Generalisierung der Profile der Figuren ist deutlich zu erkennen, doch die Linien erscheinen etwas schlaff, die Farbe ist nicht lebhaft genug. Dieses Fehlen einer Bewegung und die Steifheit der Formen waren lange Zeit charakteristische Merkmale verschiedener Malereien von Pskow, wie diese Werke aus der ersten und sogar noch aus der zweiten Hälfte des 14. Jahrhunderts beweisen.

Die nordöstliche Rus

Wenn wir von Nowgorod und Pskow in die nordöstliche Rus reisen, wird uns sofort deutlich, daß hier weniger Malereien erhalten geblieben sind und daß gleichzeitig mehr Verbindungen zur Kunst der vortatarischen Zeit bestehen. Was die allgemeinen Merkmale der nordostrussischen Ikonen und der erhaltenen illuminierten Manuskripte betrifft, so können wir deren aristokratisch-fürstliche oder griechisch-ekklesiastische Wurzel leicht erkennen. Im Unterschied zu Nowgorod und Pskow waren die Städte der nordöstlichen Rus zuallererst ein Bollwerk der fürstlichen und kirchlichen Autorität. Die wenig zahlreichen Künstlerwerkstätten befanden sich an Bischofssitzen oder an den Höfen der Großfürsten. Hier wies die Kunst einen besonders geschlossenen, nur für eine schmale Gesellschaftsschicht zugänglichen Charakter auf, und demokratische Tendenzen erfuhren keine besondere Entwicklung.

Das wichtigste künstlerische Zentrum der nordöstlichen Rus während des 13. und 14. Jahrhunderts war Rostow. Die Rolle dieser Stadt in der russischen Kulturgeschichte gründete auf der Tatsache, daß sie das Zentrum des religiösen Lebens eines weiten Territoriums war: Vom Bischofssitz hingen viele große und kleine Städte der Region Salese, der Gebiete jenseits der Wolga und des Nordens ab, und die Rostower Bischöfe unterhielten Künstlerwerkstätten für die Bedürfnisse der Kirchen in ihrer großen Diözese.

166. Erzengel Michael, um 1300, aus der Erzengel-Michael-Kirche von Kotorosl, Ausschnitt, Jaroslawl; Moskau, Tretjakow-Galerie.

167. Muttergottes von Tolga (Tolgskaja), zweite Hälfte des 13. Jahrhunderts, aus der Kreuzerhöhungs-Kirche des Klosters von Tolga bei Jaroslawl, Ausschnitt; Moskau, Tretjakow-Galerie.

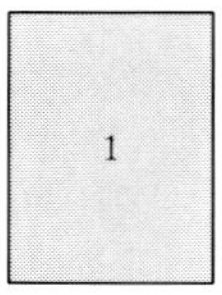
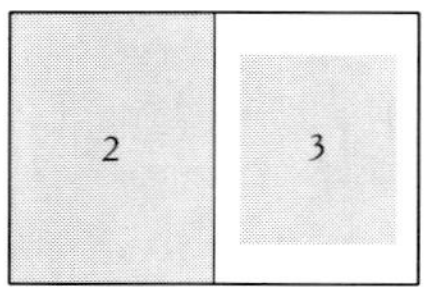
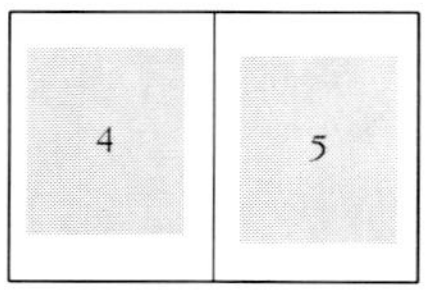
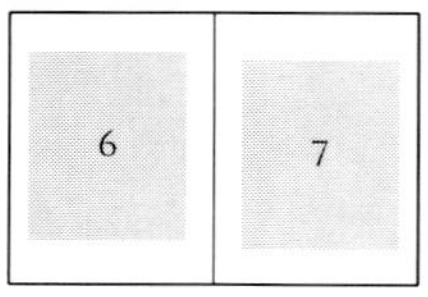
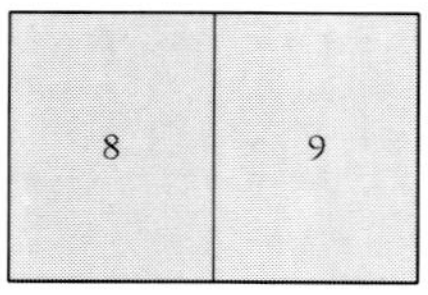

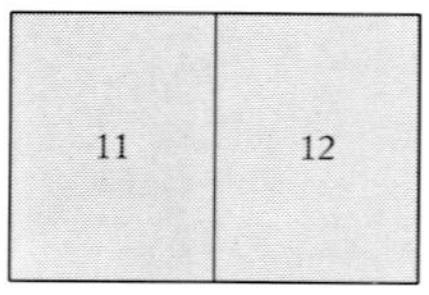
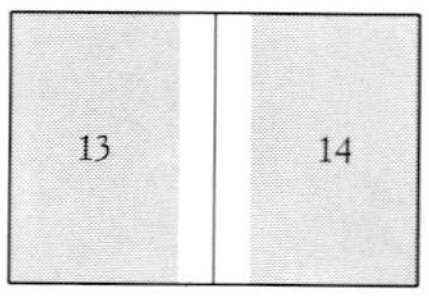
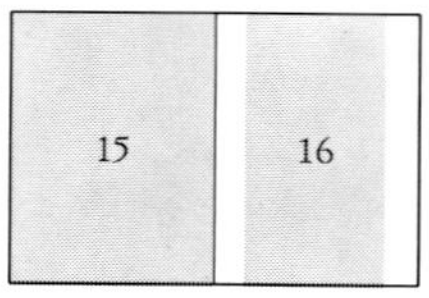
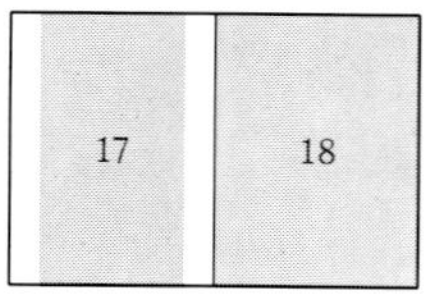

1. Nikolaus-Kirche auf Lipna in der Umgebung von Nowgorod, 1292.
2. Mariä-Himmelfahrts-Kathedrale von Gorodok bei Swenigorod, um 1400.
3. Mariä-Geburts-Kathedrale im Savva-Kloster von Storoschi, Swenigorod, um 1405.
4. Thronender Erlöser mit Heiligen, zweite Hälfte des 13. Jahrhunderts, Nowgoroder Schule; Moskau, Tretjakow-Galerie.
5. Boris und Gleb, erstes Viertel des 14. Jahrhunderts; Sammlung N. P. Lichatschew, Sankt Petersburg, Russisches Museum.
6. Das Wunder des heiligen Georg und der Drache, mit Szenen aus dem Leben des Heiligen, erste Hälfte des 14. Jahrhunderts; Sammlung M. P. Pogodin, Sankt Petersburg, Russisches Museum.
7. Christus Pantokrator, 14. Jahrhundert, Schule von Twer; Sammlung A. I. Anisimow, Moskau, Tretjakow-Galerie.
8. Dreieinigkeit des Alten Testaments, Theophanes der Grieche, 1378, Fresko auf der Ostmauer des Saales über den Chören der Christi-Verklärungs-Kirche in Nowgorod.
9. Erzengel Michael, Theophanes der Grieche, 1378, Fresko in der Kuppel der Christi-Verklärungs-Kirche in Nowgorod.
10. Die Seligen Arsenios der Große und Johannes Klimakos, Theophanes der Grieche, 1378, Fresken an der Nordwand des Saales über den Chören der Christi-Verklärungs-Kirche in Nowgorod.
11. Seraphim, Theophanes der Grieche, 1378, Fresko in der Kuppel der Christi-Verklärungs-Kirche in Nowgorod.
12. Der heilige Anitius von Nikomedeia, Theophanes der Grieche/Feofan Grek, 1378, Fresko auf dem Bogen des Diakonikon in der Christi-Verklärungs-Kirche in Nowgorod.
13. Erzengel Gabriel, achtziger Jahre des 14. Jahrhunderts, Fresko in der Kuppel der Theodor-Stratilat-Kirche in Nowgorod.
14. Prophet, achtziger Jahre des 14. Jahrhunderts, Fresko in der Kuppel der Theodor-Stratilat-Kirche in Nowgorod.
15. Christus im Grab, 1380, Fresko in der Prothesis der Christi-Verklärungs-Kirche von Kowaljowo bei Nowgorod, Fresko, rekonstruiert aus Fragmenten in den Jahren 1965 bis 1981.
16. Johannes der Täufer, Theophanes der Grieche, Ende des 14. Jahrhunderts, Ikone aus der Ikonostase der Mariä-Verkündigungs-Kathedrale im Moskauer Kreml.
17. Jüngstes Gericht, Theophanes der Grieche, Ende des 14. Jahrhunderts, Moskau, Ausschnitt aus einer kleinen vierteiligen Ikone aus dem Moskauer Kreml; Moskau, Tretjakow-Galerie.
18. Jüngstes Gericht, Theophanes der Grieche, Ende des 14. Jahrhunderts, Moskau, Ausschnitt aus einer kleinen vierteiligen Ikone aus dem Moskauer Kreml; Moskau, Tretjakow-Galerie.
19. Geburt Christi, zweite Hälfte des 15. Jahrhunderts, Nowgoroder Schule; Moskau, Tretjakow-Galerie.
20. Das Wunder des Erzengels Michael, Florus und Laurus, Ende des 15. Jahrhunderts, Nowgoroder Schule; Moskau, Tretjakow-Galerie.
21. Kampf der Nowgoroder und der Susdaler, zweite Hälfte des 15. Jahrhunderts, Nowgoroder Schule; Moskau, Tretjakow-Galerie.
22. Himmelfahrt, 15. Jahrhundert, Schule von Twer; Sammlung D. N. Apasidis, Stockholm.
23. Paraskewe Pjatniza und die Heiligen Gregorios Theologos, Johannes Chrysostomos und Basilius der Große, Beginn des 15. Jahrhunderts, Schule von Pskow; Moskau, Tretjakow-Galerie.
24. Boris und Gleb mit Lebensbeschreibungen, aus der Erlöser-Kirche von Kolomna, 14. Jahrhundert, Moskauer Schule; Moskau, Tretjakow-Galerie.
25. Engel (Symbol des Evangelisten Matthäus), Andrej Rublew, Beginn des 15. Jahrhunderts, Miniatur aus dem Chitrowo-Evangeliar; Moskau, Russische Nationalbibliothek.
26. Der Evangelist Johannes mit seinem Schüler Prochoros, Andrej Rublew, Beginn des 15. Jahrhunderts, Miniatur aus dem Chitrowo-Evangeliar; Moskau, Russische Nationalbibliothek.
27. Die Märtyrerin Zosima, Andrej Rublew und Daniil Tschernyj, 1408, Fresko des südöstlichen Pfeilers in der Mariä-Himmelfahrts-Kathedrale von Wladimir.
28. Erzengel Michael, Andrej Rublew, Beginn des 15. Jahrhunderts, aus der Deesis von Swenigorod; Moskau, Tretjakow-Galerie.
29. Der Apostel Paulus, Andrej Rublew, Beginn des 15. Jahrhunderts, aus der Deesis von Swenigorod; Moskau, Tretjakow-Galerie.
30. Demetrios von Saloniki, Andrej Rublew und andere, 1425–1427, Ikone aus der Ikonostase der Dreieinigkeits-Kathedrale im Dreieinigkeits-Sergius-Kloster.
31. Der Apostel Paulus, Andrej Rublew und Daniil Tschernyj, 1408, Ausschnitt aus einer Ikone der Ikonostase in der Mariä-Himmelfahrts-Kathedrale von Wladimir; Sankt Petersburg, Russisches Museum.
32. Christus Pantokrator, Andrej Rublew, Beginn des 15. Jahrhunderts, aus der Deesis von Swenigorod; Moskau, Tretjakow-Galerie.
33. Dreieinigkeit, Andrej Rublew, 1425–1427, aus dem Dreieinigkeits-Sergius-Kloster; Moskau, Tretjakow-Galerie.
34. Kirill von Beloosero, Dionisij von Gluschiza, 1424, aus dem Kirill-Kloster von Beloosero; Moskau, Tretjakow-Galerie.
35. Paraskewe Pjatniza, Mitte des 15. Jahrhunderts, Rjasan; Taschkent, Kunstmuseum.
36. Beschlag der Muttergottes-Ikone von Wladimir, Beginn des 15. Jahrhunderts (Deesis am oberen Rand – 13. Jahrhundert), aus der Mariä-Himmelfahrts-Kathedrale im Moskauer Kreml; Moskauer Kreml, Rüstkammer.
37. Muttergottes mit Kind, Beginn des 15. Jahrhunderts, Ikone des Mariä-Schutz-Klosters in Susdal; Sankt Petersburg, Russisches Museum.
38. Muttergottes Hodegetria, Dionisij, 1482, aus dem Auferstehungskloster im Moskauer Kreml; Moskau, Tretjakow-Galerie.
39. Demetrios von Saloniki, Dionisij und seine Söhne, um 1502, aus der Ikonostase der Mariä-Geburts-Kathedrale im Ferapont-Kloster; Moskau, Tretjakow-Galerie.
40. Szenen aus den Evangelien, Dionisij und seine Söhne, 1502, Fresken auf dem Südbogen der Mariä-Geburts-Kathedrale im Ferapont-Kloster.

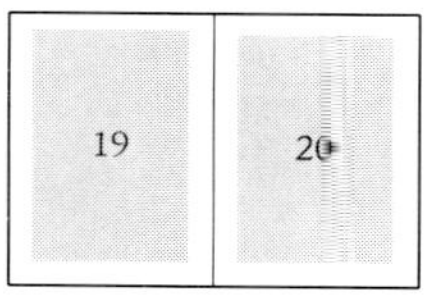
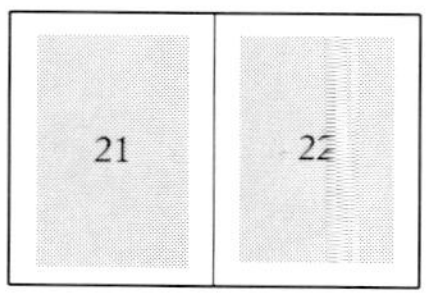
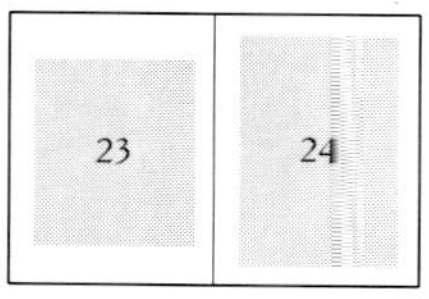
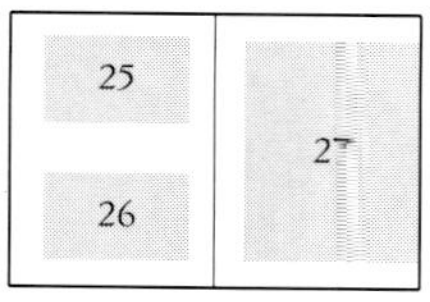
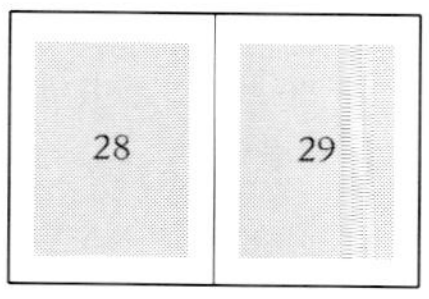
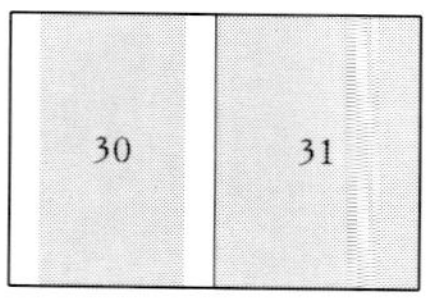
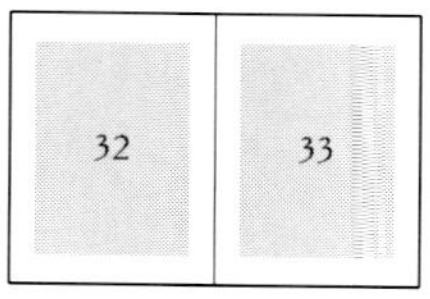
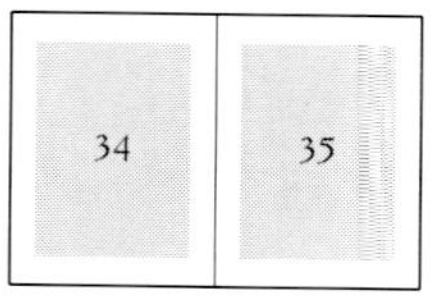
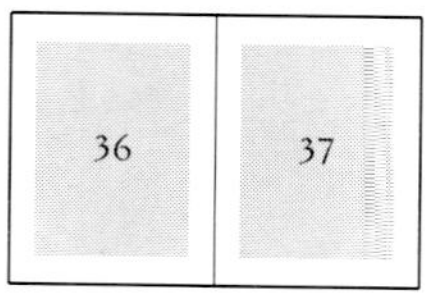
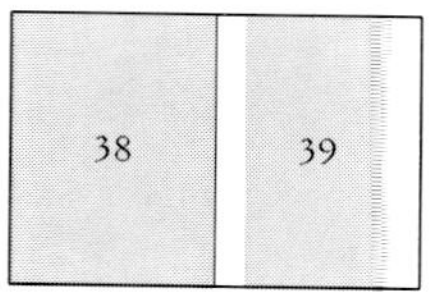
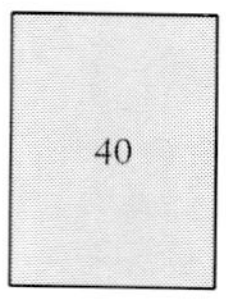

ЗНАМЕНИЕ ПРСТЫЯ БЦЫ

IC XC

Charakteristische Merkmale der Werke in der ersten Periode der Rostower Malschule, zu denen auch Miniaturen in Manuskripten zählen, sind die beträchtlich verlängerten Proportionen der Figuren, die asketisch mageren Gesichter, die zarte Form der architektonischen Elemente im Hintergrund und die genaue Feinbearbeitung der oberflächlichen Farbschicht. Dies steht ohne Zweifel mit einer sehr alten künstlerischen Tradition in Zusammenhang, die sich in Rostow wahrscheinlich bereits im 11. bis 12. Jahrhundert herausbildete. Damals wurden derart solide künstlerische Verfahren ausgearbeitet, daß es für die Nachfahren der darauffolgenden Generationen schwierig war, sich von der Vergangenheit zu lösen. Infolge der eindeutig gräkophilen Ausrichtung der Bischofskathedrale von Rostow übernahm diese Tradition auch mehrere dogmatische Elemente der byzantinischen Kunst, zum Beispiel jene außergewöhnlich gesuchte Form, deren Spuren sich unverändert sogar noch auf den Ikonen des 14. Jahrhunderts finden. Doch auch in Rostow überwiegt für einige Zeit ein lokaler Stil, für den eine gewisse stilistische Ungeschliffenheit typisch war. In dieser Hinsicht ist die nicht von Menschenhand geschaffene (Acheiropoietos) Ikone Christi vom Beginn des 14. Jahrhunderts in der Tretjakow-Galerie sehr bedeutsam. Der Kopf Christi wirkt schwer, mächtig, dunkel, zeigt ausgeprägte Gesichtszüge mit frei fallenden Locken und macht einen außergewöhnlich starken und lebhaften Eindruck. Doch die Tendenz, die Ikonenbilder mit einem Inhalt zu füllen, den die Maler aus der direkten Beobachtung der umgebenden Welt bezogen, führte unweigerlich zum Verlust jener abstrakten Schönheit, deren Existenz die Apologeten der religiösen Malerei seit jeher als unverzichtbares Merkmal der Ikone betrachteten. Deswegen fand innerhalb der Rostower Schule während des ganzen 13. und 14. Jahrhunderts ein stetiger Kampf zwischen den alten und den neuen Tendenzen in der Interpretation der dogmatischen Modelle statt.

168. Christus mit den Aposteln, 1340, Miniatur aus dem Sija-Evangeliar; Sankt Petersburg, Bibliothek der Russischen Akademie der Wissenschaften.

Künstlerische Zentren der Provinz

Recht charakteristisch für die russische Kunst des Mittelalters ist die weite Verbreitung der Malerei als ein Handwerk in den künstlerischen Zentren der Provinz, die oft ziemlich weit entfernt von den großen Städten wie Nowgorod, Wladimir, Rostow, Twer und Moskau lagen. Bereits im 13. Jahrhundert herrschte Rostow über die Stadt Ustjug, die im Norden bei der Mündung der Flüsse Jug und Suchona liegt. Diese Flüsse vereinigen sich dort zur nördlichen Dwina. Die günstige geographische Lage und die kaufmännische Bedeutung von Ustjug sowie eine gewisse politische und religiöse Autonomie aufgrund der weiten Entfernung von Rostow begünstigten die Entstehung einer eigenständigen Kultur. Im 13. und 14. Jahrhundert wurden in Ustjug einige besonders interessante Ikonen gemalt. Die älteste bekannte Malerei von Ustjug ist wahrscheinlich die »Synaxis der Erzengel Michael und Gabriel« (Russisches Museum), die vom lokalen Erzengel-Michael-Kloster stammt und wahrscheinlich in der zweiten Hälfte des 13. Jahrhunderts oder zu Beginn des 14. Jahrhunderts gemalt wurde. Die Ikone stellt die Erzengel Michael und Gabriel dar; sie tragen kaiserliche Divitissia mit perlenbestickten und mit edelsteingeschmückten Loroi. Sie zeigen feierlich eine Scheibe mit der Büste des Erlösers, die als Symbol für die Menschwerdung dient. Diese Ikone gibt das dogmatische Konzept mit äußerst einfachen und gleichzeitig ausdrucksstarken Mitteln wieder. Die Komposition besticht durch die vollkommene architektonische Konstruktion, die Zeichnung durch ihre Klarheit, die Farbe durch ihre allgemeine Feierlichkeit. Der unbekannte Künstler war sich des feierlichen und zeremoniellen Charakters des ikonographischen Themas der Synaxis wohl bewußt, und es gelang ihm, die Schwere der Bedeutung gut wiederzugeben. Im Stil der Ikone von Welikij Ustjug können wir erkennen, wie sich Merkmale der Rostower Malerschule, deren Werke der Autor ohne Zweifel als Ausgangspunkt verwendete, mit klar erkennbaren lokalen Zügen vermischten. Die weite, geradezu freie Zeichnung, die ungenügend dichten Farben (besonders das Gelb und das Grün), das Fehlen von Gold, das eher dunkle Hellblau, der Hintergrund, das Schmuckmotiv verleihen dieser Ustjuger Ikone eine besondere Unmittelbarkeit und eine Frische, die auf einem reinen Rostower Werk vielleicht fehl am Platz gewesen wären.

Malerei in Jaroslawl

Interessant sind die Gemälde aus Jaroslawl. Im allgemeinen nimmt man an, daß sich hier eine lokale Malerschule entwickelte, die mit Rostow viel gemeinsam hatte, teilweise aber auch unabhängig war. Leider ist es nicht möglich, Werke aus Jaroslawl von denen aus Rostow zu unterscheiden. Die reich erblühende Stadt Jaroslawl besaß alle Voraussetzungen zur Entwicklung einer eigenen Malerei, doch die Tatsache, daß sie sich in der Nähe des Zentrums der Diözese mit seinen bedeutenden Werkstätten und den übrigen künstlerischen Traditionen befand, verhinderte das Aufkommen einer lokalen Malerschule. Die erhaltenen Jaroslawler Ikonen und Manuskripte von vor dem 14. Jahrhundert unterscheiden sich kaum von denen aus Rostow, deswegen können wir sie als einer großen Stilrichtung zugehörig erachten, die alle Werke von Rostow und Jaroslawl umfaßt.

Das beste Beispiel für die Kunst von Jaroslawl ist die Ikone des Erzengels Michael, die in der Tretjakow-Galerie aufbewahrt wird. Der Erzengel ist in kaiserlichen Gewändern dargestellt; er trägt einen feuerroten Divitission, der bis auf die Füße fällt, auf den Schultern und auf der Brust trägt er das rote Band des Loros. Diese steifen Gewänder sind mit Perlen bestickt und mit Edelsteinen geschmückt und bilden eine leuchtende Pracht. Am Hofe der byzantinischen Kaiser verwendete man sie nur bei den feierlichsten Gelegenheiten. Dem Künstler ist es voll und ganz gelungen, die Pracht dieses Gewandes einzufangen. Die Figur des heiligen Michael überrascht unwillkürlich durch ihre Belebtheit und ihr Pathos. Der Erzengel ist so gemalt, daß wir den Eindruck haben, der Anführer der himmlischen Heerscharen trete auf. In der Hand trägt er eine Lanze und einen Spiegel. Die Augenbrauen sind gerunzelt, die Zähne zusammengebissen, die Augen des Erzengels auf den Betrachter gerichtet. Auf dem Hals und auf den Wangen spielen rötliche Reflexe. Insgesamt wirkt das Bild wie eine Darstellung der schreckenerregenden Schönheit und Macht Gottes.

Mit Jaroslawl kann man vermutlich auch ein illuminiertes Manuskript in Verbindung bringen: das Evangeliar des Theodoros, das im Museum von Jaroslawl aufbewahrt wird. Es enthält fünf Miniaturen, von denen allerdings nur die Darstellung von Theodoros Stratilates und die des Evangelisten Johannes mit seinem Jünger Prochor zur gleichen Zeit geschaffen wurden wie das Manuskript. Die Miniatur, die Theodoros Stratilates darstellt, wurde im gleichen Geist wie das Bild des Erzengels Michael gefertigt. Sie unterscheidet sich von der Ikone nur durch die andere, sehr helle und festliche Färbung, bei der Malachitgrün, Weiß, Scharlachrot und auch Gold überwiegen.

Die Ikonen und Manuskripte von Rostow und Jaroslawl führen uns natürlich zu einem der schönsten Werke der altrussischen Ikonenmalerei, der Ikone von Boris und Gleb aus dem Russischen Museum, die sich wahrscheinlich auf das erste Viertel des 14. Jahrhunderts datieren läßt. Bei diesem Werk verbinden sich die religiöse Vorstellung von der Ikone und die psychologische Ausdruckskraft des porträtierten Fürstenpaars mit einer außergewöhnlichen Reinheit und stilistischen Lebhaftigkeit. Die Ikone fällt durch ihre Farbzusammenstellungen und durch die Details auf, die mit der Geschicklichkeit eines Goldschmieds ausgeführt wurden, so daß es unmöglich ist, analoge Stücke zu benennen. Ebenso schwierig wird es, sie mit der nötigen Sicherheit einem bestimmten künstlerischen Zentrum zuzuschreiben. Einige Forscher bringen sie mit Moskau in Verbindung. Gleichzeitig erkennen wir aber einzelne Übereinstimmungen mit Werken aus Rostow-Jaroslawl, deren dekorative Qualitäten zusammen mit der allgemeinen Festlichkeit des Stils hier ihre höchste Verkörperung zu erfahren scheinen. Weder das von den Tataren halbzerstörte Wladimir noch Moskau in seinen Anfängen, das zu Beginn des 14. Jahrhunderts in der Kunst der nordöstlichen Rus noch keine bedeutsame Rolle spielte, waren imstande, ein solches Bild hervorzubringen. Doch auch Rostow und Jaroslawl, wo im 13. und 14. Jahrhundert viele Ikonen und illustrierte Bücher geschaffen wurden und wo man äußerst raffinierte künstlerische Ausdrucksmittel verwendete, waren durchaus in der Lage, diese Ikone voll wunderbarer malerischer Schönheit hervorzubringen.

Abgesehen von den bereits erwähnten Ikonen und Miniaturen sind mit der Stadt Jaroslawl auch andere hervorragende Malereien verbunden, unter ihnen besonders die drei Ikonen der sogenannten Tolger Gottesmutter: eine große Ikone vom Ende des 13. Jahrhunderts, die sich heute in der Tretjakow-Galerie befindet, eine kleine Ikone im Museum von Jaroslawl, die um 1314 entstand, und eine weitere kleine Ikone von der ersten Hälfte des 14. Jahrhunderts, die im Russischen Museum aufbewahrt wird. Im Vergleich mit den vorhergehenden Werken erscheint die Malweise dieser Ikonen strenger. Sie stellen vielleicht die rein kirchliche und sogar klösterliche Strömung in der Kunst von Rostow-Jaroslawl dar. Besonders charakteristisch ist die erste kleine Ikone der Tolger Gottesmutter (Tolgskaja II). Sie ist auf bleifarbenem, dunklem Hintergrund gemalt, fast in einem Farbton gehalten, mit weißen, durch kurze Pinselstriche und Punkte aufgesetzten Lichtern, und ihr trauriger Ausdruck macht einen unvergeßlichen Eindruck.

Malerei in Twer

Parallel zu den Malerschulen von Nowgorod, Pskow und Rostow begannen sich vom Ende des 13. Jahrhunderts an neue Schulen zu entwickeln, unter denen wahrscheinlich Twer die wichtigste Rolle spielte. Auf künstlerischem Feld hatte Twer sehr viel früher als die Stadt Moskau, die spätere politische Gegnerin, die Unabhängigkeit erlangt. Die Entstehung der Malerei von Twer war die direkte Folge des Baus der Bischofskathedrale (um 1271). Wie stets in diesen Fällen führte die Isolierung des kirchlichen Lebens zur Entstehung eines lokalen Stils der Ikonenmalerei. Das

169. Die Ausgießung des Heiligen Geistes über die Apostel, 1313, Fresko auf der Ostwand der Mariä-Geburts-Kathedrale im Kloster von Snetogory bei Pskow, Ausschnitt.

14. und das 15. Jahrhundert waren für Twer eine Zeit stürmischer politischer Ereignisse. Die Stadt stand wiederholt im Zentrum erbitterter Kämpfe und wurde einmal von den Tataren, dann wieder von den Moskauern zerstört. Die Kunst erfuhr keine gleichförmige Entwicklung, denn kurze Perioden der Blütezeit wechselten sich mit längeren Zeiten des Niedergangs ab. Wir können davon ausgehen, daß die intensivste und fruchtbarste Zeit im künstlerischen Leben von Twer die Jahre zwischen dem 13. und dem 14. Jahrhundert waren, als Großfürst Michail Jaroslawitsch (1273–1319) und seine Mutter, Großfürstin Oksinija, herrschten. Während ihrer Regierungszeit wurde die steinerne Christi-Verklärungs-Kirche gebaut und 1292 mit Fresken ausgeschmückt. Sie stellt den ersten Steinbau und auch das erste Zeugnis für eine entstehende Tradition der Monumentalmalerei in der nordöstlichen Rus in der Zeit nach der Tatareninvasion (1238) dar.

Die Fresken der Christi-Verklärungs-Kirche von Twer haben sich ebensowenig erhalten wie die Kathedrale selbst. Doch kurze Zeit nach der Ausführung dieser Fresken, das heißt zu Beginn des 14. Jahrhunderts, wurde eine prächtige Erlöserikone gemalt, die aus dem Gebiet von Twer stammt. Sie unterscheidet sich durch die für russische Ikonen ungewöhnliche Dunkelheit der Farben, unter denen Dunkeloliv und Dunkelbraun dominieren. Überdies treten bei dieser alten Ikone zum erstenmal auch die weißlichen Lichter auf, die für die Malerei von Twer ziemlich typisch sind. In einem ähnlichen Stil sind die Ikonen des Erzengels Michael der Tretjakow-Galerie und die Miniaturen des Titelblatts der Redaktion von Twer der Chronik von Georgios Hamartolos gehalten. In diesem Manuskript beansprucht besonderes Interesse die erste Miniatur, die den Fürsten Michail Jaroslawitsch und seine Mutter Oksinija vor dem Thron des Erlösers zeigt. Noch in den ersten Jahren nach der Revolution war die Hypothese verbreitet, die alte Malerei von Twer stamme möglicherweise von der der späten Kiewer Periode ab. Das wenige Material erlaubt es uns noch nicht, diese Hypothese zu bestätigen, doch könnte sie sich als wahr erweisen. Die bereits vergangene Autorität der Stadt Kiew und ihrer Kunstschule genoß bei den neuen aufstrebenden Fürstentümern gewiß großes Ansehen.

Leider fällt es uns bis auf den heutigen Tag schwer, das Aussehen der Altmoskauer Kunst genau zu erfassen. Immer noch umstritten sind die Versuche, die Ikone der Mariä-Himmelfahrts-Kathedrale im Kreml, die zeigt, wie der Erzengel Michael Josua erscheint, und die Boris-und-Gleb-Ikone des Russischen Museums, auf die wir schon früher eingegangen sind, mit Moskau in Verbindung zu bringen.

Das erste zuverlässige Zeugnis der Moskauer Malerei sind zwei Miniaturen im Sija-Evangeliar (1340), welche die Anbetung der Heiligen Drei Könige und die Aussendung der Apostel darstellen. Die Miniaturen zeigen schöne Farben, doch weisen sie gleichzeitig noch einen archaischen Stil auf. Besonders charakteristisch sind die Apostelfiguren: unbeschuht, mit großen Köpfen und schweren bäuerlichen Zügen, ernst im Ausdruck. Ungefähr in denselben Jahren wurde auch die wundervolle Ikone des »Erlösers mit dem zornigen Blick« der Mariä-Himmelfahrts-Kathedrale im Moskauer Kreml gemalt. Das strenge, harte Gesicht Christi paßt gut zu den dunklen Farben der Ikone. Bei den Miniaturen des Sija-Evangeliars und bei der Ikone des Erlösers mit dem zornigen Blick sind die Züge der zukünftigen Moskauer Kunst noch fast nicht wahrzunehmen. Dennoch handelt es sich um grundlegende Zeugnisse der Moskauer Malerei aus der ersten Hälfte des 14. Jahrhunderts, weil das Manuskript, wie uns das umfangreiche Nachwort berichtet, im Auftrag von Iwan Kalita angefertigt wurde. Die Ikone wurde für die Kirche des Metropoliten, die Mariä-Himmelfahrts-Kathedrale, gemalt. Das läßt den Gedanken aufkommen, daß sich in der ersten Hälfte des 14. Jahrhunderts die Moskauer Malerei in nur verhältnismäßig geringem Umfang, als eine sekundäre Strömung der Kunst von Rostow und Jaroslawl, entwickelte. Es liegt auch auf der Hand, daß die Moskauer Meister als Ausgangspunkt nicht die auffallenden und überwältigend schönen Ikonen wie die des Erzengels Michael von Jaroslawl verwendeten, sondern als Grundlage den strengen, klösterlich-kirchlichen Zweig der Malerei von Rostow-Jaroslawl verwendeten. Beispiele für diese Malerei sind die Ikone des nicht von Menschenhand geschaffenen Bildes Christi (Tretjakow-Galerie, Beginn des 14. Jahrhunderts) und die erste kleine Ikone der Gottesmutter von Tolga (Tolgskaja II).

Vom Ende des 13. Jahrhunderts an begannen viele russische Städte erneut mit dem Bau gemauerter Kirchen, so daß sich wieder ein Weg zur Freskenkunst eröffnete. Da aber die Tradition der russischen Monumentalkunst nach dem Tatareneinfall eine lange Unterbrechung erfahren hatte und die entsprechenden Maltechniken verlorengegangen waren, erfolgte die Wiedergeburt nur sehr langsam. Deswegen war die Zahl der russischen Fresken anfänglich sehr klein, und ihre Qualität erreichte, wenn man die verbliebenen Freskenreste der Nikolauskirche auf Lipna betrachtet, nicht die der Werke der vorhergehenden Epoche.

170. Synaxis der Gottesmutter, Ende des 14. Jahrhunderts, Schule von Pskow; Moskau, Tretjakow-Galerie.

Fresken und Ikonen

Von der russischen Monumentalmalerei aus der ersten Hälfte des 14. Jahrhunderts bleibt uns nur ein Zeugnis übrig: die Fresken der Mariä-Geburts-Kathedrale im Kloster Snetogory bei Pskow. Das Programm dieser Fresken ist ähnlich den Malereien der vortatarischen Zeit und hat sehr viele Gemeinsamkeiten mit der Kirche an der Nerediza. Auch die stilistischen Züge der Fresken des Snetogory-Klosters zeigen Parallelen zur vortatarischen Kunst, und das ist auch ganz natürlich, da diese Fresken zu Beginn der Wiedergeburt der Monumentalkunst in der Rus angefertigt wurden. Die Meister, die dieses Programm entwarfen und derart komplexe Kompositionen ausführten, mußten sich zwangsläufig an älteren Werken orientiert haben. Obwohl die Fresken von Snetogory den Schlußpunkt in der Entwicklung der vortatarischen Monumentalmalerei darstellen, gehören sie doch gleichzeitig der Kunst des 14. Jahrhunderts an. Ja, wir können sogar behaupten, daß sie unter vielen Aspekten neue Züge geradezu vorweggenommen haben. Dies alles muß natürlich in Zusammenhang mit der Monumentalkunst von Pskow und nicht mit der russischen Kunst insgesamt betrachtet werden.

Die Fresken von Snetogory fallen durch ihre außergewöhnliche Ausdruckskraft ins Auge. Die Einsiedler und Heiligen, die in einem ununterbrochenen Band den Ostteil der Kirche umgeben, blicken den Betrachter mit scharfem, durchdringendem Auge an. Dieser Eindruck einer hohen seelischen Spannung wird von einem Malstil begünstigt, dessen für Pskow typisches Element die aufgesetzten, kurzen, bandförmigen Lichter sind. Im Unterschied zu den Fresken der vortatarischen Epoche, in der die Heiligenfiguren massiv, unbeweglich und wie am Boden fixiert erscheinen, befinden sich in den Fresken von Snetogory diese Figuren in einem instabilen Gleichgewicht. Insgesamt ist diese impulsive und sehr eigentümliche Kunst bereits unendlich weit von den Monumenten der vorhergehenden Epoche entfernt.

Wie die Kunstausübung im Mittelalter organisiert war, malte der Freskenmaler normalerweise auch Ikonen. So drangen die ästhetischen Normen, die sich in der Wandmalerei durchsetzen konnten, auch früher oder später in das Gebiet der Ikonenmalerei ein.

Die Pskower Schule

An erster Stelle sei die außergewöhnliche Ikone der Theophanie in der Ermitage genannt. Wie die Fresken von Snetogory schlägt uns diese Ikone sofort durch ihren insgesamt archaischen Charakter und durch die mit großer Energie gemalten Details in ihren Bann. Der ursprüngliche Hintergrund hat sich hervorragend erhalten, ist dunkel zinnfarben und verbirgt ein wenig die Umrisse der Figuren und das allgemeine Kompositionsschema. Auf diese Weise erscheinen bei genauem Hinsehen die Gesichter der Engel noch intensiver. Sie drücken eine magnetische Anziehungskraft aus, die von der Figur Christi auszugehen scheint. Diese etwas übertriebene Darstellung der intrinsischen semantischen Beziehungen und der geistlichen Situation im allgemeinen ist charakteristisch für die Malerei von Pskow, und die Merkmale der Fresken von Snetogory und dieser Ikone in der Ermitage treffen wir oft auch in anderen Kunstwerken dieser lokalen Malschule an.

Ein einzigartiges Merkmal der ganzen Pskower Schule ist die Verbindung einer bewußten oder unbewußten Archaisierung mit einem ungestümen malerischen Gespür, das alle unsere Auffassungen von einem ikonographischen Kanon zum Einsturz bringt. Das ist auch der Grund, warum es bisher noch nicht möglich war, viele Werke genau zu datieren; die Forscher schreiben sie einmal der Zeit zwischen dem 14. und dem 15. Jahrhundert, ein andermal zwischen dem 15. und dem 16. Jahrhundert zu. Gleichzeitig existieren, allerdings nur in geringer Anzahl, genau datierbare Ikonen und Miniaturen, die eine Grundlage für die chronologische Einordnung der undatierten Kunstwerke bieten. Dies gilt zum Beispiel für die Miniaturen zweier Evangeliare aus den Jahren 1449 und 1463. Eine davon verweist Ikonen wie die »Muttergottes von Ljubjatowo« (Tretjakow-Galerie) und die Deesis (Russisches Museum, Deesis: Darstellung des thronenden Christus zwischen Maria und Johannes dem Täufer, den »Fürbittern«) ins erste Viertel oder in die erste Hälfte des 15. Jahrhunderts. Der zweiten Miniatur mit ihrer einfarbigen Palette aus Brauntönen und der charakteristischen Gesichtstypologie des Evangelisten entsprechen in stilistischer Hinsicht genau die Fresken von Meljotowo. Doch im 14. und im 15., teilweise auch noch im 16. Jahrhundert scheinen diese beiden Tendenzen friedlich nebeneinander zu existieren, und es gibt keine Indizien dafür, daß ein Stil die Oberhand gewinnt. Schwere, nicht wohlerwogene Formen und ein dichtes Golddekor charakterisieren die Ikone »Der heilige Nikolaus Thaumaturgos« von der Tretjakow-Galerie, die Deesis des Russischen Museums und die Muttergottes Hodegetria des Nowgoroder Museums, die erst vor kurzem entdeckt wurde. Die zweite stilistische Strömung kommt zum Ausdruck in den Ikonen der Heiligen »Paraskewe Pjatniza, Barbara und Juliana« und in der Ikone der »Synaxis der Muttergottes« (Tretjakow-Galerie), in der Ikone »Deesis mit den Heiligen Barbara und Paraskewe« im Nowgoroder Museum und in der Ikone »Geburt Christi mit Heiligen« aus dem Russischen Museum. Diese zweite Gruppe gehört ins 15. Jahrhundert; auch im 16. Jahrhundert gab es von diesen sehr ähnliche Repliken.

171. Die Darstellung im Tempel, 1465, Fresko in der Mariä-Himmelfahrts-Kirche in Meljotowo bei Pskow.

Die monumentale »Deesis« des Russischen Museums ist das beste Beispiel für die stilistischen Züge, die diese erste Ikonengruppe charakterisieren. Sie ist voll der Strenge und der Feierlichkeit, die so typisch waren für die Kunst der vortatarischen Zeit. Die satten Farbtöne, unter denen besonders ein Lackrot und ein Dunkelgrün hervorstechen, machen die ohnehin schon dunkle Farbgestaltung noch schwerer. Die Malerei weist auch etwas Preziöses auf, was durch den antiken Ikonenbeschlag noch verstärkt wird.

Ziemlich unterschiedlich sind die Ikonen, die der zweiten künstlerischen Strömung angehören. Obwohl diese Bilder wahrscheinlich aus unterschiedlichen Werkstätten stammen, finden wir doch gemeinsame Züge, die typisch sind für die Kunst von Pskow. Ins Auge springen die energischen, impulsiven Bewegungen der Figuren, der durchdringende, tief berührende Ausdruck der Augen, die dunkle, intensive Farbe. Ein besonders gutes Beispiel ist die Ikone der »Deesis« des Nowgoroder Museums. Mit Ausnahme der seitlichen Figuren der heiligen Barbara und der heiligen Paraskewe gibt sie die Komposition der Ikone im Russischen Museum wieder. Doch welche tiefgreifenden Veränderungen haben in der Kunst von Pskow stattgefunden in der kurzen Zeitspanne, die diese beiden Kunstwerke voneinander trennt! Die Figuren in der Ikone im Russischen Museum haben einen feierlichen, unbeweglichen Charakter und laden zu einer langen, keineswegs eiligen Betrachtung ein. Dies alles finden wir auch im Stil der Sankt Petersburger Ikone, die sich durch eine gewisse Schwere und durch einen Reichtum dekorativer Elemente auszeichnet. Die Ikone des Museums von Nowgorod ist ganz anders gemalt. Ihr Stil gibt die Begeisterung des Malers angesichts einer rein künstlerischen Aufgabe wieder. Auf dem hellen Grund der Ikone zeichnen sich mit Genauigkeit die Hände der Heiligen, die in betender Haltung Christus zugewandt sind. Die Gesichter und die Figuren sind mit überraschender Freiheit gemalt, was fast unglaubwürdig erscheint, weil die Figuren von Christus, der Muttergottes, des Johannes des Täufers und auch der Heiligen Barbara und Paraskewe ikonographisch richtig und mit der entsprechenden Genauigkeit dargestellt sind. Die mutige Farbgebung verleiht der traditionellen Szene der Deesis einen besonders dramatischen Anstrich. Dieser wird noch weiterhin von der Farbpalette verstärkt, die aus den für Pskow typischen Tönen Dunkelgrün, Gelb, Braun und Ziegelrot besteht.

Die Dynamik der Malweise und der Komposition ist in unterschiedlichem Maß ein gemeinsames Merkmal aller Pskower Ikonen. In einer Reihe von Fällen versuchten die Ikonenmaler von Pskow wahrscheinlich bewußt, die traditionellen religiösen Themen in einer Form darzustellen, die in sich schon den Betrachter dazu brachte, die Ereignisse als außergewöhnlich wichtige Phänomene aufzufassen. Das gilt zum Beispiel für die berühmten Ikonen »Synaxis der Gottesmutter« (Tretjakow-Galerie) und die »Höllenfahrt« (Russisches Museum). Die Ikone der »Synaxis der Gottesmutter« hält sich an die Worte eines liturgischen Hymnus, der zu Weihnachten gesungen wird. Die spektakuläre Komposition läßt eine nicht zu unterdrückende Freiheit erkennen, die der Vorstellung einer »ikonographischen Steife« der altrussischen Malerei voll widerspricht. Ein Beispiel für die Pskower Kunst, das ebenso bedeutend ist für deren Ausdruckskraft, ist die Ikone »Die Höllenfahrt«. Auf diesem Bild ist die zentrale Figur von Jesus Christus in Glorie dargestellt: Um ihn herum treten wie Blitze während eines Gewitters weiße Schlangenlinien auf und verschwinden wieder. Besonders auffällig sind die Gesichter von Adam und Eva, die Christus aus der Hölle befreit. Sie sind mit einer seltenen Ausdruckskraft gemalt, die wir bei anderen russischen Ikonen vergebens suchen.

Bis vor kurzem war die Pskower Malschule wenig bekannt und untersucht. Sie wird von eigenen Gesetzen, Passionen und ikonographischen Strömungen bestimmt, und der künstlerische Ausdruck nahm darin eine eindeutig lokale Färbung an. Die wichtige Ausstellung von Ikonen aus Pskow im Jahr 1990, die nicht nur in der Heimatstadt, sondern auch in Moskau und Sankt Petersburg zu sehen war, führte uns zum erstenmal die außerordentliche künstlerische Fülle und Vielfalt der Pskower Meister vor Augen. Es zeigte sich, daß die Kunst auch hier dieselben Entwicklungsphasen durchlaufen hatte wie in Nowgorod, Moskau, Rostow und Jaroslawl. Das grandiose Bild mit den vier Heiligen, das wahrscheinlich aus der ersten Hälfte des 15. Jahrhunderts stammt und auf dem Paraskewe Pjatniza sowie die Heiligen Gregor von Nazianz der Theologe, Johannes Chrysostomos und Basilius der Große dargestellt sind, stammt aus einer Kapelle in der Umgebung des Klosters von Snetogory. Der Urheber der Ikone kannte mit Sicherheit die Fresken der Klosterkathedrale, weil die Komposition und die Bilder der Heiligen an die Figuren der Greise in den Fresken erinnern. Unvergeßlich bleibt die festliche Farbgebung der Ikone, bei der sich der goldene Hintergrund mit weißen, roten, schwarzen, braunen und dunkelgrünen Farbtönen verbindet. Die Ikone mit den vier Heiligen ist ein Zeugnis der unerschöpflichen kreativen Energie der Pskower Malschule, die in der alten Rus eine der originellsten war und einen entscheidenden Platz einnimmt.

172. Christus Pantokrator, Theophanes der Grieche, 1378, Fresko in der Kuppel der Christi-Verklärungs-Kirche in Nowgorod.

Von grundlegender Bedeutung für die Pskower Malerei des 15. Jahrhunderts sind die Fresken der Mariä-Himmelfahrts-Kirche im Dorf Meljotowo, fünfundvierzig Kilometer östlich von Pskow an der Grenze zum Gebiet von Nowgorod. Den Chroniken zufolge wurden die Fresken im Jahr 1465 ausgeführt. Im Lauf der Jahrhunderte wurden sie schwer beschädigt. Die am besten erhaltenen Malereien befinden sich im Diakonikon, in der Prothesis und in der Nordwestecke der Chöre. Einige umfangreiche Fragmente, die auf eine erstaunliche Malerei hinweisen, befinden sich auch auf der Westwand des südlichen Kreuzesarms (»Der ungläubige Thomas«), auf der Nordwand des Sanktuariums (»Beweinung Christi«), auf der Südwand des Mittelschiffs und den Chören (»Schutz der Gottesmutter«) und auf der Westwand rechts von der Eingangspforte (hier befindet sich das Fresko mit der Darstellung des Seiltänzers, das bereits aus der Literatur bekannt ist). Anhand der erhaltenen Teile konnte man ungefähr hundert Einzelfiguren und szenographische oder ornamentale Kompositionen rekonstruieren; ursprünglich waren es wohl doppelt so viele.

Der Fund der Fresken von Meljotowo stieß von Anfang an auf ein großes Interesse. Die Aufmerksamkeit der Forscher beanspruchten vor allem aber die annalistischen Inschriften, die sich auf die Fresken bezogen, sowie die äußerst seltene, wenn in ihrer Art nicht einzigartige Szene mit der Figur des Gauklers, der ein Musikinstrument spielt. Besonders interessant sind die Fresken von Meljotowo jedoch wegen ihres Malstils. Wie bei den Fresken von Snetogory überwiegen rotbraune, terrakottafarbene Töne. Diese Färbung steht natürlich mit der Tatsache in Zusammenhang, daß man die Rohstoffe dafür lokal an den Flußufern in Form farbiger Tone fand. Die Künstler verwendeten auch Blau, Gelb, Weiß und Grün, doch die überwiegende Farbe war ein Rotocker. Dieser schwere Farbton, wenn man so sagen kann, paßt jedoch gut zu einer sehr freien und für das 15. Jahrhundert ungewöhnlichen Malweise. Ein Forscher meinte dazu, die Fresken »machten den Eindruck einer geringen Farbigkeit neben einem großen künstlerischen Können«. Die Künstler, von denen hier wohl mehrere arbeiteten, kümmerten sich vor allem um das Profil, um die Figur insgesamt, um die Präzision der Szenen mit zahlreichen Figuren. Die Gewandfalten sind weit, die Haltung der Persönlichkeiten drückt überwiegend ihren Seelenzustand oder ihre Beziehung zu den Ereignissen aus, an denen sie teilhaben. Weil die Künstler über eine sehr bescheidene Farbpalette verfügten, mußten sie mit demselben Rotbraun und demselben Gelbocker die Gesichter, die Figuren, die Gewänder und den architektonischen Hintergrund malen. Um den Fresken mehr Leben zu verleihen, setzten sie nach der Art des Griechen Theophanes, der ein Jahrhundert zuvor in Nowgorod tätig gewesen war, den Darstellungen Lichter auf. Die Fresken von Meljotowo zeigen viele Berührungspunkte mit den Fresken von Theophanes und seinem Malstil. Doch im Unterschied zu Theophanes, der Kompositionen in großen Proportionen und einiger Ausdruckskraft liebte, sind die Fresken hier kleiner, einige sogar fast mit den Ausmaßen und den Techniken einer Miniatur. Hier spürt man deutlich, daß die Künstler die Ausdruckskraft nicht nur mit dem Pinselstrich voller Farbe, sondern auch über die Linie zu erreichen versuchten. Doch fehlt hier im wesentlichen der grafische Eindruck, der charakteristisch ist für die Fresken des 15. Jahrhunderts – ein klassisches Beispiel dafür waren die Malereien in der Nikolauskirche des ehemaligen Klosters von Gostinopole bei Nowgorod, das während des Zweiten Weltkrieges zerstört wurde. Im Vergleich zu den Nowgoroder Künstlern standen die Maler des 15. Jahrhunderts in Pskow den Traditionen des freien künstlerischen Stils des vorhergehenden Jahrhunderts empfänglicher gegenüber. Dieses Merkmal geht deutlich aus den Fresken von Meljotowo hervor und stellt auch deren interessanteste Eigenheit dar.

Nowgoroder Kunst

Im Unterschied zu Pskow, wo die Kunstdenkmäler des 14. und des 15. Jahrhunderts untereinander durch eine eindeutig identifizierbare Lokaltradition verbunden sind, fehlt in der Nowgoroder Kunst diese einheitliche stilistische Linie, und dies ist ein Zeichen für die Komplexität der künstlerischen Kultur in Nowgorod. Die Stadt war eines der wichtigsten urbanen Zentren in Osteuropa. Sie stand in großem Ansehen und zog zahlreiche ausländische Künstler an, die auf vorteilhafte Aufträge hofften. Ihre Erwartungen wurden im allgemeinen nicht enttäuscht, denn von der zweiten Hälfte des 14. Jahrhunderts an wurden in Nowgorod viele Kirchen aus Stein gebaut, und dies führte dementsprechend zu einer Intensivierung der Aufträge an die Maler. Besonders gesucht waren Meister auf dem Gebiet der Monumentalmalerei. Als man in der Rus des 14. Jahrhunderts nach einer langen Unterbrechung erneut begann, die Kirchen mit Fresken auszuschmücken, mußten die russischen Künstler die entsprechende Technik fast von Grund auf neu erlernen. Sie brachten sich die entsprechenden Verfahren entweder selbst bei, wie in Pskow, oder wurden teilweise, wie dies zum Beispiel Moskauer bezeugen, von griechischen Meistern unterrichtet. Einige Fresken, vor allem in Nowgorod und Moskau, gehen auf ausländische Künstler zurück, weil die Bojaren und die kirchlichen Autoritäten lieber

173. Serafim, achtziger Jahre des 14. Jahrhunderts, Fresko in der Kuppel der Theodor-Stratilat-Kirche in Nowgorod.

qualifizierte ausländische Meister beschäftigten, als auf die Ausbildung einheimischer Maler zu warten.

Die Nowgoroder Chroniken machen nur ganz wenige Angaben über die Fresken. Sie berichten im wesentlichen über drei Fresken aus der Mitte des 14. Jahrhunderts. Diese wurden im Auftrag der Erzbischöfe von Nowgorod in der Kirche des Einzuges in Jerusalem im Kreml (1338–1339), in der Wiederauferstehungs-Kirche des Derewjanizy-Klosters (1348) und in der Mariä-Himmelfahrts-Kirche in Wolotowo (1363) angefertigt. Eine vierte Erwähnung in den Chroniken betrifft die Fresken, die der Grieche Theophanes in der Christi-Verklärungs-Kirche an der Eliasstraße (1378) ausgeführt haben soll. Diese Erwähnung geht aber nicht auf einen Zeitgenossen des Theophanes zurück. Sie wurde erst im 17. Jahrhundert in die Chronik eingeführt, als ein Nowgoroder Gelehrter Material für eine Kunstgeschichte der Stadt sammelte und von der Kirche die Inschrift des Stifters, die heute verlorengegangen ist, kopierte. Eine ähnliche Inschrift, die in der Erlöser-Kirche in Kowaljowo erhalten blieb, berichtet, daß diese Kirche im Jahr 1318 mit Fresken ausgestattet wurde. Über die anderen Nowgoroder Fresken haben wir keinerlei Datierungen, weder aus Chroniken noch aus anderen Quellen. Doch abgesehen von den ersten Fresken von Wolotowo, der Christi-Verklärungs-Kirche und von Kowaljowo haben wir noch weitere fünf Fresken: eine in der Theodor-Stratilat-Kirche am Bach, die zweite in der Mariä-Himmelfahrts-Kirche auf dem Wolotowo-Feld, die übrigen in der Geburts-Kirche auf dem Friedhof in der Mariä-Verkündigungs-Kirche von Gorodischtsche und in der Erzengel-Michael-Kirche in Skoworodka.

Das fast völlige Fehlen historischer Materialien erschwert das Studium der Nowgoroder Fresken. Die Forscher müssen sich gezwungenermaßen auf eine subjektive Wertung der Monumente beschränken. Deswegen herrschen in der wissenschaftlichen Literatur auch unterschiedliche Meinungen über grundlegende Probleme der Geschichte der Nowgoroder Wandmalerei. Um sich in dieser komplexen Situation zurechtzufinden, muß man zunächst einmal die wichtigsten stilistischen Züge jedes Werkes in Betracht ziehen und dann, auf der Grundlage dieser Beobachtungen, die Fresken in Gruppen einteilen. Mit Ausnahme des ersten Freskos im Sanktuarium der Kirche auf dem Wolotowo-Feld, das sich stilistisch von den übrigen Fresken abhebt, kann man zwei Gruppen identifizieren. Zur ersten zählen die Fresken der Christi-Verklärungs-Kirche, der Theodor-Stratilat-Kirche sowie das Hauptfresko der Kirche von Wolotowo. Zur zweiten Gruppe zählen die Fresken der Christi-Verklärungs-Kirche in Kowaljowo, die der Geburts-Kirche auf dem Friedhof, die der Mariä-Verkündigungs-Kirche in Gorodischtsche und die der Erzengel-Michael-Kirche in Skoworodka. Bei den Fresken der ersten Gruppe überwiegen eine großzügige, ausdrucksstarke Malweise, gewagte Kompositionen, parabelförmige Linien, eine zurückhaltende Farbgebung, dramatische Szenen und ein tiefschürfendes psychologisches Studium der einzelnen Figuren. Die bestimmenden Züge der Fresken der zweiten Gruppe bestehen aus einem genaueren und bisweilen geradezu minutiösen Malstil, aus der Verfestigung der grafischen Wirkung zuungunsten der malerischen, aus der Aufteilung der Wandflächen in isolierte, relativ kleine Teile, die Ikonen ähneln, aus der Vielfalt der Farben und schließlich aus einer großen Heiterkeit und sogar einer gewissen Indifferenz, einer Gewöhnung an die schöne, aber nicht übermäßig emotionale Kunst (Skoworodka).

Da wir über keine gesicherte Chronologie der meisten Nowgoroder Fresken verfügen, müssen wir bei unserer Betrachtung von einem Kunstwerk ausgehen, dessen Datierung und Zuschreibung feststehen und nicht angezweifelt werden. Das gilt für die Fresken der Christi-Verklärungs-Kirche in der Eliasstraße, die Theophanes der Grieche 1378 ausmalte.

Theophanes ist der erste Maler der Rus, von dem wir einigermaßen vollständige und zuverlässige Nachrichten besitzen. Er wird mehrere Male in den Chroniken aufge-

174. Mariä-Himmelfahrts-Kirche in Wolotowo in der Umgebung von Nowgorod, 1352, Wandmalerei, um 1390.

175. Johannes der Täufer, um 1390, Fresko in der Kuppel der Mariä-Himmelfahrts-Kirche von Wolotowo (Nowgorod).

176–178. Der Prophet Moses; ein Prophet, ein Märtyrer; 1380, Fresken in der Christi-Verklärungs-Kirche in Kowaljowo bei Nowgorod.

führt, und seine Figur tritt deutlich im langen Brief hervor, den Epifanij Premudryj, der Allweise, ein Mönch des Moskauer Dreifaltigkeits-Klosters, um 1415 dem Abt Kirill des Erlöser-Klosters von Afanasew bei Twer schrieb. Epifanij erzählt in diesem Brief, dessen Text im Kapitel über die Literatur abgedruckt ist, daß Theophanes vor seiner Ankunft in der Rus in Konstantinopel, Galata und Kaffa gearbeitet habe. In der Rus sei er in Nowgorod, Nischnij-Nowgorod und Moskau gewesen. Insgesamt schmückte er ungefähr vierzig Kirchen mit Fresken aus. Theophanes starb nach 1405, denn in jenem Jahr erwähnen ihn die Chroniken zum letzten Mal. In Epifanijs Brief ist von ihm bereits in der Vergangenheit die Rede: »... er war ... ein lebhafter Mann ...«

Da Epifanij Konstantinopel als erste Stadt nennt, in der Theophanes der Grieche gearbeitet hatte, liegt die Annahme auf der Hand, daß er der Malschule dieser Stadt entstammte, und auch die Werke, die uns erhalten geblieben sind, bestätigen die Aussage seines Zeitgenossen.

In der Christi-Verklärungs-Kirche haben sich unter den Fresken von Theophanes die in der Kuppel und in der nordwestlichen Ecke auf der Höhe der Chöre am besten erhalten. Im Gewölbe der Kuppel befindet sich ein großes Fresko, das den Pantokrator darstellt. Es ist ohne Zweifel das ausdrucksstärkste Fresko von Theophanes. Christus wirft einen harten Blick auf die Erde, die sich unter ihm ausbreitet. Er ist ein schreckenerregender Richter, der weder Mitleid noch Milde kennt. Sein Auge sieht alles und dringt in die verborgensten Geheimnisse der menschlichen Seele ein. Dargestellt ist nicht der gute, mitleidige Erlöser, sondern der allmächtige, der über den Menschen wachen und wie ein geistliches Schwert jede Form der Sünde bestrafen muß. Unter diesem schreckenerregenden Blick können wir nur das Haupt neigen und die Züchtigung erwarten. Einen bedrohlichen Ausdruck haben auch die Gesichter der Erzengel und der Seraphim, welche die himmlische Heerschar Christi bilden. Die Macht und die Größe der Bibel sind in den riesigen Figuren der Vorfahren verkörpert, die an der Wand des Tambours abgebildet sind. Das ganze Kuppelfresko hat etwas Übermenschliches an sich.

Wenn sich auch die Fresken der Gewölbe und der oberen Wandteile erhalten hätten, besäßen wir eine faszinierende Darstellung des Passionszyklus, dessen tragischer Inhalt Theophanes offensichtlich besonders teuer war. Doch leider sind fast alle Fresken an den oberen Teilen verlorengegangen, und auch von denen in Bodennähe sind nur sehr wenige erhalten geblieben. Nur im Eckraum über den Chören bilden die Fresken einen kleinen Zyklus, der zusammen mit den Kuppelfresken eine Vorstellung davon geben kann, wie das Gesamtwerk des Meisters ausgesehen haben mag.

179. Eucharistie, 1380, Fresko in der Apsis der Christi-Verklärungs-Kirche in Kowaljowo bei Nowgorod, linker und rechter Teil, Strichzeichnung von L. A. Durnowo, 1920.

Damals diente dieser Raum wahrscheinlich als Privatkapelle des Hauptstifters der Christi-Verklärungs-Kirche: »Des edlen und frommen Bojaren Wasilij Danilowitsch«. Die Kapelle war der Dreifaltigkeit geweiht, weil sich auf der Ostwand ein Fresko mit der Darstellung der Dreifaltigkeit des Alten Testaments befindet. Auf den übrigen Wänden des Saals ist eine Anbetung mit Heiligen abgebildet, wobei unter ihnen die Styliten (Säulenheilige) und die großen Asketen Ägyptens den Ehrenplatz einnehmen: Johannes Klimakos, Arsenios der Große, Onophrios der Große, Acacius und Makarios. Besonders eindrücklich sind die Figuren der Styliten, die eine Höhe von ungefähr drei Metern erreichen. Die mittelalterlichen Theologen betrachteten die Styliten als den Ruhm und die Hoffnung der Menschheit. Sie verbrachten ihr Leben auf einer Säule und entzogen sich damit dem Abgrund des Übels, von dem die Erde verschlungen wird, und widmeten sich nur noch dem Gebet. In den Fresken von Theophanes symbolisieren sie die Vorstellung vom göttlichen Wissen und den höchsten erreichbaren Grad, den die Seele auf dem Weg zum Heil erreichen kann. Doch auch den Säulenheiligen des Theophanes gelingt es nicht, sich von den Zweifeln und der quälenden Angst zu befreien. Auch diese Asketen werden vom Gespenst des Jüngsten Gerichts verfolgt; auch sie fühlen den zornigen Blick des Pantokrator auf sich. Die Hände auf der Brust gekreuzt, was ihren Verzicht auf die Welt bedeutet, drücken sie deutlich die Vergänglichkeit der irdischen Existenz selbst in ihrer asketischsten Manifestation aus. In der Seele der Zeitgenossen von Theophanes erzeugten sie wohl ein tiefes Gefühl der Reue. Die Fresken der Christi-Verklärungs-Kirche drücken deutlich die Vorstellung von der Notwendigkeit eines Urteils über sich selbst aus und gleichzeitig auch die Hinfälligkeit der menschlichen Bemühungen, zur Vollkommenheit zu gelangen und damit die Verzeihung Gottes zu erwirken. Nach den Fragmenten an der Westwand und den benachbarten Gewölben zu urteilen, umfaßte der malerische Zyklus nicht das Jüngste Gericht. Doch der Geist dieses grandiosen Ereignisses stellt ohne Zweifel das Hauptthema dar, das alle anderen Aspekte der malerischen Darstellung bestimmt.

Theophanes war ein wandernder Künstler. Er verbrachte den größten Teil seines Lebens auf Wanderschaft in den Städten des Byzantinischen Reichs, auf der Krim und in Rußland. Aus diesem Grund fällt es schwer, seine Zugehörigkeit zum künstlerischen Panorama eines dieser Länder zu bestimmen. Eines steht jedoch fest: Wenn wir von ihm sprechen, können wir weder die Geschichte der byzantinischen Malerei noch die der alten Rus außer acht lassen. In der Rus verbrachte er über die Hälfte seines Lebens, und in dieser Zeitspanne erreichte er auch den Höhepunkt seines künstlerischen Wirkens. In Nowgorod und in Moskau, wo er sich später aufhielt, arbeitete er nicht allein, sondern es halfen ihm dabei lokale Künstler, und natürlich hatte er auch verschiedene Schüler. Ein prächtiges Beispiel für die Verschmelzung der Kunst des Theophanes mit der russischen Kunst haben wir in den Fresken der Kirche des heiligen Theodor Stratilat.

Die Theodor-Stratilat-Kirche wurde in den Jahren 1360 bis 1361 gebaut, doch die Fresken stammen aus viel späterer Zeit, weil sie in der südöstlichen, nordwestlichen und nordöstlichen Ecke auf ursprünglich offenen und später zugemauerten Bögen ausgeführt wurden. Wie die Fresken in der Christi-Verklärungs-Kirche sind auch die der Theodor-Stratilat-Kirche schlecht erhalten. Die kleinen über die Wände der enormen Kirche verstreuten Fragmente bilden keine Gesamtdarstellung. Sie lagen lange unter einer Putzschicht verborgen und haben schwer darunter gelitten, daß sich Kalk ablagerte. Die Lichter wurden den Fresken seinerzeit mit Eiweiß aufgesetzt, und dieses hat sich heute vollständig schwarz verfärbt. Dies alles hat das Fresko ruiniert, das auf den ersten Blick keine große Ähnlichkeit mit dem der Verklärungs-Kirche zeigt. Doch die Verbindung zwischen den beiden liegt auf der Hand. Wir beobachten hier eine große Zahl von Übereinstimmungen auf ikonographischem Gebiet, bei der Typisierung der Gesichter, bei der Anlage der Figuren und auch bei den Malverfahren. Und dennoch machen die Fresken der Theodor-Stratilat-Kirche einen zwiespältigen Eindruck. Neben bewundernswerten Figuren wie dem Verkündigungsengel scheinen doch viele Teile des Freskos, zum Beispiel in der Kuppel, wegen der groben und ungenauen Zeichnung, der Unsicherheit in den Formen und der Plattheit des Stils, der häufigen Wiederholungen und der Details in den großen Szenen nicht dem Stil von Theophanes dem Griechen zu entsprechen. So liegt der Gedanke nahe, daß die Hauptarbeit in dieser Kirche nicht Theophanes selbst, sondern lokale Nowgoroder Künstler ausführten. Zugunsten dieser Hypothese sprechen auch die teils russischen und teils griechischen Inschriften auf den Kuppelfresken, obwohl sie beschädigt und unverständlich sind. Die Theodor-Stratilat-Kirche wurde wahrscheinlich sofort nach der Christi-Verklärungs-Kirche mit Fresken ausgeschmückt, also zu Beginn der achtziger Jahre des 14. Jahrhunderts.

Eine ganz besondere Rolle in der Geschichte der Nowgoroder Wandmalereien spielen die Fresken der Kirche auf dem Wolotowo-Feld. Der Meister, der den Auftrag zum Ausschmücken der Mariä-Himmelfahrts-Kirche von Wolotowo erhielt, verband mit glücklicher Hand die Architektur mit den Fresken. Er fand für die figürlichen Kompositionen derart passende Proportionen, daß die Kirche dadurch größer, einfacher und leichter wurde. Diese Wirkung beruhte auf dem ungewöhnlichen Malstil. Die Fresken von Wolotowo sind mit Freiheit und Leichtigkeit gemalt, und sie scheinen fast zu fliegen. Das erscheint um so überraschender, weil auch in ihnen die Stofflichkeit der Dinge deutlich wird. Der Maler verwendete dazu in großem Umfang das Hell-Dunkel und nicht nur graue oder hellblaue Farbtöne, sondern auch ziemlich kompakte Erdfarben. Die Wirkung der Malerei beruht auf der erstaunlichen Perfektion. Die Malerei hat die unerklärliche Eigenschaft, daß sie zur selben Zeit Skizze und vollendetes Werk ist. Jede Komposition zieht uns durch ihre unvergleichliche Frische und gleichzeitig durch die Präzision, mit der das Projekt realisiert wurde, in ihren Bann. Dies gilt zum Beispiel für die überaus schöne Figur des Erzengels Michael, die sich auf dem Scheitel eines der Stützbögen befindet. Die Figur ist in der klassischen Form eines runden Medaillons eingeschlossen und erscheint in ihrer Zeichnung und Komposition wie ein Wunder. Welches Fresko wir auch betrachten, sei es frei zugänglich oder in den Ecken der Kirche, stets erkennen wir die prägende Hand des großen Künstlers und dessen außergewöhnliche Freiheit des Gedankens. Diese Freiheit äußert sich auf verschiedene Weisen, vor allem aber in der Tatsache, daß er mutig Details wegließ und sich an erster Stelle um die allgemeine Wirkung kümmerte. So verstand es der Maler, der vertrauten und etwas erstarrten Ikonographie den pulsierenden Rhythmus des Lebens einzugießen.

Die Fresken von Wolotowo haben nichts Ikonographisches an sich. Die beweglichen, weit geschwungenen Linien und der Farbfleck, der Pinselstrich waren die wichtigsten künstlerischen Methoden des Meisters. Aus ihnen gingen die Dynamik und die Ausdruckskraft seiner Fresken hervor. Während die wichtigsten Persönlichkeiten auf den alten Nowgoroder Ikonen und auf den Fresken der Nikolaus-Kirche auf Lipna ihr Gesicht dem Betrachter zuwenden und die Kompositionen nach dem vertikalen Prinzip angeordnet sind, ist beim Meister von Wolotowo die frontale Darstellung einer Figur, besonders bei Massenszenen, äußerst selten. Die Komposition orientiert sich bei der Mehrheit der Fresken von Wolotowo nach der Diagonalen. In der Diagonalen von unten nach oben galoppieren die Heiligen Drei Könige, in der Diagonalen recken sich die Bergspitzen, scharf wie Pfeile, in den Himmel, und längs der Diagonalen entwickelt sich auch die bewundernswerte Szene von der Himmelfahrt Christi. Die unruhige, ekstatische Atmosphäre der Fresken von Wolotowo hängt zu einem großen Teil vom Malstil ab, der ohne Künstlichkeit ist und auch keinerlei Zögern von seiten des Meisters erkennen läßt.

Um die russische Kunst des 14. Jahrhunderts und insbesondere die Nowgoroder Fresken richtig einschätzen zu können, sollte man sich vor Augen halten, daß in Osteuropa damals humanistische Elemente in der mittelalterlichen Kultur verstärkt auftraten. Dieser Vorgang findet einen deutlichen Ausdruck in der Literatur, in der Bildhauerei und in der Malerei. Die Fresken, die Ikonen und die Miniaturen jener Zeit zeigen neue stilistische Züge. Die Kompositionen erlangen eine Räumlichkeit; bei umfänglichen Szenen werden die Hintergrundarchitektur und die Leidenschaft zu einem praktisch unerläßlichen Detail. Die Bewegung der Figuren wird natürlicher, und es wächst das Interesse an einer psychologischen Charakterisierung der Personen. Der neue künstlerische Stil wurde zunächst in den Werkstätten von Konstantinopel verfolgt. Mit der Zeit breitete er sich auch nach Serbien, Bulgarien und Rußland aus, und in jedem dieser Länder nahm er eine lokale Färbung an, behielt aber gleichzeitig auch viele gemeinsame Merkmale bei, welche die Einordnung der Malereien heute erschweren.

Die Fresken von Wolotowo zeigen viele ikonographische und stilistische Züge, für die sich überzeugende Übereinstimmungen bei den Fresken der Christi-Verklärungs-Kirche und der Theodor-Stratilat-Kirche finden. Weitere Gemeinsamkeiten sind mit griechischen und serbischen Malereien gegeben. Das ist verständlich: Während des 14. Jahrhunderts arbeiteten in Nowgorod so viele ausländische Meister, daß die lokalen Künstler der Kunst der Griechen und der anderer slawischer Völker nicht indifferent gegenüberstehen konnten. Bekanntlich führten byzantinische Meister das erste Fresko des 14. Jahrhunderts aus, das in den Nowgoroder Chroniken erwähnt ist. In den Jahren 1338 bis 1339 bemalten die Männer im Auftrag von Erzbischof Wasilij die Kirche des Einzugs nach Jerusalem im Kreml. Rußland wurde von den Byzantinern später auch nicht vergessen, wie die Ankunft des Griechen Theophanes in Nowgorod beweist. Byzantinische Künstler kamen gerne in die Rus, nicht zuletzt, weil es in ihrer Heimat immer schwieriger wurde, Aufträge zu bekommen. In der Rus hatte ihre Kunst jedoch großen Erfolg. Die gesamte Geschichte der Wiedergeburt in der Wandmalerei in der Rus, sei es in Nowgorod oder in Moskau, steht mit griechischen Künstlern in engem Zusammenhang. Die alte Hypothese, welche die Fresken von Wolotowo Theophanes dem Griechen zuschreibt, erscheint dennoch nicht annehmbar. Es reicht aus, die für Wolotowo typische Frauenfigur mit ihren schmalen, knochigen Händen zu betrachten, um die Hypothese einer Beteiligung von Theophanes bei diesem Fresko aufzugeben. Diese Art Figuren ist nicht typisch für seine Malerei.

Den Chroniken zufolge wurde die Mariä-Himmelfahrts-Kirche 1352 erbaut und 1363 mit Fresken ausgeschmückt. Durch die Datierung in der Chronik scheint kein Platz zu sein für Zweifel über die chronologische Einordnung der Fresken von Wolotowo. Doch über dieses Problem wird heute noch angeregt diskutiert, weil unter dem Fresko im Allerheiligsten, das die Liturgie darstellt, im Jahr 1855 ein weiteres älteres Fresko über dasselbe Thema gefunden wurde. Dieser Umstand veranlaßte A. I. Anisimow und W. N. Lasarew, nur die untere Zone des Freskos auf das Jahr 1363 zu datieren, während die Malereien weiter oben aus späterer Zeit stammen sollen. Und tatsächlich legt eine Reihe von Betrachtungen es nahe, das Hauptfresko von Wolotowo auf das Ende des 14. Jahrhunderts (um 1390) zu datieren. Besonders bedeutsam in diesem Zusammenhang ist die Tatsache, daß Erzbischof Alekseij, der zusammen mit seinem Vorgänger Erzbischof Moisej im unteren Teil der Mauer neben der Gottesmutter dargestellt ist, mit einem Heiligenschein gemalt wurde. Er starb aber erst 1388, was nahelegt, daß das Fresko nicht aus früherer Zeit stammen kann. In der russischen Malerei kennen wir keine Porträts kirchlicher Würdenträger, die wie Heilige dargestellt wurden, solange sie noch am Leben waren. Das galt selbst für die berühmtesten Persönlichkeiten.

180–182. Erzengel; der Prophet Awwakum; der Prophet Zacharias; Ende des 14. bis Beginn des 15. Jahrhunderts, Fresken in der Erzengel-Michael-Kirche im Kloster von Skoworodka in der Umgebung Nowgorods.

Einen ganz anderen Stil weisen die Nowgoroder Fresken der zweiten Gruppe auf. Die bedeutendsten unter ihnen sind die der Christi-Verklärungs-Kirche in Kowaljowo (1380), die im Zweiten Weltkrieg beschädigt, später aber auf der Grundlage der Fragmente zu mehr als der Hälfte wiederhergestellt wurde. Im Unterschied zu den Fresken der Theodor-Stratilat-Kirche oder der Kirche von Wolotowo mit ihrem ausgeprägt malerischen Stil wurden die Fresken von Kowaljowo von Meistern ausgeführt, die stark unter dem Einfluß der Ikonenmalerei standen. Damit erklärt sich die ungewöhnliche Anordnung der Hauptszenen auf den Wänden. Die Maler schlossen sie in große rechteckige Rahmen ein, so daß keine kompositorische Beziehung zwischen der einen und der anderen Szene bestand und die Darstellungen wie große Ikonen erschienen. Auch die Technik verriet die Abhängigkeit von der Ikonenmalerei. Die Meister – hier waren es drei – kratzten auf den Putz die Umrisse der einzelnen Fresken ein. Auf diese Weise erhielt die Sgraffiti-Technik, die normalerweise nur als Hilfsmittel diente, eine viel größere Bedeutung und beeinflußte den Stil. Deswegen erschienen die Figuren einzelner Heiliger in den Fresken von Kowaljowo sehr merkwürdig, in etwas unnatürlichen und zufälligen Haltungen gemalt. Besonders deutlich wird das bei den Aposteln, die sich im Fresko von der Verklärung Christi niedergeworfen haben, sowie bei den unteren Fresken, wo die heiligen Krieger in sehr unbequemen Körperhaltungen abgebildet sind. Die Fresken von Kowaljowo unterscheiden sich von denen der ersten Gruppe auch durch ihre Ikonographie. In diesem Sinn sind die Figuren des Tetramorphen in der Malerei des Tambours und die feierliche Komposition mit dem Titel »Die Königin steht zu deiner Rechten« an der Nordwand eine Seltenheit. Das Fresko stellt den thronenden Christus mit erzbischöflichen Paramenten, die ihm gegenüberstehende Muttergottes in königlichem Gewand und Johannes den Täufer dar. Das Fresko bedeutete die Verherrlichung von Jesus Christus als König der Könige und als Hohepriester. Dieser ikonographische Typ in der Variante der Fresken von Kowaljowo entstand in Serbien und wurde ohne Zweifel von serbischen Meistern nach Nowgorod gebracht.

183. Boris und Gleb, um 1377, aus der Boris-und-Gleb-Kirche Nowgorod; Museum von Nowgorod.

Aus späterer Zeit als die Arbeiten von Kowaljowo stammen die Fresken der Verkündigungs-Kirche in Gorodischtsche und der Christi-Geburts-Kirche auf dem Friedhof. Die Fresken der Kirche von Gorodischtsche waren nur teilweise freigelegt worden und wurden während des Zweiten Weltkrieges zerstört. In der einen Nische der Prothesis war eine Komposition mit dem Titel »Weine nicht über mich, Mutter« und mit dem Evangelisten Johannes und dem heiligen Rodion zu beiden Seiten dargestellt. In der zweiten Nische war die Liturgie mit zwei Engeln und zwei Heiligen zu sehen. Die Fragmente waren ziemlich schlecht erhalten, verrieten aber dennoch eine Querverbindung zu den Fresken der Geburts-Kirche auf dem Friedhof. In beiden Zyklen stimmte nicht nur die Charakterisierung der Heiligen, zum Beispiel des heiligen Rodion und des heiligen Simeon, sondern auch der kompakte genaue Malstil mit Hinweisen auf die Ikonenmalerei und einer ziemlich umfangreichen Farbpalette überein. Diese Züge, die wir heute auf den konservierten und völlig restaurierten Fresken der Mariä-Geburts-Kirche beobachten können, haben ihrerseits ihre Parallelen in den Fresken von Kowaljowo. Alle drei Monumente wiesen die Merkmale ein und derselben künstlerischen Strömung auf, die aber nicht griechisch war, sondern eine südslawische Tönung aufwies. Es reicht aus, wenn wir das beeindruckende Fresko des Verkündigungsengels in der Mariä-Geburts-Kirche mit den Fresken in der Theodor-Stratilat-Kirche und der Kirche auf dem Wolotower Feld vergleichen, die eine analoge Situation darstellen, um uns über die Unterschiede der betreffenden Stile klarzuwerden. Die Engelsfigur in der Christi-Geburts-Kirche, der jede formale Raffinesse abgeht, dafür mächtig und fast heimlich dasteht, wirkt auch sehr kräftig, und die eingezeichneten, steifen Züge des Gesichts sind ähnlich jenen, die wir in den Fresken von Kowaljowo beobachten. Da die Christi-Geburts-Kirche 1381 bis 1382 erbaut wurde, können die Fresken nicht vor 1382 entstanden sein.

Ein weiterer wichtiger Freskenzyklus, der zur zweiten Gruppe der Nowgoroder Wandmalereien gehört, findet sich in der Erzengel-Michael-Kirche im Kloster von Skoworodka. Die Kirche, die von den Chroniken auf das Jahr 1355 datiert wird, wurde zusammen mit ihren Fresken, von denen es keine genaue Datierung gab, von den Deutschen im Zweiten Weltkrieg zerstört. Dieser Verlust wiegt um so schwerer, da die Fresken von Skoworodka erst kurz vor dem Zweiten Weltkrieg entdeckt und weder fotografiert noch wissenschaftlich untersucht worden waren. Von der Qualität und vom Erhaltungszustand der Farbschicht erhalten gebliebener Fragmente zu urteilen, gehörten sie wohl zu den besten Fresken in Nowgorod.

Die Fresken von Skoworodka zählten verhältnismäßig wenige Kompositionen mit verschiedenen Figuren. Ein großes Fresko über dem Gewölbe des Allerheiligsten, das die Himmelfahrt Christi darstellte, unterschied sich von allen anderen. Sehr viel zahlreicher waren Einzelfiguren: Propheten, Evangelisten, Stammväter, Heilige, Märtyrer und Engel. Die Künstler reservierten auch viel Raum für ornamentale Motive, die den Fresken von Skoworodka eine fröhliche Note verliehen, die somit nicht nur auf die Darstellung des Ornats zurückging. Die gesamte malerische Ausstattung der Kirche war von einer besonderen Klarheit und Einfachheit gekennzeichnet. Sie verfolgte nicht das Ziel, einen komplexen theologischen Gedanken mit Hilfe in sich zusammenhängender, tiefschürfender Szenen zu entwickeln. Die Maler waren ganz im Gegenteil von ihrer Aufgabe gefangen, in der Kirche mit Hilfe ihrer Kunst eine helle, heitere und friedfertige Atmosphäre zu schaffen. So entstanden die schlanken Figuren der Heiligen, der ruhige, fast unerschütterliche Ausdruck des Gesichts, die weiten, frei fallenden Gewandfalten, der Reichtum des Ornats. Damit erklärt sich auch die prächtige Farbgebung der Fresken von Skoworodka, bei denen eine Kombination aus zartem Violett, Grau, Hellgrün, Hellbraun und Orangegelb häufig auftrat.

Wie für die Fresken der zweiten Gruppe finden sich die überzeugendsten Parallelen zu den Fresken von Skoworodka in der Kunst der Südslawen. Doch im Unterschied zu den vorhergehenden Malereien können wir die Fresken von Skoworodka nicht mit einem präzisen serbischen Kunstwerk in Verbindung bringen. Vom allgemeinen Stil her gesehen, der deutlich unter paläologischem Einfluß steht, erkennt man eine Verwandtschaft mit serbischen Fresken aus der ersten Hälfte des 14. Jahrhunderts. Doch in Skoworodka fehlen einige für die serbische Wandmalerei des zweiten Viertels des 14. Jahrhunderts typische Eigenschaften, wie Szenen mit überaus vielen Figuren und der etwas grobe Ausdruck. In den Werken aus der Mitte des 14. Jahrhunderts, die chronologisch gesehen der Bauzeit der Klosterkirche von Skoworodka noch näher stehen, erkennen wir sogar die eindeutigen Zeichen eines Niedergangs der serbischen Monumentalmalerei. Im Vergleich mit diesen Werken unterscheiden sich die Fresken von Skoworodka zum eigenen Vorteil durch ihren noblen Charakter, durch die Reinheit der Linien, die Nüchternheit bei der Wiedergabe der Bewegungen, die liebliche, lichtdurchflutete Atmosphäre. Hier überwiegen elegante, ruhige, für die serbische Wandmalerei in späterer Zeit typische Formen. Es mag etwas merkwürdig erscheinen angesichts der frühen Bauzeit der Kirche des Klosters von Skoworodka, doch auf den ersten Blick werden mehrere Parallelen zwischen den Fresken von Skoworodka und serbischen Freskenzyklen des Spätmittelalters deutlich. Diese stellen den Höhepunkt der sogenannten Morava-Schule dar, die in den Klöstern Nordserbiens entstand und ihre Blütezeit zwischen dem Ende des 14. und dem Beginn des 15. Jahrhunderts hatte. Die schönsten Beispiele für die künstlerische Produktion der Morava-Schule sind die Fresken in der Muttergottes-Kirche von Kalenic (kurz nach 1413) und die der Dreifaltigkeits-Kirche in Manasija (um 1418), ferner auch die außerordentlich qualitätvollen und künstlerisch perfekt ausgeführten Miniaturen des Meisters Radoslav in einem Manuskript in der Öffentlichen Bibliothek von Sankt Petersburg. Gerade hier treffen wir auf Einzelheiten, die am stärksten an die Nowgoroder Fresken erinnern. Es ist nicht auszuschließen, daß im Kloster von Skoworodka serbische Meister oder, was allerdings weniger wahrscheinlich ist, russische Künstler gearbeitet haben, welche die serbische Kunst in jener Entwicklungsphase kurz nach der Fertigstellung der Fresken von Ravanica genau kannten. Wir können heute kaum mehr feststellen, auf welchen Wegen dieser Stil bis nach Nowgorod gelangt ist: ob direkt von Serbien oder über die Athosklöster, mit denen die Nowgoroder enge Kontakte pflegten.

184. Höllenfahrt, Ende des 14. Jahrhunderts, Ikone von Tichwin, Nowgoroder Schule; Sankt Petersburg, Russisches Museum.

185. Gottvater, Beginn des 15. Jahrhunderts, Nowgoroder Schule; Moskau, Tretjakow-Galerie.

Im 12. Jahrhundert wurden die neugebauten Nowgoroder Steinkirchen im allgemeinen direkt nach den architektonischen Arbeiten mit Fresken geschmückt. Im 14. Jahrhundert hingegen verstrich zwischen dem Bau der Kirche und ihrer Dekoration oft viel Zeit. Die Christi-Verklärungs-Kirche in Kowaljowo wartete fünfunddreißig Jahre lang auf ihre Fresken, die Verkündigungs-Kirche in Gorodischtsche nicht weniger als vierzig Jahre, die Mariä-Himmelfahrts-Kirche in Wolotowo elf Jahre bis zum ersten Freskenzyklus und nicht weniger als dreißig Jahre bis zum zweiten, die Erzengel-Michael-Kirche im Kloster von Skoworodka ungefähr vierzig bis fünfzig Jahre. Diese Wartezeiten kann man nur durch die Tatsache erklären, daß es in Nowgorod im 14. Jahrhundert keine oder nicht genügend einheimische Meister gab, und diese waren dauernd damit beschäftigt, Kirchen auszumalen. Es ist auch bezeichnend, daß die Nowgoroder Chroniken keine Fresken in Kirchen erwähnen, und dies ist noch um so merkwürdiger, weil der Bau der Kirchen außergewöhnlich vollständig und mit allen Einzelheiten dokumentiert wurde. Wir können daraus den Schluß ziehen, daß die Chronisten wenig geneigt waren, in ihre lokalen Annalen jene Arbeiten aufzunehmen, die fremde Künstler leisteten. Und tatsächlich zeigt die Analyse der Nowgoroder Fresken, daß dieser Kunstbereich zwischen dem 14. und dem Beginn des 15. Jahrhunderts fest in der Hand der Griechen und der Südslawen lag.

Nowgorod war jahrhundertelang das wichtigste Zentrum für die Anfertigung von Manuskripten, die in Tausenden von Exemplaren die Grundlagen für das kulturelle Erbe dieser Stadt darstellen. Das 14. Jahrhundert war die größte Blütezeit der Nowgoroder Literatur. Die illustrierten, geschmückten Manuskripte zeigen uns einen weiteren Aspekt der Nowgoroder Kultur. Die Buchproduktion übernahm in ihren Grundzügen die Evolution der Malerei in größerem Maßstab. In einem derart alten Werk wie dem Psalter von Chludow vom Ende des 13. Jahrhunderts, der über hundert Illustrationen erhält, erkennen wir eine fast direkte Übereinstimmung mit der gesamten nachtatarischen Ikonenmalerei bis zu jener mit dem Titel »Das Leben des heiligen Georg« im Russischen Museum. Wir finden auch hier dieselbe Unsicherheit der Zeichnung, die steifen Bewegungen, den primitiven Stil im Hinblick auf die Farbgebung. Die Bedeutung des Themas steht an erster Stelle, und wenn wir die Miniatur auf dem Frontispiz mit der Figur Davids und seinem »Orchester« betrachten, so fühlen wir uns von der Vielfalt der Musikinstrumente mehr angezogen als von der künstlerischen Form. Nur eine Miniatur des Frontispiz mit der Darstellung einer Christusbüste und mit Martha und Maria, die sich zu Christi Füßen niederwerfen, entfernt sich von den übrigen Illustrationen. Dementsprechend hat man versucht, diese Darstellung bereits ins nächste Jahrhundert zu datieren: Die Meisterschaft der Ausführung steht in der Tat in einem auffallenden Kontrast zu den übrigen Miniaturen des Manuskripts.

Die Nowgoroder Miniaturenmalerei liefert uns überraschende Beispiele für die Verschmelzung zwischen Lokalstil und der künstlerischen Kreativität ausländischer Meister. In einem der Evangeliare aus dem dritten Viertel des 14. Jahrhunderts, das im Historischen Museum in Moskau aufbewahrt wird, finden wir Miniaturen in folio mit den Figuren von Matthäus, Markus und Lukas. Das Manuskript in Unzialschrift und mit der für die Nowgoroder Miniaturenkunst typischen grotesken Illumination entspricht hinsichtlich der Illustrationen der künstlerischen Lokaltradition überhaupt nicht. Diese verraten hingegen eine enge Verwandtschaft mit der serbischen Kunst, aber nicht etwa mit der Miniaturenkunst, sondern mit der Freskenkunst. Die Büstenfiguren sind in komplizierten Haltungen dargestellt, die Buchrollen an den Rahmen aufgehängt, und Matthäus und Markus halten das untere Rollenende in der Hand und schreiben Evangelientexte nieder. Ihre Gewänder bilden komplizierte Falten und Ecken, denen die Künstler reichlich weiße, pastöse Lichter aufsetzten, um eine spektakuläre Wirkung zu erhalten. Die Kirche in Decani und weitere serbische Baudenkmäler aus der ersten Hälfte des 14. Jahrhunderts dienten offensichtlich als Vorlagen für den Miniaturenstil dieses Evangeliars. Ganz unerwartet treffen wir dabei auch auf ausgeprägte Parallelen zu den Fresken von Kowaljowo, so daß wir annehmen können, daß der Meister der Miniaturen auch bei der Ausschmückung der Christi-Verklärungs-Kirche in Kowaljowo mitarbeitete, wo, wie man weiß, tatsächlich serbische Künstler beschäftigt waren. Der nichtlokale Charakter des Stils der Illustrationen in diesem Evangeliar zeigt sich noch deutlicher in der Tatsache, daß man genaue Kopien der Miniaturen mit dem heiligen Markus und dem heiligen Lukas gefunden hat. Sie wurden am Ende des 14. Jahrhunderts von einem Nowgoroder Künstler ausgeführt, doch die Formen erscheinen darauf wie zitternd, und die Figuren der Evangelisten zeigen sogar eine gewisse Instabilität.

Eine weitere stilistische Strömung, die sich ebenfalls an Fresken inspirierte, allerdings nicht serbischer, sondern griechischer Herkunft, stellen die beiden Miniaturen des berühmten Psalters von Iwan dem Schrecklichen dar, das in die achtziger Jahre des 14. Jahrhunderts datiert wird (Staatliche Russische Bibliothek). Das Manuskript gehört ganz eindeutig nach Nowgorod, doch die Miniaturen mit den Figuren der Propheten und der Psalmisten David und Asaf stammen aller Wahrscheinlichkeit nach aus einer künstlerischen Umgebung, die vom Stil Theophanes' des Griechen dominiert wurde. In der Farbgebung überwiegen braune, hellblaue und ockergelbe Farbtöne, bei der Zeichnung weite, nervöse Linien, ein pastöser Auftrag und eine allgemeine Spontaneität der Bilder. Die Miniaturen des Psalters sind mit den Fresken von Theophanes in der Christi-Verklärungs-Kirche sehr eng verwandt und stammen wahrscheinlich aus seiner Nowgoroder Werkstätte.

186. Grabtuch, 1441, Nowgoroder Schule, aus der Auferstehungskirche von Putschesch an der Wolga; Moskauer Kreml, Rüstkammer.

Die chronologische Einordnung und die stilistischen Züge der Nowgoroder Fresken – soweit sie aus den beiden genau datierten Zyklen und den Eigenschaften der restlichen Werke deutlich werden – zeigen uns, daß der ursprünglich byzantinische Einfluß auf die Nowgoroder Wandmalerei langsam von einem südslawischen Einfluß abgelöst wurde. Dies geschah in den achtziger Jahren des 14. Jahrhunderts, als die letzten griechischen und die ersten südslawischen Fresken entstanden. In der Nowgoroder Kunst fanden gleichzeitig auch wesentliche stilistische Veränderungen statt, die in engem Zusammenhang mit der Entwicklung der Ikonenmalerei stehen. Die Ikone und nicht das Fresko war das eigentliche Arbeitsgebiet der Nowgoroder Künstler. Gerade hier erreichten sie die höchste Kunstfertigkeit und lieferten einen entscheidenden Beitrag zur universellen Kulturgeschichte.

Im Unterschied zum Fresko machte die Nowgoroder Ikonenmalerei eine langsame Entwicklung durch. Fast alle Werke, die uns erhalten geblieben sind, sind durch einen extrem archaischen Stil gekennzeichnet. Dies wird besonders deutlich bei den Ikonen aus der ersten Hälfte des 14. Jahrhunderts, etwa bei der »Darstellung im Tempel« aus dem Dorf Kriwoj, der Ikone mit der »Darstellung des Lebens des heiligen Nikolaus« aus dem Dorf Ljubon (beide im Russischen Museum in Sankt Petersburg), der »Himmelfahrt der Gottesmutter« aus dem Dorf Kurizko (Nowgoroder Museum) sowie bei den Ikonen »Boris und Gleb« und »Die schützende Muttergottes« vom Kloster Swerim, die sich heute im Historischen Museum von Moskau befinden. Auf die eine oder andere Weise folgen alle genannten Ikonen künstlerischen Traditionen, die noch ins 13. Jahrhundert zurückreichen. Von großem Interesse in dieser Hinsicht ist auch die Ikone mit den Szenen aus dem Leben des heiligen Nikolaus Thaumaturgos aus der zweiten Hälfte des 14. Jahrhunderts, die das Nowgoroder Museum ausstellt. Ihr Stil ist linear, flach, die Gesichter sind nur spärlich modelliert, und den Ornamenten wird viel Platz eingeräumt. Die Komposition der Szenen am Rande erinnert an die Zeichnungen in Manuskripten. Über den allgemeinen Inhalt der Randszenen berichten Gesten und vor allem ausführliche Inschriften. Insgesamt erscheint die Farbgebung sehr dunkel, weil darin viele braune, bleichgrüne, olivfarbene, wassergrüne und grünliche Töne verwendet werden. Dies schafft eine einzigartige Harmonie zwischen der strengen Figur des heiligen Nikolaus in der Mitte der Ikone und der naiven, geradezu ärmlichen Einfachheit der Szenen aus seinem Leben.

Diese Kunst der Ikonenmalerei war stark konservativ geprägt, wurde kaum von stilistischen Veränderungen gestreift und überlebte in Nowgorod lange Zeit. Es gab aber einige Ausnahmen. Eine davon ist die Ikone der beiden Ritter Boris und Gleb, die im Nowgoroder Museum aufbewahrt wird und die auch aus einer Nowgoroder Kirche des Jahres 1377 stammt. Es gibt eine Vermutung, daß dieses Bild eine Kopie der berühmten Ikone von Boris und Gleb in der Mariä-Himmelfahrts-Kathedrale des Moskauer Kreml sei, die ihrerseits wieder griechisch beeinflußt ist, und dies ist eine besonders interessante Tatsache. Im 14. Jahrhundert kam es in Nowgorod zu schweren sozialen Verwerfungen. Die wichtigsten Auftraggeber von Kunstwerken wurden damals die reichen Bojarenfamilien, die Vereinigung von Kaufleuten und die Sophien-Kathedrale. Diese Auftraggeber fühlten sich stärker von der griechischen Kunst angezogen, die auf dem Gebiet der Malerei seit dem 11. Jahrhundert in der Rus in hohem Kurs stand. So erklärt sich die Aufmerksamkeit, die man den Werken griechischer Künstler entgegenbrachte, und folglich die Neigung des Erzbischofs und der Bojaren, vor allem für die Ausmalung der Kirchen byzantinische oder südslawische Künstler unter Vertrag zu nehmen. Der Widerschein der byzantinischen Formauffassung, der in den Nowgoroder Ikonen der vorhergehenden und der darauffolgenden Epoche völlig fehlt, wird hingegen bei den grandiosen Ikonen des Erlösers und der Verkündigung deutlich (beide im Nowgoroder Museum), die wahrscheinlich in den siebziger bis achtziger Jahren des 14. Jahrhunderts gemalt wurden.

Bis vor kurzem kannte man nur einzelne Nowgoroder Ikonen aus dem 14. Jahrhundert. Dank den Entdeckungen und den Restaurierungsarbeiten der letzten Jahre sind neue, funkelnde Werke ans Tageslicht gelangt, die sich von den früheren deutlich unterscheiden, obwohl auch sie ins 14. Jahrhundert gehören. Unter ihnen seien vor allem zwei Ikonen erwähnt, die im Russischen Museum aufbewahrt werden: die Höllenfahrt von Tichwin und die Muttergottes Hodegetria aus dem Dorf Ljubon in der Umgebung von Borowitschi. Beide sind in einem breiten malerischen Stil gehalten, der seine Wurzeln in der Wandmalerei hat. Die pastosen, orangeroten Pinselstriche auf den Gesichtern und den Handrücken stammen von einer sicheren Hand, die es gewöhnt ist, Formen zu gestalten und nicht zu kopieren. Auf der Ikone von der Höllenfahrt werden die neuen Verfahren besonders deutlich: die freie Entfaltung der Komposition, die Dynamik in den Bewegungen von Jesus Christus, von Adam und Eva, die mit großer Ausdruckskraft wiedergegeben ist, die Gewandfalten, die mit einer bisher nicht dagewesenen Plastizität gemalt sind, die Volumina.

187. Deesis und betende Nowgoroder, 1647, Nowgoroder Schule; Museum Nowgorod.

Zu den ersten Nowgoroder Ikonen, auf denen viele charakteristische Merkmale eines lokalen Kunststils deutlich werden, zählt auch die berühmte »Heilige Dreifaltigkeit« der Tretjakow-Galerie. Sie ist nicht nur wegen ihrer hervorragenden künstlerischen Qualitäten, sondern auch wegen der Seltenheit ihrer Umsetzung des Themas interessant. Zwar stellt sie die Dreifaltigkeit dar, aber nicht so wie in der berühmten Ikone von Andrej Rublew, sondern in einer komplexeren, aber auch konkreteren Komposition, bei der Gottvater, der Sohn und der Heilige Geist jeder mit einem eigenen Gesicht abgebildet sind: Gottvater als weißhaariger alter Mann, der Sohn als Kind und der Heilige Geist in Form einer Taube. Die drei göttlichen Personen unterscheiden sich auch durch ihre Position: Gottvater tritt im Vergleich zum Sohn leicht zurück, weil er ihn auf den Knien hält, und die Kugel mit dem Bild der Taube befindet sich vor dem Sohn. Diese Anordnung der drei göttlichen Personen war von der kirchlichen Lehre inspiriert, der zufolge der Vater im Hintergrund steht, weil er der Anfang ist. Sohn und Heiliger Geist hingegen müssen in den Vordergrund treten, weil sie den Willen des Vaters ausführen. Die Ikone sollte insgesamt ganz klar das Dogma von der Heiligen Dreifaltigkeit ausdrücken. Die Unterschiede im Aussehen der Figuren zeigen, daß die Dreifaltigkeit von drei göttlichen Hypostasen gebildet wird. Die Anordnung der drei göttlichen Personen in einer Achse, die ihren Ursprung in Gottvater hat, und die gemeinsamen Merkmale symbolisieren die Einheit in der Dreifaltigkeit. Der kreuzförmige Nimbus, normalerweise ein Attribut Christi (weil er an die Kreuzigung erinnert), umgibt hier auch das Haupt von Gottvater, und neben dem Symbol des Heiligen Geistes erscheinen die ersten Buchstaben des Namens Christi; sie treten auch neben der Figur von Gottvater auf. Dieser eindeutige Hinweis des Künstlers auf die Einheit der Dreifaltigkeit wie auf die christologische Einheit (die drei göttlichen Personen erscheinen als drei Inkarnationen von Jesus Christus) erklärt sich durch die Tatsache, daß Gott in der orthodoxen Kirche vor allem unter seinem neutestamentarischen Aspekt, das heißt als Jesus Christus, auftrat. Dem theologischen Inhalt der Ikone können wir ohne den Schatten eines Zweifels entnehmen, daß sie mit dem präzisen Ziel gemalt wurde, die Einheit der drei göttlichen Personen zu zeigen. Diese Klarstellung mußte allerdings nur notwendig werden, wenn es darüber abweichende Meinungen gab. Es liegt deswegen die Annahme auf der Hand, daß die Ikone der Heiligsten Dreifaltigkeit in Nowgorod gemalt wurde, und zwar genau in dem Augenblick, als die Kirche ihren Kampf gegen die Häresie der Strigolniki, der »Geschorenen«, aufnahm. Diese Sekte stellte die grundlegenden Dogmen der Kirche in Frage. Das Dogma von der Heiligsten Dreifaltigkeit, das sich mit dem Verstand weder erklären noch verstehen läßt, rief ihren Widerspruchsgeist wach, und die Darstellung auf der Ikone diente dazu, die Vorstellung von der Dreieinigkeit weiter zu erläutern.

Da es in der Nowgoroder Kulturgeschichte keine reale Fürstenmacht gab, wurde vieles vom Sitz des Erzbischofs aus bestimmt. Unter den Nowgoroder Bischöfen, an die man sich noch jahrhundertelang wegen ihrer guten Amtsführung erinnerte, seien erwähnt Wasilij (1331–1352), Moisej (1324–1329, 1352–1359) und Ewfimij (1424–1458). Sie kümmerten sich um den Ruf des erzbischöflichen Amtes und führten ihre Aufgaben gewissenhaft durch. Dabei bauten sie neue Kirchen und restaurierten alte, gaben Manuskripte, Ikonen und liturgische Gefäße in Auftrag und nannten in den Akten oft den Namen des »Erbauers« und einen Termin für die Ausführung dieses oder jenes Gegenstandes. Ein beispielhaftes Zeugnis für die Tätigkeit von Erzbischof Wasilij ist die zweiflügelige vergoldete Bildtür, die er 1336 für die Sophien-Kathedrale herstellen ließ. Iwan der Schreckliche entführte sie aus Nowgorod und brachte sie in seine Residenz Aleksandrow bei Moskau, wo sie sich heute noch befindet. Auf dem zentralen Pfeiler, der die Tür in zwei Flügel aufteilt, ist auch das Porträt des Auftraggebers zu sehen. Er wirft sich dem thronenden Christus zu Füßen. Die Inschrift sagt es ganz deutlich: »Der Erzbischof Wasilij im Gebet.« Auch Ewfimij II. führte eine sehr aktive Herrschaft, und seine verzweifelten Versuche, Nowgorod Welikij die Freiheit zu erhalten, äußerten sich im Wiederaufbau alter, halbzerstörter Kirchen, die er anschließend mit aufwendigem liturgischem Gerät ausstattete. Mit der Figur von Ewfimij sind vor allem zwei Meisterwerke der Stickkunst verbunden, die Nowgorod allerdings schon vor langer Zeit verlassen haben: das Grabtuch aus dem Jahr 1441, das in der Stadt Putschesch an der Wolga aufgefunden wurde und sich heute im Kremlmuseum von Moskau befindet, und die kleine, stilistisch verwandte Deesis mit Ganzfigur, die zuerst ins Dreieinigkeits-Sergius-Kloster und dann in die Tretjakow-Galerie gelangte. Wenn die Chroniken nicht vom Grabtuch von Putschesch sprächen, würden wir schwerlich an den Nowgoroder Ursprung dieser beiden Kunstgegenstände glauben. Sie sind in einem außergewöhnlich eleganten Stil mit delikaten schimmernden Übergängen von einer Farbe zur anderen und raffinierten Ornamenten ausgeführt. Ein gewisses Mißverhältnis zwischen der Figur des toten Christus auf dem Grabtuch und den Figuren, die ihn umge-

188. Taufe Christi, um 1497, Ikone aus der Ikonostase der Mariä-Himmelfahrts-Kathedrale im Kirill-Kloster von Beloosero; Moskau, Tretjakow-Galerie.

189. Die Auferstehung des Lazarus, um 1500, Nowgoroder Schule, Tafelikone aus der Sophien-Kathedrale in Nowgorod; Museum Nowgorod.

ben, wird von der außergewöhnlichen Farbpalette kompensiert, die eine frühlingshafte Atmosphäre voller Blüten verbreitet. Noch schöner ist die Deesis. Obwohl es sich um ein Fragment handelt, zählt sie zu den zehn größten Meisterwerken der altrussischen Stickkunst. Die dekorative Phantasie der Stickerinnen umfaßte alle Einzelheiten des Werkes, angefangen von den Nischen, in denen sich die Figuren befinden, bis zu den Flügeln der Engel, die mit Pfauenaugen geschmückt wurden.

Viele Kunsthistoriker der vorrevolutionären Zeit betrachteten die Ikonenmalerei als eine reine Kunst, die keine Verbindung hatte zur Realität, als eine einfache Verkörperung religiöser, dichterischer und malerischer Vorstellungen. Man kann sich aber kaum eine verfehltere Auffassung von der Ikonenmalerei vorstellen. Wie jede andere Sphäre des geistlichen Lebens des Volkes stand auch sie in einem engen Zusammenhang mit dessen vitalen Interessen, wie die Ikone von der Dreifaltigkeit deutlich zeigt. Verläßliche Hinweise gibt uns auch die Wahl der Heiligen, die auf Nowgoroder Ikonen dargestellt wurden. Wir finden vor allem die Heiligen Nikolaus, Georg, Elias, Blasius, Florus und Laurus, Paraskewe Pjatniza und Anastasia. Im Bewußtsein des Volkes hatten alle diese Heiligen einen direkten Bezug zum bäuerlichen und städtischen Leben. Zum heiligen Nikolaus nahm man in allen Schwierigkeiten Zuflucht, und er war überdies der Schutzheilige all jener, die auf dem Land und dem Wasser unterwegs waren. Der heilige Georg galt als Verteidiger bei feindlichen Angriffen und als Schutzheiliger der Feldarbeit. Der Prophet Elias tränkte die dürstende Erde mit Regen und begünstigte die Ernte. Der heilige Blasius und auch die Heiligen Modestus und Spiridion, die oft mit ihm zusammen abgebildet wurden, galten als Schutzheilige des Viehs. Florus und Laurus wurden als Schutzherren der Stallknechte verehrt. Paraskewe Pjatniza und Anastasia schützten den Handel und die Ehe. Alle diese Heiligen waren nach der Auffassung des Volkes imstande, konkrete Hilfe und Unterstützung zu leisten.

In jeder bäuerlichen Isba und in jedem Stadthaus gab es einige Ikonen mit diesen Heiligen. Sehr beliebt waren auch die Hausikonen, die für das Gebet und die Verehrung in den Häusern bestimmt waren. Hervorragende Beispiele für diese Ikonen, die fast Miniaturaltäre waren, sind zwei aufklappbare Stücke, von denen sich das eine in der Tretjakow-Galerie, das andere im Historischen Museum befindet. Beide sind im unverwechselbaren alten volkstümlichen Stil gehalten und entführen uns in die Realität des 15. Jahrhunderts.

Die Nowgoroder zogen den Ikonentyp vor, auf dem ein einzelner Heiliger abgebildet ist. Auch wenn mehrere Heilige dargestellt wurden, so bestand zwischen ihnen doch keine gemeinsame Handlung, sondern sie wurden frontal gemalt, mit dem Blick auf den Betrachter gerichtet. So erhielten die Künstler die größtmögliche Ausdruckskraft der Ikone. Der betende Gläubige mußte nicht lange darüber nachdenken, was sich auf der Ikone zutrug: Sie selbst stellte die notwendige Beziehung zwischen dem Kultobjekt und dem Gläubigen her. Auf diese Weise ist die wundervolle rotgrundige Ikone des heiligen Demetrios von Thessaloniki gemalt, die im Ikonenmuseum Recklinghausen zu bewundern ist. Zwei weitere ähnliche Ikonen, ebenfalls mit rotem Grund, aber mit der Darstellung des Propheten Elias, hängen heute in der Tretjakow-Galerie. Alle diese Werke gehen auf die erste Hälfte des 15. Jahrhunderts zurück. Besonders ausdrucksreich ist die Ikone des Propheten Elias aus der Sammlung I. S. Ostrouchow. Der Heilige erinnert an Gottvater in der Dreifaltigkeitsikone. Auch er fällt durch die außergewöhnliche Kraft und Macht auf, die ihn durchdringt. Im Volksglauben bestand ein Zusammenhang zwischen der Figur des Elias und dem Gewitter, dem Regen und dem Feuer. Er war wie einst Zeus der Herr der himmlischen Elemente und konnte dem Donner gebieten, Regen herabströmen lassen und Blitze auf die Erde schleudern.

Die Nowgoroder Ikonenmaler stellten gerne den heiligen Georg dar, fast immer zu Pferd, wie er über den Drachen triumphiert. Sehr viele Ikonen dieses Typs wurden in Nowgorod selbst oder in den großen nördlichen Provinzen angefertigt, während diese Art in anderen Gebieten kaum bekannt war. Die Popularität des heiligen Georg zu Pferde war für Nowgorod sehr bedeutsam. In der monumentalen Kunst, die mit dem Fürstenhaus in enger Beziehung stand, bevorzugte man einen anderen ikonographischen Typ, der strenger und statischer wirkte. Der heilige Georg wurde hier frontal und in voller Rüstung dargestellt. Es war der heilige Georg der Fürsten, der Beschützer der obersten Schichten der feudalen Gesellschaft. Die großen Volksmassen hingegen verehrten den heiligen Georg zu Pferd; damit verbunden waren phantastische oder volkstümliche Erzählungen über den Ritter, der mit dem bösen Drachen kämpfte und die wunderschöne Prinzessin befreite. Überdies gedachte man in der Liturgie am 25. April des heiligen Georg, und an diesem Tag begann der Frühling; man ließ die Pferdeherden wieder frei, und die Zeit der Feldarbeit näherte sich wieder. Bei allen diesen Vorbereitungen auf den Frühling spielte der heilige Georg die Rolle eines aktiven Helfers. Einem Volksglauben zufolge ritt er am 23. April auf einem weißen Pferd aus, um das Vieh, das wieder draußen

190. Ikonostase in der Christi-Verklärungs-Kirche von Kischi, 18. Jahrhundert.

weidete, zu beschützen. Es erscheint in diesem Zusammenhang nur natürlich, daß der heilige Georg in Nowgorod und in den umfangreichen Besitzungen dieser Stadt große Verehrung erfuhr. Die schönsten Nowgoroder Ikonen des heiligen Georg wurden im 15. Jahrhundert gemalt, und zu diesen zählt auch das hervorragende Exemplar im Russischen Museum: Er galoppiert schnell auf einem weißen Pferd, dreht sich gelenkig um und stößt eine spitze, dünne Lanze in den weitgeöffneten Rachen des Drachen. Es ist keine Spur eines Kampfes zu sehen, kein Detail, das darauf hinwiese. Der heilige Georg siegt, weil er gar nicht anders kann. Die prächtigen Farben der Ikone, das Zinnober des Hintergrunds und das Weiß des Pferdes, schaffen eine leuchtende, fröhliche Atmosphäre.

Wir haben schon darauf hingewiesen, daß Abweichungen vom Modell vor allem in provinziellen Werken auftreten, die auch in der Qualität der Produktion der Hauptstadt hinterherhinken. Dennoch gibt es einige ziemlich originelle Ikonen, die ohne Zweifel in Nowgorod von hervorragenden Künstlern gemalt wurden. Charakteristisch in diesem Sinn ist die Ikone der Blasius-Kirche im Sophienviertel (heute im Historischen Museum in Moskau). Sie stellt die Heiligen Blasius und Spiridion dar, zu deren Füßen Schafe, Ziegen, Rinder und Schweine weiden. Die Heiligen haben die Aufgabe, das Vieh zu schützen und sich um die Tiere zu kümmern. Diese besondere Überlieferung gründet auf ihren byzantinischen Lebensbeschreibungen, in denen beide als Hirten dargestellt werden. In Nowgorod legten sich über die Verehrung des heiligen Blasius auch die alten Glaubensvorstellungen im Hinblick auf seinen vorchristlichen Vorgänger Weles, »den Gott der Herden«. Unwillkürlich denkt man an ethnographische Beobachtungen, denen zufolge die Bauern den heiligen Blasius nicht so sehr mit Gebeten, sondern mit magischen Formeln anriefen. Was die zahlreichen Nowgoroder Ikonen der Heiligen Florus und Laurus anbelangt, so gibt es für deren weitverbreitete Darstellung mit Pferdeherden keinen Hinweis in bekannten religiösen Traditionen. So ist nicht auszuschließen, daß diese Darstellungsweise ausschließlich der volkstümlichen Überlieferung entsprang. Im 17. und 18. Jahrhundert begannen die Theologen, Untersuchungen anzustellen über die Darstellung der Heiligen Florus und Laurus mit den Pferden. Da sie in der hagiographischen Literatur keinerlei entsprechende Hinweise fanden, stellten sie die Ikonen dieses Typs ernsthaft in Frage. Doch im 15. Jahrhundert wurden sie in den besten Werkstätten gemalt, es gab Hunderte von Exemplaren, und weder von den kirchlichen Behörden von Nowgorod noch von den Auftraggebern war jemals Kritik laut geworden.

Die freie Kreativität der Nowgoroder Ikonenmaler, die noch nicht zu sehr von kirchlichen Kanones eingeengt wurden, wird auch auf der wundervollen Ikone deutlich, die herkömmlicherweise »Nowgorod im Gebet« (Nowgoroder Museum) genannt wird. Die Datierung auf das Jahr 1467 steht fest. Die eigentliche Ikone beschränkt sich auf den oberen Rang, in dem die Deesis dargestellt ist. Die begleitende Inschrift lautet: »Die Diener Gottes Grigorij, Marja, Jakow, Stefan, Ewsej, Timofej, Olfim und die Kinder beten wegen ihrer Sünden zum Erlöser und zur unbefleckten Gottesmutter.« Keine andere Ikone gibt uns eine derart klare Vorstellung vom Aussehen der Bewohner des alten Nowgorod. Die konventionelle Form macht hier einer konkreten Darstellung, fast einer direkten Beobachtung Platz.

Noch ein weiteres Gemälde bestätigt die enge Beziehung zwischen der Nowgoroder Kunst und der Stadtgeschichte: Es ist die berühmte Ikone »Schlacht der Nowgoroder und der Susdaler«, auch »Das Wunder der Gottesmutter des Zeichens« genannt, von der schon die Rede war. Von diesem Thema gibt es mehrere Ikonen, und die älteste und auch beste hat denselben Ursprung wie die Ikone »Nowgorod im Gebet«; auch sie wird im Museum von Nowgorod aufbewahrt. Die beiden stammen aus der zweiten Hälfte des 15. Jahrhunderts. Das Thema wurde in die Tafelmalerei wieder aufgenommen in der Zeit, als Nowgorod dem Angriff Moskaus weichen mußte und die letzten Reste seiner einstigen Unabhängigkeit verlor. Die Erinnerung an die alten Siege über die Einwohner von Susdal, in denen sowohl der Künstler der Ikone wie seine Auftraggeber die Moskauer sahen, sollte die Nowgoroder dazu anstacheln, sich mit allen Mitteln für die eigene Unabhängigkeit einzusetzen. Und obwohl aus dieser Schlacht Moskau als Siegerin hervorgegangen war, wurden auch später noch Ikonen mit diesem Thema gemalt.

Es wäre aber falsch, diese Ikone nur aufgrund des dargestellten Themas zu bewerten oder, schlimmer noch, darin eine neue Thematik zu suchen. In Nowgorod wurden viele Ikonen nach strengen ikonographischen Vorschriften gemalt, die in sich nichts für Nowgorod Spezifisches enthielten. Sie wurden etliche Male angefertigt ohne wesentliche Unterschiede zu den Ikonen, die in anderen Städten gemalt wurden. Die Abweichungen von der Norm und die Besonderheiten der Darstellungen auf den Nowgoroder Ikonen gingen auf die lokalen Lebensbedingungen zurück. Das wichtigste Anwendungsgebiet der Kreativität und Meisterschaft der Nowgoroder Ikonenmaler lag auf dem stilistischen, figürlichen Gebiet. Die Besonderheit, welche die Nowgoroder Ikonenmalerei ganz allgemein von der anderer Territorien abhebt, liegt in der künstlerischen Form, der Komposition, den Zeichen und der Farbgebung.

Die charakteristischen Eigenschaften der Nowgoroder Ikonen sind ihre nüchterne Komposition, die feine, etwas steife Zeichnung, die leuchtenden reinen Farben und die tadellose Technik. Die Ikonen des heiligen Demetrios von Thessaloniki, des Propheten Elias, der Heiligen Blasius und Modestus und anderer mehr bezeugen, daß die definitive Kodifizierung aller dieser Eigenschaften der Nowgoroder Ikonenmalerei in der ersten Hälfte des 15. Jahrhunderts stattfand. Auch die spätere Entwicklung der lokalen Malerschulen blieb auf einem außergewöhnlich hohen Niveau. Es sind uns viele Nowgoroder Ikonen aus der zweiten Hälfte des 15. Jahrhunderts erhalten geblieben, die zu den besten Werken der Nowgoroder Kunst aller Zeiten gehören. Das gilt zum Beispiel für fünf Festtagsikonen aus der Mariä-Himmelfahrts-Kirche auf dem Wolotowo-Feld: die »Darstellung im Tempel«, die »Auferweckung des Lazarus«, die »Verklärung«, die »Höllenfahrt« (Museum von Nowgorod) und »Mariä Himmelfahrt« (auch: »Entschlafung Mariens«, Ermitage). In diesem Zusammenhang sind auch einige Ikonen aus der Ikonostase der Mariä-Himmelfahrts-Kathedrale des Kirill-Klosters von Beloosero zu nennen sowie ein Teil des Prophetenrangs derselben Ikonostase (Tretjakow-Galerie). Alle diese genannten Stücke wurden gegen Ende des 15. Jahrhunderts gemalt. Charakteristisch für sie ist eine kühle, fast äußerliche Schönheit. Doch ihre sichere, fehlerfreie Zeichnung, die klare Komposition und die leuchtenden Farben hinterlassen einen unvergeßlichen Eindruck. Die Malerei dieser Ikonen läßt sich mit der Schönheit eines geschliffenen Steins vergleichen. Sie erfreuen uns durch die Vollkommenheit ihrer Formen sowie durch die Pracht der Maltechnik.

In stilistischer Hinsicht steht diesen Ikonen die Reihe der berühmten Doppelikonen der Sophien-Kathedrale sehr nahe. Sie besteht aus fünfundzwanzig kleinen Ikonen, die auf eine Leinenschichte (Pawaloka) mit einem besonderen Malgrund (Lewkas) gemalt wurden (Museum von Nowgorod, Tretjakow-Galerie, Pawel-Korin-Museum in Moskau, Russisches Museum in Sankt Petersburg). Die Ikonen sind auf beiden Seiten bemalt, was insgesamt fünfzig Figuren ergibt. Man stellte diese Ikonen während der Festtage auf das Lesepult im Zentrum der Kirche, wo sie verehrt wurden. Die Figuren folgen nach dem liturgischen Kalender aufeinander. Die Tafeln der Sophien-Kathedrale stellen eine in ihrer Art einzige und vollständig erhaltene Reihe mit hoher stilistischer Qualität dar. Vergleichbar sind nur die Tafeln der Mariä-Geburts-Kathedrale von Susdal, die jedoch in späterer Zeit gemalt wurden und die heute im Städtischen Museum zu sehen sind. Trotz des hohen qualitativen Niveaus können wir auf den Tafeln der Sophien-Kathedrale bereits die ersten Symptome des Niedergangs der späten Nowgoroder Ikonenmalerei erkennen: die Komplexität der Komposition, die Degeneration der Formen, die Tendenz zu einer strikt dogmatischen Behandlung des Themas. Dies alles ist teilweise eine Folge des Einflusses der Moskauer Kunst auf die Nowgoroder Ikonenmalerei. Von der Mitte des 15. Jahrhunderts an übte Moskau einen spürbaren Einfluß auf die Kunst der übrigen russischen Städte aus. Diese gingen langsam im Zentralstaat auf und verloren damit ihre künstlerische Individualität. Die besonderen Eigenschaften ihrer Malerei machten einem durchwegs einheitlichen Stil Platz, der sich zunächst in Moskau durchgesetzt hatte. Ganz zu Beginn war diese Nivellierung nur episodischen Charakters. Doch in den letzten dreißig Jahren des 15. Jahrhunderts verstärkte sich diese Tendenz immer mehr, so daß sie schließlich an der Schwelle des 15. zum 16. Jahrhundert dominierte.

191. Altartuch von Marija Twerskaja, 1389, Moskau, gestickte Ikone aus der Sammlung P. I. Schtschukin; Moskau, Historisches Museum.

Ikonenmalerei in der Provinz

Das Bild von der Entwicklung der Malerei in Nordrußland wäre unvollständig, wenn wir nur die Kunstwerke von Nowgorod betrachteten und jene Ikonen beiseite ließen, die in den umfangreichen Herrschaftsgebieten dieser Stadt gemalt wurden. In den weitentfernten nördlichen Gebieten, zwischen Seen und Wäldern, war die Ikonenmalerei eine Nebenbeschäftigung des schwarzen und weißen Klerus, der Dorfbewohner und Bauern. Sie arbeiteten in der Einsamkeit, weit von den professionellen Werkstätten entfernt, mit handwerklichen Mitteln und konnten somit ihren Schülern weder tiefgreifende Kenntnisse beibringen noch eine eigentliche Malschule bilden.

In keinem anderen Land wurden so viele Ikonen gemalt wie in der Rus, und das hat teilweise seinen Grund in lokalen Bedingungen, die einer Entwicklung der Ikonenmalerei besonders günstig waren. In der Rus gab es viele Wälder. Kiefern- und Lindenholz kann man sehr gut mit der Axt und dem Hobel bearbeiten. Die umfangreichen Handelsbeziehungen machten es möglich, auch seltene Pigmente einzusetzen. In vielen Gebieten verwendeten die Maler offensichtlich auch Farben, die an Ort und Stelle produziert wurden. Bereits im 15. und 16. Jahrhundert bildete sich ein Bestand lokaler Künstler aus. Doch diese Umstände allein reichen nicht aus, um die Blütezeit der russischen Ikonenmalerei zu erklären. Günstige Bedingungen gab es auch im griechischen Orient und auf dem Balkan, doch in diesen Gebieten erfuhr die Ikonenmalerei keine derart umfangreiche Entwicklung. In der Rus hat es also besondere Gründe für die Blüte der Ikonenmalerei geben müssen, und sie sind leicht auszumachen. Daß die Wandmalerei keine große Bedeutung erlangte, hängt mit der Tatsache zusammen, daß die religiösen Bauten in der Rus überwiegend aus Holz bestanden. Die gemauerten Steinkirchen von Kiew, Nowgorod, Wladimir und Moskau waren wie ein Tropfen auf einem heißen Stein, wenn man damit die ungeheure Zahl der Holzkirchen vergleicht, die es damals im Süden wie im Norden gab. Diese Holzkirchen mit Wandmalereien auszuschmücken war undenkbar. Dadurch blieb nur die Lösung, sie mit Ikonen zu versehen; und es mußten so viele sein, daß sie die Fresken ersetzen konnten. Das ist der Hauptgrund für die hohe Zahl der russischen Ikonen und die Vielfalt der dargestellten Themen. In der Kunstgeschichte der alten Rus spielen sie eine ebenso wichtige Rolle wie die Mosaiken in der byzantinischen und die Fresken in der südslawischen Kunstgeschichte.

192–193. Muttergottes vom Don (Donskaja); Mariä Entschlafung, 1392, Rückseite derselben Ikone aus der Mariä-Verkündigungs-Kathedrale im Moskauer Kreml, 1392; Moskau, Tretjakow-Galerie.

Man kann annehmen, daß man schon in sehr früher Zeit versuchte, die Ikonen einer Kirche systematisch anzuordnen. Nach der Tatareninvasion wurden für eine längere Zeit keine Kirchen aus Stein mehr erbaut. Doch die Ikonenmalerei existierte weiter und entwickelte sich sogar mit besonderer Intensität, so daß die Notwendigkeit einer systematischen Anordnung der Ikonen immer stärker wurde. Die besten Möglichkeiten in diesem Sinn bot die Deesis, eine Zusammenstellung der Ikonen von Jesus Christus, der Gottesmutter und von Johannes dem Täufer. Eine Deesis dieses Typs gab es über der Mitteltür der Wand, die den Altarraum abschloß. Sie drückten die Vorstellung aus, daß die Heiligen bei Christus zugunsten des Menschengeschlechtes eintreten und Fürbitte einlegen. Zu diesem ursprünglich vorhandenen Kern aus drei Ikonen traten im Laufe der Zeit weitere Ikonen hinzu und vergrößerten die Komposition nach links wie nach rechts. Dieses Stadium des Wachstums bezeugen sieben Ikonen aus dem 14. Jahrhundert mit rotem Hintergrund, die im Russischen Museum aufbewahrt werden. Zu den Bildern von Jesus Christus, der Muttergottes und des heiligen Johannes des Täufers treten jene der Apostel Petrus und Paulus sowie der Erzengel Michael und Gabriel. Diese erweiterte Deesis stellte den Ausgangspunkt für die Bildung der Ikonostase, der Bilderwand, dar. Ihre eigentliche Geschichte beginnt erst mit der Hinzufügung weiterer Streifen oder Ränge, zum Beispiel des Festtagsrangs, des Prophetenrangs und des Rangs lokaler Heiligen. Mit anderen Worten: Die eigentliche Entwicklung der Ikonostase beginnt in dem Augenblick, in dem die Ikonen, die an der Altarschranke angebracht waren, sich nicht nur in die Horizontale, sondern auch in die Vertikale ausdehnen. Am Ende bilden sie eine hohe, geschlossene Wand, die den Altarraum von den Gläubigen abtrennt.

Die Ikonostase

Welcher Ikonenrang wurde als erster der Deesis hinzugefügt: der untere, der lokale, die Festtage oder die Propheten? Heute können wir mit Sicherheit sagen, daß es der lokale Rang war. Unter dem Begriff »lokale Ikonen« verstehen wir die Hauptikonen der Ikonostase, die unten angeordnet sind: die Gottesmutter, der Erlöser und die Heiligen oder die Feste, denen die Kirche geweiht ist. Es sind uns viele dieser Ikonen erhalten geblieben, und die älteste geht sogar auf das 12. Jahrhundert zurück. Da die lokalen Ikonen den größten Teil des Ikonenschatzes jeder Kirche darstellten, wurden sie an den Stellen aufgestellt, wo man sie am besten sehen konnte, das heißt vor der Wand, die den Altarraum abschloß. Die Anordnung der lokalen Ikonen stellte überdies keine unveränderliche dogmatische Gesamtheit dar wie die Deesis. Die lokalen Ikonen konnten verschoben oder sogar durch andere ersetzt werden. Das erklärt die Tatsache, daß vom 14. und 15. Jahrhundert nur isolierte, heterogene lokale Ikonen erhalten geblieben sind, nicht aber ein vollständiger lokaler Ikonenrang. Gerade aus diesem Grund erscheint die Geschichte des lokalen Ikonenrangs unklar und ungewiß, was oft die Vermutung aufkommen läßt, dieser Rang sei zur Ikonostase zuletzt hinzugefügt worden.

In der Zeit, als sich die lokalen Ikonen auf einer einzigen vertikalen Oberfläche anzuordnen begannen und die Deesis erweiterten, wahrscheinlich im 13. und 14. Jahrhundert, erfuhr die Entwicklung der Ikonostase eine grundlegende Wendung: Sie begann sich in eine geschlossene Mauer zu verwandeln. Doch dann wuchs sie auch in der Höhe und wurde somit zu einer hohen Mauer. In ausgemalten Kirchen mußten die Gläubigen das Fresko des Altarraumes sehen: die Muttergottes oder Jesus Christus in der Apsis und die unteren Ränge mit der Darstellung der Eucharistie und der Heiligen. Aus diesem Grund blieb die Balustrade, die den Altarraum abtrennte, in Steinkirchen lange Zeit eine niedrige Altarmauer oder eine Chorschranke mit einer kleinen Deesis darüber. Weiter oben konnten die Gläubigen deutlich die Fresken der Apsis wahrnehmen. Man vermied es, auf diesen Balustraden große Ikonen anzubringen, weil sie damit das Fresko in der Apsis dem Blick der Gläubigen entzogen hätten. In Byzanz bestand die religiöse Architektur ausschließlich aus Stein, und die Tradition der Wandmalerei erfuhr dort keinerlei Unterbrechungen. Deswegen erfuhren die Altarschranke und die Deesis darüber eine sehr langsame Entwicklung, und das Problem der hohen Ikonostase, die schließlich den gesamten Altarraum dem Blick entzog, stellte sich im wesentlichen nicht bis zum Fall des Kaiserreichs. In den russischen Holzkirchen hingegen stießen die Deesis-Darstellungen vor dem Altarraum auf kein Hindernis, wenn sie an Größe zunahmen, denn sie verhüllten nichts, höchstens nackte Wände aus Baumstämmen. Aus diesem Grund konnte die Bilderwand in die Breite und in die Höhe wachsen und wurde selbst nur von den Dimensionen des gesamten Gebäudes begrenzt. Die Gewohnheit, eine Bilderwand in Holzkirchen zu errichten, griff auch auf die Steinkirchen über, die im 14. Jahrhundert lange Zeit, oft viele Jahrzehnte lang, nicht mit Fresken ausgemalt wurden.

Die Vergrößerung der Ikonostase geschah auf viele Arten. Zunächst bestand sie in der Vergrößerung der Dimension der gewohnten Deesis-Büstenikonen, von denen sich indes nur wenige erhalten haben: die berühmte Ikone des Erzengels Michael vom Ende des 14. Jahrhunderts, heute in der Tretjakow-Galerie (Sammlung S. P. Rjabuschinskij), und vier Pskower Ikonen von der ersten Hälfte des 15. Jahrhunderts, die ursprünglich zu einer einzigen Ikonostase gehörten; drei davon (»Erlöser«, »Gottesmutter«, »Johannes der Täufer«) sind in der Tretjakow-Galerie zu besichtigen, während die vierte (»Erzengel Michael«) im Russischen Museum aufbewahrt wird. Zu dieser Gattung zählt auch die berühmte Ikonostase von Swenigorod, die Andrej Rublew malte. Ein weiteres Verfahren zur Vergrößerung der Ikonostase bestand darin, die Büsten der Deesis in ganzfigurige Darstellungen zu erweitern. Die ältesten Beispiele für russische ganzfigurige Deesis-Darstellungen sind die in der Mariä-Verkündigungs-Kathedrale im Moskauer Kreml (1405) und die in der Mariä-Himmelfahrts-Kathedrale in Wladimir (1408). Die dritte Art der Vergrößerung der Ikonostase in der Vertikalen bestand darin, daß man zur Deesis neue Ikonenränge hinzufügte: die der Festtagsikonen und der Prophetenikonen. Der erste vollständige Rang der Festtagsikonen in der Rus befindet sich in der Mariä-Verkündigungs-Kathedrale (Beginn des 15. Jahrhunderts), und die ersten Ordnungen von Prophetenikonen in der Mariä-Himmelfahrts-Kathedrale von Wladimir (1408) und in der Dreieinigkeits-Kathedrale des Dreieinigkeits-Sergius-Klosters (1425–1427). Die Nowgoroder und Pskower Ikonen stellen verhältnismäßig schüchterne Versuche dar, die ursprüngliche Form der Ikonostase zu verändern, während die Moskauer Werke zu wirklich innovativen Umwandlungen führten. Bis heute gibt es keinen Grund zur Annahme, die großen ganzfigurigen Deesis-Ikonen seien vor Moskau anderswo in der Rus entstanden. Wahrscheinlich war Moskau und nicht Nowgorod der Entstehungsort der klassischen hohen russischen Bilderwand. Und das ist kein Zufall. Je mehr Moskau zur Hauptstadt der gesamten nordöstlichen Rus und zu einem Zentrum wurde, das die zersplitterten russischen Fürstentümer in einem einheitlichen Staat zusammenfassen konnte, um so mehr mußte diese Stadt mit ihrer Kunst äußerst schwierige Aufgaben übernehmen, denen die anderen Städte und Fürstentümer nicht mehr gewachsen waren.

Moskau

Das intensive künstlerische Leben in Moskau hing natürlich mit der Rolle dieser Stadt als religiöses Zentrum der gesamten Rus und dem Sitz des Großfürsten zusammen. Angesichts ihres Umfangs und ihrer Verästelung hatte die Moskauer Malerei nicht ihresgleichen. Die Meinung, das Zentrum der russischen Freskenmalerei im 14. und 15. Jahrhundert sei Nowgorod gewesen, beruht nur auf den erhaltenen Fresken, die in Nowgorod tatsächlich in größerer Zahl vorhanden sind als in anderen künstlerischen Zentren Rußlands. Die Freskenmalerei erfuhr auch in Moskau eine intensive Entwicklung, doch ging ein großer Teil dieser monumentalen Malereien verloren. Nicht erhalten blieben die Fresken der folgenden Kirchen: Mariä-Himmelfahrts-Kathedrale (1344) und Erzengel-Michael-Kathedrale (1344–1346 und 1399) im Kreml, Erlöser-Kathedrale »im Wald« (1345–1346), Johannes-Klimakos-Kirche (1346) und Mariä-Himmelfahrts-Kathedrale in Kolomna (1392) und Mariä-Verkündigungs-Kirche im Kreml (1395–1405), Kathedrale des Simonow-Klosters (nach 1405), Dreifaltigkeits-Kathedrale des Dreifaltigkeits-Klosters des heiligen Sergius (1425–1427). Wenig oft unbedeutende Reste von Fresken sind nur in vier Kirchen vom Beginn des 15. Jahrhunderts erhalten geblieben, nämlich in der Mariä-Himmelfahrts-Kathedrale von Gorodok bei Swenigorod (um 1400), in der Mariä-Himmelfahrts-Kathedrale von Wladimir (1408), in der Kathedrale des Erlöser-Andronikow-Klosters in Moskau (1427–1430) und in der Mariä-Geburts-Kathedrale des Sawwa-Klosters von Storoschi bei Swenigorod (wahrscheinlich 1424–1434). Wenn wir heute eine Bilanz der Fresken in den Kirchen von Moskau und Umgebung ziehen, so kommen wir auf die erstaunlich hohe Zahl von vierzehn. Sie liegt viel höher als die Zahl der bekannten Fresken von Nowgorod, denn hier kommen wir nur auf zehn, wenn wir das Originalfresko in der Apsis der Kirche von Wolotowo dazuzählen. Es liegt somit auf der Hand, daß die Führerrolle auf dem Gebiet der monumentalen Freskenmalerei im 14. und 15. Jahrhundert Moskau und nicht Nowgorod zustand, das damit auf den zweiten Platz verwiesen wird. Den dritten, vierten und fünften Rang nehmen Pskow, Twer und Nischnij Nowgorod ein.

Da der größte Teil der Moskauer Wandmalereien verlorenging, haben wir keine Grundlagen, um diesen wesentlichen Teil dieses künstlerischen Erbes aus dem 14. Jahrhundert richtig einzuschätzen. Und die Situation ist auf dem Gebiet der Tafelmalerei auch nicht besser. Tausende einheimischer Ikonen und illuminierter Manuskripte sind in der Feuersbrunst nach der Eroberung der Stadt durch Tochtamysch 1382 untergegangen. Deswegen ist es äußerst schwierig, ein authentisches Bild von der Entwicklung der bildenden Kunst in Moskau zu entwerfen. Die Kunstgegenstände, die erhalten blieben, haben einen derart zufälligen Charakter, daß sie uns nicht ein Fenster auf eine unbekannte Welt eröffnen, sondern uns eher in

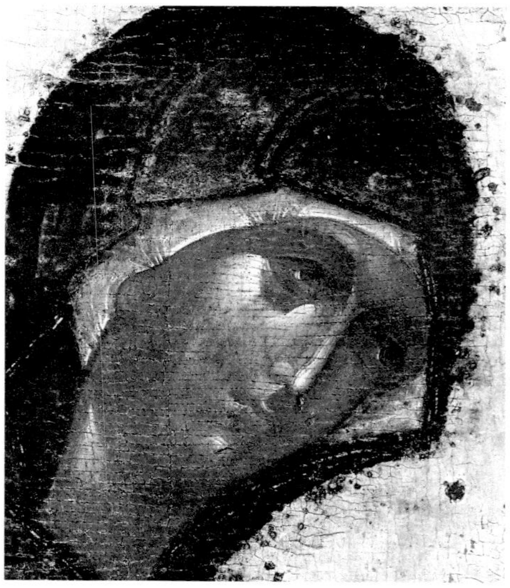

194. Muttergottes, Theophanes der Grieche, Ende des 14. Jahrhunderts, Ausschnitt aus der Ikone der Ikonostase in der Mariä-Verkündigungs-Kathedrale im Moskauer Kreml.
195. Johannes der Täufer, Engel der Wüste, Ende des 14. Jahrhunderts, Ausschnitt aus der Ikone aus der Kirche des heiligen Johannes des Täufers von Gorodischtsche bei Kolomna; Moskau, Tretjakow-Galerie.

Verwirrung stürzen, Fragen aufwerfen und uns vor Rätsel stellen. Wir wissen nicht einmal mit Sicherheit, wie das Innere einer russischen Kirche zwischen dem 14. und dem 15. Jahrhundert aussah, weil fast alle alten Kirchen später mehrfach verändert wurden. Wo ein Wandschmuck fehlte und wo die Ikonostase noch eine niedrige Balustrade vor dem Altarraum war, müssen wir annehmen, daß in großem Umfang dekorative Stoffe und gestickte Ikonen Verwendung fanden. Diese gestickten Ikonen waren wahrscheinlich einst viel weiter verbreitet, als wir uns dies heute noch vorstellen können. Nicht immer verstehen wir auch vollständig die Funktion gewisser Kunstwerke, die uns erhalten blieben. Einzig in ihrer Art sind beispielsweise drei große Ikonen, die als »heilige Schleier« (es sind Stickarbeiten) bezeichnet werden: eine Deesis mit einem nicht von Menschenhand gemalten Bild des Erlösers mit Heiligen aus dem Jahr 1389, eine Eucharistie mit Darstellungen aus dem Leben der Gottesmutter, gemalt zwischen 1410 und 1425 (beide im Historischen Museum in Moskau) und eine Eucharistie von 1485 (Museum von Rjasan). Das erste Tuch stickte Marja Twerskaja, die Witwe des Moskauer Großfürsten Simeon des Stolzen, für eine Kirche in Moskau, wahrscheinlich im Kreml. Das zweite Tuch ist ein Werk von Agrafena, der Tochter des Fürsten Konstantin von Susdal/Nischnij Nowgorod und war für die Mariä-Geburts-Kathedrale in Susdal bestimmt. Das dritte Tuch schließlich wurde von der Großfürstin Anna Rjasan für die Mariä-Himmelfahrts-Kirche von Perejaslawl-Rjasanskij (das heutige Rjasan) gestickt. Allein die Tatsache, daß es sich um monumentale Werke handelt, die eine Breite von über zwei Metern erreichen, stellt die Frage nach ihrer Verwendung. Es wurde die Hypothese aufgestellt, diese gestickten Stoffe habe man auf der Wand der Apsis hinter dem Altar aufgehängt, um sozusagen das Fresko zu ersetzen. Die beiden Stoffe, welche die Eucharistie darstellen (der Stoff von Susdal und der von Rjasan), könnten diese Annahme bestätigen, weil gerade auf der Wand hinter dem Altar im allgemeinen Bilder mit dem Thema der Kommunion der Apostel unter beiderlei Gestalt angebracht wurden.

Die Chroniken schreiben die Stickereien drei Frauen aus Fürstenfamilien zu. Der hohe Rang der Urheberinnen sollte schon von Anfang an die Qualität der Arbeit garantieren, und tatsächlich stehen wir vor Meisterarbeiten der figürlichen Stickkunst und vor nicht weniger außergewöhnlichen ikonographischen Modellen. Unter den drei Städten besitzt Moskau das älteste und schönste Tuch. Das Zentrum ist der Darstellung des nicht von Menschenhand geschaffenen Erlöserbildes auf dem Schweißtuch reserviert. Davor stehen betend die Muttergottes, Johannes der Täufer, die Erzengel Michael und Gabriel und die Moskauer Metropoliten Maksim, Theognostes, Petr und Aleksij. Weiter unten sehen wir die Büstenfiguren einiger Heiliger: Boris, Gleb, Aleksij den Gottesmann, Nikolaus Thaumaturgos, Gregor von Nazianz den Theologen, den Großmärtyrer Nikita, Demetrios von Thessaloniki und den Großfürsten Wladimir. Am Rand sind die vier Evangelisten in Medaillons und die himmlischen Heerscharen in Form von zwanzig Engeln dargestellt. Was bedeutet diese einzigartige ikonographische Komposition? Zunächst fällt uns auf, daß sie keinerlei Gedächtnischarakter hat, weil die Schutzheiligen der Familie des Auftraggebers völlig fehlen, auch die des Ehemanns und des Vaters, die schon seit einiger Zeit tot waren, nämlich der Großfürst Simeon der Stolze (1353) und der Großfürst von Twer, Aleksander Michailowitsch, der getötet wurde, als er sich bei der Goldenen Horde befand (1339). Marija wurde in der Christi-Verklärungs-Kathedrale in Twer getauft und in der Erlöser-Kathedrale des Klosters »am Wald« beim Kreml bestattet. Der Metropolit Aleksij, der 1385 starb, gründete das Kloster des nicht von Menschenhand geschaffenen Bildes des Erlösers an der Jausa, das wiederholt von den Tataren verwüstet wurde. Aller Wahrscheinlichkeit nach entstanden die Tücher in einem Moskauer Kloster, wahrscheinlich im Erlöser-Kloster am Walde. Für uns ist der zentrale Teil des Tuches bedeutsam, weil dort die erste ganzfigurige Deesis zu sehen ist, der Prototyp der drei Ikonostasen, die zwischen dem 14. und dem 15. Jahrhundert entstanden und die Theophanes dem Griechen und Andrej Rublew zugeschrieben werden. Es ist fast unnötig, darauf hinzuweisen, daß die abgebildeten Metropoliten Feognost und Aleksij Zeitgenossen von Marija waren: Da sie im Kreml lebte, sah sie in ihnen nicht von ganz Rußland verehrte Heilige, sondern Männer in Fleisch und Blut.

Das Tuch von Marija Aleksandrowna wurde nach einer Zeichnung gestickt, die sich in Grau und Rosa auf Seide befindet. Wer auch der Meister war, den die Fürstin Marija zur Mitarbeit aufforderte, das gestickte Tuch wurde zu einem außergewöhnlichen Beispiel weiblicher Handarbeit. Es kombiniert eine insgesamt streng symmetrische Komposition mit außerordentlich zart gefärbten Seidenfäden, die bei der Stickarbeit Verwendung fanden. In diesen weiblichen Salons entstanden oft und fast unbemerkt Kunstwerke von allerhöchster Qualität. Diese »Malerei mit der Nadel« erfuhr die verdiente Anerkennung und Würdigung erst in jüngster Zeit.

Im 15. Jahrhundert setzte sich Moskau als künstlerisches Zentrum durch. Die Präsenz des Metropoliten und die Ernennung der Griechen Theognostes und Photios sowie des mit der griechischen Kultur eng verbundenen Kiprian in dieses Amt führten dazu, daß griechische Künstler aus Konstantinopel freien Zugang nach Moskau bekamen..

Ein hervorragender Vertreter der griechischen Kunst in Moskau war der Grieche Theophanes, der um 1390 von Nowgorod nach Moskau gekommen war. Die Chroniken erwähnen drei Moskauer Kirchen, die er ausmalte: die Mariä-Geburts-Kathedrale (1395), die Erzengel-Michael-Kathedrale (1399) und die Mariä-Verkündigungs-Kathedrale (1405). Es gibt auch Gründe für die Annahme, daß er 1392 die Mariä-Himmelfahrts-Kathedrale in Kolomna ausschmückte. Leider hat sich keines dieser Fresken erhalten. Übrig blieben nur einige Ikonen von Theophanes, von denen eine aus der Kathedrale von Kolomenskoe, eine von der Kirche des heiligen Johannes des Täufers in den Vororten von Kolomenskoe und die übrigen von der Mariä-Verkündigungs-Kathedrale im Moskauer Kreml stammen.

Aus der Kathedrale von Kolomenskoe kommt die beidseitig bemalte Ikone der Gottesmutter vom Don (Donskaja). Auf der Vorderseite trägt sie das Bild der innigen, zärtlichen Gottesmutter (»Umilenije«) und auf der Rückseite ist die Entschlafung Mariens dargestellt. Die Darstellung von Mariä Himmelfahrt bezeugt unter anderem, daß die Ikone eigens für die Kathedrale von Kolomenskoe angefertigt wurde, die eben diesem Marienfest geweiht ist. Da die Kathedrale 1392 mit Fresken ausgeschmückt und geweiht wurde, kann man auch für diese Muttergottesikone von Don dieselbe Datierung festhalten.

Dem Künstler, der diese Ikone malte, gelang es, die zärtlichen Gefühle der Gottesmutter gegenüber ihrem

Sohn und die vertrauensvolle heftige Bewegung des Jesuskindes hervorragend zum Ausdruck zu bringen. Die vorsichtige Geste der rechten Hand Mariens, die Bewegung ihres Kopfes und ihre Gesichtszüge wirken authentisch und lebendig. Auf der Rückseite ist der Tod der Gottesmutter dargestellt. Ihr Körper ruht mit auf der Brust gekreuzten Armen ausgestreckt auf einem erhöhten Lager, das von weißen Totentüchern bedeckt ist. Am Kopf und am Fußende stehen die weinenden Apostel in Gruppen zu je sechs sowie zwei Heilige. Hinter dem Totenbett erhebt sich vor dem Hintergrund eines dunkelblauen Nimbus unter den flammenden Flügeln eines brennenden Seraphs die Figur von Christus. Dessen konzentriertes Gesicht erscheint ungerührt; er wird von den menschlichen Gefühlen der Verzweiflung und des Schmerzes nicht berührt, denen hingegen die Apostel ausgesetzt sind. Er stieg als König der Glorie vom Himmel, um die Seele seiner Mutter in seine Hände aufzunehmen. Die Erscheinung Christi ist symbolisch und unsichtbar, und die Apostel bemerken sie auch nicht. Sie umgeben das Totenbett Mariens, werfen sich davor auf die Knie und versuchen sich die geliebte Figur durch Betrachten einzuprägen. Doch dieser Augenblick des Abschieds ist sehr kurz. Die Kerze, die Maria vor ihrem Tode noch anzündete und die neben ihrem Bett steht, brennt immer noch. Die Flamme flackert, das Wachs fließt herab, und mit dem letzten Lichtschein erlöscht auch jegliche Hoffnung.

Die Ikone von der Gottesmutter von Don hat für eine russische Ikone eine ungewöhnlich intensive Färbung. Weder die Ikonenmaler von Nowgorod noch die von Moskau, deren Arbeiten im allgemeinen ohne klar zum Ausdruck kommende dramatische Färbung waren, hatten jemals etwas ähnliches geschaffen. Die stilistischen Züge der Ikone lassen den Gedanken aufkommen, der Urheber sei ein Grieche gewesen. Die weitverbreitete Hypothese, Theophanes der Grieche habe die »Gottesmutter von Don« gemalt, könnte zutreffen, wird aber schwer zu beweisen sein. Die stärksten Analogien zur »Muttergottes von Don« finden sich in den Fresken von Wolotowo, wo einige Figuren auf überraschende Weise der Darstellung der Apostel auf der Szene von Mariä Himmelfahrt auf der Rückseite der Ikone ähneln. Gleichzeitig darf man auch nicht übersehen, daß vom stilistischen und vor allem farblichen Standpunkt aus sich die Ikone der Deesis in der Mariä-Verkündigungs-Kathedrale im Moskauer Kreml nähert, die ohne Zweifel auf Theophanes den Griechen zurückgeht.

Den Chroniken zufolge malten im Jahre 1405 Theophanes der Grieche, Prochor von Gorodez und Andrej Rublew die Deesis und auch die Festtagsikonen im unmittelbar darüber befindlichen Streifen der Ikonostase in der Mariä-Verkündigungs-Kathedrale. Theophanes legte allerdings nicht Hand an die Festtagsikonen. Auf ihn gehen nur die neun Ikonen des Hauptranges zurück, nämlich: der Erlöser, die Gottesmutter, Johannes der Täufer, Erzengel Michael, Erzengel Gabriel, die Apostel Peter und Paul, Basilius der Große und Johannes Chrysostomos. Theophanes spielte natürlich eine bestimmende Rolle bei der Ausführung der Deesis, die aus diesem Grund die für seinen Stil typischen Merkmale zeigt. Eine tiefe Spiritualität, die Ausdruckskraft der Zeichnung, die dramatische Kraft der Farbgebung machen aus der Deesis der Mariä-Verkündigungs-Kathedrale eines der Meisterwerke der Weltkunst. Sie stellt das Hauptwerk im Schaffen des Theophanes dar, die gemalte Fleischwerdung einer grundlegenden Idee der christlichen Ostkirche.

Da die Ikonen der Deesis in der Mariä-Verkündigungs-Kathedrale für den zweiten Rang der Ikonostase bestimmt waren und somit sehr weit oben angebracht wurden, akzentuierte Theophanes gewollt die Profile der Figuren. Er vermied unter allen Umständen komplexe Kurven, spitze Winkel und ungerechtfertigte Brüche in den Umrißlinien. Diese sind nur bei den Gewandsäulen der zum Gebet erhobenen Arme unterbrochen. Dieses Verfahren der Darstellung zieht die Aufmerksamkeit des Betrachters auf sich und verstärkt die Vorstellung vom Gebet, der flehentlichen Bitte. Es reicht nur ein kurzer Blick, um zu verstehen, welch feine Berechnung den Ikonen dieser Deesis zugrunde liegt. Früher stachen die Figuren deutlich von einem goldglänzenden Hintergrund ab. Die Heiligen waren symmetrisch zu beiden Seiten der Christus-Ikone angeordnet, leicht zu ihm geneigt, die Arme in einer flehentlichen Geste ausgestreckt. Diese Atmosphäre des Gebets übertrug sich unmerklich auch auf

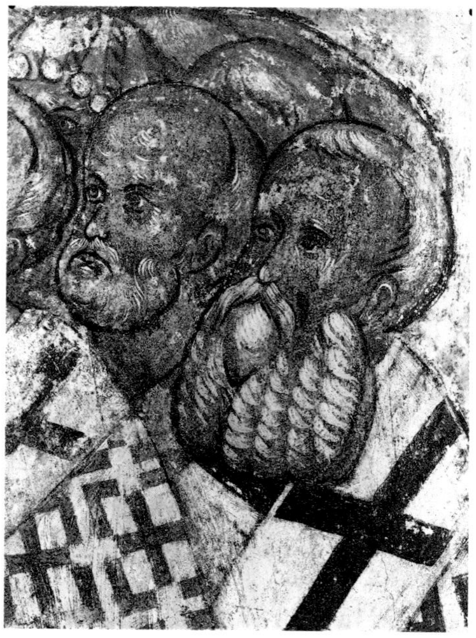

196–198. Andrej Rublew und Daniil Tschernyj, 1408, Fresken der Mariä-Himmelfahrts-Kathedrale in Wladimir: Der Apostel Lukas und zwei Engel (Nordseite des Hauptgewölbes); der Apostel Johannes (Südseite des Hauptgewölbes), beide Fresken aus der Darstellung des Jüngsten Gerichts; der Apostel Petrus führt die Gerechten ins Paradies (Gewölbe des Südschiffes).

die Anwesenden. Die Deesis nahm in sich die Gedanken und Gefühle all jener auf, die sich davor befanden und sie betrachteten. Sie war das kompositorische und logische Zentrum der gesamten Kirchenstruktur, angefangen von der Architektur des Gotteshauses bis zur Abfolge der liturgischen Zeremonie.

Das Verdienst von Theophanes, dem Urheber dieser überwältigenden Deesis (heute glaubt man, daß sie sich 1392 ursprünglich in der Kathedrale von Kolomenskoe befand), besteht darin, daß er den gedanklichen Inhalt in einer entsprechend strengen, monumentalen Form zum Ausdruck brachte. Wegen ihrer geringen Dimension waren die Büstenfiguren der Deesis des 14. Jahrhunderts nicht besonders geeignet, das wahre Zentrum der Malereien der Kirche darzustellen. Obwohl sie dieselbe Idee ausdrückten wie die Deesis von Theophanes, blieben sie doch auf der Stufe einfacher Ikonen stehen. Auch den begabtesten Ikonenmalern gelang es nicht, aus dieser Komposition mehr herauszuholen, als die traditionellen Dimensionen zuließen. Die universelle Vorstellung der Deesis verlangte prinzipiell nach einer unterschiedlichen, imponierenden Form, die sich von der der bisherigen Ikonen abhob. Um eine solche Wirkung zu erzielen, mußte sie sich in den Ausmaßen dem Fresko nähern. Theophanes empfand ganz deutlich diese Inkongruenz und die Notwendigkeit, eine große Deesis zu schaffen, und vergrößerte somit drastisch ihre Ausmaße. Alle Ikonen der Deesis der Mariä-Verkündigungs-Kirche sind höher als zwei Meter, und die Gesamtkomposition erstreckt sich in der Waagrechten über mehr als zwölf Meter.

Da wir über ganzfigurige Deesis-Ikonen aus der Zeit vor der Mariä-Verkündigungs-Kathedrale nichts wissen, können wir auch nicht ausschließen, daß die vorliegende die erste in Rußland gemalte ganzfigurige Deesis war. Ohne Zweifel handelt es sich um ein Werk, das Theophanes sehr am Herzen lag. Seine Kunst fand zu ihrem vollen Ausdruck erst, wenn er große Oberflächen bemalen und wichtige und komplizierte Probleme lösen konnte. Zur Deesis der Mariä-Verkündigungs-Kathedrale passen sehr gut die Worte eines alten Kunsthistorikers über die Ordnung der Apostel in der russischen Ikonostase. Er meinte, sie sei »nichts anderes als eine Weiterentwicklung der Kuppel der alten byzantinischen und russischen Kirchen«, und bezog sich dabei auf die Tatsache, daß die Ikonostase langsam die Wandmalerei abgelöst hatte, weil sie in der Tat alle deren Hauptkomponenten enthielt. Die Figuren der Heiligen in der Deesis der Mariä-Verkündigungs-Kathedrale erinnern so sehr an die grandiosen Figuren der Vorväter im Tambour der Christi-Verklärungs-Kirche, daß man diese Aussage fast wörtlich nehmen kann. Die Deesis der Mariä-Verkündigungs-Kathedrale ist ein Beispiel einer monumentalen, dem Fresko verwandten Kunst. Man kann dabei keinesfalls von einer mechanischen Übertragung der Prinzipien der Wandmalerei auf die Tafeln der Ikonen sprechen. Es handelt sich vielmehr um eine künstlerische Verbindung der besten Errungenschaften auf dem Gebiet der Ikonenmalerei wie des Freskos.

Aus dem Brief von Epifanij dem Allweisen an Theophanes erfahren wir, daß die Ankunft des griechischen Meisters in Moskau zu einer außergewöhnlichen Bewegung in der lokalen Kunstwelt führte. Die Moskauer Ikonenmaler verfolgten aufmerksam die Arbeiten von Theophanes, und es entbrannte unter ihnen ein heftiger Wettstreit, wem es gelinge, eine Originalzeichnung aus seiner Hand oder eine Kopie davon zu bekommen, um sie bei der eigenen Arbeit zu verwenden. Im Kreis um Theophanes stellten sich sehr schnell Schüler ein, die bereits von den Chroniken anläßlich der Ausmalung der Mariä-Geburts-Kirche (1395) und der Erzengel-Michael-Kathedrale (1399) erwähnt werden. Wenn wir uns nur auf schriftliche Quellen verließen, müßten wir zu dem Schluß kommen, daß die Kunst von Theophanes die treibende Kraft darstellte, die in jenen Jahren die Entwicklung der Moskauer Malerei voranbrachte. Die erhaltenen Denkmäler bezeugen aber, daß die griechische Kunst nicht die einzige in Moskau war und nicht einmal die wichtigste.

Nach dem Tod von Theophanes übte seine Kunst keinen Einfluß mehr auf die Moskauer Künstler aus. Sie machten sich von diesem Zeitpunkt an vor allem daran, eine eigene künstlerische Tradition zu schaffen. In engem Zusammenhang mit ihr steht das Werk des großen russischen Künstlers Andrej Rublew.

199. Der Apostel Petrus führt die Gerechten ins Paradies, Andrej Rublew und Daniil Tschernyj, 1408, Ausschnitt aus dem Fresko am Gewölbe des Südschiffes in der Mariä-Himmelfahrts-Kathedrale von Wladimir.

Es sind uns einige Ikonen von den Vorläufern von Andrej Rublew und von seinen älteren Zeitgenossen erhalten geblieben, darunter die »Höllenfahrt« aus der Auferstehungskirche von Kolomna und der »Heilige Nikolaus mit Lebensbeschreibung« aus dem Nikolauskloster von Ugres; beide werden heute in der Tretjakow-Galerie aufbewahrt. Auf diesen Ikonen sehen wir zum erstenmal in der Geschichte der Moskauer Malerei jenen Typus des Heiligen mit hoher offener Stirn, mit kleinen Augen nahe an der Nasenwurzel, mit gerader feiner Nase und mit aufmerksamem Blick: Diesen Typus finden wir weder in der Kunst von Nowgorod noch in der von Byzanz, doch für die Moskauer Malerei ist er typisch.

Im ersten Viertel des 15. Jahrhunderts, das dominiert wurde von der Kunst von Andrej Rublew und der jener Meister, die seine künstlerischen Theorien teilten, entstanden in Moskau allerdings noch einige Werke, die man als Ausdruck einer ganz anderen stilistischen Strömung werten kann. Zwei davon verdienen eine gesonderte Behandlung: die Doppelikone des heiligen Nikolaus Thaumaturgos mit dem heiligen Georg aus dem Kloster Gusliza bei Moskau, die sich heute im Russischen Museum befindet, und das gestickte Tuch für das Grabmal des heiligen Sergius von Radonesch, das heute im Kunsthistorischen Museum von Sergiew Posad aufbewahrt wird. Das Bild des heiligen Georg auf der Ikone von Gusliza ist ein außergewöhnliches Werk der Moskauer Malerei. Im edlen Gesichtsausdruck brachte der unbekannte Autor Mut und höchste Qual zum Ausdruck. Wenn wir dieses junge, versunkene Gesicht betrachten, treten wir mit einer Kunst in Verbindung, die tiefste Gedanken auszudrücken weiß, ohne auf die Wirkung von Handlungen und den Glanz der umgebenden Szene zu vertrauen. Ebenso wichtig ist das Bild des heiligen Sergius, das um 1424 für die neue Dreifaltigkeits-Kathedrale ausgeführt wurde. Dreißig Jahre nach dem Tod des Heiligen waren seine Zeitgenossen und Schüler noch am Leben. Es ist somit möglich, daß es sich bei diesem Bild wirklich um ein Porträt des Gründers des Dreifaltigkeits-Klosters handelt. Das Tuch gibt uns ein Idealbild des heiligen Sergius und der wichtigsten Begebenheiten seines Lebens und streicht seine besten Eigenschaften heraus: die Sammlung beim Gebet, die Festigkeit seiner Überzeugungen, die Gabe der Weissagung, sein Schmerz und das Schicksal Rußlands, der Wunsch nach Frieden, Liebe und nach dem Guten. In diesem durchdringenden Porträt ohne jede äußere Schönheit können wir die Atmosphäre einer Epoche wahrnehmen, die der russischen Geschichte Beispiele für Zähigkeit, Mut, klösterliche Askese und Trauer um die zerrissene Heimat schenkte. Wenn wir den heiligen Georg und den seligen Sergius betrachten, so ist es, als würden wir auch Dimitrij Donskoj, Pereswet und Osljaba, Epifanij den Allweisen, Andrej Rublew mit seinen Schülern und viele andere russische Gestalten sehen.

Die Ikone des heiligen Nikolaus und des heiligen Georg und das Grabtuch des heiligen Sergius von Radonesch stammen gerade aus der Zeit, in der Rublew allein zu arbeiten begann. Insgesamt können wir diese beiden Werke jedoch als Kunstwerke vor der Zeit Rublews betrachten, da seine Kunst viel mehr mit dem 15. als mit dem 14. Jahrhundert verbunden ist. Dabei wollen wir hier unterstreichen, daß alle genannten Malereien nichts mit der Kunst von Theophanes dem Griechen zu tun haben. Auch als Rublew Theophanes begegnete, war er bereits ein ausgebildeter Künstler, so daß man keinesfalls behaupten kann, Theophanes habe auf ihn einen bestimmenden Einfluß ausgeübt.

Über das Leben und die Werke von Andrej Rublew besitzen wir nur wenige zuverlässige Nachrichten. Wir wissen nicht, wo und wann er geboren wurde. Er war Mönch, doch wann, wo und unter welchen Umständen er sich ins Kloster zurückzog, wissen wir ebensowenig. Die Chroniken zitieren ihn erstmals im Jahr 1405, als er zusammen mit Theophanes dem Griechen und Prochor von Gorodez die Mariä-Verkündigungs-Kathedrale ausschmückte. Ein zweites Mal taucht sein Name 1408 bei der Ausmalung der Mariä-Himmelfahrts-Kirche von Wladimir auf. Dieses Mal arbeitete Rublew zusammen mit Daniil Tschornyi, dessen Kunstwerke bis auf den heutigen Tag weniger bekannt sind als die von Rublew. Zwischen 1425 und 1427 arbeitete Rublew bei der Ausschmückung der Dreifaltigkeits-Kathedrale im Dreifaltigkeits-Sergius-Kloster mit, und zwischen 1427 und 1430 war er in der Kathedrale des Erlöser-Andronikow-Klosters in Moskau beschäftigt. Das Andronikow-Kloster war wahrscheinlich die letzte Etappe im Leben des Künstlers, weil dieser 1430 starb. Diese Angaben der literarischen Quellen sind eindeutig fragmentarisch, und wir können sicher sein, daß es über viele wichtige Episoden seines Lebens keine schriftlichen Zeugnisse gibt.

Man geht im allgemeinen davon aus, daß Rublew seine Ausbildung in der Ikonenwerkstätte des Dreifaltigkeits-Sergius-Klosters erhielt. Es ist allerdings wahrscheinlicher, daß er in einem der Moskauer Klöster studierte. Man muß dazu in Betracht ziehen, daß Rublew zu Beginn des 15. Jahrhunderts vor allem im Auftrag des Großfürsten (Mariä-Verkündigungs-Kathedrale, Mariä-Himmelfahrts-Kathedrale in Wladimir) arbeitete. Das deutet darauf hin, daß er zum Kreis von dessen Künstlern gehörte und somit aus einem Kloster hervorging, das in enger Beziehung zum Hofleben des Moskauer Großfürsten stand.

200. Die Erschaffung Adams und Bilder aus dem Paradies, 1397, Blatt mit Miniaturen aus dem Kiewer Psalter; Sankt Petersburg, Nationale Öffentliche Bibliothek.

Die Berichte in den Chroniken über das Werk von Andrej Rublew beziehen sich auf eine Zeit, in der er sich bereits einen gewissen Namen geschaffen hatte und in der er verantwortungsvolle Aufträge bekam. Weder die Chroniken noch andere schriftliche Quellen geben uns einen Hinweis auf seine Jugendwerke. Es gibt allerdings einige vorzügliche Malereien vom Ende des 14. und vom Beginn des 15. Jahrhunderts, deren stilistische Eigenheiten sehr viel mit denen der sicher aus der Hand Rublews stammenden Werke gemeinsam haben. Wir erinnern zum Beispiel an die Mariä-Himmelfahrts-Kathedrale von Gorodok bei Swenigorod und zwei Miniaturen eines kleinen Evangeliars aus der Mariä-Himmelfahrts-Kathedrale des Moskauer Kreml, das heute im Historischen Museum dieser Stadt zu besichtigen ist. Der Stil der Urheber dieser Werke ist frei von allen naturalistischen Zügen. Die Fresken wie die Miniaturen sind Ausdruck eines lebendigen, schönen Stils. Die zarten silbergrauen und violetten Farbtöne haben nichts mit der dichten, dunklen Malweise der Kunstwerke des 14. Jahrhunderts gemeinsam. Wir haben keine weitergehenden Gründe, um diese Fresken und Miniaturen Andrej Rublew zuzuschreiben, doch scheinen sie mindestens seinem künstlerischen Umkreis anzugehören und ebenso der Periode, in der er bei den Auftraggebern von Kunstwerken schon sehr beliebt war. Jedenfalls handelt es sich um Werke von Künstlern mit großer Erfahrung und gleichzeitig einer empfindsamen dichterischen Seele.

Lange Zeit glaubte man, die erstdatierten Werke von Andrej Rublew seien die Festtagsikonen aus dem Jahr 1405, die zur Ikonostase der Mariä-Verkündigungs-Kathedrale im Moskauer Kreml gehören. Heute zieht man nicht nur diese Datierung, sondern auch die Zuschreibung dieser Ikonen an Rublew und seinen Mitarbeiter Prochor von Gorodez in Zweifel, weil die Quellen des 16. Jahrhunderts von einer verheerenden Feuersbrunst im Jahr 1547 erzählen. Sie soll alle Kirchen des Kreml zerstört haben, darunter auch die Mariä-Verkündigungs-Kathedrale. Wie dem auch sei, die Festtagsikonen dieser Kathedrale sind Meisterwerke der Moskauer Kunst, die nicht nach dem ersten Viertel des 15. Jahrhunderts ausgeführt wurden und die sich eindeutig zwei künstlerischen Gruppen zuschreiben lassen. Aus einer vergleichenden Analyse dieser beiden Ikonengruppen geht eine grundlegende Verschiedenheit künstlerischer Ideale und der Weltanschauung der Urheber hervor. Der ältere Künstler hat eine sichere Hand. Man spürt die Meisterschaft der Zeichnung und der Komposition, die Professionalität im technischen Bereich, doch seinen Werken fehlt es an Tiefe, an Poesie und Gefühlen. Die Farbgebung seiner Ikonen ist ziemlich flach, die Einzelheiten langweilig und irrelevant für das Verständnis des Themas. In diesem Sinn ist der jüngere Mitarbeiter, in dem man im allgemeinen Rublew sieht, Prochor bei weitem überlegen. Seine Ikonen sind besonders schön und vielfältig in der Farbe, die Figuren fein, die Kompositionen umfassender, und die Malweise ganz allgemein leichter und ätherischer. Besonders schön ist die Ikone von der Verklärung mit der Landschaft im Morgenlicht, den eleganten Figuren von Christus und den Aposteln und den ganz zarten rosafarbenen und perlweißen Farbtönen.

Tief in die Kunst von Rublew dringt man jedoch nur ein, wenn man die Fresken der Mariä-Himmelfahrts-Kathedrale in Wladimir (1408) studiert. Sie stellen sein Hauptwerk auf dem Gebiet der monumentalen Malerei dar. Rublew malte sie nicht allein, sondern mit der Hilfe von Daniil Tschornyi. Es ist schwierig festzustellen, welche Teile vom einen und welche vom anderen stammen. N. E. Grabar behauptet, die von Theophanes dem Griechen übernommenen Eigenheiten des Malstils würden überwiegend auf die Hand von Daniil hinweisen, während die Züge des grafischen, linearen Stils mehr mit der Kunst von Rublew übereinstimmten. Es ist jedoch nicht auszuschließen, daß die beiden Künstler zusammenarbeiteten, weil es nicht selten vorkommt, daß ein und dasselbe Fresko die stilistischen Züge des einen und des anderen Künstlers aufweist, sozusagen verschmolzen zu einem einzigen Stil. Da es uns schwerfällt, eine genaue Grenze zwischen den Fresken von Daniil und denen von Rublew zu ziehen, ist es wohl besser, den ganzen Malzyklus als Gesamtes zu betrachten und sich nicht damit aufzuhalten, eine Szene dem einen oder anderen Autor zuzuschreiben.

Die Fresken vom Beginn des 15. Jahrhunderts erhielten sich in verschiedenen Teilen der Kathedrale, besonders aber im Westteil unter den Chören. Hier sind die Episoden des Jüngsten Gerichts dargestellt, vor allem die Vorbereitung auf den Richterspruch, die Scharen der Apostel und der Engel, der Einzug der Gerechten und die Bilder des Paradieses. Ohne Zweifel existierten auch die Figuren der Sünder und die Bilder von den Höllenstrafen, doch haben sie sich nicht erhalten. Im allgemeinen kommen Schreckensszenen, in denen die menschliche Würde verletzt wird, in der Kunst von Rublew und seinen Zeitgenossen nicht vor. Sie lieben die süße, friedliche Kunst ohne Wut und Verzweiflung. In diesem Sinne zeigen alle Fresken der Mariä-Himmelfahrts-Kathedrale identische Merkmale, und nicht eine einzige läßt eine Tendenz zu einer unterschiedlichen Interpretation dieses Themas erkennen.

Ein außergewöhnliches Fresko der Mariä-Himmelfahrts-Kathedrale ist der »Zug der Gerechten ins Para-

201. Ikonostase aus der Dreieinigkeits-Kathedrale des Dreieinigkeits-Sergius-Klosters, 1425–1427.

dies«, eine große Komposition rechts vom Eingang ins südliche Seitenschiff. Die Inschrift neben dem Fresko, die heute verschwunden ist, sagte: »Die Heiligen gehen ins Paradies.« Nach der Tradition, die für solche Szenen galt, sind die Gerechten in Gruppen eingeteilt: Allen voran gehen die Apostel. Hinter ihnen folgen die Propheten, dann die Heiligen, die Märtyrer, die Seligen, die gerechten Frauen und die Laien. Angeführt wird der Zug von den heiligen Aposteln Petrus und Paulus. Paulus galt als Augenzeuge des Paradieses, und deswegen übernimmt er die Führerrolle. Er weist den Weg zum Ort der ewigen Glückseligkeit und trägt die Rolle mit der Aufschrift: »Kommt mit mir, die ihr alle gut seid.« Dem Apostel Petrus sind die Schlüssel zum Paradies anvertraut, und er hält sie in der vorgestreckten rechten Hand. Er wendet sich zu seinen Gefährten, muntert sie mit einem heiteren, offenen Blick auf und scheint sie mit den Worten zu ermahnen: »Das Schicksal liegt in euren Händen, bald werden sich vor uns die Pforten des Paradieses öffnen, und wir werden den süßen Gesang der Vögel hören. Seid mutig und stützt euch gegenseitig.«

Äußerlich gesehen erscheint das Fresko von Wladimir ganz traditionell. Ähnliche Prozessionen von Gerechten, die vom Apostel Petrus angeführt werden, finden wir auf dem grandiosen Mosaik von Torcello, den Fresken der Erlöser-Kirche an der Nerediza und an anderen Kirchenbauten. Doch vom interpretatorischen Gesichtspunkt aus zeigt das Werk ganz neue Aspekte. Bei allen früheren Werken hob sich die Figur des Apostels Petrus normalerweise von denen der Gerechten ab, so daß er in einer gewissen Entfernung vor ihnen ging. Wenn er sich ihnen zuwandte, so drückte sein Gesicht nicht so sehr Liebe und Güte, sondern eher die Besorgnis des Hirten aus, der die ihm anvertraute Herde zusammenhalten muß. Auf dem Fresko von Wladimir sehen wir hingegen, wie sich die Figur des heiligen Petrus mit der Gruppe der restlichen Apostel und auch mit den anderen Gerechten vermischt. Sein Primat wird hier nicht besonders hervorgehoben: Petrus erscheint als eines der Mitglieder des Zuges, und er wartet wie seine Gefährten auf die künftige Glückseligkeit und teilt mit ihnen ihren Glauben. Und wenn die Augen der Gerechten, die ihm nachfolgen, auf ihn gerichtet sind, so lesen wir doch darin weder Angst noch Zweifel über den glücklichen Ausgang ihres Weges, sondern ein freundschaftliches Vertrauen in ihn, der sie führt. In diesem Sinn erscheinen die Gesichter jener Apostel und Heiligen als sehr ausdrucksvoll, die neben dem heiligen Petrus und in seiner nächsten Umgebung gehen. Johannes erscheint in seiner Haltung als das Spiegelbild von Petrus, und er weist auch dieselben Eigenschaften auf. Ohne weiteres könnte Johannes die Stellung von Petrus einnehmen, denn es würde sich am Bild nichts ändern. Wir stehen hier vor einem wesentlichen Aspekt der Kunst von Rublew. Die von ihm geschaffenen Figuren haben die außergewöhnliche Eigenschaft, daß sie sich gegenseitig ersetzen können, weil sie untereinander ähnlich sind. Kraft setzt bei ihm nicht Schwäche voraus. Seine Kunst wird einförmig von Idealen der Gleichheit, der Liebe, der Freundschaft und der gegenseitigen Hilfe beleuchtet.

In den Werken, die während des ersten Jahrzehnts des 15. Jahrhunderts entstanden sind, begegnen wir bereits vielen charakteristischen Zügen von Rublews gesamter Kunst. Unter anderem tritt deutlich der heitere Geist von Rublews Malerei hervor, die keinerlei dramatische Tönung aufweist. Der Seelenzustand der Figuren von Rublew ist der Stimmungslage der Figuren von Theophanes direkt entgegengesetzt. Beim russischen Künstler findet die natürliche Beziehung des Menschen zur Welt und zur Umwelt, in der zu leben er berufen ist und die ihm auch nicht feindlich gesinnt ist, einen klaren Ausdruck. Er sieht überwiegend die lichten Seiten der Realität und vermeidet es offensichtlich bewußt, übermäßig dynamische Szenen, komplexe Charaktere und dunkle Gesichter darstellen zu müssen. Der Mensch, wie ihn Rublew künstlerisch darstellt, ist nicht vom Zweifel zerfressen und verbrennt nicht im Feuer der Leidenschaften. Seine Seele erlebt nicht den Widerspruch zwischen der spirituellen und der irdischen Welt, sondern verharrt in einem glücklichen Gleichgewicht. Doch insgesamt sind die Figuren von Rublew nicht das Produkt eines erkalteten Kanons. Bei Theophanes werden die Heiligen im allgemeinen von einer sichtbaren Kraft gelenkt, und ihr Leben spielt sich im Rahmen der göttlichen Prädestination ab. In den Kunstwerken von Rublew sind die Menschen Herren ihrer selbst; sie verhalten sich einfach und natürlich, weil alles von ihnen abhängt. Rublews Malerei propagiert die innere Freiheit des Menschen, seine Unabhängigkeit und seine Güte. Hier liegt die Quelle der unwiderstehlichen Faszination, die von ihm ausgeht.

Zur gleichen Zeit wie die Fresken malten Rublew und Daniil Tschornyj für die Mariä-Himmelfahrts-Kathedrale auch eine neue Ikonostase. Von ihr haben sich nur dreizehn Ikonen der Deesis, fünf Festtagsikonen und zwei Ikonen des Prophetenrangs erhalten. Rublew und Daniil setzten die Tendenz, mit der Theophanes begonnen hatte, fort und vergrößerten weiterhin die Höhe der Ikonen der Deesis bis auf 3,14 Meter. Das großartige Projekt, das die beiden Künstler realisierten, übertraf jede andere zeitgenössische Schöpfung auf dem Gebiet der Malkunst. Dieses künstlerische Meisterwerk hatte auch einen erheblichen gesellschaftlichen Wert. Zu Beginn des 15. Jahrhunderts besaß die Mariä-Himmelfahrts-Kathedrale von Wladimir noch die Rolle als Hauptkirche der gesamten nordöstlichen Rus; hier fand besonders die Krönung des Großfürsten statt. Deswegen verkörperte die Ikonostase nicht nur die alte Vorstellung des Eingreifens der Heiligen zugunsten der gesamten Menschheit, sondern auch die Idee, daß sie vor Christus für das ganze Rußland, für die Kirche dieses Landes und dessen Fürsten eintreten. Die Ikonen der Mariä-Himmelfahrts-Kathedrale werden heute in den Museen von Moskau und Sankt Petersburg aufbewahrt. Leider muß man aber sagen, daß sie in den Museumssälen viel verlieren, denn sie sind nicht dazu geschaffen, von nahem betrachtet zu werden, sondern sie entfalten ihre Wirkung aus weiter Entfernung. Es wäre sinnlos, in ihnen die üblichen vorteilhaften Eigenschaften der Tafelmalerei zu suchen. Die alten Ikonen der Mariä-Himmelfahrts-Kathedrale werden ihre ursprüngliche Ausdruckskraft erst wieder erlangen, wenn sie wieder an ihrem alten Platz aufgestellt werden, an der Stelle der halbbarocken Ikonostase, die unter Katharina II. errichtet wurde. Erst dann wird man ihre Monumentalität, die wir heute als die Haupteigenschaft dieser grandiosen Ikonen betrachten, im ursprünglichen architektonischen Rahmen der Kirche, in ihrer Räumlichkeit und Ausdehnung schätzen können.

Wahrscheinlich gleichzeitig mit den Fresken der Mariä-Himmelfahrts-Kirche malte Andrej Rublew auch die wunderschöne Ikone der Muttergottes von Wladimir, die heute im Städtischen Museum aufbewahrt wird. Die neue Ikone sollte die alte, griechische Ikone ersetzen, die Wasilij I. nach Moskau gebracht hatte. Angesichts der

Umstände beim Transport des Heiligenbildes von Wladimir erhielt Rublew den Auftrag, eine genaue Kopie des Orginals aus dem 12. Jahrhundert anzufertigen. Doch beim Vergleich zwischen Original und Kopie erkennt man ohne Schwierigkeit, daß sie zwei unterschiedliche Auffassungen von einem Muttergottesbild mit Kind verkörpern. Die byzantinische Ikone wurde mit dem Bewußtsein einer tiefen Trauer gemalt. Die Gottesmutter, die ihren Sohn liebkost, sieht seinen künftigen Tod voraus und ist sich dessen bewußt. Rublew hingegen stellt den für ihn typischen Seelenzustand einer heiteren Traurigkeit und eines leichten Nachdenkens dar, in den nicht nur Maria, sondern auch ihr Kind versunken ist.

Die russischen Künstler erwarben sich wie ihre zeitgenössischen Kollegen im Westen während der Lehrzeit vielfältige Fertigkeiten: Sie erlernten in gleicher Weise die Freskomalerei, die Tafelmalerei und die Malerei auf Papier, kannten sich in der Zeichnung und den Maltechniken, in den Rezepten zur Herstellung aller Farben und Emulgiermittel aus und konnten fast jeden Auftrag ausführen, einen einfachen genauso wie einen komplizierten. Aus dem Brief von Epifanij dem Allweisen erfahren wir, daß Theophanes »ein bekannter Miniaturenmaler« sei, der großzügig den Moskauer Künstlern die Geheimnisse seiner Meisterschaft bei der Illuminierung von Büchern verriet. Es gibt gute Gründe für die Annahme, daß es Theophanes war, der das Evangeliar von Feodor Koschka mit phantastischen Initialen ausschmückte. Darin wechseln sich Drachen, Vögel, Schlangen, unbekannte Tiere und Pflanzen ab, die er alle selbst erfand. Auch Andrej Rublew stand der Kunst, Bücher zu illustrieren, nicht fremd gegenüber, und anscheinend war er der Autor der Miniaturen und Initialen des berühmten russischen Evangeliars von Chitrowo vom Beginn des 15. Jahrhunderts.

Bei den Ornamenten der Initialen hielt sich Rublew an das Evangeliar von Koschka, gab dabei aber die bunten, fast harten Farben von Theophanes in leichter und heller Form wieder. In gleicher Weise bekam auch die Zeichnung eine ätherische Schwerelosigkeit. Am bedeutsamsten beim Evangeliar von Chitrowo sind jedoch die acht Miniaturen in folio mit den Figuren der Evangelisten und ihrer Symbole, dem Adler, dem Lamm, dem Löwen und dem Stier.

Die reiferen und vollkommeneren Werke des künstlerischen Genies von Rublew gehen wahrscheinlich auf das zweite Jahrzehnt des 15. Jahrhunderts zurück, etwa die Ikonen des Erlösers, des Erzengels Michael und des Apostels Paulus, die 1918 in Swenigorod aufgefunden wurden. Sie hatten früher einmal zu einer großen Deesis mit Büstenfiguren gehört. Ursprünglich umfaßte diese Deesis mit Sicherheit auch die Ikonen der Muttergottes, des Täufers Johannes, des Apostels Petrus und des Erzengels Michael, doch blieben diese nicht erhalten. Doch auf der Grundlage dessen, was erhalten geblieben ist, erkennen wir, daß alle diese Ikonen Kunstwerke von universaler Bedeutung waren.

Als erstes fallen bei den Ikonen der Deesis von Swenigorod die Farben ins Auge: Sie sind kalt, klar und rein wie der Himmel vor der Morgendämmerung. Das Fehlen einer eindeutigen Lichtquelle beraubt sie des Farbreichtums der lebendigen Natur, verleiht ihnen aber gleichzeitig eine unaussprechliche Faszination. Die Schönheit dieser hellblauen, rosafarbenen, goldenen und lilafarbenen bis grauen Töne lädt zur Betrachtung ein, läßt Ideen in uns aufsteigen und führt uns zu tiefem Nachdenken. Die Hauptikone der Deesis erlitt mit der Zeit schwere Beschädigungen. Glücklicherweise hat sich das Gesicht Christi erhalten, und seine Ausdruckskraft läßt die Beschädigungen der Ikone fast vergessen. Rublews Erlöser ist mild und edel. Er ist nicht der schreckliche Richter, wie wir ihm auf den Werken von Theophanes dem Griechen begegnen. In seinen Augen erkennen wir nicht die Bestrafung und Züchtigung der Sünder. Christus richtet seinen Blick direkt auf den Betrachter, jagt ihm aber keine Angst ein. Er läßt ein Warten erkennen, eine Erwartung mit einem gewissen Wohlwollen. Das gemalte Gesicht Christi drückt eine heitere, feste Stärke, Aufmerksamkeit und Güte aus. Die Menschen nehmen zu ihm als der Quelle der Gerechtigkeit und der Tröstung Zuflucht. Der Erlöser von Swenigorod ist die Stütze aller Leidenden: Kein anderer Künstler der alten Rus hat jemals eine so zutiefst menschliche Figur geschaffen.

202–204. Das letzte Abendmahl, 1425–1427, Ikone aus der Ikonostase der Dreieinigkeits-Kathedrale im Dreieinigkeits-Sergius-Kloster. Geburt Christi, erstes Drittel des 15. Jahrhunderts, Moskauer Schule, Ikone von Swenigorod; Moskau, Tretjakow-Galerie. Himmelfahrt, erstes Drittel des 15. Jahrhunderts, Moskauer Schule; Sammlung S. P. Rjabuschinskij, Moskau, Tretjakow-Galerie.

Andrej Rublews Name ist ausschließlich mit der Geschichte der Moskauer Kunstschule verbunden. Alle eigenhändigen Werke sowie alle Werke, die Künstler seines Kreises malten, stammen entweder aus Moskau oder aus benachbarten Städten und Klöstern. Rublew frequentierte in Moskau ganz bestimmte Gesellschaftsschichten seiner Zeit. Unter den Laien gehörten ihnen die Söhne von Dimitrij Donskoj an, Wasilij und Jurij, und in der klösterlichen Welt waren es die engsten Jünger und Nachfolger des heiligen Sergius von Radonesch (1322–1392). Das Leben des heiligen Sergius, des Gründers des Dreifaltigkeits-Klosters, des Zentrums des klösterlichen Lebens in der nordöstlichen Rus, wurde auch Rublews Ideal. Von der zweiten Hälfte des 14. Jahrhunderts an hatten fast alle der bekannteren Figuren der russisch-orthodoxen Kirche direkt oder indirekt mit dem Dreifaltigkeits-Kloster zu tun. Hier entstanden die Ideale der Brüderlichkeit, der Entsagung und der geistlichen Askese. Dazu kommt, daß Sergius ein überzeugter Befürworter der Zentralisierung des russischen Staates unter der Leitung von Moskau war. Er unterstützte mit allen seinen Kräften die Politik von Dimitrij Donskoj, der seine Aufgabe darin sah, die inneren Zwistigkeiten zwischen den Fürsten beizulegen und den Kampf gegen die Tataren fortzuführen. Damit wird uns klar, welche Vorreiterrolle das Dreifaltigkeits-Sergius-Kloster in der russischen Geschichte zu Rublews Lebzeiten spielte und welche Anziehungskraft in den Augen der Menschen die Namen des heiligen Sergius und seiner Nachfolger besitzen mußten.

Wir haben bereits erwähnt, daß es keinen Grund für die Annahme gibt, Rublew habe als Mönch dem Dreifaltigkeits-Kloster angehört und habe hier seine moralische und künstlerische Ausbildung bekommen. Die Tatsache, daß sich seine Kunst in der Atmosphäre der Ideen des heiligen Sergius bildete und entwickelte, muß nicht zwangsläufig als Beweis interpretiert werden, daß er selbst aus dem Dreifaltigkeits-Kloster hervorgegangen war, denn die Moskauer Klöster, welche die Jünger des heiligen Sergius gegründet hatten, hielten sich streng an die Traditionen ihres Meisters und konnten einen ebenso starken Einfluß wie das Hauptkloster des heiligen Sergius auf ihn ausüben. Überdies stand das Dreifaltigkeits-Kloster in steter Beziehung zu seinen Filialklöstern von Moskau, und man kann als sicher annehmen, daß sich Rublew mehr als einmal in das Dreifaltigkeits-Kloster begab und dort arbeitete. Wir wissen in der Tat, daß mit seiner Hilfe und dank seiner direkten Zusammenarbeit die Fresken und die Ikonostase der Dreifaltigkeits-Kathedrale im gleichnamigen Kloster entstanden (1425–1427).

Den Daten in der »Lebensbeschreibung« von Nikon von Radonesch zufolge, arbeitete Rublew hier – wie schon in der Vergangenheit – zusammen mit Daniil Tschornyj. Doch neben ihnen waren noch weitere Meister tätig: »... und andere mit ihnen.« Die Fresken der Dreifaltigkeits-Kathedrale blieben im Gegensatz zur Ikonostase leider nicht erhalten. Deren Ikonen wurden aber in denselben Jahren wie die Fresken gemalt. Dies ist die einzige ältere Moskauer Ikonostase, die an der Stelle verblieb, wo sie im 15. Jahrhundert hingestellt worden war. Wer sich eine Vorstellung davon verschaffen will, wie die altrussische Ikonostase in ihrer natürlichen Umgebung und nicht in einem Museum ausgesehen hat, muß sich unbedingt ins Dreifaltigkeits-Kloster begeben. Hier bekommt er nicht nur hervorragende Malereien, sondern auch einen grandiosen Gesamtkomplex zu Gesicht, die vollständigste aller Ikonostasen vom Beginn des 15. Jahrhunderts. Abgesehen von der Deesis und den Festtagsikonen, die es bereits auch in der Mariä-Verkündigungs-Kathedrale gab, malten Rublew, Daniil Tschornyj und ihre Mitarbeiter für die Dreifaltigkeits-Kathedrale noch einen weiteren Ikonenrang, nämlich den der Propheten. Sie wiederholten dabei die Komposition, die sie selbst erstmals 1408 für die Mariä-Himmelfahrts-Kathedrale in Wladimir realisiert hatten.

Von der Ikonostase der Dreifaltigkeits-Kathedrale stammt die berühmte Ikone der Dreifaltigkeit, die Rublew malte und die sich heute in der Tretjakow-Galerie befindet. Es handelt sich dabei um eines der wenigen Werke, die wir mit Sicherheit dem großen Meister zuschreiben können. Im Hinblick auf die Datierung gibt es aber sehr unterschiedliche Meinungen. Einige vertreten die Ansicht, die Ikone sei 1411 gemalt worden, weil damals bekanntlich im Dreifaltigkeits-Sergius-Kloster eine der Heiligsten Dreifaltigkeit geweihte Holzkirche gebaut wurde.

205–207. Muttergottes Hodegetria mit Dreifaltigkeit und Heiligen, 15. Jahrhundert, aus dem Dreieinigkeits-Sergius-Kloster; Moskau, Tretjakow-Galerie. Christus Pantokrator, Mitte des 15. Jahrhunderts, Moskauer Schule, aus dem Dreieinigkeits-Sergius-Kloster; Moskau, Tretjakow-Galerie. Das Wunder des heiligen Georg mit dem Drachen, 15. Jahrhundert, Ikone aus dem Gebiet des Flusses Pinega in der Region Archangelsk; Sammlung M. W. Rosanowa und A. D. Sinjawskij, London, British Museum.

Die Darstellung der Ikone der Dreifaltigkeit von Andrej Rublew beruht auf der biblischen Erzählung von den drei Engeln, die dem Patriarchen Abraham und seiner Frau Sarah erschienen. Einer unter ihnen sagte Sarah die Geburt eines Sohnes voraus. Theologischen Interpretationen zufolge waren diese Engel die drei Personen der Dreifaltigkeit: Gottvater, der Sohn und der Heilige Geist. Die große Mehrheit der frühen Darstellungen der Dreifaltigkeit hält sich an diese Episode. Obwohl Rublew den wichtigsten ikonographischen Zügen treu blieb, zeigt seine Ikone von der Dreifaltigkeit jedoch einige Besonderheiten, so daß sie qualitativ und von ihrem Gehalt her eine Neuigkeit darstellt.

Wenn die byzantinischen und altrussischen Ikonenmaler die Dreifaltigkeit des Alten Testaments darstellten, hielten sie im allgemeinen die Umstände in allen Einzelheiten fest, in denen sich Gott Abraham offenbarte. Deswegen waren darauf unfehlbar Abraham, Sarah, ihr Knecht, der das Kalb schlachtet, auch das Haus, der Bau und der Fels abgebildet. Der Schwerpunkt bei diesem Ikonentyp lag stets bei der Erzählung der biblischen Episode mit der Handlung, die sich ohne Eile abspielte. Es hat den Anschein, als ob sich der Künstler jedes Mal ein Vergnügen daraus machte zu zeigen, wie die Engel dem Patriarchen erschienen, wie dieser sie im Schatten der Eiche von Mamre empfing, wie er befahl, für sie »ein junges und schönes« Kalb zu schlachten, und wie er schließlich zusammen mit Sarah die Engel bediente und dabei ahnte, daß sich in ihnen die drei Personen der Heiligsten Dreifaltigkeit verbargen. Die Dreifaltigkeit des Alten Testaments bleibt stets eine Erzählung, verbunden mit den Gesetzmäßigkeiten des Raumes, der Zeit und der Handlung.

208. Heiliger Nikolaus der Wundertäter, zweite Hälfte des 14. Jahrhunderts, Ikone aus der Zelle des heiligen Sergius von Radonesch; Museum des Dreieinigkeits-Sergius-Klosters.

Die Dreifaltigkeit, die Rublew malte, unterscheidet sich von den ältesten Ikonen mit demselben Thema, weil Abraham und Sarah völlig fehlen. Es gibt in der Tat einige große Dreifaltigkeitsikonen, die vor Rublew gemalt wurden und in denen die Figuren von Abraham und Sarah ebenfalls nicht auftreten, doch scheint es sich um zufällige Phänomene zu handeln, die keine weitere Tradition begründeten. Rublew ließ in seiner Dreifaltigkeitsikone die Figuren von Abraham und Sarah zum erstenmal bewußt und gewollt weg Rublew wollte mit seiner Ikone im Gegensatz zu den Ikonen der vorhergehenden Jahrhunderte nicht so sehr das Erscheinen der Dreifaltigkeit gegenüber Abraham und dessen Gastfreundschaft darstellen, sondern die philosophische Idee von der Einheit der drei Personen in der Dreifaltigkeit zum Ausdruck bringen.

Rublew ordnet alles dem Ausdruck dieser Idee unter: die Komposition, die Zeichnung und die Farbgebung. Wie jeder andere mittelalterliche Maler auch teilte Rublew in seinen Werken oder mit Teilen davon eine symbolische Bedeutung mit. Um die Heilige Dreifaltigkeit als dreieinige und untrennbare Göttlichkeit ohne Anfang und Ende zu zeigen, wählte er die Form des Kreises als Symbol für die Ewigkeit und zeichnete die Engel so, daß ihre Profile die Form eines Kreises ergaben. Überdies sind ihre Körperhaltung, ihre Gesten und der Ausdruck ihrer Gesichter so gestaltet, daß man gar nicht an drei verschiedene Engel denkt. Um diese Wirkung der Einheit zu schaffen, bediente sich Rublew des wirksamsten Mittels seiner Kunst: der Linie und der Zeichnung. Die Linien in der Ikone von der Heiligen Dreifaltigkeit erscheinen gelassen, mild und leicht. Mit Hilfe der Linien, die im Sinne des geschlossenen Kreises in einer Richtung verlaufen und die sich gegenseitig zu verlängern scheinen, dehnt Rublew die Vorstellung von der Unteilbarkeit auf die unbelebten Gegenstände aus, die auf der Ikone dargestellt sind. Der langsame, flüssige Rhythmus der Linien schafft eine Atmosphäre der Ewigkeit und der Stille. Und diese Merkmale betreffen nicht nur die Engel, sondern auch den Bau, den Felsen und das Haus. Von daher stammen die Ganzheit, die Natürlichkeit und die künstlerische Wahrheit des Werks, weil es keine Figur und kein Detail enthält, das seinerseits nicht wieder die grundlegende Idee der gesamten Ikone zum Ausdruck brächte oder verstärkte.

Die Heilige Dreifaltigkeit von Rublew vereinigt in sich das Bild der göttlichen Dreieinigkeit mit der Darstellung des eucharistischen Sakraments. Der Engel zur Linken stellt wahrscheinlich Christus dar, der zentrale Engel Gottvater und der Engel rechts den Heiligen Geist. Die Engel links und in der Mitte (Christus und Gottvater) segnen den Kelch, der in der Mitte des Tisches steht und in dem der Kopf des Kalbes zu erkennen ist. Nach der Lehre der Kirche ist das Kalb die Vorwegnahme des Lammes im Neuen Testament. Somit nimmt der Kelch in der allgemeinen Intention der Ikone eine eucharistische Bedeutung an: Indem Christus den Kelch segnet, drückt er seine Bereitschaft aus, sich als Opfer hinzugeben, und Gottvater segnet seines Sohnes Tat. Auf dem hellen Hintergrund des Thrones werden auch die Umrisse der rechten Hand des dritten Engels (des Heiligen Geistes) deutlich, der den Kelch jedoch nicht segnet, sondern an der Eucharistie als ewig jugendlicher Tröster, als unsterbliches Prinzip, als Symbol der künftigen Wiederauferstehung teilnimmt.

Man kann die Meinung vertreten, daß die komplexen theologischen Vorstellungen, die Rublew als Grundlage für seine Ikone dienten, nur einem verhältnismäßig kleinen Kreis gelehrter Mönche zugänglich waren. Aufgrund der tiefen Bedeutung der »Heiligen Dreifaltigkeit« hätte Epifanij der Allweise auch von Rublew und nicht nur von Theophanes dem Griechen, wie er es in Wirklichkeit tat, sagen können, er sei »ein überaus scharfer Philosoph«. Der Mehrheit fiel es sicher schwer, den Inhalt der Dreifaltigkeit mit ihren verschiedenen Aspekten zu erfassen und auszuschöpfen. Doch warum wurde dann diese Ikone so berühmt, und warum bewegt sie noch heute die Menschen, auch wenn diese der Religion völlig fernstehen? Auf diese Frage gibt es nur eine Antwort: Der Inhalt der »Dreifaltigkeit« beschränkt sich nicht auf ihre theologischen Vorstellungen, sondern erlangt über sie hinaus eine universell menschliche Bedeutung. Die Ikone von der Dreifaltigkeit ist nicht nur das Bild Gottes unter den drei Gestalten und das Symbol der Eucharistie, sondern sie ist auch ein Symbol der menschlichen Einheit und ein Bild der göttlichen Liebe.

Bereits im 14. Jahrhundert beruhte die Beliebtheit der Verehrung der Dreifaltigkeit nicht so sehr auf ihrem religiös-dogmatischen Gehalt als vielmehr auf der Beziehung zu der konkreten Situation des politischen und gesellschaftlichen Lebens. Es war eine Zeit dauernder Feudalkriege, die Tausende von Menschenleben kosteten und die ohnehin schon schwache Wirtschaft der russischen Fürstentümer systematisch unterminierten. Die klügsten Köpfe waren sich ohne Zweifel darüber im klaren, daß diese Feudalkämpfe schreckliche Schäden anrichteten, weil sie die Rus schwächten und zu einer leichten Beute der Tataren machten. Deswegen setzten sie alle ihre Kräfte ein, um den Feudalkriegen ein Ende zu setzen und die Rus vom Tatarenjoch zu befreien. Da es im Mittelalter üblich war, eine Verbindung zwischen den Tatsachen des realen Lebens und Konzepten aus den Heiligen Schriften und den Schriften der Kirchenväter herzustellen, fanden diese Ideen über eine komplexe spekulative Gedankenreihe insbesondere auch in den Ikonen der heiligsten Dreifaltigkeit ihre Verkörperung. Mit der Vorstellung der Dreifaltigkeit als einer unteilbaren Einheit verurteilte man die inneren Zwistigkeiten und drückte den Wunsch nach Wiedervereinigung aus, und im Bild der Dreifaltigkeit mit ihren klar umrissenen Hypostasen verurteilte man das Tatarenjoch und verlangte nach Befreiung. Das ist der Grund, warum Sergius von Radonesch, der das von ihm gegründete Kloster der Dreifaltigkeit weihte, sich nicht auf Gebete beschränkte und sich nicht in klösterlicher Einsamkeit von der Welt isolierte. Als großer Patriot sah er seine Sendung nicht nur im Aufbau eines klösterlichen Lebens, sondern auch in Bemühungen, die Feudalkämpfe zu schlichten, das Tatarenjoch abzuschütteln und die Rus wieder in einem starken Zentralstaat zu vereinigen. Sein erster Biograph, Epifanij der Allweise, schreibt, Sergius habe sein Kloster gegründet, weil »man bei der Betrachtung der allerheiligsten Dreifaltigkeit die schreckliche Angst vor der Teilung dieser Welt überwinden könne«.

Es ist somit kein Zufall, wenn wir die Heilige Dreifaltigkeit von Andrej Rublew als höchste Errungenschaft der russischen Kunst insgesamt betrachten. Sie ist zwar das Ergebnis des langen kreativen Wegs eines einzigen Meisters, verkörpert aber gleichzeitig das kreative Denken zahlreicher Generationen. Wie jeder Künstler des Mittelalters schätzte auch Rublew die Tradition und die gemeinsame Arbeit sehr hoch. Die besten Eigenschaften der künstlerischen Kultur des 14. und 15. Jahrhunderts vereinigten sich in der »Heiligen Dreifaltigkeit«: die starke Verbindung mit grundlegenden Problemen des Lebens; eine Form der anscheinend abstrakten philosophischen Verallgemeinerung, die gleichzeitig in ihrem Inhalt außergewöhnlich konkret war; die Fähigkeit, den Nationalcharakter in ikonographischen Formen zum Ausdruck zu bringen. Die Dreifaltigkeit gehört zu jenen seltenen Kunstwerken, die niemals aufhören werden, in den Menschen Emotionen hervorzurufen, weil der gegenwärtige Moment im Hinblick auf die Ewigkeit dargestellt wurde.

In der Ikonostase der Dreifaltigkeits-Kathedrale war die Ikone der Heiligen Dreifaltigkeit ohne Zweifel die beste. Alle übrigen Ikonen sind ihr, was Qualität und Bedeutungstiefe anbelangt, unterlegen. Doch wenn man die Ikonen einzeln betrachtet, muß man viele als echte Meisterwerke empfinden. Das gilt vor allem für die Festtags-

209–211. Geburt der Muttergottes, erste Hälfte des 15. Jahrhunderts, aus dem Mariä-Schutz-Kloster in Susdal; Sankt Petersburg, Russisches Museum. Entschlafung Mariens, 15. Jahrhundert, Schule von Twer; Sammlung I. S. Ostrouchow, Moskau, Tretjakow-Galerie. Muttergottes aus der Umgebung von Kuben, 14. Jahrhundert, nördliche Malschule; Wologda, Historisch-Geographisches Museum.

ikonen, wobei die folgenden am bemerkenswertesten sind: die Darbringung im Tempel, das letzte Abendmahl, die Fußwaschung, das Brechen des Brotes und die Erscheinung des Engels am Grab. Beim letzten Abendmahl ist eines der dramatischsten Geschehnisse im Leben von Jesus Christus dargestellt. Judas greift dort mit ungestümer, gieriger Bewegung der Hand nach dem Teller und enthüllt sich als Verräter. Der Autor der Ikone folgte nur dem Evangelientext, und es ist ihm gelungen, der Szene das Gefühl der Unausweichlichkeit mitzugeben. Christus folgt Judas ruhig und zeigt seine Gefühle nach außen hin nicht. Er weiß, daß sein Leben ihm nicht gehört und daß sich in ihm einfach das Wort der Schrift erfüllt. Johannes umarmt Jesus, und in seinen Augen kann man die Angst um das Schicksal des Meisters ablesen. Petrus streckt die Hand vor, wie wenn er nicht an das Verbrechen, das Judas vorhat, glauben würde. Matthäus, der neben Judas sitzt, legt die Hände auf den Tisch, und seine Haltung drückt gleichzeitig die Anstrengung aus, den Verräter zurückzuhalten, und das Bewußtsein, daß es unmöglich ist, die Ereignisse ungeschehen zu machen. Kurz, in dieser Szene entwickelt sich ein komplexes seelisches Drama.

Obwohl oft von der »Schule« von Rublew die Rede ist, wäre die Auffassung falsch, er habe eine große Gruppe von Schülern gehabt und systematisch in der Arbeit angeleitet. Die Quellen, die biographische Notizen über das Leben von Rublew bringen, erwähnen seine Schüler mit keinem Wort. Sie sprechen nur von den Meistern, die mit Rublew und Daniil zusammenarbeiteten, den »anderen mit ihnen«, das heißt beruflich unabhängige Künstler. Die Ikonen der Ikonostase der Dreifaltigkeits-Kathedrale sind ein Werk auch dieser anonymen Zeitgenossen von Rublew. Gewiß können wir nicht ausschließen, daß irgendein Teil dieser Ikonen persönlich von Rublew und Daniil gemalt wurde, doch dürfen wir auch die Fresken der Dreifaltigkeits-Kirche nicht vergessen, die leider verlorengegangen sind. Bei deren Ausführung hatte Rublew wohl die Rolle des Koordinators inne und führte persönlich einen großen Teil der Arbeiten durch. Die Arbeiten an der Ikonostase hingegen wurden offenkundig anderen Malern anvertraut. Es waren dort mehrere Künstler tätig, und oft unterscheiden sich ihre Werke sehr stark von der Kunst Rublews durch ihren Malstil und durch die unterschiedliche Interpretation der Themen. Das gilt zum Beispiel für die Ikone vom letzten Abendmahl, von der bereits die Rede war. Sie stammt von einem Künstler der vorhergehenden Generation. Nur eine Ikone der Ikonostase der Dreifaltigkeits-Kathedrale könnte tatsächlich das Werk eines direkten Schülers des großen Meisters sein, nämlich die Ikone des heiligen Demetrios von Thessaloniki mit ihrer Atmosphäre, die nicht von dieser Welt zu sein scheint.

Es gibt einige Moskauer Ikonen, die ihrerseits Gemeinsamkeiten mit der Malerei von Rublew aufweisen. Wir erinnern hier vor allem an die Geburt Christi von Swenigorod und an die Himmelfahrt, die sich früher in der Sammlung von S. P. Rabuschinkskij und heute in der Tretjakow-Galerie befindet. Lange Zeit glaubte man, diese Ikonen stammten aus verschiedenen Perioden: Die erste wurde auf den Beginn des 15. Jahrhunderts datiert und einem anonymen Künstler aus dem Umkreis von Andrej Rublew zugeschrieben, während man von der zweiten im allgemeinen glaubte, sie stamme aus der Mitte des 15. Jahrhunderts und gehe auf einen unbekannten Schüler Rublews zurück. Beide stammen jedoch aus derselben Ikonostase, die sich, wie wir aus der Fundstelle der Ikone mit der Darstellung der Geburt Christi folgern können, in Swenigorod befand, vielleicht in einer der beiden Steinkathedralen der Stadt. Beide Werke sind in bestem Erhaltungszustand und somit absolute Raritäten. Anhand dieser Ikonen können wir uns eine Vorstellung der malerischen Oberfläche der Ikonen von Rublew und der Künstler seines Umkreises machen. Diese Oberfläche ist bei den beiden Stücken nicht vom Zahn der Zeit zerstört und auch nicht von späteren Restaurierungen verändert worden. Die Swenigoroder Ikonen wurden in den ersten zwanzig Jahren des 15. Jahrhunderts gemalt. Wer ihr Urheber ist, können wir natürlich kaum sagen.

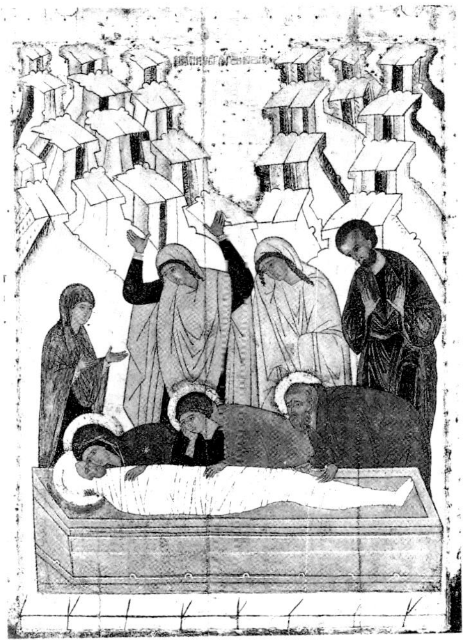

212–214. Heiliger Nikolaus der Wundertäter mit Lebensbeschreibungen, zweite Hälfte des 14. Jahrhunderts, Ikone aus dem Pogost von Kargatsch Borisoglebskij in der Region Wologda; Moskau, Tretjakow-Galerie. Nicht von Menschenhand geschaffenes Bild des Erlösers, zweite Hälfte des 14. Jahrhunderts, aus der Kirche des Dorfes Nowlenskij im nördlichen Teil der Region Jaroslawl, Schule von Wologda; Moskau, Tretjakow-Galerie. Die Beweinung Christi, 15. Jahrhundert, nördliche Malschule; Sammlung I. S. Ostrouchow, Moskau, Tretjakow-Galerie.

215. In der Zeit zwischen den großen Meistern Rublew und Dionisij, also in den Jahrzehnten gegen die Mitte des 15. Jahrhunderts, entstanden nur mittelmäßige Malereien. Muttergottes von Jaroslawl, Mitte des 15. Jahrhunderts, Moskauer Schule; Sammlung I. S. Ostrouchow, Moskau, Tretjakow-Galerie.

Ziemlich deutlich tritt hingegen die Kunst der Anhänger Rublews hervor, die mit dem Meister nicht direkt verbunden waren. Dennoch standen sie unter seinem Einfluß und lösten künstlerische Aufgaben im Geist ihres Meisters und mit ähnlichen Methoden. Viele ihrer Werke sind erhalten geblieben; überdies wurden die meisten während der letzten Lebensjahre von Rublew oder bereits nach seinem Tode ausgeführt. Am fähigsten war die Gruppe von Anhängern, die ihre Kräfte auf eine Weiterentwicklung der von Rublew ausgearbeiteten künstlerischen Form konzentrierten. Sie brachten den zarten, ätherischen Malstil Rublews zu einer Vervollkommnung, der wir nicht einmal in den Gemälden des Meisters begegnen. Sie maßen auch der Skizze, den Umrissen der Figur große Bedeutung zu. Unter den besten Werken der Meister dieser Gruppe seien erwähnt die große Ikone des heiligen Johannes des Täufers aus einer Deesis von Dmitrow, heute im Rublew-Museum in Moskau, sowie die Ikone des Erlösers im Dreifaltigkeits-Sergius-Kloster, die sich heute in der Tretjakow-Galerie befindet. Aber nicht alle Künstler, die unter dem Einfluß der Kunst Rublews standen, erreichten eine solche Meisterschaft, um einen kreativen Beitrag zur Kunstgeschichte leisten zu können. In der Mehrzahl der Fälle handelte es sich um Epigonen, die nicht fähig waren, sich die Kunst des großen Meisters vollständig anzueignen. Deswegen begnügten sie sich darauf, sie teilweise zu assimilieren. Diese Künstler wurden vor allem vom kanonischen Aspekt der Kunst Rublews angezogen: von seinen bevorzugten ikonographischen Typen und von seinen Farbkombinationen. Doch wenn man diese meisterliche Kunst in ihre einzelnen Komponenten aufteilt, verliert sie ihre Faszination. Deswegen begann sie sehr schnell in schöne, doch banale und kalte Schemata zu degenerieren.

Nicht alle erhaltenen russischen Ikonen kann man nach Entstehungsort und sogar Entstehungszeit klassifizieren. Das ist um so trauriger, wenn es sich um hervorragende Werke handelt, ohne die eine Geschichte des russischen Mittelalters undenkbar wäre. Wir kennen nunmehr seit ungefähr dreißig Jahren die Ikone vom Wunder des heiligen Georg mit dem Drachen. Sie stammt aus dem Gebiet des Flusses Pinega in der Region Archangelsk und gehörte früher zur Sammlung M. W. Rosanowa und A. D. Sinjawskij, von wo sie ins British Museum gelangte. Sie ist voller Dynamik, zeigt eine wundervolle Kombination von Rot und Schwarz mit einem ungewöhnlichen, elegant gezeichneten, zusammengeknäuelten Drachen. Diese Ikone bleibt im Hinblick auf ihren Ursprung noch ein Rätsel. Wahrscheinlich haben wir es mit dem Meisterwerk eines unbekannten Moskauer Künstlers zu tun, das in den äußersten Norden transportiert wurde. Ebenso schwierig einzuordnen ist auch eine Ikone der heiligen Barbara in der Tretjakow-Galerie. Sie wurde 1910 in Uglitsch gefunden, wechselte dreimal ihren Besitzer und gelangte dann in staatliche Hand. Die offizielle Einordnung dieser Ikone erscheint uns wenig wahrscheinlich: In den Katalogen der Galerie wird sie als Nowgoroder Werk aus der zweiten Hälfte des 14. Jahrhunderts bezeichnet, das den Fresken von Skoworodka stilistisch nahestehe. Mit aller Wahrscheinlichkeit wurde die Ikone im 15. Jahrhundert gemalt, und es ist nicht auszuschließen, daß sie aus Zentralrußland stammt. Eine weitere Ikone würde uns vor ein ähnliches Rätsel stellen, wenn sie am Rand nicht eine Anmerkung trüge, mit deren Hilfe man sie identifizieren kann. Es handelt sich um die Paraskewe Pjatniza des Staatlichen Kunstmuseums in Taschkent. Das Museum von Rjasan hatte sie aus unbekannten Gründen dorthin geschickt. Der Inschrift zufolge wurde die Paraskewe Pjatniza unter Fürst Iwan Feodorowitsch und dem Bischof Iona von Rjasan in den vierziger Jahren des 14. Jahrhunderts (1444–1445 oder 1447–1448) gemalt. Diese monumentale Ikone drückt im intensiv gestalteten, ausdrucksstarken Gesicht der Heiligen Jungfrau die harte Wahrheit des Lebens aus.

216. Grabtuch, 1456, Moskauer Schule, Geschenk des Moskauer Großfürsten Wasilij II. für die Sophien-Kathedrale in Nowgorod; Museum Nowgorod.

Ein wesentlicher Aspekt des kulturellen Lebens während des 14. und 15. Jahrhunderts ergibt sich durch die Tatsache, daß mit der Bildung eines Zentralstaates mit der Stadt Moskau an der Spitze, die ihrerseits einen mächtigen Einfluß auf die benachbarten Fürstentümer und einzelne Städte ausübte und diese nach und nach der eigenen Autorität unterwarf, die lokalen Kunstschulen nicht nur weiter existierten, sondern ihren stilistischen Eigenheiten definitive Formen verliehen und dabei viele Werke von hohem künstlerischem Wert schufen. Moskau war lange Zeit nur damit beschäftigt, die politische Unabhängigkeit ihrer Gegner zu schwächen, und widmete sich nicht ernsthaft der Vereinheitlichung und der neuen Ausrichtung des literarischen und künstlerischen Lebens. So entstanden parallel zur Moskauer Schule im 14. und 15. Jahrhundert im Nordosten der Rus künstlerische Zentren wie etwa Rostow, Wologda und Twer. Natürlich verlief diese Entwicklung sehr kompliziert und widersprüchlich. Bei der Herausbildung der lokalen Kunstrichtungen müssen wir die Bedeutung der konservativen und bremsenden Kräfte besonders unterstreichen. Nicht selten äußerten die Ikonenmaler, die in abgelegenen künstlerischen Zentren tätig waren, den lebhaften Wunsch, die charakteristischen Eigenschaften des neuen Stils, der in den Werkstätten der Hauptstadt entstanden war, kennenzulernen und zu begreifen. Doch weil sie diesem Wunsch nicht nachgeben konnten, waren sie dazu gezwungen, dieselben erstarrten Vorlagen auf ewig zu wiederholen. Auf der anderen Seite verzichteten viele Exponenten lokaler Schulen bewußt auf alle Neuerungen und versuchten nur, die stilistischen Verfahren einzusetzen, die im Inneren ihrer Schule verwendet wurden. Solange dieser Widerstand der allgemeinen Tendenz der einzelnen Fürstentümer entsprach, die eigene Autonomie zu verteidigen, entstanden dadurch interessante und gültige Kunstwerke. Doch als die zentralisierende Politik der Moskauer Fürsten mit der Zeit zu einer lebenswichtigen Notwendigkeit geworden war und die Exponenten des örtlichen kulturellen und künstlerischen Lebens ihrer sozioökonomischen Grundlagen beraubte, trat die Beschränktheit dieser Bestrebungen zutage, und sie wurden zu einem Hindernis bei der Weiterentwicklung der lokalen Kunststile.

Im 15. Jahrhundert trat eine einzigartige Eigenschaft der russischen Kultur zutage: Trotz der wachsenden Zentralisierung der politischen Gewalt in den Händen der Moskauer Großfürsten schienen sich die künstlerischen Aktivitäten in den alten Zentren – das heißt Twer, Rjasan, Rostow, Wologda, Nowgorod und Pskow – zu erholen, und nicht nur die Quantität, sondern auch die Qualität der Gebäude und der Malereien ist auch für heutige Kunsthistoriker immer noch erstaunlich. Rußland hatte unter der geringen Nachfrage nach Kunstwerken während der unruhigen Zeit der Tatarenherrschaft sehr gelitten. Doch im 15. Jahrhundert wollte man die verlorene Zeit schnell wiedergutmachen. Um den Prozeß der Entstehung neuer stilistischer Strömungen besser zu verstehen, betrachten wir die populärste russische Kunstform, die Ikonenmalerei.

Die wichtigste künstlerische Schule des 14. und 15. Jahrhunderts befand sich noch in Rostow. Wie überall waren die beliebtesten Kunstwerke Ikonen mit der Darstellung ausgewählter Heiliger sowie mit deren Lebensbeschreibungen. Diese Werke, die oft von einem archaischen Stil gekennzeichnet sind, der allerdings ihren künstlerischen Wert nicht beeinträchtigt, fallen durch ihre warmen Farben, durch die naiv komponierten, aber bewegenden Szenen und durch den versunkenen Gesichtsausdruck der Heiligen auf. Einige Rostower Ikonen können wir ruhig unter die besten Malereien der alten Rus einordnen. Wir erinnern im besonderen an die Ikone mit der Darstellung des Lebens des heiligen Nikolaus, die aus dem Dorf Pantowo in der Umgebung von Rostow stammt und die heute in der Tretjakow-Galerie gezeigt wird. Der heilige Nikolaus wird darauf wie auf byzantinischen Ikonen als edle, strenge Figur abgebildet. Doch unter der Hand des Rostower Meisters scheint er erneut Fleisch und Blut und neue Eigenschaften anzunehmen, die besser zu den Bedingungen und zum ästhetischen Ideal des Ortes passen. Der Urheber der Rostower Ikone faßte mit großer Sensibilität im Bild des heiligen Nikolaus alle jene Züge zusammen, die dem Russen Respekt einflößen konnten, der in einem strengen Klima, mitten in einer wilden Natur lebte und dazu große Zähigkeit brauchte. Sein heiliger Nikolaus erscheint als geistig starke Figur, die ein Auge hat auf die Bedürfnisse der Menschen. Die verschiedenen Wunderszenen in den Feldern am Rand machen deutlich, daß der heilige Nikolaus ein treuer Beschützer in allen Schwierigkeiten des Lebens ist. Eine ebenso starke Ausdruckskraft hat eine weitere Rostower Ikone des heiligen Nikolaus, die der heilige Sergius von Radonesch der Überlieferung zufolge in seiner eigenen Zelle aufgehängt hatte. Charakteristisch für diese Ikone ist die wundervolle Darstellung des tief versunkenen Heiligen. Er blickt direkt auf den Betrachter, ist aber gleichzeitig so sehr in seine Gedanken vertieft, daß er gar nicht zu merken scheint, was um ihn herum vor sich geht. Dieses »innere« Schweigen des Heiligen stimmte wohl mit den Vorstellungen des heiligen Sergius von Radonesch überein. Er förderte in seinem Kloster die innere Vervollkommnung durch den Verzicht auf inhaltsleere Gespräche und auf den täglichen Kontakt mit der Welt. Die Ikone ist mit verdünnten Farben gemalt und wirkt ziemlich flach. Doch dank kleiner Pinselstriche, die der Maloberfläche eine Art vibrierende Schwingung verleihen, macht sie einen außerordentlich lebhaften und überzeugenden Eindruck.

Die Kunstschule in Rostow war von den neuen künstlerischen Problemen weit entfernt, die damals die größten Meister in Moskau und Nowgorod bewegten. Die Kunst von Theophanes dem Griechen und von Andrej Rublew spiegelte sich nirgendwo im Rostower Malstil wider. Und selbst viele Jahrzehnte nach Rublews Tod malte man hier weiterhin Ikonen, die in den Proportionen der Figuren und im Farbauftrag an Werke erinnerten, die fast hundert Jahre zuvor entstanden waren.

Einige wunderschöne Ikonen des 14. und 15. Jahrhunderts stammen aus Susdal, auch wenn wir bis heute keine Gründe für die Annahme haben, daß in Susdal eine eigene Malschule existierte. Die Entstehung der künstlerischen Werkstätte (aber nicht Schule) von Nowgorod geht in die Mitte des 14. Jahrhunderts zurück, als Susdal die kirchliche Autonomie erlangte. In der Folge trennte sich Susdal von den Fürstenstädten des Moskauer Fürstentums und schloß sich dem Fürstentum von Susdal/Nischnij Nowgorod an, dessen Hauptstadt Nischnij Nowgorod war. Der größte Teil der Ikonen, die wahrscheinlich aus Susdal stammen, wurde im örtlichen Frauenkloster Mariä Schutz (Gründungszeit um 1364) gefunden. Als Eigenschaften haben sie eine etwas schwache Zeichnung und einen sehr minutiösen Stil. In dieser Hinsicht sind besonders interessant die Muttergottes Hodegetria und die Geburt Mariens, die sich heute im Russischen Museum in Sankt Petersburg befinden. Die Originalität und die zarte Schönheit der Susdaler Ikonen treten besonders hervor, wenn man die weiblichen Figuren dieser Ikonen mit den spontanen Bildern und dem dynamischen Malstil der Nowgoroder Werke aus derselben Zeit vergleicht. Es treten dabei zwei diametral entgegengesetzte Realitäten zutage – ein weiteres Zeugnis für den ungeheuren Reichtum und die Vielfalt der altrussischen bildenden Kunst.

Bis vor nicht allzu langer Zeit schrieb man der Schule von Twer nur einzelne, episodische Werke zu. Ihre Zahl stieg dann aber schnell an, vor allem dank methodischer Forschungen und der Restaurierung dieser Malereien. Die weitaus überwiegende Mehrzahl dieser Ikonen – mit Ausnahme nur einiger Stücke in der Tretjakow-Galerie – geht ins 15. oder auch ins 16. Jahrhundert zurück. In diese Zeit fällt die lange Herrschaft des Großfürsten Boris Aleksandrowitsch (1425–1461), unter der das Fürstentum Twer nach turbulenten politischen Umstürzen im Jahrhundert zuvor endlich eine verhältnismäßig ruhige Zeit und sogar eine Blüte erleben konnte. Unter der Herrschaft von Boris Aleksandrowitsch kam es in Twer zu einer bemerkenswerten Wiedergeburt der Literatur, der Architektur, des Kunsthandwerks, des Handels, der internationalen und regionalen Beziehungen, und dies alles hatte positive Auswirkungen auch auf die Entwicklung der Malerei.

Die Ikonen von Twer haben als Kennzeichen intensive Farben, vor allem ein dichtes weißliches Ocker. Diese Farbe tritt auch schon in den ältesten Ikonen der Malschule von Twer auf. Im Lauf der Zeit geriet die Malerei von Twer unmerklich unter Moskauer Einfluß, wie man deutlich an der berühmten hellblauen Mariä Himmelfahrt erkennen kann. Bei dieser Ikone sehen wir zum Beispiel die regelmäßigen schlanken Körperproportionen und die Gesichtstypen der Apostel, die vom Beginn des 15. Jahrhunderts an von den Moskauer Malern allgemein verwendet wurden. Aus Twer stammt offensichtlich auch die Ikone »Auferstehung Christi« mit ihren wundervollen Farben. Sie befindet sich in einer Stockholmer Privatsammlung und zählt heute zum bereits sehr umfangreichen Inventar der Ikonen von Twer (ungefähr hundert Stück), das G. W. Popow zusammengestellt hat. Auch bei dieser Ikone werden die Parallelen zur Moskauer Kunst deutlich, besonders zur »Himmelfahrt« aus der Mitte des 15. Jahrhunderts, die in der Tretjakow-Galerie gezeigt wird. Später produzierte die Schule von Twer aufgrund ihrer lokalen Begrenztheit nur noch banale, wenig interessante Ikonen. In ihrer Geschichte spiegelte sich die separatistische und konservative Politik der Fürsten von Twer wider. Sie widersetzten sich zäh der Moskauer Autorität und führten gegen sie hundertfünfzig Jahre lang einen vergeblichen, nutzlosen Krieg.

Mit der Region Wologda ist der Name des Dionisij von Glusiza verbunden, des einzigen lokalen Künstlers, dessen Name wir kennen (1362–1437). Wie sein Biograph berichtet, malte Dionisij nicht nur Ikonen, sondern war auch Schmied und konnte Körbe flechten. Diese Nachricht beweist, daß im Norden auch die berühmten Ikonenmaler wie Dionisij die Kunst nicht als Beruf ausübten, sondern sie verbanden die Ikonenmalerei mit anderen Tätigkeiten. Die religiöse Überlieferung schreibt Dionisij sehr viele Werke zu, unter ihnen insbesondere die kleine Ikone des heiligen Kirill von Beloozero aus dem Jahr 1424, die sich heute in der Tretjakow-Galerie befindet. Es ist eine äußerst wichtige Ikone, weil sie gemalt wurde, während der Heilige noch am Leben war, und der Autor gab ohne Zweifel das authentische Bild des bekannten Abtes wieder. Ein untersetzter alter Mann, fleißig und freundlich, mit lebhaften Augen und einem liebenswürdigen, weisen Gesicht. Es ist ein Porträt im wahren Wortsinn – übrigens eine Seltenheit in der altrussischen Malerei. Die Originalinschrift auf der Ikone lautet »Kirill«. Erst im 17. Jahrhundert wurde das schmückende Beiwort »selig« hinzugefügt, um den Wert dieser Ikone als Objekt der Verehrung zu steigern.

Bis vor kurzem gab es keinen Grund, Wologda als selbständiges künstlerisches Zentrum zu betrachten. Die wenigen Ikonen, die aus dieser Region stammten, bekamen das allgemeine Etikett »nördliche Schule«, auch wenn sich darunter, wie man wußte, qualitativ äußerst heterogene Werke befanden. Um zur Überzeugung zu gelangen, daß eine Malschule von Wologda existierte, reicht es aus, an die Ikone des heiligen Nikolaus Thaumaturgos aus dem Dorf Kardatsch Borisoglebskij (seit langer Zeit in der Tretjakow-Galerie) und an die Ikone mit der nicht aus Menschenhand stammenden Darstellung des Erlösers zu denken, die vor kurzem im Dorf Nowlenskoje gefunden und ebenfalls von der Tretjakow-Galerie angekauft wurde. Diese beiden Ikonen zeigen, daß in Wologda professionelle Maler tätig waren. Wir erkennen in ihnen einen präzisen Aufbau der Formen, eine voll entwickelte Technik und eine äußerst ausdrucksreiche Farbgebung, die eine eindeutige Vorliebe der Künstler für dunkelblaue Töne erkennen läßt.

Offensichtlich steht auch eine Reihe hervorragender Ikonen, die früher mehreren Sammlern gehörten und die heute in der Tretjakow-Galerie und im Museum für Russische Kunst in Kiew aufbewahrt werden, mit Wologda in Zusammenhang. Die Reihe besteht aus fünf Ikonen, die folgende Themen darstellen: das letzte Abendmahl, die Enthauptung Johannes des Täufers, die Kreuzniederlegung, die Grablegung und die Höllenfahrt. Die Grablegung gehört ohne Zweifel zu den Meisterwerken der

217. Heilige Barbara, Dionisij, Ende des 15. Jahrhunderts, aus der Mariä-Schutz-Kirche in Wolokolamsk; Museum des Dreieinigkeits-Sergius-Klosters.

altrussischen Malerei. Mit ihrer meisterhaften Zeichnung und der klaren Auffassung von der Besonderheit der Ikone als Darstellung eines bestimmten Symbols oder einer bestimmten Idee verstand es der unbekannte Urheber, den Höhepunkt künstlerischer und psychologischer Ausdruckskraft für das von ihm gewählte Thema zu erreichen. Er verwendete das in der Ikonenmalerei übliche Verfahren, den Inhalt der Erzählung mit Hilfe von Gesten der wichtigsten Persönlichkeiten wiederzugeben, und bringt den hoffnungslosen Schmerz jener zum Ausdruck, die sich im Augenblick der Grablegung um Jesus versammelten. Das gepeinigte Gesicht der Muttergottes, die sich krampfhaft an das Gesicht ihres toten Sohnes drückt, die im Schmerz zusammengezogenen Augenbrauen Josephs von Arimathäa, die trauernden und in Verzweiflung gestreckten Arme der Frau, die am Haupt Jesu steht, und die tiefe Traurigkeit der übrigen Teilnehmer erreichen ihren Höhepunkt in der bewegenden Geste von Maria Magdalena, die aus Verzweiflung über den Anblick des gepeinigten Jesus ihre Hände ringt. Die Landschaft ist in einem symmetrischen, fast heraldischen Stil gehalten und verleiht der ganzen Handlung eine strenge, edle Note. Die dünnen Linien der Berge wiederholen sich geometrisch und konvergieren nach dem Gesetz der umgekehrten Perspektive auf das Grab Christi und auf die Figuren der frommen Frauen zu. Damit wird die Aufmerksamkeit des Betrachters auf die Szene im Vordergrund konzentriert.

Es gibt keine genauen Berichte über die Herkunft dieser Ikone mit der Darstellung der Grablegung und auch nicht über die der anderen Exemplare. Noch heute werden sie von den einen Forschern der »nördlichen« Schule aus der Region von Kargopol, von anderen Forschern der Schule von Nowgorod und Nischnij Nowgorod zugeschrieben. Diese unterschiedlichen Meinungen ergeben sich zunächst durch den etwas rätselhaften Stil der Ikonen, bei denen charakteristische Eigenheiten verschiedener lokaler Strömungen der altrussischen Malerei miteinander verschmolzen erscheinen.

Wir kennen keine besonders schönen Moskauer Malereien, die man mit Sicherheit in die Mitte des 15. Jahrhunderts datieren kann; vielleicht werden sie noch in Zukunft entdeckt werden. Das Fehlen von Malereien in Temperatechnik wird zumindest teilweise vom wundervollen gestickten Grabtuch aus dem Jahr 1452 wettgemacht, das im Nowgoroder Museum zu sehen ist. Die gestickte Inschrift auf dem Tuch bezeugt, daß es sich um ein Geschenk des Moskauer Großfürsten Wasilij Wasilewitsch »des Dunklen« und seiner Söhne an die Sophien-Kathedrale handelt, in ihrer »Wotschina ... in Velikij Nowgorod dem allerheiligsten Erzbischof Evfimij«. Aus unerklärlichen Gründen dachte man lange Zeit, dieses Grabtuch stamme aus Nowgorod, obwohl die Namen der Stifter und die Tatsache, daß die freie Stadt Nowgorod in der Inschrift als Wotschina der Moskauer Fürsten auftritt, diese Hypothese doch ausschließen. Ohne Zweifel wurde das Tuch von Moskau geschickt. Es ist mit Gold- und Silberfäden auf blauem Grund bestickt und erinnert an den sternenübersäten Nachthimmel. Die leichten, graziösen Figuren der Engel sind völlig flach und ohne den geringsten Hinweis auf ein Volumen. Dank dieses Grabtuchs von 1452 kam eine ganze Reihe stilistisch verwandter Moskauer Stickarbeiten ans Tageslicht, unter denen wegen der Qualität der Ausführungen zwei hervorstechen, nämlich das Grabtuch des Kirill-Klosters von Beloozero, das sich heute im Russischen Museum von Sankt Petersburg befindet, und das sogenannte »hellblaue« Grabtuch der Sakristei des Dreifaltigkeits-Sergius-Klosters. Diese seltenen Werke, die ebenfalls auf die Mitte des 15. Jahrhunderts zurückgehen, vervollständigen unseren Überblick über die Moskauer Stickarbeiten und über das künstlerische Leben in der Stadt in der Zeit nach Andrej Rublew.

Warum ist im Vergleich zu den ersten dreißig Jahren des 15. Jahrhunderts die Moskauer Kunst aus der Mitte desselben Jahrhunderts nicht besonders reich an Meisterwerken? Natürlich spielten hier die Ereignisse während der vierziger bis sechziger Jahre des 15. Jahrhunderts in der nordöstlichen Rus eine wichtige Rolle: die aufreibenden Feudalkämpfe, die Epidemien, die immer wiederkehrenden Hungersnöte sowie die häufigen Invasionen der Tataren und der litauischen Truppen in benachbarte Gebiete. Der Hauptgrund war jedoch, daß die Moskauer Schule ihre Energie aufgezehrt hatte, bevor es ihr gelungen war, eine neue Ausrichtung und einen neuen Malstil zu entwickeln. Mit dem Tod Rublews, Daniils und vielleicht zweier oder dreier ebenso bedeutender weiterer Meister begann für die Moskauer Malschule eine Zeit, in der die berühmten Vorlagen ständig wiederholt wurden. Es war die Zeit, in der die Kunst Rublews und seiner Zeitgenossen nunmehr der Vergangenheit angehörte, doch die glänzende Kunst der nächsten Epoche, die vor allem mit dem Namen von Dionisij verbunden ist, war noch nicht angebrochen.

Dionisijs Biographie läßt sich wie die Rublews nur auf der Grundlage von Bemerkungen über seine Arbeit

218. »Über dich freuet sich«, Dionisij, Beginn des 16. Jahrhunderts, aus der Mariä-Himmelfahrts-Kathedrale von Dmitrow, Ausschnitt: Gruppe mit Heiligen auf der linken Seite; Moskau, Tretjakow-Galerie.

rekonstruieren. Erstmals wird sein Name zwischen 1467 und 1477 erwähnt, als er bei der Ausschmückung der aus Stein gebauten Kathedrale des Pafnutij-Klosters in Borowsk mitarbeitete. Die letzte bedeutende Arbeit des Meisters waren die Fresken der Mariä-Geburts-Kathedrale im Ferapont-Kloster, die aus dem Jahr 1502 stammen. In den dreißig Jahren zwischen diesen beiden Daten arbeitete Dionisij an der dreirangigen Ikonostase, den Fresken und der Ikone der Hodegetria (1482) der Mariä-Himmelfahrts-Kathedrale im Moskauer Kreml (1481) mit, schmückte die in Stein gebaute Kathedrale des Iosif-Klosters von Wolokolamsk (1484–1486) mit Fresken und Ikonen und schuf die Ikonen für die Ikonostase des Pawel-Klosters von Obnora in der Umgebung von Wologda (1500).

Dionisij arbeitete selten allein. Normalerweise hatte er zahlreiche Mitarbeiter und Gehilfen: Mitrofan, Timofej, Jarez, Konja, den alten Paisij, die eigenen Söhne, Feodosij und Wladimir. Alle diese Künstler besaßen einen sehr guten Ruf, und jedes neue Werk löste Begeisterungsstürme aus. Die Fresken in der Kirche des Pafnutij-Klosters waren so schön, daß sie die Fürsten in Erstaunen versetzten. Die für die Mariä-Himmelfahrts-Kathedrale gemalte Deesis war »ziemlich schön«, und die Künstler galten »zu jener Zeit als die berühmtesten ihres gesamten Berufsstandes«, als »raffinierte geschickte Ikonenmaler der russischen Heimat, die besten Maler, die man nennen konnte« und so weiter. In diesen schmeichlerischen Worten wird eine rein ästhetische Wertung der Kunst von Dionisij und dessen Umkreis deutlich. Offensichtlich schätzten die Zeitgenossen seine Malerei wegen ihrer Schönheit und ihrer Pracht.

Dionisij war ein sehr fruchtbarer Maler. Man kann ohne weiteres die Behauptung aufstellen, daß er einige hundert Ikonen gemalt hat. Allein das Iosif-Kloster von Wolokolamsk bewahrte nach einem Inventar aus dem Jahr 1545 siebenundachtzig Ikonen aus seiner Hand auf. Die Kompilatoren dieses Inventars meinten damit nur die Ikonen, die er persönlich gemalt hat, während die Ikonen seiner Gehilfen (Paisij, Feodosij, Wladimir) extra gezählt wurden. Es fällt uns allerdings schwer, zu sagen, nach welchen konkreten Indizien die Kompilatoren der Inventare die enormen Ikonenschätze der Klöster nach Autoren klassifizierten. Sehr wahrscheinlich wußten sie einfach, daß dieses oder jenes Werk aus der Hand von Dionisij stammte. Heute haben wir größte Mühe, eine scharfe Grenze zwischen Dionisijs Werken, denen seiner Söhne und denen der ihm geistig nahestehenden Meister zu ziehen. Deswegen sind die authentischen Ikonen von Dionisij genauso selten wie die von Andrej Rublew.

Die Jugendjahre des Meisters, in denen er seinen künstlerischen Geschmack formte und seinen Stil bildete, liegen ungefähr in der Mitte des dritten Viertels des 15. Jahrhunderts. Zu jener Zeit war die Erinnerung an Rublew noch frisch, und einige seiner Schüler waren noch am Leben und arbeiteten noch. Dionisij kannte Rublews Kunst sicher sehr gut, doch den entscheidenden Faktor in seiner künstlerischen Biographie bildeten die Werke der jüngeren Zeitgenossen und der Schüler von Rublew, welche die Manier des großen Meisters in Richtung auf eine immer raffiniertere und schönere Malerei weiterentwickelten. Eine Vorstellung von ihrer Kunstfertigkeit geben uns die beiden Ikonen der Hodegetria im Dreifaltigkeits-Sergius-Kloster und ebenso das Grabtuch von 1425. Diese Werke müssen Dionisij gefallen haben: Nicht umsonst erinnert seine Hodegetria aus dem Jahr 1482 in ihrem raffinierten Stil an die beiden früheren Ikonen der Hodegetria im Dreifaltigkeits-Kloster.

Die Jugendwerke von Dionisij sind nicht erhalten geblieben, nämlich die Fresken des Pafnutij-Klosters und die Deesis, die Festtags- und die Prophetenikonen in der Mariä-Himmelfahrts-Kathedrale. In dieser befinden sich jedoch einige Fresken, die offenkundig 1481 zur selben Zeit wie die Ikonostase gemalt wurden. Es sind dies die Figuren der Heiligen auf der Schranke zum Altarraum, die Anbetung der Heiligen Drei Könige auf der Sakristeiwand, die vierzig Märtyrer von Sebaste und eine Szene aus dem Leben des heiligen Petrus in der Kapelle der Heiligen Petrus und Paulus. Abgesehen von der Komposition der »vierzig Märtyrer von Sebaste« haben die Fresken viel mit den Werken von Dionisij gemeinsam. Obwohl wir nicht wissen, ob er an der Ausführung dieser Fresken beteiligt war oder nicht, geben sie uns doch eine Vorstellung von jener Strömung der Moskauer Malerei, in deren Rahmen sich die Kunst Dionisijs entwickelte.

219. Kreuzigungsszene, Dionisij, um 1500, aus dem Pawel-Kloster von Obnora im Gebiet Wologda; Moskau, Tretjakow-Galerie.
220. Thronende Muttergottes mit Jesuskind, Dionisij und seine Söhne, 1502, Fresko in der Apsis des Allerheiligsten der Mariä-Geburts-Kathedrale im Ferapont-Kloster.

Unter den zahlreichen Ikonen, die Dionisij zugeschrieben werden, nehmen die monumentalen Ikonen mit den Lebensbeschreibungen des Metropoliten Petr (Mariä-Himmelfahrts-Kathedrale im Moskauer Kreml) und des Metropoliten Aleksij (Tretjakow-Galerie) die wichtigste Stelle ein. Man nimmt an, daß sie in die achtziger Jahre des 15. Jahrhunderts zurück datieren, als der Meister auf dem Höhepunkt seines Schaffens stand. Beide Ikonen stammen aus der Mariä-Himmelfahrts-Kathedrale im Moskauer Kreml, und angesichts ihrer Dimensionen (197 × 151 und 197 × 152 cm) waren sie für den neuen Bau des Architekten Aristotele Fioravanti gedacht. In diesem Fall besteht im Hinblick auf die Datierung eine Verbindung zu den übrigen Malereien der Kirche, die, wie die Chroniken berichten, 1481 und wahrscheinlich auch in den darauffolgenden Jahren von Dionisij, Jarez und Konja ausgeführt wurden. Kurz bevor diese Künstler ihre Aufträge erhalten hatten, fand die feierliche Überführung der sterblichen Überreste des Metropoliten Petr (1479) in die neue Kathedrale statt. Einige Jahre später wurde auch der Leichnam des Metropoliten Aleksij in die ihm geweihte Kirche des Klosters vom Wunder, unweit der Mariä-Himmelfahrts-Kathedrale (1485) überführt. In Zusammenhang mit diesem wachsenden Interesse für das Gedenken an die ersten Moskauer Bischöfe, die als Verteidiger der Kirche und der russischen Staatlichkeit auftraten, stand offenkundig auch das Projekt, welches das Fundament für die beiden Ikonen bildete. In den Außenfeldern finden wir keine Darstellungen von der Überführung der sterblichen Überreste, obwohl diese in der darauffolgenden Epoche sehr beliebt wurden. Das bringt uns auf den Gedanken, daß diese Bilder gemalt wurden, als diese beiden Überführungen gerade eben stattgefunden und noch keinen Ausdruck in der Ikonenmalerei gefunden hatten.

Die Ikonen der Metropoliten Petr und Aleksij zeigen uns Dionisij als den besten Maler von Heiligenikonen mit Lebensbeschreibungen. Auf diesen Bildern steht der Heilige im Zentrum und ist von einer Reihe von Feldern umgeben, in denen die wichtigsten Ereignisse seines Lebens und die Wunder dargestellt sind, die von seinen Reliquien ausgingen. Solche Heiligenbilder wurden in der Rus bereits im 10. bis 14. Jahrhundert gemalt. Doch bei den Heiligenikonen aus früherer Zeit begrenzen die Rahmendarstellungen oft die Ausdruckskraft der Zentralfigur. Es bedurfte erst einer langen Entwicklung der Ikonenmalerei auf eine Verfeinerung des künstlerischen Systems hin und einer Evolution der Miniaturmalerei, bis die Heiligenikonen mit Lebensbeschreibungen schließlich ihre Vollkommenheit erreichten. Gerade bei Dionisij erreichte dieser Ikonentyp seine klassischen Formen.

Der farbige Rahmen oder die schräge Vertiefung des zweiten »Bogens« (Kowtscheg), die den Rahmen ersetzt, sind verschwunden, und der einfarbige weißlich hellblaue Hintergrund des Zentralteils verschmilzt mit dem analogen Hintergrund der Szenen aus dem Leben. Verschwunden sind auch die vertikalen Streifen zwischen den Feldern, deren Funktion nun der architektonische Hintergrund zu den einzelnen Szenen übernimmt. In einigen Fällen ist im oberen und unteren Teil der Ikone die Grenze zwischen benachbarten Feldern wenig ausgeprägt, und die Erzählung beginnt sich wie auf antiken Friesen in der Horizontalen zu entwickeln. Überdies wiederholt sich die Konstante der Zentralfigur regelmäßig auch in den Feldern, deren Handlungen sich normalerweise langsam entwickeln mit wiederholten Szenen feierlicher Begegnungen und Unterredungen. Die Farbgebung des Zentralteils und der Felder zeigt keine grundlegenden Unterschiede und beruht auf Kombinationen derselben Farben: Weiß, Hellblau, Gelb, Grün, Rosa, Kirschrot und Scharlachrot. Der ungewöhnlich häufige Gebrauch weißer Farbe, die alle übrigen Farben mit besonderer Intensität hervortreten läßt, verleiht den Ikonen ein festliches, dekoratives Aussehen. Im Werk von Dionisij erreichte die Heiligenikone mit Lebensbeschreibung einen solchen Grad der Vollkommenheit, daß wir diesem Künstler das Verdienst zubilligen können, aus diesem Ikonentyp eine eigenständige Gattung geschaffen zu haben.

In Dionisijs Kunst läßt das Interesse für den inneren Gehalt der menschlichen Figur auch Raum für ein großes Interesse an rein künstlerischen Problemen. Für ihn ist weniger der dargestellte Gegenstand wichtig als die Art und Weise, wie er diesem Gegenstand Form verleiht. Daher stammt die Vorliebe des Meisters für Szenen mit zahlreichen Figuren, weil sie ihm mehr Raum für kreative Kombinationen (vor allem farblicher Art) boten als einzelne Figuren. Die Ikonen verschiedener Heiliger, darunter auch jene, die sicher von Dionisijs Hand stammen, etwa die Hodegetria in der Himmelfahrts-Kirche im Moskauer Kreml, oder die Ikonen, die Dionisij zugeschrieben werden wie das wundervolle Werk mit der Darstellung der heiligen Märtyrerin Barbara von Wolokolamsk (heute im Museum von Sergiew Posad), sind trotz all ihrer künstlerischen Vorzüge doch zweitrangig im Vergleich zu den Heiligenikonen mit Lebensbeschreibung und den prächtigen von ihm selbst oder Künstlern seines Umkreises oder seiner Schule gemalten Kompositionen über Themen wie die Himmelfahrt der Gottesmutter, die Höllenfahrt, der Schutz der Gottesmutter, das Jüngste Gericht, das Hexaemeron und andere mehr. Ein feierliches Bild der Kirchenfeste, Themen des Ruhms und der Verherrlichung: das sind die grundlegenden Elemente bei Dionisij. Hier erreichte er Höhen, wie vor ihm noch kein Meister.

221. Dreifaltigkeit, Mitte des 14. Jahrhunderts, Ausschnitt aus der Bronzetür von Twer, Mariä-Schutz-Kathedrale in der Aleksandrowskaja Sloboda bei Moskau.

Man könnte nun von vornherein davon ausgehen, daß das Interesse von Dionisij für die äußere Pracht zu einer ikonographischen traditionellen Auffassung führte, die sich unabhängig vom Inhalt für jede Ikone eignete. Und in der Tat malte Dionisij die weitaus überwiegende Mehrheit der Heiligen mit demselben Gesicht: Der Definition der ikonographischen Handbücher zufolge »ähneln« alle einander. Sergius von Radonesch sieht aus wie Kirill von Beloozero, Kirill wie Dimitrij von Priluzk, Dimitrij wie der heilige Nikolaus Thaumaturgos und so weiter. Diese stete Wiederholung wird noch deutlicher, weil Dionisijs Werke auch vom technischen Standpunkt der Ikonenmalerei einförmig sind. Die übermäßig verlängerten Figuren, die steife Vertikalität der Gewandfalten, die kaum angedeutete Bewegung, der süße, sehr flüssige Stil, die immer leicht geröteten Wangen, der umfangreiche Gebrauch von Schleiern, dies alles konstatieren wir bei jedem Bild ohne substantielle Änderung. Bisweilen hat es den Anschein, Dionisij habe endlich den Stil gefunden, der ihn befriedigte, und er habe danach mit einer eigenen Weiterentwicklung aufgehört, so daß sein langer kreativer Weg nichts anderes sei als eine Imitation seiner selbst. Aus diesem Grund ist es nicht von entscheidender Bedeutung, eine wahre Chronologie der Werke von Dionisij aufzustellen. Die Vorliebe für den äußeren Aspekt auf Kosten des psychologischen Studiums der menschlichen Figur wird bereits in den Fresken von Skoworodka deutlich. Doch in der Kunst von Dionisij erreicht diese Tendenz ihre volle Blüte und wird zur bestimmenden Eigenschaft seiner künstlerischen Methode. Gewiß rettet das Charisma des großen Malers seine Ikonen vor der Leere und der Langeweile, welche die Werke vieler Zeitgenossen von Dionisij und besonders seiner Schüler umgeben. Nur ganz wenige Werke der Stickkunst (»O von allen besungene Mutter« und »Die Enthauptung des Johannes des Täufers« aus der Werkstatt von Elena Woloschanka, heute im Historischen Museum, und die Schleier aus dem Jahr 1510 mit der Darstellung der Geburt Mariens in der Tretjakow-Galerie) bereichern dieses allgemeine Bild eines originellen Stils.

222. Selbstbildnis des Meisters Abraham, erstes Viertel des 15. Jahrhunderts, Bronzefigur auf den Türen der Sophien-Kathedrale in Nowgorod.

In den letzten Jahren seines Lebens arbeitete Dionisij viel im Norden. Im Jahr 1500 malte er eine Deesis mit Festtags- und Prophetenikonen für die Dreifaltigkeits-Kathedrale des Pawel-Klosters von Obnora. Aus den wenigen Ikonen, die von dieser Ikonostase übriggeblieben sind, geht deutlich hervor, daß es sich um einen wunderschönen Komplex von Malereien gehandelt haben muß. Besonders schön ist die Ikone der Kreuzigung, die sich heute in der Tretjakow-Galerie befindet. Wie alle Werke von Dionisij fällt sie vor allem durch ihre Farbgebung auf. Das Kleid des Centurio Longinus, der neben Johannes steht, ist in Weiß, Hellblau, Zitronengelb, Rot, Dunkelgelb, Blau, Grünlich und in einem grünlichen Hellblau gehalten. Selbst für Dionisijs Palette erscheint diese Figur ungewöhnlich spektakulär.

Im Jahr 1502 begannen Dionisij und seine Söhne Feodosij und Wladimir, die aus Stein errichtete Kathedrale des Ferapont-Klosters mit Fresken auszuschmükken. Die Arbeiten dauerten eineinhalb Monate, wie eine Inschrift beweist, welche die Autoren am Gewölbe des Vorraums der Nordpforte hinterließen. Die Fresken sind besonders gut erhalten und wurden in den fast fünfhundert Jahren ihrer Existenz nur einmal und auch nur unbedeutend restauriert. Sie wurden im Jahr 1911 entdeckt und der Öffentlichkeit zugänglich gemacht und wurden schnell berühmt.

Die Kathedrale des Ferapont-Klosters ist dem Fest der Geburt Mariens gewidmet. Natürlich bezieht sich der Inhalt des gesamten Bildprogramms auf Maria. Die Forscher sind sich darin einig, daß das Außenfresko, welches das Portal umrahmt – übrigens eine Seltenheit in der alten russischen Malerei –, persönlich von Dionisij geschaffen wurde. Hier sind in drei relativ kurzen Rängen die Deesis, die Geburt Mariens, die Zärtlichkeiten der Muttergottes und an den Seiten des Eingangs zwei Engel dargestellt. Unmittelbar über dem Eingang sind die Muttergottes vom Zeichen, welche die Menschwerdung Christi symbolisiert, sowie Johannes Damaszenus und Kosmas von Maiuma dargestellt, die viele liturgische Hymnen schufen.

Bereits auf dem Fresko am Portal wird das Ziel deutlich, das dem ganzen Bildzyklus zugrunde liegt: der Ausdruck der Freude über die Geburt Mariens, die Verehrung, die der Muttergottes zuteil wird, und ihre Verherrlichung. Im Inneren der Kathedrale wird diese Idee in aller Breite entwickelt. Sie findet Ausdruck im Fresko in einer Nische des Altarraums, in Kompositionen wie dem »Schutz der Gottesmutter«, »Über dich freuet sich«, »Die Lobpreisungen der Muttergottes« und auch in einer ganzen Reihe von Szenen, die von den Worten des Akathist inspiriert wurden, einem umfangreichen Hymnus zu Ehren der Gottesmutter. Die Künstler brachten das Gemälde vom Jüngsten Gericht traditionsgemäß auf der Westwand der Kirche an. In diesem Fresko unterstreichen sie geschickt die Rolle Mariens, die beim Christus als Fürsprecherin zugunsten der ganzen Menschheit, als himmlische Beschützerin und als Beterin auftritt. Es springt allerdings die Tatsache ins Auge, daß Maria trotz des Reichtums an Szenen, die sich direkt oder indirekt auf sie beziehen, nur im Fresko über dem Portal, das ihre Geburt und die »Zärtlichkeiten« darstellt, und sonst in keiner weiteren Szene wie normalerweise sonst in den Erzählungen aus ihrem Leben auftritt. Überall wird an erster Stelle die abstrakte Idee des Jubels über ihre Geburt deutlich, über das Fest, »das eine Freude des gesamten Universums war«. Diese Idee führte die Künstler dazu, in ihrem Freskenzyklus die Kompositionen aufzunehmen, die auch im Akathist zu finden sind, im feierlichsten und gleichzeitig abstraktesten Hymnus zu Ehren der Gottesmutter. Die Fresken, welche die Strophen des Akathist illustrieren, nehmen den zentralen Streifen der Fresken ein. Mit anderen Worten, sie bekamen damit den Ehrenplatz. Diese Fresken singen das Lob Mariens und folgen dabei Punkt für Punkt dem dichterischen Text. Wie der Text weisen sie die Form komplizierter symbolischer Darstellungen auf, die gar nicht so sehr das Leben der Gottesmutter illustrieren, sondern deren verschiedenen Bedeutungen. »Gegrüßet du, o Gestirn, das die Sonne erscheinen läßt; gegrüßet du, Glanz des mystischen Tages«: Diese dominierende Lobpreisung des Akathist ist gleichzeitig auch das dominierende Motiv aller Fresken des Ferapont-Klosters.

Ein besonderes Merkmal der Fresken des Ferapont-Klosters ist ihre Farbgebung. Von diesem Standpunkt aus gesehen sind sie ohne Zweifel die schönsten russischen Wandmalereien. Lange Zeit glaubte man, Dionisij und seine Gehilfen hätten die reichen lokalen Lagerstätten farbiger Erden an den Flußufern um das Kloster herum verwendet. Es gab hier nämlich gelbe, rote, violettfarbene, rosafarbene, grüne, braune, weiße, graue und schwarze Erden, mit denen man wieder durch Mischung rasch schöne Farbtöne hätte gewinnen können. Heute steht jedoch fest, daß die chemische Zusammensetzung der weitaus meisten Pigmente, die Dionisij verwendete, nichts zu tun hat mit den lokalen Mineralien. Es ist nicht auszuschließen, daß Dionisij die Schönheit dieser Tone und Erden sehr wohl erkannte und mit seiner leichten, opaken und harmonischen Farbgebung die Wunder der Natur in den nördlichen Regionen wiederzugeben trachtete. Die in den Fresken vorherrschenden Farben sind Weiß, Kirschrot, Rosa und helles Ocker vor einem himmelblauen Hintergrund. Wer diese Fresken betrachtet, wird von einem Gefühl der Bewunderung und Heiterkeit durchflutet. Dazu trägt auch der rein grafische Aspekt des Freskos bei. Die Figuren sind hoch, schlank und elegant; die Plastizität des Körpers wird praktisch nicht zum Ausdruck gebracht, und alle Figuren scheinen auf der Oberfläche der Wand zu schweben. Die vertikale Haltung der Figuren, die charakteristisch ist für Dionisij, führt dazu, daß die weitaus meisten Persönlichkeiten auf den Fresken in Lebensgröße dargestellt sind. Auch in den Fällen, bei denen die Ikonographie den Künstler zwang, sitzende Menschen darzustellen, verlängerte er die Figuren deutlich, so daß sie aussehen, als würden sie stehen. Alle Fresken ohne Ausnahme lassen die Indifferenz Dionisijs für dramatische Darstellungen und Handlungen im allgemeinen erkennen. Überall fällt uns das Motiv der Fürsprache auf. Alle Personen auf den Fresken treten gegenseitig füreinander ein. Sogar die Gottesmutter und Christus, die klarerweise das kompositorische Zentrum der meisten Fresken bilden müßten, sind aus der zentralen Achse verschoben und werden ebenfalls in der Haltung von Fürsprechenden und Betenden dargestellt. Dieses auf den ersten Blick eigentümliche Merkmal der Fresken des Ferapont-Klosters geht natürlich auf allgemeine Anweisungen von Dionisij zurück, der nicht so sehr die Göttlichkeit, den Menschen oder die Handlung, sondern die religiöse Haltung, das Gebet, darstellen wollte. Deswegen werden die Heiligen, die eigentlich von den Gläubigen verehrt werden sollten, von den in den Fresken abgebildeten Persönlichkeiten verehrt, unter denen auch sie sich befinden. Damit erklärt sich unter anderem auch die sehr schwache psychologische Auswirkung der Malerei. Im Unterschied zu den mächtigen und geradezu fanatisch impulsiven Heiligen auf den Nowgoroder Fresken richten sich die Heiligen auf den Fresken von Dionisij nicht gegen ihre Betrachter; ihre Augen wirken nicht anziehend, sie faszinieren den Menschen nicht und erwecken in ihm auch keine religiösen Gefühle. So wird ziemlich deutlich, daß der Charakter der Kunst von Dionisij und das Bildprogramm des Ferapont-Klosters ziemlich gut zueinander passen. Deswegen stellen diese Fresken eines der Meisterwerke von Dionisijs künstlerischem Erbe dar, obwohl er sie am Ende seines Lebens malte oder sie vielleicht zu einem großen Teil gar nicht mehr von ihm, sondern von seinen Söhnen ausgeführt wurden.

Dionisijs Kunst liegt in der Übergangszeit zwischen zwei Epochen. Auf der einen Seite vollendet er die kreative Suche des 15. Jahrhunderts, und auf der anderen Seite eröffnet er die Periode der prachtvolleren und komplexen Malerei des 16. Jahrhunderts. Der neuen Epoche ist er aber stärker verbunden als der vorhergehenden. Es ist kein Zufall, daß Iwan III. von Dionisijs Malerei begeistert war, weil er darin den Glanz der eigenen Herrschaft sah. Wir müssen noch ganz besonders die Beziehung zwischen Dionisij und der Kirche unterstreichen. Seine Auftraggeber und Förderer waren Mitglieder der höchsten kirchlichen Hierarchie und die Äbte der wichtigsten Klöster, und unter ihnen nahm Iosif von Wolokolamsk die erste Stelle ein. Er führte die Bewegung der Stjaschateli (»die Besitzenden«) an, war ein brillanter orthodoxer Polemiker, unterstützte die Idee der Vereinigung der königlichen mit der religiösen Autorität und bekämpfte unerbittlich jede Form der Liberalität. Dieser Iosif muß einen tiefen Einfluß

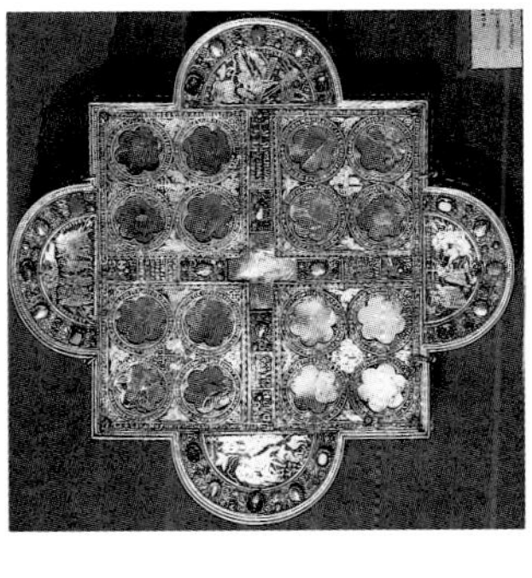

223–225. Kreuz »Ljudogoschtschenskaja«, Jakow Fedosow, 1359, aus der Florus-und-Laurus-Kirche in Nowgorod, Museum Nowgorod; Reliquiar des Bischofs Dionisij von Susdal, 1383, Nischnij Nowgorod, im Moskauer Kreml, Rüstkammer; Reliquiar aus dem Besitz der Fürsten von Radonesch, erstes Viertel des 15. Jahrhunderts, Museum des Dreieinigkeits-Sergius-Klosters.

226. Reliquiar, erste Hälfte des 14. Jahrhunderts, Twer; Moskauer Kreml, Rüstkammer.
227. Darstellung der Dreifaltigkeit, 1435, Gravur auf der Innenseite des Panhagiar der Sophien-Kathedrale in Nowgorod; Museum Nowgorod.

auf Dionisij ausgeübt haben. An ihn und an seinen Sohn Feodosij richtete Iosif seinen berühmten »Brief an den Ikonenmaler« und die »Gespräche« über die Verehrung der Ikonen. Beide Werke sind von einem streng dogmatischen Geist durchdrungen. Iosif bestätigt darin wiederholt, Ikonen müßten prächtig aussehen, damit ihre Schönheit den Gedanken des Menschen »zur Sehnsucht nach Gott und zur Liebe«, »zum Unbeschreiblichen, Unaussprechlichen, Unerreichbaren« ausrichte. Um dieses abstrakte Ideal über künstlerische Formen zum Ausdruck zu bringen, war ein gutausgebildeter, scholastischer Kopf und eine äußerste Typisierung der darstellenden Verfahren erforderlich. Gerade aus diesem Grund wiederholten Dionisij und seine Gehilfen bei den Fresken der Kathedrale des Ferapont-Klosters bewußt dieselbe Komposition mehrere Male, weil sie glaubten, sie könnten damit wirksam den Inhalt der verschiedenen Ereignisse zum Ausdruck bringen. Dies gilt vor allem für die Fresken, welche die »Gespräche der drei Heiligen« und die »ökumenischen Konzilien« darstellen. Beide sind nach demselben Schema gemalt und zeigen einen sehr starken Einfluß des dogmatischen Denkens, das nicht zu einer Vielfalt der Methoden, sondern zu deren Vereinheitlichung tendiert.

Wie Andrej Rublew und Daniil Tschornyj, die sich beim Ausmalen der Mariä-Himmelfahrts-Kathedrale von Wladimir nicht nur auf die Fresken beschränkt hatten, so malten auch Dionisij und seine Söhne eine neue Ikonostase für die Mariä-Geburts-Kathedrale des Ferapont-Klosters. Von diesem prachtvollen Werk sind einige große Ikonen des lokalen Rangs, der Deesis und der Propheten erhalten geblieben, während von den Festtagsikonen keine Zeugnisse mehr übrig sind. Auch diese isolierten Ikonen, die in Museen ausgestellt werden, zeigen uns deutlich, daß die Ikonostase aufgrund der Farbgebung und der allgemeinen Feinheit der Darstellung ein entscheidendes dekoratives Element der Mariä-Himmelfahrts-Kathedrale darstellte und zusammen mit den Fresken einen einheitlichen stilistischen Komplex bildete.

Wie die Fresken enthalten auch die Ikonen zahlreiche zarte, dekorative und gleichzeitig ausdrucksstarke Farbtöne. Wenn man diese bemerkenswerten Ikonen betrachtet, ist man von der Feinheit der Zeichnungen, dem Spiel der Linien, der Harmonie der Farben und den Farbnuancen fasziniert. Besonders charakteristisch ist die Ikone des heiligen Demetrios von Thessaloniki mit ihrem wunderbaren Nebeneinander hellblauer und kirschroter Farbtöne auf Goldgrund. Die Figur des Heiligen wird der Diagonalen nach vom pfeilgeraden Saum seines Gewandes durchschnitten. Dank dieses glücklichen Details erlangt die frische und jugendliche, reine und leichte Figur von Demetrios unerwartet einen nüchternen Glanz und eine geistige Festigkeit. Doch in Übereinstimmung mit dem allgemeinen Inhalt der Kunst von Dionisij überwiegen nie die psychologischen Züge seiner Heiligen, und die rein darstellerischen Entwicklungen des Meisters bleiben der wichtigste Gesichtspunkt seines künstlerischen Erbes.

Die Moskauer Malerei aus der zweiten Hälfte des 15. Jahrhunderts, die der Großfürst und die Kirche mit ihrer Autorität in den Rang einer offiziellen Kunst erhoben, erfuhr eine weite Verbreitung. Ihr Aktionsradius beschränkte sich nicht auf Moskau und die benachbarten Städte und Klöster. Wie die Moskauer Fürsten die Republiken und anderen Fürstentümer der nordwestlichen und nordöstlichen Rus unterworfen hatten, so drangen auch die Ideen, die wichtigsten ikonographischen Themen und einzelne stilistische Eigenheiten dieser Malerei nach und nach in die Kunst der übrigen Städte ein und beeinflußten in großem Umfang lokale Malerschulen.

228–229. Sakkos des Metropoliten Petr, 1322; großer Sakkos des Metropoliten Photius, 1414–1417, Moskauer Kreml, Rüstkammer.

230–232. Einband des Evangeliars von Feodor Koska, 1392, Moskau; Moskau, Russische Nationalbibliothek. Einband eines Evangeliars aus der Mariä-Himmelfahrts-Kathedrale im Moskauer Kreml, Beginn des 15. Jahrhunderts; Moskauer Kreml, Rüstkammer. Muttergottes aus Wladimir mit silbernem Beschlag, Ende des 14. bis Beginn des 15. Jahrhunderts; Museum des Dreieinigkeits-Sergius-Klosters.

Dekorative und angewandte Künste

Die volkstümliche, überwiegend dekorativ ausgerichtete russische Kreativität, die sich in der Produktion von Gegenständen für den häuslichen und den alltäglichen Gebrauch äußert, litt nicht weniger als die anderen Künste unter der Tatarenherrschaft. Bis man Holz, Metall oder Stein bearbeiten und Stoffe weben kann, muß man lange lernen. Erfahrung mit den verschiedenen Methoden kann nur angesammelt werden, wenn Werkstätten kontinuierlich Arbeit und viele Aufträge haben. Wenn nur gelegentlich Bestellungen eintreffen, werden die Werke der Goldschmiede und Ziselierer zu wenig raffinierten Produkten, die nur den Geschmack anspruchsloser Kunden befriedigen. Während der Zeit der Bedrohung durch die Tataren gingen die Arbeiten mit Edelmetallen, Perlen und Edelsteinen stark zurück, weil es keinerlei Sicherheit dafür gab, daß Gold und Silber nicht zuletzt doch den Tataren in die Hände fielen. Abgesehen davon verschleppte die Goldene Horde viele Handwerker der eroberten Städte in Gefangenschaft. Sie mußten dort für die Khane und die tatarischen Würdenträger arbeiten.

Einen klaren Beweis für die künstlerische Dekadenz jener Zeit liefert uns eine ganze Reihe von Metallgegenständen für den religiösen Gebrauch. Zwei Panhagiar (liturgische Gefäße für die Aufnahme des der Gottesmutter, der Panhagia, geweihten Brotes, der Prosphore) aus Bronze mit der Darstellung der Dreifaltigkeit (zweite Hälfte des 14. Jahrhunderts, beide aus Nowgorod, das eine heute im Museum der Stadt, das andere im Historischen Museum in Moskau) machen mit ihrer reizlosen Form und der primitiven Zeichnung der Engel auf uns den Eindruck, als seien sie von Künstlern gegossen und ziseliert worden, die eben gerade das Gießerhandwerk erlernt hatten, und wahrscheinlich trifft dies auch zu. Weil keine äußere Bedrohung mehr gegeben war, konnte eine Wiedergeburt der Handwerkskünste im 14. Jahrhundert, ungefähr hundert Jahre nach dem ersten Einfall der Tataren, wieder schnell erfolgen. Sie entwickelten sich auf eine immer größere Raffinesse und technische Perfektion hin. Um diesen Fortschritt zu erfassen, können wir die Darstellungen auf den beiden Panhagiar mit einem analogen Thema vergleichen, nämlich der feuervergoldeten, kupfernen Bildtür von Twer, die Iwan III. nach Aleksandrow bei Moskau brachte. Sie stammt aus der zweiten Hälfte des 14. Jahrhunderts. Die eleganten Figuren der Engel und ihre länglichen Proportionen verraten sofort die sichere Hand eines Meisters, der eine solche Komposition brillant ausführen konnte.

Wir haben genügend Gründe für die Annahme, daß Tausende dekorativer Kunstwerke aus der Vergangenheit, die auch oft noch in späterer Zeit, im 17. Jahrhundert, in den Inventaren von Kirchen und Klöstern aufgeführt wurden, für immer verlorengingen. Um so überraschender ist deswegen die große Menge an Werken, die trotzdem erhalten geblieben sind und die sich heute in staatlichen Museen befinden. Die Rüstkammer des Kreml in Moskau, der Audienzsaal des erzbischöflichen Palastes im Nowgoroder Kreml und andere berühmte Museen sind voll von solchen Kunstwerken, die oft noch gar nicht richtig untersucht wurden und die uns noch viel erzählen könnten über die künstlerische Wiedergeburt Rußlands.

Das wichtigste Kunstzentrum war natürlich Nowgorod, wo Gold- und Silberschmiede, Emailkünstler, Ziselierer, Steinmetze und Holzschnitzer die Eliten der städtischen Handwerker bildeten. Da es im Unterschied zu Westeuropa keine Zünfte gab, übernahmen deren Aufgabe sehr wahrscheinlich die großen Werkstätten im erzbischöflichen Hof. Sie kontrollierten die Arbeiten der kleineren Produktionsbetriebe, verteilten auf sie weniger bedeutende Aufträge und empfahlen sie auch weniger begüterten Kunden aus der Spitze der Nowgoroder Hierarchie. Das Zusammengehörigkeitsgefühl war so weit entwickelt, daß keine Willkür möglich war und die technische Perfektion der produzierten Gegenstände erhalten blieb. Durch einen glücklichen Zufall ist uns ein Porträt eines der besten Nowgoroder Handwerker vom Beginn des 15. Jahrhunderts erhalten geblieben, nämlich das des Gießers Awraam. Auf den Bronzetüren von Korsum, an der Ostseite der Sophien-Kathedrale, befinden sich die Figuren dreier Meister, die an der Ausarbeitung der Tür beteiligt waren: Rikwin, Wajsmut und Awraam. Die beiden ersten sind deutsche Gießer aus dem 12. Jahrhundert, welche die Türen in Magdeburg gossen. Der dritte ist ein russischer Künstler, dem die Aufgabe anvertraut wurde, die Bronzetüren zusammenzusetzen, die während eines Krieges gegen die Deutschen als Siegestrophäe nach Nowgorod transportiert worden waren. Obwohl sich Awraam bemühte, den romanischen Stil des Originals zu imitieren, ist seine stark plastische Bronzefigur in natürlicher Haltung in einem völlig anderen Stil gehalten. Der naive Naturalismus des Vorbilds ist hier durch eine lebhaftere Darstellung der existierenden Realität ersetzt. Awraam hält das Werkzeug seines Berufes in der Hand, den Hammer und Zangen. Seine frontale, plastische Figur schaut den Betrachter an und bringt deutlich den Wert des Künstlers zum Ausdruck, der sein Handwerk versteht und keine Scheu empfindet, sich selbst auf den Bronzetüren der städtischen Kathedrale abzubilden. Wir müssen dazu auch sagen, daß weder der Erzbischof von Nowgorod noch der Ältestenrat am Selbstbildnis des Awraam Anstoß nahmen, weil dadurch die Autorität Nowgorods als Zentrum der Künste und des Handwerks zweifelsfrei bestätigt wurde.

Das Nowgoroder Kunsthandwerk brachte zahlreiche hervorragend gestaltete Werke hervor. Zu den Meisterwerken zählen das vollkommen erhaltene Steinkreuz von Borowitschi (Ende des 13. bis Anfang des 14. Jahrhunderts, Russisches Museum), der aus Achat geschnittene, mit vergoldetem Silber verzierte Kelch des Erzbischofs Moisej (1329), das monumentale geschnitzte Holzkreuz »Ljudogoschtschenskaja« (1359), und ein Panhagiar von 1435 aus der Sophien-Kathedrale von Nowgorod mit der ziselierten Darstellung der Dreifaltigkeit (alle Gegenstände im Nowgoroder Museum). Der Titel der Werke mit den genauen Daten und den Inschriften, welche die Umstände ihrer Herstellung erklären, gibt uns die seltene Möglichkeit, qualitative Veränderungen und die Stilentwicklung in diesen Kunstgattungen zu verfolgen. Der Kelch des Erzbischofs Moisej ist trotz seiner beträchtlichen Formen und Ausmaße reich dekoriert mit eingeschnittenen Heiligenfiguren, Filigran- und Nielloarbeiten und Edelsteinen, welche die Aufgabe hatten, den Reichtum, die Macht und die unbegrenzten Fähigkeiten des Erzbischofs zu demonstrieren, denn dieser Kelch wurde jeden Tag für die Kommunion der Gläubigen zur Altarstufe gebracht. Die liturgischen Inschriften am oberen Rand des Kelchs und die Chronik am unteren Rand passen sich mit ihrer gebundenen Schrift oder der ungebundenen Unzialschrift, die nicht geringe dekorative Qualitäten aufweist, gut in das Gesamtbild ein. Noch bemerkenswerter ist das Kreuz mit der Bezeichnung Ljudogoschtschenskaja, das Meister Jakow Fedosow im Auftrag der Bewohner der Ljudogoschtschenskaja-Straße schnitzte. Es wurde vermutlich in der Kirche des heiligen Florus und des heiligen Laurus aufgestellt, deren Figuren sich zusammen mit denen anderer Heiliger in den Medaillons auf der Vorderseite des Kreuzes befinden. Dieses außergewöhnliche Werk der Nowgoroder Schnitzkunst wurde im Gedenken an den blutigen Kampf zwischen den Bojarenfamilien des Sophienviertels und des Handelsviertels angefertigt. Aus Erzählungen wissen wir, daß damals auch viele unschuldige Bürger ihr Leben verloren. Das Sophienviertel erlitt die höchsten Verluste, doch gelang es ihm am Ende, das Slawenskojviertel von Nowgorod zu überwältigen. Die Inschrift auf dem Piedestal des Kreuzes bittet Christus im Namen der Bewohner der Ljudogoschtschenskaja-Straße, »den Reinen im Glauben und im Herzen« zu Hilfe zu eilen. Das Ljudogoschtschenskaja-Kreuz ist ein Zeugnis authentischer Volkskunst, die vor allem arabeskenartige und nichtfigürliche ornamentale Motive verwendete. Das Kreuz zeigt eine komplizierte Form mit bizarren Enden, die untereinander verbunden sind, um die Struktur zu konsolidieren. Die runden und schmalen Öffnungen, die daraus hervorgehen, wirken wie in den großen abgerundeten Körper des Kreuzes eingefügt. Das Holz ist von flachen Schnitzarbeiten bedeckt, und die Medaillons mit den Heiligendarstellungen heben sich kaum von dieser gestalteten Oberfläche ab, denn sie unterstreichen nur die vertikalen und horizontalen Linien des Kreuzes. Dieses massive, große Kreuz (2,30 × 1,87 Meter) stellt ein außergewöhnliches Beispiel für die künstlerische Kreativität jener Volksschichten von Nowgorod-Welikij dar, die in der Tat den eigentümlichen kulturellen Charakter dieser Stadt bestimmten.

Auch wenn das Holz, wie wir wissen, der wichtigste Werkstoff für die Handwerker war, so verwendeten die Nowgoroder Künstler in ebenso großem Umfang auch ein dauerhafteres Material, nämlich den Stein. Hunderte von Kreuzen in den unterschiedlichsten Ausmaßen und Formen wurden in Stein geschnitten. Es sind überwiegend Votivkreuze, die man in das Mauerwerk alter und neuer Kirchen einfügte. Im allgemeinen handelt es sich um sehr einfache Kreuze ohne Schmuck und ohne Inschriften, doch sind auch ganz andere Werke bekannt. Das Kreuz von Borowitschi ist ein großes Steinkreuz aus dem dritten Viertel des 14. Jahrhunderts, ähnlich dem Ljudogoschtschenskaja-Kreuz. Es wurde »auf Anordnung des frommen und heiligen Bischofs Aleksej« 1376 in das Mauerwerk der Sophien-Kathedrale von Nowgorod eingefügt, »damit es von den orthodoxen Christen verehrt würde«. In den Ausmaßen wie in der allgemeinen Konfiguration erinnert das Steinkreuz von Aleksej an das Ljudogoschtschenskaja-Kreuz, allerdings in einer einfacheren Version, weil auch der Werkstoff sehr viel solider ist. Auch hier finden wir figürliche Szenen: Kreuzigung mit Umstehenden, Verkündigung Mariens, Geburt Christi, Höllenfahrt und Wiederauferstehung. In der annalistischen Notiz, die in schöner Kalligraphie und sauber eingemeißelt entlang den Rändern der Kreuzesarme entlangläuft, wird der folgende Ausdruck verwendet: »Dieses Kreuz wurde geschrieben.« Das Wort »geschrieben« paßt viel mehr zur Ikonenmalerei als zu einer Steinmetzarbeit, doch finden wir es häufig auf den unterschiedlichsten Gegenständen, obwohl deren Werkstoff keinerlei Vermutung über die Mitbeteiligung eines Malers zuläßt. Das Kreuz von Aleksej bildet insofern eine Ausnahme, als auf ihm im Unterschied zum Ljudogoschtschenskaja-Kreuz Reste einer ursprünglichen Bemalung erhalten geblieben sind, die aller Wahrscheinlichkeit nach die üblichen ikonographischen Darstellungen wiedergab.

Die angewandte Kunst des 14. und 15. Jahrhunderts wird von einer ungeheuren Fülle von Metallgegenständen repräsentiert. Die Gegenstände aus Edelmetall und Stein besaßen einen sehr hohen Handelswert. Wenn sie der Kirche gehörten, wurden sie in bewachten Sakristeien aufbewahrt. Wenn Gefahr drohte, verbarg man sie in besonderen Verstecken und transportierte sie sogar in eine andere Stadt oder ein anderes Kloster. Gehörten solche Stücke den Fürsten, so erhielten ihre Nachfolger sie als Erbe, wobei in den Testamenten alle besonders wertvollen Gegenstände aus Gold, Silber und Edelsteinen aufgeführt wurden. Dank dieser besonderen Sorgfalt im Umgang mit wertvollen Gegenständen verfügen wir heute über eine große Zahl bemerkenswerter Werke der angewandten Kunst.

Der heiligste Gegenstand im erstgenannten dieser Museen ist der Reliquienschrein (Kowtscheg) des Erzbischofs Dionisij von Susdal. Er war einer der ehrgeizigsten russischen Bischöfe und bemühte sich nach dem Tod des Metropoliten Aleksej in Moskau im Jahr 1378, in dieses freistehende Amt aufzurücken. Anspruch erhoben darauf auch der Mönch Mitjaj von Kolomenskoe, der von Dimitrij Donskoj unterstützt wurde, der Archimandrit Pimen von Perejaslawl und der bulgarische Mönch Kiprian, der Kandidat des Patriarchen von Konstantinopel. Die religiösen und politischen Streitigkeiten um die Metropolie von Moskau begannen, als Aleksej noch am Leben war. Er zählte damals achtzig Jahre, was für das Mittelalter dem biblischen Alter des Urvaters Abraham gleichkam. Der Wunsch Aleksejs, Sergius von Radonesch, der von allen respektierte Abt des Dreifaltigkeits-Klosters, solle sein Nachfolger werden, ging nicht in Erfüllung, weil Sergius das Angebot des bejahrten Metropoliten entschieden ablehnte. Damit bewies er in diesem kritischen Augenblick ein gering entwickeltes Gefühl für den Staat und bis zu einem gewissen Grad auch für die Heimat – was in diesem Zusammenhang die kirchlichen wie weltlichen Historiker bisher auch angeführt haben mögen. Kiprian, Pimen, Mitjaj und Dionisij begaben sich in aller Eile nach Konstantinopel, wo kirchliche Würden mit leichter Hand den großzügigsten, den kriegerischsten und vor allem den intrigantesten Bewerbern zugeschanzt wurden. Dieser innerkirchliche Kampf, der in die Geschichte einging und der zwölf Jahre dauerte, schloß ab mit dem Tod von Mitjaj, Pimen und Dionisij in Konstantinopel und mit der Einsetzung von Kiprian als russischer Metropolit. Alle Kandidaten mit Ausnahme von Mitjaj eilten mehrere Male nach Konstantinopel und brachten als Zeichen des ihnen gewährten Wohlwollens Ikonen, heilige Reliquien, Bücher und Beglaubigungsschreiben des Patriarchen mit. Der Reliquienschrein von Dionisij von Susdal steht mit einem solchen Reliquientransport in Zusammenhang. Das exakte Datum ist das Jahr 1383: »Der Erzbischof Dionisij von Susdal brachte aus Konstantinopel Leidenswerkzeuge Christi, Reliquien vieler Heiliger, Kreuze und wundertätige Ikonen mit zahlreichen Reliquien mit«, informiert uns der Chronist, und dieselbe Nachricht finden wir auch auf den Seiten des Reliquiars: »Die göttlichen Leidenswerkzeuge der Passion Christi, unseres Erlösers, brachte der demütige Erzbischof Dionisij von Zargrad (Konstantinopel) für das heilige erzbischöfliche Amt von Susdal, Nowgorod, Gorodez … Zur Zeit des Großfürsten Dimitrij Konstantinowitsch wurde dieses Reliquiar angefertigt … im Sommer 6891 (1383).«

Die Kunst des 15. Jahrhunderts entwickelte sich schnell und umgab sich mit einem immer größeren Luxus. Damit wollte man die Zeit wieder aufholen, die aufgrund der Tatareninvasion verlorengegangen war, und gleichzeitig die Autorität der russischen Städte und vor allem der großen Fürstentümer in den Augen Konstantinopels und ganz Europas stärken. Einen besonderen Pomp entwickelten die Rituale der Erzbischöfe von Nowgorod und der Metropoliten von Moskau. Dazu genügt ein Vergleich zwischen dem Sakkos des Moskauer Metropoliten Petr (1322) und dem großen und dem kleinen Sakkos des Metropoliten Photius (1414–1417). Daran erkennen wir, wie grundlegend unterschiedlich die Intentionen des Auftraggebers wie des Künstlers waren. Die frühere asketische Haltung und die aufs wesentliche ausgerichteten Linien machen einer schweren an Ornamenten überreichen Form Platz, die sich oft an alte griechische Vorlagen hält. Auch die liturgischen Gegenstände nehmen dieselben pretiösen Formen an. Selbst berühmte Werke des 14. Jahrhunderts, zum Beispiel der Einband des Evangeliars von Simeon dem Stolzen (vierziger Jahre), halten den Vergleich mit Einbänden wie etwa dem des Evangeliars von Feodor Koschka (1392) und vor allem dem des Altarevangeliars der Mariä-Himmelfahrts-Kathedrale im Moskauer Kreml, der aus der Zeit des Metropoliten Photius stammt, nicht aus. Bei den zuletzt genannten Werken überraschen das viele Gold, die Edelsteine und die technisch perfekte Bearbeitung noch heute, vom 15. Jahrhundert ganz zu schweigen. An die Stelle gegossener und ziselierter Formen tritt immer häufiger das Filigran, ein elegantes Geflecht aus dünnen Goldfäden. Mit dieser Technik, die zusammen mit anderen bereits im 14. Jahrhundert bekannt war, werden fast alle bemerkenswerten Werke des 15. Jahrhunderts durchgeführt: der Einband des Evangeliars von Photius und die Risa (Beschlag) der wundertätigen Ikone der Gottesmutter von Wladimir in der Rüstkammer des Moskauer Kreml, der Goldkelch von Iwan Fomin, das Kreuz und die zusammenklappbare Ikone des Meisters Amwrosij aus der Sakristei des Dreifaltigkeits-Sergius-Klosters, Dutzende von Kreuzen und Einbänden sowie andere Ornamente in verschiedenen russischen Museen. Um die eigene Autorität zu stärken, verschenkte die Moskauer Metropolie großzügig wertvolle Gegenstände an Klöster, Kathedralen und Bischofssakristeien, angefangen von Nowgorod und Pskow bis nach Nischnij-Nowgorod, von Kolomna und Serpuchow bis nach Rostow und Beloosero. Zur Zeit der Metropoliten Kiprian und Photius sowie des Großfürsten Wasilij Dmitriewitsch entwickelte sich Moskau nach und nach zu einem der großen künstlerischen Zentren, das nunmehr Stil und Qualität der hervorgebrachten Gegenstände selbst bestimmen konnte. Alle erdenklichen stilistischen und technischen Errungenschaften dieser Zeit gelangten schnell bis zu den äußersten Grenzen des Staates. Auch bei Stücken, von denen wir mit Sicherheit wissen, daß sie nicht in Moskau hergestellt wurden, wird doch der Versuch deutlich, sich dem Moskauer Stil anzupassen. Diese Stadt war in Geschmacksdingen führend und diktierte ihre Auffassung von Schönheit Dutzenden anderer Städte. Die handwerkliche Produktion ging zu einer Serienfertigung fast identischer Gegenstände über. Als besonders vorteilhaft erwies sich das bei den Gußtechniken, weil man die Gußformen mehrere Male verwenden konnte. Einige massive Panhagiar aus Silber, die während der Liturgie und der Erhebung der heiligen Gaben verwendet wurden, liefern uns einen eindeutigen Beweis für diese Praxis. Zu diesem Typ gehören die Panhagiar mit der Darstellung der Himmelfahrt des Moskauer Simonow-Klosters, heute im Russischen Museum von Sankt Petersburg, das Panhagiar des Erlöser-Klosters auf dem Fels (Spaso-Kamennyj) am Kuben-See, heute im Museum von Wologda, das verlorengegangene Panhagiar des Bischofs Arsenij aus dem Museum von Twer, das Panhagiar aus der Sakristei des Kirill-Klosters von Beloosero, heute in der Rüstkammer des Moskauer Kreml, und schließlich das wundervolle Stück des Nowgoroder Museums, das Meister Iwan 1435 herstellte. Das Bild der Dreifaltigkeit auf der Innenseite der Basis dieses zuletztgenannten Panhagiars ist in seiner Vollkommenheit vielleicht nur mit der Dreifaltigkeit von Rublew zu vergleichen.

Die alte byzantinische Kultur liebte die Kunstwerke in ihren verschiedenen Formen nicht um ihrer selbst willen. Die Gemälde, die gewebten Tücher, Arbeiten aus Stein und Metall, Keramik und emaillierte Gegenstände dienten als liturgische Gegenstände einer Kirche oder, mit gleicher Bedeutung, in einem zivilen Gebäude, wobei bizarre Kombinationen entstanden. Die Synthese der Künste war die dominierende ästhetische Regel, und die griechische Tradition fand in Rußland einen fruchtbaren Boden vor.

Schlußbemerkung

Die Zeit der Tatarenherrschaft war für die russische Kulturgeschichte von außergewöhnlicher Bedeutung. Diese können wir aber nur in einem Vergleich mit der vorhergehenden und der darauffolgenden Epoche erfassen. Der episch-monumentale Stil, der die Kultur der Kiewer Rus mit lebhaften Farben illustrierte, hatte sich erschöpft, als die Tataren auf der Bühne der Geschichte erschienen, weil bereits im 12. Jahrhundert der Prozeß der Aufsplitterung der großen Staatsgebilde in kleine Fürstentümer außer Kontrolle geraten war. Weil Künstler und Mittel fehlten, waren die unabhängigen Fürsten und die Großfürsten, die Territorien mit einer Bevölkerung von einigen tausend oder zehntausend Menschen kontrollierten, außerstande, große, teure Kirchen zu bauen oder die bereits bestehenden, von ihren Vorgängern errichteten mit wertvollen Kultgegenständen auszustatten. Weil sie solche Aufwendungen verringern mußten, um wenigstens die äußeren Attribute ihrer Macht weiterhin aufrechtzuerhalten, ergab sich daraus unvermeidlich nach und nach ein Verzicht auf den alten Anspruch auf Pracht und Glanz. Man darf aber auch nicht die Tatsache vernachlässigen, daß der Zusammenbruch des mächtigen Kiewer Reiches zur Bildung einer völlig neuen Kultur führte, so daß verhältnismäßig schnell neue künstlerische Zentren und neue stilistische Tendenzen entstanden.

Die Invasion durch die Horden der Tataren und die Zerstörung von Kiew, von der sich diese Stadt fast bis ins 19. Jahrhundert hinein nicht erholte, führten zu einer definitiven Trennung der südlichen Rus von der nördlichen. Von diesem Augenblick an konzentrierte sich das Leben des russischen (großrussischen) Volkes mit all seinen Eigenschaften im Nordwesten, im Norden und im Nordosten. Hier entstanden alle Elemente der neuen Kultur. Die Isolierung der einzelnen Städte und ganzer Fürstentümer, die sich fast ständig in Konfliktsituationen befanden, begünstigte ihrerseits die Entwicklung lokaler Schulen der Literatur, der Architektur und der Malerei. Der einstige Universalismus, die gemeinsame Entwicklung auch von Städten, die weit von Kiew entfernt lagen, waren nunmehr Erscheinungen der Vergangenheit. Nunmehr forderten verschiedene Geschmacksrichtungen, Traditionen und lokale Schulen ihr Recht. Auf der einen Seite ging von der Qualität etwas verloren, doch die russische Kultur wurde dadurch vielfältiger, bunter und lebhafter.

Die zweite Hälfte des 13. und ein großer Teil des 14. Jahrhunderts sind gekennzeichnet durch eine Gärung kreativer Kräfte, durch die Suche jedes künstlerischen Zentrums nach Eigenständigkeit, des weiteren durch eine extreme stilistische Archaisierung und Unerfahrenheit. Die Künstler dieser Epoche waren nicht imstande, die alten Formen zu bewahren, doch lange Zeit konnten sie auch mit ihrer eigenen Kunst nicht adäquat auf die Erfordernisse der Zeit reagieren. Da das kreative Potential aber nicht völlig verlorengegangen war, entstanden nach hundertfünfzig Jahren – einer verhältnismäßig kurzen Zeit, wenn man die jahrhundertelange Geschichte betrachtet – die notwendigen Vorbedingungen für die Wiedergeburt nicht nur einer lokalen, sondern einer allgemein russischen Kultur. Diese neue Gemeinsamkeit bedeutete nicht eine Verflachung der lokalen Schulen, eine gleichmäßige Verteilung der existierenden kreativen Kräfte über das ganze Gebiet der Rus und eine Standardisierung der künstlerischen Modelle. Genauer gesagt war gerade die Vielfalt an Werkstätten und künstlerischen Schulen der Rus im 14. und 15. Jahrhundert eines der charakteristischen Merkmale der Kultur dieser komplexen Epoche und zugleich eine Garantie für ihre darauf folgende Blütezeit.

Die spezifischen Eigenschaften jeder dieser russischen Lokalkulturen entstanden im 14. Jahrhundert. Die Kunstwerke, die architektonischen Denkmäler, das Kunsthandwerk und die verschiedenen Formen ihres kirchlichen und häuslichen Gebrauchs in Pskow, Nowgorod, Rostow, Moskau, Twer und Nischnij-Nowgorod, ganz zu schweigen vom Norden Rußlands, geben uns ein außerordentliches lebhaftes Bild von ihrer Entwicklung. Die Rus hatte bisher noch nie eine ähnliche Vielfalt des künstlerischen Ausdrucks gekannt. Doch aufgrund der dauernden Kontakte zwischen den verschiedenen russischen Territorien kristallisierten sich nach und nach gemeinsame Züge heraus, die schließlich nicht mehr den Stil einzelner Städte, sondern einer ganzen Epoche bestimmten. Das wichtigste Merkmal dieses Stils war die Herausbildung einer nationalen Eigenheit der russischen Kunst. Der byzantinische Hintergrund der prätatarischen Architektur und vor allem der religiösen Malerei sowie die Vorherrschaft der im 13. bis 15. Jahrhundert aus dem Griechischen übersetzten literarischen Werke hatten bereits ihren bestimmenden Einfluß verloren. Überall überwogen nun nationale russische Werke. Trotz des Drucks der Steppenvölker gelang es Rußland, die Kräfte zu sammeln, die zur Bildung einer originellen Variante der mittelalterlichen Kultur führten. Darin besteht die historische Einzigartigkeit der tatarischen Epoche.

Die Kunst Andrej Rublews gilt bei den zeitgenössischen Forschern zu Recht als der höchste Ausdruck des kreativen russischen Genius und seine Dreifaltigkeit als schönste Blüte der mittelalterlichen Kunst in Osteuropa. Doch weder das Auftreten eines solchen Künstlers noch dessen Meisterwerk sind für die Zeit zufällige Erscheinungen. Sie wurden vielmehr von der gesamten historischen Evolution Rußlands vorbereitet. Das Werk Rublews und der ihm nahestehenden Künstler entwickelte sich in dem Augenblick, als sich die russischen Fürsten entschieden den Tataren widersetzten. Es war die Zeit der Wiedergeburt des Selbstbewußtseins der Russen als großes Volk, das zu großen militärischen Unternehmungen fähig ist und sein eigenes kreatives Potential in prächtigen Werken der Kunst, der Literatur und der Architektur zum Ausdruck bringen kann. Die moralische Autorität, die wirtschaftliche Unabhängigkeit und die zunehmend antitatarischen Gefühle in den russischen Städten zogen zahlreiche Menschen der unterschiedlichsten Berufe aus Byzanz, Bulgarien, Serbien und Italien an. Sie fanden hier gute Arbeitsmöglichkeiten vor und bereicherten die russische Kultur mit ihren eigenen Werken. In diesem künstlerischen Kosmopolitismus der russischen Städte während des 14. und 15. Jahrhunderts zeigt sich der Geist des russischen Volkes, der frei war von Vorurteilen und vorgefaßten Meinungen. Es übernahm mit Begeisterung das Beste aus anderen Kulturen, fürchtete auch fremdländischen Einfluß nicht und verstand es, das Werk ausländischer Künstler eigenen Zielen und Aufgaben anzupassen.

Teil III

Von der Moskauer Rus zum russischen Reich

R. G. Skrynnikow

233–236. Simeon von Polozk, seelisches Mittagsmahl, Moskau, 1682; Psalter mit Reimen, Moskau, 1650. Aus der Kosmographie von Kosmas Indikopleustes: Gott und das Universum, fol. 42; die Sintflut, fol. 19v; Sankt Petersburg, Öffentliche Bibliothek.

Einleitung

Der altrussische Staat, der seine größte Blütezeit im 11. und 12. Jahrhundert hatte, löste sich in eine Vielzahl von Fürstentümern und Territorien auf. Im 12. Jahrhundert besiegte der tatarische Eroberer Batyj ein russisches Fürstentum nach dem anderen und unterwarf die gesamte Rus. Im 15. Jahrhundert vereinten die Fürsten von Moskau die wichtigsten russischen Fürstentümer und Territorien und setzten der Fremdherrschaft ein Ende. Zu dieser Zeit war die Rus einer der ärmsten europäischen Staaten mit geringer Bevölkerungsdichte und verhältnismäßig kleinem Territorium. Die Grenzen verliefen in einer Entfernung von nur wenigen Tagesreisen von Moskau. Nur gegen den Norden erstreckten sich die russischen Territorien bis zum Ufer des Weißen Meers und des Eismeers. In den nordöstlichen Grenzgebieten Europas war der Boden arm und das Klima hart. Dennoch gelang es den Russen mit viel Mühe, auch hier wichtige landwirtschaftliche Zentren zu schaffen.

Zur Zeit der Wiedervereinigung war die russische Kulturlandschaft sehr bunt. Das Leben in Nowgorod-Welikij, das eines der wichtigsten geistlichen Zentren des Landes geblieben war, unterschied sich in beträchtlichem Maße vom Leben in Moskau, Twer oder Rjasan. Die gegenseitige Beeinflussung dieser Länder nach der Wiedervereinigung stellte einen wichtigen Faktor bei der Entwicklung der russischen Kultur des Moskauer Reiches dar. Doch auch Impulse aus dem Ausland spielten eine unschätzbare Rolle bei der Entstehung der neuen Kultur.

Die Rus hatte das Christentum von Byzanz übernommen und gelangte damit in die Einflußsphäre der byzantinischen und südslawischen Kultur. Diese Verbindung mit Byzanz hatte zur Folge, daß die Rus Zugang zum antiken Erbe bekam und seine eigene Kultur als Teil der europäisch-christlichen Kultur entwickelte.

Die Invasion der Tataren hatte zu einer massiven Zerstörung der produktiven Kräfte der Rus und noch mehr ihrer geistigen Werte geführt. Die Eroberer brannten fast alle wichtigen Städte der Rus nieder, töteten einen großen Teil der Handwerker und der russischen Künstler oder führten sie in Gefangenschaft. Die schwersten Schäden erlitten die altrussische Architektur und die Literatur. Nach dem Tatareneinfall wurden viele Jahrzehnte lang keine Steinkirchen mehr gebaut. Als Erbin der alten Rus versuchte das Moskauer Reich die kulturellen Traditionen wieder ins Leben zu rufen und schuf somit die Bedingungen für die spätere Entwicklung einer authentischen russischen Kultur. Die Invasion der tatarischen Nomadenhorden behinderte, aber unterbrach nicht die traditionellen Beziehungen zwischen der Rus und Byzanz.

Die byzantinische Kultur spielte für die europäische Renaissance eine Sonderrolle, weil sie für Europa die Tradition der Antike bewahrt hatte. Der glänzenden Epoche der italienischen Renaissance gingen Perioden voraus, die in den europäischen Ländern unterschiedliche Formen annahmen. Die kulturelle Entwicklung in Byzanz und den südslawischen Ländern im Einflußbereich dieser Stadt während des 14. und 15. Jahrhunderts nannte D. S. Lichatschew »osteuropäische Vorrenaissance«. Diese erstreckte sich auch auf die Rus. Die russische Kultur hätte ohne die mächtigen Anregungen der universellen Kultur keine Blütezeit erleben können. Doch diese Impulse begannen nach der Zerstörung Konstantinopels durch die Türken schwächer zu werden.

Die Union von Florenz, die kurz vor dem Fall Konstantinopels zwischen der griechischen und der römischen Kirche geschlossen wurde, erlaubte die Integration griechisch-orthodoxer Bevölkerungsteile mit italienischer Kultur. Doch der Versuch, das jahrhundertealte Schisma der christlichen Kirchen zu überwinden, hatte keinen Erfolg. Den griechischen Metropoliten Isidor, der die Union kurz nach seiner Ernennung zum Leiter der russischen Kirche unterzeichnet hatte, enthob man in Moskau gleich nach seiner Rückkehr seines Amtes. Die Vorstellung, daß sich der russische orthodoxe Staat der Autorität des römischen Papstes unterwerfen sollte, wurde in Moskau entschieden zurückgewiesen.

In Byzanz hing die Kirche völlig von der Macht des Kaisers ab. Die Moskauer Fürsten, deren Macht langsam wuchs, versuchten, ihre Beziehungen zur orthodoxen Kirche nach byzantinischem Vorbild zu konsolidieren. Die Tatsache, daß Rußland als das letzte Bollwerk für den wahren Glauben galt, führte zu einer ruinösen Tendenz der Isolierung der russischen Kultur vom Rest der Welt.

Die vorliegende Studie ist der Geschichte und Kultur des Moskauer Reiches im 15. bis 17. Jahrhundert gewidmet. Diese Periode ist besonders bedeutsam für die mittelalterliche Geschichte Rußlands. Gerade in dieser Zeit entstanden das historische Bild Rußlands, seine Traditionen, die Grundlagen der gesellschaftlichen Ordnung, die einige Jahrhunderte lang unverändert blieb. In keinem anderen europäischen Land nahm die Einmischung des Staates in das Leben seiner Untertanen und in die Sphäre der geistlichen Kultur so ausgeprägte Formen an wie in Rußland. Man kann die Geschichte der russischen Kultur im 15. bis 17. Jahrhundert nicht ohne ein systematisches Studium der politischen Kultur jener Zeit verstehen.

Im 15. bis 17. Jahrhundert erreichte die materielle und geistige Kultur der westeuropäischen Länder den Höhepunkt ihrer Entwicklung. Das Moskauer Reich hielt indes nicht Schritt, denn der Graben zwischen dem Westen und Rußland vertiefte sich immer mehr. Gerade diese Tatsache aber bestimmte die Funktion und die Bedeutung äußerer kultureller Einflüsse und Anleihen in der Geschichte der Rus. Kulturelle Phänomene kann man nur im Zusammenhang mit ihren Beziehungen zu allen übrigen Bereichen der menschlichen Tätigkeit verstehen.

Die Geschichte des Moskauer Reiches im 15. bis 17. Jahrhundert ist von einem dichten Schleier von Legenden umgeben, die durch irrtümliche Dogmen der modernen russischen Geschichtsschreibung entstanden. Der Autor nimmt sich vor, die russische Geschichte und Kultur auf der Grundlage der Originalquellen in ihren Grundzügen darzustellen. Den historischen Fakten müssen ihre Rechte zurückgegeben werden.

Die Ursprünge des Moskauer Reiches

Gegen Mitte des 15. Jahrhunderts brachen im Moskauer Fürstentum innere Wirren aus, die sich über ein Vierteljahrhundert hinzogen. Großfürt Vasilij II. wurde von unabhängigen Fürsten vom Thron vertrieben und anschließend von den Tataren besiegt und gefangengenommen. Nach langem Kampf konnte Vasilij II. die Krone wieder erringen, und seine Widersacher erlitten eine völlige Niederlage.

Iwan III.

Noch zu Lebzeiten seines blinden Vaters wurde Iwan III. (1462–1505) Mitregent. Das Unglück, das den noch jungen Fürsten getroffen hatte, hatte seinem Willen einen heftigen Schlag versetzt. Nachdem Iwan III. den Thron bestiegen hatte, wollte er mit aller Kraft das Herrschaftsgebiet vergrößern und die russischen Gebiete unterwerfen. Um dieses Ziel zu erreichen, war ihm jedes Mittel recht: Gewalt, Geld, dynastische Heirat. Moskau nahm auf diese Weise die Fürstentümer von Jaroslaw und Rostow, von Nowgorod-Welikij und schließlich auch Twer in Besitz.

Das wichtigste Fürstentum, das sich nicht den Moskauer Fürsten ergab, war das von Nowgorod. In dieser Stadt lehnte die Aristokratie die Macht des Fürsten ab und gründete eine Art »Republik«. Ihr oberster Würdenträger war der Erzbischof, der über ein eigenes Heer verfügte und auch den Nowgoroder Staatsschatz hütete. Alle Angelegenheiten wurden von gewählten Gouverneuren und von Bojaren entschieden, die einen Rat der Herren bildeten. Jedenfalls wurden die wichtigsten Entscheidungen dieses Rates von der Volksversammlung (Wetsche) ratifiziert. Nowgorod war die älteste Stadt der Rus mit einem blühenden wirtschaftlichen und kulturellen Leben. Über die Hansestädte trieb sie einen blühenden Handel mit westeuropäischen Ländern. Die Territorien Nowgorods umfaßten die Halbinsel Kola im Norden, und im Osten reichte ihr Gebiet bis zum Ural. Die »Republik« rief bei Invasionen von außen die Moskauer Fürsten zu Hilfe. Dies war schließlich auch der Grund für den Untergang Nowgorods. Iwan III. besiegte die Nowgoroder während des ersten Feldzugs gegen Nowgorod im Jahr 1471, und beim zweiten Feldzug des Jahres 1478 zwang er die Stadt zur Übergabe.

Erzbischof Feofil von Nowgorod leistete Moskau in der Zeit, in der seine Heimatstadt von Moskau abhängig war, große Dienste. Dennoch befahl Iwan III. 1480, ihn wegen »Verrats« festzunehmen, und nahm ihm seine kirchliche Würde. Als höchste Autorität der Republik besaß der Erzbischof zu große Machtbefugnisse. Er bemühte sich darum, daß die Bedingungen der Übereinkunft mit Moskau eingehalten wurden. Iwan III. versprach, die Nowgoroder nicht aus ihrer Heimat zu vertreiben und die Bojaren nicht ihres Erbes zu berauben. Doch nach der Festnahme Feofils und des Anführers der Bojarenpartei annullierte er die Vereinbarung. Die republikanische Ordnung von Nowgorod erwies sich als solid und widerstandsfähig. Um diese »Republik« zu liquidieren, sah sich Iwan III. gezwungen, alle lokalen Bojaren, dann auch die Handelsleute und die mittleren Landbesitzer zu enteignen und über die Grenzen des Nowgoroder Reiches hinaus zu vertreiben. Die Schicht der Nowgoroder Landbesitzer war historischen Ursprungs. Im Lauf der Jahrhunderte hatte sie die politische Regierung der »Republik« gestellt und das wirtschaftliche Wohlergehen unter den widrigen Bedingungen Nordrußlands garantiert. Die Enteignung dieser Schicht zeigte deutlich, daß es sich nicht um einen Zusammenschluß zwischen Nowgorod und Moskau handelte, sondern um eine gewaltsame Eroberung mit der Zerstörung des gesamten herkömmlichen gesellschaftlichen Systems. Die Enteignung der Nowgoroder Landbesitzer leiteten die Bojaren Sacharin, die direkten Vorfahren der Romanow. Die konfiszierten Gebiete wurden Staatsbesitz und verstärkten natürlich in außergewöhnlichem Maße die Autorität und Macht der Moskauer Dynastie. Die gewaltsame Eroberung Nowgorods legte die Fundamente für das künftige russische Reich und war entscheidend für die Entwicklung von dessen politischer Kultur. Die demokratischen Tendenzen unterlagen und machten den Platz frei für die Autokratie.

Iwan III. hatte in erster Ehe die Tochter des Großfürsten von Twer geheiratet. Ihr einziges Kind war Iwan der Jüngere, der seinerseits einen Sohn bekam, Dmitrij. Nachdem Iwan III. Witwer geworden war, heiratete er in zweiter Ehe die Griechin Sofija, die eigentlich Zoe hieß. Sofija Paleologa war die Nichte des letzten byzantinischen Kaisers, der 1453 auf den Mauern Konstantinopels ums Leben gekommen war. Sofijas Familie flüchtete nach Rom. Viele königliche Persönlichkeiten bemühten sich vergebens um ihre Hand. Die Zeitgenossen kritisierten sie wegen ihres außerordentlich »blühenden« Aussehens. Doch das Haupthindernis für ihre Heirat war nicht ihre Körperfülle (nach den damaligen Auffassungen waren füllige Formen und eine rosige Gesichtsfarbe die wichtigsten Merkmale der Schönheit), sondern ganz andere Gründe. Die künftige Ehefrau besaß keine Mitgift. Schließlich hielt ein italienischer Münzmeister, der als Ratgeber am Moskauer Fürstenhof diente, für Iwan III. um die Hand Sofijas an. Er hatte ihm vorgemacht, daß das Mädchen bereits die Hand zweier illustrer Herrscher ausgeschlagen habe, um dem orthodoxen Glauben treu bleiben zu können. Papst Paul II. unterstützte den Plan in der Hoffnung, das Mädchen, das von den Jesuiten erzogen worden war, könne den Moskauer Fürsten dazu bewegen, eine Union mit der katholischen Kirche einzugehen. Doch Sofija rechtfertigte seine Hoffnungen nicht. In Moskau angekommen, wies sie entschieden den Plan einer Union ab und verteidigte den orthodoxen Glauben.

In Italien hatte man gehofft, die Ehe von Sofija Paleologa sei eine Garantie für die Allianz mit Rußland im Kampf gegen die Türken, die erneut Europa bedrohten. Im Jahr 1473 richtete der Senat von Venedig den folgenden Appell an Iwan III.: »Das östliche Kaiserreich, das von den Ottomanen (Türken) erobert wurde, muß wegen der Unterbrechung der kaiserlichen Dynastie in der männlichen Linie aufgrund Ihrer glücklichen Heirat Ihrer erhabenen Autorität gehören.« Solange die Rus sich unter der Herrschaft der tatarischen Eroberer befand, war eine solche Idee nur schwer möglich gewesen. Und ein weiterer Umstand war von wesentlicher Bedeutung. Die Ehe mit der byzantinischen Kaiserin wurde zu Bedingungen geschlossen, die für sie ganz ungünstig waren. Sofijas Söhne hatten zwar Anrecht auf ein unabhängiges Fürstentum. Die Moskauer Krone hingegen gehörte dem Sohn Iwans III. aus erster Ehe, Iwan dem Jüngeren sowie seinen Erben. Der dynastische Zweig von Twer hatte keine Beziehungen mit der »griechischen Erbfolgelinie«.

Die Situation änderte sich, als sich Rußland vom Tatarenjoch befreite und große Siege im Krieg mit Litauen und dem livländischen Ordensstaat errang. Das Problem der Nachfolge löste sich zugunsten des griechischen Zweigs der Dynastie, doch geschah dies alles einige Jahrzehnte später.

Der Erbe Iwans III., Iwan der Jüngere, zeichnete sich aus im Krieg mit den Tataren 1480, der zur Unabhängigkeit der Rus führte. Er kommandierte die Truppen während der Schlacht mit der Großen Horde am Fluß Ugra. Die Chronisten lobten den Mut Iwans des Jüngeren, während sie seinen Vater der Feigheit bezichtigten. Der junge Erbe war gesund, bis er sich ein Leiden in den Kniegelenken zuzog. Sofija ließ den Arzt »Mister Leon Jidovin« aus Venedig kommen, doch trotz all seiner Bemühungen um den Kranken starb Iwan. Sein Tod eröffnete den Söhnen von Sofija Paleologa den Weg zum Thron. Deswegen kam auch der Verdacht auf, der rechtmäßige Erbe sei vergiftet worden. Der bekannte venezianische Arzt wurde enthauptet. Iwan III. beeilte sich, seinen Enkel Dmitrij, den Sohn des verstorbenen Iwan des Jüngeren, zum Thronerben zu erklären. Doch Sofija spann Intrigen in der Hoffnung, die »Schapka von Monomach« (die kürbisförmige Momomachmütze, eine Krönungsinsignie) ihrem Sohn Vasilij zu verschaffen. Vasilijs Anhänger zettelten eine Verschwörung an. Der Großfürst bestrafte sie grausam und erlegte seinem Sohn Hausarrest auf. Iwan III. wählte einen ungewöhnlichen Weg, um die Streitigkeiten um seine Krone definitiv zu lösen: Noch während er am Leben war, krönte er eigenhändig seinen Enkel Dmitrij mit der Krone des Moskauer Großfürsten. Dmitrij stammte nicht vom griechischen Zweig der Dynastie ab, doch die Zeremonie im Kreml fand nach dem Krönungsritus der byzantinischen Herrscher statt. Die Entscheidung des Großfürsten bedeutete einen harten Schlag für die ehrgeizigen Projekte von Sofija, doch sie gab nicht auf. So vergingen zwei Jahre, und 1499 vertraute Iwan III. seinem Sohn Vasilij die Regierung von Nowgorod und Pskow an, wobei er ihn mit dem Titel eines »Großfürsten« auszeichnete. Seit jener Zeit wurde Rußland von drei Großfürsten regiert. Sofija und ihr Sohn hatten einen großen Sieg errungen.

Der Gedanke, die Erben Konstantinopels zu sein, nahm eine wichtige Stellung im politischen Leben der Rus ein. Die russische Monarchie hatte das Wappen von Byzanz übernommen, einen zweiköpfigen Adler. Das bescheidene Zeremoniell am Moskauer Hof machte den aufwendigen byzantinischen Ritualen Platz. Der Großfürst begnügte sich nicht mit den Titeln, die er bereits besaß, sondern begann sich Samoderschez zu nennen: Dieser Titel war die genaue Übersetzung von »Autokrat« (Selbstherrscher), der Bezeichnung für den byzantinischen Kaiser. Wahrscheinlich stand diese Titeländerung mit der Eroberung der staatlichen Unabhängigkeit in Zusammenhang. Iwan III. hielt die Macht in eigener Person in Händen: Der Titel wurde ihm nicht mehr vom Khan der Goldenen Horde verliehen. Möglich ist aber auch eine einfachere Interpretation. In Byzanz stand der Titel des »Autokraten« dem höchsten Herrscher zu, und dieser unterstrich damit seinen Primat im Staat im Vergleich zu den übrigen Herrschern, die ihm bei der Regierung zur Seite standen. Iwan III. bediente sich des Titels Samoderschez, seitdem er erst einen, dann zwei weitere Herrscher mit dem Titel eines Großfürsten zur Seite hatte.

Die militärischen Erfolge des russischen Staates waren beeindruckend, und der Kaiser des Heiligen Römischen Reiches sandte Iwan III. einen Botschafter, der für ihn den Titel des Königs vorschlug. Moskau lehnte den Vorschlag jedoch ab. Der russische Herrscher blieb der Tradition treu und verwendete nur selten den Titel eines Zaren. Der griechische Herrscher Konstantin der Große besaß den Titel des Herrschers von Ostrom, des Augustus und Caesar. Doch dieser zuletzt genannte Titel verlor seine ursprüngliche Bedeutung, als ihn auch die Söhne des Kaisers zu tragen begannen. Iwan III. verwendete den Titel »Zar« ausschließlich in der Korrespondenz mit deutschen Fürsten und dem livländischen Ordensstaat. Der neue Titel sollte die Tatsache unterstreichen, daß der »Großfürst« des Moskauer Reiches sich an die »Großfürsten« Deutschlands und an den »Großmeister« des livländischen Ordens nicht von gleich zu gleich, sondern als älterer Herrscher an jüngere wandte.

Die Vorstellungen, die im Sendschreiben des venezianischen Senats an Iwan III. im Jahr 1473 zum Ausdruck kamen, wurden in der Folge oft in russischen Werken diskutiert. Nach 1490 verglich der Moskauer Metropolit Sosima in einem seiner Werke Iwan III. mit der Säule der Orthodoxie – nämlich mit dem byzantinischen Kaiser Konstantin – und bestätigte die Vorstellung, Moskau sei das neue Konstantinopel geworden, »das neue Jerusalem«. Sosimas Werk wurde bald darauf im Dreieinigkeits-Sergius-Kloster bearbeitet, und in der neuen Variante verglich man Moskau mit dem »neuen Rom«.

Der Tradition zufolge herrschten die Moskauer Souveräne in der Rus zusammen mit ihren Würdenträgern, den adligen Bojaren. Der starke Zuwachs Iwans III. an Autorität und Macht ließ einen Konflikt mit der Aristokratie unvermeidlich erscheinen, die ihre eigene Autorität am Schwinden sah. Die Bojaren hatten dem Landesherrn geholfen, Nowgorod zu erobern, und an erster Stelle sollten die bei jener Unternehmung konfiszierten Ländereien ihnen gehören. Doch in der Folge wurden diese Gebiete als ausschließliches Eigentum der Staatskasse erklärt und unter den kleinen Landbesitzern der Moskauer Militärklasse verteilt, den Dworjanin (Adligen des Hofes) und den Söhnen der Bojaren (die Bojaren hatten großen Grundbesitz, während die »Söhne der Bojaren« nur kleinere Ländereien besaßen). Zweitausend Angehörige des Militärs erhielten als Dienstgüter Nowgoroder Ländereien, die allerdings im Besitz des Staates verblieben (Pomeste). Sie waren so lange Nutznießer des Grundes, wie sie im Dienste des Moskauer Großfürsten standen. Dieser Grundadel (Pomeschtschiki) hing vom Monarchen ab, und so wurde die Klasse der Dworjanin im Dienste des Herrn zu einer weiteren Stütze der absoluten Monarchie.

Der Verlust dieser Ländereien führte bei hohen Moskauer Würdenträgern zu erheblicher Unzufriedenheit, und die dynastische Krise wurde dadurch noch verstärkt. Die ältesten Mitglieder der Bojarenduma und die Vertreter der kirchlichen Autorität erinnerten daran, zu welcher Katastrophe der Kampf um den Thron zwischen Vasilij II. und den unabhängigen Fürsten geführt hatte. Sie wollten nicht die Erbfolge stören, wie sie sich in Moskau herausgebildet hatte, und unterstützten nicht die Ansprüche Vasilijs, des Sohns von Sofija, auf den Thron. Im Jahr 1499 verurteilte Iwan III. die Fürsten Patrikeew und S. Rjapolowskij, die Leiter der Duma, zum Tod. Dank dem Eingreifen der kirchlichen Autoritäten wurde Patrikeew das Leben gerettet, während S. Rjapolowskij auf der zugefrorenen Moskwa enthauptet wurde. Patrikeew wurde gezwungen, ins Kloster zu gehen. Die grausame Verurteilung dieser hohen Staatsfunktionäre schwächte die Macht der Moskauer Aristokratie nicht, sondern kündigte zukünftige Umwälzungen an.

Kirche: Macht und Kultur

Das 15. Jahrhundert ist von schweren Konflikten zwischen den Monarchen und den Kirchenfürsten gekennzeichnet. Zur Zeit der Aufsplitterung hatte die Kirche unweigerlich die Funktion eines Schiedsrichters und Vermittlers in den jahrelangen Streitigkeiten übernommen. Beim Versuch, die Kirche zu einem gefügigen Instrument in ihren Händen zu machen, machten die Moskauer Fürsten der Metropolie großzügige Stiftungen von Ländereien. Doch die Entwicklung der Kirche zu einer bedeutenden Grundbesitzerin begünstigte auch ihre Unabhängigkeit. Die Khane der Goldenen Horde nahmen die Besitztümer der Kirche von der Tributpflicht aus und verliehen ihr alle möglichen Privilegien. Nach der Periode der Aufsplitterung hatte die Kirche in gewisser Hinsicht mehr Macht erlangt als der Großfürst (G. Podskalsky). Nach der Wiedervereinigung der Rus und der Erlangung der Macht versuchten die Moskauer Fürsten ihre Beziehungen zur Kirche nach dem Beispiel Konstantinopels neu zu organisieren, wo der Klerus stark von der kaiserlichen Autorität abhing. Iwan III. ging von der Vorstellung aus, der Monarch müsse die letzte Autorität bei kirchlichen Fragen darstellen. Seine Einmischung in das kirchliche Leben nahm provokatorische Formen an.

In der zweiten Hälfte des 15. Jahrhunderts traten Divergenzen und Ungewißheit über die praktischen Fragen des kirchlichen und liturgischen Lebens zutage. Die einen vertraten eine Lösung mit nationalrussischer Färbung und hielten an alten lokalen Traditionen fest. Die Anhänger dieses Denkmodells behaupteten, das doppelte »Halleluja«, wie es in Moskau üblich war, symbolisiere die Doppelnatur des Erlösers. Eine andere Gedankenrichtung griff nur auf griechische Modelle zurück. Die dritte Strömung war stärker nach Westen ausgerichtet und an Nowgorod gebunden. Doch war es noch nicht zu offenen Auseinandersetzungen zwischen diesen verschiedenen Richtungen gekommen (F. Lilienfeld).

Die Moskauer Theologen strebten keine Autonomie an und verhielten sich wie eifrige Schüler. Sie fürchteten jegliche Abweichung von den byzantinischen Vorbildern. Der Grund für ihre Ungewißheit und ihre Zweifel lag in der Tatsache, daß diese Vorbilder selbst nicht unverändert blieben. Im 10. Jahrhundert fand in Byzanz die religiöse Regel der Studiten große Verbreitung. Sie lieferte auch die Grundlagen für die russische Ordnung, als die Byzantiner die Rus tauften. Im 13. Jahrhundert hingegen überwog in Byzanz die Jerusalemer Regel des heiligen Sabbas. An der Schwelle vom 14. zum 15. Jahrhundert wollten die Moskauer Metropoliten Fotij und Kiprian, die beide zur Partei der »Griechen« gehörten, die byzantinische Regel der Studiten durch die Jerusalemer Regel ersetzen. Doch konnten sie ihre Aufgabe nicht zu Ende bringen, weil damals in der Rus eine derart große Uneinigkeit herrschte. Deswegen behielten die russischen Regeln in verschiedenen Gebieten merkwürdigerweise archaische, altbyzantinische Züge bei (S. Zenkowskij). In den Augen der strengsten Rechtgläubigen hatte jede Änderung in den Prinzipien der Regel und in den Riten eine grundlegende Bedeutung. Am Ende des 15. Jahrhunderts führten entgegengesetzte Meinungen über die Durchführung von Prozessionen zu einem schweren Konflikt zwischen den zivilen und den kirchlichen Behörden. Bei der Weihe der Hauptkathedrale Rußlands, der Mariä-Himmelfahrts-Kathedrale, kritisierte Iwan III. heftig den Metropoliten Gerontij, der mit seinem Befehl, die Prozession solle entgegen dem Lauf der Sonne erfolgen, einen Fehler gemacht haben soll. Als sich der Metropolit zu gehorchen weigerte, verbot ihm der Fürst, die neuen, in der Hauptstadt erbauten Kirchen zu weihen. Beim theologischen Disput, der auf diese Weise entstand, wurde Iwan III. vom Rostower Erzbischof Wassian Rylo und von Gennadij Gonsow unterstützt, dem Archimandriten des Tschudow-Klosters im Kreml. Diese Exponenten der kirchlichen Hierarchie konnten aber keinerlei schriftliches Zeugnis bringen, das ihre These unterstützt hätte, und hielten nur an der Tradition fest. Der Metropolit hielt sich an das griechische Vorbild, dessen Richtigkeit der Abt, der gerade von einer Pilgerreise vom Berg Athos in Griechenland zurückgekehrt war, bestätigte. »Auf dem Heiligen Berg«, sagte dieser, »habe ich gesehen, wie auf diese Weise eine Kirche geweiht wurde, und mit dem Kreuz zogen sie entgegen dem Lauf der Sonne.« Empört über die Einmischung des Fürsten in strikt kirchliche Fragen, zog sich Gerontij ins Kloster zurück. Der Konflikt stieß auf weite Resonanz, und Iwan III. wurde zum Nachgeben gezwungen. Er begab sich ins Kloster, um sich vor Gerontij auf den Boden zu werfen. Im Hinblick auf die Prozessionen versprach er, sich dem Wunsch des Metropoliten zu fügen. Einige Jahre darauf versuchte der Fürst, den starrköpfigen Oberhirten loszuwerden, der sich ein zweites Mal ins Kloster zurückgezogen hatte. Es gelang ihm aber nicht, Gerontij abzusetzen und ihn durch einen ihm willfährigeren Kandidaten zu ersetzen.

Zwei hervorragende Figuren der religiösen Kultur zur Zeit Iwans III. waren der Mönch Nil von Sora aus dem Kirill-Kloster von Beloosero und Iosif Sanin, der Abt von Wolokolamsk.

Nil von Sora

Das Kirill-Kloster von Beloosero, das verloren in den dichten Wäldern des Nordens lag, war eines der wichtigsten religiösen Zentren der Rus. Das Kloster unterhielt enge Beziehungen mit Griechenland und beherbergte in seinen Mauern Schreibgehilfen und Literaten. Unter Iwan III. war in jenem Kloster der Starez Paisij Jaroslawow wegen seiner asketischen Lebensweise besonders berühmt. Nil von Sora, der mit bürgerlichem Namen Nikolaj hieß, war ein Jünger von Paisij und stammte aus der Familie Majkow, die hohe Funktionäre stellte und dem Hof Iwans III. nahestand. Die Djak, die Funktionäre des Großfürsten und die künftigen Bürokraten, gehörten zur gebildetsten Schicht der russischen Gesellschaft. Nach seinem Eintritt ins Kloster machte Nil eine Pilgerreise auf den Berg Athos und vielleicht auch nach Palästina, wo er die Ideen des Hesychasmus aus nächster Nähe kennenlernen konnte. Dank dem Werk von Gregorios Palamas erlangte der Hesychasmus bereits im 14. Jahrhundert eine außergewöhnliche Bedeutung im religiösen Denken von Byzanz. Nicht die äußere Weisheit, so lehrten die Hesychasten, sondern die innere Sammlung eröffne den Weg zur Wahrheit. Die Versenkung in sich selbst führe zum Frieden (hesychia), »zum Licht Tabors« und somit zu einer Beziehung zu Gott. In der Rus waren die Ideen von Gregorios Palamas schon ziemlich früh bekannt. Doch damals war der Boden noch nicht bereit für die Aufnahme seiner mystischen Theorien. Der Hesychasmus fand erst im 15. Jahrhundert dank Nil von Sora Aufnahme in das religiöse Denken Rußlands. Nil nahm das Thema des »Lichts des Tabor« nicht auf und zitierte auch Gregorios Palamas nicht. Er war kein Palamas-Anhänger, und sein Hesychasmus läßt sich nicht mit einer der byzantinischen Schulen voll identifizieren. Die Hesychia von Nil gründete auf der Erfahrung der alten byzantinischen Anachoretenmönche und auf den Vorstellungen von Gregorios Sinaites, der deren Werk fortgeführt hatte. Nils Auffassung zufolge stand im Zentrum des klösterlichen Lebens das Gebet als Waffe gegen die Versuchungen und die sündigen Gedanken, die Eitelkeit und den Stolz. Die Antwort auf Versuchungen ist ein »weises Verhalten«, die »Zerknirschung«, die »Gabe der Tränen«. Nur das tiefgreifende Gefühl der eigenen Sündigkeit, das jeden Menschen durchströmt, kann Gottes Mitleid erregen. Nur dieses Gefühl führt zur Hesychia. Das ist das Wesen von Nils Lehre« (F. Lilienfeld). Vom Berg Athos zurückgekehrt, gründete Nil das Skit am Fluß Sora (daher sein Beiname Sorskij) in der Umgebung des Kirill-Klosters von Beloosero. In Rußland waren schon seit längerer Zeit solche Eremitensiedlungen (Skit) bekannt, doch erst Nil gab ihnen ein theologisches Fundament. Auf den ersten Blick erscheinen die Werke von Nil Sorskij als bizarres Mosaik voller Zitate, doch bei genauerem Hinsehen zeigt sich, daß er »mit Worten anderer spricht« und daß diese Worte ein gelebtes Leben verkörpern und auf der persönlichen asketischen Erfahrung gründen. Bemerkenswert ist die »Regel« Nils, eine Belehrung über das klösterliche Leben, »die Bilanz seines Weges als Büßer«. Die Armut war in den Augen des Eremiten der sichere Weg, um zum Ideal des geistlichen Lebens zu gelangen. »Reinige deine Zelle«, lehrte der Starez, »und die Armut der Dinge wird dich Nüchternheit lehren. Liebe die Armut, das Fehlen von Besitz und die Demut.« Die Mönche müssen in Armut leben und sich von den Früchten ihrer Anstrengungen ernähren. Was »körperlicher« Natur ist, dient als Vorbereitung, um sich in das geistliche Leben zu versenken. Was »körperlich« ist, ist den Blättern zu vergleichen, während das geistliche Leben den Früchten des Baumes entspricht. Ohne ein »weises Verhalten« ist die körperliche Realität wie ein »trockener Busen«. Nils Vermächtnis ist von einem Geist der Opfergesinnung und der Demut durchzogen: »Verstreut meinen Körper in der Wüste«, befahl der Starez seinen Jüngern, »damit er von wilden Tieren und Vögeln zerfleischt werde, denn er hat viel gesündigt gegen Gott und ist eines Begräbnisses nicht würdig.«

Iosif Sanin

Zur gleichen Zeit wie Iwan III. lebte ein weiterer großer Asket der russischen Kirche: Iosif Sanin. Iosif stammte von kleinen Dworjanin von Wolokolamsk ab. Als junger Mann nahm er das Mönchsgewand aus den Händen des Starez Pafnutij im Kloster von Borowsk entgegen und wurde dessen Nachfolger. Dieses Kloster war das Familienkloster Iwans III. Sanin hatte vor sich eine brillante Karriere, verließ aber das Kloster und ging 1479 nach Wolokolamsk, seiner Heimatstadt und der Hauptstadt des unabhängigen Fürsten Boris Wasilewitsch. Dort gründete er das Kloster von Wolokolamsk. Wie Nil war auch Iosif gegen das Anhäufen von Reichtümern als Mittel zur persönlichen Bereicherung, doch er verteidigte erbittert die Güter der Klostergemeinschaft. In diesen Besitztümern sah er ein Werkzeug für Mitleid und Wohltätigkeit. Im Kloster von Wolokolamsk lebten die Mönche uneingeschränkt nach den zönobitischen Prinzipien einer Gemeinschaft. Sanin hatte schöne Gesichtszüge und eine sonore Stimme. Er war aber den Bequemlichkeiten des Lebens nicht zugeneigt und begnügte sich mit einer geflickten Mönchskutte. Er war seinen Mitbrüdern und Jüngern ein seltenes Beispiel an Eifer, doch seine Unnachgiebigkeit und sein Wüten gegenüber anderen Idealen kannten ebenfalls keine Grenzen. Iosif wandte viel Energie für den Landerwerb und das Anhäufen von Reichtümern für sein Kloster auf. Das Kloster mußte seiner Auffassung nach Ländereien von den Reichen aufkaufen, um den Armen Gutes tun zu können. Diese Regel war für Iosif eine Verhaltensnorm. Bei den häufigen Hungersnöten verteilte das Kloster von Iosif Sanin Weizen an Tausende von Armen und Bauern, die ins Elend geraten waren, und retteten sie vor dem

Hungertod. Das »Zönobium« des Klosters von Iosif von Wolokolamsk war für die damalige Zeit eine große Errungenschaft. Das Kloster spiegelte die Eigenschaften der Persönlichkeit des Gründers wider. Die Anstrengungen der Stary des Klosters gingen dahin, die Barmherzigkeit nach außen und einen bedingungslosen Gehorsam aufrechtzuerhalten. Die Mönche wurden dauernd vom Abt überwacht und kontrollierten sich mit Eifer gegenseitig. »Die klösterliche Disziplin zähmte die Energie des Charakters, schliff die persönlichen Eigenschaften ab, erzog zu Nachgiebigkeit und Unterwürfigkeit und bildete Männer heraus, die bereit waren, die Ideen des Klostergründers zu unterstützen und zu verbreiten.« (P. N. Miljukow) Die Jünger von Iosif machten diese Eigenschaft ihres Meisters zu ihrer eigenen und führten sie bis ins Extreme, wenn es sich um eine dogmatische Wahrheit handelte. »Die Mutter aller Leidenschaften ist die Meinung (der unabhängige Gedanke); die Meinung ist die zweite Erbsünde«, so formulierte einer der Jünger von Iosif Sanin sein Credo. Für die Iosiflianer wurde das Fehlen des Denkens und der Meinung von Zitaten kompensiert, die sie stets »auf der Zungenspitze trugen«. Die Dogmatiker identifizierten das Wesen des Christentums nicht in Wissen und Nachdenken, sondern in der Organisation des Lebens in Übereinstimmung mit den dogmatischen Interpretationen der Heiligen Schrift.

Im Unterschied zu den iosiflianischen Dogmatikern vertraten Nil und seine Schüler Ideen, in denen man den ersten einigermaßen autonomen Versuch einer russischen Theologie erkennen kann (D. Tschischewskij). Nil senkte in den russischen Boden einen Samen der Spiritualität, der mit der Zeit reiche Früchte tragen sollte. Nils Erben waren die berühmten geistlichen Väter, die Starzy des 18. und 19. Jahrhunderts, deren Erfahrung die Entwicklung des universalen Christentums bereicherte. Nil von Sora hatte für die Ostkirche dieselbe Bedeutung wie Franz von Assisi für die Westkirche (F. Lilienfeld). Das Werk von Nil Sorskij und der anderen »Starzy jenseits der Wolga« (so genannt, weil ihre Eremitenklöster, die Skit, jenseits der Wolga ihren Sitz hatten) war von großer Bedeutung, weil sich gerade in ihm, wie G. Florowskij meint, die spirituelle und moralische Bildung der christlichen Persönlichkeit in der Rus verkörperte.

Die religiöse Kultur erfuhr in Nowgorod-Welikij eine eigene Entwicklung. Der erste Moskauer Bischof war Sergij, der nach der Verhaftung des örtlichen Erzbischofs diesen Sitz innehatte. Sergij verhielt sich extrem respektlos gegenüber Dingen, die den Nowgorodern heilig waren, und zog sich damit schnell den Haß der Gläubigen zu. In dieser feindlichen Umgebung hielt der Erzbischof den Druck nicht mehr aus und wurde »verrückt«. Sein Geist verdüsterte sich.

Gennadij Gonsow

In der Zeit des Konflikts zwischen Iwan III. und Gerontij fand der Fürst die entschiedenste Unterstützung in Gennadij Gonsow, dem Archimandriten des Tschudow-Klosters im Kreml. Der Metropolit war über Gennadij erzürnt, verurteilte ihn und ließ ihn in einen Eiskeller einschließen. Der Fürst befreite ihn aus seinem Gefängnis und ernannte ihn nach einiger Zeit zum Erzbischof von Nowgorod-Welikij. Eingedenk des Schicksals seines »verrückt gewordenen« Vorgängers Sergij, versuchte Gonsow, zumindest in der ersten Zeit, sich der für ihn neuen kulturellen Umwelt anzupassen. Gennadij war ein typischer Moskauer Rechtgläubiger. Dennoch gilt er als einer der ersten Vertreter eines besonderen »Okzidentalismus« der Rus. Es gibt keinerlei Zweifel daran, daß dieser »Okzidentalismus« aus dem Boden der Nowgoroder Traditionen und Praktiken hervorgegangen ist, denen sich der Erzbischof am Ende anpassen mußte. Über viele Jahre hinweg hielt Nowgorod intensive kommerzielle Kontakte mit der Stadt Lübeck aufrecht. Der Überlieferung zufolge verhandelte Gennadij mit dieser Hansestadt, weil er eine Druckerei in Nowgorod gründen wollte. In der Folge nahm er einen Lübecker Drucker in seinen Dienst. Doch der Versuch, schon damals die Druckkunst in Gang zu bringen, verlief ohne Erfolg. Mehr Glück hatten hingegen die literarischen Unternehmungen Gennadijs.

Die religiöse Kultur in Nowgorod hatte antike Wurzeln. Nowgorod-Welikij konnte der Zerstörung durch die Tataren entgehen und bewahrte in ihren Mauern die reichste Sammlung antiker Manuskripte auf. Das kulturelle Niveau der Gelehrten der Sophien-Kathedrale von Nowgorod war sehr hoch. Keine andere Büchersammlung der Rus konnte sich mit dieser Bibliothek messen. Unter der Ägide von Gennadij realisierten die Gelehrten der Sophien-Kathedrale ein äußerst wichtiges kulturelles Projekt: Sie stellten den ersten umfassenden Bibelkorpus in slawischer Sprache zusammen. Dieses Projekt hätte nirgendwo anders als in Nowgorod durchgeführt werden können, weil diese Stadt den Einflüssen vom Westen offenstand. Die Gelehrten der Sophien-Kathedrale standen bei dieser Arbeit unter der Leitung des Katholiken Venjamin, eines Kroaten, der von Böhmen nach Nowgorod gekommen war und auf Anweisung Gennadijs in der Bibliothek der Sophien-Kathedrale Dienst tat. Der Dominikanermönch Venjamin hielt sich nicht an griechische Manuskripte, sondern verwendete in großem Umfang die lateinische Vulgata, aus der er einige Bücher ganz übersetzte. Bei diesem neuen theologischen Werk »wird die Verschiebung der slawischen Bibel von der griechischen zur lateinischen Grundlage spürbar« (I. F. Ewseew). Die Arbeit dauerte viele Jahre lang und wurde nie zu Ende geführt. Den Korpus nannte man Gennadij-Bibel, auch wenn man nicht weiß, wieviel der Erzbischof persönlich zur Kompilation des Werkes beitrug. Bei den literarischen Werken kam Gennadij nicht ohne die Hilfe von Personen aus, die in lateinischer Theologie Erfahrung hatten. In Nowgorod war der kulturelle und religiöse Einfluß des Westens stärker spürbar als in Moskau, und hier trat auch der erste Kontrast zwischen der neuen Theologie des Westens und der traditionellen Theologie zutage, die früher einmal das gemeinsame Fundament der West- wie der Ostkirche gewesen war. Die westliche Theologie entdeckte die antike Philosophie wieder, insbesondere die aristotelische Logik, und gab Impulse für die Ausarbeitung theologischer Konzeptionen auf neuen Grundlagen. Die Theologie der Rus hingegen behielt ihre alte Ausrichtung bei. Sie stützte sich auf eine rhetorische Offenbarung des »Reichtums des Glaubens« und kam ohne eine adäquate logische Interpretation aus. Im Zentrum des kirchlichen Lebens Rußlands stand nicht die theologische Forschung, sondern die praktische Askese, das Gebet, das Fasten, die Ikonenmalerei. Man kann deswegen nicht von einer »Theologie« des orthodoxen Ostens, sondern vielmehr von dessen »Spiritualität« sprechen (G. Podkalsky). Das religiöse Denken in Rußland stand aber nicht ganz abseits im Vergleich zur Entwicklung der europäischen Gedankenwelt. Das bezeugen der »Okzidentalismus« von Gennadij und das »freie Denken« der Nowgoroder. Charakteristisch ist dabei die Tatsache, daß die Nowgoroder, die der Moskauer Tradition fremd gegenüberstanden, offen waren für neue Ideen und bei ihren theologischen Forschungen und Interpretationen weit über das hinausgingen, was die Moskauer Dogmatiker zugestehen konnten. Auf diesem Nährboden entstand auch das »freie Denken« der Nowgoroder, das als häretisch erklärt wurde. Am Beginn des Konflikts zwischen den »Häretikern« und den Rechtgläubigen standen nicht so sehr theologische Streitigkeiten, sondern die kirchliche Praxis. In Moskau blühte der Handel mit kirchlichen Ämtern. Von Erzbischof Gennadij wurde behauptet, er habe eine unerhörte Summe Geldes investiert, um den Bischofsstuhl zu erlangen. Abt Sachar vom Nemtschow-Kloster in Pskow, der ganz gegen die Simonie eingestellt war, wollte sich deswegen der Autorität des Erzbischofs nicht unterwerfen, zu dessen Diözese auch die Pskower Klöster zählten. Als Republik behielt Pskow die politische Unabhängigkeit von Nowgorod, und das machte es Sachar möglich, Gennadij offen anzuklagen. Drei Jahre lang sandte der Abt überallhin Briefe, in denen er Gennadij der Häresie bezichtigte. Der Erzbischof seinerseits klagte seine Gegner, Sachar und die beiden Nowgoroder Prieser Aleksej und Denisij, der Häresie an. Iwan III. brachte diese Priester nach Moskau, wo sie an seinem Hof eine brillante Karriere machten. Aleksej wurde Erzpriester an der Mariä-Himmelfahrts-Kathedrale, und Denisij diente als Priester in der Erzengel-Kathedrale im Kreml, wo die Moskauer Fürsten begraben waren. Nachdem Gennadij seinen Kampf gegen die Häretiker aufgenommen hatte, entdeckte er sehr schnell, daß das freie Denken und die Häresie bis tief in die Hauptstadt der orthodoxen Rus vorgedrungen waren.

Stets empfand man das Bedürfnis nach Experten und Spezialisten aus dem Westen. Zusammen mit den Menschen gelangten aber auch neue Ideen aus dem Westen nach Rußland. Der Geist der Renaissance erreichte die Ostgrenze Europas. Unter den Moskauer Freidenkern war der Djak Fedor Kurisyn, der dem Hof Iwans III. nahestand, am bedeutendsten. Er und andere »Häretiker« wurden offen von Elena Wolosanka unterstützt, der Mutter des Thronerben Dmitrij (des Enkels). Fedor Kurisyn kritisierte das Mönchstum und war ein Anhänger der Idee vom freien Willen des Menschen (der »Autokratie der Seele«): Dank Erziehung und Wissen besitzt der Mensch Freiheit, denn er weiß, was Tugend ist, was Laster ist und was Unwissenheit ist.

Das freie Denken und die Häresien wurden in der russischen Literatur außergewöhnlich geschätzt. Die sowjetische Historiographie betrachtete sie als reformatorisch-humanistische Bewegung, die sich gegen die feudale Kirche richtete. Die Häresie wird als »eine der Formen des Klassenprotests der Volksmassen gegen die feudale Unterdrückung« gesehen. Eine gewisse Theorie bringt sie mit der plötzlichen Verschärfung des Klassenkampfes in Zusammenhang. Dabei ist zu bemerken, daß in dieser Zeit nicht der Schatten eines Klassenkampfes zu erkennen ist.

Wie auch im Westen entwickelte sich im 15. Jahrhundert der Kampf gegen die Häretiker vor dem Hintergrund des nahen und unausweichlichen Endes der Welt. Die Überspanntheit, die von dieser Erwartung ausgelöst wurde, ist von dunklen Vorahnungen und Ängsten durchzogen. Die extreme Grausamkeit, die Gennadij gegenüber den Häretikern an den Tag legte, müssen wir sowohl seiner Persönlichkeit als auch der Mentalität und der emotionalen Unruhe zuschreiben, die zu jener Zeit in ganz Europa herrschten.

Gennadij diskutierte einige Jahre lang mit dem Priester Aleksej und anderen Nowgoroder Freidenkern über das bevorstehende Jüngste Gericht. Die Rechtgläubigen erwarteten die zweite Wiederkehr Jesu für das Jahr 1492, das heißt für das siebentausendste Jahr nach der Erschaffung der Welt. Die »Häretiker« widersprachen ihnen und beriefen sich auf Berechnungen des jüdischen Wissenschaftlers und Astrologen Immanuel Ben Ya'aka. Der Erzbischof selbst mußte das Werk Ben Ya'akas studieren und erkannte darin die »judaisierende« Häresie. Einige Freidenker verurteilten scharf die Unordnung im kirchlichen Bereich und die Simonie. Andere versuchten das Dogma der Dreifaltigkeit zu interpretieren und drückten ihre Zweifel über die göttliche Natur von Jesus Christus aus, was die Rechtgläubigen als Fluch gegen den Gottmenschen und die Gottesmutter auslegten. Zwei Jahre vor dem Ende der Welt klagte Gennadij ohne Unterschied alle Freidenker an, der Geheimsekte der »Judaisierenden« anzugehören, und verlangte, sie sollten zum Tode verurteilt werden. Er schickte Briefe an seine Gönner und führte darin als Beispiel den spanischen König an, der mit Hilfe der grausamen Verfolgungen der Inquisition sein Land vom jüdischen Irrglauben gereinigt hatte. Im Jahre 1490 traf sich der hohe russische Klerus in Moskau, um gegen die Häretiker einen Prozeß zu führen. Gennadij wollte, daß der Djak Fedor Kurisyn und die anderen Moskauer Häretiker bestraft würden. Doch Iwan III. und der neue Metropolit, der selbst von dem neuen Gedankengut angesteckt war, wiesen dieses Ansinnen zurück. Der Hauptangeklagte beim Moskauer Prozeß war Sachar, dessen Vorstellungen nichts mit der Ketzerei der »Judaisierenden« zu tun hatten. Die Farce gegen die mythische Geheimsekte der Judaisierenden gelang nur zum Teil: Die Moskauer »Häretiker« flohen vor dem Prozeß, während die in Nowgorod schwer bestraft wurden. Einige der Verurteilten schickte man nach Nowgorod zurück und überließ sie Gennadij. Dieser befahl, Hüte aus Birkenrinde auf den Köpfen der Verurteilten anzuzünden, während die übrigen »Ketzer« im Gefängnis gefoltert wurden.

Iwan III. hatte Fedor Kurisyn gerettet, doch nicht etwa, weil er dessen Ansichten teilte: Der Prozeß gegen die Moskauer »Häretiker« drohte den Hof des Thronanwärters Dmitrij (des Enkels) zu kompromittieren, weil auch dessen Mutter als Häretikerin galt. Iwan III. war ein feinfühliger Politiker und rechtfertigte wie Machiavelli jedes Mittel, um zu einem bestimmten Ziel zu gelangen. Dmitrij war der einzige legitime Thronerbe. Er war nach dem Krönungsritus ins Amt eingesetzt worden und wurde von der Bojarenduma und vom Volk anerkannt. Dennoch warf Iwan III. im Jahr 1502 Dmitrij zusammen mit seiner Mutter ins Gefängnis. Um diese ungesetzliche Entscheidung zu rechtfertigen, rief er die Rechtgläubigen zu Hilfe und klagte Elena Wolosanka der Häresie an: Der Sohn einer Häretikerin konnte nicht den Thron eines Rechtgläubigen übernehmen. Sofija und ihr Sohn Wasilij III. erreichten somit ihr Ziel, indem sie ihre Hand den extremen Rechtgläubigen hinstreckten, doch diese Verbindung kam die russische Kultur teuer zu stehen.

Im Jahr 1504 wurde in Moskau die heilige Synode einberufen, welche die Freidenker zum Tode verurteilte. In der Hauptstadt brannten überall die Scheiterhaufen. Darauf starben der Djak Iwan Wolk Kurisyn, der Bruder von Fedor Kurisyn, und einige andere. In Nowgorod verbrannte man Kasjan, den Archimandriten des Georg-Klosters, seinen Bruder, den Pomeschtschik N. Rukawow, und andere.

Iosif Sanin war der wichtigste Ideologe der Partei der Rechtgläubigen. Er widmete der Verteidigung seiner Ansichten gegenüber dem Ketzertum das grundlegende Werk seines Lebens, das später »Proswetitel« (»Der Aufklärer«) genannt wurde. In seinem Traktat wies Sanin nach, daß der Jude Scharij die Ketzerei aus Litauen nach Nowgorod gebracht habe. Er habe zuerst die Nowgoroder und dann über sie die Moskauer zum Judentum bekehrt. Diese Ketzer erkannten die Dreifaltigkeit nicht an, leugneten die Göttlichkeit von Jesus Christus, verehrten somit die Gottesmutter nicht, warfen sich vor dem Kreuz und den Ikonen nicht auf den Boden und feierten den Sabbat anstatt den Sonntag.

Zusammen mit Sanin war Erzbischof Gennadij Gonsow, der seinerzeit auch einer der treuesten Gefolgsleute von Iwan III. gewesen war, einer der Hauptverfolger der Ketzer. Nachdem er fast zwanzig Jahre in Nowgorod gelebt hatte, wurde er aber Anführer der Opposition gegen den Moskauer Fürsten. Die Entstehung der kirchlichen Opposition in Nowgorod-Welikij wurde von einer Reihe von Umständen bestimmt. Von grundlegender Bedeutung waren dabei Nowgorods Ansprüche auf den Primat im kirchlichen Leben, der »Okzidentalismus« von Gennadij und insbesondere der Konflikt über den Grundbesitz der Kirche. Die Nowgoroder Erzdiözese war im Hinblick auf ihre Bedeutung allen übrigen Bischofssitzen haushoch überlegen. Eines der Symbole für die Sonderstellung des Erzbischofs war das Recht, den weißen Klobuk (Epanokamelauchion, auch oft fälschlich als Mitra bezeichnet) zu tragen. Kein anderes Mitglied der kirchlichen Hierarchie, darin eingeschlossen der Metropolit, hatte sonst dieses Anrecht. Auf der Schwelle vom 15. und zum 16. Jahrhundert verfaßten die religiösen Schriftsteller von Nowgorod die »Geschichte des weißen Klobuks«. Darin bestätigten sie die Vorstellung, nach dem Fall des »antiken« Rom und des »neuen« Rom (Konstantinopel) befinde sich das Zentrum des Christentums nun in Rußland: »Und über dem dritten Rom, das auf russischem Boden steht, leuchtet die Gnade des Heiligen Geistes.« In den Augen der Nowgoroder mußte die russische Kirche und insbesondere deren älteste Diözese die natürliche Erbin der Autorität des Patriarchen von Konstantinopel werden. Diese Idee bekräftigten sie, indem sie auf den byzantinischen Ursprung des »weißen Klobuks« von Nowgorod hinwiesen, des wichtigsten Anrechts des heimischen Erzbischofs.

Die Ansprüche des Nowgoroder Erzbischofs stießen in Moskau nicht auf besondere Sympathien. Die größten Zwistigkeiten entzündeten sich aber an der Frage des Grundbesitzes des Erzbischofs der Sophien-Kathedrale. Mit der Eroberung Nowgorods hatte Iwan III. einen beträchtlichen Teil der Landgüter des örtlichen Bischofs beschlagnahmt. Gennadij unterstützte diese Initiativen des Fürsten, weil es dabei um die Rebellen unter den Nowgorodern ging. Er selbst verlieh den illegalen Handlungen der Moskauer Autoritäten den Segen der Kirche. Diese verletzten die Übereinkunft mit den Nowgorodern und enteigneten die Bojaren dieser Stadt. In der Folge jedoch waren die Beziehungen zwischen dem Erzbischof und dem Fürsten schweren Belastungen ausgesetzt.

Die Synode von 1503

Im Jahr 1503 berief Iwan III. den Klerus nach Moskau und schlug vor, die Frage des Landbesitzes der Moskauer Kirche zu untersuchen. Offensichtlich unterstützte Nil von Sora dieses Vorhaben der Regierung, und so wurde erstmals die neue Strömung des Denkens proklamiert, die man »Nestjaschatelstwo« (die Nichtbesitzenden) nannte. Gegen die Nestjaschateli kämpften Erzbischof Gennadij Gonsow, Iosif Sanin und andere Exponenten der kirchlichen Hierarchie. Die Geschichte der Synode von 1503 zieht seit langem das Interesse der Historiker auf sich. Es fällt nämlich schwer, ein Urteil darüber abzugeben, auch weil in den Chroniken und den Entscheidungen des Konzils, deren Wortlaut sich bis auf den heutigen Tag erhalten hat, keinerlei Hinweis zu finden ist auf die Säkularisierungsprojekte von Iwan III. Die Reden von Nil von Sora hingegen werden ausschließlich in publizistischen Werken aus späterer Zeit zitiert. Dieser Umstand bewog den amerikanischen Historiker D. Ostrowski zur Hypothese, diese späten Notizen über die Entstehung der Nestjaschateli im Jahr 1503 in der Rus seien falsch. Die Schwäche dieser Hypothese liegt in der Tatsache, daß sie die Gründe für die Fälschung nicht erklärt. Dazu hätte es nicht nur eines, sondern verschiedener Schriftsteller bedurft, die überdies verschiedenen geistigen Strömungen angehörten. Jede der Parteien hätte sofort versucht, die andere zu entlarven, wenn es denn zu einer derart groben Fälschung gekommen wäre. Das Schweigen der frühen Historiker über das Problem der Säkularisierung erklärt sich ziemlich leicht: Im Jahr 1499, also einige Jahre vor der Synode, hatte Iwan III. viele Ländereien der Sophien-Kathedrale von Nowgorod konfisziert, doch weder die offiziellen Moskauer Annalen noch die erzählenden Quellen in Nowgorod geben uns irgendeinen Hinweis auf diese bedeutenden Verfügungen. Die Diskussion über die Säkularisierung im Jahr 1503 führte zu nichts, und deswegen gab es auch keine diesbezüglichen Entscheidungen der Synode. Der Versuch, die Erfahrungen in Nowgorod auch auf die Moskauer Kirche auszuweiten, führte zu einem harschen Konfikt. Dem Fürsten gelang es nicht, der Synode seinen Willen aufzuerlegen, und die offiziellen Moskauer Quellen vermieden es, diesen Mißerfolg zu erwähnen. Der Klerus seinerseits, der durch das schändliche Attentat der zivilen Behörden auf seine Besitztümer aufgebracht war, zog es vor, diesen Zwischenfall für alle Zeiten zu vergessen. Erst nach dem Tode Iwans III. und seines Mitregenten Vasilij III. diskutierten die Publizisten dieses zuvor verbotene Thema ausgiebig. Diese Werke erschienen, als die Generation noch am Leben war, die Nil gekannt hatte oder die Informationen aus dem Mund seiner Jünger erfahren konnte. Aus diesem Grund mußten die Gelehrten keine Ereignisse der Vergangenheit »rekonstruieren« und Zuflucht nehmen zu Mystifikationen.

Die zivilen Behörden zögerten nicht, in Nowgorod Gewalt einzusetzen. In Moskau versuchten sie, den Klerus durch Überredung zum Nachgeben zu bewegen. Nachdem Iwan III. seine Absicht bekundet hatte, die Dörfer (Wotschiny) des Metropoliten und der Klöster zu beschlagnahmen, versprach er ihnen sofort, ihre Versorgung mit Weizen (»Obroki«) zu übernehmen und sie mit Geld (»Ruga«) aus der Staatskasse zu entschädigen. Theorie und Praxis der Starzy jenseits der Wolga rechtfertigten in gewissem Sinne die Absichten des Fürsten.

Nil bezeichnete die Bereicherung der Klöster als sündhaft. Nachdem ihn Iwan III. nach Moskau gerufen hatte, erklärte er: »Es ist unschicklich, wenn ein Mönch Ländereien besitzt.« Die Schriftsteller in späterer Zeit, die den Nestjaschateli feindlich gesinnt waren, begannen die Tatsachen so zu beschreiben, als ob Nil dem Fürsten geraten hätte, den Grundbesitz der Klöster zu beschlagnahmen. Doch dem ist nicht so. Die Reden von Nil hatten eine andere Bedeutung: Er versuchte, die Mönche davon zu überzeugen, den Weg des Heils einzuschlagen und freiwillig auf den Besitz von Ländereien zu verzichten, um sich von den Früchten der eigenen Arbeit zu ernähren und in Armut zu leben.

Die Vorstellung trifft allerdings nicht ganz zu, daß die russischen Hesychasten, die Starzen von jenseits der Wolga in völligem Verzicht auf weltliche Dinge lebten. Als Iwan III. sich entschloß, den Moskauer Metropoliten Gerontij abzusetzen, trug er dieses Amt nicht durch einen Zufall Paisij Jaroslawow an, dem Meister Nils und anderer Starzen von jenseits der Wolga. Einige Zeit danach wurde auf Betreiben des Fürsten Paisij zum Abt des Dreieinigkeits-Sergius-Klosters bestimmt. Die Äbte dieses Klosters nahmen im Leben der russischen Kirche eine besondere Stellung ein. Die aristokratischen Mönche des Dreifaltigkeits-Klosters wollten sich nicht den Prinzipien der Starzen von jenseits der Wolga unterwerfen, und Paisij mußte folglich das Kloster verlassen. Wie ein Zeitgenosse berichtet, wollten die Mönche, die aus Fürsten- oder Bojarenhäusern stammten, ihm nicht Gehorsam leisten und ihn sogar töten. Obwohl damit Paisij sein Amt als Abt verloren hatte, behielt er doch seinen Einfluß bei Hofe. Iwan III. zählte auf die Hilfe der Starzen von jenseits der Wolga, um seine Projekte zur Säkularisierung der kirchlichen Güter durchzuführen, und das verlieh den Vorstellungen von Nil Sorskij unvermeidlich eine politische Färbung.

Bei der Synode des Jahres 1503 befand sich der Moskauer Metropolit Simon in einer schwierigen Lage. Einige Jahre vor der Synode hatte er die Enteignung der Ländereien des Nowgoroder Bischofs durch den Fürsten gutgeheißen, und jetzt war es an ihm, diesen bitteren Kelch zu leeren. Die Mehrheit des Klerus in der Kathedrale war bereit, sich der Entscheidung des Monarchen zu beugen. Doch der entschiedene Widerstand von Serapion, dem Abt des Dreifaltigkeits-Sergius-Klosters und Lieblingsschüler des Metropoliten, sowie weiterer Mitglieder der Hierarchie änderte die Situation. Während einer Unterredung mit Iwan III. erklärte Simon Tschisch: »Ich werde die Dörfer der reinsten Kirche (des Metropolitensitzes), die den wundertätigen Metropoliten Petr und Aleksej von Moskau gehörten, nicht übergeben.« Erzbischof Gennadij widersetzte sich so sehr dem Fürsten, daß ihn dieser mit einem groben Fluch unterbrach. Kurz nach der Synode befahl der Fürst, Gennadij zu verhaften, und beraubte ihn seiner kirchlichen Würde, indem er ihn der Korruption anklagte. Iwan III. wurde wenig später schwer krank und starb 1505, ohne seine Projekte zur Säkularisierung wiederaufgenommen zu haben. Die kirchliche Opposition umging damit eine erneute starke Ausdehnung des Staatsbesitzes.

Als Gennadijs Nachfolger übernahm Serapion die Bischofskirche von Nowgorod. Wie sein Vorgänger geriet auch er in Konflikt mit den Fürsten. Aufgrund einer Denunzierung durch Iosif Sanin fiel Serapion in Ungnade, und Vasilij III. setzte ihn ab. Danach verboten es die Behörden der heiligen Synode, einen neuen Erzbischof für Nowgorod zu bestimmen. Siebzehn Jahre lang blieb die älteste Diözese des Landes somit ohne Leiter.

Am Ende seines Lebens verließ Iosif Sanin seine Protektoren, die unabhängigen Fürsten, und begab sich zusammen mit seinem Kloster unter die Autorität des Großfürsten Vasilij III. Nachdem er alle seine Kräfte im Kampf gegen die Häresie eingesetzt hatte, gelangte er zu dem Schluß, nur eine nach dem Vorbild des byzantinischen Kaiserreichs organisierte Autorität könne den orthodoxen Glauben in seiner Reinheit bewahren. Das religiöse russische Denken nährte sich dauernd aus der byzantinischen Tradition. Es erhielt sich ein Brief von Iosif an den Großfürsten der fast vollständig von Zitaten des byzantinischen Schriftstellers Agapetus durchsetzt ist. Die grundlegende Idee des Schriftstücks liegt in der These des göttlichen Ursprungs der kaiserlichen Autorität: »Der Zar ist dem Körper nach allen Menschen gleich, doch in seiner Autorität ist er dem höchsten Gott gleich.« Der Zar ist der Sonne ähnlich und muß seine Untertanen vor der Häresie beschützen.

Iwan III. versuchte, sich in seiner Politik der Säkularisierung der kirchlichen Besitztümer bei den Nestjaschateli anzulehnen, weil er in ihnen mögliche Anhänger erblickte. Es waren aber nicht die Nestjaschateli, sondern ihre Gegner, die Iosiflianer, die eine Idee formulierten, die einen tiefgreifenden Einfluß auf die politische Kultur des Moskauer Reiches ausüben sollte.

237. Belagerung von Smolensk durch Wasilij III., aus der Bildchronik, Schumilow-Band, fol. 40; Sankt Petersburg, Öffentliche Bibliothek.

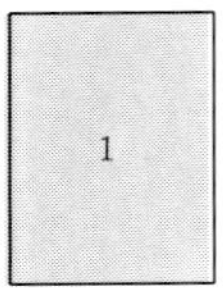

1. Der Evangelist Markus, aus dem Evangeliar von 1507, fol. 10v., Feodosij; Sankt Petersburg, Öffentliche Bibliothek.

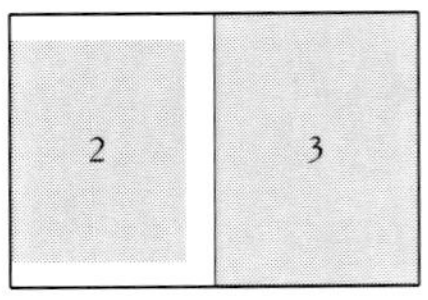

2. Moskau, Kreml, Mariä-Himmelfahrts-Kathedrale, 1475–1479.
3. Moskau, Kreml, Mariä-Himmelfahrts-Kathedrale, Innenansicht.

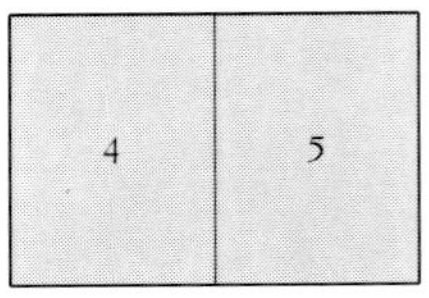

4. Dreieinigkeits-Sergius-Kloster. Heiliggeist-Kirche, 1476.
5. Moskau, Kreml, Glockenturm »Iwan der Große«, 1505–1508.

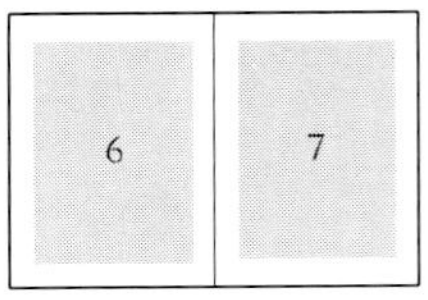

6. Dionisij, Kreuzigung, Beginn des 16. Jahrhunderts; Moskau, Tretjakow-Galerie.
7. Der ungläubige Thomas, Schule von Dionisij, Beginn des 16. Jahrhunderts; Sankt Petersburg, Russisches Museum.

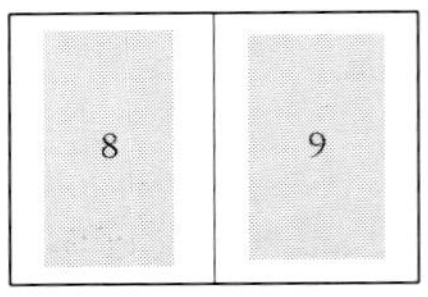

8. Der heilige Georg, Ikone aus der Ikonostase der Mariä-Geburts-Kirche im Ferapont-Kloster, Schule von Dionisij, Beginn des 16. Jahrhunderts; Sankt Petersburg, Russisches Museum.
9. Johannes Chrysostomos, Ikone aus der Ikonostase der Mariä-Geburts-Kathedrale des Ferapont-Klosters, Schule von Dionisij, Beginn des 16. Jahrhunderts; Sankt Petersburg, Russisches Museum.

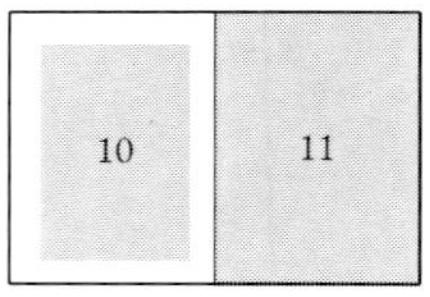

10. Der Metropolit Aleksej mit Lebensbeschreibungen, Schule von Dionisij, Ende des 15. bis Anfang des 16. Jahrhunderts; Moskau, Tretjakow-Galerie.
11. Der Metropolit Aleksej segnet den neuen Abt Andronik, Ausschnitt aus der Ikone des Metropoliten Aleksej mit Lebensbeschreibungen; Moskau, Tretjakow-Galerie.

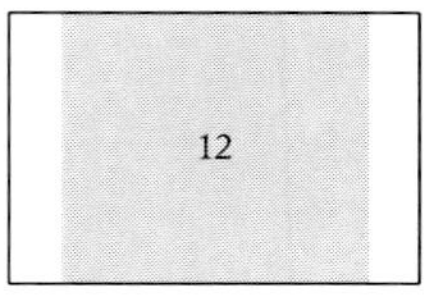

12. Der Metropolit Aleksej mit Lebensbeschreibungen, Ausschnitt: Der Moskauer Fürst empfängt den Metropoliten Aleksej nach seinem Feldzug gegen die Horde; Moskau, Tretjakow-Galerie.

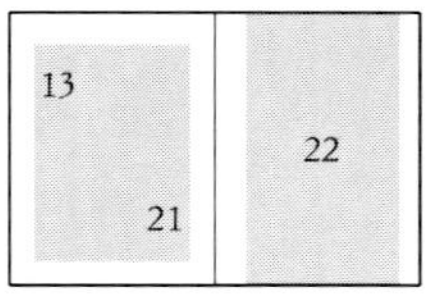

Aus der Bildchronik; Sankt Petersburg, Öffentliche Bibliothek:
13. Die Schlacht zwischen den Russen und den Tataren von Kasan, Golizyn-Band, fol. 949v.
14. Die Verlobung Iwans III. mit der byzantinischen Kaiserin Sophia, Golizyn-Band, fol. 926.
15. Die Überführung der Reliquien des heiligen Metropoliten Petr in die im Bau befindliche Mariä-Himmelfahrts-Kathedrale, Schumilow-Band, fol. 39.
16. Der Einsturz der Mariä-Himmelfahrts-Kathedrale, Schumilow-Band, fol. 99.
17. Der italienische Architekt Aristotele Fioravanti unternimmt den Bau der neuen Mariä-Himmelfahrts-Kathedrale, Schumilow-Band, fol. 110.
18. Iosif Sanin schreibt seinen Anklagebrief gegen die Häretiker, Schumilow-Band, fol. 441.
19. Die Reise der Kaiserin Sophia von Italien nach Rußland, Schumilow-Band, fol. 48v.
20. Ein Wunderzeichen am Moskauer Himmel, Schumilow-Band, fol. 159.
21. Versammlung des höchsten Klerus in Moskau, Golizyn-Band, fol. 898.
22. Der Einsturz der Michaels-Kathedrale in Perejaslawl, Golizyn-Band, fol. 83.

23. Kleines Sion. Kupfer, ziseliert, vergoldet, Niellotechnik, 1486; Moskau, Museum im Kreml, Rüstkammer.

Марко єдїнь ѿ седмидесѧ оученикъ . петрѡмъ апломъ поста
вленъ бы єпїскпъ въ Алезанрїи . весьма млъ бѣше . и Єгу
птѧны крти . и часть єѵглїа написавъ . и мѹ
ченїа конецъ прїѧтъ , распѧтъ на масличнимъ .:—

Стыи Алезѣи воздвиже цр҃ковь поима нерукотвореннаго ѡбраза
старейшинство вроучи андронику ученику прп҃д. сергиа
Почтиша же и ѿ поуснир алезеа и бывших с ним честьми и дары многи

стыи алеѯѣи возвращаѧсѧ ѿ црѧже пѣыш
руссии

ѿ казани. Тогоже лѣта бои быль

ѿ урганьскыхъ. Въ лѣто, ҂ѕуоз.
Тогожезимы, февралѧ. аі. прииде

И видимоши его iако солнце блещащися
и благоуханием многим исходящием

Тогоже лѣта мца маиа в. к. по, а
ча нощи, падеся црковь прѣстыя бцы
еянача з митифилиппомитрополи

Мстръ iона венецийскии моуларь ари
стотель. начаръвы копати на ос
нование црквни прчтыя бцы. глоуби

Насиж же богоборныя еретицы нового
россия и напрочая ереси написаша

Тулаженiопиа сд. ѿпоустиша црвну
софию изрима за великого кнѧзѧ.
а снею послали пдомъ ѿ папы. лега

Анат онже на лѣ, много инощи
сеи хоть облаи
стающе

Изволением же великого кнѧзѧ и его бра
тьи, иже бѣ епть побывыюши тогда

Того же лѣта паде сама црковні каменаѧ ѿ пе
реславли стго Михаила в і днь мца маа
в суботу в предвечернею. юже бѧше создал
и украсилъ преблаженныи Ефремъ ми
трополитъ кіевскіи и всеа
руси. в Переславли
оли ѡ всеѡе
гра
дѣ;

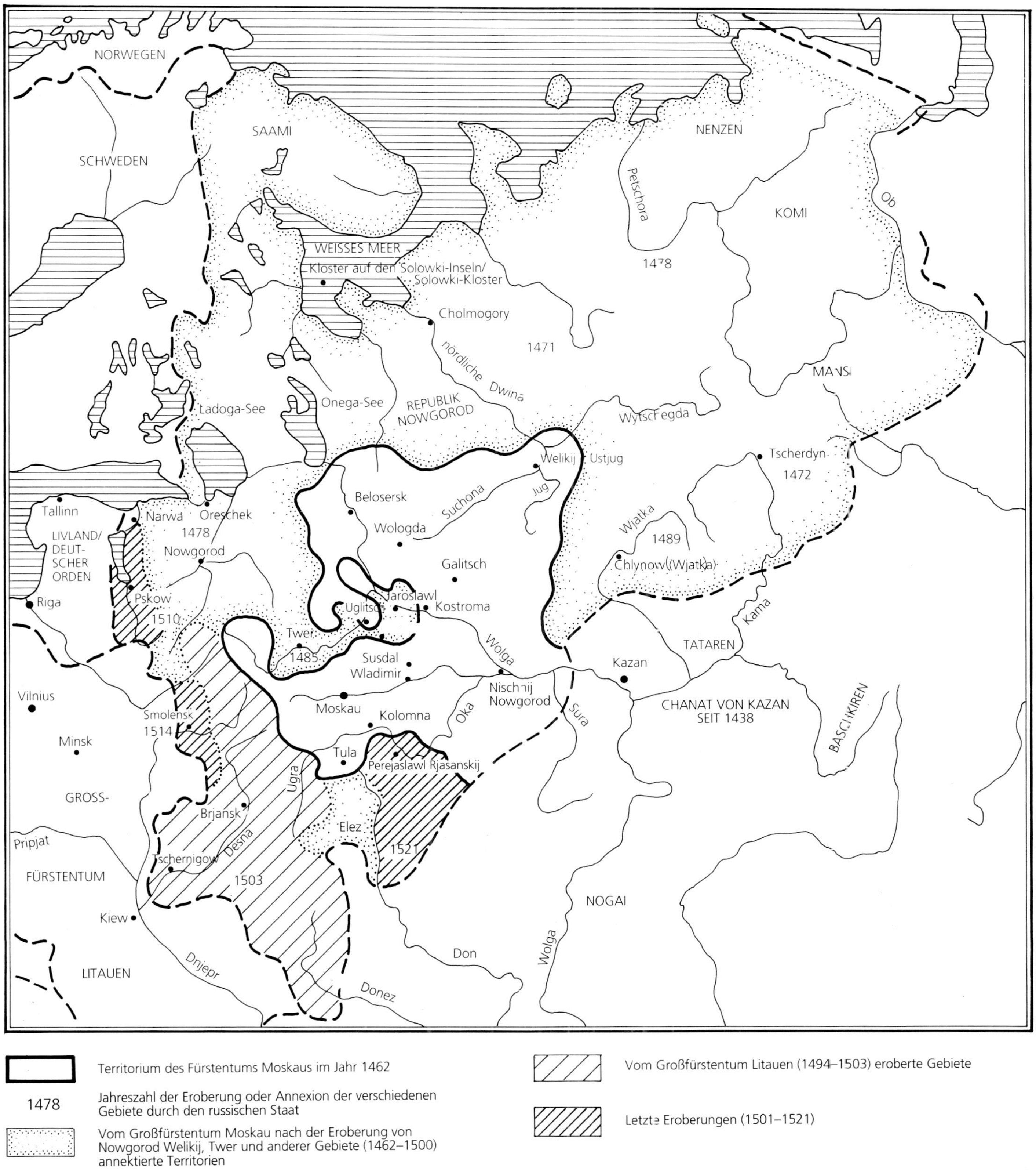

238. Das Moskauer Reich zwischen dem Ende des 15. und dem Beginn des 16. Jahrhunderts, Karte von R. Skrynnikow.

Das Kloster von Wolokolamsk, das Sanin gegründet hatte, wurde zu einer Art Brutstätte iosiflianischer Prälaten. Wohin das Schicksal sie auch verschlug, die Schüler dieses Klosters unterstützten sich gegenseitig und versuchten, in der kirchlichen Hierarchie herausragende Stellungen einzunehmen. Aus der Schar der Iosiflianer gingen zwei Metropoliten und eine große Zahl von Bischöfen hervor, welche die russische Kirche im 16. Jahrhundert regierten. Es gelang ihnen auch, im Leben die von Iosif von Wolokolamsk formulierten Ideen zu verkörpern. Gleichzeitig verteidigten sie erbittert die Unverletzlichkeit der Kirchengüter und erklärten jeglichen Eingriff in die Reichtümer der Kirche als schlimmste aller Häresien.

Die Vorstellung von der Kontinuität des byzantinischen Kaiserreichs und von der Moskauer Autokratie erhielt ihre definitive Formulierung in den Briefen, die der Mönch Filofej von Pskow an Vasilij III. schrieb. Filofej folgte der These der von Gott eingesetzten Einheit der gesamten christlichen Welt und zeigte, daß das erste Weltzentrum des Christentums das alte Rom war. Dann folgte das zweite Rom, nämlich Konstantinopel, und schließlich war an dessen Stelle ein drittes Rom entstanden, Moskau. »Zweimal ist Rom gefallen«, so behauptete Filofej, »doch das dritte Rom wird nicht fallen, und es wird auch kein viertes geben.« Die Auffassung Filofejs beruhte auf dem Konzept eines »unzerstörbaren römischen Reiches«, das zur Zeit des Augustus entstanden war und auf das sich die Taten und das gesamte irdische Leben von Jesus Christus bezogen. Das »große Rom« hatte seine physische Existenz beibehalten, sein spirituelles Wesen jedoch als »Gefangener des Katholizismus« eingebüßt. Das griechische Kaiserreich wurde so zum Bollwerk der Orthodoxie, fiel aber dann in die Hände der »Ungläubigen«. Der Fall der beiden Imperien machte den Platz frei für das orthodoxe Moskauer Reich. In Filofejs Aussagen hatte die Vorstellung von der universellen Rolle Moskaus viel eher einen sakralen als einen imperialen Sinn (N. W. Sinizyna). Doch die Moskauer Praxis führte schnell zu Änderungen an Filofejs Theorie.

Iwan III. und Vasilij III.

Im 15. Jahrhundert zerfiel das Reich der Tataren, der Goldenen Horde. Iwan III. zahlte keine Tribute mehr und zwang somit die Große Horde, eine Allianz mit dem polnischen König einzugehen und gegen die Rus zu Felde zu ziehen. Die Tataren versuchten, die Grenze bei Kaluga zu überschreiten, wurden aber bei der Überquerung des Flusses Ugra zum Stillstand gebracht. Iwan III. übergab das Kommando der Truppen dem erfahrensten seiner Bojaren und begab sich dann persönlich zu Verhandlungen mit dem Khan, wobei er Besorgnis und Unzufriedenheit beim Volk auslöste. Er versuchte auf diese Weise eine blutige Schlacht zu vermeiden, und sein Unternehmen hatte Erfolg. Die Tataren warteten nicht auf das verbündete polnische Heer und zogen sich nach den ersten Frösten in die Steppe zurück. Das tatarische Joch war gefallen.

Iwan III. demütigte Nowgorod und Twer, und Vasilij III. fuhr damit fort. Im Jahr 1510 löste er die »Republik« von Pskow auf und nahm die Territorien dieser Stadt als seine eigenen in Besitz. Für Moskau war es nicht notwendig gewesen, Pskow zu erobern, weil die Bevölkerung loyal zu Moskau stand. Dennoch regierte auch hier wie in Nowgorod die Gewalt: Alle Pskower Bojaren wurden enteignet und aus ihren Heimatorten vertrieben.

Mit der Wiedereroberung von Smolensk und der Unterwerfung von Rjasan brachte Vasilij III. die Wiedervereinigung der Länder Großrußlands zu einem Ende. Während der Herrschaft Iwans III. und Vasilijs III. vergrößerten sich die Territorien des Moskauer Fürstentums in großem Umfang: Unter die Herrschaft Moskaus gerieten auch einige nichtrussische Völker, wie die Karelier, die Komen (Permjaken), die Tschuden, die Ischoren und die Ugrier des Urals. Unter Iwan III. führten Moskauer Militärkommandanten den ersten Eroberungsfeldzug innerhalb asiatischer Grenzen durch und unterwarfen eine Reihe sibirischer Stämme jenseits des Urals, doch gelang es ihnen nicht, ihre Stellung in Sibirien zu festigen. An der Schwelle vom 15. zum 16. Jahrhundert kam auch das Territorium von Tschernigow Sewerskij (das nördliche) in Moskauer Hand. Die ursprünglich ukrainischen Gebiete wurden zwischen Polen und Großrußland aufgeteilt, was für die Entwicklung des ukrainischen Volkes ungünstige Folgen hatte.

Unter dem Einfluß der Veränderungen, die im russischen Staat vor sich gingen, veränderte sich auch der Charakter der Chroniken und der Annalistik. Die Hauptstädte, die einst die Zentren der altrussischen Annalistik gewesen waren, fielen eine nach der anderen unter den Schlägen Moskaus. Die Chroniken von Twer, Nowgorod und Pskow wurden unterdrückt oder verfielen. Die Chroniken in Moskau entstanden wie immer unter der Ägide der Kirche, doch die Hauptrolle bei der Redaktion der größeren Werke spielten vom Ende des 15. Jahrhunderts an die Kanzleien der Großfürsten. Als Iwan III. gegen Nowgorod zu Felde zog, nahm er den Djak S. Borodatyj mit, der »nach den Chroniken sprechen konnte«, das heißt, er verstand es, in den Chroniken das richtige Zitat zu finden, welches das Anrecht der Moskauer Krone auf das Territorium von Nowgorod bewies. Kurz nach der Rückkehr nach Moskau gab der Fürst dem Djak die Aufgabe, die neuen Informationen in die Chroniken aufzunehmen. So entstand das Werk des Jahres 1479. Die Redakteure mußten dabei zugeben, daß das Vorgehen Iwans III. gegen Nowgorod unerhört war: »Einen solchen Akt der Willkür gegen sie (die Nowgoroder) tat bisher noch kein Großfürst noch sonst jemand«, seitdem »Nowgorod auf russischem Boden entstanden war«. Der Chronist hingegen rechtfertigte das Verhalten Moskaus und stellte den »Verrat« der Nowgoroder in allen Einzelheiten dar.

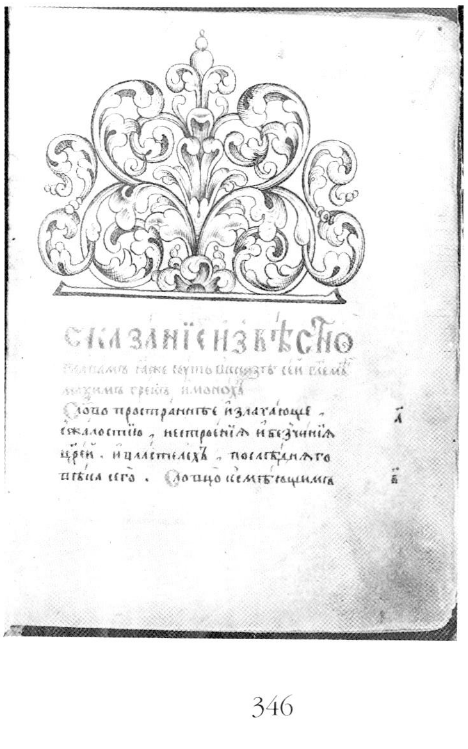

239–240. Aus dem Florilegium, von Maksim Grek: fol. 1; fol. 11, Porträt von Maksim Grek. Sankt Petersburg, Bibliothek der Akademie der Wissenschaften.

Die Kontrolle, die Moskau über die Chroniken ausübte, verstärkte sich, wurde aber nie allumfassend. Nicht nur örtliche Gelehrte, die hinter Klostermauern sicher waren, sondern auch Moskauer Chronisten, die nicht der offiziellen Welt angehörten, konnten es sich noch erlauben, den Fürsten heftig zu kritisieren.

Als sich Iosif Sanin mit seinem Kloster unter den Schutz Vasilijs III. begab, stieß dies auf das Mißfallen seiner Gegner. Sie klagten den Abt von Wolokolamsk an, er verrate den himmlischen König und stelle sich auf die Seite des irdischen. Doch die Hoffnungen Sanins auf das Wohlwollen des Monarchen bestätigten sich nicht. Nach dem Tode Nils von Sora erlebte die Strömung der Nestjaschateli eine neue Blütezeit. Der Großfürst ernannte einen Förderer der Nestjaschateli zum Metropoliten und berief den fürstlichen Mönch Wassian Patrikeew, einen fernen Verwandten von ihm, an den Hof. Nils Nachfolger Wassian verstärkte die Polemik gegen Iosif Sanin und dessen Anhänger. Patrikeew faßte das Mönchstum als einen Verzicht auf die Welt auf und geißelte die Iosiflianer wegen ihres Besitzes. Er drückte seine Sympathie für die Bauern aus und verurteilte jede Grausamkeit gegenüber Ketzern und Freidenkern. Der Konflikt zwischen diesen beiden religiösen Strömungen hatte tiefe Wurzeln. Die Iosiflianer versuchten, das christliche Ideal durch ein Engagement in der Welt zu verwirklichen, während die Nestjaschateli versuchten, die Welt durch die Verklärung und die Erziehung des neuen Menschen, mit der Geburt eines neuen Menschen zu verwandeln (G. Florowskij).

Unterstützung erfuhr Wassian Patrikeew von Maxim Grek, der nach Moskau geschickt worden war, um liturgische Texte zu korrigieren und zu übersetzen. Maxim entstammte der aristokratischen byzantinischen Familie Trivelis. Im Jahr 1492 hatte er sich nach Italien begeben, wo er zehn Jahre blieb. In Florenz lernte er den hervorragenden Philosophen Marsilio Ficino kennen, wurde Zeuge des Falls der Tyrannei der Medici und des Triumphs von Savonarola. Nach Savonarolas Tod begab sich Maxim nach Venedig, um seine Studien zu vervollständigen. In Italien wandte er sich dem Katholizismus zu, doch nach seiner Rückkehr nach Griechenland kehrte er auf dem Berg Athos wieder zur Orthodoxie zurück. Mit Maxim hatte das gelehrte Rußland seinen ersten Enzyklopädisten, der an italienischen Universitäten tiefgreifende, vielgestaltige Kenntnisse gewonnen hatte. Die philologischen Prinzipien, an die sich Maxim Grek bei seinen Übersetzungen hielt, waren die fortgeschrittensten der Renaissance. Er vertiefte seine Kenntnisse der Praxis und der Literatur der Moskauer Kirche und fand darin viele Abweichungen vom Kanon, der in seiner Heimat gebräuchlich war. In den fünfhundert Jahren ihres Bestehens hatte die religiöse Kultur Rußlands Besonderheiten angenommen und gleichzeitig vieles von dem, was die Byzantiner im 11. Jahrhundert in die Rus gebracht hatten, in archaischer Form erhalten. Maxim fand in den russischen liturgischen Werken viele Irrtümer und Entstellungen und korrigierte sie energisch nach den griechischen Vorlagen. Doch dieses Attentat auf die durch die Jahrhunderte geheiligte russische Tradition führte im Moskauer Klerus zu einiger Besorgnis. Zu seinem Unglück äußerte Maxim auch Zweifel über die Legitimität des Anspruchs, den Metropoliten von Moskau ohne Einwilligung und Segen des Patriarchen von Konstantinopel zu ernennen.

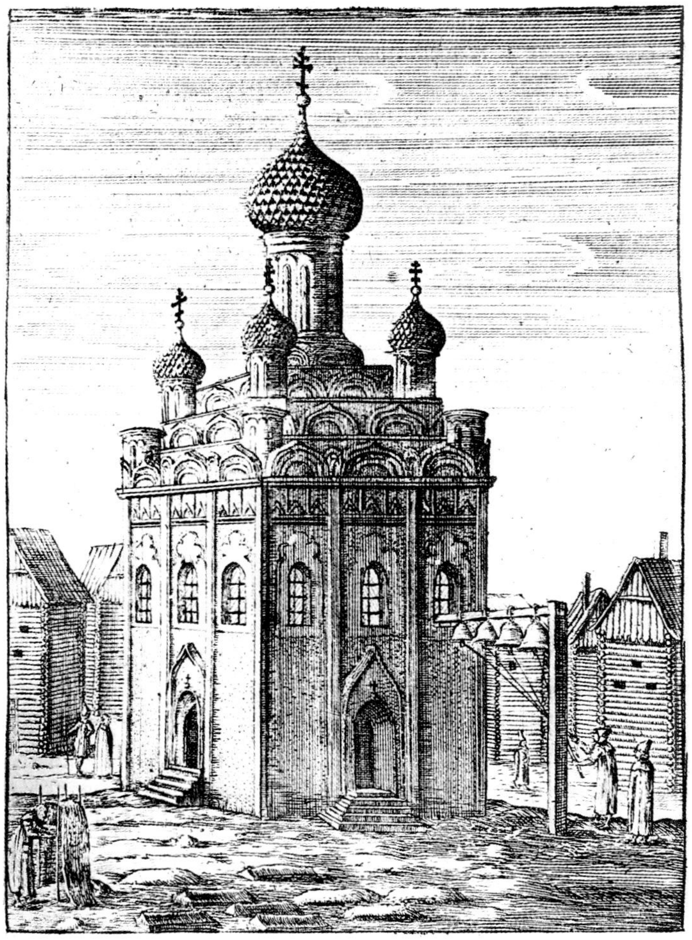

241. Demetrios-Kathedrale in Wladimir; Stich aus dem Buch »Descrizione di un viaggio a Mosca« von A. Oleari, 1656.

242. Palast des Fürsten in Uglitsch (Residenz des Zarewitsch Dmitrij), um 1485.

Die Zelle Maxim Greks wurde zur Zuflucht der Moskauer Freidenker, die nicht nur von kirchlichen Institutionen, sondern auch von den zivilen Behörden kritisiert wurden. In der Folge einer Denunziation befahl Vasilij III., einen der »Gesprächspartner« Maxims zu enthaupten, weil er sich angreifende Bemerkungen über den Monarchen erlaubt hatte. Im Jahr 1525 erreichten die Iosiflianer die Verurteilung des Griechen, und 1532 schickten sie auch Wassian Patrikeew ins Gefängnis.

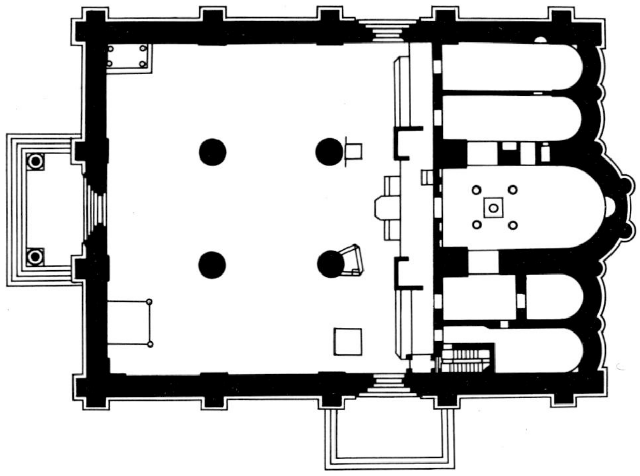

243. Moskau, Kreml, Grundriß der Mariä-Himmelfahrts-Kathedrale.

Die Epoche Iwans des Schrecklichen

Iwan III. gelang es, die russischen Gebiete zu einem einheitlichen Staat zu vereinigen. Doch die innere Ordnung und das Aussehen dieses Staates entstanden definitiv erst unter der Herrschaft seines Enkels, Iwan IV. Wasilewitsch, genannt »der Schreckliche«.

Iwan kam am 25. August 1530 als Sohn des Großfürsten Wasilij III. auf die Welt. Im Alter von drei Jahren verlor er seinen Vater und mit noch nicht einmal acht Jahren auch seine Mutter, die Litauerin Elena Glinskaja.

Wasilij III. hat in seinem Testament bestimmt, daß die Staatsregierung so lange in den Händen der Bojaren ruhen sollte, bis diese die Macht dem Prinzen nach Erreichung der Volljährigkeit übergeben konnten. Als Iwan jedoch sechzehn Jahre alt war, krönten ihn der Metropolit Makarij und die Bojarenduma zum Zaren. Die Bildung des Moskauer Reiches ist ein Meilenstein in der russischen Geschichte. Die russischen Zaren behaupteten nicht, sie seien die rechtmäßigen Nachfolger der byzantinischen Kaiser. Sie führten keine kaiserliche Monarchie ein, sondern suchten den gleichen Rang wie die westeuropäischen Monarchen (D. Obolesnkij). Zu Beginn hatte die Krönung Iwans IV. nur eine beschränkte Bedeutung: Sie symbolisierte den Beginn der unabhängigen Regierung durch Iwan und das Ende der Regentschaft durch die Bojaren. Die Situation änderte sich, als das Moskauer Reich bedeutende Eroberungen im Orient machte. Diese Siege waren besonders wichtig, weil sie die ungläubigen Horden der Herrschaft des orthodoxen Zaren unterwarfen. So begann sich die Vision der Histo-

244. Moskau, Kreml, Kathedralenplatz.

riker über die Umwandlung Rußlands in ein neues »römisches Reich«, ein Bollwerk des wahren christlichen Glaubens im gesamten Universum, zu verwirklichen. Von diesem Augenblick an verfügte der Zar über rechtmäßige Grundlagen, um das Oberhaupt der orthodoxen Weltkirche um seinen Segen zu bitten. Als Antwort auf seinen Appell teilte der Patriarch von Konstantinopel 1561 Iwan mit, das ökumenische Konzil habe die Rechtmäßigkeit seines Königstitels anerkannt. Diese Bestätigung durch den Patriarchen fiel historisch mit der Zeit der größten militärischen Erfolge Moskaus zusammen.

Der Mensch des Mittelalters faßte das universelle politische System als ein Reich mit einer starren Hierarchie auf, deren verschiedene Stufen von Königreichen und Fürstentümern eingenommen wurden. Die Zugehörigkeit zum einzigen christlichen Reich bestimmte das Gottesgnadentum der Monarchen, das oft vom Anspruch auf eine symbolische Verwandtschaft mit der Kaiserfamilie verstärkt wurde. Im Empfinden des Mittelalters erhielten das Wort, das Zeichen und das Symbol unter bestimmten Umständen den Status einer höheren Realität (Ju. Lotman). Diese Realität stellten in der Moskauer Rus die phantastischen Legenden über die Vorfahren des Zaren und die Gaben Monomachs dar. Im 16. Jahrhundert führten viele hundert russische Fürsten ihre Abstammung auf Rjurik zurück. Doch nur Iwan IV. erweiterte diesen genealogischen Mythos und erhob den Anspruch, er sei über Rjurik mit den römischen Kaisern verwandt. Die Behauptung, Prus, der Bruder des römischen Kaisers Augustus, sei der Ahnherr der Moskauer Dynastie, wurde zu einem Teil der politischen Doktrin des Zaren. Die Kontinuität zwischen dem »ersten Rom« und dem Moskauer Reich wurde durch genealogische Beziehungen gefestigt, während Monomachs Gaben die Rechtsnachfolge hinsichtlich des »zweiten Roms«, nämlich Byzanz, festigten. Noch zu Zeiten Wladimir Monomachs, so behauptete Iwan IV., hätten die russischen Herrscher die Krone und andere Insignien direkt aus den Händen der byzantinischen Kaiser erhalten.

Der Titel eines Zaren implizierte keine Ansprüche auf eine universelle Hegemonie. Er verkörperte eine politisch-religiöse Doktrin, der zufolge der orthodoxe russische Staat über jedem katholischen oder protestantischen und somit nicht authentisch christlichen Königreich oder Fürstentum stand. Iwan der Schreckliche sprach abschätzig von den »gewählten« polnischen Königen, von der schwedischen Dynastie und vom englischen Reich.

Welche auch die Titel Iwans IV. waren, seine effektive Macht stützte sich auf ein System überkommener Einrichtungen und Vorschriften, die in der Zeit der Aufsplitterung entstanden waren und die sich unverändert bis in die Mitte des 16. Jahrhunderts gehalten hatten, bis nicht mehr zu übersehen war, daß dieses System ungeeignet war für die Verwaltung eines derart großen Reiches.

Als Iwan IV. noch ein Kind war, verfügte die Bojarenduma über die volle Macht. Die Kritik am Machtmißbrauch durch die Bojaren bildete den Ausgangspunkt für das gesamte Programm der Veränderungen. Der Schriftsteller Iwan Pereswetow, der aus Litauen stammte, schlug vor, ein russisches Reich nach dem Vorbild des schrecklichen Osmanischen Reiches zu schaffen, das damals gerade auf dem Höhepunkt seiner militärischen Erfolge stand und Schrecken in ganz Süd- und Osteuropa verbreitete. Der Schriftsteller protestierte mutig und mit viel Leidenschaft gegen die außergewöhnliche Machtfülle der russischen Aristokratie und forderte, um die Situation zu verändern, müsse auch der Adel sich um die Staatsangelegenheiten kümmern. Byzanz sei durch die »Faulheit der Reichen«, der Patrizier, zugrunde gegangen. Der osmanische Herrscher Muhammad Sultan sei wegen seiner Krieger (Adligen) »stark und glorreich«. Pereswetow riet dem Zaren »mit Terror« zu herrschen und seine Macht gegen die rebellischen »Patrizier« einzusetzen.

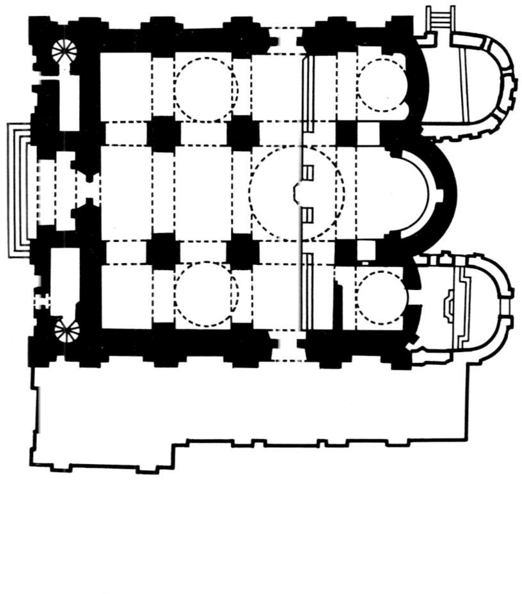

245–246. Moskau, Kreml, Erzengel-Kathedrale, 1505–1508; Grundriß.

Der Initiator der Reformen war ein nichtbegüteter Dworjanin, Aleksej Adaschew, der den Zaren mit seinen glühenden Ideen fasziniert hatte. Nach der Einführung der Justizreform stellte er sich als Schatzmeister des entsprechenden Ministeriums ins rechte Licht. Die Ministerien (Prikasy) hatten die alten Institutionen aus der Zeit der feudalen Aufsplitterung ersetzt. Sie erlaubten eine Zentralisierung der Macht, was auch notwendig war im entstehenden Zarenreich. Von jenem Zeitpunkt an wurden die Ministerien, die umfangreiche Funktionen ausübten, zur Kanzlei der Bojarenduma. Die kleine Bürokratie – die Djak und ihre Schreiber – nahmen einen beträchtlichen Teil in der Verwaltung ein. Unter den Bürokraten gab es viele talentierte Männer aus dem Volk, etwa den Diplomaten Iwan Wiskowatyi. Das von ihm geschaffene Außenministerium war ein Ausdruck seiner brillanten Persönlichkeit. Die Reformen in der zentralen Macht führten auch zu Veränderungen bei der lokalen Verwaltung. Die Behörden gaben das alte System des »Kormlenie« auf. Das Wort stammt vom Verb »kormit«, das ernähren bedeutet: Der Bojare, dem die Regierung einer Stadt und eines Bezirks anvertraut war, erhob die Steuern für sich und »ernährte« sich auf Kosten der Bevölkerung, was natürlich allerlei Mißbräuchen Tür und Tor öffnete. Die Ressourcen, die früher den herrschenden Bojaren zur Verfügung gestanden hatten, bereicherten nun die Kassen des Zaren.

Einen enormen Einfluß auf die Gesellschaft übte auch die Militärreform aus, die das Prinzip der an das Land gebundenen Dienstpflicht bestätigte.

Die Abhängigkeit von der Krone und der Militärdienst waren, wie R. Kramy bestätigt, von zentraler Bedeutung für das Leben der russischen Bojaren. Im Westen hatten die Beziehungen zwischen den Monarchen und seinen Vasallen einen vertraglichen Charakter, während in Rußland das Prinzip des obligatorischen Militärdienstes vorherrschte, als Zeichen der Unterwerfung der Dworjanin unter den Monarchen. Diese These muß noch Punkt für Punkt weiter ausgeführt werden. Die Moskauer Monarchie zwischen dem 15. und der ersten Hälfte des 16. Jahrhunderts verfügte nicht über genügend Macht und Mittel, um der Gesellschaftsschicht der Dworjanin den obligatorischen Militärdienst aufzuzwingen. Die Militärreform wurde im Rahmen einer Reorganisation des gesamten Systems des Landbesitzes, des Pomeste (Dienstgut) durchgeführt, was auf einem sozialen Kontrakt, auf gegenseitigen Verpflichtungen zwischen dem Monarchen und seinen Dworjanin beruhte. Doch die Organisation des Pomeste erschöpfte sich nicht in der Versetzung abhängiger Militärs von Moskau nach Nowgorod. Die Aufteilung der Verwaltungsbezirke von Nowgorod begründete eine Tradition, nach der alle Mitglieder der Gesellschaftsschicht der Moskauer Militärfunktionäre (und nicht nur jener, die nach Nowgorod übergesiedelt waren) ein Anrecht darauf hatten, aus dem Staatsschatz Ländereien zugewiesen zu bekommen. Der Umfang der in Nowgorod konfiszierten Ländereien war enorm, während das Kontingent der Moskauer Bojarensöhne begrenzt war. Somit begann die öffentliche Verwaltung, Ländereien den Söhnen und dann auch den Enkeln der Dworjanin zu übergeben, sobald sie die Volljährigkeit (fünfzehn Jahre) erreicht hatten und in den Staatsdienst traten. Die neue staatliche Verteilungsordnung der Ländereien an die Militärs beruhte auf gegenseitigen Verpflichtungen zwischen dem Staat und den Dworjanin. Die öffentliche Verwaltung garantierte den Dworjanin die Ländereien, und diese akzeptierten das Prinzip des obligatorischen, an diese Ländereien gebundenen Militärdienstes. Insgesamt verwandelte sich im 16. Jahrhundert die alte Gesellschaftsschicht der Bojaren in die der Dworjanin in Staatsdiensten.

Reformen und ihre Folgen

Jahrhundertelang hatte in Rußland die Wottschina geherrscht, die Weitergabe von Grundbesitz durch Vererbung. Sie garantierte der alten Gesellschaftsschicht der Bojaren eine gewisse Unabhängigkeit gegenüber dem Staat. Die Enteignung der Nowgoroder Großgrundbesit-

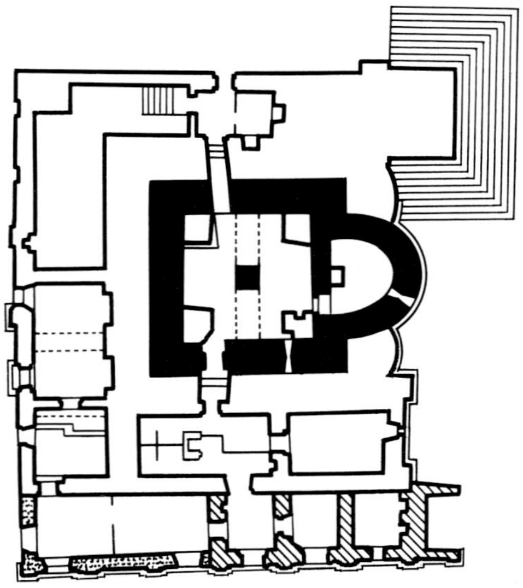

247–248. Moskau, Kreml, Mariä-Verkündigungs-Kathedrale, 1484–1489; Grundriß.

249. Moskau, Kreml, Facettenpalast, 1487–1491.
250. Moskau, Kreml, Facettenpalast, Innenansicht.

zer änderte dies aber völlig. Was die Ausdehnung anbelangt, standen Nowgorod und Pskow nicht hinter dem alten Fürstentum Moskau zurück. Doch die Umwandlung der in jenen Ländern konfiszierten Ländereien der Bojaren in Staatsbesitz (Pomeste) führte mit einem Schlag dazu, daß der Staat im gesamten System des Grundbesitzes eine dominierende Stellung einnahm. Im 16. Jahrhundert wuchsen die Ländereien in Staatsbesitz stetig an.

Die Enteignungen in Nowgorod bildeten die Grundlagen für das bürokratisch-militärische System in Moskau und charakterisierten das Gesicht des russischen Reiches zwei Jahrhunderte lang. Die Moskauer Bojaren erwiesen sich als stark genug, um das neue System im eigenen Interesse zu nutzen. Die Bojaren, die zusätzliche Einkommensquellen weniger brauchten, erhielten weitaus mehr Ländereien als die mittellosen Söhne der Bojaren, die vor allem Land brauchten. In diesem Zusammenhang müssen wir auf eine wichtige Ausnahme hinweisen. Die Aristokratie hatte Anrecht auf die Vergabe größerer Ländereien. Für die Aristokraten, die ihre Familiengüter, die Pomeste, beibehalten hatten, stellten die staatlichen Landverleihungen eine zusätzliche Einkommensquelle dar. Für die Söhne der Provinzbojaren, die nur winzige Landstücke besaßen, wurde der Pomeste mit der Zeit zur hauptsächlichen Quelle der Einnahmen. Die Aristokratie mit ihrem großen Grundbesitz und die kleinen Landeigentümer, die Söhne der Bojaren, die nur staatlichen Grund und Boden hatten, stellten zwei deutlich unterschiedliche soziale Kategorien im Inneren des Feudalstaates dar. Der Bojare, der Ländereien besaß, beutete die Arbeit der Bauern und seiner Leibeigenen (Cholopy) aus, während der Kleinbesitzer nicht selten selbst der Feldarbeit nachging.

Die Militärreform wurde in der Mitte des 16. Jahrhunderts abgeschlossen. Alle Dworjanin hatten offiziell Anrecht auf ein Pomeste und standen als Pomeschtschiki im Dienste des Monarchen. Dieser Umstand erlaubte es dem Staat, das Prinzip des obligatorischen Militärdienstes auch auf den erblichen Landbesitz (Wottschina) auszudehnen. Jeder Landbesitzer war nun gehalten, »zu Pferd, mit seinen Sklaven und bewaffnet« in den Krieg zu ziehen. Die Anzahl der Leibeigenen, die in den Krieg geschickt werden mußten, wurde nach der Oberfläche der Ländereien, der vererbten wie der vom Staat zur Nutznießung überlassenen, berechnet. Früher waren die Bojaren mit ihrer Druschina, die sie nach Belieben zusammengestellt hatten, ins Feld gezogen. Der Großgrundbesitzer des 16. Jahrhunderts war nun angewiesen, mit bewaffnetem Gefolge, dessen Größe gesetzlich festgelegt war, Dienst zu leisten. Hatte er nicht genügend Leibeigene, so wurde ihm eine bestimmte Summe Geldes zurückbehalten. Brachte er hingegen mehr Soldaten, als er mußte, so wurde er dafür bezahlt.

Im Lauf der Reformen in der Mitte des 16. Jahrhunderts führten die Behörden in ganz Rußland eine allgemeine Zählung der Dworjanin durch und legten somit das System der Landzuweisungen an die vom Staat abhängigen Militärs fest. Den Söhnen der Dworjanin wurden Ländereien zugewiesen, die gleich groß waren wie die ihrer Väter.

Das System des Pomeste funktionierte ziemlich gut, solange die Regierung über einen Überschuß an staatlichen Ländereien verfügte. Doch kaum wurden die vor kurzem eroberten oder konfiszierten Ländereien knapp, sah sich die Regierung vor dem Problem, daß sie ihre eigenen Verpflichtungen gegenüber den Dworjanin nicht mehr erfüllen konnte. So zerbrach der »Contrat social«, der es dem Fürsten erlaubte, den Dworjanin das Prinzip des obligatorischen Militärdienstes aufzuzwingen. Trotzdem zwangen die Behörden, ohne sich an die eigenen Verpflichtungen zu halten, alle Landbesitzer, ihre Verpflichtungen genauestens einzuhalten. So wurde immer mehr Gewalt im politischen Leben der Gesellschaft eingesetzt.

Die Dworjanin, die Ländereien vom Staat erhalten hatten und dafür dem Thron Dienst leisten mußten, vertrieben die Aristokratie nicht von der politischen Bühne. Doch das Prinzip des obligatorischen Militärdienstes, das für alle Ländereien galt, die staatlichen wie die ererbten, machte die Dworjanin den Aristokraten gleich und charakterisierte das Gesicht des russischen Reiches.

Das entstehende Großreich hatte ein umfangreiches Eroberungsprogramm vor. Durch den Mund von Iwan Pereswetow erklärten die Dworjanin, Rußland könne die Nähe des kleinen »irdischen Paradieses« von Kasan nicht tolerieren, und man müsse es angesichts seiner großen Fruchtbarkeit ohne zu zögern erobern.

Im 16. Jahrhundert kam es zu großen Veränderungen in der tatarischen Welt. Der Khan der Krim, ein Vasall der Türken, zerschlug und vernichtete die Große Horde. So fielen die Schranken, die die Russen bisher daran gehindert hatten, in die Gebiete der unteren Wolga vorzudringen. Diese wurden von den verhältnismäßig schwachen Khanaten von Kasan und Astrachan beherrscht. Kasan leistete dem Zarenheer verzweifelten Widerstand. Im Jahr 1552 eroberten die Russen nach einem blutigen Angriff die Hauptstadt des Khanats von Kasan. Bei diesen Feldzügen lieferte der zweiundzwanzigjährige Zar keinen Beweis für besondere strategische Fähigkeiten. In dieser Hinsicht zeichnete sich jedoch Aleksandr Gorbatyi, der Fürst von Susdal, aus, der sich den Ruhm erwarb, die Horde besiegt zu haben.

Der Fall Kasans eröffnete den Russen den Weg zum Unterlauf der Wolga und zum nördlichen Kaukasus. So vergrößerte sich das Reich in beträchtlicher Weise. Garnisonen des Zaren gab es nun in Astrachan, an der Mündung der Wolga und des Terek und im Kaukasus. Kurz danach machte sich Rußland an die Eroberung baltischer Gebiete: Die Truppen besetzten den Hafen von Narva an der Ostsee, von Derpt (Tartu) sowie zahlreiche Burgen im Gebiet der livländischen Ordensritter. Der Zar selbst führte die Invasion des polnisch-litauischen Staates an und entriß dessen König die weißrussische Stadt Polozk mit den sie umgebenden Territorien.

Nach den glänzenden Siegen im Krieg mit der Horde konnten die Behörden die Reformen weiter vorantreiben. Iwan IV. war von den Veränderungen angezogen, interpretierte aber Zweck und Ziel auf seine eigene Weise. Recht früh machte der Monarch die Vorstellung vom göttlichen Ursprung der imperialen Macht zu seiner eigenen. In den Predigten der Priester und in biblischen Texten suchte er Persönlichkeiten als großartige Vorbilder, in denen er »wie in einem Spiegel sich selbst, seine Figur als Zar und den Widerschein der eigenen Pracht und der eigenen Größe sehen wollte« (W. O. Kljutschiewkij). Doch die Idealvorstellungen, die sich in

251. Moskau, Kreml, Frolow-Turm, heute Erlöser-Torturm (Spasskaja), 1491.

252. Moskau, Kreml, Dreieinigkeits-Torturm, 1495–1499.

seinem Kopf über den Ursprung und die Unbegrenztheit seiner königlichen Macht gebildet hatten, standen nicht in Einklang mit der Realität der Dinge, weil der Monarch den Staat zusammen mit der Bojarenduma leiten mußte.

Bei seinen eigenen politischen Urteilen hielt sich Iwan an einfache Regeln: Als gültig betrachtete er nur jene Prinzipien, welche die absolute Macht festigten. Doch die Endergebnisse der Reformpolitik entsprachen nicht diesen Kriterien. So kam es, daß Aleksej Adaschew als Begründer der Reformbewegung und persönlicher Freund von Iwan dem Schrecklichen, sein Leben im Gefängnis beendete. Der Hofprediger Silwestr, der dem jungen Iwan IV. als Lehrer und Meister gedient hatte, wurde in ein fernes Kloster im Norden versetzt, und die »großen« Bojaren, die den Reformern behilflich gewesen waren, wurden von der Macht ausgeschlossen.

Ehen, Erben, Machenschaften

In erster Ehe hatte Iwan IV. Anastasija Romanowa aus der Bojarenfamilie der Sacharin geheiratet. Nach ihrem Tod nahm er Marija Tscherkasska zur Frau, die Tochter des Fürsten von Kabardinka im Nordkaukasus. Wie sein Großvater war auch Zar Iwan entschlossen, den Thron seinem Nachkommen aus erster Ehe zu vermachen. Seine Söhne waren minderjährig, und der Zar vertraute sie testamentarisch den Sacharin an, den Brüdern der Zarin Anastasija Romanowa. Die Autorität der Sacharin wuchs in beträchtlichem Maße an, als sie die Absetzung Silwestrs und Adaschews erreicht hatten. Als die Macht in die Hände der Familie Sacharin übergegangen war, waren die hohen Würdenträger damit überhaupt nicht zufrieden. Der Zwist zwischen der Duma und dem Zaren erreichte einen kritischen Punkt. Fürst I. D. Belskij, der Vorsitzende der Bojarenduma, versuchte nach Litauen zu fliehen, wurde aber verhaftet und ins Gefängnis geworfen. Im Jahr 1563 ließ Iwan IV. auch seinen Neffen, den Fürsten Wladimir Andreewitsch Starizkij, gefangennehmen, weil er ihn eines Komplotts verdächtigte. Andrej, der Vater Wladimirs, hatte das Vertrauen Wasilijs III., seines Bruders, genossen und war deswegen zum Lehrmeister des minderjährigen Iwan IV. ernannt worden. Wasilij III. bestieg als letzter des legitimen Zweiges der Dynastie den Thron. Dies geriet nicht in Vergessenheit. Efrosinja Starizkaja, die Mutter Wladimirs, verfolgte subversive Pläne: Ihre Anhänger wollten den älteren Enkel von Sofja Paleologa auf den Thron heben. Die Machtkrise, die durch den Streit zwischen dem Monarchen und der Bojarenduma entstanden war, machte Efrosinja Hoffnung, doch wurde ihre Intrige nach einer Denunziation aufgedeckt. Der grausame, mißtrauische Iwan wollte die Verschwörer hinrichten lassen, doch Metropolit Makarij hielt ihn davon ab. Im Jahr 1563 mußte sich die Fürstin Efrosinja in ein Kloster im Norden Rußlands zurückziehen. Der Monarch verzieh dem Bruder und gab ihm sogar sein Fürstentum zurück. Dank dem Einfluß der Kirche gestand der Zar zu, daß die Anklage gegen seinen Bruder nicht öffentlich gemacht wurde: Die offiziellen Chroniken sprechen nur vage vom »großen Verrat« Wladimirs. Mit der Zeit entschloß sich aber Iwan IV., die Chronik zu korrigieren, und ließ einen Bericht einfügen, nach dem die Starizkij alte Verräter waren und bereits 1553 versucht haben sollten, die legitime Dynastie zu stürzen. Der Monarch war damals todkrank, und die Bojaren zettelten eine »Revolte« in der Duma an. Der kranke Herrscher soll damals in der Duma eine Rede gehalten haben, um die Aufrührer zu beruhigen. Zu den Sacharin gerichtet, sagte der Monarch: »Und ihr, Sacharin, wovor habt ihr Angst? ... Ihr werdet die ersten sein, die von der Hand der Bojaren sterben! Laßt auf keinen Fall zu, daß die Bojaren meinen Sohn (den Erben) töten. Flüchtet mit ihm in ein fremdes Land, das Gott euch weisen wird.« Die Rede, die der Zar am Tag zuvor selbst niedergeschrieben hatte, zeigt, daß das Komplott der Bojaren die Seele Iwans des Schrecklichen in Verwirrung gestürzt hatte. Seine Position wurde dadurch noch schwieriger, daß er die Verräter nicht hinrichten lassen konnte, weil sich das Kirchenoberhaupt eingemischt hatte. Doch kaum war Metropolit Makarij gestorben, floß auch das Blut der Bojaren. Einigen von ihnen gelang die Flucht nach Litauen, darunter auch dem Fürsten Andrej Kurbskij, einem alten Freund des Zaren. Im Jahr 1564 sandten die Bojaren aus Litauen einen anklagenden Brief an Iwan IV. Daraus entwickelte sich ein Briefwechsel, der zu den lebhaftesten literarischen Zeugnissen des 16. Jahrhunderts gehört. Vor kurzem wurde die Hypothese aufgestellt, dieser Briefwechsel sei falsch, doch eine genaue Analyse der historischen Quellen dieser Briefe hat jeglichen Zweifel an ihrer Authentizität beseitigt.

Der Zar und die Bojaren behandelten in ihrem Briefwechsel viele Themen. Das wichtigste war allerdings das Schicksal des Reiches. In Analogie zum Heiligen Römischen Reich der Habsburger definierte Kurbskij die Rus als »Heiliges Russisches Reich«.

Iwan der Schreckliche und Andrej Kurbskij verteidigten im wesentlichen dasselbe Ideal, nämlich daß das Moskauer Reich das letzte Bollwerk des orthodoxen

253. Iwangorod, Befestigung »Torturm«, 1498.

Glaubens sei. Die beiden alten Freunde diskutierten heftig über die Frage, wer diesem Ideal treu geblieben sei und wer es verraten habe, indem er sich mit dem Antichristen verband. Kurbskijs Anklagen enthielten eine furchtbare Drohung an den Thron, denn der Eid einem Zaren gegenüber, der sich mit dem Antichristen verbündet hatte, besaß natürlich keinerlei bindende Kraft. Wer auch immer im Kampf gegen den Thron gelitten hatte, wurde ein Märtyrer, und das von ihm vergossene Blut wurde heilig. Kurbskijs Prophezeiungen hatten einen fast apokalyptischen Charakter: Das Beispiel des Falls Roms und Konstantinopels stand allen deutlich vor Augen. Das Heilige Russische Reich stützte sich dem Fürsten zufolge auf die Bojaren. Das Massaker unter den frommen und mutigen Bojaren, den »Starken Israels«, war eine Gefahr für das »neue Israel«.

Iwan IV. antwortete auf die Anklagen Kurbskijs und behauptete, der Staat stehe wegen des Verrats und der »Disziplinlosigkeit« der Bojaren vor dem Ruin. Der Zar hielt sich an die Heilige Schrift und an die Geschichte der alten Reiche und zeigte, daß das russische Reich ohne die feste Hand eines Autokraten infolge der Wirren und der inneren Kämpfe sofort zusammenbrechen würde. Die Autorität des von Gott erwählten Zaren sei unbegrenzt, und es stehe ihm frei, seine Untertanen »zu begnadigen oder hinzurichten«. In den Werken Iwans des Schrecklichen erhielt der Titel des Autokraten (Samoderschez) eine neue Bedeutung: Iwan IV. verteidigte das Prinzip der absoluten Monarchie, und der Brief des Zaren an Kurbskij liest sich wie ein entsprechendes Manifest. Um die Wahrheit seiner Theorie zu beweisen, zitierte Iwan der Schreckliche oft den Brief des Apostels Paulus an die Römer: »Denn es gibt keine staatliche Gewalt, die nicht von Gott stammt.« (Röm. 13, 1) Kurbskij hingegen suchte Unterstützung in den Briefen des Jakobus und des Johannes. Seine Vorstellung von den Beziehungen zwischen den Menschen, der Autorität und Gott ließ ihn auf einen Sieg im Streit mit dem Zaren beim Jüngsten Gericht hoffen. Iwan der Schreckliche hatte andere Vorstellungen: Der Zar ist von Gott eingesetzt und nur ihm unterworfen, und seine Untertanen können nicht einmal beim Jüngsten Gericht über ihn triumphieren.

Kurbskij erklärte öffentlich, neben dem Zaren sei der Antichrist aufgetreten und habe ihn gelehrt, das Blut des Bojaren zu vergießen. Dieser Antichrist war A. D. Basmanow, dessen Sohn (soweit Kurbskij behauptete) der intime Liebling Iwans IV. geworden war. Doch daß die Basmanows, die Iwan zu den beginnenden Repressionen geraten hatten, einen derart guten Ruf genossen, erregte nicht nur in Kurbskij Abscheu. Während eines Streits in Moskau klagte der adlige Dworjanin D. Owtschina den jungen Basmanow sexueller Perversionen mit dem Herrscher an. Iwan IV. war darüber beleidigt und befahl, Owtschina zu töten. In einem Brief an Kurbskij drückte der Zar die Überzeugung aus, abgesehen von den Komplizen des nach dem Komplott flüchtigen Bojaren gebe es in der Rus keine weiteren Personen mehr, die ihrem Herrscher nicht untertan waren. Doch bald mußte er sich eines Besseren belehren lassen.

Nach der ungerechten Bestrafung Owtschinas protestierten der neue Metropolit und die Anführer der Duma offen und verlangten eindringlich vom Zaren, die Verurteilungen aufzuheben. Iwan IV. war vor allem davon betroffen, daß sich auch seine treuen Bojaren gegen ihn aussprachen sowie das Oberhaupt der Kirche Afanasij, der viele Jahre lang Beichtvater des Monarchen gewesen war.

Die Urteile wurden für den Augenblick suspendiert, und nach sechs Monaten verließ der Herrscher Moskau und verzichtete auf den Thron. In einem Brief an die Bojarenduma erklärte Iwan IV., er werde die Regierenden und den Adel seiner Gunst berauben. Der Zar sandte einen weiteren Brief an die Bevölkerung der Haupt-

254. Nowgorod, Stich aus dem Buch »Descrizione di un viaggio a Mosca« von A. Oleari.
255. Nowgorod, Kreml, Gesamtansicht.

stadt, in dem er schrieb, er hege keinen Haß und keine negativen Gefühle gegen das Volk. Die Moskauer Bevölkerung geriet in Aufregung, und die Feinde Iwans des Schrecklichen wagten es nicht, die Situation in die Hand zu nehmen. Die hohen Würdenträger der kirchlichen Hierarchie und der Bojarenduma erklärten ihre völlige Unterwerfung unter den Monarchen, und dieser erklärte sich bereit, den Thron wieder einzunehmen, sofern ihm die absolute Macht zuerkannt würde. Im Februar 1565 erklärte der Zar das Dekret (Ukaz) über die »Opritschnina«. In diesem Dekret sicherte sich der Herrscher eine Reihe von Distrikten, die Opritschnina, als persönlichen Besitz. In dieser Opritschnina stellte er die Polizeitruppe der Opritschniki auf und richtete eine besondere Form der Regierung ein. Von diesem Augenblick an konnte der Monarch die »ungehorsamen« Bojaren bestrafen und sich ihrer Güter bemächtigen, ohne die Bojarenduma hinzuzuziehen. Das Rätsel der Opritschnina beschäftigt die Historiker seit mehreren Jahrhunderten: Die einen betrachten sie als eine wichtige Staatsreform, die den Zweck verfolgte, die Opposition der Bojaren und die aus der Zeit der feudalen Aufsplitterung stammende Ordnung zu zerschlagen. Andere sehen in ihr nur die Launenhaftigkeit eines halbverrückten Tyrannen. In Wirklichkeit war die Opritschnina nicht eine rein politisch begründete Einrichtung, und sie folgte nicht nur den Prinzipien der Politik.

Unter anderem bestrafte Iwan IV. die Teilnehmer an der kürzlich erfolgten Verschwörung der Starizkij. Sein Hauptopfer war der Held des Krieges von Kasan, der Bojare A. B. Gorbatyj, der mit der Verschwörung überhaupt nichts zu tun hatte, aber dennoch zusammen mit seinem fünfzehnjährigen Sohn verurteilt wurde. In den ersten Wochen veranstalteten die Opritschniki des Zaren eine richtige Jagd auf die in Ungnade gefallene Aristokratie. Über hundert Fürsten von Jaroslawl, Rostow und Starodub wurden in ihren Städten, den Garnisonen oder auf ihren Landgütern gefangengesetzt und unter Eskorte ins Exil in das Gebiet von Kasan geschickt. Auch ihre Familienangehörigen mußten anschließend mit in die Verbannung. Der Zar konfiszierte die erblich erworbenen Besitztümer der Deportierten und gab ihnen als Ausgleich kleine staatliche Ländereien in der Umgebung von Kasan: Dank der Opritschnina vergrößerte sich damit auch der Landbesitz des Staates.

Iwan IV. stammte vom Fürsten Wsewolod von Wladimir ab, der den Beinamen »großes Nest« trug. Die Fürsten Gorbatyj von Susdal, die Fürsten von Rostow, Jaroslawl und Starodub stammten ebenfalls von Wsewolod ab. Die Opfer der Opritschnina waren somit Blutsverwandte der regierenden Dynastie. Das historische Paradox bestand in der Tatsache, daß die russische Monarchie nach der Eroberung umfangreicher Territorien und Fürstentümer selbst zur Gefangenen der Aristokratie wurde, die nach Moskau übergesiedelt war. Die Aristokratie von Susdal schränkte die Macht des Herrschers ein, und Iwan der Schreckliche schlug hart zu, um die autokratische Ordnung wiederherzustellen.

Die Opritschnina führte in Rußland zu politischen wie gesellschaftlichen Veränderungen. Die Monarchie erkannte ihre eigene Macht und versuchte, die Kontrolle über das gesamte System des Grundbesitzes in die Hand zu bekommen. Die Verordnung über die Deportation nach Kasan war eine direkte Fortführung früherer Maßnahmen in Hinblick auf den Landbesitz. Im Jahr 1562 erlegte der Zar der Duma das Gesetz über den erblichen Landbesitz (Wottschiny) der Fürsten auf: Vielen Fürstenfamilien wurde es verboten, ihren ererbten Landbesitz zu verkaufen oder zu tauschen. Der von den Ehefrauen ererbte oder als Mitgift in die Ehe gebrachte Besitz wurde vom Staat konfisziert. Sogar die Brüder und die Neffen des Fürsten konnten seinen Landbesitz ohne besondere Bevollmächtigung durch den Zaren nicht erben. Drei Jahre darauf ließ Iwan der Schreckliche die Wottschiny der Fürsten zwangsweise konfiszieren. Die Verteilung der Staatsländereien an die Moskauer Dworjanin hatte dazu geführt, daß diese der Klasse der militärischen Funktionäre gleichgestellt waren. Jedes Mitglied dieser Klasse mußte als Pomeschtschik dem Thron Dienst leisten. Doch das Prinzip des obligatorischen Militärdienstes wurde auch auf die vererbten Landgüter der Dworjanin ausgedehnt, was eine schwere Bedrohung in sich barg: Der Fiskus begann die

257. Kolomna, Kreml, Paraskewe-Tor, 1525–1531.

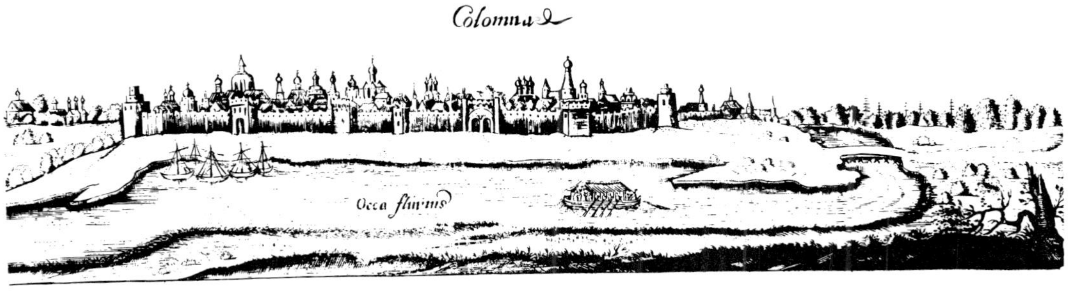

256. Kolomna, Stich aus dem Buch »Descrizione di un viaggio a Mosca« von A. Oleari.

Wottschiny als »Land der Militärfunktionäre« zu betrachten. Vor der Opritschnina hätte niemand ohne einen Gerichtsbeschluß und ohne Zustimmung der Bojarenduma der Aristokratie ihre Ländereien wegnehmen können, doch die Verfügung über die Deportation nach Kasan hatte einen gefährlichen Präzedenzfall geschaffen. Der Zar versuchte eindeutig, sich das Recht zu verschaffen, über die Wottschiny so willkürlich schalten und walten zu können, wie er dies bereits mit den staatlichen Ländereien tat. Der gewaltsame Einbruch in die Sphäre des privaten Landbesitzes führte zu einer energischen Opposition der herrschenden Klassen. Dieser Zusammenprall hatte zur Folge, daß der gesamte Regierungsmechanismus des Staates lahmgelegt wurde. Der Konflikt endete im Terror und im Blutbad.

Der ungeduldige Autokrat hatte seine eigenen Kräfte überschätzt. Die Klasse der Landbesitzer war dermaßen empört, daß Iwan IV. den Mißerfolg seiner Maßnahmen bereits ein Jahr nach Einführung der Opritschnina zugeben mußte. Er erließ einen »Gnadenerlaß« für alle nach Kasan Deportierten, ließ sie aus dem Exil zurückkehren und begann, ihnen die zuvor konfiszierten Ländereien zurückzuerstatten. Der Klerus und die Bojaren versuchten diesen glücklichen Augenblick zu nutzen, um den völligen Verzicht auf die Opritschnina zu erlangen. Metropolit Afanasij verzichtete auf seine kirchliche Würde, um Druck auf den Monarchen auszuüben, und sein Nachfolger Filipp Kolytschew nahm eine noch entschiedenere Haltung ein. I. P. Fedorow, ein führendes Mitglied der Bojarenduma, und die angesehensten Moskauer Dworjanin wurden bei Hofe vorstellig und forderten, Iwan IV. solle das Polizeikorps der Opritschniki entlassen und den Regressionen ein Ende setzen. Der Protest erreichte aber sein Ziel nicht. Fedorow wurde ins Exil geschickt, und drei Bojaren wurden hingerichtet. Doch der Zar verließ Moskau aus Furcht vor möglichen Umstürzen und begann, eine Festung in Wologda, der Hauptstadt der Opritschnina, zu errichten.

Besorgt um seine persönliche Unversehrtheit, begann Iwan der Schreckliche mit der Idee zu spielen, ins Kloster zu gehen. Er begab sich ins Kirill-Kloster von Beloosero auf Pilgerreise und schenkte diesem eine große Geldsumme, damit es ihm eine Zelle freihalte, sobald er sich zu den Weihen entschlösse. Die Zelle wurde sofort hergerichtet, doch dem Zaren schien dies noch nicht auszureichen und so entschied er sich zur Vorbereitung auf das Leben als Mönch, ohne die Sache weiter zu verschieben. So kam es zu einem rätselhaften Vorgang, den die Zeitgenossen sich nicht erklären konnten und als eine Bizarrerie betrachteten. Die Dworjanin der Opritschnina zogen Mönchsgewänder an, und das Mönchsleben begann an der Aleksandrowskaja sloboda in den Tagen, in denen keine Steuern eingezogen wurden. Zurückgekehrt von ihren Strafkampagnen, führte die »Brüderschaft« der Opritschniki eine getreue Parodie des mönchischen Lebens durch. Frühmorgens stieg der Zar mit einer Laterne in der Hand auf den Glockenturm, wo ihn der Anführer der Opritschniki, der »Sakristan« Maljuta Skuratow, erwartete. Die beiden läuteten die Glocken und riefen auf diese Weise die übrigen »Mönche« in die Kirche. Iwan und seine Söhne beteten demütig und sangen im Chor der Kirche. Vor der Kirche begaben sich dann alle ins Refektorium, wobei jeder einen Löffel und einen Teller bei sich trug. Während die »Mitbrüder« frühstückten, stand der Abt demütig neben ihnen. Die Opritschniki verteilten das übriggebliebene Essen an die Armen, die am Ausgang des Refektoriums schon darauf warteten. So spielte Iwan einige Tage lang den Mönch, dann kehrte er in den Palast zurück.

Im Verhalten der Anführer der Opritschnina wurden Zeichen der Unsicherheit und der Schwäche deutlich. Mit seinen unvorsichtigen und doppeldeutigen Ansprachen im Kirill-Kloster gab der Zar allen möglichen Gerüchten Nahrung, welche die Opposition wieder belebten. Alle erinnerten sich an den ersten Thronverzicht Iwans des Schrecklichen, und so bestand das Hauptthema der Gerüchteküche in der Semschtschina (jenem Teil des Moskauer Staates, der auf herkömmliche Weise, nämlich von einem Bojarenrat, regiert wurde) in der Frage, wer dem Zaren auf dem Thron nachfolgen werde, wenn dieser ins Kloster ginge. Diese Gerüchte erschreckten Iwan nicht schlecht. Im Herbst 1567 rief er den englischen Botschafter in den Palast der Opritschnina zu sich und ließ von diesem Königin Elisabeth einen Asylantrag übermitteln, »zur eigenen Sicherheit und zur Sicherheit seiner Familie ... solange die Schwierig-

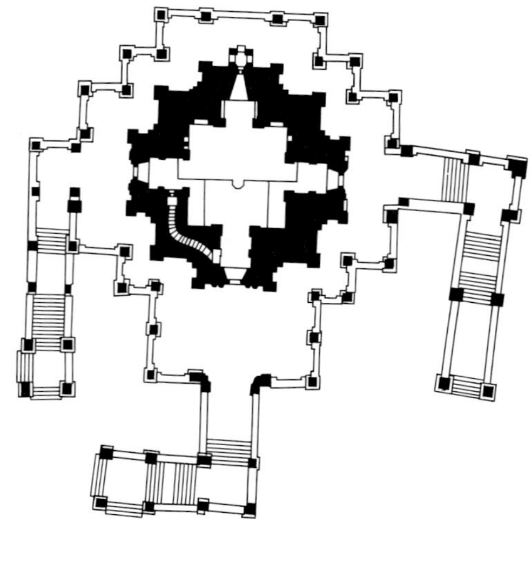

258–259. Christi-Himmelfahrts-Kathedrale in Kolomenskoe, 1531; Grundriß.

keiten nicht vorbei sind und sofern Gott nicht anderes verfügt«.

Die Feigheit Iwans des Schrecklichen machte den Unzufriedenen Mut. In der tiefsten Verschwiegenheit verhandelten sie mit dem unabhängigen Fürsten Wladimir, doch dieser bekam es mit der Angst zu tun und verriet dem Monarchen die leichtsinnigen Gespräche. Nach dieser Denunziation eröffnete Iwan der Schreckliche eine Untersuchung über die dritte Verschwörung der Starizkij. Die Opritschniki bezeichneten den Bojaren Fedorow als Haupt der Verschwörung, doch zu seiner Verteidigung griff Metropolit Filipp Kolytschew ein, der in der Mariä-Himmelfahrts-Kathedrale eine energische Predigt gegen die Exekutionen und die Mißbräuche der Opritschnina hielt und dem Zaren den Segen verweigerte. Dank der Intervention der Kirche zog sich der Prozeß gegen Fedorow lange hin. Schließlich versammelte Iwan der Schreckliche im Herbst 1568 die Duma und die Dworjanin im Kremlpalast. Die Opritschniki führten Fedorow in den Saal, und der Herrscher befahl ihm, königliche Gewänder anzuziehen. Der von Gott gekrönte Zar kniete sich nieder und richtete an den Angeklagten die ironischen Worte: »Du wolltest doch meine Stelle einnehmen, und jetzt, Großfürst, genieße das Kommando, das du haben wolltest!« Auf ein vereinbartes Zeichen hin töteten die Opritschniki den Oberstallmeister, schleiften seine Leiche aus dem Palast und warfen sie auf einen Misthaufen. Die im Kreml inszenierte Farce ließ erkennen, daß die Regierung nicht imstande war, die Anklagen gegen Fedorow zu beweisen. Der hingerichtete Bojare war einer der reichsten Männer seiner Zeit gewesen. Auf Anordnung des Zaren wurden seine Ländereien verwüstet. Der Metropolit, der für sein asketisches Leben bekannt war, wurde abgesetzt, nachdem man ihn fälschlicherweise eines ausschweifenden Lebens angeklagt hatte. Filipp Kolytschew verbrachte als Gefangener ein Jahr in einem Kloster in Twer und wurde dann vom Anführer der Opritschniki, Maljuta Skuratow, eigenhändig erwürgt.

Die Denunziation reichte nicht aus, um dem Fürsten Wladimir das Leben zu retten. Das Fahndungsamt der Opritschnina fabrizierte Hinweise auf ein neues Komplott, an dem der Nowgoroder Erzbischof Pimen und die gesamte Bevölkerung von Nowgorod und Pskow beteiligt sein sollten. Im Januar 1570 begab sich Iwan IV. an der Spitze der gesamten Opritschnina persönlich nach Nowgorod. Auf der Brücke über den Wolchow kam ihm der städtische Klerus mit den Kreuzen und den Ikonen entgegen, doch über dem festlichen Augenblick lag von Anfang an ein Schatten: Der Herrscher bezeichnete Pimen als Verräter und weigerte sich, seinen Segen entgegenzunehmen. Als frommer Mann, der er war, wollte der Zar aber nicht beim Gottesdienst fehlen. Die Priester zelebrierten diesen, ohne auf die allgemeine Verwirrung zu achten, und nach dem Gottesdienst lud der Bischof seine Gäste zu einem Essen im Palast ein. Das traurige Bankett dauerte nur kurze Zeit. Voller Wut befahl Iwan der Schreckliche seinen Wachen, den Erzbischof zu verhaften und seine Gemächer zu plündern. Dann stürzten sich die Opritschniki in die Sophien-Kathedrale, bemächtigten sich der Ikonen und der wertvollen liturgischen Gefäße und traten die alten Bronzetüren von Korsun (Cherson) ein. Mit der Plünderung der Residenz an der Sophien-Kathedrale beschloß Iwan IV. den jahrhundertelangen Kampf mit der Kirche von Nowgorod, den die Moskauer Hierarchie nach der Eroberung der Stadt begonnen hatte. Die Diözese Nowgorod war die älteste der Rus. Die Legenden über den Ursprung von Cherson verstärkten, wie A. Poppe nachwies, den Anspruch der Nowgoroder Bischöfe auf eine Sonderstellung innerhalb der kirchlichen Hierarchie Rußlands. Fürst Wladimir von Kiew hatte sich in Cherson taufen lassen. Von dort aus hatte die »heilige Rus« ihren Anfang genommen. Nowgoroder Legenden zufolge kam der erste Nowgoroder Bischof von Cherson, und von dort stammte auch eine der bedeutendsten Reliquien der Sophien-Kathedrale: die Türen von Korsun (in Wirklichkeit wurden sie 1193 in Magdeburg hergestellt). Indem

260a–b. Goldmünze Iwans III., Sankt Petersburg, Museum Ermitage.
261a–b. Goldmünze Iwans III., Sankt Petersburg, Museum Ermitage.

der Zar den Sitz des Erzbischofs in der Sophien-Kathedrale der Türen von Korsun und einiger alter Ikonen beraubte, versuchte er, die Beweise für das Alter und die Selbständigkeit der lokalen Kirche zu vernichten. Die Opritschniki plünderten die berühmtesten und bedeutendsten Klöster, und bevor Iwan IV. Nowgorod verließ, befahl er, auch noch die Läden der Händler und die ganze Stadt zu berauben. Von Nowgorod gingen die Truppen der Opritschniki nach Pskow. Hier befahl der Zar, den Abt des Höhlenklosters zu enthaupten und alle kirchlichen Besitztümer einzuziehen.

Nach seiner Rückkehr nach Moskau schob Iwan der Schreckliche die gesamte Schuld dem polnischen König in die Schuhe, der eine »Erklärung des Verrats« nach Nowgorod gesandt hatte. In der Folge hatten die Nowgoroder entschieden, in den Dienst Polens zu treten. Es gibt glaubwürdige Beweise dafür, daß die polnischen Geheimdienste in der Tat in Nowgorod falsche Schreiben ausgestreut hatten. Der mißtrauische Monarch sah darin den Beweis für den Verrat seiner Untertanen und sah sich selbst als Opfer einer unerhörten Täuschung. Es wird behauptet, bei der Verwüstung Nowgorods seien ungefähr vierzigtausend Menschen ums Leben gekommen, doch ist diese Zahl nicht zuverlässig: Den Berichten der Büros der Opritschnina zufolge wurden in Nowgorod ungefähr dreitausend Menschen getötet.

Nach ihrer Rückkehr nach Moskau verhafteten die Opritschniki die wichtigsten Repräsentanten der hohen Moskauer Bürokratie und einige Zeit später auch A. D. Basmanow sowie weitere Mitglieder der alten Garde der Opritschnina: Sie alle wurden als Komplizen des Erzbischofs Pimen von Nowgorod verurteilt. Der Zar hatte auch vor, Moskau zu plündern, verzichtete dann aber darauf. Die massenhaften Exekutionen lösten eine Panik unter den Menschen aus. Deswegen befahl Iwan der Schreckliche, das Volk an der Richtstätte zusammenzurufen, wo er sich an die Menschen wandte: »Handle ich richtig, wenn ich meine Verräter bestrafen will?« Als Antwort erhoben sich laute Stimmen: »Es lebe der gesegnete Zar! Du handelst richtig, wenn du die Verräter für ihre Missetaten bestrafst!«

In den Jahren der Opritschnina wurde Rußland auch von großen Naturkatastrophen heimgesucht. Die Opritschniki fielen über Nowgorod, Pskow und Twer her, während in diesen Städten eine furchtbare Hungersnot herrschte und es offensichtlich Fälle von Kannibalismus gab. Nach der Hungersnot wurde das Land von der Pest verwüstet. Das Terrorregime schwächte den Staat und seine bewaffneten Streitkräfte in beträchtlichem Maße. Im Jahr 1571 brannte der Khan der Krimtataren Moskau bis auf die Grundmauern nieder, und ein Jahr später versuchte er, die russische Hauptstadt definitiv zu erobern. Er erlitt aber eine Niederlage, auch wenn in jener Schlacht das russische Heer Verluste hinnehmen mußte, die nicht geringer waren als die der Tataren. Die alte leitende Klasse, welche die Opritschnina gegründet hatte, ging unter, und die Plünderungen demoralisierten das Heer der Opritschniki völlig, so daß Iwan der Schreckliche die Opritschnina 1572 endgültig aufhob. Der Anführer der Henkersknechte, Maljuta Skuratow, half dem Monarchen, sich von der alten Garde der Opritschnina zu befreien.

Im Jahr 1575 berief Iwan IV. den unterworfenen tatarischen Khan Simeon auf seinen Thron, während er sich in ein unabhängiges Fürstentum zurückzog, wo er eine neue Garde der Opritschniki zusammenstellte. Die Exekutionen begannen wieder, doch wiederholten sich nicht die früheren Massaker und Verwüstungen. Die zweite Opritschnina war eine Art Farce. Sie überlebte nur ein Jahr, doch die Leibwache, die im unabhängigen Fürstentum gebildet worden war, blieb bis zum Tode Iwans des Schrecklichen aktiv.

Während der Herrschaft Iwans des Schrecklichen verloren ungefähr viertausend Menschen ihr Leben: Das waren die Ausmaße des Terrors im 16. Jahrhundert, als die Gesamtbevölkerung des Landes sechs bis acht Millionen nicht überstieg. Die Opritschnina war als Maßnahme gegen die Fürsten entstanden, doch in der Zeit des Massenterrors, während der Jahre 1567 bis 1571, verlor sie jede politische Bedeutung: Ihre Opfer waren enge Verwandte des Zaren, die Spitze der Bürokratie, Hunderte von Dworjanin und Pomeschtschiki niedriger Herkunft, Pendler und einfache Bürger. Wir können in ihr nicht das »Bollwerk gegen die feudale Aufsplitterung« sehen: Der Terror schwächte den Zusammenhalt der Monarchie, und die summarische, gegen den Metropoliten und viele Exponenten der kirchlichen Hierarchie gerichtete Justiz verstärkte die Abhängigkeit der Kirche von der zivilen Macht.

Die öffentlichen Hinrichtungen der Bojaren und der Staatsfunktionäre erregten großes Aufsehen unter der Bevölkerung und führten dazu, daß der Mythos vom »guten« Zaren entstand, der die »bösen« Regierenden und Unterdrücker bestrafte. Dieser Mythos spielte eine bestimmende Rolle während der Erhebungen und Revolten des 17. Jahrhunderts. In den Augen der Bevölkerung war Iwan IV. ein furchtbarer, doch gerechter Herrscher. Mit seinem Namen verbanden die Menschen die Zeiten der militärischen Siege und der größten Macht des Reiches.

Zar Iwan war einer der ersten russischen Herrscher, die auf jede Weise über das Weiße Meer und die Ostsee Handelsbeziehungen mit westeuropäischen Ländern anzuknüpfen versuchten. Während des livländischen Krieges in den Jahren 1558 bis 1583 verfolgte Rußland eine Eroberungspolitik in den Ländern der Ordensritter längs der Ostsee. In diesen Konflikt waren allerdings auch Litauen und Polen, Schweden und Dänemark miteinbezogen. Auf drei Feldzügen besiegte der polnische König Stefan Batory das russische Heer. Ohne Verbündete war es dem Zaren nicht möglich, gleichzeitig gegen Polen, Schweden und die Horden der Steppe Krieg zu führen.

Nach der Eroberung Kasans durch die Russen erklärte sich der sibirische Khan Ediger zum Vasallen des Zaren. Dank diesem Umstand setzte sich die reiche Familie der Stroganow, die Salz produzierte und damit handelte, im Ural fest, weil sie ja nicht mehr auf Widerstand von seiten des sibirischen Khans stieß, und baute dort befestigte Zitadellen. Sibirien warf aber die Fesseln des Vasallentums ab, nachdem Khan Kutschum aus Buchara Ediger aus seiner Hauptstadt vertrieben hatte. Kutschum nutzte die katastrophale Niederlage Rußlands am Ende des livländischen Krieges und versuchte, die Russen auch aus dem Ural zu vertreiben. Kutschums Heer kam den örtlichen Stämmen zu Hilfe, die sich gegen die Stroganow erhoben hatten. Die Familie Stroganow sandte Kuriere bis zur Wolga und nahm den Ataman Ermak Timofeewitsch mit einer Abteilung freier Kosaken in ihre Dienste. Als die sibirischen Tataren auf den Widerstand der Kosaken stießen, verließen sie die Herrschaftsbereiche der Stroganow und gingen nach Norden, wo sie die Stadt Tscherdyn belagerten. In Sibirien blieben keine großen militärischen Kräfte mehr zurück, und Ermak be-

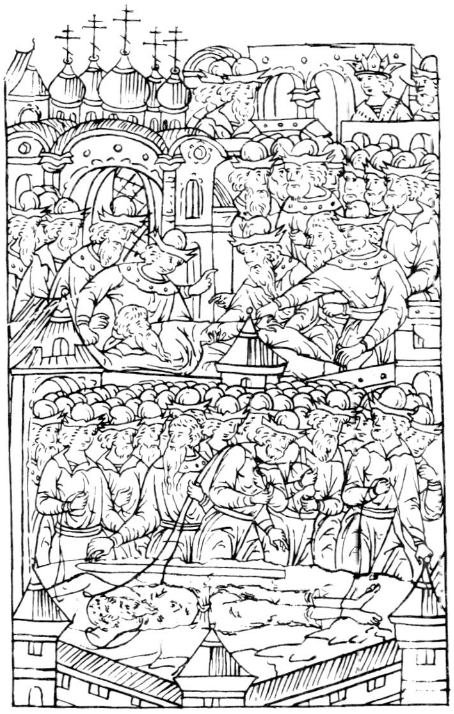

262–267. Aus der Bildchronik. Wasilij III. verfaßt sein geistliches Testament, Buch der Könige, fol. 29v.; Streitigkeiten zwischen den Bojaren, fol. 170v.; Hinrichtung der Bojaren, fol. 273v.; Iwan IV. wird ein Djak angezeigt, fol. 680v.; Rebellion in Moskau, 1547, fol. 683; Die Bojaren schwören dem Zarewitsch Dmitrij ihre Treue, 1553, fol. 678; Moskau, Historisches Museum. 268. Die Hochzeit von Wasilij III. und Elena Glinskaja, aus der Bildchronik, fol. 863; Sankt Petersburg, Öffentliche Bibliothek.

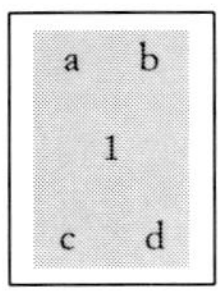

1. Aus der Bildchronik; Sankt Petersburg, Öffentliche Bibliothek:
a. Ein Komet am Moskauer Himmel, Schumilow-Band, fol. 443v.
b. Bau der Basilios-Kathedrale (Mariä-Schutz-Kathedrale »am Graben«), 1555, Synodenband, fol. 167; Moskau, Historisches Museum.
c. Schlacht am Fluß, Golizyn-Band, fol. 950.
d. Die Entsendung der russischen Botschafter nach Rom, Schumilow-Band, fol. 868.

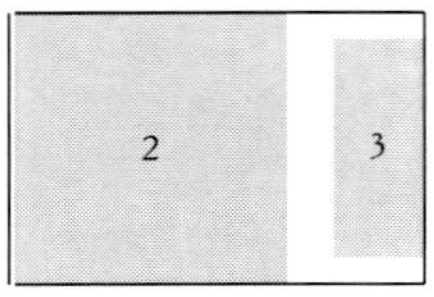

2. Dreieinigkeits-Sergius-Kloster, Mariä-Himmelfahrts-Kathedrale, 1559–1585.
3. Moskau, Basilios-Kathedrale (Marie-Schutz-Kathedrale »am Graben«), 1555–1561.

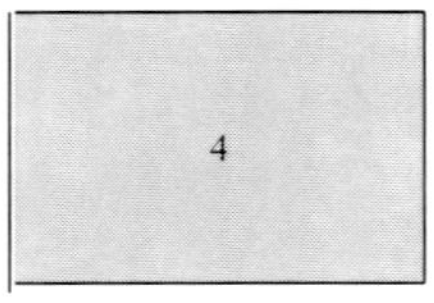

4. Dreieinigkeits-Sergius-Kloster, Gesamtansicht.

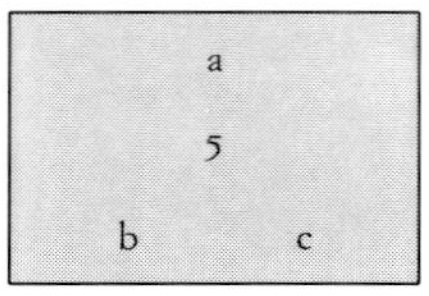

5a. Die streitende Kirche, Mitte des 16. Jahrhunderts; Moskau, Tretjakow-Galerie.
b. Ausschnitt: Der Erzengel Michael und Iwan der Schreckliche.
c. Ausschnitt: Die verurteilte Stadt.

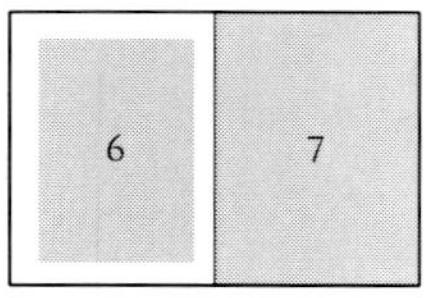

6. Die Enthauptung Johannes des Täufers, Tafelikone, Ende des 15. bis Anfang des 16. Jahrhunderts; Sankt Petersburg, Russisches Museum.
7. Der heilige Basilios, Ende des 16. bis Anfang des 17. Jahrhunderts; Moskau, Tretjakow-Galerie.

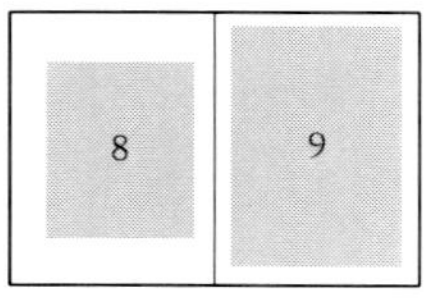

8. Gerasim und der Löwe, erste Hälfte des 16. Jahrhunderts; Moskau, Tretjakow-Galerie.
9. Die Weisheit hat sich ein Haus gebaut, um 1548; Moskau, Tretjakow-Galerie.

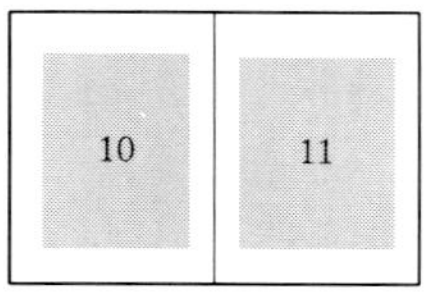

10. Szenen aus der Passion Christi, zweiseitige Tafelikone, Ende des 15. bis Beginn des 16. Jahrhunderts; Moskau, Tretjakow-Galerie.
11. Rückseite.

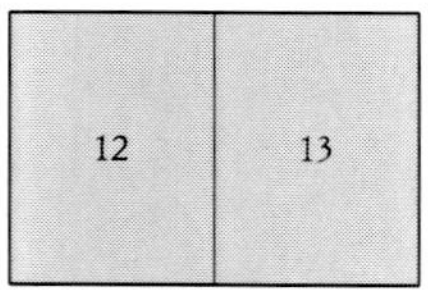

12. »Monomachmütze«; Gold, Silber, Edelsteine, Perlen, Pelz, Filigran, Guß, ziseliert, gestochen, Orient, Ende des 13. bis Beginn des 14. Jahrhunderts, Moskau, 16. Jahrhundert; Moskau, Kremlmuseum, Rüstkammer.
13. Evangeliar Iwans IV.; Gold, Edelsteine, Perlen, Papier, ziseliert, Email, Filigran, Niellotechnik, 1571; Moskau, Kremlmuseum, Rüstkammer.

14. Stielkelch, Geschenk des englischen Botschafters A. Jenkinson an Iwan IV.; Silber, Guß, ziseliert, Vergoldung, England, 1557–1558; Moskau, Kremlmuseum, Rüstkammer.

ЗАГОРСКИЙ
ПК и О

ПОКАИТЕСА
ПРИБЛИЖИ

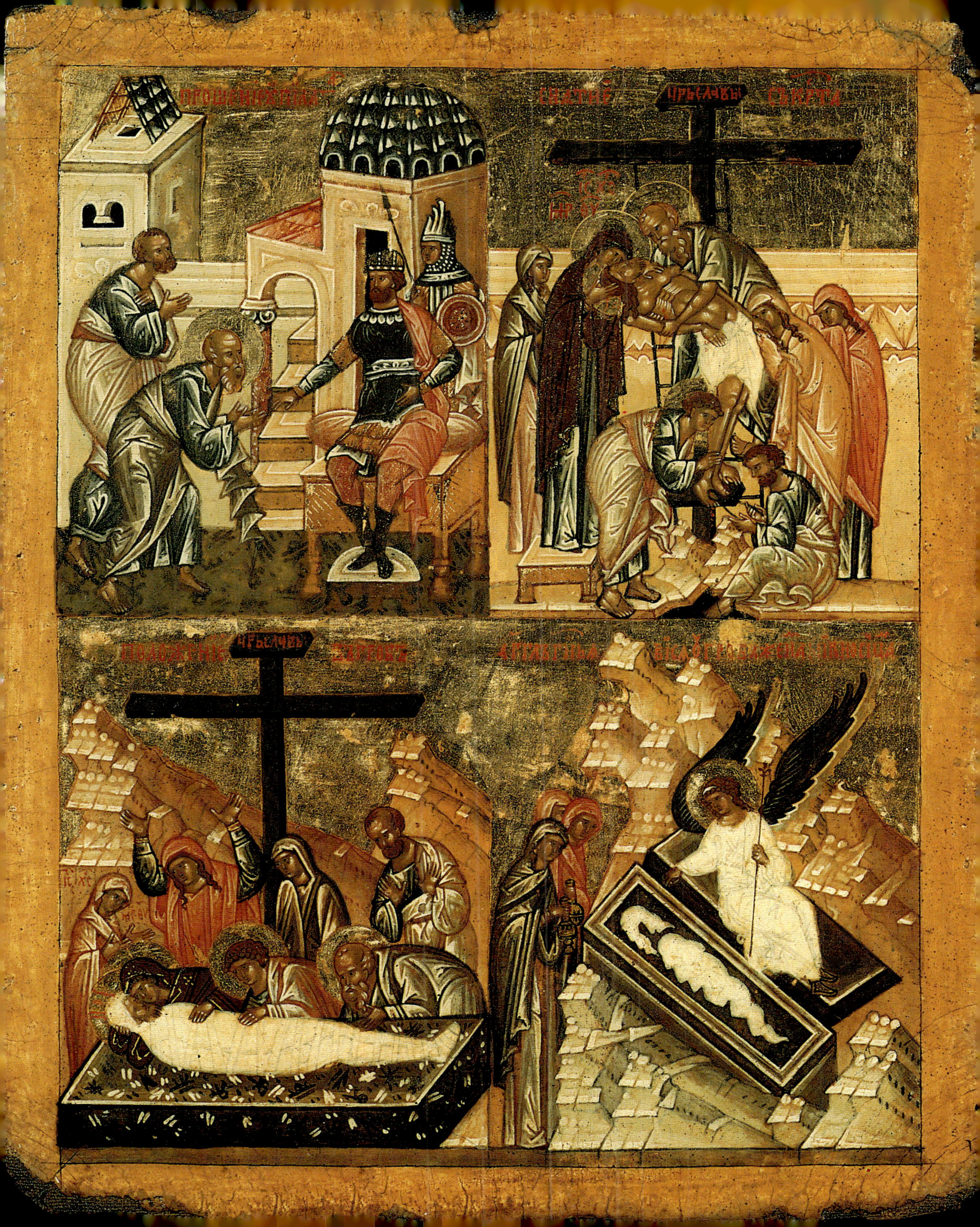

eilte sich, die Gelegenheit zu nutzen. Er überließ die Stroganow ihrem Schicksal und wandte sich zum Ural hin, wo er reiche Beute zu machen hoffte. Den Chroniken des 17. Jahrhunderts zufolge eroberte Ermak Sibirien im Jahr 1581. Zur Zeit von M. M. Karamsin galt dieses Datum als Axiom. Doch eine kritische Analyse der Briefe, die Iwan der Schreckliche in den Jahren 1581 und 1582 den Stroganows sandte, erlaubt es, Karamsins Irrtum zu erklären. Ermak unternahm seinen Feldzug auf leichten Flußbooten und begann damit am 1. September 1582. Bereits am 26. Oktober eroberten die Kosaken Kaslyk. Ermak wurde weder vom Zaren noch von den Stroganow nach Sibirien entsandt. Angesichts seiner Mißerfolge an der Westgrenze versuchte Iwan IV. den Krieg mit Kutschum zu vermeiden, und er sandte Ermak den ausdrücklichen Befehl, den Feldzug im Ural zu unterbrechen. Dieser Befehl traf aber zu spät ein. Fünfhundert Kosaken besiegten die sibirische Horde, so daß die Hauptstadt ohne Verteidiger war. Als Ermak sie angriff, war das gesamte Heer von Kutschum mit der Belagerung von Tscherdyn beschäftigt. Nach der Eroberung Kaslyks konnten die Kosaken Sibirien mit ihrer Beute nicht mehr verlassen, weil der Winter schon eingebrochen war und die Flüsse eine Eisschicht trugen. Nach dem Winter erklärten die Kosaken Sibirien als Besitz des Zaren und erlegten der einheimischen Bevölkerung Tribute auf. Die Eroberung Sibiriens eröffnete den Russen den Weg ins Innere des riesigen asiatischen Kontinents. Detaillierte Zeugnisse über den sibirischen Feldzug von Ermak sammelte der sibirische Chronist und Historiker Semen Remesow. Seine »Sibirische Geschichte«, die an der Schwelle zwischen dem 17. und dem 18. Jahrhundert entstand, enthält zahlreiche Illustrationen.

Die Persönlichkeit Iwans des Schrecklichen übte auf die Ereignisse seiner Zeit einen unterschiedlichen Einfluß aus. Da er psychisch instabil und leicht zu beeindrucken war, war der Zar dauernd den Einflüsterungen seiner Günstlinge ausgesetzt. Ohne ihren Rat wußte er sich in politischen und persönlichen Fragen nicht zu helfen. Silwestr war der erste Lehrmeister Iwans gewesen. Adaschew begeisterte ihn mit seinem Projekt umfangreicher Reformen. Aleksej Basmanow, einer der besten Heerführer des 16. Jahrhunderts, gab ihm die Idee für die Opritschnina ein, für eine Regierung, die auf bedingungsloser Gewalt beruhte. Doch wie lange auch Iwan der Schreckliche dem Einfluß seiner Günstlinge ausgesetzt war, am Ende vernichtete er mitleidlos alle.

Die Vorfahren Iwans des Schrecklichen gehörten alten Adelsfamilien an. Unter ihnen befand sich auch der warjägische Konung (Fürst) Igor, die byzantinische Kaiserdynastie Paläologos, die »Zaren« Tschingisidy der Horde, litauische Fürsten und serbische Könige. Gegen das 16. Jahrhundert zeichneten sich die Symptome des Niedergangs der Moskauer Dynastie deutlich ab. Der Bruder Iwans IV. war von Geburt an taubstumm und geistesgestört, sein älterer Sohn litt unter einer stark ausgeprägten Neurasthenie, der zweitälteste unter Schwachsinn und der jüngste unter Epilepsie. Schon seit einiger Zeit geht die wissenschaftliche Literatur davon aus, daß Iwan IV. unter erblichen seelischen Störungen gelitten hat.

In den Tagen, da Iwan IV. vom Zarenthron abdankte, erlitt er ein schweres nervöses Trauma, das in ihm eine ernsthafte Krankheit auslöste. Die plötzlichen Wutanfälle, das extreme Mißtrauen, die Rachsucht und die unmenschliche Grausamkeit waren Symptome einer Nervenerkrankung. Verschiedene Historiker meinen, Iwan IV. habe seit seiner Jugend unter Paranoia gelitten. Der vollständige Ausbruch dieser Krankheit sei der Grund für den Terror gewesen, doch ist unserer Meinung nach dieses Urteil nicht zu halten. Zunächst fällt es ziemlich schwer, angesichts des Fehlens einer genauen medizinischen Beschreibung die Krankheit des Zaren zu beurteilen. Die einzigen Zeugnisse über seine seelische Gesundheit stammen von Schmähschriften seiner Gegner. Zweitens hatte der Terror seine eigenen Mechanismen, und seine Phasen stimmen nicht mit den Krankheitsphasen des Monarchen überein. Die blutigen Repressionen erreichen ihren Höhepunkt vierzehn Jahre vor dem Tode Iwans, während sich die Symptome der Krankheit erst in den letzten Lebensjahren manifestierten, als es schon keine Exekutionen mehr gab. Die Grausamkeit Iwans des Schrecklichen läßt sich also nicht ausschließlich pathologischen Gründen zuschreiben. Die gesamte düstere Atmosphäre des bereits überholten Mittelalters war von einem Gewaltkult durchdrungen, von der Mißachtung der Würde und des Lebens des Menschen, vom merkwürdigsten Aberglauben, und der Zar Iwan Wasilewitsch stellte in der langen Reihe mittelalterlicher Herrschertyrannen keine Ausnahme dar.

Die zahlreichen Eheschließungen Iwans IV. gaben zu nicht wenigen Legenden Anlaß. Das Urteil über die Persönlichkeit des Gründers der russischen Autokratie wäre unvollständig, wenn man nicht auch diese Tatsachen berücksichtigen würde. Der Zar heiratete mit sechzehn Jahren zum ersten Mal. Die Behörden erstellten ein Inventar der heiratsfähigen Mädchen des ganzen Landes, doch diese hatten nicht einmal genügend Zeit, nach Moskau zu kommen, um sich vorzustellen, denn Iwan wurde mit dem verwaisten Mädchen eines Bojaren aus der Familie Romanow verheiratet. Die erste Ehe Iwans des Schrecklichen war auf ihre Weise glücklich und dauerte jedenfalls am längsten, nämlich dreizehn Jahre. Die Zarin gebar sechs Kinder, doch vier davon starben in frühem Alter.

Die zweite Ehe Iwans IV. dauerte acht Jahre. Marija Tscherkasskaja brachte einen Sohn auf die Welt, doch auch dieser starb noch im Kindesalter. Die beiden ersten Frauen Iwans starben, bevor sie dreißig Jahre alt waren. Kaum war Iwan IV. wieder Witwer, befahlen die Behörden eine erneute Erfassung der Mädchen in heiratsfähigem Alter. Ohne auf den Willen der Eltern Rücksicht zu nehmen, führten die Gesandten des Zaren zweitausend Mädchen zur Sloboda. Das Land litt unter dem Terror, bei dem Iwan jegliche Zurückhaltung und Moral fallenließ. Der von Gott geschenkte Herrscher vergewaltigte Jungfrauen und gab sie dann seinen getreuen Opritschniki zur Frau. Nach dieser Zählung der Mädchen verlobte sich der Zar mit der sechzehnjährigen Marfa Sobakina, der Tochter eines Gutsbesitzers von Kolomenskoe. Nach der Verlobung wurde Marfa plötzlich krank, doch der Zar »vertraute auf Gott« und feierte Hochzeit. So starb Marfa Sobakina, ohne die Ehe mit dem Monarchen vollzogen zu haben. Die Brautjungfern von Marfa waren die Frau und die Tochter von Maljuta Skuratow. Offensichtlich hatte der Anführer der Folterknechte Iwan dem Schrecklichen eine Verwandte als Frau zugeführt, so daß er nun ebenfalls mit der Zarenfamilie verwandt war. Skuratow flößte Iwan IV. die Idee ein, Marfa sei von »Verrätern« vergiftet worden. In vierter Ehe heiratete der Monarch Anna Koltowskaja, in fünfter Anna Wasiltschikowa. Beide Ehen dauerten nur kurze Zeit. Die Zarinnen wurden gezwungen, ins Kloster zu gehen, und beendeten ihr Leben dort. Dann lebte der Zar einige Zeit mit der Witwe eines Djak zusammen, nämlich mit Wasilisa Melentewa, die er aufrichtig liebte. Doch auch Wasilisa starb früh. Der neue Günstling A. F. Nagoj arrangierte die Heirat Iwans des Schrecklichen mit seiner Nichte Marija. Trotz der Geburt des Sohnes Dmitrij machte sich Iwan IV. daran, die Ehe mit Marija aufzulösen, um eine englische Prinzessin zur Frau zu nehmen. Der Tod verhinderte die siebte Ehe des frommen Monarchen.

Charakterzüge des »Schrecklichen« waren seine Tendenzen zur Verrücktheit und zur Reue. In seinen Briefen an seine geistlichen Leiter bekannte er sich der Sünden jeglicher Art für schuldig: der Trunkenheit, der Unzucht, des Ehebruchs, des Mordes, der Plünderung und aller nur denkbaren unmenschlichen Taten. Bei den Trinkgelagen mit seinen Freunden rühmte sich Iwan der Schreckliche sogar seiner Sünden. Wenn wir einem englischen Zeitgenossen Glauben schenken wollen, der das Vertrauen der königlichen Familie genoß, rühmte sich Iwan IV., tausend Mädchen vergewaltigt und Tausende seiner unehelichen Kinder getötet zu haben. Man weiß, daß der Monarch bei seinen Wutausbrüchen seinen eigenen Erben prügelte, den Zarewitsch Iwan, und dessen schwangere Frau. Die Schwiegertochter gebar darauf einen toten Sohn, und der Zarewitsch starb an einer schrecklichen Wunde. Iwan tötete seinen Erben, ohne es zu wollen, während er seine unehelichen Kinder willentlich umbrachte, weil er sie für eine Frucht des Teufels und der Sünde hielt.

Tradition und Religion

Die Eroberungskriege Iwans des Schrecklichen legten die Grundlage für das »Moskauer Reich« und damit das russische Reich. Die Opritschnina sorgte für die innere Ordnung der autokratischen Monarchie, und Rußland erlebte seine erste Terrorwelle in der Geschichte. Sie hatte enorme Auswirkungen auf die politische Kultur und die Tradition.

269. Kavallerie der Moskauer Dworjanin, Stich aus dem Buch »Rerum moscovitarum commentarii« von S. Herberstein, 1567.

Iwan der Schreckliche glaubte an seine außergewöhnliche Mission auf Erden. »Er wurde sich selbst heilig und schuf in seinen Gedanken eine gesamte Theologie der politischen Selbstvergötterung in Form einer wissenschaftlichen Theorie von der eigenen imperialen Macht« (W. O. Kljutschewskij). Die Lehre Iwans war nicht ausschließlich eine Frucht seiner Phantasie und seiner Anmaßung. Für das Denken des Volkes im Mittelalter war der Glaube an den geheiligten Charakter der Macht des Monarchen und die Heiligkeit seiner Person typisch. Die gesamte Kunst jener Zeit stand im Dienst der Liturgie und der Theologie. Nach dem Gesagten war auch die Rolle des Monarchen und seines Hofes in der künstlerischen Schöpfung seiner Zeit bestimmt. Der große Souverän stand im Zentrum aller religiösen Zeremonien und genoß bei religiösen Angelegenheiten höchste Autorität. Die Staatskasse verfügte über die Mittel, ohne die sich keine kulturellen und künstlerischen Projekte durchführen ließen, und im 16. Jahrhundert ging die Initiative für solche Projekte fast ausschließlich vom Zarenhof aus, der mit den kirchlichen Autoritäten eng zusammenarbeitete.

Während der Epoche der Aufsplitterung verlor das religiöse Leben in den unterschiedlichen Gebieten seine Uniformität. Jedes Fürstentum brachte »eigene« Heilige mit der entsprechenden hagiographischen Literatur hervor, einen eigenen Zyklus liturgischer Lesungen, und auch vom Standpunkt des Ritus aus entwickelten sich verschiedene Eigenheiten. Es war ein Anliegen der Moskauer Autoritäten, das Land zu einem einheitlichen Glauben zurückzuführen. Obwohl Moskau unterworfen, blieb Nowgorod das wichtigste kulturelle Zentrum Rußlands, und gerade hier entstand eines der wichtigsten Projekte des 16. Jahrhunderts. Es zielte darauf ab, die Aufsplitterung im religiösen Leben des Landes zu überwinden. Als Makarij Erzbischof war, beschäftigte er sich mit der Redaktion einer allumfassenden Sammlung aller »heiligen Bücher, die sich auf russischem Boden befinden«. Zunächst umfaßten die monatlichen Lesungen, die Minei Tscheti, fast ausschließlich Heiligenleben und einigen Lehren. Makarij vereinigte die Anstrengungen von Gelehrten, Übersetzern und Kopisten und ließ Dutzende und Hunderte heiliger Bücher, Predigten, Heiligenleben und Briefe in den unterschiedlichsten Orten sammeln, übersetzen und »korrigieren«, bearbeiten oder neu verfassen. Im Vorwort zu diesen Menäen teilt Makarij dem Leser mit, er habe »die großen heiligen Bücher« zwölf Jahre lang gesammelt und zusammengefaßt.

Das erste Exemplar wurde in Nowgorod für die Sophien-Kathedrale angefertigt. Nach der Wahl Makarijs auf den Sitz des Metropoliten erfuhren die Arbeiten für die Kompilation der Menäen eine großzügigere Anlage. Das Projekt interessierte Zar Iwan, der einen Band der Menäen für seine persönliche Bibliothek anforderte. Einen weiteren Band erhielt die Mariä-Himmelfahrts-Kathedrale im Kreml, und durch Intervention der zivilen Behörden wurden die Arbeiten beschleunigt. Aufgrund des Befehls des Zaren verteilte das Oberhaupt der Kirche die Arbeit auf verschiedene Schreibstuben von Städten und Klöstern. Einige Schreiber führten ihre Aufgabe gern und gut durch, während andere gezwungen wurden. Die Bedeutung Nowgorods als Zentrum der Buchkultur geht auch aus der Tatsache hervor, daß die Hauptarbeit an den sogenannten Moskauer Bänden der Menäen in den Nowgoroder Skriptorien durchgeführt wurde, während diese Menäen in der Hauptstadt nur ihr endgültiges äußeres Gewand bekamen.

Die ersten Exponenten der kirchlichen Hierarchie aus Moskau, die nach Nowgorod gesandt wurden, um den dortigen Bischofssitz einzunehmen, waren darauf aus, den Nowgorodern die Verehrung von Moskauer Heiligen aufzuerlegen. Doch erst der Metropolit Makarij erkannte die Notwendigkeit, aus Liebe zur kirchlichen Einheit ein allumfassendes Pantheon der Heiligen zu schaffen. In den Jahren 1547 und 1549 berief Makarij zwei Synoden ein, welche die Verehrung der neununddreißig wundertätigen Heiligen festlegten. Bisher waren etwas über zwanzig Heilige verehrt worden, ohne lokale Heilige mitzuzählen. Unter den eben kanonisierten wundertätigen Heiligen machten die Nowgoroder Asketen die umfangreichste Gruppe aus. Sie bestand aus fünf Nowgoroder Bischöfen, drei Äbten und »Jurodiwyj« (Narren Gottes) in der Diözese von Nowgorod-Pskow. Zeit ihres Lebens hatten fast alle diese Heiligen für die Unabhängigkeit Nowgorods und gegen die Herrschaft Moskaus gekämpft. Mit der Kanonisierung dieser Heiligen hatte der Sitz des Metropoliten in Moskau somit einen weisen Schritt getan.

Im Jahr 1551 traf sich in Moskau der Klerus aus allen Teilen Rußlands zu einer Synode. Deren Bedeutung für die Geschichte der Moskauer Orthodoxie entspricht ungefähr der des Konzils von Trient für die Geschichte der katholischen Welt. Zar Iwan IV. richtete an dieses Konzil ungefähr hundert Fragen und sprach klar und deutlich über die religiöse Unordnung. Der Klerus antwortete mit einem Dokument, das in hundert Kapitel gegliedert war, auf die Fragen des Zaren. Deswegen spricht man noch heute von der Hundert-Kapitel-Synode (Stoglavyi sobor).

Nowgorod schlug eine Vereinigung und Vereinheit-

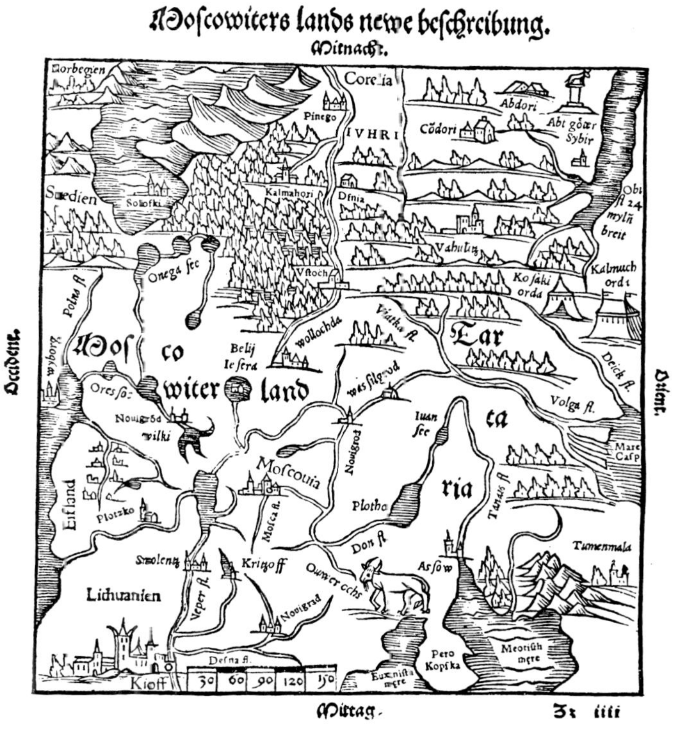

270. Moskau, Karte aus dem Werk »Cosmographia« von Sebastian Münster, 1544.

271. Nordeuropa, Karte von O. Magnus, 1539.

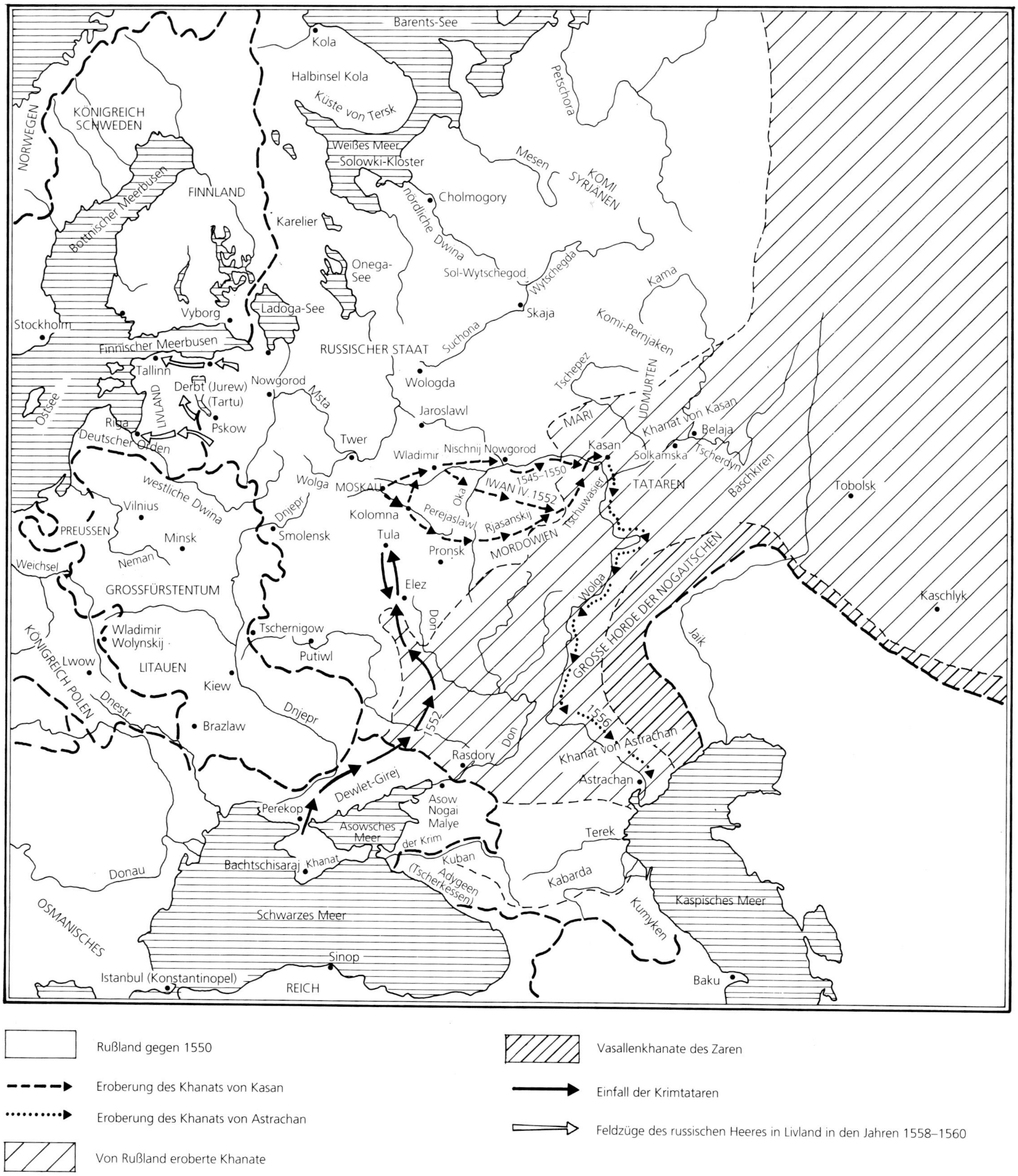

272. Das Moskauer Reich in der Mitte des 16. Jahrhunderts, Karte von R. Skrynnikow.

lichung der religiösen Traditionen sowie aller heiligen Dinge vor. Deswegen sind die Fragen des Zaren und die Antworten des Klerus darauf voller Bezüge auf die Riten und die frühe Geschichte Nowgorods. Dennoch erwies sich die Wiederversöhnung zwischen der Nowgoroder und der Moskauer Tradition als eine ziemlich schwierige Aufgabe. Die Moskauer schlugen das Kreuz mit zwei Fingern und sangen zweimal Halleluja, während die Nowgoroder drei Finger dazu verwendeten und das Halleluja dreimal wiederholten. Als Nowgoroder Erzbischof erkannte Makarij die rituellen Gebräuche der Nowgoroder ohne Einschränkung an. Doch als er den Metropolitenthron in Moskau bestieg, mußte er auf den Nowgoroder Kanon verzichten. Um diese liturgischen Fragen zu lösen, hielt es der Moskauer Klerus nicht für notwendig, sich an griechische Regeln und an die Praxis der griechischen Kirche zu halten.

Anhand der Materialien der Hundert-Kapitel-Synode kann man sich keine Vorstellung von den Argumenten jener machen, welche die Rechtgläubigkeit der Moskauer Riten verteidigten. Nur wenige Details, die in zeitgenössischen Quellen verstreut sind, geben uns einen Hinweis darauf, wie die religiösen Dispute im Inneren der Moskauer Hierarchie in Wirklichkeit gelöst wurden.

Bei der Durchführung der Reformen halfen dem Zaren der Bojare I. W. Scheremetew und der Djak I. Wiskowatyi. Nachdem der Schreckliche mit diesen beiden Ratgebern gebrochen hatte, klagte er sie plötzlich des Sakrilegs und der Verletzung rechtgläubiger Regeln an: »... in der Welt (bevor er Mönch wurde) hörte jener Scheremetew mit Wiskowatyi als erster auf, dem Kreuz zu folgen. Und als dies alle anderen sahen, folgten auch sie nicht mehr. Doch bis zu diesem Zeitpunkt folgte die gesamte orthodoxe Christenheit ... dem Kreuz nach«, schrieb Iwan IV. in einem seiner Briefe. Wiskowatyi und Scheremetew waren Säulen der Moskauer Frömmigkeit. Sie repräsentierten die Person des Autokraten, waren »Leute seines Umkreises«, und gerade diese Tatsache führte zu einer Lösung des Problems. Das Zeremoniell während der Prozession war schon seit den Zeiten von Iwan III. umstritten. Iwan IV. und seine Bojaren gaben der Zeremonie der Prozession »hinter dem Kreuz« eine definitive Gestalt. Im übrigen hatte die Hundert-Kapitel-Synode vor allem infolge einer Intervention der Moskauer Zivilbehörden ohne weitere Diskussionen entschieden, daß man das Zeichen des Kreuzes mit zwei Fingern durchführen müsse. Die Umwandlung Rußlands in ein heiliges russisches Reich verstärkte die Abhängigkeit der Kirche vom Staat. Das Verhalten des Fürsten und seiner hohen Würdenträger wurde in sich zum Modell der religiösen Frömmigkeit. Kein Verbrechen und keine Sünde, die Iwan der Schreckliche begangen hatte, konnten seinen Ruf eines großen und frommen Herrschers ins Wanken bringen.

Das Verhältnis der Gesellschaft zur altrussischen Tradition nahm unterschiedliche Formen an. In der Mitte des 16. Jahrhunderts verfaßte Silwestr, damals ein Günstling des Zaren, das Domostroj (Belehrungen zum Führen eines Hauses). Das Ideal des Domostroj ist ein sparsamer Herr, der mit Autorität alle Familienangelegenheiten in Übereinstimmung mit den Normen der christlichen Moral führt. Das Domostroj verlangte Ehrerbietung gegenüber dem Familienoberhaupt, dem irdischen Zaren und vor allem dem himmlischen König, denn »dieser Zar ist provisorisch, doch der himmlische König ewig«. Silwestrs Schrift wurde im Laufe der Zeit zum Symbol der patriarchalischen Gesinnung in der Moskauer Rus.

Die Besteigung des Metropolitenthrons durch Makarij und die Reformen gaben dem religiösen Denken einen neuen Impuls. Maxim der Grieche, der nach zwanzig Jahren abgeschiedenen Lebens wieder in Freiheit gesetzt wurde, fing erneut zu schreiben an. Er kämpfte um die religiöse Erneuerung der Gesellschaft und formulierte eine brillante Anklage in Predigtform gegen die Besitztümer der Klöster, den Wucher, die Erpressungen. Die Jünger von Nil von Sora, die sich nach der Hinrichtung von Wassian Patrikeew in ihre Skit am Weißen See zurückgezogen hatten, erhoben erneut ihr Haupt. Ihr anerkannter Leiter war der Starez Artemij von der Eremitensiedlung von Porfirew. Auf Initiative der Reformanhänger wurde Artemij von Beloosero als Abt des Dreieinigkeits-Sergius-Klosters berufen. Doch dieses Kloster war eines der größten Grundbesitzer des Landes, und der Starez mußte ziemlich schnell aufgrund von Meinungsdifferenzen mit den übrigen Mönchen die Leitung des Klosters wieder abgeben. Artemij hielt es nicht für eine Sünde, wenn Laien das Evangelium lasen; er sah nicht in jedem freien Gedanken eine Häresie und versuchte immer die Wahrheit zu erkennen. Artemijs Reden führten zu einer Wiederbelebung des alten Konfliktes zwischen den Nestjaschateli und den Iosiflianern. Artemij erkannte die Autorität des Anführers der Iosiflianer, Iosif Sanin, der 1504 die Verurteilung der »Häretiker« zum Scheiterhaufen durchsetzen konnte, nicht an. Im Kreise seiner Jünger äußerte Artemij Zweifel über die Schuld der hingerichteten Freidenker. Der Konflikt zwischen den Nestjaschateli und den Iosiflianern hatte eine grundlegende Bedeutung für die Zukunft der religiösen Kultur Rußlands: Der Sieg der Nestjaschateli (mit Unterstützung der zivilen Behörden war er immerhin noch möglich) hätte eine freiere Entwicklung des russischen Denkens ermöglicht. Dennoch behielten die Iosiflianer die Überhand, die von fanatischen Gefühlen und von der Vorstellung einer ausschließlichen Rechtgläubigkeit geleitet waren.

Die Rechtgläubigen bereiteten einen Prozeß gegen die Moskauer Freidenker vor, nämlich Matwej Baschkin und die adligen Dworjanin der Familie Borisow. Baschkin war ein Vorkämpfer des Evangeliums und verteidigte die Vorstellung der Nächstenliebe und der Gleichheit aller Menschen. Wie bereits Maxim Grek, Iwan Pereswetow und Silwestr bezeichnete Baschkin die Leibeigenschaft als nicht hinnehmbar. Er selbst ließ seine Leibeigenen frei und forderte die anderen auf, seinem Beispiel zu folgen. Im Prozeß wurden Baschkin und die Borisows angeklagt, das Evangelium »schmähend« interpretiert und Christus diffamiert zu haben, indem sie dessen Ungleichheit mit Gottvater behaupteten. Sie sollen ferner die Ikonen als »Teufelsbilder« und »alle heiligen Schriften« als reine Phantasie bezeichnet haben. Die Denunziation Baschkins kam von Silwestr. Zunächst wollte der Zar die Untersuchungen über die Häresien Maxim Grek und Artemij anvertrauen, doch diese lehnten ihre Rolle als Richter ab, so daß die Iosiflianer die Untersuchung durchführten. Unter den Folterungen erklärte sich Baschkin für schuldig. Die russischen »Häretiker« gaben an, die falschen Lehren von zwei Litauern übernommen zu haben, dem Hofapotheker Matias Liach und Andrej Choteew. Die Iosiflianer wußten nicht genug über die Auffassung der litauischen Protestanten und bezeichneten Baschkin und seine Lehrmeister als »Lateiner« (Katholiken). Der schlauere Kurbskij allerdings erkannte in der Häresie einen Ausdruck der »lutherischen Schismata«. Die Ideen von Baschkin und den Borisows waren ein fernes Echo der Reformation in Westeuropa.

Die Nestjaschateli wollten nicht an den Bestrafungsaktionen gegen die Freidenker teilnehmen. Deswegen verließ Artemij, ohne daß der Zar dies wußte, die Hauptstadt und ging in sein Eremitenkloster. Wegen seiner Eigenmächtigkeit wurde er aber verhaftet und unter Eskorte nach Moskau zurückgebracht. Die Iosiflianer setzten einen neuen Prozeß durch. Artemij hielt Baschkins Gedanken und Interpretationen des Evangeliums nicht für häretisch und wurde deswegen für einen Komplizen des Ketzers gehalten. Im Prozeß klagten die Iosiflianer Artemij an, er habe den Proswetitel von Iosif Sanin kritisiert, er sympathisiere mit den »Lateinern«, verhalte sich gegenüber den Riten indifferent und zweifle an den Wundern. Als Ankläger Artemijs präsentierten sich Simeon, der Abt des Kirill-Klosters von Beloosero, der ehemalige Abt des Ferapont-Klosters Nektarij sowie andere. Die Nestjaschateli verloren die Unterstützung des nördlichen Zentrums der russischen Spiritualität, des Kirill-Klosters von Beloosero, und das besiegelte endgültig ihr Schicksal. Artemij wurde von der Kirche entfernt und auf die Solowki-Inseln verbannt. Die Behörden verhafteten auch seine »Komplizen«, Feodosij Kosoj und andere Eremiten.

Der Starez Feodosij, ein entlaufener Leibeigener, unterzog die Institution der Leibeigenschaft einer harten Kritik und kritisierte auch die heiligen Schriften: Er verwarf das Dogma der Dreifaltigkeit, betrachtete Christus nicht als Gott, sondern als Mensch, leugnete die Unsterblichkeit der Seele und glaubte nicht an Wunder.

Unter Iwan III. wurde die Entlarvung der Freidenker von ihrer Verurteilung zum Scheiterhaufen gekrönt. Doch diesmal hinderte die allgemeine Reformatmosphäre die Fanatiker daran, die unmittelbare Exekution Baschkins zu erreichen. Immerhin wurde er eingekerkert. Sein Gefährte Borisow wurde auf die Insel Walaan verbannt, doch gelang ihm von hier die Flucht nach Schweden. Der Starez Artemij verbrachte einige Zeit gefangen im Solowki-Kloster am Weißen Meer und floh dann nach Litauen, wo er Aufnahme fand und weiterhin öffentlich als Verteidiger der Rechtgläubigkeit auftrat. Dorthin begab sich auch Feodosij Kosoj, der seine Heimat verlassen hatte, um dem drohenden Prozeß zu entgehen. Einige der verbannten Starzen in Litauen waren Anhänger der Reformationen; einer unter ihnen erwarb sich den Namen eines »zweiten Luther«. In Moskau hätten sie ihn auf dem Scheiterhaufen verbrennen wollen, doch, so meinte der Ketzer, Zar Iwan habe die Todesstrafe umgewandelt.

Literatur

Die Verfolgungen der Anhänger des Hesychasten Nil von Sora und das definitive Verschwinden der religiösen Strömung der Nestjaschateli führten dazu, daß sich die russische Kultur weiter von ihrem byzantinischen Erbe entfernte. Der Prozeß gegen Baschkin richtete Schranken gegenüber westlichen kulturellen Einflüssen auf, welche die byzantinische Tradition hätten ersetzen können. Besonders bedeutsam in diesem Zusammenhang ist die Einführung der Druckkunst in der Rus.

Iwan IV. unternahm nach seiner ersten Krönung und den ersten kirchlichen Reformen Anstrengungen zur Eröffnung einer Druckerei in Moskau. Im Jahr 1548 wurde auf Befehl des Zaren und auf dessen Namen ein Drucker, ein Stecher, ein Buchbinder und ein Papiermachermeister nach Moskau gerufen. Zwei Jahre später bat Iwan IV. den dänischen König Christian III., er solle ihm einen Handwerker schicken, der eine Druckerei betreiben könne. Im Mai 1552 kündigte König Iwan an, er werde jemanden mit Büchern zum Übersetzen und Veröffentlichen nach Rußland schicken. Der Handwerker kam nicht später als im Sommer oder Herbst desselben Jahres nach Moskau, wie die Worte der ersten russischen Drucker bestätigen, denen zufolge sie in Moskau im Jahr 7061 von der Erschaffung der Welt an »die Druckkunst erlernt hätten«. Der König schrieb, man könne nun einige tausend Kopien von Büchern drucken, und das bedeutete, daß der Handwerker sein ganzes Arbeitszeug mit sich geführt hatte. Der Versuch, eine Druckerei in Moskau zu gründen, erwies sich aber zunächst als Fehlschlag. Der Däne erschien in Moskau »mit der Bibel und zwei weiteren Büchern, in denen (wie Christian III. ankündigte) das Wesen unseres Glaubens enthalten war«. Nach einer ersten Überprüfung der dänischen Bücher gelangte der Moskauer Klerus zur Überzeugung, daß der christliche Glaube des Königs ziemlich weit entfernt war vom orthodoxen Glauben. Christian III. war bekennender Lutheraner und hoffte, den Zaren mit der Idee eines Kampfes gegen den Katholizismus locken zu können. Doch seine Rechnung ging nicht auf: Die Moskauer Behörden widersetzten sich kategorisch der Übersetzung und dem Druck der protestantischen Bücher. Die Einführung der Druckkunst wurde weiterhin vom Prozeß gegen Baschkin im Jahr 1553 verzögert, denn dieser hatte gezeigt, daß die protestantische Häresie bereits in die Rus eingedrungen war und reichlich Früchte trug. Der dänische Drucker wurde zwar nicht aus Moskau vertrieben, doch der Zar nahm ihn auch nicht in seine Dienste, trotz der Empfehlung des Königs. In der Regel waren ausländische Handwerker gezwungen, russische Lehrlinge auszubilden. So vergingen drei oder vier Jahre, und in Moskau traten die ersten russischen »Buchdruckmeister« auf. Die ersten Moskauer Ausgaben waren eindeutig experimentellen Charakters. In den Büchern war nämlich nicht angegeben, von wem und mit wessen Segen sie gedruckt wurden. Ohne eine direkte Mitwirkung ausländischer Handwerker wären die ersten Bücher in Moskau nie erschienen, doch der Klerus wünschte nicht, daß in orthodoxen Büchern der Name eines andersgläubigen Druckers genannt werde. Dank der Ausgaben ad experimentum erreichten die Moskauer Drucker den europäischen Ausbildungsstand.

Eine Druckerei in Rußland konnte nicht ohne beträchtliche Subventionen durch die Regierung gegründet werden, doch der Gouverneur Alekseij Adaschew führte seine Reformen unter dem Banner der Rechtgläubigkeit durch. Er widmete sich dem Fasten und dem Gebet und blieb gegenüber den Errungenschaften der europäischen Zivilisation indifferent. Erst nach seinem Rücktritt gestattete die Staatskasse schließlich die Unterstützung für die Druckerei. Der erste Drucker, Iwan Fedorow, schrieb sehr zutreffend, daß seine Druckerei dank der Protektion und der Großzügigkeit des Zaren gegründet wurde, während sich sonst gegen die Drucker »viele kirchliche Häup-

273. Landszene, aus dem Buch »Reise nach Moskau« von A. Meyerberg.

ter und Würdenträger« erhoben, welche die Bücher »zahlreicher Häresien« verdächtigten. Der Klerus stand der Möglichkeit, aus den Händen von Ketzern eine Erfindung der europäischen Zivilisation entgegenzunehmen, entschieden feindlich gegenüber. Doch die Verteidiger der Druckkunst fanden einen Weg, um dieses Hindernis zu umgehen, indem sie nämlich auf die Vermittlung ihrer griechischen Glaubensgenossen in Konstantinopel zurückgriffen. Der italienische Kaufmann Barberini konnte mit seinen eigenen Augen Fedorows Arbeit am Hof im Jahr 1564 sehen und erhielt von ihm sogar einen Auftrag über Papier und Druckerschwärze. Barberini schrieb, die Russen hätten die Druckmaschinen aus Konstantinopel bezogen, und das Zeugnis Iwan Fedorows bestätigt die Worte Barberinis. Zur Eröffnung der Druckerei in Moskau, so bestätigte der erste Typograph, befahl der Zar, »es sollten gedruckte Bücher wie in Griechenland und Venedig und Friesland und in anderen Ländern hervorgebracht werden«. Die Moskauer Typographen mußten dem Beispiel der griechischen und italienischen orthodoxen Meister folgen, vor allem aber dem der venezianischen Drucker. Fedorows Worte finden ihre Erklärung. Die russischen Drucker nämlich verwendeten Begriffe wie »stampa«, »tipografia« und andere, die eindeutig aus dem Italienischen stammten. Offensichtlich hatte Moskau von den Griechen Gerätschaften italienischer Herkunft gekauft. Da aber Griechen dazwischengeschaltet waren, nahm das Druckereiwesen einen streng orthodoxen Charakter an.

Iwan IV. bestimmte ein Stück Land im Zentrum der Hauptstadt als Druckereizentrum und gab den Druckern ein großzügiges Stipendium. Der erste Moskauer Typograph, dessen Name bekannt ist, war Nefedew, der allerdings seine eigenen Kenntnisse und Fähigkeiten nicht voll zum Ausdruck bringen konnte. Auf den Posten des Leiters des Druckereizentrums wurde Iwan Fedorow,

274. Die Opritschnina Iwans des Schrecklichen, Karte von R. Skrynnikow.

Diakon im Kreml, berufen, dem Petr Mstislawitsch als Gehilfe zur Seite stand. Fedorow hatte offensichtlich bei den nach Moskau berufenen ausländischen Druckern viel gelernt, denn als er den Auftrag übernahm, war er schon ein geschickter Meister. Im Jahr 1563 machten sich diese ersten Typographen an den Druck des »Apostol«, eines liturgischen Buches, und vollendete es am 1. März. An Druckqualität übertraf der »Apostol« viele Bücher, die zuvor in Moskau veröffentlicht worden waren. Fedorow war einer der gebildetsten Männer Rußlands jener Zeit, und er machte aus seinem ersten Buch ein Meisterwerk. Er hatte sich vorgenommen, den korrekten Text des Heiligen Buches zu veröffentlichen. Dazu mußte er mehrere Manuskripte verwenden, Irrtümer eliminieren und die Übersetzung vervollkommnen. Die Korrektur eines altrussischen kanonischen Textes nach griechischen Originalen hatte seit dem Prozeß gegen Maxim Grek wütende Kontroversen ausgelöst. Iwan Fedorow fuhr in der Tradition Maxims fort und zog somit den Verdacht der Rechtgläubigen auf sich. Ihren eigenen Angaben zufolge wurden die Drucker nach Makarijs Tod von den Bojaren und der orthodoxen Hierarchie verfolgt. In der Zwischenzeit gründete Iwan IV. die Opritschnina und erlegte der Semschtschina Abgaben auf. Der Staatskasse mangelte es an Ländereien, und das Druckereizentrum erhielt lange Zeit keine Unterstützungen mehr. Iwan Fedorow wanderte ins Ausland aus, wo er weiterhin Bücher druckte: Der »erste Drucker« empfand seinen Weggang als Exil und gab dafür den Bojaren und den offiziellen Kirchenbehörden die volle Schuld. Zar Iwan IV. seinerseits zeigte indes ein unermüdliches Interesse an den Neuentwicklungen des Westens, angefangen von der Kultur bis zur Militärtechnik. Nach der Emigration Fedorows nach Litauen fuhr die Moskauer Druckerei mit ihrer Tätigkeit fort. Im Jahr 1568 veröffentlichten die Drucker Newescha Timofeew und Nikitor Tarasiew das »Psalterium«. Timofeew verwendete dieselben Lettern wie Fedorow, lehnte aber eine Korrektur der Texte ab, wie sie sein Vorläufer durchgeführt hatte. Nach der Aufhebung der Opritschnina befahl Iwan IV., die Typographie aus Moskau in die ehemalige Residenz der Opritschnina, die Aleksandrowskaja Sloboda, zu verlegen. Im Jahr 1577 gelang es Newescha (Andronik) Timofeew, das »Psalterium« in der Sloboda in einer neuen Variante aufzulegen, die eindeutige Zeichen einer Rückkehr zum Stil von Iwan Fedorow aufwies (A. I. Rogow). Die Einführung der Druckkunst stellte jedenfalls einen Meilenstein in der Entwicklung der russischen Kultur des 16. Jahrhunderts dar.

Mit der Bildung des heiligen russischen Reiches nahmen die Chroniken in Moskau grandiose Dimensionen an und veränderten gleichzeitig ihren ehemaligen Charakter. Mit der Redaktion der Chroniken wurde das Außenministerium betraut. Neben der Bürokratie im Dienste des Monarchen nahm auch die Kanzlei des Metropoliten an der Redaktion der Chroniken teil, während die sonstigen Redaktionen der lokalen Chroniken einen definitiven Niedergang erlebten. Das bedeutendste annalistische Werk zur Zeit Iwans IV. und des Metropoliten Makarij war die »Nikon-Chronik«, die ihren Namen vom Metropoliten Nikon hat, weil eines der Manuskripte der Sammlung von ihm stammt. Die Chronik enthält über zehntausend Blätter und sechzehntausend Miniaturen (illuminiertes Manuskript, daher der Name »Lizewoj swod«. Die ersten Bände sind der biblischen Geschichte gewidmet. Dann folgt ein »Chronograph« (Universalgeschichte) und dann eine ausschließlich der russischen Geschichte gewidmete Chronik. Die Autoren der Sammlung hatten eine umfangreiche Kompilation durchgeführt und in den Text auch eine große Zahl verschiedener Erzählungen aufgenommen. Bei ihrem Versuch, den Text einem einzigen Ziel unterzuordnen, korrigierten die Redakteure willkürlich die alten Chronikentexte. Die Sammlung aus der Zeit Iwans des Schrecklichen unterscheidet sich von den übrigen Chroniken durch ihren extrem tendenziösen Charakter. Die Redakteure der Sammlung schöpften aus byzantinischen Quellen, um die Geschichte von Byzanz mit der Rußlands zu verbinden. Sie präsentierten die Entstehung des russischen Reiches als logische Entwicklung eines umfassenden historischen Prozesses. Zar Iwan IV. war in ihren Augen der direkte Abkömmling und Erbe der römischen und byzantinischen Kaiser. Die Redaktion der Chroniken, die zu einer Art historischen Enzyklopädie des Moskauer Reiches wurden, oblag zusammen mit Makarij dem Gouverneur Aleksej Adaschew. Nach dem Rücktritt Adaschews be-

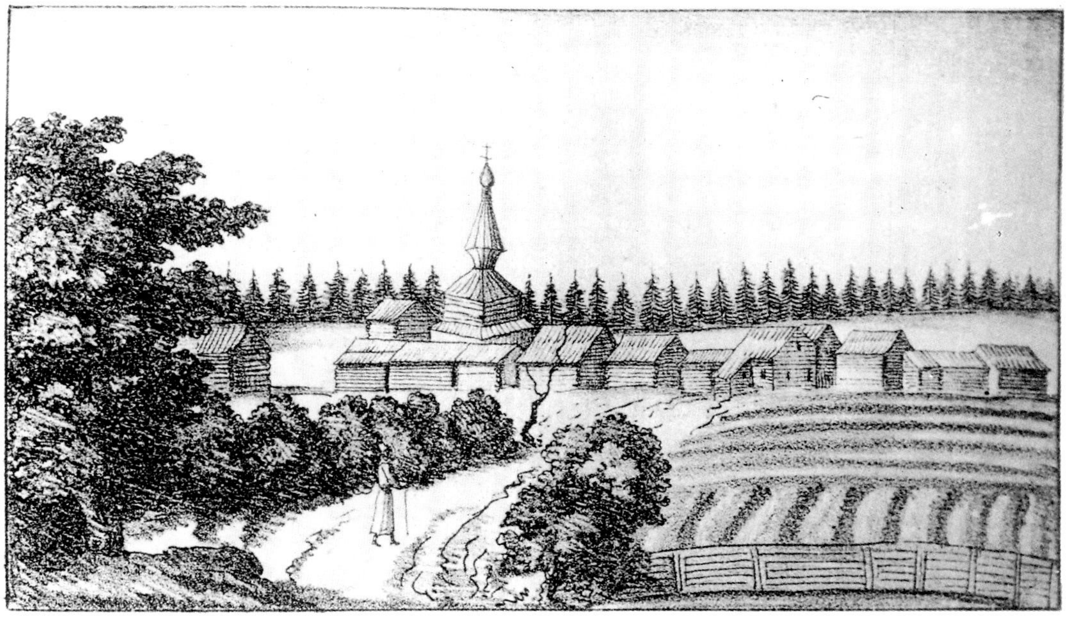

275. Umgebung von Simogory, Zeichnung aus dem Buch »Reise nach Moskau« von A. Meyerberg.

schäftigte sich Iwan IV. selbst mit der Überprüfung und der Korrektur der Chroniken. Seine Korrekturen am Rand des »kaiserlichen Buches« und der Miniaturen dieser Chronik verfolgten den Zweck, die Ideologie und die Praxis der Autokratie zu verteidigen. Einige Forscher behaupten, Iwan der Schreckliche habe sich in den letzten Jahren seines Lebens mit den Chroniken beschäftigt (S. O. Schmidt). Doch diese Hypothese verdient es, noch weiter ausgeführt zu werden. Die offizielle Geschichte der Herrschaft Iwans IV. reicht nur bis zum Jahr 1567. Mit anderen Worten: Der Monarch legte keinen Wert darauf, die Ereignisse während der letzten sechzehn Jahre seiner Herrschaft zu erhellen. Gegen Ende seines Lebens verlor er einfach jedes Interesse an den Chroniken. Nachdem die Annalistik die Angelegenheit des Außenministeriums war, erlebte sie so lange eine Blütezeit, wie die Bürokratie noch nicht vom Terror der Opritschnina gebeutelt wurde. Doch die ersten Symptome eines Niedergangs der Chroniken hatten sich bereits zuvor gezeigt. Als sich Metropolit Afanasij ohne Erlaubnis seines Herrschers ins Kloster zurückzog, spiegelte sich dies unverzüglich in der Annalistik wider. Die Djak des Zaren hörten sofort damit auf, offizielle Materialien der Kirche in die Chronik aufzunehmen, zum Beispiel die Ansprachen des Metropoliten bei der Kirchweihe. Der Prozeß gegen Filipp Kolytschew zerstörte endgültig die traditionelle Redaktionsform der Moskauer Chronik. Beim Losbrechen der Opritschnina enthob Iwan der Schreckliche die kirchlichen Behörden der Arbeit an der Chronik und ließ dann vom Außenministerium die bereits fertigen Materialien konfiszieren. Sie wurden anschließend in die Aleksandrowskaja Sloboda gebracht, den Sitz der Opritschnina, wo man sie einer neuen Redaktion unterwarf. In der Opritschnina gab es aber niemanden, der die Arbeit an der Chronik hätte fortführen können. Die Verurteilung des Djak Iwan Wiskowatij, der die Arbeiten an der Chronik geleitet hatte, führte zur endgültigen Katastrophe. Eine Kulturtradition, die über sechs Jahrhunderte lang am Leben geblieben war, wurde damit vollständig zerstört.

Die Reform des 16. Jahrhunderts war von einer Blütezeit sozialen Denkens begleitet. Die bedeutendsten Publizisten jener Zeit waren Iwan Pereswetow und Ermolaj Erasm. Fürst Andrej Kurbskij, der aus Rußland geflohen war, legte die Grundlagen für die russische Emigrationsliteratur. Der polnischen Reformation gelang es nicht, die religiösen Überzeugungen von Kurbskij zu erschüttern, vielmehr erweiterte sich sein intellektueller Horizont auf außergewöhnliche Weise. Er beobachtete, wie die protestantischen Ideen und die katholische Propaganda die ukrainische und weißrussische Orthodoxie bedrängten, und gelangte zur Überzeugung, daß die Orthodoxen ein höheres kulturelles Niveau erreichen müßten, um ihren eigenen Glauben bestätigen zu können. »Wir sind unerfahren und faul im Lernen, doch hochmütig im Fordern dessen, was wir nicht kennen«, schrieb Kurbskij. »Die

276. Das Dorf Nikolskoe, zwei Zeichnungen aus dem Buch »Reise nach Moskau« von A. Meyerberg.

277. Das Dorf Krestzy.

Ausländer freuen sich an den Werken unserer Meister, und wir gehen an geistigem Hunger zugrunde, während wir unsere Reichtümer betrachten.«

Gegenüber den Errungenschaften der westlichen Kultur und Zivilisation legte Zar Iwan IV. ein pragmatisches Verhalten an den Tag. Er versuchte, englische Kaufleute ins Land zu locken, lud ausländische Handwerksmeister und Ärzte nach Moskau ein, bemühte sich, einen Hafen an der Ostsee zu erobern und damit dem Handel mit westeuropäischen Ländern Impulse zu verleihen. Doch seine Lehre und die endlosen Eroberungskämpfe führten unvermeidlich dazu, daß Rußland von der westlichen Welt isoliert wurde. Es ist kein Zufall, wenn Kurbskij dem Zaren vorwarf, die Rus »wie ein teuflisches Bollwerk eingeschlossen zu haben«. Iwan IV. betrachtete sein eigenes Reich als wichtigstes und letztes Bollwerk des wahren Glaubens auf der Welt und empfand Mißtrauen für die westliche, lateinische Weisheit. Kurbskij war nicht weniger rechtgläubig als Iwan IV., betrachtete den Westen aber auf eine ganz andere Weise. Aus den Werken Maxims des Griechen erfuhr der Fürst, daß nach dem Fall des orthodoxen byzantinischen Kaiserreichs viele unschätzbare Werke der Kirchenväter nach Italien gebracht und dort ins Lateinische übersetzt worden waren. Gerade in Italien machte sich Kurbskij auf die Suche nach lateinischen Übersetzungen griechischer Texte, um die byzantinische Tradition wiederherstellen zu können. In fortgeschrittenem Alter widmete sich der Schriftsteller noch dem Studium der lateinischen Sprache. Die Orthodoxen, so schrieb der Fürst, hätten wegen ihrer Faulheit und des Fehlens von Übersetzungen ins Slawische kaum Kenntnis von der patristischen Literatur. Von seinem eigenen Meister, Maxim Grek, hatte Kurbskij die Empfänglichkeit für den Einfluß der byzantinisch-italienischen Kultur und dessen Humanismus geerbt. In Litauen scharte Kurbskij einen Kreis von »Bakkalaurei« (gelehrte Personen) um sich und entwarf ein umfangreiches Programm an Übersetzungen, darunter »alle Werke« von Johannes Chrysostomos, die Werke von Damaskenos, von Kirill von Alexandrien und andere. Kurbskij sandte einige »Bakkalaurei« nach Italien, um sich mit den »höheren Wissenschaften« vertraut zu machen. Über Damaskenos kam Kurbskij mit den Arbeiten der Philosophen in Berührung, unter denen Aristoteles den ersten Platz einnahm. Auch Ciceros Werke zogen ihn an. Doch die Russen, die sich im Ausland zusammengetan hatten, konnten nur einen kleinen Teil ihrer Pläne verwirklichen: Sie übersetzten die Sammlung der Lehren von Johannes Chrysostomos mit dem Titel »Die neue Perle«, begannen mit der Übersetzung des »Theologos« sowie weiterer Werke von Damaskenos. Aus der Auswahl der Texte können wir den Schluß ziehen, daß Kurbskij und seine Mitarbeiter sich im wesentlichen auf eine Diskussion mit antitrinitarischen (arianischen) Polen vorbereiteten.

278. Porträt Iwans IV., aus dem Buch »Das Leben des Großfürsten Iwan Wasilewitsch« von P. Oderborn, 1585.

Der Geist der Toleranz und der religiösen Freiheit, der in der polnischen Gesellschaft herrschte, begünstigten die Aktivität der orthodoxen Schriftsteller und Theologen. Das bedeutendste Ereignis war die Veröffentlichung der gesamten Sammlung biblischer Texte in slawischer Sprache, der »Ostrog-Bibel« (1580). Ihr zugrunde lag die »Gennadij-Bibel« von Nowgorod, die in Moskau abgeschrieben worden war. Doch im Unterschied zu den Nowgoroder Texten, die wiederum mit lateinischen Texten verglichen wurden, hatte die Ostrog-Bibel als Grundlage griechische Werke. Unter anderen arbeitete in Ostrog auch der erste Moskauer Typograph, Iwan Fedorow. Der Fürst von Ostrog, der alle Arbeiten an der biblischen Sammlung leitete, verwendete griechische Manuskripte, die aus Italien sowie aus griechischen, bulgarischen und serbischen Klöstern stammten. Die Rückkehr zur byzantinischen Tradition, wie sie sich in der Ukraine abzeichnete, übte im Laufe der Zeit auch einen bedeutsamen Einfluß auf die Entwicklung der Moskauer orthodoxen Kultur aus.

Die Kunst des 16. Jahrhunderts

Die Unterdrückung der lokalen religiösen Zentren, der Triumph der Autokratie, die Abkehr vom byzantinischen Erbe, dies alles mußte sich zwangsläufig in der Entwicklung der russischen Kunst zur Zeit Iwans des Schrecklichen widerspiegeln. Trotz großer Fortschritte wurde die Kunst des 16. Jahrhunderts verschlossener und widersprüchlicher (G. K. Wagner).

Architektur

Die Mitte des 16. Jahrhunderts ist durch die Blütezeit der Zeltdacharchitektur gekennzeichnet. Die in jener Zeit errichteten monumentalen Kirchen feierten den Zaren und seine Siege. Ein Meisterwerk der russischen Architektur ist die kleine Kirche des Johannes des Täufers im kaiserlichen Dorf Djakowo. Sie wurde in den Jahren 1447 bis 1553 in Erinnerung an die Krönung Iwans IV. zum Zaren errichtet. Der zentrale Pfeiler der Kirche ist von vier Turmkapellen umgeben, die der grundlegenden Idee dieses Baus, nämlich ihrem Streben in die Höhe, besondere Ausdruckskraft verleihen. Eine gemeinsame Eigenschaft der Zeltdachkirchen ist die Enge des Innenraums. Die Kirchen in den Dörfern des Großfürsten, Kolomenskoe und Djakowo, hatten die Funktion von Fürstenkirchen und waren für den engen Umkreis der Familienmitglieder des Großfürsten und des Zaren bestimmt. Von ihrer Struktur her war die Kirche von Djakowo die unmittelbare Vorläuferin der Basilius-Kathedrale.

Die Eroberung Kasans stellte den Höhepunkt der Eroberungsfeldzüge Iwans des Schrecklichen dar. Um dieses Ereignis zu feiern, wurde die Mariä-Schutz-Kathedrale im Viertel Kitaj-Gorod (»chinesische Stadt«) neben den Haupttoren des Kreml errichtet. Die Kirche weihte man auch der Dreifaltigkeit, weil man die islamische Stadt Kasan nach ihrer Eroberung der Allerheiligsten Dreifaltigkeit geweiht hatte. Anfänglich hatte auf dem Roten Platz eine der Dreifaltigkeit geweihte Holzkirche gestanden, auf deren Fundamenten man schließlich von 1555 bis 1561 eine Steinkirche errichtete. Nach den Angaben in den Chroniken leiteten die Architekten Barma und Postnik Jakowlew die Arbeiten. Von diesem zuletzt genannten weiß man, daß er aus Pskow stammte. Der Grundriß der Kathedrale wies eine komplizierte Sternform auf, die neun Turmkirchen zu einem einzigen Block vereinigte. Die zentrale Turmkirche wurde von einem hohen Zeltdach bekrönt, während die restlichen acht Turmkapellen eine Kuppel trugen. Die vier größten Kirchen lagen an den Enden eines Kreuzes, während die übrigen ein dazu diagonales Kreuz bildeten. Alle Teile der Kathedrale ruhten auf einem einzigen Steinfundament und waren durch Galerien untereinander verbunden. Bei ihrem Bau war die Kathedrale ganz weiß, die Kuppeln eingeschlossen. Erst im 17. Jahrhundert fügte man den zeltdachbekrönten Glockenturm hinzu und verlieh ihr die bunten Farben, so daß sie ein überschäumend festliches Aussehen bekam.

Während des Baus der Kathedrale starb der Moskauer Jurodiwyi (Gottesnarr) Wasilij (Basilius), der »ohne Kleider« gelebt und Eisenketten hinter sich hergezogen hatte. Er war für seine Prophezeiungen berühmt geworden. Wasilij wurde mit allen Ehren nahe der Kirchenmauern bestattet, die aus diesem Grund dem »seligen Basilius« geweiht wurde. Der Kirche am Roten Platz gab das Volk auch einen anderen Übernamen: »Jerusalem«. Die größte Kapelle der Kirche war nämlich dem Einzug Jesu in Jerusalem geweiht. Am Palmsonntag verließ die festliche Prozession auf den Eseln die Mariä-Himmelfahrts-Kirche und zog zu dieser Kapelle. Der Zar folgte zu Fuß und hielt den Esel, auf dem der Metropolit saß, an den Zügeln. Diese Zeremonie wiederholte die Episode vom Einzug Christi in Jerusalem, wie sie im Evan-

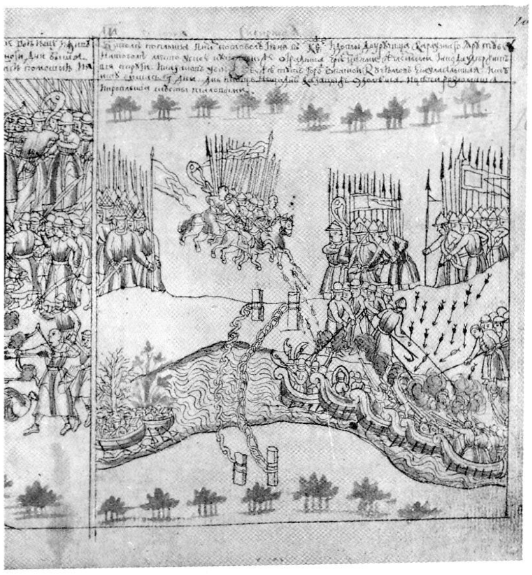

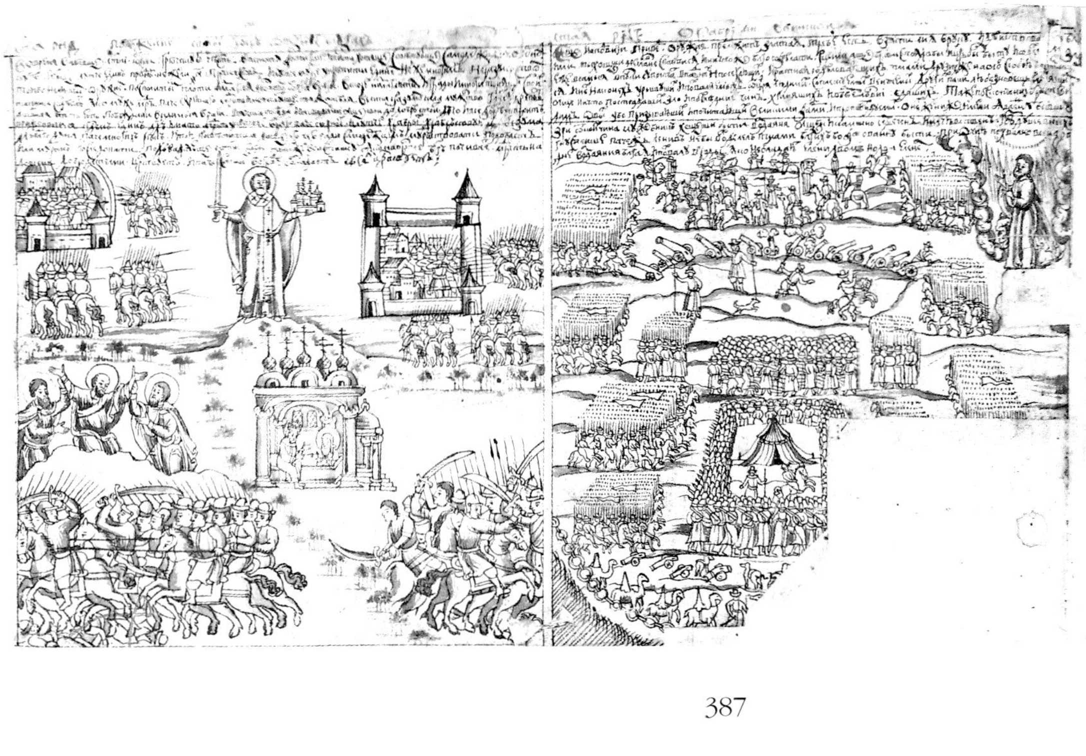

279–281. Drei Zeichnungen aus dem Buch »Geschichte Sibiriens« von Semen Remezow; Sankt Petersburg, Bibliothek der Akademie der Wissenschaften: Der Feldzug von Ermak, fol. 10; Ermak läßt die tatarischen Adligen hinrichten, fol. 19; Der orthodoxe Glaube setzt sich in Sibirien durch, fol. 38v.

gelium beschrieben ist. Diese volkstümliche religiöse Zeremonie hieß einfach »Jerusalem«, sozusagen um die Bedeutung Moskaus als »neues Jerusalem«, als Zentrum des heiligen russischen Reiches zu unterstreichen.

Unter den Zeltdachkirchen hervorzuheben ist die Boris-und-Gleb-Kathedrale in Stariza (1557–1571), die zur selben Zeit wie die Basilius-Kathedrale gebaut wurde, uns aber nicht erhalten blieb. In der Boris-und-Gleb-Kathedrale mit ihren fünf Zeltdächern erkannte man ein »Symbol des Triumphs der Zarenmacht über die unabhängigen Fürsten«. Damit nähert sich diese Gedächtniskirche der Gattung der Staatskathedralen. »In diesem Sinn«, so bemerkt G. K. Wagner, »ist die Boris-und-Gleb-Kathedrale sicher viel bedeutsamer als die Basilius-Kathedrale.« Doch dieses Urteil muß weiter ausgeführt werden: Die Boris-und-Gleb-Kirche wurde von den unabhängigen Fürsten in Stariza erbaut, der Hauptstadt ihres Fürstentums, und sie war das Symbol für die Größe dieses Fürstentums, einem der bedeutenderen unabhängigen Territorien der Rus. Das Fürstentum von Stariza wurde aber kurz vor dem Entstehen der Opritschnina liquidiert.

Die Opritschnina übte einen negativen Einfluß auf die Entwicklung architektonischer Formen aus. Eine entscheidende Bedeutung erlangte der Geschmack Iwans IV. und dessen Passion für das Antike. Als der Zar Moskau verließ, hatte er sich entschlossen, die neue Hauptstadt der Opritschnina in Wologda aufzuschlagen, einer verlorenen Stadt in den Wäldern des Nordens. Der Zar persönlich verfolgte den Bau der Sophien-Kathedrale in Wologda (1568–1570), einer Bischofskathedrale, welche die Moskauer Mariä-Himmelfahrts-Kathedrale, nach deren Modell sie auch gebaut wurde, an Glanz hätte überstrahlen sollen. Die Kathedrale der Opritschnina sollte Kraft und Macht des Zaren und seiner Opritschnina demonstrieren. Sie war in ihrer Art aber nicht einzig: Zum selben Typ gehörte auch die Mariä-Himmelfahrts-Kathedrale des Dreifaltigkeits-Sergius-Klosters, die in den Jahren 1559 bis 1585 erbaut worden war. Diese Kirche übertraf, was die Ausmaße anbelangt, die Mariä-Himmelfahrts-Kathedrale im Kreml. Das prunkvolle Gebäude überrascht durch die Masse seiner Formen und die Schwere der Tambouren unter den Kuppeln. Das Dreifaltigkeits-Kloster war das Ziel häufiger Pilgerreisen Iwans des Schrecklichen gewesen, und die Erbauer der Kathedrale berücksichtigten ohne Zweifel seinen Geschmack beim Bau dieser Kirche.

Die voluminösen Bauten des 16. Jahrhunderts nach dem Modell der Sophien-Kathedrale in Wologda und der Mariä-Himmelfahrts-Kathedrale im Dreifaltigkeits-Sergius-Kloster gehörten zum archaisierenden Stil, dem D. S. Lichatschew die Bezeichnung »sekundärer Monumentalismus« verlieh.

Ganz zu Beginn der Regierungszeit Iwans IV. wurde in Moskau die Festungsanlage von Kitajgorod gebaut, die einen zweiten Befestigungsring um die Stadt legte. Beim Bau wirkte auch der italienische Ingenieur Pietro Piccolo Frjasin mit. Nachdem die Tataren im Jahr 1571 Moskau angezündet hatten, fanden umfangreiche Arbeiten zum Wiederaufbau statt. Der bekannte russische Architekt Postnik Jakowlew leitete die Bauarbeiten für einen gemauerten Kreml in Kasan; er beschäftigte dabei zahlreiche Maurer aus Pskow.

Die Kriege Iwans des Schrecklichen bedeuteten einen fürchterlichen Aderlaß für die Staatskassen, und deswegen wurden immer weniger gemauerte Gebäude errichtet. Die Befestigungen in den eroberten Gebieten bestanden überwiegend aus kleinen Holzpalisaden. Bessere Bedingungen galten für die reichen Klöster. In der Mitte des 16. Jahrhunderts umgaben die Leiter des Dreifaltigkeits-Sergius-Klosters ihre ganze Anlage mit mächtigen Mauern und Steintürmen.

Malerei

Die Thematik der russischen Malerei zur Zeit Iwans des Schrecklichen wurde reicher und vielfältiger. Zu den herkömmlichen Darstellungen aus dem Evanglium kamen Themen aus dem Alten Testament, erbauliche Erzählungen, halb historische und halb mythologische Gleichnisse. In der Rus entstand eine neue symbolisch-allegorische Gattung, die dem Charakter der Epoche entsprach. Die monumentalen Fresken spiegelten klar die Eigenheiten der Epoche und vor allem deren Hörigkeit gegenüber der staatlichen Macht und der Moskauer Autokratie wider. Die Verstärkung der illustrativen und allegorischen Elemente der Moskauer Malerei beruhte bis zu einem gewissen Grad auf dem Einfluß westlicher Stiche, die in immer größerer Zahl nach Moskau gelangten.

Zur Zeit des Moskauer Reiches finden die Vorstellungen der Herrscher eine ganz besondere Resonanz in der Malerei. Eines der wichtigsten Werke der Moskauer Malerei aus der Mitte des 16. Jahrhunderts ist das große, vier Meter lange Gemälde mit dem Titel »Gesegnet ist die Schlacht des himmlischen Zaren«, das auch unter der Bezeichnung »Die streitbare Kirche« bekannt ist. Es stellt die Eroberung Kasans und die Verherrlichung Iwans des Schrecklichen, des Siegers über die Ungläubigen, dar. Der Zar kehrt an der Spitze seines Heeres vom siegreichen Feldzug nach Hause zurück. Vor ihm galoppiert auf einem Goldfuchs der Befehlshaber der himmlischen Heere, der Erzengel Michael. Das orthodoxe Heer reitet auf das »gebirgige Sion« (Moskau) zu, vor dem die Muttergottes mit ihrem Sohn auf den Knien thront. Hinter dem Heer erkennen wir das brennende »Sodom« (Kasan). Vor dem Hintergrund schreiten feierlich die glorreichen Vorfahren des Zaren einher, von Wladimir Swjatoslawitsch bis Aleksander Newskij und Dmitrij Donskoj, zusammen mit Kavallerie und Infanterie. Charakteristisch für das Gemälde sind der lebhafte Naturalismus, die Räumlichkeit, die historische Realität, die dem Kunstwerk einen Hauch Profanität verleihen: »So stehen wir in Wirklichkeit nicht vor einer Ikone, sondern vor einem Gemälde im Geiste des 14. Jahrhunderts, das offensichtlich für den Terem-Palast ausgeführt wurde.« (G. K. Wagner)

Zu den bedeutenderen Zeugnissen der Moskauer Malschule gehört auch die Ikone »Johannes der Theologe und Prochoros«. Sie zeigt den Evangelisten Johannes, der seinem Jünger Prochoros Texte diktiert.

Zur Zeit Iwans des Schrecklichen dominierte die Malschule von Moskau, doch gab es weiterhin lokale Kunsttraditionen. Eine Vorstellung von den Eigenheiten der Nowgoroder Schule können wir uns anhand der Ikone des kleinen Kirill-Klosters bei Nowgorod machen, die den Titel trägt: »Die Weisheit hat sich ein Haus erbaut«. Das Thema der Ikone ist der Ritus der Kommunion. Im großen regenbogenfarbenen Kreis links ist die göttliche Weisheit dargestellt, im kleinen Kreis rechts die Gottesmutter mit dem Kind als Symbol der Kirche und der irdischen Weisheit. Im Vordergrund erkennt man die Teilnehmer, die den Kelch mit dem Wein der »Weisheit« aus den Händen von Dienern erhalten. Diese gießen den Wein ein und schlachten ein Kalb. Über der Menge sehen wir den weisen König Salomo.

Im 16. Jahrhundert wurden die Inhalte der Malerei komplexer, und die figürliche Sprache wurde klarer. Bei ihren Illustrationen theologischer Themen versuchten die Ikonenmaler den Text möglichst vollständig und wörtlich wiederzugeben, wobei sie konkrete Einzelheiten und abstrakte Symbole verwendeten. »Die Gemälde des 16. Jahrhunderts, also aus der Zeit Iwans des Schrecklichen, werden von zahlreichen Figuren und Gegenständen überbevölkert und verlieren dadurch die Integrität, die Klarheit und die Großartigkeit der Kunstwerke der vorhergehenden Epoche.« (N. E. Mnewa)

Allegorien waren das literarische Mittel, das Iwan Pereswetow in seinen Werken am liebsten verwendete. Der Allegorien bedienten sich aber auch gerne die Maler von Ikonen, wenn sie »Visionen« darstellten, zum Beispiel die »Vision von Ewlogij« und die »Vision des Johannes Klimakos«. Diese Ikonen, die in den dreißiger oder vierziger Jahren des 16. Jahrhunderts gemalt wurden, gehörten ursprünglich zu einem einheitlichen Triptychon. Ewlogij sah im Traum Engel, die den Mönchen je nach ihren Verdiensten und Tugenden Geschenke austeilten. Das ist das Thema der ersten Ikone. Auf der zweiten ist die Treppe mit den dreißig Stufen der Vollkommenheit dargestellt, die in den Himmel führt. Die Mönche, die nicht zu dieser Vollkommenheit gelangen, fallen von der Treppe in die Hölle.

Die Zeit Iwans des Schrecklichen, so meinte einst I. Grabar, kann man nicht als eine glückliche Epoche für die russische Malerei bezeichnen. In jenen Jahren ging die Harmonie verloren, welche die Seele der Kunst Rublews und Dionisijs darstellte; es veränderten sich die Farben, und die Ikonen leuchteten und glänzten nicht mehr so sehr.

Die alten Fresken im Kreml wurden von der gewaltigen Feuersbrunst des Jahres 1547 zerstört. Die Wiederherstellungsarbeiten zogen sich von 1547 bis 1552 hin. Auch die Mauern des Zarenpalastes im Kreml, des Goldenen Palastes, waren von Fresken bedeckt. Auf ausdrücklichen Wunsch des Zaren leitete Silwestr die Ausschmückung des Palastes. Die Tätigkeit der Handwerker unterstand direkt dem Metropoliten Makarij, der selbst Fresken- und Ikonenmaler war. Der Metropolit und Silwestr versuchten die besten Meister von Pskow und Nowgorod nach Moskau zu berufen, um die ihnen vom Zaren übertragene Aufgabe bestmöglich zu erledigen. Die Fresken des Goldenen Palastes sind nicht erhalten geblieben, doch läßt sich ihr Thema anhand einer detaillierten Beschreibung des Künstlers Simon Uschakow aus dem 17. Jahrhundert rekonstruieren. Als Lehrer des Zaren versuchte Silwestr seinen Schüler auf die Rolle als Herrscher einer ungeheuren Macht vorzubereiten, und die Fresken im Goldenen Palast dienten als Illustration für die Lehren dieses geistlichen Vaters. Die Malerei wurde als einheitlicher allegorischer Zyklus geplant. Auf der Wand neben dem Eingang waren die erbaulichen Bilder mit den Titeln »Das Herz des Zaren ist in der Hand Gottes« und »Der Anfang der echten Weisheit ist die Furcht vor Gott« dargestellt. Die Fresken in der Vorhalle hatten als Thema die Geschichte Israels; dann folgten die militärischen Unternehmungen Josuas. In den Fresken des Goldenen Palastes überwogen Themen aus dem Alten Testament, die sich allerdings mit historischen Themen abwechselten. Die Fresken an den Gewölben des Palastes illustrierten die christliche Auffassung vom Universum (Erde, Sonne und Planeten, Engel), von Gott, den Evangelisten und dem Lauf der menschlichen Existenz. Die Darstellungen waren voller Symbole. Die Illustration des Gleichnisses von Basilius dem Großen über die Laster und die Tugenden enthielt in jeder Einzelheit allegorische Figuren: Die Vernunft – »ein stehendes Mädchen … schreibt auf eine Rolle«; der Wahnsinn (die Verderbtheit) – »eine leicht gebeugte Frau dreht sich um«; die Wahrheit – »ein stehendes Mädchen mit einer Waage in der Hand«. Ein weiterer Freskenzyklus umfaßte historische Themen, welche die Vorstellung vom göttlichen Ursprung der kaiserlichen Autokratie illustrierten. Sie stellten den Zaren als Erben der römischen und byzantinischen Kaiser dar. Dem Fürsten Wladimir Swjatoslawitsch sind die Themen »Die Wahl des Glaubens«, »Die Auflegung der Krone von Monomach« und andere gewidmet. Indem die Malereien die Schlachten und Siege der Könige des Alten Testaments verherrlichten, priesen sie gleichzeitig die Unternehmungen Iwans IV. im Krieg gegen die »ungläubigen« Bewohner von Kasan.

Die Probleme der Malerei wurden bei einigen Synoden diskutiert, und allein das war ein Symptom für die zunehmende Abhängigkeit der künstlerischen Kreativität vom Staat. Zar Iwan stellte den Teilnehmern der Hundert-Kapitel-Synode die Frage, ob es erlaubt sei, auf den Ikonen Personen darzustellen, die nicht zur Schar der Heiligen und der Wundertäter gehörten. Die Synode fällte eine Entscheidung, die mit dem Willen des Zaren übereinstimmte. Die kirchlichen Autoritäten billigten die Fresken des Goldenen Palastes, auf denen die Mitglieder der Moskauer Dynastie abgebildet sind.

Seinerzeit hatte sich Maxim Grek gegen die steifen Bestimmungen des Kanons ausgesprochen und eine freiere Haltung gegenüber der Malerei befürwortet. Der iosiflianische Klerus hingegen vertrat einen anderen Gesichtspunkt: Er versuchte, die Malweise von Rublew zu kanonisieren und die Maler vor »fleischlichen Intentionen« zu bewahren. Die Hundert-Kapitel-Synode auferlegte den Ikonenmalern, sie sollten sich streng an die alten Vorlagen halten, »wie die griechischen Ikonenmaler und wie Andrej Rublew malte« Dionisij folgte Rublews Tradition, doch in Moskau wurde er langsam vergessen, und die Verfasser der Synodendekrete hielten es offensichtlich nicht für notwendig, seinen Namen zu nennen. Die Hundert-Kapitel-Synode entschied sich dafür, Handbücher für die Darstellung von Persönlichkeiten (Lizewye ikonopisnye podlinniki) mit genauen Vorschriften für die Darstellung der einzelnen Figuren, der Gesichter und der ganzen Kompositionen einzuführen. Abgesehen von diesen Handbüchern verwendeten die Ikonenmaler des 16. Jahrhunderts als Vorlage selbstverständlich frühere Ikonentafeln. Eine der berühmtesten Ikonen dieser Art ist die auf der Vorder- wie der Rückseite bemalte Tafel von der »Enthauptung des Johannes des Täufers« aus der Sophien-Kathedrale von Nowgorod (Ende des 15./Anfang des 16. Jahrhunderts). Die Hundert-Kapitel-Synode erlegte den Moskauer Ikonenmalern die Einhaltung hoher moralischer Prinzipien im täglichen Leben auf. Die »Handbücher« wiederholten diese Lehren und ermahnten den Künstler, sich von den Begierden fernzuhalten, und legten gleichzeitig einen Höchstpreis für ihre Arbeit fest.

Es ist kein Zufall, wenn die Hundert-Kapitel-Synode die Moskauer Tradition als nachahmenswertes Beispiel darstellte. Die Erinnerung an Rublew enthielt eine indirekte Verurteilung der Malweise, wie sie auf den neuen Fresken des Kreml dominierte. Die Synode konnte sich in dieser Hinsicht nicht zu einer Mehrheit durchringen, weil der Zar selbst die Fresken des Goldenen Palastes gebilligt hatte. Dennoch gab es in Moskau Personen, die keine Angst hatten, die eigenen Zweifel, die von vielen Moskauer Rechtgläubigen geteilt wurden, öffentlich zum Ausdruck zu bringen. Der Djak Iwan Wiskowatyi, ein gelehrter, talentierter Diplomat, »hetzte das Volk« drei Jahre lang gegen die vor kurzem entstandenen Ikonen auf. Besondere Empörung rief beim Djak eine vierteilige Ikone hervor, ein Werk der Meister Ostan und Jakuschka von Pskow. Die Ikone illustrierte das Dogma von der Menschwerdung Christi und war für die Kirche der Zarenfamilie bestimmt, die Mariä-Verkündigungs-Kathedrale. Wiskowatyi verteidigte die Tradition der Moskauer Künstler. Der wichtigste Streitpunkt betraf nicht das künstlerische Aussehen, sondern den theologischen Inhalt. Erneut kamen die alten Divergenzen zwischen der religiösen Kultur von Nowgorod und Pskow, die sich westlichen Einflüssen viel mehr öffnete, und der strengen Moskauer Orthodoxie zutage. Zwei Jahre nach der Hundert-Kapitel-Synode verurteilten die Moskauer Behörden den adligen Grundbesitzer Baschkin, weil er einer westlichen Häresie anhing. Der Djak Wiskowatyi nutzte diesen Umstand und erklärte öffentlich, die neuen Pskower Ikonen und die Fresken des Goldenen Palastes seien von derselben Häresie durchdrungen. Der Djak hegte Zweifel an der Kanonizität der Darstellung Christi, der wie ein auf dem Kreuz sitzender Krieger aussah, oder eines nackten Engels, der nur von seinen Flügeln bedeckt wurde. Die Allegorien mit nackten oder halbnackten Figuren widerten ihn an, ebenso die Bilder, die das »Göttliche« auf das Niveau des Alltäglichen hinunterzogen. Wiskowatyi hielt es für unannehmbar, neben die Figur Christi allegorische Darstellungen der »Wollust« zu stellen, die »wie tanzende Frauen mit aufgekrempelten Ärmeln aussehen« (bei den russischen Galagewändern waren die Ärmel länger als der Arm).

Wiskowatyi gilt allgemein als Verteidiger einer rückständigen Geisteshaltung. Doch G. Florowskij machte darauf aufmerksam, daß der Ikonenstreit eine viel größere Tragweite besaß und auch viel tiefer ging, als man normalerweise annimmt. Das 16. Jahrhundert stellt eine Zäsur in der russischen Ikonenmalerei dar, und diese Veränderung spiegelte sich vor allem in Nowgorod und Pskow wider. In der Malerei kamen neue Thematiken und Kompositionen auf; die Anziehungskraft des dekorativen Symbolismus oder, genauer gesagt, des symbolisch-allegorischen Stils wurde immer deutlicher. Bei diesem Stil war der Einfluß des Westens und vor allem die Kenntnis westlicher Stiche deutlich spürbar. So zeichnete sich das Ende des alten Stils der Ikonenmalerei ab. Die Ikone begann, Ideen und nicht mehr Gesichter darzustellen. Wiskowatyi begriff diese Veränderung und stemmte sich ihr energisch entgegen. Der Djak fürchtete nicht so sehr Neuerungen als vielmehr das Konzept, auf dem die neue Ikonenmalerei beruhte. Er erkannte darin nämlich eine Entfernung von der Wahrheit des Evangeliums zum Alten Testament, zu den Bildern der Propheten hin. »Es ist nicht gut«, sagte Wiskowatyi, »die Bilder anstelle der Wahrheit zu verehren.« In der Entfernung von den byzantinischen Bildern erkannte der Djak die »lateinische Häresie«, das heißt den Einfluß westlicher Vorlagen.

Die Malereien in den Gebäuden des Kreml waren aber vom Zaren gutgeheißen worden. Aus diesem Grund wies der Metropolit bei der Synode im Jahr 1554 Wiskowatyis Zweifel zurück und drohte ihm mit Strafen.

In der Malerei des 16. Jahrhunderts merkt man einerseits die Tendenz zur Verkomplizierung der Symbole, auf der anderen Seite die Neigung zu einer präziseren Darstellung des Lebens der Menschen und der Realität. Bedeutsam in diesem Sinn sind die Miniaturen des Lizewoj swod in zahlreichen Werken aus der zweiten Hälfte des 16. Jahrhunderts. Die Sammlung wurde nicht zu Ende geführt, und die Blätter der Chronik wurden erst im 17. und 18. Jahrhundert zusammengebunden. Sie werden in der öffentlichen Staatlichen Bibliothek und der Bibliothek der Akademie der Wissenschaften von Sankt Petersburg und im Staatlichen Historischen Museum in Moskau aufbewahrt. Der Text der Chronik nahm ein Drittel des Raumes ein, und den Illustrationen waren die restlichen zwei Drittel gewidmet. An den Miniaturen arbeiteten mindestens zehn Künstler mit. Um den Inhalt des Textes zu illustrieren, sahen sich die Künstler oft gezwungen, in einer einzigen Zeichnung verschiedene Themen zusammenzufassen. Dennoch unterscheiden sich die Haupterеignisse durch die größeren Proportionen der Zeichnung und durch die dichtere Farbe, während zweitrangige Themen in den Hintergrund gedrängt wurden. Die Einheit der Handlungen wird einesteils durch die Gesamtkomposition, andernteils durch die Farbskala der einzelnen Miniaturen erreicht. Insgesamt sind die Miniaturen der

282. Der Evangelist Lukas, Frontispiz aus der Apostelgeschichte, 1564, Drucker Iwan Fedorow und Petr Mstislawitsch.

Chronik erzählerischen Charakters: »Sie stellen nicht den einen oder den anderen Augenblick der russischen Geschichte dar, sondern erzählen die Geschichte Rußlands mit figürlichen Mitteln« (D. S. Lichatschew). Indem sich die Miniaturenmaler zwangen, die Illustrationen dem Text der Chronik anzunähern, entfernten sie sich langsam vom alten, herkömmlichen System der Charakterisierung der Persönlichkeit und der Ereignisse. Sie achteten darauf, daß die Kopfbedeckungen der Herrscher ihren Titeln entsprachen, und versuchten, die gekrönten Häupter durch Bärte unterschiedlicher Länge zu charakterisieren. Die Miniaturen verfolgen genauso wie der Text eine grundlegende Idee, nämlich die Verherrlichung des russischen Reiches als Erbe des byzantinischen Kaiserreichs. An Einzelheiten kann man die Miniaturen erkennen, die den Königsinsignien von Wladimir Monomach gewidmet sind. Von ihnen wurde behauptet, sie stammten aus Byzanz. Zar Iwan IV. untersuchte genau die Miniaturen, die seine Krönung und andere wichtige Ereignisse betrafen, und korrigierte sie in einigen Fällen. Die Vorstellung von der Schönheit der kaiserlichen Autorität absorbierte vollständig die Aufmerksamkeit des Herrschers, und nur in einem Fall hielt er die Darstellung seiner Person für überflüssig: »In der Zeichnung hat die Figur des Herrschers nichts zu suchen«, diktierte Iwan der Schreckliche seinem Djak.

283. Der Prophet David, Frontispiz aus dem Psalter, 1568, Drucker Newesa Timofeew und Nikifor Tarasiew.

Im 16. Jahrhundert war das historische Porträt keine eigene Kunstgattung, wie die Miniaturen der Chroniken und der Fresken beweisen. Die Darstellungen von Wasilij III., von Iwan IV. und des Zaren Fedor auf den Fresken des Goldenen Palastes und des Facettenpalastes gelten als »eines der ersten Beispiele altrussischer Porträtkunst« (B. I. Purischow). Dennoch müßte man diese Darstellungen eher als »konventionelle Porträts« bezeichnen. Der Nimbus um die Häupter der Vorfahren des Zaren Iwan unterstreicht diese Konventionalität. Die literarischen Porträts in diesen historischen Erzählungen sind allerdings inhaltsreicher.

Im 16. Jahrhundert breitete sich im Moskauer Reich immer mehr eine eschatologische Geisteshaltung aus, die mit der Erwartung der zweiten Wiederkunft Christi und des Jüngsten Gerichts in Zusammenhang stand. Apokalyptische Bilder bekamen zur Zeit Iwans des Schrecklichen eine außergewöhnliche Bedeutung. »Die Szenen mit den Martyrien (auf den Fresken) sind mit höchster Ausdruckskraft dargestellt, bisweilen mit einem abstoßenden Naturalismus. Nach den erhabenen eschatologischen Auffassungen der Zeit Rublews und Dionisijs erscheint dies alles schreckerregend« (G. K. Wagner). Die apokalyptischen Erwartungen der vorhergehenden Epoche hatten einen ziemlich abstrakten Charakter. Das 16. Jahrhundert jedoch brachte starke emotionale Umwälzungen mit sich. Die Verwüstungen und Massaker, welche die Opritschniki von Iwan dem Schrecklichen in ganz Rußland anrichteten, flößten den Zeitgenossen einen Schrecken ein, vor dem die schlimmen Vorzeichen der Vergangenheit verblaßten. Unter den katastrophalen Folgen der Opritschnina litt die Politik genauso wie die Kultur der Gesellschaft im allgemeinen. Wir konstatieren eine Dekadenz der »neohellenischen« Traditionen und einen Verlust der ästhetischen Werte, die noch zu Beginn des 16 Jahrhunderts vorhanden waren.

Kunsthandwerk

Unter Iwan dem Schrecklichen erfuhr die Tätigkeit der Künstlerwerkstätten des Kreml eine größere Ausdehnung. Unter den Insignien des Zaren, die in jener Zeit hergestellt wurden, gilt die »Monomachmütze« als die älteste. Die Geschichte dieser Krone hängt der Überlieferung zufolge mit der Geschichte der »Monomachmütze« der Moskauer Fürsten zusammen. Bereits Iwan I. Kalita hatte seinem Erben die Prunkgewänder, den perlenbestickten Kaftan und die »Monomachmütze« hinterlassen. Zur Zeit der feudalen Aufsplitterung stand der Großfürst von Wladimir, der die Regalien von Wladimir Monomach geerbt hatte, über den anderen Herrschern. Die Moskauer Fürsten besaßen aber nur seine Krone, weil im Fürstentum Wladimir die Horde herrschte. Wasilij II. hinterließ Iwan IV. das Kreuz des Wundertäters Petr und die Mütze, die er im Unterschied zu seinen Vorfahren nicht »Monomachmütze« nannte. Iwan III. konnte erstmals über die russische Krone verfügen, ohne sich vor dem Khan hüten zu müssen. Doch er segnete Wasilij III. mit Petrs Kreuz, ohne ein Wort über die »Mütze« des Vaters zu verlieren. Man sieht, die Frage der Regalien war zu Beginn des 16. Jahrhunderts nicht aktuell. Das Testament Wasilijs III. hat sich nicht erhalten, doch weiß man, daß er als Krone die »Monomachmütze« verwendete. Der Aussage eines österreichischen Botschafters zufolge, war sie elegant mit Goldplättchen geschmückt, die hin und her schwangen und sich wie kleine Schlangen wanden.

Es steht nicht fest, ob es sich um die Moskauer Krone oder um Wladimirs Krone gehandelt hat. Jedenfalls war sie nach orientalischer Art und nicht nach byzantinischer Vorlage gefertigt. Unter Wasilij III. fertigten die Gelehrten die »Geschichte der Fürsten von Wladimir« an, aus der hervorging, daß Wladimir Monomach aus den Händen seines Großvaters, des byzantinischen Kaisers Konstantin IX. Monomach, Regalien erhalten habe. Diese Legende wurde erst unter Iwan IV. offiziell anerkannt, der Ansprüche auf den Kaisertitel erhob. In seinem Testament segnete der Zar den Erben der »Monomachmütze«, die der byzantinische Kaiser Konstantin aus Konstantinopel gesandt hatte. Der »Monomachmütze« fehlten aber diese Goldplättchen, und das macht eine Identifikation mit der »Monomachmütze« von Wasilij III. unmöglich. Die Krone, die in der Rüstkammer (Oruschejnaja palata) aufbewahrt wird, zeigt die Spuren wiederholter Umarbeitungen. Der älteste, ursprüngliche Teil wurde um das 14. Jahrhundert in Zentralasien oder im arabischen Orient gefertigt – eine andere Hypothesen spricht allerdings von Byzanz, doch ist dies kaum wahrscheinlich. Dieser ursprüngliche Teil der Mütze besteht aus acht Goldplatten mit einer sehr feinen Zeichnung aus Goldfiligran mit winzigen Kügelchen. Erst lange Zeit danach wurde ein Aufsatz mit einem großen Goldkreuz hinzugefügt, das als Schmuck große Perlen aufweist. Iwan IV. standen verschiedene Kaiser- und Fürstenkronen zur Verfügung, die aus den eroberten Fürstentümern nach Moskau gelangt waren, und jede Krone entsprach einem seiner zahlreichen Titel. Auf einer dieser Kronen fehlt das Kreuz, und die Auswahl der Edelsteine (Granaten und Türkise) ist charakteristisch für die Produktion orientalischer Goldschmiede. In den Inventaren des Staatsschatzes aus dem 17. Jahrhundert wird als Besitzer dieser »Mütze« der letzte Khan von Kasan genannt.

In der Mariä-Himmelfahrts-Kathedrale des Kreml wurde für den Zaren ein geschnitzter Thron aufgestellt, den ein Zeltbaldachin bekrönte. Die hölzernen Flachreliefs des Throns stellten die legendäre Geschichte von Wladimir Monomach dar, der die Königskrone vom byzantinischen Kaiser erhalten hatte. Die Holzschnitzereien waren vergoldet. Die Rüstkammer bewahrt auch den Zarenthron auf, den »Elfenbeinthron«, der im 16. Jahrhundert in Westeuropa gefertigt wurde. Die Basis des Throns wird von geschnitzten und übereinandergelegten Elfenbeinplatten bedeckt, und an der Rückenlehne ist ein Adler dargestellt.

Im Jahr 1571, als die Terrorherrschaft der Opritschnina auf ihrem Höhepunkt war, schenkte Iwan IV. der Mariä-Verkündigungs-Kathedrale ein Evangeliar mit einem wertvollen Einband. Dieser ist reich mit Edelsteinen und Perlen geschmückt und zeichnet sich durch seine strenge Schönheit aus. Die dargestellten Blüten sind mit getrennt applizierten, farbigem Email ausgelegt und faszinieren durch die Feinheit der Zeichnungen.

Die Verzierung goldener Gegenstände mit Hilfe der Niellotechnik wird zu einem charakteristischen Merkmal der Goldschmiedekunst des 16. Jahrhunderts. Zum Anlaß seiner zweiten Vermählung gab Iwan IV. einen goldenen Prunkteller für Marija Tscherkasskaja in Auftrag. In der Mitte des Tellers war ein zweiköpfiger Adler angebracht, längs dem Rand ein stilisiertes pflanzliches Ornament und eine Widmungsinschrift des Zaren.

Die Blütezeit der Goldschmiedekunst im 16. Jahrhundert profitierte von der Tatsache, daß der Zarenhof dauernd Meister aus dem Ausland berief. Die russischen Kunsthandwerker arbeiteten mit den Ausländern zusammen, besonders wenn es um wichtige Bestellungen für den Staatsschatz ging. Der Schatz des Zaren wurde durch die besten Stücke der westlichen wie der orientalischen Kunst bereichert. Der Fiskus hatte das Recht, die besten Stücke unter den importierten Werken zu beschlagnahmen, noch bevor sie auf dem Markt erschienen. Eine wesentliche Rolle spielte auch der Austausch wertvoller Gegenstände unter den verschiedenen Höfen, wie es der damaligen diplomatischen Praxis entsprach. Jede Gesandtschaft, die sich nach Moskau begab, überreichte neben den Beglaubigungsschreiben auch »Geschenke«, die von den Funktionären des Schatzamtes genau geschätzt wurden. Dann erhielten die Gesandten Geschenke oder Geldsummen mit demselben Wert. Ein Stück der westlichen Goldschmiedekunst, das in den Zarenschatz aufgenommen wurde, ist der englische »Stielkelch«, den die Moskauer »Kelch für den Rassolnik« (eine Suppe) nannten. Dieser Kelch wurde 1557 bis 1558 in London geschaffen und wahrscheinlich vom englischen Botschafter A. Jenkinson Iwan IV. überreicht.

In der Münzstätte prägten russische Handwerker die Goldmünzen, die damals als Ehrenzeichen verwendet wurden.

Im 16. Jahrhundert entwickelte sich die Tradition der Kunststickerei weiter. Charakteristisch sind die vielen Stickereien mit Gold- und Silberfäden, die den Reichtum des Auftraggebers verraten. Ein wichtiges Kunstwerk dieser Zeit ist das Grabtuch (Plaschtschaniza) mit der »Grablegung« (sechziger Jahre des 16. Jahrhunderts), das aus der Werkstatt von Efrosinja Starizkaja stammt. Als die Prinzessin im Kloster verschwinden mußte, schenkte sie das Stück dem Kirill-Kloster von Beloosero. Die Szene mit der Beweinung Christi, die im Zentrum der Komposition der »Grablegung« steht, ist von großer künstlerischer Schönheit.

Die orthodoxe Kirche schuf in der Rus auch eine bedeutende Kultur des Choralgesangs. Iwan IV. unterhielt eine Hofkapelle und sang selbst im Chor der Kirche mit. Es sind zwei Kompositionen des »Zaren Ioann des Herrschers von Rußland« bekannt: die Stichera (kurze Verse)

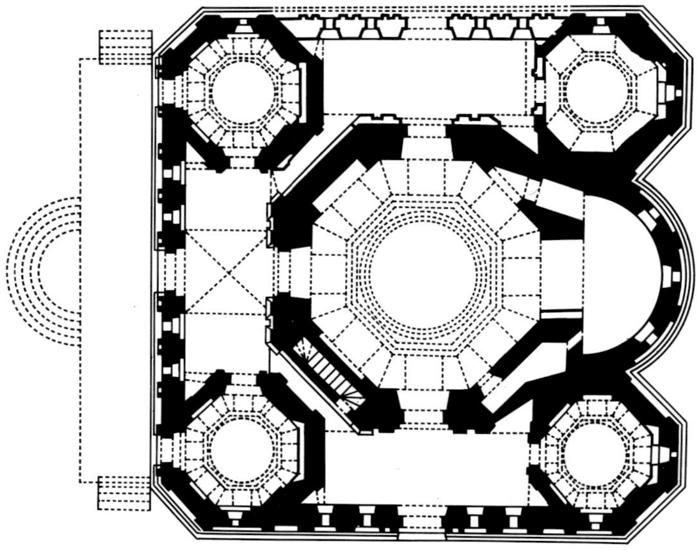

284. Grundriß der Kirche Johannes des Täufers in Djakowo.

zu Ehren des Metropoliten Petr und die Stichera, die der Ikone der Muttergottes in Wladimir gewidmet sind. Diese Ikone wurde als Beschützerin Moskaus vor den Ungläubigen verehrt. Bekannt sind die Namen der Komponisten, Fedor Christianin und Markel Besborodnyi. Den Erstgenannten lud der Zar in seine Residenz Aleksandrowskaja sloboda ein, die gleichzeitig Sitz der Opritschnina war. Der zweite hingegen komponierte Psalmen und schrieb Heiligenleben. Im 16. Jahrhundert erreichte der einstimmige Gesang seine höchste Vollendung, und es entstand der polyphone russische Gesang. Eine besondere Komponistenschule entstand in Nowgorod; die Werke des Nowgoroder Komponisten Opekalow sind voller Dramatik. Auf anderen Wegen entwickelte sich in der Rus auch die profane Musik, die von Possenreißern aufgeführt wurde. Schließlich entstand die Gattung des historischen Gesangs, die sich mit den wichtigsten Ereignissen des 16. Jahrhunderts beschäftigte.

Die Zeit der Wirren in Rußland

Das Gebäude der autokratischen Monarchie, das Iwan der Schreckliche errichtet hatte, erwies sich als zerbrechlich, und bereits mit den Zaren Fedor Iwanowitsch wurde die Macht des Monarchen schwächer. Der Sohn Iwans des Schrecklichen erwies sich als unfähig zur Führung des Staates, und es fiel ihm sogar schwer, die höfischen Zeremonien durchzuhalten. Die Bojaren berücksichtigten ihn überhaupt nicht und suchten nach dem richtigen Augenblick, um wieder in den Besitz der Privilegien und Rechte zu kommen, die sie vor der Einrichtung der Opritschnina genossen hatten. Bogdan Belskij, der Günstling Iwans des Schrecklichen, versuchte die Intrigen der Bojaren zu verhindern und stellte das System der Opritschnina wieder her. Doch in Moskau kam es deswegen zu Volksaufständen, so daß Belskij auf Verlagen der Bojarenduma ins Exil mußte.

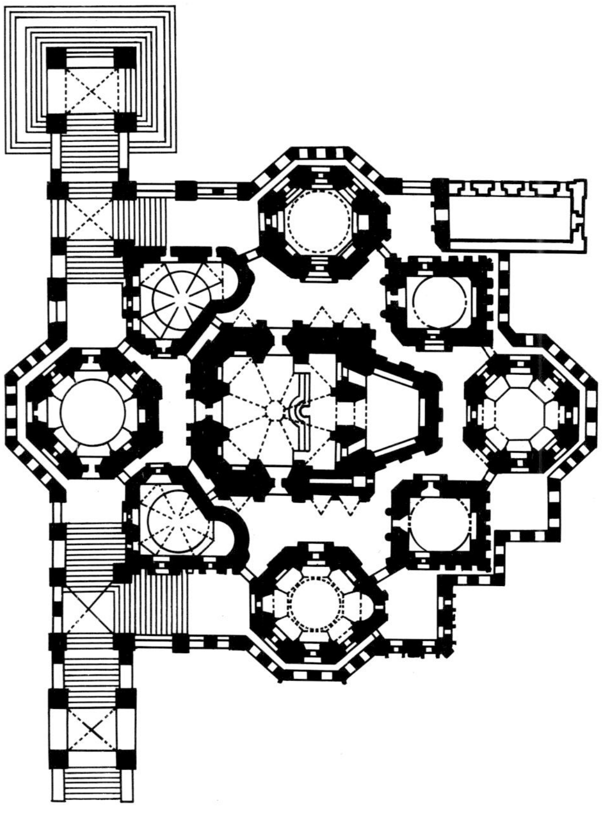

285. Moskau, Grundriß der Basilios-Kathedrale (Mariä-Schutz-Kathedrale am Graben).

Zur Zeit des Zaren Fedor gab es einen Vormundschaftsrat, den de facto der Bojare N. Romanow kontrollierte. Nach dem Tode Jurews ging die Macht in die Hände von Boris Godunow, einem Schwager des Zaren Fedor, über.

Die Godunows hatten in der Opritschnina Karriere gemacht, und die Namen von Boris Godunow und seines Schwiegervaters Maljuta Skuratow waren dem Adel verhaßt. Eine von Schujskij aufgestachelte Menge von Moskauern versuchte, den Palast von Godunow zu plündern. Der Kreml wurde belagert, und Boris war gezwungen, einen Kurier nach London mit einer Bitte um Asyl in England zu schicken.

Die Familie Kalita war am Aussterben. Irina Godunowa war zwar mehrmals schwanger geworden, doch alle ihre Kinder kamen tot auf die Welt. Die Schujskijs versuchten unter dem Vorwand der »Unfruchtbarkeit« der Zarin, Fedor zu einer Scheidung zu überreden, um dem Einfluß von Boris am Hof ein Ende zu setzen. Die Mitglieder des Regentschaftsrates, Fürst I. P. Schujskij und der Metropolit Dionisij, sandten dem Zaren eine Bittschrift, in der sie verlangten, er solle Irina ins Kloster schicken und selbst eine zweite Ehe eingehen, damit die Nachfolge gewährleistet bliebe. Die Bittschrift wurde von den Mitgliedern der Bojarenduma und sogar von Kaufleuten (Gosti) der Hauptstadt unterzeichnet, die den dritten Stand darstellten.

In seiner Jugend war Fedor von seinem Vaters terrorisiert und mißhandelt worden, doch selbst dieser launenhafte Despot hatte es nicht geschafft, den schwachen Sohn zur Scheidung zu zwingen. Die Bojaren und der Metropolit, die es gewagt hatten, sich in sein Privatleben einzumischen, konnten nicht erwarten, bessere Ergebnisse zu erzielen. Am 13. Oktober 1586 verlor der Metropolit Dionisij sein Amt und mußte als einfacher Mönch ins Chutinskij-Kloster nach Nowgorod gehen. Die Moskauer Kaufleute, welche die Schujskij unterstützt hatten, wurden zum Tode verurteilt, und die Schujskij selbst mußten ins Exil gehen. Am Ende des livländischen Krieges hatte sich der Regent I. P. Schujskij den Ruf des besten russischen Feldherren erworben. Er hatte die Verteidigung Pskows gegen die Truppen des polnischen Königs Stefan Batory geleitet und das Land vor dem sicheren Untergang gerettet. Der volkstümliche Feldherr war der gefährlichste Feind von Boris, und dieser zwang ihn, in ein Kloster einzutreten. In der Folge befahl er, ihn heimlich umzubringen.

Die Ermordung I. P. Schujskijs wurde nicht von einem kalten politischen Kalkül diktiert, sondern von einem Gefühl der Angst und Unsicherheit. Boris Godunows Ruf wurde dadurch unwiederbringlich kompromittiert. Von diesem Augenblick an wurde jeder Todesfall und jedes nur denkbare Unglück seinem bösartigen Eingreifen zugeschrieben.

Seine Zeitgenossen klagten ihn an, er wolle den Adel ausrotten und die Opritschnina wiederherstellen, doch diese Anklagen waren eindeutig übertrieben. Als Verteidiger der Autokratie war Boris imstande, den Widerstand der Bojaren zu brechen, ohne auf Hinrichtungen und Verfolgungen zurückzugreifen. Überdies konnte es ihm auch nicht entgangen sein, daß das Land keinerlei Lust hatte, zu den Zeiten der Opritschnina zurückzukehren. Während der Krise, die aufgrund der Initiativen der Schujskij entstanden war, kündigte Boris Godunow die Auflösung der Polizeitruppe an, die das politische Erbe Iwans des Schrecklichen und die letzte Frucht der Opritschnina darstellte.

Godunow förderte große Sozialreformen in der Hoffnung, dadurch die Unterstützung der Dworjanin zu gewinnen. Der Grundbesitz durch den Staat hatte zu einer überhöhten Steuerbelastung geführt, von der die Pomeschtschiki noch nichts gespürt hatten, weil sie keine bebauten Ländereien besaßen. Während des livländischen Krieges, der zwölf Jahre dauerte, fingen die Bauern unter der Last der Abgaben an, ihre eigenen Güter zu verlassen. Als die Pomeschtschiki nun mehr Land bebauen wollten, um ihre eigene wirtschaftliche Situation zu verbessern, merkten sie sofort, welch hohe Steuern auf ihren Besitztümern lasteten. Der wirtschaftliche Ruin der Klasse der Dworjanin hätte zu politischen Umstürzen führen können. So sah sich Boris Godunow gezwungen, auf die Rechte zu verzichten, die sich aus dem Prinzip des Staatsbesitzes der Ländereien ergaben. Während Godunows Regierung befreite das Schatzamt erstmals die bebauten herrschaftlichen Flächen in den Ländereien der Dworjanin von den Steuern. Damit kam es zu einer tiefen Spaltung zwischen dieser privilegierten Klasse und den niedrigeren Klassen, die weiterhin Steuern zahlen mußten.

In dieser Zeit kam es zu radikalen Veränderungen bei den Lebensbedingungen der russischen Bauern. In der Mitte des 16. Jahrhunderts besaßen sie das Recht, bei Abschluß der landwirtschaftlichen Arbeiten am Sankt-Georgs-Tag, Ende November, ihren Dienstherrn zu verlassen. Am Ende des Jahrhunderts existierte dieses Recht aber bereits nicht mehr.

Iwan der Schreckliche hinterließ seinen Nachfolgern ein ruiniertes Land und eine katastrophale finanzielle Situation. Nach seinem Tod entstanden in den Städten und auf dem Land neue Grundbücher, doch diese Maßnahme nützte nicht viel wegen der extremen Mobilität der Bevölkerung, die dauernd versuchte, sich den drückenden Steuern zu entziehen. So kam es, daß den Städten und den Grundbesitzern das Recht zugestanden wurde, die flüchtigen Steuerzahler zu suchen und an ihren Heimatort zurückzubringen. Auf diese Weise begann die Epoche, die »Verbotsjahre« (Sapowednye leta) genannt wird. Als »Sapowed« bezeichnete man in der Rus Verbote jeglicher Art. In diesem speziellen

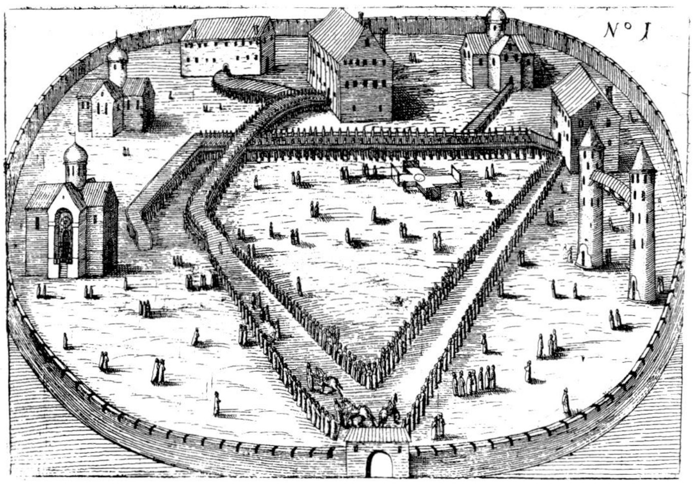

286. Aleksandrowskaja Sloboda, Stich aus dem Buch »Reise nach Rußland« von J. Ulfeld, 1627.

Fall verbot es der Staat dem gemeinen Volk (»tschernye«, den »Schwarzen«), also den Steuerpflichtigen, für eine gewisse Zeit den eigenen Wohnort zu verlassen, um dem Schatzamt die pünktliche Steuererhebung zu ermöglichen. In den Städten galt diese Maßnahme nicht lange, doch die Dworjanin erkannten deren Vorteile und setzten es durch, daß diese zeitweiligen Anordnungen in Gesetze umgewandelt wurden. Die Bauern verloren damit ihr Recht, am Tag des heiligen Georg wegzugehen, und damit auch die eigene Freiheit. Die Entstehung dieser Art der Leibeigenschaft wurde im Jahr 1597 von einem Gesetz sanktioniert, das es jedem Landbesitzer erlaubte, innerhalb von fünf Jahren die eigenen entflohenen Bauern aufzusuchen und zurückzubringen. Dieses Gesetz über die Knechtschaft des Jahres 1597 wurde im Namen des Zaren Fedor erlassen. Doch Fedor war bereits am Ende seiner Tage angekommen, und alle wußten sehr wohl, wer hinter diesem Ukaz (Befehl) stand. In der Folge gewann Boris Godunow unter den Dworjanin sehr an Beliebtheit.

Zur Zeit von Iwan dem Schrecklichen und von Boris Godunow erhielt die Struktur des russischen Reiches ihre endgültige Form. Sie bestimmte das Schicksal des Landes für einige Jahrhunderte. So entstand die absolute Monarchie auf der Grundlage der Leibeigenschaft. Unter Boris Godunow wurde die Macht wiederhergestellt, die es dem ungeeigneten Zaren Fedor möglich machte, den Titel eines »absoluten Monarchen« zu tragen. Mit der Herausbildung des heiligen russischen Reiches wurde zum erstenmal das Bedürfnis spürbar, für das Oberhaupt der Moskauer Kirche die Patriarchenwürde zu bekommen, die höchste unter allen kirchlichen Würden. Die östlichen Patriarchen, die unter dem erniedrigenden türkischen Joch litten, kamen immer häufiger nach Moskau und suchten dort um Finanzhilfe nach. Im Jahr 1586 kam das Oberhaupt der orthodoxen Weltkirche, Patriarch Jeremias aus Konstantinopel, in die Rus. Als er sich noch in Litauen befand, hatte ihm der polnische Kanzler vorgeschlagen, ein neues Patriarchat in Kiew einzurichten. Diese Tatsache alarmierte die Moskauer Behörden, die sich daraufhin entschlossen, Jeremias und die übrigen Griechen seines Gefolges in der Stadt festzuhalten. Auch wenn sie mit allem Respekt behandelt wurden, so waren sie doch in Wirklichkeit Gefangene und völlig von der Außenwelt abgeschnitten. Der alte Patriarch beugte sich schließlich dem Druck und teilte seinen Gefährten mit, er werde der Einrichtung eines Moskauer Patriarchats zustimmen und er selbst werde es leiten. Diese Worte trug man Godunow zu, und ihm gelang es schließlich, den Patriarchen davon zu überzeugen, daß ihn in Rußland eine große Zukunft erwarte. So erhielt er von ihm die offizielle Bestätigung, daß er sich weiterhin im Land aufhalten wolle. Darauf trat die Bojarenduma sofort zusammen und schlug Jeremias als Aufenthaltsort Wladimir vor, während die Leitung der Moskauer Kirche weiterhin in den Händen des Metropoliten Iow liegen sollte, der seinen Sitz im Kreml hatte. Jeremias wies das Angebot zurück, doch gab man ihm zu verstehen, seine Freiheit bekomme er nur, wenn er diese Bedingungen akzeptiere. Die Djak des Zaren drohten ihm sogar, ihn im Fluß zu ertränken. Jeremias sah sich somit gezwungen, dem Willen des Zaren und der Bojaren zu willfahren (an den Verhandlungen nahmen keine Vertreter des Moskauer Klerus teil). In Übereinstimmung mit den byzantinischen Traditionen stellten der Zar und die kirchlichen

Autoritäten drei Kandidaten für das Patriarchat auf. Die »geheimen« Abstimmungen, die darauf folgten, bezeichneten den Metropoliten Iow als neuen Patriarchen. Die Umstände der Wahl wurden bis in die winzigsten Einzelheiten beschrieben, darin eingeschlossen das »geheime Vorgehen« bei der Wahl. Die Griechen wurden fast ein Jahr lang in Moskau zurückgehalten. Danach erhielten sie ziemlich viel Geld und konnten wieder nach Konstantinopel reisen.

Nachdem Jeremias den Moskauer Zaren diesen Gefallen getan hatte, konnte er sich dem Wunsch Sigismunds III., mit dem er auf seiner Rückreise nach Konstantinopel in Vilnius zusammentraf, nicht widersetzen und willigte ein, den Kiewer Archimandriten Michail Ragosa zur Würde eines Metropoliten zu erheben. Dieser sollte nach den Intentionen des Königs in der Ukraine und in Weißrußland die Florentiner Union wiederherstellen. Während der Synode des orthodoxen Klerus in Brest unterzeichnete Metropolit Michail die Unionsakte, welche die Unterwerfung der westrussischen Kirche unter die römische Kirche vorsah.

Lange Jahre hatten die russischen Gelehrten die Theorie, Moskau sei ein drittes Rom, in Werken nichtoffiziellen Charakters aufrechterhalten. Als in Moskau ein Patriarchat eingerichtet wurde, erlangte diese Theorie das Gewicht einer offiziellen Doktrin. Man darf aber nicht glauben, Godunows Moskau habe nun das gesamte Erbe Roms beansprucht und wäre damit das Zentrum eines Weltreiches geworden. Die Niederlage im livländischen Krieg und die miserablen Lebensbedingungen, die im ganzen Land herrschten, hatten die Eroberungspläne Iwans des Schrecklichen zunichte gemacht. Trotz des hochtönenden Namens bestand das Ziel der Doktrin von Moskau als einem dritten Rom darin, diese Stadt den übrigen orthodoxen Zentren der Welt gleichzustellen.

Die Dynastie von Iwan Kalita, die Moskau dreihundert Jahre lang regiert hatte, erlosch am Ende des 16. Jahrhunderts. Die letzten Vertreter waren Zar Fedor und sein Bruder Dmitrij. Das Testament Iwans IV. sah vor, der Zarewitsch Dmitrij solle ein unabhängiges Fürstentum mit der Hauptstadt Uglitsch bekommen. Es wurde im Namen Dmitrijs von seiner Mutter, der Zarin Maria, und von ihren Brüdern, den Dworjanin Nagij, regiert. Ihre Intrigen führten dazu, daß Godunow das Fürstentum der Moskauer Verwaltung unterstellte. Dazu entsandte er nach Uglitsch den Djak M. Bitjakowskij, der das Fürstentum als Repräsentant des Herrschers leiten sollte. Auch wenn das Fürstentum Uglitsch formell nicht aufgelöst wurde, so verloren die Fürsten doch ihre alten Rechte. Der Zarewitsch Dmitrij litt unter Epilepsie. Während einer seiner immer wiederkehrenden Anfälle verletzte er sich tödlich am Hals. (Der Junge spielte gerade mit seinen gleichaltrigen Kameraden. Sie warfen dabei abwechselnd ein Messer ins Innere eines Kreises, der auf den Boden gezeichnet war.) Die Duma entsandte den Fürsten Wasilij Schujskij mit dem Auftrag nach Uglitsch, den Vorfall zu untersuchen. Er tat dies sehr genau und kam ohne die Möglichkeit eines Zweifels zu dem Schluß, daß der Zarewitsch durch einen Unfall ums Leben gekommen war. Dmitrijs Mutter Maria Nagaja, und ihre Brüder behaupteten jedoch, es handle sich um Mord, was aber weder von Indizien noch von Zeugen bestätigt wurde. Noch am Todestag des Zarewitsch rechneten die Nagij mit der Verwaltung von Uglitsch in der Person Bitjakowskijs und seiner Helfer ab. Der Djak wurde des Mordes an Dmitrij beschuldigt und zusammen mit seinen Familienangehörigen und seinen Helfern von der aufgebrachten Menge gelyncht. Der Versuch, diese Anklagen vor der Kommission und vor Schujskij aufrechtzuerhalten, fiel in sich zusammen. Nagijs Beichtvater bezeugte unter Eid, im Augenblick des Todes von Dmitrij habe er mit Bitjakowskij und seinem Sohn zu Tisch gesessen. Die angeblichen Mörder des Zarewitsch konnten folglich mit der ganzen Angelegenheit nichts zu tun haben.

Von Boris Godunow wurde behauptet, er habe die Zaren Iwan und Fedor, seine Wohltäter, seine Schwester, die Zarin Irina Godunowa, den Fürsten Hans von Dänemark, seinen künftigen Schwiegersohn, und viele andere vergiftet, doch fällt es schwer, an alle diese phantastischen Anklagen zu glauben. Nach dem Tode Dmitrijs brachte Irina eine Tochter auf die Welt, und Godunow bemühte sich, den besten medizinischen Beistand für seine Schwester zu erhalten. Sofort nach der Geburt des Mädchens organisierte der Regent eine Verlobung in Wien, indem er den Moskauer Thron dem österreichischen Prinzen anbot, der die Tochter des Zaren Fedor

287. Wologda, Stich aus dem Buch »Die Reise« von K. van Klenck, 1677.

heiraten würde. Doch die »Verlobte« starb im Alter von eineinhalb Jahren. Damit war den dynastischen Plänen der Godunows ein Ende gesetzt. Zar Fedor starb wie Iwan der Schreckliche eines natürlichen Todes, und die Anklagen, die auch bei dieser Gelegenheit gegen Boris Godunow erhoben wurden, waren nichts anderes als leere Verleumdungen.

Zar Fedor Iwanowitsch hinterließ kein Testament. Es gelang bisher nicht, festzustellen, ob er vom Regenten daran gehindert wurde oder ob er aus Geistesschwäche dazu gar nicht imstande war. Während des Kampfes um die Thronnachfolge zirkulierten unterschiedliche Versionen im Hinblick auf seinen letzten Willen. Die Godunows behaupteten, er habe als Thronerben seine Frau Irina bezeichnet und Boris sein Reich und seine eigene Seele »anvertraut«. Doch zuverlässige, nichtoffizielle Quellen sprechen von einer ganz anderen Version. Zar Fedor war um die Zukunft seiner Frau und nicht des Thrones besorgt und hatte der Zarin befohlen, sich ins Kloster zurückzuziehen. Der Regent respektierte jedenfalls diesen Willen des Zaren nicht und verlangte, die Duma und das Volk sollten nicht nur der Witwe des Zaren, sondern auch Boris und seinen Erben den Eid leisten. Doch seine Berechnungen gingen nicht auf, denn die Bojaren zwangen Irina dazu, sich ins Kloster von Nowodewitsch zurückzuziehen. Die Bojaren der Familie Romanow, Neffen des Zaren Fedor, versuchten, sich der Krone zu bemächtigen, während in ganz Moskau das Gerücht umherschwirrte, Boris Godunow habe den Zaren vergiftet. Godunow fürchtete um sein eigenes Leben und verbarg sich ebenfalls im Kloster von Nowodewitsch.

Die Flucht Godunows aus dem Kreml war das Zeichen für seine politische Niederlage. Viele erwarteten, daß er unmittelbar danach sein Amt als Regent niederlegen würde. Am 17. Januar 1598 berief Patriarch Iow jedoch in seiner Residenz die Anhänger des Regenten zusammen, die ihn zum Zaren wählten. Die Bojarenduma war nicht imstande, einen Kandidaten vorzuschlagen, der von allen akzeptiert wurde, und unternahm den Versuch, im Land eine Regierung durch die Bojaren einzuführen. Damit konnte sie aber die Gunst des Volkes nicht erringen. Der Patriarch profitierte von diesem Umstand, rief die Moskauer zusammen und organisierte zwei Prozessionen, die zum Kloster von Nowodewitsch führten und die Boris Godunow bitten sollten, die Krone zu übernehmen. Zunächst wollte der Regent nicht einwilligen, doch am Ende des zweiten Tages verkündete er, er sei nun bereit, den Thron zu besteigen. Die Bojarenduma weigerte sich allerdings, ihm den Eid zu leisten, und schlug vor, die Krone dem Großfürsten Simeon Bekbulatowitsch zu reichen, dem Iwan der Schreckliche von Zeit zu Zeit und aus Launenhaftigkeit den Moskauer Thron überlassen hatte. Doch auch mit diesen Ränken gelangte die Duma nicht an ihr Ziel, weil Simeon nicht beliebt war. So wurde zu Beginn des Herbstes Boris Godunow zum Zaren gekrönt. Um die Wahl Godunows zu legitimieren und um zu zeigen, daß die Wahl des Thronfolgers rechtmäßig vonstatten gegangen war, gab der Semskij sobor (eine Versammlung aus Mitgliedern der Bojarenduma, der kirchlichen Hierarchie und aller sonstigen sozialen Schichten) Dokumente heraus, die eindeutige Fälschungen aufwiesen. Das Hauptdokument wurde von den Bojaren rückwirkend redigiert und unterzeichnet, eineinhalb Jahre nach der Krönung des neuen Zaren.

Als Boris den Thron bestieg, hatte er geschworen, er werde niemanden zum Tode verurteilen und in seinem Reich werde es keine Armut geben. Doch diese Versprechungen hielt er nicht ein. Zwei Jahre nach der Krönung sahen sich die Bojaren der Familie Romanow und ihre Blutsverwandten grausamen Verfolgungen ausgesetzt. Der älteste Romanow, Fedor, wurde zum Eintritt ins Kloster gezwungen, und seine Brüder wurden ins Exil geschickt, aus dem nur wenige lebendig zurückkehrten. Die Romanows wurden angeklagt, sie wollten die königliche Familie mit Hilfe von Zaubersprüchen umbringen, doch der wahre Grund ihrer Verfolgung war ein anderer. Zar Boris war sofort nach der Krönung schwer erkrankt. Im Todesfall hätte sein Sohn die Krone vermutlich nicht halten können. Aus diesem Grunde mußte Boris die möglichen Thronanwärter aus dem Wege räumen. Die Romanows hatten verfrüht gehandelt: Sie hatten in der Hauptstadt bereits ihre Truppen gesammelt und sich auf den Staatsstreich vorbereitet.

Zu Beginn des 17. Jahrhunderts verhungerte ein nicht unbeträchtlicher Teil der russischen Bevölkerung aufgrund von drei aufeinanderfolgenden Mißernten. Boris stellte den Armen die Kornreserven der Krone zur Verfügung, so daß zahlreiche hungrige Bauern in der Hoffnung auf eine Hilfe von seiten des Zaren in die Hauptstadt eilten. Doch schnell waren die Brotreserven der Hauptstadt erschöpft, und Godunow befahl, alle überschüssigen Getreidevorräte aus dem ganzen Land nach Moskau zu bringen. Auf den Straßen herrschten bald Räuberbanden, welche die Transporte des Zaren plünderten. Eine dieser Banden stieß in der Umgebung der Hauptstadt mit Truppen des Zaren zusammen. Diese Episode wird allgemein als Aufstand gegen die feudale Unterdrückung und als Beginn des Volksaufstands in Rußland interpretiert. Diese Behauptung ist leicht zu widerlegen. Die Gewalttaten, die Banditen auf den Straßen begingen, waren nichts anderes als kriminelle Handlungen. Das Banditenunwesen verhinderte die Versorgung Moskaus mit Nahrungsmitteln und war für den Tod von hunderttausend Menschen verantwortlich, die, von den Gerüchten über die Großzügigkeit des Zaren angelockt, in die Hauptstadt geströmt waren. Größtenteils handelte es sich dabei um Bauern, die ihr Land verlassen hatten.

Um das Leiden des Volkes zu lindern, erließ Boris zweimal ein Dekret, in dem die Bauern die Möglichkeit erhielten, am Tage des heiligen Georg ihre Freiheit wiederzuerlangen. Die Gültigkeit des Dekrets war auf die Ländereien der kleinen Provinz-Dworjanin beschränkt, was natürlich Empörung auslöste. Im Jahr 1603 wurde jeder Versuch, den Bedürfnissen der Bauern entgegenzukommen, definitiv aufgegeben, doch das reichte nicht aus, die Beliebtheit wiederzugewinnen, die Boris einst unter den Dworjanin genossen hatte.

Als Godunow noch Regent war, hatte er einen Krieg gegen Schweden begonnen und die Gebiete um die Mündungen der Flüsse Newa und Narwa erobert, welche die Schweden am Ende des livländischen Krieges besetzt hatten. Doch dann warf man Boris Godunow vor, er habe sich die Möglichkeit entgehen lassen, Narwa zu erobern. Tatsächlich hatte er darauf verzichtet, Gebiete im Baltikum zu erobern. Nachdem er die Revision der Vertragsklauseln, die nach der Niederlage im livländischen Krieg geschlossen worden waren, erhalten hatte, hatte er mit Schweden einen dauernden Frieden vereinbart. Der zwanzigjährige Waffenstillstand, den Zar Boris mit Polen abschloß, war für ihn ein großer politischer Erfolg.

Der Frieden an der Westgrenze erlaubte es dem Reich, seine militärischen Kräfte im Osten zu konzentrieren. Nach einem dreijährigen blutigen Krieg gelang es den Russen, den Aufstand der Wolgavölker niederzuwerfen, die während der Herrschaft Fedors versucht hatten, sich der russischen Herrschaft zu entziehen. Die russischen Feldherren wagten sich weit in die tatarischen Steppengebiete vor und bauten im Gebiet der Wolga und des Don eine Reihe von Befestigungen. Auf diese Weise wurden die Grenzen des Reiches weit nach Süden ausgedehnt. Boris Godunow brachte den Krieg mit dem Khan Kutschum zu einem Ende; dessen Truppen wurden zerschlagen, und auf diese Weise kam die Eroberung Westsibiriens zu einem Abschluß.

Im Jahr 1604 überschritt der erste Pseudodemetrius die Grenzen Rußlands. Mit seiner Ankunft unter dem falschen Namen des verstorbenen Zarewitsch begann die lange Zeit der Wirren (Smuta), die das Land an den Rand einer Katastrophe führte. Es ist nicht so wichtig, festzulegen, wer sich hinter der Maske des Sohns Iwans des Schrecklichen verbarg, als vielmehr die Bedingungen zu erhellen, die es möglich machten, daß die Umtriebe des Usurputars solche Ausmaße erreichten.

Die sowjetische Geschichtsschreibung neigte dazu, die Zeit der Wirren als eine Folge der Versklavung der Bauern zu sehen. Der Klassenkampf der Unterdrückten gegen die Feudalherrscher habe, so behauptete sie, zum ersten Bauernkrieg in der russischen Geschichte geführt. Doch die Tatsachen bestätigen diese These nicht. Die Zeit der Wirren war der erste Bürgerkrieg in der russischen Geschichte. Dieser entwickelte sich vor allem durch die soziale und innenpolitische Krise des Landes und durch die Streitigkeiten unter den Dworjanin.

Nowgoroder Dokumente machen es uns möglich, über die Gründe dieser Krise Aufschluß zu bekommen. Die »Republik« von Nowgorod hatte in der Zeit ihrer Unabhängigkeit keine Eroberungskriege unternommen und einen Teil ihrer Ressourcen auch nicht dafür verwendet, ein stehendes Heer zu unterhalten. Die Leibeigenen wurden nicht von übermäßigen Steuern belastet, sei es aus historischer Tradition, sei es aufgrund der besonderen Bedingungen der Landwirtschaft in Nordrußland. Die Ländereien, die Nowgoroder Gutsbesitzern gewaltsam entrissen wurden, stellten einen umfangreichen staatlichen Grundbesitz dar. Die Bauern wurden nun mit übertriebenen Arbeitsverpflichtungen gegenüber dem Staat und mit zu großen Steuern belastet. Damit war das wirtschaftliche Wohlergehen des Nowgoroder Gebiets endgültig kompromittiert. Im letzten Jahrzehnt des 16. Jahrhunderts verringerten die Nowgoroder Bauern die Ausdehnung des von ihnen bebauten Landes, weil sie die Abgaben an den Zaren nicht mehr aufbringen konnten. Weil der Zar nicht daran dachte, die drückende Steuerlast zu erleichtern, erlitten das Schatzamt wie die Bauern enorme wirtschaftliche Verluste.

Gegen den Beginn des 17. Jahrhunderts geriet das System der Pomeste in eine Krise. Sie wurden aufgelöst, wie dies auch mit den feudalen Besitztümern der Fall gewesen war. Die Situation wurde von einer allgemeinen wirtschaftlichen Krise und von einer dreijährigen Hungersnot verschärft, die von 1601 bis 1603 dauerte.

Um den staatlichen Landbesitz auszudehnen, begann man, Pomeste in den eben annektierten fernen Steppengebieten einzurichten. Die Söhne der Bojaren zeigten keine Lust, in diese Gebiete zu übersiedeln, so daß die Staatskasse sich daranmachte, die Ländereien unter den Kosaken und den Söhnen der Bauern zu verteilen. Die neuen Besitzer mußten den Steppenboden mit ihren eigenen Händen bebauen. Als man im Süden des Landes Staatsgüter einrichten wollte, wurden die Soldaten der lokalen Garnisonen zur Mitarbeit verpflichtet. Die Militärs in den Festungen der Steppengebiete und die Dworjanin der südlichen Regionen führten die Revolte zugunsten des betrügerischen Pseudodemetrius an. Sie stürzte das Land in das Chaos des Bürgerkriegs. Die Erhebung wurde von den freien Kosaken am Don und an der Wolga unterstützt. Boris Godunow hatte in Südrußland zahlreiche Befestigungsanlagen errichten lassen, um auch periphere Gebiete ganz in den Staat einzugliedern, und die Kosaken hatten ihm das nicht verziehen.

Die Krise, in der sich die Staatsmacht zu Beginn des 17. Jahrhunderts befand, hatte ihren Grund nicht in der Schwäche oder Unfähigkeit des Herrschers. Boris Godunow war ein kluger Zar mit großer Erfahrung. Er be-

288. Moskau, Kreml, Mariä-Himmelfahrts-Kathedrale, Fürst Wladimir Monomach begibt sich auf einen Feldzug, 1551, Ausschnitt aus dem Thron des Zaren Iwan IV.

ging allerdings den Fehler, dem Druck der Dworjanin nachzugeben und die Bauern ihrer Freiheit zu berauben. Auf diese Weise verletzte er jahrhundertealte Gewohnheiten des russischen Volkes. Die drei aufeinanderfolgenden Mißernten verschärften noch die Bedingungen im Land und brachten den Staat an den Rand der wirtschaftlichen Auflösung. Die Zentralmacht verfiel in einen Zustand der Lähmung, und die Klasse der Dworjanin war wegen der Spaltungen in ihrem Inneren handlungsunfähig. Das Volk entzog dem unglücklichen Zaren Boris seine Unterstützung. Die Erinnerung an die »glänzende« Herrschaft Iwans IV. nährte im russischen Volk die Hoffnung, die Godunows würden hinweggefegt werden, und ein Vertreter der rechtmäßigen Dynastie würde wieder auf den Thron zurückkehren und den Reichtum des Landes wiederherstellen. Der Glaube an den »guten« Zaren war nicht nur unter den Bauern lebendig, sondern wurde von den verschiedensten Gesellschaftsschichten geteilt.

Als Pseudodemetrius in Polen erstmals auftrat, behauptete man in Moskau, hinter der Maske des Betrügers verberge sich der flüchtige Mönch Grigorij Otrepew. Jurij Otrepew stammte aus einer Familie kleiner Dworjanin und stand im Dienste der Bojaren Romanow. Als diese jedoch ins Exil mußten, um sich der Verurteilung zu entziehen, ging er ins Kloster und nahm den Namen Grigorij an. Er lebte im Moskauer Tschudow-Kloster, wo er seinen Mitbrüdern im geheimen anvertraute, er stamme aus der Königsfamilie. Die Mönche lachten ihn aus, so daß er nach Litauen floh, wo er bei einem orthodoxen Magnaten Unterschlupf fand, dem Fürsten Adam Wisniwiecki. Weil er aber von orthodoxen Kreisen nicht die Unterstützung erhielt, die er sich erwartet hatte, wandte er sich an die Katholiken. Jurij Mnisek, ein ins Unglück geratener hoher Würdenträger, bot ihm Asyl in Sambor, stellte ihm König Sigismund III. vor und half ihm, ein Söldnerheer aufzustellen.

»Dmitrij« erzählte Wisniwiecki die Geschichte von seiner wunderbaren Flucht vor seinen Mördern. Dieser schrieb sie nieder und sandte sie unverzüglich dem König. Weil der Betrüger das Land verließ, ohne seine Geschichte in allen Details ausgearbeitet zu haben, müssen wir daraus schließen, daß die Romanows, welche die Umstände des Todes von Dmitrij sehr wohl kannten, mit dieser Intrige nichts zu tun hatten. Die Erzählung des angeblichen »Zarewitsch« hatte Ähnlichkeiten mit einer grobgestrickten Fabel. Er behauptete, ein Mönch habe an seinem stolzen Wesen und seinem königlichen Auftreten seinen adligen Ursprung erkannt. Wahrscheinlich handelt es sich dabei um den Starez Warlaam aus der Familie der Jazkij, die einige kleine Ländereien besaß. Warlaam begleitete Grigorij Otrepew nach Litauen und beschrieb in der Folge die eigenen Irrfahrten in einem Promemoria, das er den Moskauer Behörden aushändigte. Nach Warlaams Angaben ging Otrepew über Kiew, Ostrog, Goschtscha und Bratschin nach Tambow. In seiner »Beichte«, die der Usurpator Wisniwiecki gegenüber ablegte, hatte er diese Orte zitiert. Seinen Aufenthalt in diesen Städten bestätigen auch andere Dokumente. In Ostrog schenkte Fürst Ostroschskij Grigorij und Warlaam ein Buch mit einer Widmung, wobei er über den Wörtern »Grigorij zu eigen« hinzufügte »Zarewitsch von Moskau«. Auf der Straße von Ostrog nach Bratschin hatte die Metamorphose stattgefunden. Der vagabundierende Mönch hatte sich in den Zarewitsch verwandelt.

Pseudodemetrius drang mit einem Heer von viertausend Soldaten und Kosaken nach Rußland ein. Nach einigen Monaten rebellierten die Söldner und verließen den Zarewitsch, doch den Truppen von Boris Godunow gelang es nicht, die Aufständischen aufzuhalten.

Zar Boris war eine tragische Figur. Im Unterschied zu Iwan dem Schrecklichen, der die Güter seiner Untertanen plünderte, bedachte er sie mit Wohltaten. Seine Zeitgenossen glaubten, er sei Analphabet, doch täuschten sie sich. Als Funktionär der Optritschnina unterzeichnete er die Dokumente mit einer eleganten, genauen Kalligraphie. Als Zar nahm er nie eine Feder in die Hand, doch bedeutet das nicht, daß er das Schreiben verlernt hatte. Der neue Herrscher wollte nur eine jahrhundertealte Regel nicht brechen, die es dem Monarchen verbot, Feder und Tinte zu verwenden. Seine Zeitgenossen hielten seine schlechten Kenntnisse der Heiligen Schriften für unverzeihlich, lobten aber seine Anstrengungen auf dem Gebiet der Ausbildung und die viele Sorgfalt, die er »der eigenen Macht« widmete. Wer ihn kannte, hielt ihn für einen raffinierten Redner und war fasziniert von seinen Ansprachen. Obwohl er einen unbeugsamen Willen besaß, machte er doch den Eindruck einer milden Gesinnung. Wenn sein Geist gequält wurde, ließ er den Tränen freien Lauf. Im Jahr 1602 besuchte er den Fürsten Hans von Dänemark, der als künftiger Gemahl der Zarentochter Ksenija Godunowa nach Moskau gekommen war und nun im Sterben lag. Jedes Mal, wenn der Zar beim Lager des Fürsten erschien, wiederholte sich dieselbe Szene. Boris schluchzte, und mit ihm klagten auch alle Bojaren. Der Lärm war unbeschreiblich. Eines der Mitglieder des Gefolges des Fürsten konnte das »Weinen« von Boris neben dem Bett, in dem Hans lag, hören und beschrieb es in seinem eigenen Tagebuch. »Auch ein Stein hätte vor Schmerz über den Tod eines solchen Mannes geweint, von dem ich mir so viel Tröstung erwartet habe«, beklagte sich der Zar. »Es zerreißt mir das Herz in der Brust vor Trauer!« Im Unterschied zu Iwan IV. zeigte Boris Godunow eine seltene Konstanz der Gefühle seiner Familie gegenüber; er liebte die Kinder und hielt übermäßigen Weingenuß für eine Schande.

Der aktive und energische Boris verfiel gegen Ende seines Lebens in eine Apathie und führte das Leben eines Einsiedlers, wobei er seine Zeit in Gesellschaft von Astrologen und Wahrsagern verbrachte. Obwohl er große Schätze besaß, wurde er nun knausrig und geizig. Am Abend kontrollierte er persönlich seinen Weinkeller und überprüfte, ob die Lager auch versiegelt waren. Am 13. April 1607 starb er an einem Herzschlag.

Im Mai erhoben sich die Truppen, die den ersten Pseudodemetrius bekämpften. Sie wurden dabei von einer Gruppe von Bojaren angestachelt: P. Basmanow, den Gebrüdern Golizyn und L. Ljapunow, zusammen mit den Dworjanin von Rjasan. Am 1. Juni rebellierte die Moskauer Bevölkerung gegen die Dynastie der Godunows, und der neue Zar Fedor Borisowitsch wurde zusammen mit anderen Familienmitgliedern verhaftet.

Von Tula aus verkündete Pseudodemetrius seine Thronbesteigung. Auf seinen Befehl hin wurden der neue Zar Fedor und dessen Mutter erwürgt. Die Hinrichtung übernahm der Bojare Golizyn, doch dem Volk präsentierte er die Version von einem Selbstmord. Den alten Patriarchen Iow verjagte man unter unwürdigen Umständen aus seiner Residenz und schloß ihn in ein Kloster ein.

Die Bojarenduma schloß eine Vereinbarung mit dem Betrüger: Erst wenn er seine Kosaken- und Söldnerabteilungen aufgelöst habe, die ihn bis in den Kreml begleitet hatten, würde die Duma den angeblichen Sohn Iwans des Schrecklichen krönen.

Beim Versuch, seine eigene Stellung zu stärken, modifizierte Pseudodemetrius seinen eigenen Titel. In den Augen der gebildeten Russen, die lateinisch konnten, bedeuteten die Titel »Zar« und »Kaiser« dasselbe. Otrepew nahm somit den Titel eines »Unbesiegbaren Autokraten, Cäsars und Kaisers« an. So kam es, daß ein ehemaliger Diener und wahrscheinlich sogar Leibeigener der Bojarenfamilie Romanow zum ersten Kaiser der russischen Geschichte wurde. In der Folge seines Sieges im blutigen Bürgerkrieg vereinigte Otrepew in seinen Händen eine ungeheure Macht. Doch das sollte nicht lange dauern.

Pseudodemetrius unternahm alles, um seinen Ruf eines »guten« Zaren aufrechtzuerhalten. Er kündigte an, er wolle im Staat Ordnung und Gerechtigkeit einführen, und verbot die Korruption in den Ministerien. Wer sich des Betrugs und des Machtmißbrauchs schuldig gemacht hatte, wurde öffentlich ausgepeitscht. Die Hoffnungen des Volkes auf eine Erleichterung der Steuerlast wurden jedoch enttäuscht. Nur die Stadt Putiwl, die »Dmitrij« in seinen Schwierigkeiten zur Seite gestanden und während des Krieges auch die größten Schäden erlitten hatte, erhielt Sonderrechte. Der Steuereinzug kühlte die Begeisterung der Untertanen ab. Unter den freien Kosaken begann es erneut zu gären, und aus ihren Reihen trat ein neuer Schwindler hervor, der den Namen »Zarewitsch Petr« führte. Die Rebellen machten sich entlang der Wolga auf den Marsch nach Moskau, doch auf dem Weg erfuhren sie vom Tode des Dmitrij und wandten sich nun gegen den Don.

Pseudodemetrius hatte in den Staatskassen ungefähr eine halbe Million Bargeld vorgefunden. Innerhalb eines Jahres hatte er dieses Geld vollständig ausgegeben, vor allem um die Dworjanin zu bezahlen. Als Sohn einer kleinen Landbesitzerfamilie hatte Otrepew viel Verständnis für die Bedürfnisse der Dworjanin, und sogar seine Ankläger wunderten sich über seine Liebe gegenüber dem »Heer«. Auf Empfängen in seinem Palast hatte Pseudodemetrius mehrmals öffentlich erklärt, daß es ihm, dem Beispiel seines Vaters folgend, Vergnügen bereite, einen »miltärischen Grad« zu verleihen, weil »alle Herrscher wegen ihrer Krieger und ihrer Ritter (Dworjanin) gepriesen werden: Auf ihnen gründet ihre Macht, und ihnen ist es zu verdanken, daß sich der Staat vergrößert, sie sind der Schrecken ihrer Feinde.«

Manchmal hatte sich Iwan IV. gerühmt, die russischen Monarchen könnten frei entscheiden, welchen Untertan sie verurteilen oder begnadigen wollten. Doch selbst auf den Lippen des Schrecklichen waren diese Erklärungen nur Worte. Als Zar mußte Otrepew mit denselben Schwierigkeiten kämpfen, die auch sein angeblicher Vater gehabt hatte. Ausländische Beobachter zeigten sich überrascht über die Verordnungen in Moskau; die Macht des Zaren konnte ohne Beteiligung der Bojaren nicht funktionieren. Die Bojaren unterstützten den Zaren nicht nur bei Staatsangelegenheiten, sondern sie begleiteten ihn auch überall, wohin er auch ging. Der Herrscher konnte nicht von einem Palast zum anderen gehen, ohne Bojaren um sich zu haben. Die jüngsten Mitglieder der Duma blieben in den Privatgemächern des Zaren bis zum Morgen. Weil die polnischen Freunde nicht mehr wußten, wie sie den Herrscher der Bevormundung durch die Bojaren entziehen konnten, rieten sie ihm, die Hauptstadt von Moskau in eine andere Stadt zu verlegen.

Der erste Pseudodemetrius war keineswegs ein geheimnisvoller Abenteurer, der das Geheimnis seiner Identität mit ins Grab nahm. Sogar der Bojare Basmanow und seine übrigen intimen Freunde glaubten nicht an die adlige Abkunft des Herrschers. Von den Betrügereien des »Zaren« sprachen auch die Polen. Schujskij, der am Begräbnis von Dmitrij in Uglitsch teilgenommen

289–291. Drei Zeichnungen aus dem Buch »Reise nach Moskau« von A. Meyerberg: Das Dorf Medgna bei Toroschok; die Umgebung von Wina; die Umgebung von Saeksewo.

Farbtafeln IX

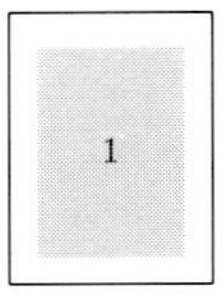

1. Sosima- und Sawwatij-Kloster auf den Solowki-Inseln, Beginn des 17. Jahrhunderts, Moskau, Tretjakow-Galerie.

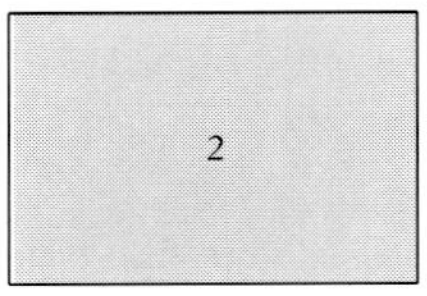

2. Solowki-Kloster, Gesamtansicht.

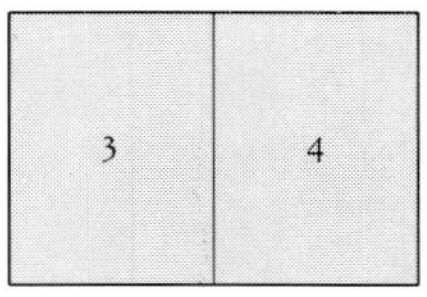

3. Semen Borosdin, Muttergottes Bogolujubskaja mit Heiligen, Ende des 16. bis Beginn des 17. Jahrhunderts; Sankt Petersburg, Russisches Museum.
4. Nikifor Sawin, der heilige Georg mit dem Drachen, erste Hälfte des 17. Jahrhunderts; Sankt Petersburg, Russisches Museum.

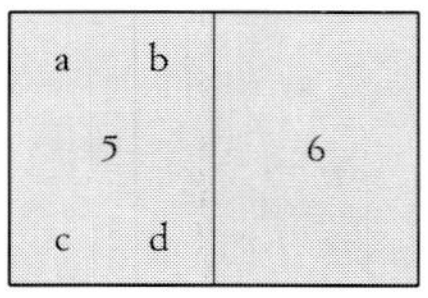

5. Miniaturen aus dem Manuskript »Das Leben des heiligen Sergius von Radonesch«; Moskau, Russische Staatsbibliothek:
a. Sergius und seine Mitbrüder, fol. 75v.
b. Der heilige Sergius, fol. 230.
c. Heilung eines besessenen Jungen beim Grab des heiligen Sergius, fol. 231v.
d. Die aus der Kirche vertriebenen Teufel, fol. 238.
6. Der Psalmist David, aus dem Godunow-Psalter (1594); Kostroma, Museum des Hypatius-Klosters.

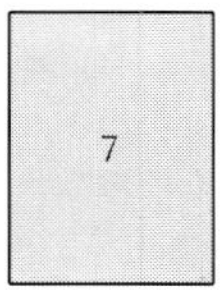

7. Rauchfaß, Geschenk der Zarin Irina Godunowa für die Erzengel-Kathedrale des Moskauer Kreml; Gold, Edelsteine, ziseliert, Niellotechnik, Werkstätten des Kreml; Moskau, Kremlmuseum, Rüstkammer.

И тако пребывающу ему у святаго
въ совершенном послушании житие
добродетелно проходя. телесвое
изнуряя детелныя
воздержание
яко ндиви
тися мно
звонее
мъ

Жизнь Препод. Сергія въ лицахъ № 2

И богоносна го отца нашего игумена Сергия чю
дотворца. Списано бысть и пре мудрейша
Епифания. Предисловие

Слава Богу о всем, и всех человеки ради
о них же всегда прославляется вели
кое и пресвятое имя. Е и пронопро
славляемо есть. Слава Богу вышне,

Принадлежитъ Л.
Лавры Преподобнаго Сергія.
1855.

И не могуще терпети. и падающа ему
въ церкви но у бивающе ся о камение.
тело у его все му черно у от ран явлати
ся, от зелнаго мучe
ния находящаго
беса. и так
на многовре
мя сему
тако бы
вающу:

ТКГ.

О прогнании бесов в матфа мнестаго:

Во един убо от дни и препобныи Сергии
в нощи вниде въ церковь хотя пети
заоутреню, и внегда наченщу
ему пение. внезаапу стена цер
ковная расступися, и се диаволъ от чинъ
стъ вниде съ множество пони бесовьски.
аки не входа и двер ми яко тать и разбои
никъ. яви же ся ему си це бяху убо одежа
и в шапка литовьски островерхи, но устре
мишася на блаженнаго. хотяща разорити

херу ви
црь дв҃ъ
ли бубнѡ
ли цытры
играю
ли цылнѡ
ли трубнии
ли сурначее
ли люпинѡ
ли домр

hatte, riskierte in den ersten Wochen der Herrschaft von Otrepew Kopf und Kragen, doch keine Verfolgung konnte die Gerüchte aufhalten, die so schädlich waren für den falschen Zaren.

Zunächst wagten es die Bojaren nicht, dem Monarchen offen entgegenzutreten. Mit der Zeit gewöhnten sie sich an ihn, machten seine Schwächen ausfindig und begannen, ihn vertraulich zu behandeln. Der Betrüger gewöhnte sich an das dauende Lügen. Diese Gewohnheit wurde ihm zur zweiten Natur und brachte ihn mehrere Male in peinliche Situationen. Es wird erzählt, die Bojaren hätten oft die kleinen Lügen von Dmitrij entlarvt und ihm gesagt: »Großfürst, Zar, Herrscher ganz Rußlands, du hast gelogen.« Das Hofritual, das sich an das byzantinische Muster hielt, und das unterwürfige Verhalten der Höflinge während der offiziellen Empfänge machten auf die Ausländer den Eindruck, die Herrscher von Moskau verfügten über eine außergewöhnliche Macht. Die äußerlich sichtbaren Manifestationen der Macht schienen jede Möglichkeit einer offenen Opposition gegenüber dem Autokraten auszuschließen. Es handelte sich jedoch nur um Schein, und die Duma nahm nach einer anfänglichen Verwirrung erneut die Zügel der Staatsregierung fest in ihre Hand.

In Polen hatte sich Otrepew daran gewöhnt, Schulden zu machen, und auch im Kreml behandelte er die finanziellen Probleme mit leichter Hand. Nachdem Otrepew wie viele Karrieremacher in der Jugend die Armut kennengelernt hatte, erwies er sich später als dem Geld besonders zugetan. Der Zar begehrte immer neue Dinge, so daß er jeden Wertgegenstand, der ihm in die Hände fiel, gleich behielt. Die Staatskassen leerten sich, und der Zar war nur noch eine Handbreit vom Bankrott entfernt.

Die Bojaren wollten keinesfalls tolerieren, daß ein Vagabund und Abenteurer auf dem Thron saß, und versuchten mehrmals, ihn umzubringen. Pseudodemetrius ahnte die Gefahr und bereitete sich im geheimen darauf vor, nach Frankreich zu fliehen. In der Zwischenzeit hatte er aus Polen seine Verlobte Marina Mnischek kommen lassen. Ihr Vater Mnischek hatte den Befehl erhalten, neue Söldnertruppen zur Unterstützung Dmitrijs anzuwerben. Die Ankunft der polnischen Truppen half dem Betrüger aber nichts, sondern verschlimmerte in erheblichem Maße die Lage in Moskau. Die Schujskijs und die Gorizyns bereiteten eine Verschwörung vor und führten am 17. März 1606 einen Staatsstreich durch. Otrepew wurde von den Verschwörern getötet, und den Thron bestieg der Bojare Wasilij Schujskij. Sofort lief im ganzen Land das Gerücht um, die niederträchtigen Bojaren hätten den »guten« Zaren zu töten versucht, doch dieser habe sich ein zweites Mal retten können und warte nun darauf, daß ihm das Volk zu Hilfe eile. In den grenznahen Gebieten im Süden des Landes kam es zu Volksaufständen, welche die zweite Phase des Bürgerkrieges einläuteten.

Nachdem Otrepew Zar geworden war, hatte er die Abteilungen der Aufständischen aufgelöst, die er von Putiwl nach Moskau mitgeführt hatte. Nach dem Staatsstreich wurde Putiwl zum Zentrum der neuen Revolte, die Fürst G. Schachowskij und N. Moltschanow anführten. Dieser, ein Günstling des ersten Pseudodemetrius, floh aus Moskau, wo er unter Hausarrest stand, und begab sich auf die Ländereien der Familie Mnischek in Sambor. Unter dem Schutz der Herren von Sambor begann der Abenteurer, in der Ukraine Truppen zu sammeln und unter dem Namen Dmitrijs Schreiben nach ganz Rußland zu versenden, in denen er zum Krieg gegen Schujskij aufrief. Diese Fälschung hatte Erfolg, weil Moltschanow darauf ein staatliches Siegel anbrachte, das er im Palast des Kreml entwendet hatte.

Anführer der Revolte in Rußland wurde der kosakische Ataman Iwan Bolotnikow. Er war von den Türken gefangengenommen, anschließend von den Italienern befreit worden und hielt sich auf seiner Rückreise in die Heimat in Sambor auf, wo ihm die Ehre einer Audienz bei »Dmitrij« zuteil wurde. Aller Wahrscheinlichkeit nach hat Moltschanow dabei die Rolle des Zaren gespielt. In Sambor erhielt Bolotnikow das Beglaubigungsschreiben des Zaren, in dem er zum obersten Kommandanten des Heeres von Putiwl ernannt wurde.

Die Aufständischen machten sich auf den Weg nach Moskau und richteten unterwegs die Anhänger von Wasilij Schujskij hin. Das Heer der Regierung wurde geschlagen, und die Rebellen belagerten die Hauptstadt fünf Wochen lang, doch dann begaben sie sich nach Kaluga. Vergeblich sandte Bolotnikow Botschaften nach Sambor, in denen er »Dmitrij« aufforderte, sofort nach Rußland zu kommen. Doch ohne die Ankunft des »Zaren« aus Polen abzuwarten, riefen der Kommandant und die Bewohner von Putiwl den Betrüger vom Don, der den Namen »Zarewitsch Petr« und somit »Sohn des Zaren Fedor Iwanowitsch« angenommen hatte, zu Hilfe. Der »Zarewitsch« verlangte, daß die Dworjanin, die in den Gefängnissen von Putiwl saßen, ihm einen Eid leisteten, doch die meisten unter ihnen weigerten sich, den »Betrüger« anzuerkennen, und wurden von den Kosaken grausam umgebracht. Nachdem Petr in aller Eile ein Heer gesammelt hatte, marschierte er nach Tula, wo er auf Bolotnikows Heer stieß.

In der Zwischenzeit wurde die Situation immer komplizierter. In Litauen trat nämlich ein weiterer Pseudodemetrius auf. Über dessen Herkunft kursierten die unterschiedlichsten Gerüchte, doch die zuverlässigsten Aussagen stammen von Ausländern, die in Litauen selbst die ersten Schachzüge des Thronprätendenten verfolgt hatten oder der ganzen Sache nachgegangen waren, während die Spuren noch frisch waren. Die polnischen Jesuiten erfuhren, daß sich hinter der Maske dieses zweiten Pseudodemetrius ein gewisser Bogdanko verbarg, ein getaufter Jude. Die Romanows kannten den »Schurken« gut, weil Filaret Romanow an seinem Hof Dienst geleistet hatte. Nachdem die Romanows auf den Thron gewählt worden waren, blieben sie weiterhin bei der Version des jüdischen Ursprungs des zweiten Pseudodemetrius. Eines der bekanntesten Porträts des Betrügers erschien in einer Londoner Ausgabe des Jahres 1698, doch es ist nicht historisch zuverlässig.

Man nimmt üblicherweise an, daß der zweite Pseudodemetrius eine Schöpfung polnischer Magnaten war, doch handelt es sich dabei um eine historische Legende. Diese neue Betrügerei dachten sich nämlich Bolotnikow und »Zarewitsch« Petr mit Hilfe weißrussischer Adliger aus, die am Marsch Otrepews auf Moskau teilgenommen hatten. Sie hatten in Mogilew einen kleinwüchsigen Vagabunden bemerkt, der dem in Moskau getöteten Usurpator ähnelte. Es handelte sich dabei um einen vagabundierenden Lehrer von Schklow. Als sie ihn zu überzeugen versuchten, die Rolle des Zaren zu spielen, der dem Tod entronnen war, machte er sich in Mogilew schnell aus dem Staub, wurde aber wieder aufgegriffen und ins Gefängnis geworfen. Erst dann willigte der Vagabund ein und nahm den Namen »Zarewitsch Dmitrij« an. Danach wurde er sofort über die Grenze nach Starodub geschickt, wo Bolotnikows Männer ihn als ihren Herrscher anerkannten. Auf den Spuren Otrepews marschierte der zweite Pseudodemetrius auf Moskau, doch gelang es ihm nicht, die Stadt zu besetzen. Sein Lager schlug er in Tuschino in der Umgebung der Hauptstadt auf. In der Zwischenzeit waren im ganzen Land ungefähr zehn weitere falsche Zarewitsche auf den Plan getreten. Der zweite Pseudodemetrius, der dringend Hilfe brauchte, hatte anfänglich gern seine »Verwandten« mit ihren aufständischen Abteilungen akzeptiert. Doch als in seinem Lager auch Dworjanin und Adlige erschienen, änderte sich die Situation. Pseudodemetrius befahl, zwei der Zarewitsche aufzuhängen. Die Macht ging in die Hände der Bojarenduma von Tuschino über, wo Filaret Romanow, der gefährlichste Feind Schujskijs, Patriarch wurde. Die Söldnerheere, die aus Polen gekommen waren, spielten im Lager von Tuschino eine wichtige Rolle. Die Stellung des zweiten Pseudodemetrius stabilisierte sich, als die Zarin Marina Mnischek eintraf, die Wasilij Schujskij aus der Gefangenschaft entlassen hatte. Der Betrüger empfing die »Braut« im Beisein einer großen Volksmenge, und sie erkannte in ihm den geretteten Ehemann.

In den zwei Jahren, in denen der zweite Pseudodemetrius Moskau belagerte, hatte das Reich zwei Zaren. Manchmal waren die Ländereien des Betrügers genauso groß wie die des Herren im Kreml. Die Existenz zweier Zaren lähmte den Staat völlig, so daß er zu einer leichten Beute der Nachbarn werden konnte.

Im Herbst 1609 brach Sigismund III. den Waffenstillstand und belagerte Smolensk. Im Krieg gegen die Rebellen von Tuschino und die Polen setzte Schujskij Söldnerheere ein, die ihm der verbündete König von Schweden gesandt hatte. Im März 1610 befreite der Wojwode Skopin-Schujskij Moskau mit einem Heer russischer und schwedischer Soldaten. Der Betrüger gab mit seinen Kosaken das Lager von Tuschino auf und zog sich nach Kaluga zurück. Skopin bereitete sich darauf vor, der Smolensker Garnison Verstärkung zu bringen, starb aber unerwartet im Alter von dreiundzwanzig Jahren. Daraufhin übernahm der unfähige Bruder des Zaren, Dmitrij Schujskij, das Kommando der Armee. Die Schlacht bei Smolensk endete mit einer Niederlage des russisch-schwedischen Heeres, zu der eine Meuterei unter den Söldnern beitrug. Wasilij Schujskij versuchte vergeblich, die Truppen wieder zu sammeln. Das Volk verließ ihn. »Du bist nicht unser Zar!« schrie die Volksmenge unter den Fenstern seines Palastes. Am 17. Juli 1610 wurde er von der Bojarenduma und vom Heer abgesetzt und zwei Tage darauf gezwungen, ins Kloster einzutreten. Die Macht ging auf eine Kommission, bestehend aus sieben Bojaren, über. Als das polnische Heer in der Umgebung von Moskau auftauchte, schlossen die Bojaren einen Friedensvertrag mit dessen Kommandanten, dem Hetman Zolkiewski. Aufgrund dieses Vertrages wurde Prinz Wladyslaw, der Sohn des polnischen Königs, als Zar anerkannt. Die Hauptstadt beeilte sich, dem Prinzen die Treue zu schwören, bevor der polnische König und der polnische Senat die Übereinkunft ratifizieren konnten.

Auf Betreiben Zolkiewsis in seinem Lager in der Umgebung von Smolensk trafen sich die »großen Botschafter«, Fürst Wasilij Golizyn und der Metropolit Filaret Romanow, und die Repräsentanten aller Gesellschaftsschichten. Die Friedensverhandlungen gelangten aber nicht zu einem glücklichen Abschluß, weil Sigismund bereits entschieden hatte, Smolensk zu erobern und die Stadt seinem Besitz einzuverleiben. Überdies wollte er seinen Sohn nicht nach Rußland schicken und erwartete sogar, er selbst könne den Zarenthron besteigen.

Nachdem die Kommission, bestehend aus den sieben Bojaren, die Vereinbarung mit Zolkiewski unterzeichnet hatte, begann sie die Übergabe von Smolensk zu fordern und gestattete, daß die polnischen Söldner den Kreml betraten. In der Zwischenzeit wurde der zweie Pseudodemetrius von seiner eigenen Wache in Kaluga ums Leben gebracht. Mit dessen Tod war Wladyslaw nun der einzige Zar. Doch die Moskauer liebten ihn überhaupt nicht. Sigismund nahm seine Operationen gegen Smolensk wieder auf. Seine Soldaten verhielten sich in Rußland wie Eroberer.

Der Anführer der Dworjanin in Rjasan, P. Ljapunow, forderte die Regierung durch die Bojaren heraus und klagte sie des Verrats an. Seine Soldaten vereinigten sich mit den Kosaken aus Kaluga und bildeten die ersten Territorialmilizen, die dabei auch von Nischnij Nowgorod, Jaroslawl, Wladimir und den Städten im Norden unterstützt wurden. Die Gegner der Bojarenregierung nahmen sich vor, nach der Ankunft der Territorialmilizen eine Revolte in Moskau anzuzetteln, doch die Unruhe brach noch früher als erwartet aus. Die Söldner konnten die Revolte nicht unter Kontrolle bringen und zündeten auf den Rat der Bojaren hin die Stadt an. Die Polen hielten den Kreml und den benachbarten Stadtteil Kitajgorod, während das restliche Moskau oder, besser, was nach der Feuersbrunst davon noch übriggeblieben war, von den Milizen besetzt wurde, in deren Lager sich die Regierung einrichtete. Es war das erste Mal, daß am Semskij sobor, der Reichsversammlung, weder die Bojarenduma noch die kirchliche Hierarchie teilnahm. Eine entscheidende Rolle spielten dabei der Provinzadel und die Kosaken. Diese Kräfte waren aber viel zu verschieden voneinander, um zusammenbleiben zu können. Den Anführer der Milizen, P. Japunow, verdächtigten die Kosaken des Verrats und richteten ihn ohne Prozeß hin.

In der Zwischenzeit hatte sich die außenpolitische Situation entschieden verschlechtert. Nach einer zwanzigmonatigen Belagerung eroberte das Heer Sigismunds III. Smolensk. Eineinhalb Monate darauf nahmen die einst verbündeten Schweden Nowgorod ein. Die Wojwoden und der Nowgoroder Metropolit konstituierten den Nowgoroder Staat und schlossen mit den Schweden eine Vereinbarung über die Wahl des Sohnes von Karl IX. zum Zaren.

Die nationale Befreiungsbewegung war am Auseinanderfallen, als Patriarch Hermogen an das Volk einen Appell richtete, das Reich vor den Andersgläubigen zu retten. Auf Befehl der Bojaren und der polnischen Kommandanten stellte man den Patriarchen unter Aufsicht, und einige Monate später starb er im Gefängnis. Sein Appell aber gab dem Volk neuen Mut. In Nischnij Nowgorod organisierten der Kaufmann Kosma Minin und der Wojwode Fürst Dmitrij Poscharski die neuen Territorialmilizen. Nach zahlreichen, harten Kämpfen in der Umgebung von Moskau vereinigten sich zwei Abteilungen der Miliz und zerschlugen die polnische Armee des Hetmans Jan Chodkiewicz. Im Oktober 1612 befreiten sie den Kreml.

Nachdem die Territorialmilizen siegreich aus dem Bürgerkrieg hervorgegangen waren, besaßen sie die Möglichkeit, über den Thron zu verfügen. Die Wahl des Zaren hätte aber ohne die Beteiligung der Bojarenduma, des obersten Organs der Monarchie, keine juristisch bindende Kraft gehabt. Während die Regierung der Bojaren und die Duma, die zusammen mit der polnischen Garnison im Kreml wohnten, durch einen Eid an den Zaren Wladyslaw gebunden waren, strebten vor allem die Familien Trubezkoj und Romanow, deren Namen mit dem Lager von Tuschino verbunden waren, nach dem Thron. D. Trubezkoj hatte in Tuschino den Titel eines Bojaren erhalten und die Duma des »Betrügers« geleitet. Filaret Romanow war Patriarch in Tuschino geworden. Als bekanntester Vertreter der nationalen Freiheitsbewegung machte sich Trubezkoj daran, den Thron zu besteigen, als die Rivalität zwischen den Anführern der Milizen seine Pläne durchkreuzte.

Um dem blutigen Bürgerkrieg ein Ende zu setzen, war ein Mann gefordert, der von beiden Parteien und vor allem vom Volk anerkannt wurde. Michail Romanow besaß diese Qualitäten: Er hatte von seinem Vater und von seinem Großvater einen im Land populären Namen geerbt. Sein Vater Filaret hatte in einem polnischen Gefängnis gesessen und galt als Märtyrer des orthodoxen Glaubens. Michail hatte auch alle Schicksalsschläge seiner Familie miterlebt. Seine Jugend hatte er im Exil verbracht, und als Heranwachsender befand er sich im belagerten Kreml. Daß er noch nicht volljährig war, beeinträchtigte seinen Ruf nicht. In den Augen des Volkes repräsentierte Michail als Enkel des Zaren Fedor die rechtmäßige Dynastie, die Rußland dreihundert Jahre lang glücklich regiert hatte.

Nach Moskau wurde die Reichsversammlung, der Semskij sobor, einberufen, die Vertreter der Dworjanin, der Städte und einiger ländlicher Wolost umfaßte. Als die Versammlung die Kandidatur Michails für den Zarenthron ablehnte, zeigten sich dessen Anhänger dem Volk auf dem Roten Platz. Bei ihrem Versuch, die Wahl Michails zu verhindern, riefen die Mitglieder des Sobor die großen Bojaren nach Moskau, die zuvor aus der Stadt entfernt worden waren. Die Bojaren, darunter auch der Onkel des Kandidaten, wandten sich entschieden gegen die Wahl Michails. So kam es, daß die Menschenmenge und die Kosaken in den Kreml eindrangen, die Paläste der Trubezkoj und der Poscharskij umstellten und die sofortige Wahl des Zaren verlangten. Am 12. Februar 1613 ernannte der Semskij sobor Michail Romanow zum Zaren. Die trügerische Popularität der erloschenen Dynastie hatte einen Mann auf den Thron gebracht, der sich nicht durch besondere Eigenschaften auszeichnete. Damit waren alle Pläne und Voraussagen der Anführer der Reichsversammlung durchkreuzt.

Der Bürgerkrieg hatte zu einer Aufsplitterung des Reiches geführt mit der Bildung eines »Staates von Nowgorod«, der sich von Moskau getrennt hatte. Es waren auch Vorbereitungen für die Bildung eines »Reiches von Kasan« im Gange gewesen. Nachdem eine neue Dynastie den Thron bestiegen hatte, wurde dieser Zerfall gestoppt. Nunmehr waren wieder günstige Bedingungen geschaffen für die Überwindung der Anarchie im Land.

Einige Jahre lang versuchte Zar Michail, die Polen und die Schweden aus Rußland zu vertreiben, doch seine Truppen erlebten wiederholt Niederlagen. Schließlich begann Moskau durch Vermittlung der Engländer mit Schweden über den Frieden zu verhandeln. Im Jahr 1617 wurde in Stolbowo, einem Dorf an der Grenze zwischen den beiden Ländern, der Vertrag über den »ewigen Frieden« zwischen Rußland und Schweden unterzeichnet. Die Schweden gaben Nowgorod zurück, behielten aber den ganzen Lauf des Flusses Newa und Karelien.

Im Herbst 1618 näherte sich Zar Wladyslaw Moskau und wollte die Stadt und das ganze Reich zurückerobern. Dieses Unternehmen ging schief, und Ende 1618 vereinbarten Rußland und Polen einen vierzehnjährigen Waffenstillstand. Rußland verlor Smolensk, Tschernigow und weitere dreißig Städte. Die neue Grenze verlief durch die nahen Zufahrtsstraßen nach Moskau. König Sigismund III. hatte damit die Voraussetzungen für einen neuen Krieg geschaffen.

Kunst und Bildung um die Jahrhundertwende

Am Ende des 16. Jahrhunderts erwachte in Rußland das kulturelle Leben wieder. Das Patriarchat gab Impulse für eine Entwicklung des Buchwesens im Land. In den Jahren 1589 bis 1610 veröffentlichten Andronik Newescha und nach ihm sein Sohn Iwan zehn Bücher. Selbst in der Zeit der Wirren – und im Unterschied zu dem, was im vorigen Jahrhundert geschehen war – hatte das Verlagsleben zu Beginn des 17. Jahrhunderts keine Zäsur durchgemacht. Die beste Ausgabe von Newescha, der »Apostol«, erlebte eine Auflage von fünfzehnhundert Kopien. Das gedruckte Buch wurde oft als Anleitung verwendet, um Lesen und Schreiben zu lernen, obwohl es eigentlich für den liturgischen Gebrauch gedacht war. Im Jahr 1613 gab es in Nowgorod und Kasan Druckereien, die Bücher patriotischen Inhalts veröffentlichten.

Boris Godunow hatte beabsichtigt, dem Ausbildungswesen in seinem Land starke Impulse zu verleihen. Während seiner Herrschaft wollte er eine Universität in Moskau einrichten und Wissenschaftler aus Deutschland, Italien und anderen Ländern Westeuropas als Lehrer berufen. Im Jahr 1602 sandte man erstmals junge Männer ins Ausland, um Sprachen zu studieren, vor allem nach Cambridge, Oxford und Eton, dann nach Lübeck und Wien. Als in Rußland die Zeit der Wirren begann, blieben diese Studenten auf sich selbst gestellt, und nur wenige kehrten in ihre Heimat zurück.

Der Nachfolger von Boris, der erste Pseudodemetrius, war sich der Notwendigkeit wohl bewußt, daß man in Rußland ein Erziehungswesen aufbauen müßte. Bevor er sich im Kreml niederließ, hatte er bei den Jesuiten Unterricht in Philosophie, Grammatik und Literatur genommen. Er beabsichtigte, Schulen und eine Akademie einzurichten und Lehrer sowie Studenten aus Italien und anderen westeuropäischen Ländern zu berufen, während junge russische Männer im Westen studieren sollten. Nachdem er den Thron bestiegen hatte, sprach der Betrüger über diese Pläne nur noch bei seinen geheimen Gesprächen mit seinen katholischen Freunden. Pater Sawizkij versprach er, zu gegebener Zeit in Rußland ein Jesuitenkolleg zu eröffnen und russischen Studenten eine Schulausbildung auf Staatskosten zu gewähren. Doch Pseudodemetrius verbrauchte seine ganzen Energien im Kampf um die Erhaltung der Macht. Obwohl er dauernd davon sprach, er wolle, Godunows Beispiel folgend, russische Studenten ins Ausland schicken, entschied er sich doch nie dazu. Voller Mißtrauen gegenüber den Bojaren, die ihn umgaben, hatte er im geheimen seinen ausländischen Freunden mitgeteilt, er wolle die Bojaren aus den hohen Staatsämtern vertreiben und die Regierung des Reiches Italienern anvertrauen, die er eigens dafür nach Rußland holen wolle.

Zu Beginn des 17. Jahrhunderts sammelten sich auf verschiedenen Gebieten langsam Kenntnisse an, und auch die Zahl der übersetzten Werke nahm zu. Einige Jahrzehnte lang arbeitete man an einer vollständigen Aufzählung aller russischen Städte mitsamt Beschreibung der Straßen und Angaben über die Entfernung zwischen den bewohnten Zentren. Boris Godunow bestellte für den Thronerben eine detaillierte Karte Rußlands. Die Führung der offiziellen Chroniken in Moskau, die während der Regierung Iwans des Schrecklichen unterbrochen worden war, hatte man auch in der Zeit der Wirren nicht wiederaufgenommen. So wurden die Chroniken wieder eine Beschäftigung von Privatleuten. Es sind literarisch wertlose, kurze Notizen von S. Schachowskij, von Djaks und Klerikern erhalten geblieben.

Literatur

Die Zeit der Wirren begünstigte die Einfügung der russischen Literatur in den europäischen Rahmen. Durch die Thronbesteigung des ersten Pseudodemetrius und des Polen Wladyslaw wurden in Rußland Werke polnischer Autoren stärker bekannt, etwa die Chroniken von Marzin Bielski und von Stryjkowski, auf deren Grundlage ein Moskauer Autor im Jahr 1617 die zweite und in der Folge auch die dritte Redaktion des »Chronographen« erstellte. Dieser enthielt eine genaue Beschreibung europäischer Länder und eine Darstellung der Ereignisse der russischen Geschichte.

Die tiefgreifende Umwälzung in der Zeit der Wirren und die größere Verbreitung übersetzter Werke führten zu einer Erneuerung der alten und zur Geburt neuer Literaturgattungen, zum Beispiel der »Visionsliteratur«. Bekannt sind etwa Werke wie die »Vision des Protopopen Terentij« oder die »Vision von Nischnij Nowgorod«. Diese Werke verfolgten ein eher politisches als religiöses Ziel, und oft handelte es sich ursprünglich um volkstümliche Gerüchte, die dann in eine schriftliche Form gegossen wurden.

Mit der Lebensweise änderten sich auch traditionelle Formen, etwa die Heiligenliteratur. Ein Beispiel dafür ist das Werk »Leben von Ulianija Osorinaja«, geschrieben von ihrem Sohn. Es handelt sich um die naive und bewegende Geschichte des Leidensweges einer frommen Dworjanka, der Witwe eines Opritschnik. Die Figur Ulianijas zeichnet sich durch ihre guten Eigenschaften aus: Sie ist nicht geizig, und das Unglück, das sie erleben muß, hat in ihr nicht das Mitleid mit dem Nächsten erstickt. Während Hunger und Bürgerkrieg wüten, setzt sie ohne Zögern all ihren Besitz ein, um den Bauern und bedürftigen Menschen zu helfen.

Die Tragödie des Bürgerkrieges bildete das Thema für ganz unterschiedliche Werke. Zahlreich sind die anonymen Briefe, die Erzählungen und gleichzeitig die Aufrufe patriotischen Inhalts zur Unterstützung der nationalen Befreiungsbewegung. Eines der bekanntesten Werke dieser Art ist die »Neue Chronik des glorreichen russischen Reiches«, die in den Jahren 1610 bis 1611 erschien. Das Wiedererwachen des nationalen Bewußtseins drückte sich in religiösen Motiven und Ideen aus. Die Gefahr des Verlustes der nationalen Unabhängigkeit wurde als eine Bedrohung für das Überleben des orthodoxen Glaubens unter dem Angriff der »Latinität« gesehen.

Der Kontakt mit der »lateinischen« (westlichen) Kultur beeinflußte die Schriftsteller zu Beginn des 17. Jahrhunderts auf unterschiedliche Weise. Während seiner Irrfahrten im Ausland lernte der erste Pseudodemetrius die Vorteile der europäischen Ausbildung kennen. Als Zar liebte er es, den hohen Würdenträgern eine Predigt zu halten, sie für ihren Mangel an Bildung und Kultur zu tadeln, und er empfahl ihnen, sich zum Studium ins Ausland zu begeben. Diese Predigten machten auf den jungen Günstling des Zaren einen tiefen Eindruck, den Fürsten Iwan Chworostinin. Der künftige Schriftsteller hatte zwar nicht die Gelegenheit, Polen zu besuchen, knüpfte aber enge Beziehungen zu den Polen an, die sich am Hofe befanden. Die polnische Gesellschaft war voller religiöser Unruhe. Ein Beispiel bildete die polnische Gemeinschaft in Kiew, in deren Innerem Katholiken, antitrinitarische Protestanten und Unierte zusammenlebten. Chworostinin studierte Latein und schockierte die Moskauer Frömmler mit seiner Verehrung katholischer Ikonen. Der Fürst schrieb Verse nach den Regeln der polnischen Verslehre und verfaßte in fortgeschrittenem Alter die »Erinnerungen an die Zeit der Wirren«. Die Begeisterung, die ihn in der Jugendzeit erfüllte, verließ ihn niemals. Viele Jahre lang hatte er vorgehabt, nach Polen oder nach Italien zu fliehen, und ständig hatte er allem Ausländischen seine Sympathie entgegengebracht. Chworostinin tadelte die Moskauer wegen ihrer Idolatrie, ihrer übertriebenen Ikonenverehrung, machte sich über ihre rauhen Sitten lustig und beklagte sich bitter, denn »in Moskau gibt es niemanden, zu dem man sich gesellen könnte, alle sind dumm, pflanzen Roggen und leben von

292. Grigorij Otrepew: Sein Weg durch Litauen und sein Feldzug gegen Moskau. Karte von R. Skrynnikow.

Märchen«. Chworostinin wurde mehrfach von den Behörden verfolgt. Zar Wasilij Schujskij verbannte ihn in das Kloster von Iosif von Wolokolamsk, Zar Michail in das Kirill-Kloster von Beloosero. Während seines Aufenthalts am Weißen See bereute der »Freidenker« und erhielt die Erlaubnis, wieder an den Moskauer Hof zurückzukehren. Chworostinin war einer der ersten »Okzidentalisten« in Moskau.

Architektur

Zu Beginn der Zeit der Wirren fanden in der russischen Architektur wichtige Entwicklungen statt. Boris Godunow empfand eine tiefe Leidenschaft für das ganze Bauwesen. Nach der Thronbesteigung beschloß er, im Zentrum des Kreml eine großartige Kathedrale zu errichten. Dieses Projekt stand mit der Einrichtung des Patriarchats in Rußland im Jahr 1589 in Zusammenhang. Da die Gottesmutter als Beschützerin Moskaus verehrt wurde, war ihr auch das wichtigste Heiligtum Rußlands geweiht, die Mariä-Himmelfahrts-Kathedrale. Die neue Kathedrale der Auferstehung Christi (des »Heiligen der Heiligen«) sollte nach dem Vorbild des Tempels in Jerusalem gebaut werden, dem Hauptheiligtum der weltweiten orthodoxen Kirche. Die neue Kirche sollte auch dem Moskauer Patriarchat Glanz verleihen. Als Boris auf den Thron gewählt wurde, stützte er sich stark auf das Volk. Die alten Gotteshäuser, die Mariä-Himmelfahrts-Kathedrale und die Basilius-Kathedrale, konnten nur eine begrenzte Zahl von Personen aufnehmen. Der Eid auf den neuen Zaren Boris fand in der Mariä-Himmelfahrts-Kathedrale in einem unbeschreiblichen Gedränge statt. Die Christi-Auferstehungs-Kirche sollte viel größer werden. Man sollte sie während der Zeremonien verwenden, an denen der Zar, der Hof und das Volk teilnahmen. Sie würde somit zum neuen Zentrum der weltweiten Orthodoxie. Die vorbereitenden Arbeiten für den Bau waren schon abgeschlossen, die Materialien zusammengetragen, als die Zeit der Wirren begann und Boris verstarb, ohne sein Projekt in die Wirklichkeit umgesetzt zu haben.

In der Voraussicht des Baus des »Heiligen der Heiligen« hatten die Architekten auf Befehl des Zaren den Glockenturm »Iwan der Große« errichtet. Der Turm trug oben eine goldene Kuppel, die dem Gebäude ein modernes Aussehen verlieh.

Die Regierungszeit von Boris Godunow war durch das Wiederaufleben der Zeltdacharchitektur gekennzeichnet. Im Auftrag des Zaren Boris wurde 1603 in der Umgebung von Moschajsk die Boris-und-Gleb-Kathedrale errichtet, deren Zeltdach eine Höhe von vierundsiebzig Metern erreichte. Leider ist die Kirche nicht erhalten geblieben.

Relativ früh entstand in Rußland ein neuer Typ der Guts- oder Dorfkirche mit einem Kreuzgewölbe. Diese Eigenschaft machte es möglich, die Stützpfeiler im Inneren des Gebäudes zu eliminieren und somit den Innenraum zu vergrößern. Aller Wahrscheinlichkeit nach nahmen am Bau einiger dieser Kirchen italienische Architekten teil. Das Auftreten dieses neuen Kirchentyps wird mit dem Kampf der orthodoxen Kirche gegen die Häresie der »Judaisierenden« in Zusammenhang gebracht. Es wird behauptet, die Kreuzform der Gewölbe dieser Kirchen unterstreiche die Vorstellung von der Unzerstörbarkeit des Dreifaltigkeitsdogmas, und dieser originelle Gewölbetyp sei nach dem Sieg über die Häresie verschwunden (M. A. Ilin). Eine solche Interpretation erscheint künstlich, weil die Ketzerei der »Judaisierenden« zu Beginn des 16. Jahrhunderts ausgerottet wurde, während man Kirchen mit Kreuzgewölben von der Mitte des 16. bis fast zum Ende des 17. Jahrhunderts baute. Prächtige Beispiele für diesen Kirchentyp sind die Dreifaltigkeitskirche im Dorf Choroschewo und die Christi-Verklärungs-Kirche in Wjasemy, die auf den Ländereien von Boris Godunow außerhalb Moskaus errichtet wurde. Beide Kirchen gehören zum Typ der Gutskirchen, wie sie auf den Besitztümern von Fürsten und Bojaren standen. Anscheinend wurden sie um 1598 fertiggestellt, also in dem Jahr, in dem der Bojare Godunow zum Thronfolger gewählt wurde. Die Dreifaltigkeitskirche im Dorf Choroschewo und die Christi-Verklärungs-Kirche in Wjasemy baute derselbe Architekt zur gleichen Zeit. Die Kirche von Wjasemy ruht auf einem hohen Sockel, der einen ähnlichen Schmuck aufweist wie die Basilius-Kathedrale. Das harmonische Gebäude mit vier Pfeilern und zwei Kapellen an den Seiten wird von sieben Kup-

293. Der erste Pseudodemetrius, Stich von L. Kilian, 1605. 294–295. Marina Mnischek; Jurij Mnischek, Stiche aus dem Buch »Feierlicher Gesang« von S. Grochowskij.

peln bekrönt und ist von einer Galerie und weiten offenen Bögen umgeben. Godunows Kirchen sind mit weißem Stein verkleidet und zeichnen sich durch ihre besondere Eleganz und Anmut aus. Der Architekt hielt sich beim Dekor an die Ornamente der Erzengel-Kathedrale im Moskauer Kreml.

Oft dienten die Gebäude von Boris Godunow philanthropischen Zwecken. Während der langen Hungersnot ließ er an den alten Komplex des Zarenpalastes einen »Hof aus Stein« anbauen, in dem »die Menschen essen konnten«. Über den alten Palästen Godunows ließ Pseudodemetrius einen aufwendigen Holzpalast im polnischen Stil errichten. Vor dem Zarenpalast standen erstmals Statuen, die sogenannten Bolwany. Auf dem russischen Thron saß ein »kryptokatholischer« Zar, der das Eindringen westlicher Neuerungen begünstigte. Doch die Regierung dieses Betrügers war nur von kurzer Dauer.

Die Kriege Iwans des Schrecklichen hatten zu einer langen Unterbrechung beim Bau großer Befestigungen aus Stein geführt. Godunow, der eine Friedenspolitik vertrat, ließ für die Verteidigung des Landes eine Reihe imposanter Festungen bauen. In den Jahren 1585 bis 1591 umgab der Architekt Fedor Kon Moskau mit einem neuen Ring aus dicken Steinmauern, in dem sich achtundzwanzig Türme befanden. Die neue Befestigung erhielt den Namen »Weiße Stadt« oder »Zarenstadt«. Derselbe Architekt leitete auch den Bau der Smolensker Befestigung (1596–1602). Die Mauern des Kreml in Smolensk hatten eine Breite von sechs bis acht Metern und eine Höhe von zwölf bis sechzehn Metern; die Türme waren bis zu zweiundzwanzig Meter hoch. Für die Verteidigung dienten vierundzwanzig dreistöckige Türme. Die Bauten von Fedor Kon versetzten seine Zeitgenossen wegen ihres imposanten Aussehens und ihrer Schönheit in Erstaunen. Der Smolensker Kreml wurde »Juwel Rußlands« genannt.

Gegen Ende des 16. Jahrhunderts nahmen die Klöster große Bauarbeiten in Angriff. Im Simonow-Kloster bei Moskau scheint Fedor Kon den Bau der Befestigungsanlagen geleitet zu haben. Im Kloster auf der Solowezki-Insel im Weißen Meer baute man von 1582 bis 1602 eine uneinnehmbare Festung. Der Architekt war Mönch Trifon Kilogriwow, der aus einer Familie von Salzproduzenten des Nordens stammte. Er verwendete Bauverfahren, die typisch waren für die Tradition von Nowgorod und Pskow. Beim Bau der Mauern und Türme verwendete er für die Fundamente große Steinblöcke, während er die oberen Teile aus Ziegelsteinen mauern ließ. Die Türme der Befestigung, die durch ihre Monumentalität erstaunen, verschmelzen mit der Landschaft der gebirgigen Insel, deren Küsten von Klippen gesäumt sind. Das Zeltdach verlieh der ganzen Befestigungsanlage eine ganz besondere Ausdruckskraft.

Malerei

Einige Moskauer Künstler malten gegen Ende des 16. Jahrhunderts die Wände des Facettenpalastes im Kreml aus. Diese Malereien sind verschwunden, doch hat sich eine detaillierte Beschreibung aus der Hand eines Künstlers des 17. Jahrhunderts erhalten, nämlich von Simon Uschakow. Die Themen dieser Fresken waren ähnlich jenen im Goldenen Palast, die man zur Zeit Iwans des Schrecklichen angebracht hatte. Biblische Themen wechselten mit Sprichwörtern und Szenen aus der russischen Geschichte ab. Dabei fielen vor allem die Porträts des Zaren Fedor und des Regenten Godunow auf. Die Malereien im Goldenen Palast priesen die militärischen Unternehmungen Iwans IV. Die Fresken des Facettenpalastes hingegen wollten die Milde und Güte der Zarenregierung zum Ausdruck bringen. Boris Godunow und die Mitglieder seiner Familie zeigten ein großes Interesse für die Kunst, bestellten bei den besten Künstlern Fresken und Ikonen und ermutigten ganz allgemein die Maler. Die Kirche auf dem Gut von Boris Godunow in Wjasemy war mit Malereien über die Dreifaltigkeit ausgeschmückt. Nach dem Tode des Zaren Fedor lebte die Witwe Irina Godunowa im Kloster von Nowodewitsch und ließ die Kathedrale mit Fresken ausschmücken. Man kann am Ende des 16. Jahrhunderts von einer besonderen »Godunow-Schule« sprechen, der die »Stroganow-Schule« gegenübergestellt wird. Man muß sich dabei aber immer vor Augen halten, daß es sich nur um Behelfsbegriffe handelt.

Der Ursprung der »Stroganow-Schule« wurde anfänglich in Zusammenhang gebracht mit der Ikonenmalschule der Stroganow, reichen Salzproduzenten aus dem Dorf Solwytschegodsk im Norden Rußlands. In der Folge bemerkte man, daß die Ikonenmaler der Stroganow verschiedene Arten des Malens hatten und zur Hauptsache aus einfachen Handwerkern bestanden. Die Künstler, welche die sogenannte »Stroganow-Schule« bildeten, standen in Wirklichkeit im Dienste des Zaren und arbeiteten in Moskau. Die besten unter ihnen malten Ikonen im Auftrag des Zaren Fedor und von Boris Godunow. Ihre Ikonen waren klein und durch eine winzige, sehr genaue Zeichnung gekennzeichnet, welche ihre Zeitgenossen »Miniaturen« nannten. Die Stroganow bezahlten diese Werke sehr gut. Während der Zeit der Wirren entgingen die Besitztümer der Stroganow der Zerstörung, und die Meisterwerke, die sie angekauft hatten, blieben in gutem Zustand erhalten. Dieser Umstand ist es, der den Ursprung des Begriffes »Stroganow-Schule« erklärt. Die wichtigsten Merkmale der Malweise dieser »Schule« sind die raffinierte Zeichnung, der Reichtum an Farben, die technische Virtuosität zusammen mit einem besonderen Interesse für die Zeichentechnik, die bis zur Vollkommenheit entwickelt wurde. Ein typisches Beispiel für diese Malweise ist die kleine Ikone »Der heilige Nikita als Krieger« von Prokopij Tschirin. Die Figur des Kriegers macht auf uns keinen kraftvollen, sondern einen eher schwachen und zarten Eindruck mit seinen

296a–b. Auszeichnung des Zaren Wladyslaw, Sankt Petersburg, Museum Ermitage.

dünnen Händen, die das Schwert halten, den schlanken, an den Knien angewinkelten Beinen und den Füßen, die den Boden kaum berühren. »Charakteristisch ist die affektierte Geste der Hand auf der Höhe des Schwertgriffes, die mit der Innenfläche zum geneigten Haupt gerichtet ist.« (J. N. Dmitriew) Das Gesicht des Kriegers Nikita wirkt bleich, und sein reicher Panzer mit viel Gold und Edelsteinen ist mit großer Detailtreue gemalt.

Mit Tschirin arbeiteten in Moskau die Ikonenmaler Istoma und Fedor Sawin. Zu ihrer Familie gehörten auch die jüngeren Nikifor und Nasarij Istomin Sawin. Berühmt sind die Werke, die Nikifor zusammen mit Tschirin schuf. Ihm werden die Ikonen »Der heilige Georg und der Drache« (erste Hälfte des 17. Jahrhunderts) und »Das Wunder von Feodor Tiron« (Beginn des 17. Jahrhunderts) zugeschrieben. Diese zuletzt genannte Ikone ist dem Thema der Liebe zu den Eltern gewidmet. Der junge Fedor Tiron fordert das Ungeheuer, das seine Mutter gefangenhält, zum Duell heraus und besiegt es.

Der Malweise der »Stroganow-Schule« begegnen wir auch bei Semen Borosdin, dem Autor der Ikone »Muttergottes Bogoljubskaja mit Heiligen« (Ende des 16. bis Beginn des 17. Jahrhunderts).

Die »Stroganow-Schule« gilt als exotische Erscheinung in der russischen Malerei, die dem Geschmack eines kleinen Zirkels reicher Auftraggeber entsprach. Das Kunstwerk, das einen Zustand intensiven Gebets zum Ausdruck bringen sollte, wurde von der Malweise der »Stroganow-Schule« zu einem Wertgegenstand, der weniger für eine Kirche als vielmehr für die Verschönerung von Privatsammlungen gedacht war.

Während der Zeit Godunows entwickelte sich die Miniaturenmalerei weiter. Eines der schönsten Beispiele dieser Kunstgattung bilden die Illustrationen des »Lebens von Sergius von Radonesch« (neunziger Jahre des 16. Jahrhunderts). In diesem Buch lenken vor allem die Szenen aus dem täglichen Leben und die Darstellungen von Wundern die Aufmerksamkeit auf sich: Sergius gründet sein Kloster inmitten eines undurchdringlichen Waldes; die wilden Tiere verlassen das Dickicht und gehen auf den Asketen zu; die Schlacht von Kulikowo und so weiter. Es gibt Gründe für die Annahme, daß die Miniaturen dieses Heiligenlebens von Künstlern ausgeführt wurden, die zu jenen Moskauer Werkstätten gehörten, welche zur Zeit Iwans des Schrecklichen auch die Miniaturen für den Lizewoj swod gezeichnet hatten. Gegen Ende des Jahrhunderts traten beim künstlerischen Miniaturenstil einige Veränderungen zutage. Sie äußerten sich bei der Zeichnung der Figuren mit länglichen Proportionen, die an die Schule von Dionisij erinnern, und bei der Verwendung gesuchter Farben (W. D. Tschernyi).

Kunsthandwerk

Am Ende des 16. Jahrhunderts erlebte Rußland eine Blütezeit der Goldschmiedekunst. Eines der Meisterwerke jener Zeit ist die Panagija (ein Medaillon oder eine kleine Ikone, die hohe kirchliche Würdenträger auf der Brust tragen), welche Zar Fedor und Irina Godunowa Iow schenkten, als er 1589 zum Patriarchen gewählt wurde. Diese Panagija zeigt das Bild des Gekreuzigten, eingeschnitten in einen Achat aus zwei Schichten. Auch wenn die Arbeit im byzantinischen Stil gehalten ist, enthält sie doch einige Elemente, welche die Vermutung nahelegen, ein italienischer Meister habe sie angefertigt. Die raffinierte Fassung der Kamee ist eine Moskauer Arbeit vom Ende des 16. Jahrhunderts.

Nach seiner Thronbesteigung gab Boris Godunow eine neue Krone mit reichem und elegantem Schmuck in Auftrag. In der Zeit der Wirren wurde diese Krone auseinandergebrochen und für die Entlohnung der Söldner verwendet. Pseudodemetrius, der Boris auf den Moskauer Thron folgte, bestellte eine Krone, die mit ihrem Reichtum und ihrer Pracht alle Kronen seiner Vorgänger in den Schatten stellen sollte, doch die Handwerker hatten nicht genügend Zeit, um sie fertigzustellen.

Echte Meisterwerke der Goldschmiedekunst sind das Weihrauchfaß sowie weitere Kultgegenstände, die 1598 auf Bestellung der Zarin Irina Godunowa für das Grab des Zaren Fedor in der Erzengel-Kathedrale angefertigt wurden. Das Weihrauchfaß hat die Form einer würfelförmigen Kirche mit einer Kuppel. Als Bekrönung trägt sie reichgeschmückte Kokoschniki (Ziergiebel) und eine zwiebelförmige kleine Kuppel auf einem Tambour. Die Ornamente bestehen aus pflanzlichen Motiven mit Blüten und Blättern. Auf den Wänden sind die Apostel und die Schutzpatrone der einzelnen Mitglieder der Zarenfamilie abgebildet. Die Heiligenfiguren wirken anmutig und natürlich. Das Weihrauchfaß trägt als Schmuck noch große Edelsteine.

Im 16. Jahrhundert erreichen die Moskauer Goldschmiede den Höhepunkt beim Verzieren goldener Gegenstände mit Email, Niello und Edelsteinen (Saphire mit Smaragden und Rubinen). Die Steine hatten noch keine Facetten, waren unregelmäßig geformt und wirkten wie lebhafte Farbflecken. Auf Anordnung Godunows fertigten die besten Handwerker des Hofes einen neuen Beschlag mit Smaragden für die Ikone der Dreifaltigkeit von Andrej Rublew. Auf einem der Smaragde brachte ein italienischer Künstler die Darstellung der Dreifaltigkeit an. Ein Italiener schuf für den Zaren Boris eine in Achat geschnittene Kreuzigungsszene.

Trotz der Hungersnot und des Zerfalls, der überall im Land spürbar war, füllten sich die Schatzkammern des Kreml in der Regierungszeit von Boris Godunow mit vielen wertvollen Objekten. Sein Nachfolger, der erste Pseudodemetrius, der eine Schwäche hatte für den Luxus, gab enorme Summen für den Kauf von Gegenständen aus, die er aus Polen kommen ließ. In der Zeit der Wirren wurde der Schatz, den die Moskauer Herrscher im Verlauf einiger Jahrhunderte angesammelt hatten, jedoch geplündert. Viele antike, byzantinische und russische Kunstgegenstände unschätzbaren künstlerischen und historischen Werts schmolz die Münzstätte ein oder verwendete sie, um die Söldner zu bezahlen, die selbst deren Wert bestimmten.

Unter den Werkstätten für Kunststickereien waren zu Beginn des 16. Jahrhunderts besonders jene berühmt, die für Irina Godunowa arbeiteten. Die Ikonen, welche die Handwerkerinnen der Zarin stickten, erschienen wie Malereien auf Leinwand. Zur Zeit von Boris Godunow und des ersten Pseudodemetrius gab die Moskauer Münzstätte weiterhin Goldmünzen heraus. Auf Befehl des Pseudodemetrius prägte sie die größte Goldmünze (mit dem Gewicht von zehn ungarischen Dukaten) mit einem Adlerwappen. In der gleichen Zeit prägte Polen eine Ehrenmedaille mit dem Porträt des »Zaren Dmitrij« und einer lateinischen Inschrift (Beginn des 17. Jahrhunderts, Museum Ermitage).

Rußland unter den ersten Romanows

Der Bürgerkrieg war für Rußland eine echte Katastrophe, von der sich das Land nur sehr langsam erholte. Die Bevölkerung war beträchtlich zurückgegangen. Große Teile des ursprünglich bebauten Landes waren aufgegeben worden, so daß sich erneut Wälder eingestellt hatten. Darunter litten vor allem die zentralen Regionen und das einst blühende Gebiet um Nowgorod, das in einem desolaten Zustand war. Zar Michael hatte den Thron in sehr jungen Jahren bestiegen, war nur mittelmäßig begabt und hatte weder Erfahrung noch eine besondere Begabung für Staatsangelegenheiten. Die Stellung der Dynastie wurde gestärkt, als Michaels Vater Filaret, der 1619 zum Patriarchen gewählt worden war, aus polnischer Gefangenschaft zurückkehrte. Er übernahm den Titel »Welikij Gosudar« (»Großer Herrscher«), der nur den Monarchen verliehen wurde. Tatsächlich hatte Rußland nun plötzlich erneut zwei Herren. Doch Filaret besaß einen starken Charakter und enorme Erfahrung, so daß sich Michael der Autorität seines Vaters unterwerfen mußte. Die Stellung der neuen Dynastie war jedoch noch nicht gefestigt. Die Romanows konnten nicht ohne die Unterstützung der Reichsversammlung (Semskij sobor) regieren und Steuern eintreiben. Fast zehn Jahre lang trafen sich die gewählten Vertreter der Städte periodisch in Moskau. Diese Versammlungen hatten nur für eine kurze Zeit reale Macht, in der Zeit des Interregnums. Doch mit dem Erstarken der Macht des Zaren verringerte sich ihre Bedeutung. Filaret ließ nur noch Männer, die von den Behörden ausgewählt worden waren, zusammenrufen; ihnen teilte der Monarch seinen Willen mit und hörte sich dann ihre unterwürfigen Antworten an. Bald hörte die Regierung damit auf, den Sobor einzuberufen. Filarets Tod und die schwere Niederlage Rußlands im Krieg gegen Polen begünstigten eine Wiederaufnahme der regelmäßigen Sitzungen. Es gab auch Männer, die von diesem Umstand profitieren wollten. Im Jahr 1634 schlug der adlige Dworjanin I. A. Buturlin vor, in der Hauptstadt ein permanentes Organ aus den Vertretern der »besten Soldaten von Moskau«, der in den Provinzen wohnenden Bojaren und der Stadtbevölkerung einzurichten. Diese Vertreter sollten in Moskau wohnen und dem »Herrscher alle Verbrechen und Beleidigungen berichten, wer sie auch begangen haben möge«. Sie sollten regelmäßig ausgewechselt werden. Buturlins Projekt kam nicht zur Ausführung. Die russischen Sobor führten nicht zur Bildung eines Parlaments, weil die politische Organisation des Staates mit einer absoluten Monarchie neben der Bojarenduma und einer starken Kirche keinen Raum ließ für Institutionen, in denen alle gesellschaftlichen Schichten vertreten waren.

297. Karte des Moskauer Reiches von G.Gerrits, 1613.

Verwaltungssystem und Staatsbesitz hingen in Rußland eng zusammen. Die Schwächung der Macht während der Zeit der Wirren verschärfte die Krise im System des Pomeste. Die unterschiedslosen Konfiskationen, die der Zar befahl, und Betrüger beuteten den Bestand an Ländereien aus, die für den Pomeste bestimmt waren. Die Dworjanin, die sich im Dienste des Herrschers ausgezeichnet hatten, erhielten für sich nach dem Feudalrecht die besten Pomeste als Dauerbesitz, während das Schatzamt die aufgelassenen Pomeste verkaufte. Nach und nach verlor der Pomeste seine Bedeutung als wichtigste Form des Landbesitzes. Das ungefähre Zahlenverhältnis zwischen Wotschina und Pomeste betrug in der ersten Hälfte des 17. Jahrhunderts zwei zu drei, während sich in der zweiten Hälfte des Jahrhunderts das Verhältnis umkehrte, drei zu zwei. Die Gesellschaft versuchte sich instinktiv von einem zu schweren Gewicht zu befreien. Die Auflösung des Staatsbesitzes erstreckte sich nicht nur auf die Verringerung der Ländereien, die für den Pomeste gedacht waren. Die Behörden gaben den Wünschen der Dworjanin nach und erlaubten einen Tausch zwischen Pomeste und Wotschina; sie erweiterten die Erbrechte auf die Pomeste und so weiter. Die Regierung war nicht imstande, den neuen Generationen von Pomeschtschiki die Zuteilung der Ländereien zu garantieren, und das führte zu einer dauernden Unzufriedenheit unter den Dworjanin. Im Sommer 1641 verlangten die Provinzdworjanin, die sich in Moskau für eine Truppenschau eingefunden hatten, Hilfe von den Behörden. Da ihnen diese nicht gewährt wurde, brachen sie mit viel Lärm in den Zarenpalast ein und überreichten eine Bittschrift »über alle unsere Bedürfnisse und die erlittenen Ungerechtigkeiten«. Im Januar 1642 wurde der Semskij sobor unter Beteiligung der Repräsentanten der Städte einberufen. Erneut verwendeten die Dworjanin den Sobor, um sich über ihre eigene »Armut« zu beklagen.

Der wirtschaftliche Ruin der Dworjanin barg die Gefahr neuer Wirren in sich, doch kam noch Schlimmeres dazu. Die berittenen Milizen der Dworjanin, die sich aufgrund der Krise schnell verkleinert hatten, waren nicht mehr imstande, den westlichen Söldnerheeren auf dem Schlachtfeld die Stirn zu bieten. Angesichts dieser Umstände begann die Regierung mit einer Heeresreform. Bei der Vorbereitung auf den Krieg gegen Polen bildete und bewaffnete sie mit Hilfe Schwedens die ersten Bataillone »ausländischen Typs«, das heißt, sie wurden nach westlichem Modell organisiert.

Die Wirren brachten die Macht des Zaren ins Wanken und führten unvermeidlich zu einer Machtverschiebung zugunsten der Bojarenduma. Ein Zeitzeuge, der Djak K. Kotoschichin, schrieb, Michael habe nichts ohne den Rat der Bojaren unternehmen können. Das System des Mestitschestwo, das die Beziehungen unter den Bojaren, die Regierungsfunktionen ausübten, regelte, existierte in Rußland seit über einem Jahrhundert und hatte sich als außerordentlich solide erwiesen. Die angesehensten Posten erhielten Personen, deren Vorfahren erfolgreich der Dynastie der Kalita gedient hatten oder die im Adel eine herausragende Stellung einnahmen oder die vor allem mit der herrschenden Dynastie

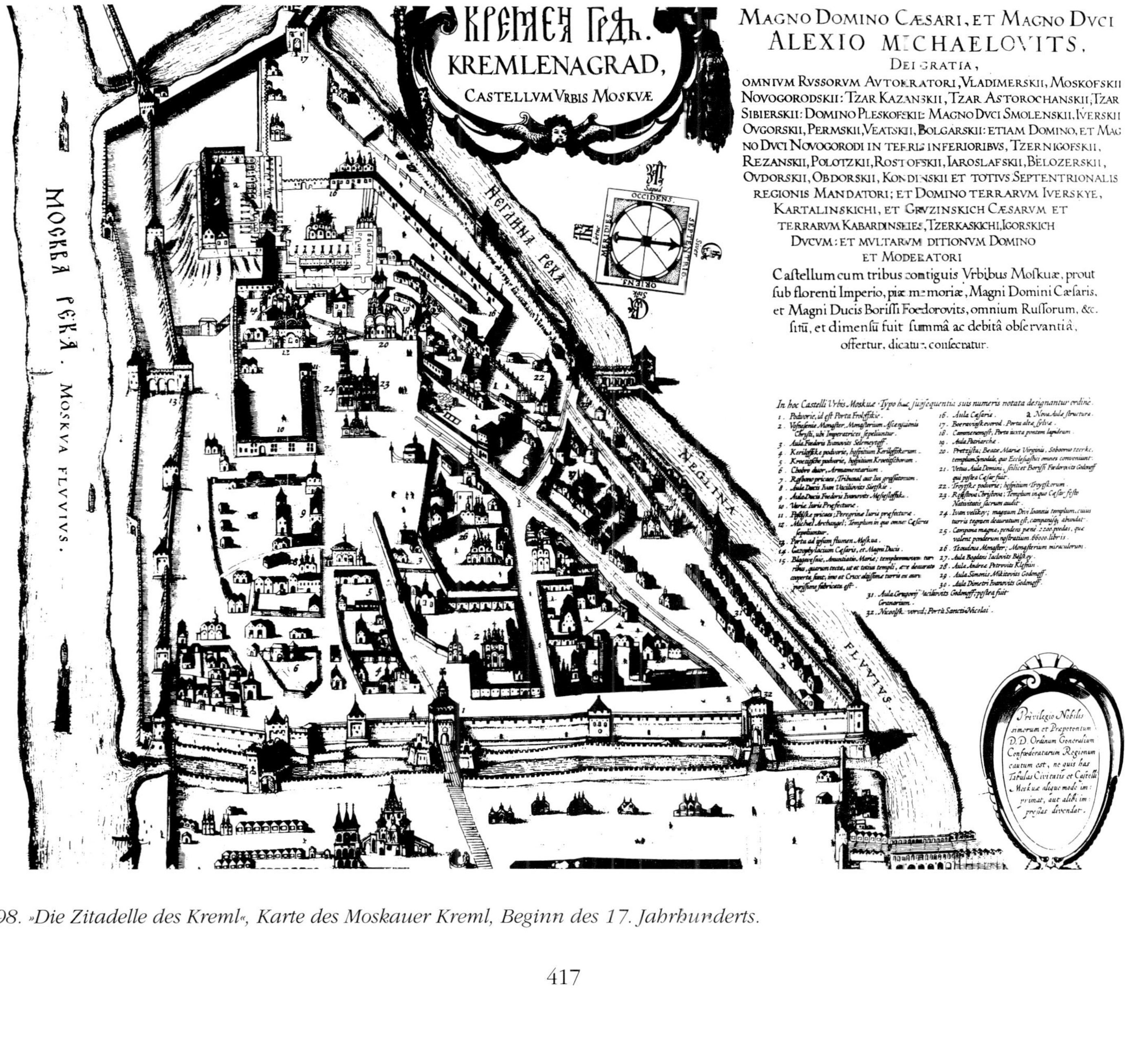

298. *»Die Zitadelle des Kreml«, Karte des Moskauer Kreml, Beginn des 17. Jahrhunderts.*

verwandt waren. Sofort nach der Thronbesteigung Michaels erlangten die Bojaren Morosow-Saltykow am Hof eine Sonderstellung – Michaels Mutter gehörte zu den Morosows. Diese Bojaren beschäftigten sich nicht nur mit Staatsangelegenheiten, sondern mischten sich auch in das Privatleben des Herrschers ein. Michael war mit einem Mädchen aus der Familie Chlopow verlobt, das zwar dem Zaren gefiel, nicht aber den Saltykow. Es gelang ihnen schließlich, das Mädchen nach Sibirien zu verbannen. Michael konnte seine Verlobte nicht vergessen, und Filaret ersetzte unter dem Vorwand des »Verrats« alle Bojaren in den Spitzenpositionen der Regierung. Die Saltykows verloren ihre Besitztümer und ihren Rang, und ihre Stelle nahmen die Fürsten Tscherkasskij ein.

Die Romanows fanden sich damit ab, daß in der Duma des Zaren die »großen Bojaren« saßen, die sie früher verurteilt und der Rache Boris Godunows ausgeliefert hatten. Zu jener Zeit hatte Filaret sie seine schlimmsten Feinde genannt. Um sich der Unterstützung der adligen Dworjanin zu versichern, hatte Michael ihnen großzügig Sitze in der Duma zugestanden, die unter seiner Regierung sehr umfangreich wurde und einen Einfluß wie nie zuvor gewann. Michael ließ sich absoluter Monarch nennen, besaß aber keinesfalls eine unbegrenzte Macht. Nach Filarets Rückkehr aus der Gefangenschaft wurde die Mitgliederzahl der Duma reduziert.

Die Erfahrung aus der Zeit der Wirren hatte Filaret gelehrt, daß die Stabilität des Thrones von der Treue der Strelitzenabteilungen der Kremlwache abhing. Das Geld und das Brot für ihre Versorgung und Entlohnung wurde unter der Bevölkerung eingezogen. Die entsprechende Steuer, das sogenannte »Strelitzengeld«, wurde mit der Zeit zur größten direkten Steuer, die das Volk als sehr drückend empfand. Der Zar und der Patriarch beschenkten dauernd die Strelitzen, luden die Kommandanten in ihre Paläste ein, verliehen ihnen Orden und stellten das Strelitzenkorps der Hauptstadt wieder her.

Von Filaret wurde behauptet, er sei »jähzornigen Charakters«, rachsüchtig, und er werde vom Zaren selbst gefürchtet. Obwohl die Hofetikette sehr streng beachtet wurde, war Michael seinen Eltern vollständig untertan. Seine erste Verlobte, die Chlopowa, wurde aus Sibirien zurückgerufen. Sie gefiel dem Zaren, doch beugte sich Michael dem Willen seiner Eltern und heiratete nicht sie, sondern die Prinzessin Dolgorukaja. Nach deren frühem Tod verband er sich mit der Streschnewaja. Sie stammte aus einer Funktionärsfamilie niedriger Abkunft, die dank der Gunst des ersten Pseudodemetrius eine Stelle in der Duma bekommen hatte.

Unter sich sprachen die Adligen ohne die geringste Ehrerbietung von der neuen Dynastie. Die Fürsten Schachowskij machten sich einen Spaß daraus, eines der Mitglieder ihrer Familie »auf spöttische und beleidigende Weise« als Zaren zu verherrlichen, während die übrigen die Rolle der Bojaren übernahmen. Diese Scherze brachten ihnen die Verbannung nach Sibirien ein.

In der Außenpolitik bemühten sich die Romanows darum, die verlorengegangenen russischen Gebiete wieder in die Hand zu bekommen. Im 17. Jahrhundert war Schweden eine bedeutende Militärmacht geworden, und Rußland hatte viele Gründe für eine Allianz mit den Schweden im Krieg gegen Polen. Nach dem Tod des polnischen Königs Sigismund III. blieb der Thron verwaist. In dieser schwierigen Lage lief der Waffenstillstand zwischen Rußland und Polen aus. Filaret drängte darauf, die Kriegshandlungen wiederaufzunehmen und vom Augenblick zu profitieren. Der Smolensker Krieg (1632–1634) begann glücklich für die Russen. Sie konnten zunächst viele Städte befreien, die nach der Zeit der Wirren in den Besitz Polens übergegangen waren. Der Großteil des Zarenheeres unter dem Kommando des Bojaren Schein-Morosow belagerte die Stadt Smolensk. Doch nach einem Jahr endete diese Belagerung mit einer Niederlage: Der neugewählte König Wladyslaw besiegte Schein und zwang ihn zur Übergabe. Nach den Bedingungen des Friedensschlusses von Poljanowsk mußten die Russen die Truppen von den Städten, die sie erobert hatten, abziehen. Wladyslaw seinerseits verzichtete auf den Titel des Zaren und anerkannte die Rechtsgültigkeit der Wahl der Romanows auf den Moskauer Thron. Das Bojarengericht beschloß die Enthauptung Scheins, eines der Helden aus der Zeit der Wirren. Mit dieser Handlung erklärten die »großen Bojaren« ihren Haß gegen die Regierung des Patriarchen Filaret, der vor kurzem gestorben war und dem Schein als ergebenster Mitarbeiter zur Seite gestanden hatte.

Der Smolensker Krieg zeigte, daß das Moskauer Reich wegen seiner inneren Zerrissenheit nicht imstande war, seine Militärmacht wiederzugewinnen.

Im Jahr 1645 starb Zar Michael, und auf dem Thron folgte ihm sein sechzehnjähriger Sohn Aleksej. Die Regierungsgewalt ging in die Hände des Lehrers des Zaren über, des Bojaren B. I. Morosow. Er verstärkte seine Stellung am Hof, indem er Aleksej die junge Miloslawskaja als Frau zuführte, deren Schwester er selbst heiratete. Morosow war ein ungewöhnlich begabter, weitblickender Mann mit großem Interesse für die Neuigkeiten aus dem Westen. Er verwaltete sorgfältig seine

299. Dreieinigkeits-Kirche in Choroschewo, 1598.

eigenen Besitztümer und besaß unternehmerische Fähigkeiten. Auf seinen Ländereien begann er beispielsweise mit dem Abbau von Eisenerzen. Er baute eine Eisenhütte und eine Fabrik für die Herstellung von Pottasche. Der Verkauf der Pottasche auf westlichen Märkten brachte ihm großen Gewinn ein. Nachdem Morosow mächtig geworden war, versuchte er seine Erfahrung bei der Ordnung der zerrütteten Staatsfinanzen zu nutzen. Doch die Reformen, die er vorhatte, widersprachen alten Gewohnheiten des Moskauer Reiches. Die direkte Hauptsteuer, das »Strelitzengeld«, wurde abgeschafft und dafür eine Sondersteuer auf das Salz erhoben. Man wollte damit alle Untertanen erfassen; gleichzeitig sollten aber frühere Ungerechtigkeiten beseitigt werden, so daß keiner mehr bezahlen mußte als andere. Westliche Länder (Frankreich) verwendeten seit einiger Zeit dieses System einer indirekten Besteuerung, und vor allem die Salzsteuer half mit, die Staatskassen wieder aufzufüllen. Auch in Moskau entschied man sich dafür, allerdings ohne in Betracht zu ziehen, daß sich in Rußland die Handelsbeziehungen und der Kapitalfluß im Vergleich zum Westen noch auf einem sehr niedrigen Niveau befanden. Die Reform führte nur zu dem Ergebnis, daß der Salzhandel im Land drastisch zurückging. Nicht nur das Volk, sondern auch die kleinen Dworjanin schränkten den Salzkonsum ein und kauften kein Salz mehr, weil sie darauf eine Steuer entrichten mußten, die deutlich höher war als der Preis des Salzes. Nachdem die Staatseinkünfte zurückgegangen waren, gaben die Behörden die Salzsteuer wieder auf und ordneten an, daß das »Strelitzengeld« für die vergangenen Jahre wieder eingetrieben werden sollte. Das Finanzministerium hatte nicht genügend Geld, um den Strelitzen den Lohn zu bezahlen, was ernsthafte Folgen mit sich brachte. Im Sommer 1648 herrschten in Moskau Unruhen. Einige Tage lang plünderten die Moskauer die Paläste der Reichen. Die Strelitzen weigerten sich, den Befehlen zu gehorchen und aufs Volk zu schießen. Morosow und seine Mitarbeiter waren gewiß nicht schlimmer als die früheren Regenten. Im Gegenteil, sie hatten sich bemüht, die Lage des Volkes zu verbessern, und aus diesem Grund die Salzsteuer eingeführt. Die Reform hatte aber ihr Ziel verfehlt, und die Bevölkerung war wütend auf die Behörden, weil sie zwei Jahre lang auf das Salz verzichten mußte. Der Zar sah sich gezwungen, der rachedurstigen Menge Leontij Pleschtscheew, den Leiter des Territorialministeriums (das die öffentliche Ordnung der Hauptstadt garantierte), und P. Trachaniotow, Vorsteher eines anderen Ministeriums, auszuliefern. Der Djak N. Tschistoj, der als Initiator der Salzsteuer galt, wurde im Hof seines Hauses getötet. Zar Aleksej gelang es mit großer Mühe, Morosow zu retten. Er ließ ihn von einer Eskorte aus der Stadt zu seinem Verbannungsort am Weißen See bringen. In der Duma stellten sich der Bruder des Zaren I. I. Romanow und J. K. Tscherkasskij gegen Morosow. Die Bojaren versuchten, die Garnison der Strelitzen für ihre Zwecke zu gewinnen. J. K. Tscherkasskij wurde Vorsteher des Strelitzenministeriums. Kaum hatten sich die Tumulte in der Hauptstadt beruhigt, rief der Zar Morosow wieder zu sich zurück und übergab die Leitung des Strelitzenministeriums dem Bojaren I. D. Miloslawskij. Die Staatskasse teilte an die Strelitzen große Geldsummen aus, und die Anstifter der Revolte wurden ohne allzu große Publizität verbannt.

Die Dworjanin und die Kaufleute der Hauptstadt nutzten die Verwirrung, in der sich die Zentralgewalt befand, und es gelang ihnen, den Semskij sobor einzuberufen. Die Vertreter kamen um den ersten September 1648 in die Hauptstadt, und im Januar 1649 präsentierte eine Kommission unter der Leitung des Fürsten I. I. Odoewskij dem Sobor einen neuen Gesetzestext, der die Bezeichnung »Gesetzbuch« (Uloschenie) erhielt. Seit langer Zeit hatten die Dworjanin versucht, das Recht zu bekommen, auf unbestimmte Zeit hinaus, also ohne die bisher vom Gesetz auferlegte Zeitbeschränkung, ihre entlaufenen Bauern zu suchen. Der Sobor bestätigte auf Verlangen der Soldaten »aller Städte« das neue Gesetz über die Bauern, mit dem sie nun endgültig an ihre Scholle gebunden waren. Die Dworjanin verlangten vom Zaren dauernd, er solle ihnen Pomeste überlassen, doch das Finanzministerium verfügte nicht über freie Ländereien. Im Semskij sobor schlugen sie vor, die Ländereien zu beschlagnahmen, welche die Kirche trotz des Verbotes von Iwan IV. hinzugewonnen hatte. Am Hofe hatte man Angst, diesem Ansinnen zu widersprechen. Überdies hatte Zar Aleksej die Bitte der Dworjanin günstig aufgenommen und den Befehl erteilt, die notwendige Dokumentation zu erstellen. Was Iwan III. und Wasilij III. nicht gelungen war, setzte nun Aleksej in die Tat um. Das Finanzministerium und die Dworjanin schauten neidisch auf die blühenden kirchlichen Besitztümer und hätten gerne deren Säkularisierung durchgeführt, um die eigenen wirtschaftlichen Schwierigkeiten zu lösen. Doch der Widerstand der hohen kirchlichen Würdenträger war zu stark, und der Zar stieß nicht einmal bei seinen engsten Mitarbeitern auf eine einstimmige Meinung. Er beschränkte sich darauf, die Gültigkeit der Gesetze Iwans des Schrecklichen zu bestätigen, die es der Kirche verboten, ihre eigenen Ländereien weiter auszudehnen.

300. Smolensk, Befestigung, 1595–1602, Architekt Fedor Kon.

Die Bewohner Moskaus waren aufgebracht darüber, daß es im Inneren der Stadt große Bereiche, sogenannte »weiße« Sloboda gab, deren Bewohner anders als die steuerpflichtigen »schwarzen« Leute keine Steuern zahlen mußten. Um den Abgaben zu entgehen, die sie dem Zaren entrichten mußten, stellten sich die Bewohner der Stadt unter den Schutz der Bojaren und des Klerus. Der größte Teil der »weißen« Gebiete gehörte N. I. Romanow, den Tscherkasskijs, den Saltykows und dem Patriarchen, während B. I. Morosow kein einziges besaß. Die alten Bojaren hatten während der Unruhen die Stimmung der Moskauer geschickt ausgenutzt, um die Menge gegen Morosow aufzustacheln. Doch der Regent fand ein sicheres Mittel, um die Intrigen seiner Feinde zu durchkreuzen. Trotz des Widerstands des Patriarchen und der alten Bojaren in der Duma entschied der Semskij sobor, alle »weißen« Sloboda seien zugunsten des Schatzamtes zu konfiszieren, und die Menschen sollten wie die restliche Stadtbevölkerung ihre Steuern entrichten.

Weil Zar Aleksej einen schwachen Charakter besaß, suchte er unter den Menschen, die ihm am nächsten standen, Halt und Stütze. Zunächst unterwarf er sich völlig der Autorität des »Onkels« (seines Lehrmeisters), dann des Mönches Nikon. Nikita Minitsch (sein Mönchsname war Nikon) war in der Umgebung von Nischnij Nowgorod als Sohn eines Bauern auf die Welt gekommen. Im Alter von zwanzig Jahren wurde Nikita Priester und lebte schließlich im Skit von Ansersk am Weißen Meer, wo er Mönch wurde. Im Alter von dreißig Jahren bekleidete er das Amt des Abtes eines kleinen Klosters am Kischi-See. Drei Jahre später fiel er durch einen Zufall dem Zaren auf und machte von diesem Augenblick an eine brillante Karriere. Nikon besaß einen starken, leidenschaftlichen Charakter, und seine Demut und Rechtschaffenheit erstaunte alle Menschen seiner Umgebung. Kurz nachdem der Zar Nikon kennengelernt hatte, ernannte er ihn zum Archimandriten des neuen Erlöser-Klosters, des Familienklosters der Romanows.

Nach Zeugenaussagen befand sich in den Tagen des Volksaufstandes in Moskau ein Mönch, der wegen seines exemplarischen Lebenswandels und seines Glaubenseifers von allen geachtet wurde; er »zähmte die Wut des Volkes durch seine Werke der Überzeugung«. Man nimmt an, dieser Mönch sei Wonifatew gewesen, doch entbehrt diese Hypothese jeglicher Grundlage. Wonifatew war nämlich kein Mönch, und die Menschen jener Zeit konnten mit Sicherheit den schwarzen vom weißen Klerus unterscheiden. Nikon besaß einen unbeugsamen Charakter, und ihm hätte somit die Rolle als Bändiger des Volkszorns wohl besser angestanden. Der Zar schätzte die Dienste des Archimandriten aufs höchste und ernannte ihn sechs Monate nach dem Ende der Tumulte zum Metropoliten von Nowgorod.

In jenen Jahren gab es auch in anderen russischen Städten Revolten. Im Jahr 1650 erhob sich das Volk in den beiden Zentren von Nowgorod und Pskow. Im Unterschied zu den Wojwoden, die nicht wußten, was sie unternehmen sollten, handelte Nikon in Nowgorod mit derselben Energie, die er schon in Moskau an den Tag gelegt hatte. Kaum hatten die Unruhen begonnen, exkommunizierte er deren Anführer, wobei er die Namen einzeln nannte, sowie alle Teilnehmer. Als Reaktionen darauf läuteten die Bewohner der Stadt die Glocken mit Hämmern, strömten in den Hof des Metropolitenpalastes und griffen Nikon mit obszönen Beschimpfungen an. Doch er blieb ruhig und versuchte die Aufständischen weiterhin zu überzeugen. Dieses Verhalten verstärkte das Vertrauen des Monarchen in Nikon.

Aleksej war stolz auf seine Blutsverwandtschaft mit Iwan dem Schrecklichen und liebte es, historische Werke über ihn zu lesen. Eine der dramatischsten Epi-

301. Solowki-Kloster, Erzengelturm, 1582–1594.

302a–b. Goldmünze.
303a–b. Auszeichnung des ersten Pseudodemetrius, Sankt Petersburg, Museum Ermitage.

soden der Geschichte Iwans IV. war die Exekution des Metropoliten Filipp, dessen Martyrium als erster Fürst Kurbskij in allen Details beschrieb. Zu Fedors Zeiten hatten die Mönche der Solowezki-Inseln die Erlaubnis erhalten, die Leiche des Metropoliten, die sich im Kloster Otrotsch von Twer, einem Teil der Nowgoroder Diözese, befand, in ihr eigenes Kloster zu überführen. Nikon hatte mit lebhaftem Interesse die Initiative der Mönche verfolgt und den Monarchen, ohne dessen Sympathien zu berücksichtigen, davon überzeugt, dem Märtyrer Filipp von seiten seines Schlächters Iwan einen reuigen Brief zu schreiben. Danach holte er Filipps Leiche von den Solowezki-Inseln ab und brachte sie nach Moskau. Dort begrub man sie erneut in der Hauptkirche des heiligen russischen Reiches.

Während der Reise Nikons zu den Solowezki-Inseln starb der alte Patriarch, und Aleksej bot seinem Freund, dem Metropoliten, das Amt an. Die Zeremonie der Ernennung fand neben den Reliquien von Filipp Kolytschew in der Mariä-Himmelfahrts-Kathedrale statt. Nachdem Filipp zweimal auf diese Würde verzichtet hatte, folgte auch Nikon seinem Beispiel und verzichtete noch vor dem Ende der Zeremonie auf das Patriarchat. Der Zar hatte diesen Ausgang der Dinge nicht erwartet und fiel dem Metropoliten zu Füßen. Seinem Beispiel mußten auch die Bojaren und alle anderen Anwesenden folgen. Als Antwort auf die Bitte des Zaren richtete Nikon eine Frage an die Duma und an das Volk: »Werden Sie ihn als Hirten und Vater ehren, werden Sie ihm zugestehen, die Kirche zu organisieren?« Der Sinn dieser kurzen Ansprache war völlig klar: Nikon verlangte Sonderrechte, um die Kirchenreform voranzutreiben.

Nikon glaubte, Rußland habe den Auftrag, die Orthodoxie zu retten und die slawischen Völker von ihren Ketten zu befreien. Zar Aleksej besaß nicht die Eigenschaften eines Heerführers, doch der Patriarch überredete ihn dazu, einen Feldzug auf polnisches Territorium zu unternehmen, um den orthodoxen Menschen der Ukraine Hilfe zu bringen. Um das Verhalten der Bojaren unter den Soldaten und in den Etappen zu kontrollieren, richtete er ein Ministerium für geheime Angelegenheiten ein. Diese Institution, die zur Zeit der größten Machtfülle Nikons entstand, hatte nicht die Aufgaben einer politischen Polizei. Es handelte sich vielmehr um die Privatkanzlei des Herrschers, welche die Tätigkeit der Duma überwachen sollte. Alle russischen Ministerien waren in Wirklichkeit nämlich Ableger der Kanzlei der Duma. Das neue Ministerium bildete hier eher eine Ausnahme: An seiner Spitze stand ein vertrauenswürdiger Funktionär, der nicht der Duma angehörte und seinen Posten sofort verloren hätte, wenn er ihr beigetreten wäre. Jedem Bojaren, der in den Krieg zog, gab der Zar einen Funktionär dieses Ministeriums zur Seite; er hatte die Aufgabe, alles zu »beobachten« und unverzüglich nach Moskau zu melden. Für seine Korrespondenz verwendete das Ministerium oft Geheimschriften, die der Zar selbst ausgetüftelt hatte. Die Bevormundung durch die Bojaren hatte den Zaren schon seit langem gestört. In einem Brief teilte er Nikon auf den Solowezki-Inseln mit, er habe den alten Hausmeister in Pension geschickt, und fügte stolz hinzu: »Alle im Palast fürchten mich jetzt und tun alles mit großer Bereitwilligkeit.« Patriarch Nikon mußte dem Zaren helfen, die grandiose und »schreckliche« Macht wiederherzustellen. Im Gedenken an seinen Großvater Filaret verlieh Aleksej Nikon den Titel eines »Großen Herrschers«, und nachdem der Zar in den Krieg gezogen war, ging die Staatsregierung tatsächlich in Nikons Hände über. Er beschäftigte sich mit der Aushebung der Truppen, dem Nachschub für das Heer und so weiter. Der Patriarch verbarg seine ausgeprägt feindselige Haltung gegenüber dem Gesetzbuch des Semskij sobor keineswegs. Es gelang ihm, die Konfiskation der »weißen« Sloboda, die der Kirche gehörten, zu stoppen. In Umgehung des Gesetzes erhielt der Patriarch vom Schatzamt große Ländereien. Nikon behandelte die Bojaren ohne jegliche Ehrerbietung. Er beschimpfte sie, weil sie die Fastenregeln nicht einhielten, und zwang sie, lange Stunden im Vorzimmer zu warten, bevor er sie empfing. Von seinen Untergebenen verlangte er bedingungslosen Gehorsam. Priester, die sich etwas hatten zuschulden kommen lassen, wurden geprügelt, ins Gefängnis geworfen oder nach Sibirien verbannt. Iwan Neronow, der einst ein Freund des Patriarchen gewesen war, sagte ihm einmal mit Bitterkeit: »Welche Ehre hast du davon, heiliger Vater, wenn dich alle fürchten ... Ich wundere mich, man spürt nicht mehr die Autorität des Herrschers, des Zaren, alle haben Angst vor dir ...«

Nikon war ein Förderer der Restauration des Reiches. Als die russischen Truppen die Hauptstadt Litauens besetzten, übte er Druck aus, damit das katholische Litauen Rußland angegliedert würde, und riet dem Zaren dazu, auch Polen zu erobern. Das Kriegsglück stärkte die Macht Aleksejs, und er brauchte immer weniger die Dienste des »Großen Herrschers und Patriarchen«, den er über die Bojarenduma bestellt hatte. Jetzt störte sich der Zar an den Einmischungen des Oberhirten in die Staatsangelegenheiten. Die Vorstellung, die Kirche übe die Vorherrschaft über den Staat aus, widersprach den russischen Gewohnheiten und der byzantinischen Tradition, auf deren Grundlage die Rolle der Kirche in der russischen Gesellschaft definiert war. Der Patriarch hatte seine Kräfte nicht richtig eingeschätzt, als er sich die Bojarenduma zum Feind gemacht hatte. Der definitive Bruch zwischen dem Herrscher und der Duma einerseits und dem Patriarchen andererseits hatte seinen Grund nicht in einer zufälligen Meinungsverschiedenheit, sondern in einem Konflikt um den Titel, der von grundlegender Bedeutung war. Über die Bojaren teilte Aleksej Nikon mit, er entziehe ihm den Titel eines »Großen Herrschers«. Als Reaktion darauf verließ der Würdenträger seine Residenz im Kreml und zog sich ins Kloster zurück, von dem aus er seine Thesen zur Überlegenheit der geistlichen über die zeitliche Macht darlegte. Er verglich die Macht des Patriarchen mit der des Tagesgestirns, der Sonne, und die Macht des Zaren mit dem Mond, der nachts scheint. Acht Jahre lang führte Nikon seinen Krieg gegen den Monarchen. Danach wurde er vom Ökumenischen Konzil, an dem alle östlichen Patriarchen teilnahmen, abgesetzt. So kam die Restauration des Absolutismus, den die Zeit der Wirren ins Wanken gebracht hatte, zum Abschluß. Wie ein gutinformierter Zeitgenosse schrieb, konnte Zar Michael keinen Schritt ohne den Rat der Bojaren tun. Erst Aleksej begann »nach eigenem Gutdünken« die Regierungsgeschäfte zu führen.

Die Dynastie der Romanows gehörte nicht zum fürstlichen Adel und hatte nicht die alten Rechte der Aristokratie der unabhängigen Fürstentümer genossen. Da die Mitglieder der Dynastie keine Fürsten waren, konnten sie auch keine Ansprüche auf unabhängige Fürstentümer erheben. Die jahrhundertealte Tradition, unabhängige Fürstentümer den Familienangehörigen des

304–305. Dorf Jadrowoe; Umgebung von Kolomna, Zeichnungen aus dem Buch »Reise nach Moskau« von A. Meyerberg.

Zaren zuzuweisen, wurde im 17. Jahrhundert definitiv aufgegeben. Das hinderte den Bojaren Iwan Romanow dank der Protektion durch seinen Bruder Filaret und seinen Neffen, den Zaren Michael, nicht, seinen Besitz auf alle Städte und Dörfer auszudehnen, die einst den Bojaren der Familie Romanow gehört hatten. So wurde er einer der reichsten Männer seiner Zeit. Sein Sohn Nikita Romanow starb, ohne Erben zu hinterlassen, so daß der gesamte Familienbesitz dem Schatzamt zufiel. Teilweise wurde er auch unter die Verwaltung des Ministeriums für geheime Angelegenheiten gestellt. Das Ministerium nahm auch Güter in Besitz, die von anderen Mitgliedern der Dynastie in Staatsbesitz übergegangen waren, ferner Ländereien und Fabriken des verstorbenen Regenten B. I. Morosow. Zar Aleksej stellte für sich persönliche Besitztümer zusammen und folgte damit dem Beispiel Iwans des Schrecklichen, der für sich die Opritschnina und in der Folge auch den Udel (Teilfürstentum) geschaffen hatte, allerdings mit einem Unterschied: Die Anordnungen Iwans IV. verfolgten einen politischen Zweck, während Zar Aleksej vor allem wirtschaftliche Ziele verfolgte. Auf seinen Gütern entstand eine modellhafte Wirtschaft mit Fabriken. In der Folge stiegen die Einkünfte, über die der Zar verfügen konnte, ohne die Duma einzuschalten, schnell an. Ein großer Teil des Einkommens des Ministeriums für geheime Angelegenheiten wurde verwendet, um die Strelitzen zu bezahlen. Die Zeit der Wirren hatte gezeigt, daß die traditionelle Palastgarnison nicht imstande war, die Sicherheit der Zarenfamilie und die Stabilität der staatlichen Macht zu garantieren. Die Romanows versuchten zusätzliche Milizen zum Schutz des Thrones aufzustellen und wandelten die Moskauer Strelitzen in eine persönliche Leibwache des Herrschers um. Nach der Zeit der Wirren versuchte Rußland ungefähr dreißig Jahre lang, nicht in Kriege mit benachbarten Staaten verwickelt zu werden. Der Smolensker Krieg, der drei Jahre gedauert hatte, brachte die militärische Schwäche des Landes klar zutage. Als die Kosaken die bedeutende Festung Asow am Don besetzten und den Zaren Michael aufforderten, die Stadt unter den Schutz Rußlands zu nehmen, erhielten sie eine Absage, weil der Zar keine Lust hatte, sich in einen Krieg gegen das Osmanische Reich einzulassen. Im Jahr 1648 richteten die ukrainischen Kosaken, die sich gegen Polen erhoben hatten, einen ähnlichen Appell an Aleksej. Der ukrainische Hetman Bogdan Chmelnizkij bat den orthodoxen Monarchen, Truppen für den Krieg gegen die Polen zu schicken und die Ukraine unter den Schutz Moskaus zu stellen. Fünf Jahre lang verharrte Rußland im Zweifel, ob es opportun sei, den Ukrainern, die um ihre eigene Freiheit kämpften, militärische Hilfen zukommen zu lassen. Schließlich entschied sich die Reichsversammlung (Semskij sobor), die 1653 in Moskau zusammengetreten war, für eine Teilnahme am Krieg. 1654 bestätigte die Rada, die ukrainische Volksversammlung, die in Perejaslawl in der Umgebung von Kiew zusammengetreten war, die »ewige« Union zwischen der Ukraine und Rußland. Im Krieg gegen Polen galt als allerwichtigstes Ziel die Befreiung der Territorien, die nach der Zeit der Wirren verlorengegangen waren. In die Ukraine schickte man Verstärkung, während der größte Teil des Heeres unter der Leitung

306–307. Dreieinigkeits-Kloster am Ilmensee; Dorf Golino, Zeichnungen aus dem Buch »Reise nach Moskau« von A. Meyerberg.

des Zaren Smolensk belagerte. Die militärische Macht Polens war von den Erhebungen in der Ukraine und den Einfällen des Khans der Krim beträchtlich geschwächt worden. Die Situation verschlechterte sich nach der Invasion der russischen Truppen. Der Zar eroberte nach dreimonatiger Belagerung im Jahr 1654 Smolensk. Im darauffolgenden Jahr besetzten die Russen Weißrußland und eroberten die litauische Hauptstadt Vilnius. Die Situation wurde katastrophal, als auch die Schweden am Krieg gegen Polen teilnahmen und Warschau und Krakau besetzten. Die Sieger machten sich daran, die eroberten Territorien aufzuteilen, doch konnten sie sich nicht einigen. Rußland hätte gern Litauen behalten, doch auch Schweden beanspruchte dieses Gebiet. Der schwedische König wollte sich auch der Ukraine bemächtigen und bot Chmelnizkij den Titel eines Fürsten von Kiew unter schwedischem Protektorat an.

Die Siege bewirkten, daß Zar Aleksej und seine Ratgeber den Kopf verloren. Sie glaubten, Polen sei nicht mehr imstande, sich von der Niederlage zu erholen. So erklärte die russische Regierung Schweden den Krieg und unternahm einen Versuch, das schwedische Heer aus Livland zu vertreiben. Während des Feldzuges 1656 nahmen die Russen auch wieder Gebiete an der Newa in Besitz, welche die Schweden zur Zeit der Wirren eingenommen hatten. Der Zar leitete den Feldzug in Livland höchstpersönlich und wollte auch Riga erobern, einen wichtigen befestigten Hafen in der östlichen Ostsee. In der Umgebung dieser Stadt wurde der Vormarsch der Russen allerdings zum Stehen gebracht.

In der Zwischenzeit hatten die Polen ihre Kräfte wieder gesammelt und machten sich daran, das Land von den feindlichen Truppen zu befreien. Im Jahr 1659 erlitten die Russen durch die Krimtataren und die ukrainischen Kosaken eine schwere Niederlage. Ein Jahr später nahmen das polnische Heer und die Horde der Krimtataren die Armee von Scheremetow in der Ukraine gefangen.

Unter dem Druck der schweren Niederlagen und der inneren Wirren mußte Rußland auf eine Fortsetzung des Krieges verzichten. Nach den Vereinbarungen des Friedensvertrages mit den Schweden zog Rußland seine Truppen aus der Ostsee zurück, ohne letztlich die Gebiete an der Newa erobert zu haben. An den polnischen Grenzen ging der Krieg mit dem Waffenstillstand aus dem Jahr 1667 zu Ende. Polen verlor Smolensk und Tschernigow, während sich die Russen aus Litauen zurückzogen. Die ukrainischen Gebiete wurden aufgeteilt. Rußland annektierte Kiew und die Gebiete östlich des Dnjepr, während Polen die Gebiete östlich davon behielt. Der Krieg, den die Russen mit dem Ziel begonnen hatten, die Orthodoxen in der Ukraine zu befreien, führte zur Teilung des Landes.

Durch den Krieg mußte das Volk viel leiden, und im Land kam es zu einer Wirtschaftskrise. Eines der bedeutsamsten Ereignisse in der russischen Geschichte des 17. Jahrhunderts war das Schisma der russischen Kirche. Überall bestand ein Bedürfnis nach Reformen, doch die Vertreter der verschiedenen religiösen Strömungen konnten sich nicht darüber einigen, welchen Zweck die Reformen haben und mit welchen Methoden sie durchgeführt werden sollten. Diese Streitigkeiten unter den Reformatoren führten schließlich zur Kirchenspaltung.

Zar Aleksej war ein tief religiöser Mensch. Einen starken Einfluß auf ihn übte sein Beichtvater Stepan Wonifatew aus. Er hatte um sich eine Gruppe von Menschen, die Bogoljubzy, versammelt, die durch ihre Frömmigkeit und Beredsamkeit bekannt waren. Der Zar hatte sie aus allen Teilen Rußlands kommen lassen. Wonifatew, Iwan Neronow, Avvakum Petrow, Nikon und andere Bogoljubzy trugen Sorge, daß die Kirche ihre hohe moralische Mission erfüllte. Sie beschäftigten sich mit der Neuordnung der kirchlichen Angelegenheiten, der liturgischen Riten und der Korrektur der Bücher im »Druckhof« der Moskauer Druckerei.

Nach der Zeit der Wirren nahm der »Druckhof« seine Tätigkeit wieder auf und weitete sie aus. Seinerzeit hatte Maxim Grek versucht, die Moskauer Manuskripte nach den griechischen Originalen zu verbessern, doch schließlich hatte er seine Tage im Kerker verbracht. Unter dem Moskauer Klerus verbreitete sich die Meinung, die Griechen hätten ihren Glauben unter der Türkenherrschaft gar nicht rein erhalten können. Trotzdem kam der »Druckhof« nicht ohne Hilfe der Griechen und der gelehrten Mönche aus, die man nach Moskau berief. Ihre Arbeit wurde bei der Korrektur und Vorbereitung liturgischer Bücher für den Druck immer bedeutender. Durch ihre Tätigkeit, die den Boden für die Kirchenreform vorbereitete, erregten sie den Verdacht und die Feindseligkeit der Verteidiger der religiösen Gebräuche von Moskau. Diese behaupteten nämlich, bei der Korrektur der Bücher hätte man die Moskauer Manuskripte von dem Augenblick an verwenden sollen, da diese Stadt nach dem Fall von Byzanz die einzige Sachwalterin des reinen orthodoxen Glaubens geworden war. Natürlich stießen diese Ansprüche auf den Widerspruch der Griechen. Gegen Mitte des 17. Jahrhunderts wurden die Russen von der Nachricht erschüttert, die liturgi-

308. Zar Michail Fedorowitsch, Stich aus dem Buch »Descrizione di un viaggio a Mosca« von A. Oleari.

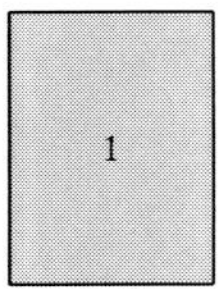

1. Kirche Johannes' des Täufers in Djakowo, 1547.

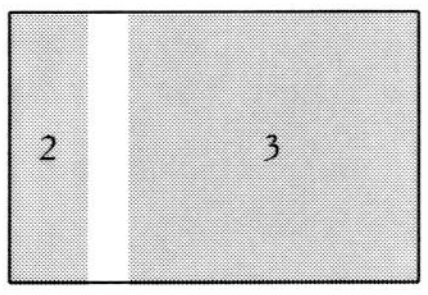

2. Aleksandrowskaja Sloboda, Glockenturm.
3. Wologda, Sophien-Kathedrale, 1568–1570.

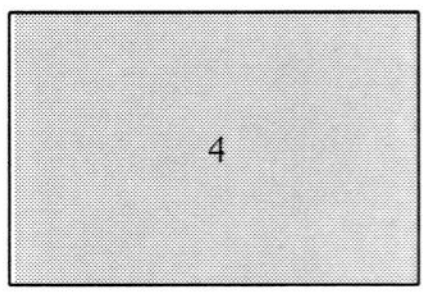

4. Aleksandrowskaja Sloboda, Mariä-Schutz-Kathedrale (1513), Refektorium (16. Jahrhundert), Glockenturm (1570–1571).

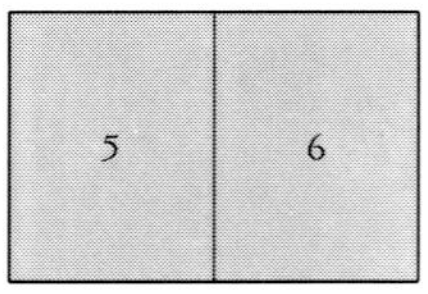

5. Dreieinigkeits-Kirche in Wjasemy, 1591.
6. Moskau, Dreieinigkeits-Kirche in Nikitniki, 1628–1631.

7. Uglitsch, Mariä-Himmelfahrts-Kathedrale, die »Wunderbare«, 1628.

8. Moskau, Nowodewitsch-Kloster.

9. Rostow Welikij, Kreml, Gesamtansicht.

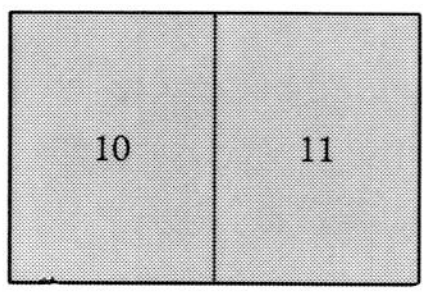

10. Moskau, Nowodewitsch-Kloster, Glockenturm, 1683–1690, 1704.
11. Neues Jerusalem-Kloster, Eckturm, 1690–1694, Architekt Jakow Buchwostow.

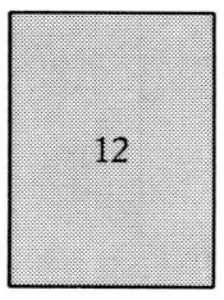

12. Kirche der Gottesmutter des Zeichens in Dubrowizy, 1690–1704.

schen Bücher von Moskau seien auf dem Berg Athos verbrannt worden. Die Spannung zwischen den Anhängern der griechischen Tradition und deren Gegnern wuchs immer mehr an. Die offizielle Kirche lehnte jeden Versuch ab, den Kultus und die damit zusammenhängenden Moskauer Gebräuche zu ändern. Die Bogoljubzy, die auf die Unterstützung durch den Zaren zählten, zögerten nicht, in Konflikt mit dem Oberhaupt der Kirche zu treten. Zunächst setzten sie sich dafür ein, das Stimmengewirr während der liturgischen Feiern aufzugeben. Es war nämlich üblich geworden, daß mehrere am Gottesdienst beteiligte Priester verschiedene Gebete gleichzeitig sangen oder rezitierten, was den Gläubigen das Verständnis der Texte natürlich sehr erschwerte. Wonifatew und die ihm nahestehenden religiösen Männer verlangten die Einführung des »Unisonos«, weil sie »in der Rückkehr zur vollständigen Liturgie das wichtigste mystische Instrument für die Wiedergeburt der Kirche und des Landes erblickten« (S. Senkowskij). Der Patriarch hingegen betrachtete diese Neuerungen als ein Attentat auf die alten Traditionen. Die Synode, die er 1649 einberief, verbot den einstimmigen Gesang, und als Wonifatew erklärte, in Moskau existiere die Kirche Gottes nicht mehr, drohte die Synode damit, dem Beichtvater des Zaren den Prozeß zu machen und ihn zu verurteilen.

Nikon teilte die Vorstellungen der Bogoljubzy, doch ihre Freundschaft wurde auf eine harte Probe gestellt, als er Patriarch wurde und mit den Reformen begann. Die Würdenträger der Ostkirche, die in Moskau oft zu Besuch waren, sprachen mit dem Zaren gerne über ihre Pläne im Hinblick auf eine Wiedergeburt von Byzanz unter russischer Ägide. Einer unter ihnen sagte Nikon voraus, er werde nach der Befreiung Konstantinopels von den Türken die Hagia Sophia wieder der Orthodoxie zurückgeben und werde selbst Oberhaupt der weltumspannenden orthodoxen Kirche. Solche Ideen wurden dauernd geäußert, und die Moskauer Intelligenzia stand ihnen seit längerem freundlich gegenüber. Als das Patriarchat in Rußland eingerichtet wurde, zielte die Vorstellung von Moskau als einem »dritten Rom« darauf ab, die Moskauer Kirche müsse eine Stellung einnehmen, die der der übrigen Patriarchate gleichwertig sei. Mit Nikon, dem »großen Herrscher«, bekam diese Theorie eine neue, imperiale Ausrichtung. Die Vorstellung eines universellen orthodoxen Reiches, die Zar Aleksej und Nikon teuer war, wurde schließlich zu einem der Hauptgründe für das Schisma der russischen Kirche. Nach der Eroberung der Ukraine und mit der Aussicht einer späteren Vereinigung der orthodoxen Völker Osteuropas und des Balkans mußten sich der Zar und seine Ratgeber daranmachen, die religiöse Einheit zu schaffen. Ohne sie hätte dieses Reich keine feste Grundlage gehabt. Diese Einheit ließ sich auf zwei Weisen erreichen: Der erste Weg bestand darin, daß man den Griechen, den Ukrainern und allen übrigen orthodoxen Völkern die Moskauer Riten und Übersetzungen aufzwang. Man konnte aber auch die Moskauer Riten und Bücher so weit korrigieren, daß sie mit neugriechischen Vorlagen übereinstimmten. Nikon wählte den zweiten Weg und anerkannte, daß die russische Kirche von hochgelehrten Griechen und den Mönchen von Kiew lernen müsse. Der bekannte ukrainische Theologe Epifanij Slawinezkij wurde der engste Mitarbeiter Nikons. Die Korrektur der Bücher vertraute der Patriarch dem Griechen Arsenij an. In der Vergangenheit hatte Arsenij mehrfach seine eigene Überzeugung gewechselt: Er hatte sich den Unierten angeschlossen und sich dann zum Islam bekehrt. Aus diesem Grund schickte man ihn zur Buße in das Kloster auf den Solowezki-Inseln. Von dort hatte ihn Nikon befreit, indem er ihn zu einer Tätigkeit am »Druckhof« berief. Auf Befehl des Patriarchen begann der »Druckhof« mit der Verbesserung der Moskauer Bücher nach den griechischen Originalen. Danach wiederum brachten die kirchlichen Behörden Veränderungen an der Liturgie an. Zur Zeit Iwans des Schrecklichen hatten der Metropolit Makarij und die Synode die Sitte verurteilt, sich mit drei Fingern und nicht mit zweien wie in Nowgorod zu bekreuzigen. Es war verboten, nur zweimal das Halleluja zu wiederholen anstelle von dreimal. Die Liturgie durfte nicht mit sieben, sondern nur mit fünf Prosphoren gefeiert werden. Es war verboten, Isus anstelle von Iisus zu schreiben, und so weiter. Nikon erkannte die Unterschiede zwischen dem russischen und dem griechischen Ritual und bezog eindeutig Stellung zugunsten der griechischen Form des Gottesdienstes. Aus eigener Initiative befahl er den Gläubigen, sich mit drei Fingern zu bekreuzigen, weil die Griechen es auch so täten. Die Synode von 1654 billigte die Reform, doch der Protopope Avvakum und die anderen Bogoljubzy erwiesen sich als entschiedene Gegner der Neuerungen und wurden folglich von Nikon in die Verbannung geschickt.

Der Patriarch ging schnell, despotisch und hart vor. Er verlangte, die alten Riten sollten unverzüglich aufgegeben und die neuen eingeführt werden. Der »Druckhof« druckte schnell die neuen verbesserten Bücher und zog die alten ein. Der Patriarch von Konstantinopel billigte und segnete alle Initiativen Nikons. Seine Gräkophilie kannte keine Grenzen: Er befahl dem Klerus, die traditionellen russischen Paramente nicht mehr anzulegen und dafür griechische zu verwenden. In der Küche des Patriarchen wurden nun griechische Speisen gekocht, und die altrussischen Riten wurden mit unangebrachter Heftigkeit und Härte verspottet. Diese Gräkophilie beruhte nicht auf einer Bewunderung für die hellenistische Kultur und das byzantinische Erbe, sondern

309. Nowgorod, Zeichnung aus dem Buch »Reise nach Moskau« von A. Meyerberg.

310. Pskow, Zeichnung aus dem Buch »Reise nach Moskau« von A. Meyerberg.

auf dem Provinzialismus des Patriarchen, der sich aus kleinsten Verhältnissen hochgearbeitet hatte und nach der Rolle des Oberhaupts der universellen griechischen Kirche strebte (S. Senkowskij).

Die Verteidiger der Moskauer Traditionen gaben nicht sofort auf. Auf ihrer Seite hatten sie nicht nur die Tradition, sondern auch einflußreiche Gönner am Hof und viele Förderer unter den Strelitzen und dem Volk. Nachdem sich Nikon ins Kloster zurückgezogen hatte, kehrten Avvakum und Neronow nach Moskau zurück, um mit Hilfe des Herrschers die Reform rückgängig zu machen. Doch das Oberhaupt des Heiligen Russischen Orthodoxen Reiches enttäuschte ihre Hoffnungen auf grausame Weise. Obwohl Aleksej seine Beziehungen zu Nikon abgebrochen hatte, fuhr er doch mit dessen Werk fort.

Eine der wichtigsten Etappen in der Geschichte der russischen Kirche des 16. Jahrhunderts war die Hundert-Kapitel-Synode gewesen. Nikons Reformen widersprachen den Entschlüssen dieser Synode. In den Jahren 1666 und 1667 erklärte die Synode, an der auch ökumenische Patriarchen aus dem Orient teilnahmen, die Entscheidungen der Hundert-Kapitel-Synode für null und nichtig. Damit nahm die Spaltung (Raskol) der russischen Kirche ihren Anfang. All jene, welche die Reform nicht akzeptierten, wurden mit dem Bann belegt und exkommuniziert. Avvakum verbrannte man auf dem Scheiterhaufen, nachdem er viele Jahre im Gefängnis verbracht hatte. Die Gewalttätigkeiten der Behörden reizten zum Widerstand. Die Mönche der Solowezki-Inseln sprachen sich für die Verteidigung des alten, nunmehr verfolgten Glaubens aus. Die Truppen des Zaren belagerten die Inseln acht Jahre lang und konnten sie erst dann einnehmen. Die Altgläubigen (Raskolniki) vertraten die Ansicht, der Verrat des Zaren und des Patriarchen an der Moskauer Liturgie habe das leuchtende orthodoxe Reich in das Reich des Antichristen verwandelt. Die Anhänger Kapitons, der die Kirchenspaltung vollzog, verbargen sich in undurchdringlichen Wäldern und starben Hungers. Andere organisierten die sogenannten »Scheiterhaufen« und zündeten sich selbst an.

Die Kirchenspaltung hatte unerhörte Auswirkungen, weil sie in eine Zeit der Krisen der russischen Gesellschaft fiel, die schon von Umstürzen und Aufständen gekennzeichnet war. Nach der Revolte wegen der Salzsteuer kam es zum Kupfergeldaufstand. Der Krieg hatte zu einer Krise des Geldumlaufs geführt. Um die militärischen Ausgaben decken zu können, hatte die Münzstätte begonnen, Kupfergeld anstelle von Silbergeld herauszugeben. Das Auftreten großer Mengen wertlosen Geldes hatte die Märkte völlig durcheinandergebracht. Der Wert des Kupfergeldes sank, während die Preise in schwindelnde Höhen stiegen, und die Waren von den Märkten zu verschwinden begannen. Die Behörden verlangten die Zahlung der Steuer mit Silbergeld, zahlten aber selbst mit Kupfergeld. Staatliche Funktionäre profitierten davon und bereicherten sich. Es kam viel Falschgeld in den Umlauf, doch die Betrüger blieben unbestraft, weil sie ihrerseits wieder Funktionäre bestachen. Die Bojaren der Familie Miloslawskij, die zur Familie des Zaren gehörten, wurden der Spekulation und Korruption verdächtigt. Im Jahr 1662 brachen in Moskau Unruhen aus. Eine Menschenmenge wälzte sich nach Kolomenskoe, wo sich der Zar befand, und verlangte die Auslieferung der Miloslawskijs und anderer Verräter. Strelitzen, die aus Moskau angefordert wurden, zerstreuten die Menge, doch hatte der Aufstand zur Folge, daß wieder Silbermünzen in den Umlauf kamen.

Unter den vielen Revolten, die während der Regierungszeit Aleksejs ausbrachen, war der Rasin-Aufstand (Rasinschtschina) am bemerkenswertesten. Er wurde nach seinem Anführer benannt, Stepan Rasin, einem Kosakenführer (Ataman) aus dem Don-Gebiet. Er hatte mit seiner Räuberbande die Gebiete bis zum Kaspischen Meer durchstreift, geplündert und Menschen getötet. Die Banditen hatten die persische Flotte besiegt und waren mit viel Beutegut zum Don zurückgekehrt. Im Jahr 1670 sammelte Rasin unter seiner Fahne einige tausend Kosaken, entlaufene Leibeigene und Freie. Dann machte er sich auf den Weg nach Moskau mit dem Ziel, die »schlechten« Bojaren auszurotten. Die Donkosaken versuchten, die Idee vom »guten« Zaren wieder zum Leben zu erwecken. Sie wollten damit das Volk zum Aufstand bewegen. Ihren »guten« Zaren sahen sie in der Person des Thronfolgers, des Zarewitsch Aleksej, der in Wirklichkeit aber schon tot war. Die Aufständischen behaupteten, dem »guten« Erben sei die Flucht vor den Bojaren und vor seinem Vater gelungen, und er halte sich nun bei den Kosaken auf. Die Rolle des Zarewitsch spielten abwechselnd ein gefangener tscherkessischer Fürst und einer der Kosakenführer. Rasin kündigte auch an, unter seinen Anhängern befinde sich der Patriarch Nikon, den Zar Aleksej verfolge. Die Kosaken begaben sich vom Don zur Wolga und eroberten Astrachan. Rasin versprach dem Volk die Freiheit und forderte es dazu auf, alle Bojaren und staatlichen Funktionäre zu eliminieren. Die Kosaken vertraten die Anliegen der nichtrussischen Völker am Mittel- und Unterlauf der Wolga. Der Aufstand erstreckte sich über einen großen Teil des Landes, doch gelang es Rasin nicht, bis nach

Moskau zu kommen. Er erlitt in der Umgebung von Simbirsk eine Niederlage, wurde gefangengenommen und 1671 hingerichtet. Der Rasinaufstand war einer der blutigsten in der russischen Geschichte. Als Rache für den Mord an den Bojaren wurden Zehntausende von Aufständischen hingerichtet. Der Versuch Rasins mit der Kandidatur eines falschen Zaren hatte keine weiteren Auswirkungen und führte nicht zu einem Bruch im Inneren der Dworjanin. Auf diese Weise wurde vermieden, daß sich der Kosakenaufstand zu einem Bürgerkrieg entwickelte.

Trotz der Tumulte und Aufstände führte die dreißigjährige Herrschaft Aleksejs zur vollständigen Wiedererrichtung der Autokratie in Rußland. Die Macht des Monarchen verstärkte sich immer mehr und begrenzte den Einfluß der Bojarenduma. Aleksej erreichte sein Ziel, ohne offen mit der Aristokratie in Konflikt zu kommen. In den letzten Jahren seines Lebens gewann A. S. Matweew besonders großen Einfluß am Hof. Als Sohn eines Ministerialbeamten gehörte er nicht dem Adel an und machte dank dem Dienst bei den Strelitzen und dank der Durchführung »geheimer Angelegenheiten« Karriere. Zunächst wurde er zum Obersten der Strelitzen befördert. Dann vertraute man ihm die Leitung des Außenministeriums an und ernannte ihn zum Bojaren. Als die Zarin starb, gab Matweew dem Herrscher sein Mündel Natalja Naryschkina zur Frau. Die Naryschkin waren Abkömmlinge von Krimtataren, die im Dienste des Hofes nach Moskau übersiedelt waren. Nataljas Vater gehörte der Schicht kleiner adliger Grundbesitzer an und lebte in der Provinz. Die Feinde der Familie Naryschkin verbreiteten allerlei Bösartigkeiten über die Tatsache, daß die künftige Zarin als Kind noch in Lapti, den Rindenschuhen der armen Bauern, Beeren gesammelt habe. Matweew, der mit einer Schottin verheiratet war, hatte ein europäisch aussehendes Haus. Er bewunderte die westeuropäische Kultur und unterhielt für sich eine Schauspieltruppe. Aleksej Michailowitsch setzte sich oft über das Hofritual hinweg und besuchte seinen Günstling.

Aus seinen beiden Ehen hatte Zar Aleksej elf Kinder. Er bemühte sich darum, den Thron seinen ältesten Söhnen zu hinterlassen, die er mit der Zarin Miloslawskaja gezeugt hatte. Doch alle hatten eine schlechte Gesundheit und starben früh. Am 30. Mai 1672 brachte die Zarin Natalja ihren Sohn Peter auf die Welt, den künftigen Zaren.

Aleksej Michailowitsch starb 1676 im Alter von sechsundvierzig Jahren. Er war gutherzig gewesen, allerdings auch ungewohnt jähzornig. Er hatte kein literarisches Talent, schrieb aber gern Briefe an seine Bojaren, den Kirchenfürsten, die Familienangehörigen und unternahm sogar Versuche, Verse zu schmieden. Aleksej zeigte ein großes Interesse an den Fortschritten der westeuropäischen Zivilisation und war keineswegs dagegen, einige dieser Neuerungen auszuprobieren. Er führte Veränderungen ein, die das Leben der Zarenfamilie bequemer gestalten konnten. Doch sein passives Wesen und seine Anhänglichkeit an alte Moskauer Sitten machten es ihm unmöglich, die russische Gesellschaft ernsthaft zu erneuern.

Kaum hatte der vierzehnjährige Zar Fedor den Thron übernommen, so beeilten sich die Bojaren, die Zügel der Regierung wieder in ihre Hände zu bekommen. Als erstes lösten sie das Ministerium für geheime Angelegenheiten auf, das ihrer Macht hinderlich im We-

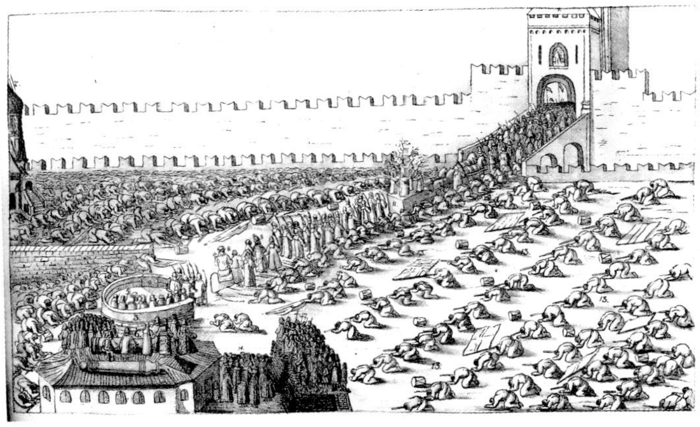

311–312. Galaempfang im Facettenpalast; Paläste der Ministerien in Moskau, Stiche aus dem Buch »Descrizione di un viaggio a Mosca« von A. Oleari.
313–314. Feierlicher Festzug mit dem Zaren und dem Patriarchen; Besuch der italienischen Gesandtschaft in Moskau, Zeichnungen aus dem Buch »Reise nach Moskau« von A. Meyerberg.

ge stand. Der Günstling Matweew wurde ins Exil geschickt, und der Einfluß der Strelitzen ging zurück. Man kann jedoch nicht behaupten, die Duma sei am Ende des 17. Jahrhunderts das Bollwerk des Konservativismus gewesen, das sich jeder Reform widersetzt hätte. Zu Fedors Zeiten begannen die Anführer der Duma in der Gestalt von W. W. Golizyn und der jungen Freunde des Zaren, die Heeresreform vorzubereiten. Sie beschlossen auch, eine der archaischsten Institutionen des Moskauer Staates aufzuheben: das »Mestnitschestwo« (Rangplatzordnung), das die Privilegien der adligen Bojaren gewährleistete.

Zar Fedor Alekseewitsch starb mit zwanzig Jahren, ohne Erben zu hinterlassen. Kurz vor seinem Tod war A. S. Matweew aus seinem Exil nach Moskau zurückgekehrt, und ihm gelang es, ein Einvernehmen zwischen den engsten Ratgebern des verstorbenen Zaren und den übrigen Mitgliedern der Duma zu erzielen. Sie waren der außergewöhnlichen Machtfülle der Miloslawskijs müde, die nun schon seit vielen Jahren anhielt. Der älteste Bruder, der Zarewitsch Iwan, war schwachsinnig, während Zarewitsch Peter, der damals erst zehn Jahre alt war, ein intelligenter und lebhafter Junge war. Der Klerus und die Duma wählten ihn zum Thronerben, und dem Wunsch der Bojaren folgend, gab der Patriarch die Nominierung Peters bekannt. Doch den Anhängern Peters und der Naryschkin gelang es nicht, die Unterstützung durch die Strelitzen der Hauptstadt zu erlangen, und das erwies sich als fatal für sie.

Die Strelitzen hatten Grund, empört zu sein über die Dynastie. Während Zar Aleksej ihnen große Gehälter zugestanden hatte, zeigten sich die Ratgeber des Zaren Fedor, die mit der Heeresreform begonnen und das Mestnitschestwo abgeschafft hatten, als weniger großzügig. Die Strelitzen verbargen nicht ihre Enttäuschung darüber. Die Miloslawskijs nutzten diese Mißstimmung als Waffe gegen ihre eigenen politischen Feinde. Sie verbreiteten das Gerücht, der legitime Thronerbe, der Zarewitsch Iwan, sei im Palast erwürgt worden. Am 15. Mai 1682 rebellierte die Garnison der Hauptstadt. Unter Trommelwirbeln und mit entfalteten Abzeichen drangen die Strelitzen in den Kreml ein und umstellten den Zarenpalast. Der Aufstand kam überraschend für die Familie Naryschkin. Die erschrockene Zarin führte ihre Kinder auf die Terrasse vor dem Eingang zum Zarenpalast, um sie dem Volk vorzuzeigen, doch reichte das nicht aus, um die Menge zu besänftigen. Drei Tage lang machte die Strelitzenwache des Hofes Jagd auf die Bojaren. Unter den Opfern befanden sich der Onkel von Peter, I. K. Naryschkin, der Lehrmeister der Zarin, A. S. Matweew, und weitere hervorragende Bojaren. Getroffen wurden vor allem die Ratgeber des Zaren Fedor, welche die Reformen eingeleitet hatten. Die Umwandlung der russischen Gesellschaft mußte um viele Jahre verschoben werden. Die Miloslawskijs nutzten den Aufstand auf ihre Weise und erreichten es, daß beide Brüder, Iwan und Peter, gekrönt wurden. Die Strelitzen, die den Titel »Palastwache« erhielten, verlangten von den jungen Zaren, sie sollten ihnen für ihre Tätigkeit im Kampf gegen die Verräter ein ehrendes Zeugnis ausstellen.

Man brachte die Zaren schnell weit weg von Moskau, und die Regierung der Hauptstadt ging in die Hände einer Bojarenkommission unter der Leitung des berühmten Wojwoden Fürst Chowanskij über, der dem Ministerium für die Strelitzen vorstand. Dieser Macht-

315. Segnung auf der Richtstätte auf dem Roten Platz, Stich aus dem Buch »Descrizione di un viaggio a Mosca« von A. Oleari

wechsel ermutigte die Anhänger des alten Glaubens. Sie versuchten mit Hilfe der Strelitzen, in deren Dörfer sie zum Predigen gingen, die Abschaffung der Reformen von Nikon zu erlangen. Der Vorsteher des Strelitzenministeriums, Fürst I. A. Chowanskij, nahm dabei eine zwiespältige Haltung ein. Seine Familienangehörigen waren glühende Verteidiger des »alten Glaubens«. Auf Betreiben der Strelitzen hin diskutierten der Patriarch und die hohen kirchlichen Würdenträger im Facettenpalast des Kreml mit dem Sprecher der Kirchenspaltung über den wahren Glauben. An diesem Treffen nahmen auch die beiden Zaren und ihre Schwester Sofia teil. Unter den Altgläubigen zeichnete sich Nikita Pustoswjat durch seine Beredsamkeit aus. Nach dem Ende des Disputs ging er auf den Platz hinaus und verkündete allen, die Anhänger Nikons hätten eine Niederlage erlitten, und forderte das Volk auf, sich mit zwei Fingern zu bekreuzigen.

Der Versuch Chowanskijs, die Hauptstadt mit Hilfe der Strelitzengarnison zu regieren, und die Initiativen der Altgläubigen führten zu heftigen Ängsten im Palast und in der Duma. Nachdem die Behörden die noch minderjährigen Zaren im Dreieinigkeits-Sergius-Kloster untergebracht hatten, begannen sie Truppen zu sammeln und umgaben die Hauptstadt mit Abteilungen von Dworjanin. Die Mitglieder der Familie Romanow wurden alle von Panik erfaßt. Als einzige bewahrte Sofia ihre Ruhe. Die fünfundzwanzigjährige Tochter des Zaren besaß einen starken Charakter und einen außergewöhnlichen Ehrgeiz. Nach der Glaubensdiskussion im Kreml befahl sie, Nikita Pustoswjat zu fangen und zu enthaupten. An seinem Namenstag, dem 17. September 1682, rief Sofia Chowanskij ins Dreieinigkeits-Kloster. Auf seiner Reise dorthin wurde der Bojare gefangengenommen und hingerichtet. Sofias entschiedene, grausame Anordnungen erlaubten es ihr, die Macht an sich zu reißen und den Titel »Große Herrscherin« zu führen. Nach der Hinrichtung Chowanskijs unterwarfen sich die Strelitzen und die Soldaten der Hauptstadt der Regentin und den Bojaren. Die Säule mit der Aufzählung der Verdienste der »Palastwache«, die auf dem Hauptplatz der Stadt errichtet worden war, ließ Sofia wieder abtragen.

Zar Aleksej hatte seinen älteren Söhnen eine für die damaligen Verhältnisse recht gute Ausbildung verschafft. Unter ihrem Lehrer Simon Polozkij hatten sie Sprachen, Rhetorik und Philosophie studiert. Auch Sofia hatte zusammen mit ihren Brüdern Latein studiert, während Peter keine entsprechende Ausbildung zuteil geworden war, weil er in frühem Alter Waise und somit Thronerbe wurde. Der Djak Nikita Sotow brachte dem Knaben das Lesen und das Schreiben bei, doch bis zum Ende seiner Tage schrieb Peter nur sehr mangelhaft. Als Erwachsener beklagte er sich oft darüber, daß er in seiner Jugend keine richtige Ausbildung bekommen habe. Die Zarin Natalja Naryschkina stand mit den Miloslawskijs auf schlechtem Fuß und traute den gelehrten ukrainischen Mönchen nicht, die Sofia protegierte. Deswegen durften sie Peters Gemächer nicht betreten, so daß dieser um das Studium des Lateinischen und der lateinischen sowie polnischen Klassiker herumkam. Er erhielt nicht einmal Lektionen in scholastischer Theologie, und das bestimmte seine Haltung gegenüber den alten Moskauer Riten. Nach dem Staatsstreich, durch den die Miloslawskijs die Macht wiedererlangt hatten, übersiedelte Zarin Natalja mit ihrem Sohn in das Dorf Preobraschenskoe. Dort spielte Peter Kriegsspiele mit den Söhnen des Hof- und Stallpersonals. Diese wurden Poteschnyl genannt, weil sie ein Heer für den Zeitvertreib (Potecha) und den Kern der späteren russischen Garde bildeten.

Das Haus von A. S. Matweew, wo Natalja Kirillowna erzogen worden war, stand Ausländern offen. Matweew hatte selbst eine Schottin geheiratet und zeichnete sich durch seine Liebe zur westlichen Kultur aus. Natalja mißtraute den Ausländern nicht und verhinderte auch nicht, daß ihr Sohn die Nemetschkaja sloboda an der Peripherie Moskaus besuchte. Sie war ein Stück Westeuropas und Rußlands. Für Peter wurde die Nemetschkaja sloboda (»Deutsche Vorstadt«) eine Art Schule, die ihm die Griechisch- und Lateinischlektionen ersetzte. Ganz befangen in seinen militärischen Spielen, suchte Peter Lehrmeister in der Nemetschkaja sloboda, wo viele Abenteurer, erfahrene Soldaten und Seeleute wohnten. Der Junge schätzte ihre Kenntnisse und Erfahrungen. Die Holländer Timmermann und Brant unterwiesen ihn in der Festungsbaukunst und in der Segelschiffahrt.

Als Peter volljährig wurde, gaben ihm seine Familienmitglieder die junge Lopuchinaja zur Frau, die aus einer nichtadligen Familie von Dworjanin stammte. Nachdem der Zar nun zur Alleinregierung befugt war, hätte Sofia auf die Vollmachten verzichten müssen, die sie während ihrer Regentschaft genossen hatte. Doch sie war zu ehrgeizig, um diesen Schritt zu tun. Peter versuchte, seiner Schwester die Teilnahme am Hofzeremoniell zu verwehren, doch ohne Erfolg. Unter den Personen, die ihr nahestanden, keimte die Idee, ihr den Titel einer autokratischen Herrscherin zu verleihen. Nachdem sich der Moskauer Patriarch gegen diese Initiative ausgesprochen hatte, entschlossen sich die Anhänger der Regentin dazu, die Zustimmung der östlichen Patriar-

316. Prozession, Stich aus dem Buch »Descrizione di un viaggio a Mosca« von A. Oleari.
317. Taufe eines Kindes, Stich aus dem Buch »Die Religion der Russen« von T. Warmund.
318. Begräbnisfeierlichkeit, Stich aus dem Buch »Die Religion der Russen« von T. Warmund.
319. Mondäne Vergnügungen, Stich aus dem Buch »Descrizione di un viaggio a Mosca« von A. Oleari.

chen zu erlangen. In den Niederlanden wurde ein Stich vorbereitet, der Sofia in Zarinnenkleidung zeigte. Sie selbst konnte auf die Unterstützung der Duma zählen, solange Fürst W. W. Golizyn, in dessen Händen sich die Staatsregierung tatsächlich befand, weiterhin einer ihrer einflußreichsten Anführer blieb. Ein weiterer Günstling Sofias, F. Schaklowityj, stand dem Ministerium für die Strelitzen vor. Sie versuchte im geheimen die Strelitzen dazu zu überreden, in einer Petition die Krönung Sofias zu verlangen, und in einem Kreis vertrauenswürdiger Personen spielte sie mit dem Gedanken eines Staatsstreiches, bei dem die Strelitzengarde eine entscheidende Rolle hätte spielen sollen. Die alarmierenden Nachrichten, die aus Moskau zum Palast von Preobraschenskoe gelangten, führten dazu, daß die Naryschkin in einem dauernden Angstzustand lebten. Die Spannung erreichte ihren Höhepunkt, als sie in der Nacht des 8. August 1689 Peter berichteten, die Strelitzen hätten vor, ihn zu töten. Zu diesem Zweck habe Schaklowityj im Kreml einige hundert bewaffnete Komplizen zusammengezogen. Peter wurde mitten in der Nacht geweckt, floh von Preobraschenskoe in die Wälder und zog sich dann in das Dreieinigkeits-Sergius-Kloster zurück, wo seine Spielregimenter zu ihm stießen. Die Duma versuchte, den Konflikt zu entschärfen und die Doppelherrschaft beizubehalten, weil dies der Bojarenregierung am gelegensten kam. W. W. Golizyn versuchte, die beiden Kinder des Zaren Aleksej miteinander zu versöhnen, allerdings ohne Ergebnis. Sofia machte sich auf den Weg zum Dreieinigkeits-Sergius-Kloster, um mit ihrem Bruder zusammenzutreffen, doch wurde sie daran gehindert. Einer nach dem andern begab sich zu Peter: der Patriarch, die Bojaren, ausländische Offiziere und die Kommandanten der Strelitzen.

Nachdem Sofia alle ihre Anhänger verloren hatte, wurde sie gezwungen, Schaklowityj Peter auszuliefern, der ihn folterte und zum Tode verurteilte. W. W. Golizyn wurde in die Verbannung geschickt. Sofia mußte sich ins Kloster von Nowodewitsch in der Umgebung Moskaus zurückziehen, und die Macht ging von den Händen Golizyns, der übrigens hervorragend regiert hatte, in die der Bojaren Naryschkin über.

Zum Fall Sofias und Golizyns trugen auch außenpolitische Schwierigkeiten bei. Der blutige Kampf um die Ukraine kostete die beiden beteiligten Länder, Polen wie Rußland, viel Kraft und veränderte die Lage in Osteuropa. Auch das Osmanische Reich erhob Ansprüche auf die ukrainischen Territorien. Im Jahr 1672 besiegten die Türken die Polen und besetzten Podolien, eine blühende ukrainische Region. Um das Volk vor dem völligen Ruin zu retten, unterstellte sich der Hetman Doroschenko, der die Territorien rechts des Dnjepr regierte, dem Schutz des türkischen Herrschers. Seine Residenzstadt Tschigirin wurde sofort vom russischen Heer besetzt. In den Jahren 1677 und 1678 griffen die Türken in großer Zahl zweimal die Stadt an. Trotz erbitterter Verteidigung fiel die Stadt, die über die Zugangswege nach Kiew herrschte, schließlich in die Hände der Osmanen.

In der zweiten Hälfte des 17. Jahrhunderts zeigte Rußland erneut imperialistische Tendenzen in der Außenpolitik. Doch Moskau verfügte nicht über genügend Kräfte, um die besetzten Territorien in Litauen und Livland zu halten. Nur auf dem asiatischen Kontinent ergaben sich günstige Bedingungen für eine territoriale Expansion des Moskauer Reiches. Die Ausdehnung nach Osten, die in der Zeit der Wirren zu einem Stillstand gekommen war, wurde zu Beginn der Romanow-Dynastie fortgesetzt. Ausgehend vom Ob, zogen die Russen bis zum Jenissej und bis zur Lena und gelangten von dort zum Baikalsee, zum Amur und zu den fernöstlichen Regionen. Die militärischen Expeditionen in Sibirien besaßen keine großen Mannschaftsstärken, weil die einzige ernsthafte Opposition von seiten der Burjäten kam. Im Amur-Gebiet trafen die Russen auf China. Rußland verwandelte sich in eine euroasiatische Großmacht.

Im 17. Jahrhundert erfuhr der Zivilisationsprozeß in Westeuropa eine Beschleunigung, und die historisch begründete Kluft zwischen dem Entwicklungsniveau Rußlands und dem der westlichen Länder wurde schnell tiefer. Die gelehrtesten Männer in Rußland begannen das Bedürfnis einer Europäisierung der russischen Gesellschaft zu empfinden. Der Bojare A. L. Ordin-Naschtschokin schlug dem Zaren vor, alle Anstrengungen zur Förderung der Industrie und des Handels zu unternehmen. Er erwartete sich enorme Vorteile von einer Eroberung Livlands und von einer Ausweitung des Handels mit dem Westen dank der bequemeren Transportwege, die dann über die Ostsee zur Verfügung stünden. W. W. Golizyn war ein begeisterter Bewunderer des Westens. Kurz vor seinem Tode hatte er dem Franzosen de la Neville seine Vorstellungen über die Notwendigkeit einer Umwandlung Rußlands nach dem Vorbild westlicher Länder dargelegt. Nach der Niederlage im Krimkrieg wurde dem Regenten klar, daß nun die Zeit gekommen war, eine ernsthafte Heeresreform durchzuführen, die Bauern zu befreien und ihnen Land zuzuweisen. Golizyn war davon überzeugt, daß Rußland unbedingt ein Erziehungswesen brauchte, daß es die Gewissensfreiheit und die religiöse Toleranz garantieren müsse, dies allerdings nur für Ausländer aus dem Westen, die freien Zugang zum Land erhalten sollten. Die Altgläubigen hingegen wurden unter der Regierung Sofias und Golizyns mit besonderem Ingrimm verfolgt.

Bildung und Literatur

Das Schulsystem des 17. Jahrhunderts war nicht immer imstande, den Bedürfnissen der Gesellschaft gerecht zu werden, die unbedingt qualifizierte Menschen brauchte. Es gab keine höhere Schule, und auch für die Grundschulen existierte keine offizielle Organisation. Sie bekamen keine Unterstützungen vom Staat, und die Löhne der Lehrer mußten die Familien bezahlen. Die Entwicklung des Schulwesens wurde zuallererst von der Verbreitung gedruckter Bücher gefördert. Vor der Zeit der Wirren wurde das grundlegende Schulbuch, das Abc-Buch, nicht gedruckt, doch im 17. Jahrhundert gab es sechs Auflagen davon. Nach und nach änderten sich die Erziehungsmethoden. Die Körperstrafen waren einer der Eckpfeiler der privaten wie der schulischen Erziehung in der Moskauer Rus. Das traditionelle »Lob der Rute« verschönerte jedes Handbuch, und erst am Ende des 17. Jahrhunderts entfernte es Karion Istomin aus seinem eigenen Abc-Buch. Der Autor des Textes schrieb der intuitiven Methode große Bedeutung zu. Sein Abc-Buch schmückte L. Bunin mit Illustrationen.

Als es bei der Organisation des Schulwesens darum ging, die Schulbücher zu verbessern, sahen sich die Behörden in Moskau gezwungen, ausländische Gelehrte hinzuzuziehen. Herkömmlicherweise hatten sich die

Russen immer an die Griechen und an die griechische Kultur gewandt, doch in der zweiten Hälfte des 17. Jahrhunderts kam es zu einer bedeutenden kulturellen Annäherung zwischen Moskau und Polen. Begleitet wurde sie von einer immer stärkeren Ausbreitung der lateinisch-polnischen Kultur in die Rus hinein. Da Moskau keine Beziehungen mit den Katholiken wünschte, wandten sich die Behörden an gelehrte Mönche in Kiew und in Weißrußland, die in polnischen oder westlichen Schulen eine gute Ausbildung bekommen hatten, gleichzeitig aber dem orthodoxen Glauben angehörten.

Ein Günstling des Zaren, F. M. Ritischtschew, gründete das Andreas-Kloster, das eine Schule besaß. Er lud ukrainische Mönche aus Kiew ein, dort als Lehrer zu wirken. Von 1649 an war der berühmte Pädagoge und Übersetzer Epifanij Slawinezkij Direktor der Schule. Er hatte in seiner Heimat beim Studium der Theologie, der Philosophie und der ausländischen Sprachen hervorragende Ergebnisse erzielt und Schulen in Kiew und im Ausland besucht. In seiner Jugend, gab er sogar aber selbst zu, habe er sich für die »lateinische Weisheit« interessiert, doch dann deren Eitelkeit erkannt, nachdem er sich dem Studium »griechischer Bücher« zugewandt hatte. Slawinezkij war in Moskau einer der Anführer der gräkophilen Strömung. Vom Andreas-Kloster ging er dann in das Tschudow-Kloster, wo er in der Schule des Patriarchen lehrte.

Die Annexion der Ukraine verstärkte den Zustrom von Lehrern aus ukrainischen und weißrussischen Gebieten nach Moskau. Als Zar Aleksej die Stadt Polozk eroberte, machte er die Bekanntschaft des Mönchs Simeon Sitnianowitsch von Polozk, der zum Förderer der lateinisch-polnischen Kultur in der Rus wurde. Simeon hatte die Akademie in Kiew, dann das Jesuitenkolleg in Wilenska besucht, wo er »ausschließlich in lateinischer Sprache studierte« und wo er seine Bewunderung für Aristoteles entwickelte. Im Jahr 1664 gründete er im Kloster der Erlöserikone die staatliche Schule für die Ausbildung niederrangigen Personals im Ministerium für geheime Angelegenheiten. In der Schule wurde Latein, Grammatik und Rhetorik gelehrt. Zusammen mit Simeon arbeitete dort auch sein Schüler Silwestr Medwedew. Sie mußten lange Streitgespräche mit Slawinezkij und den übrigen Gräkophilen halten. Tatsächlich prallten dabei zwei religiöse und kulturelle Ausrichtungen aufeinander: die lateinische und die griechische (byzantinische). Die lateinische Strömung war dem Westen eher zugeneigt und hatte einen stärker laizistischen Charakter. Aus den Notizen zu den Lektionen von Simeon Polozkij geht hervor, daß er in seinem Kurs auch Philosophie und Ethik lehrte und daß er die Lehre von Thomas von Aquin über die theologischen Tugenden (Glaube, Hoffnung, Liebe) und die Kardinaltugenden kannte (A. S. Lappo-Danilewzkij). In den pädagogischen Abhandlungen des gelehrten Bruders sind die Gedanken über die moralische Erziehung seiner Schüler bemerkenswert (»Das seelische Mittagsmahl«, »Das seelische Abendmahl«, 1682–1683). Simeon stand in enger Beziehung zum Zaren. Er schrieb ihm seine Reden und brachte den Söhnen Latein bei. Als Zar Fedor den Thron bestieg, beauftragte er Simeon von Polozk, eine Art Statuten zu verfassen für die Moskauer Akademie, die er nach dem Modell der polnischen Lateinschulen der Kiewer Akademie organisieren wollte: das »Akademische Privileg«. In dieser Akademie sollte man »alle freien Wissenschaften« studieren, von der Grammatik zur Theologie, slawische Sprache, Griechisch, Latein und Polnisch. Doch Simeon starb, bevor er seine Pläne in die Wirklichkeit umsetzen konnte.

Die Feindseligkeit gegenüber der lateinisch-polnischen Kultur wuchs sichtbar an, nachdem zwei Griechen, die Gebrüder Lichudy, in Moskau eingetroffen waren. Der Patriarch von Jerusalem, der Schutzherr der Moskauer Gräkophilen, hatte sie nach Rußland geschickt. Sofronij und Ianikij Lichudy hatten in Rom und an der Universität von Padua studiert und besaßen beide den akademischen Grad eines Doktors. Nach Moskau waren sie jedoch gekommen, um die griechisch-hellenische Ausbildung zu konsolidieren. Vor dem Patriarchen hatten sie geschworen, daß sie den Russen nicht »die lateinische Lehre und Sprache« beibringen würden. Die beiden Brüder begannen ihren Unterricht an der Schule des Klosters von der Erscheinung des Herrn, wo sie einen Kurs über griechische Manuskripte abhielten. Ihre Tätigkeit wurde offiziell gelobt, so daß man ihnen sogar vorschlug, ihren Unterricht auszuweiten und »alle freien Wissenschaften in der griechischen und der lateinischen Sprache zu lehren«.

Die Vorbereitungen für die Einweihung eines Instituts für höhere Studien in Moskau nahmen weitere fünf Jahre in Anspruch. Schließlich wurde im Jahr 1687 im Kloster der Erlöserikone die slawisch-griechisch-lateinische Akademie eröffnet. Sie nahm Zöglinge aus den Schulen auf, die sich beim »Druckhof« und beim Kloster von der Erscheinung des Herrn befanden. Wie das »Akademische Privileg« aus dem Jahr 1682 vorsah, stand diese höhere Schule allen offen. Es studierten hier die Söhne der Fürstenfamilien Golizyn und Odoewskij, von Staatsfunktionären, Kaufleuten und sogar von Bediensteten. Neben den Russen waren auch Ukrainer, Weißrussen, Georgier, Tataren und andere eingeschrieben. In der Anfangsklasse lernten die Studenten die »slawische und die griechische Schrift«, in der mittleren Klasse lateinische Grammatik und Sprache, und die letzte Klasse sah das Studium der Rhetorik, der Dialektik und der Physik vor. Die Brüder Lichudy verfaßten selbst die Schulbücher für die Akademie und verwendeten dabei die »Ethik« von Aristoteles, die Arbeiten anderer griechischer Philosophen sowie Tammaso Campanellas.

Die Brüder Lichudy griffen scharf die lateinisch-polnische Strömung an, die Silwestr Medwedew heftig verteidigte. Der Niedergang von Sofias Herrschaft, welche die Okzidentalisten protegiert hatte, erwies sich als fatal. Patriarch Joachim schlug sich entschieden auf die Seite der Gräkophilen, und die Leitung der Akademie ging in die Hände der Brüder Lichudy über. Die griechische Partei klagte S. Medwedew und die übrigen Vertreter der polnisch-lateinisch-ukrainischen Kultur der Häresie an. Der Patriarch kritisierte öffentlich die Person und die

320. Die Nemetschkaja Sloboda in Moskau, Zeichnung aus dem Buch »Reise nach Moskau« von A. Meyerberg.

Werke von Simeon von Polozk, und in der Kirchensynode des Jahres 1690 wurde die lateinische Strömung offiziell verurteilt. Insbesondere warf man den Kiewer und den ukrainischen Mönchen dieser Schule vor, sie seien in den Jahren, in denen sie in katholischen Schulen im Ausland studiert hätten, Unierte geworden und hätten die Entscheidungen des Florentiner Konzils im Hinblick auf die Einheit zwischen der römischen und der griechischen Kirche akzeptiert. Das Konzil beschloß, die Werke von S. Medwedew zu verbrennen, und verurteilte die Ausgaben der orthodoxen Druckerei von Kiew. Den Patriarchen gelang es, die jesuitischen Lehrer aus Moskau zu vertreiben. Den Orthodoxen war jedes Mittel recht. Medwedew klagte man an, er habe die Krönung Sofias betrieben, und er wurde am 11. Februar 1691 hingerichtet. Der Sieg der griechischen Partei verlangsamte in Rußland das Eindringen der europäischen Kultur und Wissenschaft.

In jener Atmosphäre der Menschenjagd fiel ein Verdacht auch auf die Brüder Lichudy, welche die Kampagne gegen das Latein begonnen hatten. Ihre europäische Bildung fiel nämlich auf. An der Akademie lehrten sie Philosophie wie in den Lateinschulen des Westens, und bei den theologischen Lektionen verwendeten sie die Syllogismen wie Thomas von Aquin. Weil die Würdenträger der orthodoxen Kirche in Moskau kein Zutrauen in die Wissenschaft der Lichudy besaßen, beklagten sie sich bei den orientalischen Patriarchen über die beiden Brüder. 1694 wurden Sofronij und Ianikij Lichudy gezwungen, Moskau zu verlassen und Zuflucht in Nowgorod zu suchen. Die Vorlesungen an der Akademie gingen weiter, doch auf entschieden niedrigerem Niveau.

Im 17. Jahrhundert vermehrte sich die Zahl der übersetzten Bücher, die erhältlich waren, besonders über Medizin, Astronomie und Militärwissenschaft. In Moskau erschienen verschiedene Bücher von Andreas Vesalius in der Übersetzung. Vor allem der Zar und der Patriarch gaben die Übersetzungen in Auftrag. Nur wenige unter den übersetzten Büchern waren einem großen Publikum in der russischen Gesellschaft bekannt. Epifanij Slawinezkij übersetzte das Werk von I. Bleu, in dem das heliozentrische System von Nikolaus Kopernikus dargestellt wurde. Man nimmt an, daß Slawinezkij und seine Freunde sich in der Residenz des Metropoliten von Krutizy trafen, um die Kopernikanischen Ideen zu diskutieren und um selbst astronomische Beobachtungen anzustellen. W. W. Golizyn hatte in seinem Haus astronomische Bücher und Fernrohre. Natürlich waren die neuen Ideen über das Universum nur einem eng begrenzten Kreis gebildeter Personen zugänglich. Die übliche Literatur der Russen im 16. und 17. Jahrhundert blieb weiterhin die »Christliche Topographie« des berühmten byzantinischen Reisenden Kosmas Indikopleustes, der im 6. Jahrhundert in Alexandria gelebt hatte. Metropolit Makarij hatte dieses Werk in die Lesemenäen aufgenommen. In der »Christlichen Topographie« fand der Leser eine Erklärung zu all seinen Fragen über das Universum, die Sterne und die fremden Länder. Die Beliebtheit des Buches beruhte auch auf den zahlreichen Illustrationen. Seine Grundlagen bildeten die biblischen Erzählungen von der Erschaffung der Welt, von der Sintflut sowie von anderen Begebenheiten.

Der Bürgerkrieg brachte das soziale Bewußtsein in Rußland wieder zum Erwachen, das sich seit der stürmischen Zeit der Opritschnina nicht mehr weiterentwickelt hatte. Bedeutende Schriftsteller waren der Djak Iwan Timofeew, der Mönch Awramij Palizyn, der Fürst Iwan Chworostonin, Fürst Semen Schachowskoj. Sie verfaßten historische Erzählungen und Chroniken, in denen sie Lehren aus all dem zu ziehen versuchten, was zur Zeit der Wirren geschehen war. Iwan Timofeew glaubte, der Hauptgrund für die Katastrophe, die damals Rußland betroffen habe, sei die Abweichung von den alten Sitten, der Mangel an Tradition gewesen. Die Herrscher hätten die ihnen von Gott verliehene Macht mißbraucht, die »Kleinen« hätten sich über die »Großen« erhoben, die Sklaven hätten rebelliert gegen ihre Herren. Wie Kurbskij bezeichnet auch Iwan Timofeew die Bojaren (die Aristokratie) als die mächtigen Pfeiler, auf denen der Staat ruhe. Die Zeit der Wirren habe Rußland wegen der Sünden der ganzen Gesellschaft heimgesucht: »Alle haben von Kopf bis zum Fuß, von den Großen bis zu den Kleinen gesündigt.« Der Schriftsteller verurteilte auch das »wilde Rumoren« des gemeinen Volkes (es ist nämlich die Pflicht des gemeinen Volkes, sich still der Autorität unterzuordnen) und das »wilde Schweigen« des Adels. Ein Reich, das seinen Herrscher verloren hat, ist wie eine Witwe, denn der Zar ist der Garant für die Ordnung, und seine Macht kommt direkt von Gott. Die Zeit der Wirren zwang die Russen, über die Zukunft Rußlands nachzudenken, über die Stellung ihres Landes im Rahmen ganz Europas und über dessen historische Sendung. Ihre Betrachtungen nahmen künftige Diskussionen vorweg, in denen darüber gesprochen wurde, ob Rußland dazu bestimmt sei, das Erbe des alten Europas anzutreten und zum Licht des orthodoxen Orients zu werden, oder ob es nur ein Schatten des Westens bleiben würde (W. O. Kljutschewskij). Iwan Timofeew tadelte als erstes die Russen wegen ihrer Uneinigkeit, weil sich die einen nach dem Orient, die anderen nach dem Okzident ausgerichtet hatten.

Die Schriftsteller aus der Zeit der Wirren hatten ihre Schwierigkeiten, das ihnen vertraute Prinzip der erblichen Monarchie mit der Praxis der Wahl des Zaren »durch alle Länder« (der Nation) unter einen Hut zu bringen. In ihren Augen waren nicht nur der Häretiker Otrepew, sondern auch Wasilij Schujskij und Boris Godunow »falsche Zaren« gewesen, obwohl die Reichsversammlung (Semskij sobor) diesen im Beisein des ganzen Volkes gewählt hatte. In den Erinnerungen und Memoiren, die nach der Übernahme des Throns durch die Romanows geschrieben wurden, wird die Wahl der neuen Dynastie als Erfüllung des göttlichen Willens dargestellt. Gott erwählte Michail Romanow, der »königlichen Geblütes« war, noch vor seiner Geburt und bestimmte ihn noch im Mutterleib für den Thron (A. Palizyn).

Die Entwicklung der russischen Literatur des 17. Jahrhunderts ist dadurch gekennzeichnet, daß das Prinzip der Individualität des Autors immer stärker hervortrat. Ganz allgemein befreiten sich die Schriftsteller nach und nach von der »Unterwerfung unter kirchliche oder streng staatliche Interessen«. Dies führte schließlich zur Entstehung neuer Literaturgattungen, wie sie auch in den westeuropäischen Literaturen existierten (D. S. Lichatschew). Die Erzählungen über die Zeit der Wirren waren noch keine eigentlichen Memoiren, doch waren in ihnen bereits Elemente dieser Literaturgattung enthalten. In dieser Zeit entstehen die ersten autobiographischen Werke. Das Erscheinen des Buches »Das Wirken des Protopopen Avvakum« war eines der bedeutendsten

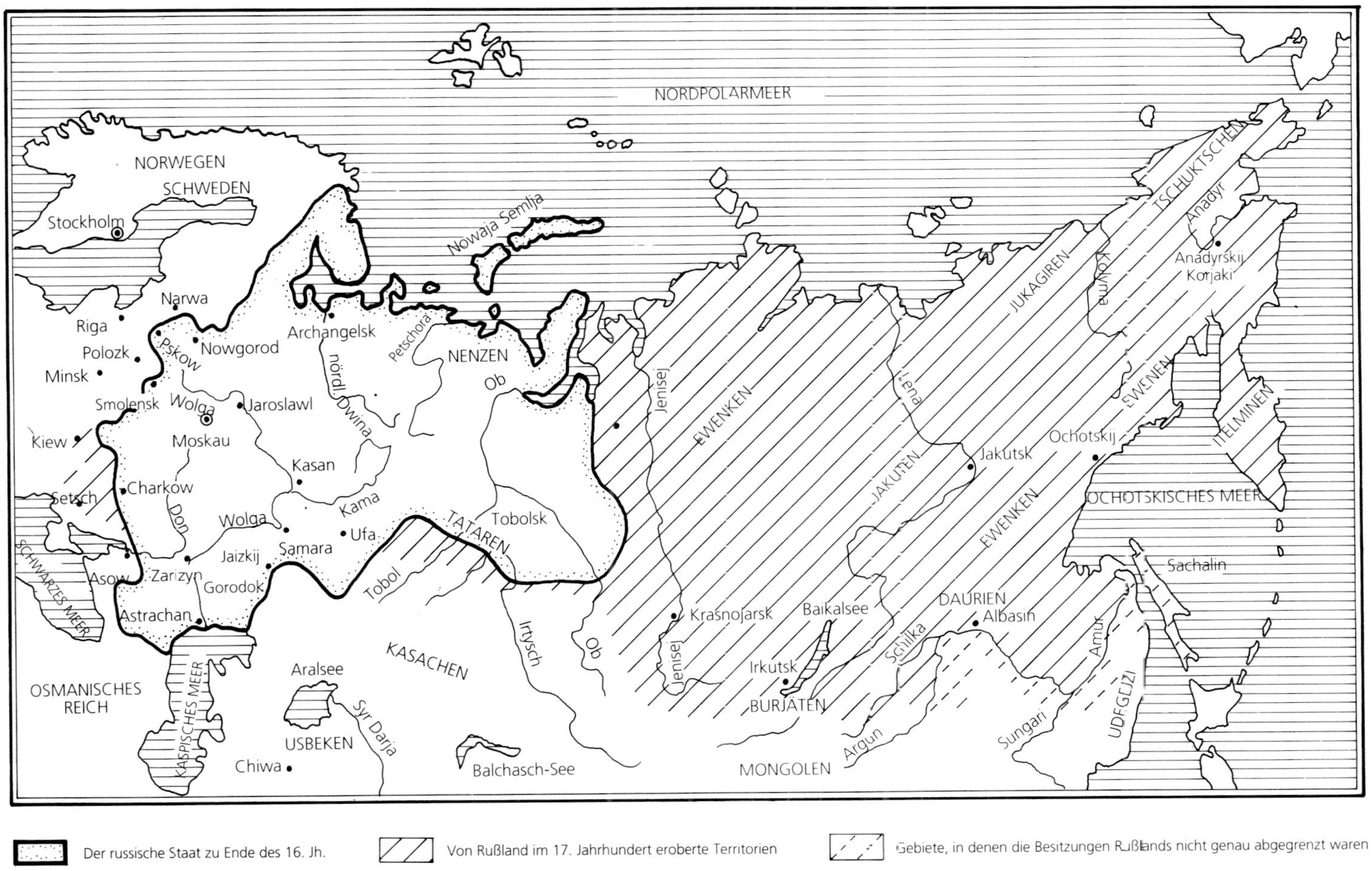

321. Rußland zu Ende des 17. Jahrhunderts. Karte von R. Skrynnikow.

Ereignisse in der russischen Literatur des 17. Jahrhunderts. Die treibende Kraft hinter der Kirchenspaltung hielt sich für einen Propheten, doch das von Avvakum selbst verfaßte »Leben« ist ein bewegendes Geständnis, nicht ein Loblied auf die eigene Person. Der Protopope erzählt darin von seiner Verbannung im fernen Sibirien und im wilden Norden, beschreibt gefühlvoll die Natur jener Orte, berichtet von seinem Leiden und vor allem seinen wunderbaren Visionen, dem täglichen Kampf mit den Dämonen und den Behörden. Bei der Verteidigung seiner eigenen Positionen führt Avvakum »einen Titanenkampf mit den Kräften, welche die Gesellschaft und den Staat jener Zeit personifizierten: den militärischen Anführern, den Patriarchen und sogar dem Zaren« (D. S. Lichatschew). Der Stil dieses Werkes erinnert teilweise an die Briefe Iwans des Schrecklichen, die der Protopope übrigens in hohen Ehren hielt. Auch Avvakum liebte die »harte« Polemik, doch war seine Sprache farbiger und volksnäher. Der dramatische Stil seiner Lebensbeschreibung nahm eine Sonderstellung in der Geschichte der neuen russischen Literatur ein.

Weite Verbreitung fand im 17. Jahrhundert der satirische Sittenroman. Ein Beispiel dafür ist die »Geschichte von Leid und Mißgeschick«. Der Held der Erzählung, der aus einer reichen Kaufmannsfamilie stammt, verläßt seine Eltern, um nach eigenem Gutdünken zu leben. Das Unglück in Form von Leid und Mißgeschick verfolgt ihn unermüdlich auf Schritt und Tritt in seinem neuen Leben, und der Held findet erst in einem Kloster Rettung.

In der Rus verwendeten die Sänger der Bylina (epische Gesänge) seit ältesten Zeiten eine versgebundene Sprache, allerdings ohne Reime. Die gelehrte Literatur des 17. Jahrhunderts übernahm die Versbildung nicht aus der Volkskunst, sondern importierte sie aus der polnischen Literatur. Als Hofdichter schrieb Simeon von Polozk Verse im Stile des polnischen Barock. Doch die Verslehre des Polnischen war der Struktur der russischen Sprache nicht angepaßt. Aus diesem Grund waren die »Wirschi« Polozkijs nicht von großem künstlerischem Wert. Er schrieb auch die ersten allegorischen russischen Komödien eigens für das Hoftheater.

Zar Aleksej hatte den deutschen Pastor Gregorii von der Nemetschkaja sloboda beauftragt, ein Theater in Moskau zu organisieren. Er und die Schüler seiner Schule rezitierten 1672 Szenen aus der Bibel, etwa »Die traurige Komödie von Adam und Eva«. Das Hoftheater verfügte nicht über ein eigenes Gebäude, und die Vorstellungen, die einige Stunden dauerten, fanden außerhalb der Stadt in den Sommerpalästen des Zaren, im Haus des Bojaren A. S. Matweew und an anderen Orten statt. Neben dem Hoftheater gab es in Moskau auch ein Schultheater bei der slawisch-griechisch-lateinischen Akademie. Zum Abschluß ihrer Studien, bei religiösen Festen und bei anderen Gelegenheiten spielten die Studenten dort Theaterstücke, die als Thema Episoden aus den Evangelien oder aus den Lebensbeschreibungen von Heiligen darstellten.

Architektur

Wegen der Zerrüttung, die auf die Zeit der Wirren folgte, wurden in Rußland lange Zeit keine Steingebäude errichtet. Die Städte waren völlig zerstört, und ihre Bewohner zogen sich in die Dörfer zurück. Solche Katastrophen mußten unvermeidlich in der Entwicklung der Architektur ihren Niederschlag finden und führten auch

322–323. Syllabarium, Moskau, 1696: fol. 1v; der Buchstabe »psi«.

zu einer Veränderung der Traditionen. M. A. Ilin behauptet mit einer gewissen Übertreibung, es sei fast unmöglich, direkte Beziehungen zwischen den architektonischen Werken des 16. und des 17. Jahrhunderts zu finden. Man nimmt an, daß die russische Holzarchitektur im 17. Jahrhundert mehr als in jeder anderen Periode die Steinarchitektur beeinflußte. Es gilt weiterhin als gesichert, daß westliche Ideen weiterhin über Polen, Weißrußland und die Ukraine eindrangen und daß eine »Säkularisierung« der Kultur stattfand, eine Zunahme weltlicher Merkmale an kirchlich bestimmten Gebäuden. In der Architektur setzten sich die dekorativen Prinzipien durch. Einen direkten Einfluß auf die Architektur hatten die Reform Nikons und das Aufeinanderprallen der theokratischen und der absolutistischen Tendenzen. Neben dem Schatzamt und dem Patriarchen bauten auch reiche Kaufleute und Stadtbewohner Kirchen. Viele Meisterwerke jener Zeit sind dank ihrer Beiträge entstanden.

Mit dem Ende des Bürgerkriegs begann man auch wieder in Stein zu bauen. In Moskau wurde das Ministerium für Steinbauten eingerichtet, das die Aufgabe hatte, Befestigungen, Paläste und andere Gebäude wiederherzustellen oder wiederaufzubauen. Das Ministerium bediente sich der besten russischen Architekten: Anton Konstantinow, Baschen Ogurzow, der Gebrüder Starzew und anderer mehr. Sie führten unter der Leitung von Ingenieuren, die man aus Westeuropa hatte kommen lassen, mehrere Projekte durch. Von 1624 bis 1626 bauten der Engländer Christopher Halloway und Baschen Ogurzow den Erlöser-(Spasskij)-Torturm im Moskauer Kreml und schmückten den Oberteil mit gotischen Kielbögen oder Eselsrücken und mit Statuen aus weißem Stein in den Nischen. Der Zar befahl allerdings, ihre Nacktheit mit Mänteln zu verhüllen. In der Zeit von 1672 bis 1686 vollendete man auch die übrigen Tortürme. Der Dreieinigkeits-Torturm wurde in einem besonders dekorativen Stil fertiggestellt. Der Moskauer Kreml, das Herz des Reiches, nahm somit seine definitive Gestalt an.

Die Architekten B. Ogurzow und A. Konstantinow leiteten den Bau des Terem-Palastes (1635–1636). Auf die beiden unteren Stockwerke des Palastes Iwans III. und Wasilijs III. aus weißem Stein setzte man einige weitere Stockwerke. Das letzte Stockwerk (kleiner oberer Terem, Mansarde) war für die Kinder des Zaren bestimmt und hatte ein hohes Dach mit farbigen Rauten und einem kleinen Turm. Der Palast hat geschnitzte Fensterstöcke und umfaßte auch einige Kirchen auf verschiedenen Niveaus. In den Jahren 1679 bis 1681 baute man für sie an der Ostseite des Gebäudes elf kleine Zwiebelkuppeln. Den Eingang zum Palast verschloß ein geschmiedetes Gitter, so daß das Volk die dahinter liegende Erlöserkirche als »Erlöserkirche hinter dem Goldgitter« bezeichnete.

Von den zwanziger Jahren des 17. Jahrhunderts an unternahm man Versuche, den Zeltdachstil wieder zu beleben, der zur Zeit Iwans des Schrecklichen eine Blütezeit erlebt hatte. Unter den Zeltdachkirchen dieser Zeit ist die Kirche des Refektoriums des Mariä-Himmelfahrts-Klosters bemerkenswert, die 1628 in Uglitsch fertiggestellt wurde. Der Altar befindet sich im Osten, und im Westen öffnet sich das große Refektorium, das ursprünglich ein nichtkirchlicher Bau war. Wegen ihrer Schönheit nannte man diese Kirche die »Wunderbare«. Das zentrale Zeltdach steht über dem großen Refektorium, und die beiden kleineren Zeltdächer ragen nach Osten vor.

Die Mariä-Geburts-Kirche in Putinki (1649–1652) ist ein Bau von seltener Eleganz. Sie wurde mit dem Geld der Pfarreimitglieder, der Handwerker und Kaufleute und einem Beitrag des Zaren erbaut. Über dem Hauptkorpus des Gebäudes stehen drei Zeltdachkonstruktionen, und eine weitere erhebt sich über der Kapelle. Die bizarre Komposition gliedert sich um einen zentralen Glockenturm mit Zeltdach. Das niedrige Refektorium und der Terrasseneingang mit Zeltdach verstärken den Eindruck einer pittoresken »Unordnung«. Die Mariä-

Geburts-Kirche in Putinki war die letzte Zeltdachkirche in Moskau.

Die Kirchenreform von Nikon führte nicht nur zum Verbot altrussischer Traditionen wie des Sichbekreuzigens mit zwei Fingern, sondern besiegelte auch das Ende des Zeltdachstils. Es steht außer Zweifel, daß der Patriarch von der Idee erfüllt war, der Architektur ihren geistlichen Gehalt wieder zurückzugeben, doch seine autoritären Interventionen und Verbote stellten gewiß keinen positiven Beitrag zur Entwicklung einer nationalen Architektur dar. Nachdem Nikon 1652 Patriarch geworden war, verbot er den Bau von Zeltdachkirchen und verlangte, man müsse entsprechend den Anordnungen des Kirchenstatuts Gotteshäuser »mit einer, drei oder fünf Kuppeln« errichten.

Da Nikon über eine ungeheure Machtfülle verfügte und de facto Oberhaupt des Staates geworden war, realisierte er großartige Bauprogramme, in denen die ästhetischen Vorstellungen des Patriarchen und die theokratischen Tendenzen der Kirche ihren Ausdruck fanden. Nikon ließ den Bau der Zwölf-Apostel-Kirche im Kreml und den des Patriarchenpalastes zu Ende führen, gründete das Iwerskij-Kloster auf der Insel inmitten des malerischen Waldaj-Sees und vollendete den Bau des Klosters vom Kreuz auf der Insel Kij im Weißen Meer. Die Leitung dieser Projekte übernahm der Steinbaumeister Awerkij Mokeew, der über keine besondere künstlerische Begabung, aber über eine große Erfahrung als Baumeister verfügte.

Die monumentale Kathedrale des Iwerskij-Klosters von Waldaj (1656–1658) wurde im traditionellen Stil der Bischofskathedralen gebaut. Die Kirche hatte sechs Pfeiler und fünf Kuppeln, wies eine besonders strenge Linienführung auf und erinnerte an die Kathedralen im Stil des »sekundären Monumentalismus« aus der Zeit Iwans des Schrecklichen.

Die hohen Würdenträger der griechischen Kirche, die jedes Jahr nach Moskau kamen, um wirtschaftliche Unterstützung zu erbitten, verhehlten ihre Hoffnung nicht, Rußland würde den orthodoxen Völkern des Balkans helfen, sich vom türkischen Joch zu befreien. Da sich Nikon darauf vorbereitete, zum Oberhaupt der gesamten orthodoxen Kirche zu werden, nahm er das Projekt wieder auf, das seinerzeit schon Boris Godunow vorgelegen hatte. Er wollte nämlich in der Rus eine Kathedrale errichten, die eine Kopie der Kirche über dem Grab des Herrn in Jerusalem, des bedeutendsten Heiligtums des Christentums, darstellte. Für den Bau wählte man nicht den Platz des Kreml, sondern die malerischen Ufer des Flusses Istra in der Nähe von Moskau, wo der Patriarch das Kloster Neu-Jerusalem gegründet hatte.

Die Christi-Auferstehungs-Kathedrale (1656–1685) fiel durch ihre großartigen Dimensionen auf und verkörperte den Gedanken, der dem Patriarchen so teuer war, daß nämlich »der Geist größer sei als das Reich« (die geistliche Macht steht über der Macht des Zaren). Der Gottesdienst in der majestätischen Kathedrale sollte die Idee einflößen, die Figur des großen Herrschers, des Patriarchen, sei sozusagen »die lebendige Inkarnation« von Jesus Christus.

Am Bau und an der Ausschmückung der Christi-Auferstehungs-Kathedrale nahmen auch Künstler und Handwerker aus Weißrußland teil. Sie verkleideten das Gotteshaus mit glänzenden, bunten Majolika-Fliesen. Ziegel bedeckten ursprünglich auch die enorme Zeltdachkuppel über der Rotunde des Gotteshauses. Was

324. Simeon von Polozk, seelisches Mittagsmahl, Moskau, 1682.

den Reichtum an Ornamenten und sonstigen Schmuck angeht, übertraf die Christi-Auferstehungs-Kathedrale jede bis dahin in Rußland gebaute Kirche. 1685 wurde sie fertiggestellt und geweiht, und sie blieb lange Zeit ein Modell für die russischen Architekten. Die weißrussischen Meister, die Nikon berufen hatte und die im Geiste des polnischen Barock ausgebildet worden waren, trugen in beträchtlichem Umfang zur Bereicherung des russischen Architekturgedankens bei

Im 17. Jahrhundert führte die Entwicklung der Architekturgattung der Dorfkirchen zu bedeutsamen Ergebnissen. In diesen Kirchen drückten sich der Geschmack und die Ideale der reichen russischen Kaufleute aus. Unter den »Gosti«, den bedeutenden Moskauer Kaufleuten, stach die Familie Nikitnikow hervor, die in den Jahren 1635 bis 1653 die Dreifaltigkeitskirche in Nikitniki errichten ließ. Die kleine, würfelförmige Kirche ruht auf einem Sockel, der sie über das Niveau der Kapellen und der umgebenden Gebäude hinaushebt. Den oberen Abschluß des Gebäudes bilden eine Pyramide aus Kokoschniki sowie fünf eng nebeneinanderstehende Kuppeln. Die Kirchengebäude standen neben dem Palast der Kaufleute und unterschieden sich durch ihre asymmetrische Anordnung. Der Hauptkorpus des Gebäudes grenzt auf der einen Seite an einen Zeltdachturm und auf der anderen Seite an eine Kapelle mit pompösem Dach. In der Mitte befindet sich ein niedriges Refektorium.

Die Dreieinigkeits-Kirche in Nikitniki trägt als Fassadenschmuck grüne Majolika-Fliesen. Das Innere der Kirche erstaunt durch seinen dekorativen Reichtum. Diese Art von Kirchen, die den weltzugewandten Geschmack der Auftraggeber widerspiegeln, stand immer stärker unter dem Einfluß der zivilen Architektur.

In der Mitte des 17. Jahrhunderts wurden in Jaroslawl große Bauwerke errichtet. Diese Stadt war während der Zeit der Wirren der Zerstörung entgangen, die Moskau und Nowgorod so hart getroffen hatte. Für eine gewisse Zeit war Jaroslawl die Hauptstadt der ländlichen Selbstverwaltung (Semstwo) gewesen und blieb nach der Zeit der Wirren eines der wichtigsten Handelszentren des ganzen Landes. Die Kaufleute dieser Stadt machten ihren Kollegen in Moskau große Konkurrenz. Die wirtschaftliche Blüte ermöglichte es Jaroslawl, zu einem wichtigen künstlerischen Zentrum zu werden. Die reichen Kaufleute bauten hier Kirchen, welche die Moskauer Kirchen an Ausmaßen und an Dekoration übertrafen. Im Auftrag der Kaufmannsfamilie Skripinyi errichteten die Stadtbauleute die Kirche des Propheten Elias (1647–1650). Sie besaß fünf Kuppeln und war in einem Stil gehalten, der an die traditionellen Kathedralen des 16. Jahrhunderts erinnerte. Die Wände schmückte man jedoch mit großen roten und blauen gemalten Blüten. Dieses Motiv war der Tradition völlig fremd, entsprach aber dem Geschmack des Auftraggebers. Von der Straße aus konnte man die Westfassade der Kirche sehen, die auf der einen Seite eine Kapelle mit Zeltdach und auf der anderen einen Glockenturm – ebenfalls mit Zeltdach – besaß. Die seitlichen Gebäude wurden durch einen niedrigen Portikus miteinander verbunden, der auch die Süd- und die Nordfassade des Gebäudes umgab, wo weitere Kapellen lagen. Das entscheidende Merkmal dieses Komplexes der Kirche des Propheten Elias, der neben dem Kaufmannshof stand, war die Asymmetrie. Die Zwiebelkuppel und die Zeltdächer, die extravagante Dekoration, die unterschiedlichen Dimensionen der Gebäudeteile und der Kapellen verliehen dieser Kirche ein lebhaftes, märchenhaftes Aussehen, das sie den Palästen der reichen Kaufleute ähnlich werden ließ.

Fast zur selben Zeit wie die Kirche des Propheten Elias wurde auch die Johannes-Chrysostomos-Kirche in Korowniki (1649–1654) mit Spenden der Kaufmannsfamilie Nesdanowskij und der Einwohner des Dorfes Korowniki errichtet. Die Fünfkuppelkirche hat an den Seiten Kapellenpaare sowie zwei Haupteingänge. Das zentrale Gebäude war von einem offenen Portikus umgeben, dessen Bögen man in der Folge zumauerte und in Fenster mit reichem Stuckwerk verwandelte. Neben der Johannes-Chrysostomos-Kirche kam später eine weitere dazu. Zwischen den beiden Kirchen errichtete man einen Glockenturm mit Zeltdach (1669). Der ganze Komplex wurde ummauert und besaß ein Eingangstor mit einem kleinen Turm. Der Grundriß gibt uns eine Vorstellung von der Anordnung der Gebäude.

Die russischen Bojaren des 17. Jahrhunderts übertrafen an Reichtum ihre Vorfahren aus den vergangenen Jahrhunderten. Durch die Kenntnis der westeuropäischen und der polnischen Kunst wandelte sich ihr Geschmack. Die höfischen Würdenträger und die Bojaren gaben sich nicht mehr mit Gutskirchen von der Art zufrieden, wie sie zu Zeiten Godunows gebaut wurden. An die Stelle der würfelförmigen Fünfkuppelkirche (klassisches Beispiel die Kirche von Wjasemy) treten Gotteshäuser im Naryschkin-Stil. Nach der Entmachtung Sofias wurde der Bojare L. K. Naryschkin, der Onkel von Peter I., oberster Würdenträger des Staates. In den Jahren 1690 bis 1693 baute er auf seinem Besitztum in Fili die Kirche vom Schutz der Gottesmutter. Sie ist im Stil der feudalen Bauten der Bojaren gehalten und hat nur einen beschränkten Innenraum, weil sie als ein Zwischending zwischen Kirche und Kapelle entstand, denn sie diente ausschließlich der Bojarenfamilie und den Bewohnern ihres Gutes. Die Mariä-Schutz-Kirche in Fili ist ein stufenförmiger Zentralbau. Vom Grundriß her gesehen, handelt es sich um zwei Achtecke, die auf einem Viereck ruhen. Die traditionelle Formel mit fünf Kuppeln findet hier eine neue Interpretation, wobei im Zentrum ein Glockenturm mit einer Kuppel steht. Diese setzt sich aus drei konzentrischen Körpern zusammen, die insgesamt über den kleineren Kuppeln dominieren. Diese befinden sich an den Seiten des Gebäudes, die aus vier Halbkreisen bestehen. Die umlaufende Galerie hat breite Treppen. Die Kirche

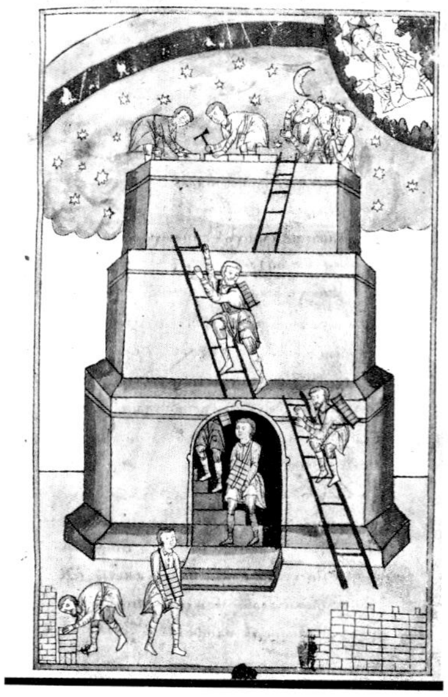

325–326. Das Universum, fol. 25v.; der Turmbau von Babel, fol. 13; aus der Kosmographie von Kosmas Indikopleustes, Sankt Petersburg, Öffentliche Bibliothek. 327. Der Prophet David von Simeon von Polozk, Rhythmologion, Moskau, 1650, Frontispiz.

wurde mit weißen Steinmetzarbeiten verschönert, was ihr eine besondere Ausdruckskraft verleiht. Der Versuch, den russischen Zentralbau als Symbol der Größe Rußlands zu interpretieren, hat keine gesicherten Grundlagen.

Unter den übrigen Bauten der Bojarenfamilie Naryschkin ist das Refektorium des Dreieinigkeits-Sergius-Klosters (1686–1692) erwähnenswert. Das Refektorium besaß eine reichgeschmückte Fassade mit bemalten Wänden und Muscheldekor an den Gesimsen. Der neue Stil wurde auch »Naryschkin-Barock« genannt, allerdings zu Unrecht, wie die Fachgelehrten meinen.

Von eleganter Einfachheit ist das Kloster Nowodewitsch (Neues Jungfrauen-Kloster), ein Meisterwerk der Architektur des 17. Jahrhunderts. Es handelt sich um einen Baukomplex, in dessen Zentrum 1690 ein harmonischer Glockenturm errichtet wurde. Da er viel höher war als alle umgebenden Gebäude, diente er als Bezugspunkt nicht nur für das Kloster, sondern auch für die Moskauer Viertel südlich des Kreml. Im selben Atemzug wie der Glockenturm sind auch die Hauptkathedrale des Klosters, das große Refektorium und die Kirchen an den Pforten zu nennen. Das Kloster wurde mit einer Befestigungsmauer und mit Türmen umgeben, deren oberer Abschluß das Aussehen von »Schwalbenschwänzen« besaß (Bau der achtziger Jahre des 17. Jahrhunderts).

Die Frage nach dem Ursprung des »Naryschkin-Barock« ist noch nicht genügend geklärt. Die Blütezeit dieses Stils bildet anscheinend den Abschluß der altrussischen Architektur in Moskau. Der »russische Barock« war an die traditionelle Architektur gebunden. Die Aufgabe dieser Traditionen wurde somit zu einer unerläßlichen Bedingung für die Weiterentwicklung der russischen Architektur, die immer mehr unter den Einfluß des westeuropäischen Barock geriet.

B. A. Golizyn, der Lehrmeister und engste Ratgeber Peters I., errichtete auf dem Gut Dubrowizy nahe bei Moskau die Kirche der Muttergottes vom Zeichen (1690–1704). Über der Kirche aus weißem Stein erhebt sich eine achteckige hohe Kuppel mit zwei Stockwerken, auf der sich eine durchbrochene Krone und ein Kreuz befinden. Die Kirche erinnert in ihrem Stil an den italienischen Barock und ist ein Zeugnis für die Entwicklung des künstlerischen Geschmacks der hohen russischen Gesellschaftsschichten, die sich immer mehr der europäischen Kultur annäherten.

Die wichtigsten Festungsanlagen des Landes wurden während der Zeit der Wirren zu Beginn des 17. Jahrhunderts stark beschädigt. In der zweiten Hälfte dieses Jahrhunderts baute man die steinernen Befestigungsanlagen des Kreml, von Kitajgorod und der Weißen Stadt vollständig wieder auf und verstärkte sie zusätzlich mit mehreren Türmen. Die Länge der befestigten Mauern der Hauptstadt betrug nun fast zehn Kilometer. Nachdem Kiew unter die Herrschaft des Zaren gelangt war, befahl dieser auch hier umfangreiche Befestigungsarbeiten. Mächtige Festungsbauten wurden auch in Archangelsk am Weißen Meer und in Astrachan am Kaspischen Meer errichtet.

Die Klöster, die während der Zeit der Wirren zahlreiche Angriffe ertragen mußten, legten sich rasch neue Verteidigungsanlagen zu. So wurden die Türme des Dreieinigkeits-Sergius-Klosters wieder aufgebaut. Ein bedeutendes Beispiel nordischer Architektur ist die »neue Stadt« (Festung) des Kirill-Klosters von Beloosero, die in den Jahren 1653 bis 1679 errichtet wurde. Das Neu-Jerusalem-Kloster des Patriarchen wurde in den Jahren 1690 bis 1694 befestigt. Der Patriarch der Stadt Rostow Welikij, Iona Sysoewitsch, ließ im »Metropolitenhof« großartige Bauarbeiten durchführen und verwandelte diesen in einen Kreml. Der Bau begann schon zur Zeit Nikons unter der Leitung des Architekten P. I. Dosaew, der verschiedene Stilelemente verwendete. Die Türme des Rostower Kreml hatten eine rein dekorative und keine militärische Funktion. Die Schönheit des »Metropolitenhofes« wollte die Vorstellung von der Größe der Kirche unterstreichen, die von der Mehrheit der kirchlichen Würdenträger geteilt wurde. Der Kreml über dem Schwarzen See war von so einzigartiger Schönheit, daß man an eine Märchenstadt glauben mußte. Besonders gesuchte Formen wiesen die Türme des Dreieinigkeits-Sergius-Klosters und die Türme des Klosters von Iosif von Wolokolamsk in der Umgebung Moskaus auf.

328–329. Moskau, Kreml, Terem-Palast, 1635–1636; Saal mit Kreuzgewölben.

Im Hausbau des 17. Jahrhunderts dominierte die Holzarchitektur. Nur die reichsten Dworjanin und Kaufleute ließen sich Häuser aus Stein errichten. Eines der ersten Herrenhäuser des 17. Jahrhunderts war das der Kaufleute Pogankinyj von Pskow. Die Anordnung der Räume ist einfach: Es handelte sich um eine Zimmerflucht, wobei der größte Raum normalerweise als Eßzimmer verwendet wurde. Die Fenster des Gebäudes sind ohne Schmuck. Herrenhäuser dieser Art erinnerten noch an befestigte Bauten mit mächtigen Mauern und sehr kleinen Fenstern. Die Wohnungen der Adligen und der Reichen sahen in der zweiten Hälfte des 17. Jahrhunderts völlig anders aus, weil sich die Auftraggeber nach westeuropäischen Modellen richteten und ihre Häuser sich dem Typus des Palastes annäherten. Beispiele dafür sind die Häuser des Djak Awerkij Kirillow und von Simon Uschakow sowie der Palast des Fürsten W. W. Golizyn in Moskau. All diese Gebäude zeichneten sich durch ihr gesuchtes Dekor aus.

Ein authentisches Meisterwerk der altrussischen Holzarchitektur war der Palast des Zaren im Dorf Kolomenskoe in der Nähe von Moskau (1667–1681). Der Palast wies Zelt- und Faßdächer auf, seine Wände waren mit bunten Farben und vergoldeten Schnitzereien geschmückt. Die Moskauer nannten ihn »das achte Weltwunder«. Der Palast verkam und wurde im 18. Jahrhundert abgetragen.

Wir dürfen nicht vergessen, daß das Holz in Rußland das Baumaterial war, das man am leichtesten auftreiben konnte, und daß die weitaus überwiegende Mehrzahl der Kirchen aus Holz bestand. Die Volkskunst übte großen Einfluß auf die Holzarchitektur aus, die im 17. Jahrhundert wundervolle Werke hervorbrachte, wie die wenigen erhalten gebliebenen Holzkirchen und -kapellen vom Beginn des 18. Jahrhunderts bezeugen. Ein Beispiel dafür ist die Christi-Verklärungs-Kirche in Kischi (1714).

Malerei und Graphik

Nach der Zeit der Wirren nahmen die Künstlerwerkstätten der Rüstkammer ihre Tätigkeit wieder auf. Die Leitung der Rüstkammer lag lange Zeit in den Händen von B. M. Chitrowo (1655–1680), einem der gebildetsten Männer der Bojarenduma. Es wurden die Namen aller talentierten Künstler gesammelt und in das Verzeichnis des Armeeministeriums aufgenommen. Eine Expertenkommission hatte die Aufgabe, aufmerksam alle Ikonen zu prüfen, welche die Künstler vorlegten, und zu entscheiden, ob sie »mit guter Kunst« ausgeführt seien und ob der Autor eine Komposition oder eine Zeichnung »nach seiner eigenen Vorstellung«, das heißt von sich aus, erstellen könne. Die besten Ikonenmaler erhielten den Titel »prämiierter Künstler des Zaren« und lebten vollständig auf Staatskosten. Eine zweite Kategorie stellten Künstler dar, die aus verschiedenen Städten stammten und einen täglichen Lohn während der ganzen Zeit, in der sie für den Zaren oder für die Klöster arbeiteten, erhielten. Dann schickte man sie wieder nach Hause, wo sie ihre gewohnte Arbeit wiederaufnahmen.

Einige Forscher vertreten die Ansicht, die Rüstkammer sei im 17. Jahrhundert gleichzeitig die erste russische Akademie der schönen Künste und eine Art Kultusministerium geworden, doch diese Behauptung entbehrt wohl der Grundlagen. Es trifft zwar zu, daß sich die Staatsmacht dank der Tätigkeit der Rüstkammer

330. Uglitsch, Mariä-Himmelfahrts-Kirche, die »Wunderbare«, 1628.

331. Moskau, Mariä-Geburts-Kirche in Putinki, 1649–1652.

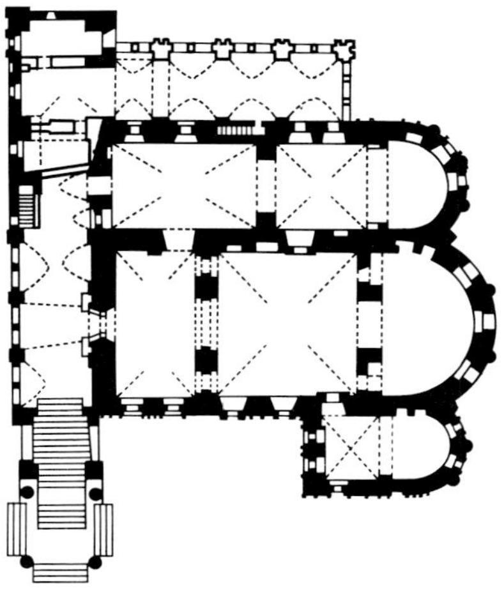

332–333. Moskau, Dreieinigkeits-Kirche in Nikitniki, 1628–1631; Grundriß.

auch auf die Kontrolle über die Malerei erstreckte. Nach dem Jahr 1643 wurden die besten Künstler aus Westeuropa in den Dienst der Rüstkammer aufgenommen, unter ihnen Hans Deterson, ein niederländischer Maler. Diese Künstler mußten nicht nur für den Zaren arbeiten, sondern in ihrer Kunst auch russische Lehrlinge schulen. Die Voraussetzungen waren somit geschaffen, um die Rüstkammer in eine Akademie der schönen Künste zu verwandeln, doch wissen wir nicht, ob dies tatsächlich geschehen ist. Hans Deterson und seine russischen Schüler Isaak Abramow und Fedor Stepanow malten Wappen, Decken in Palästen und so weiter. Deterson wird eines der ersten Porträts des Patriarchen Nikon zugeschrieben, doch leider haben wir für die Richtigkeit dieser These keinen Beweis. Der Tätigkeitsbereich der ausländischen Meister war sehr wahrscheinlich eng umgrenzt, so daß sie nicht die Möglichkeit hatten, die künstlerische Kultur Rußlands zu beeinflussen. Zunächst blieben die Ikonen das Hauptbetätigungsfeld der russischen Malerei. Gegen die Mitte des 17. Jahrhunderts trat in Moskau eine große Zahl von Ikonen auf, die »nach Art der Frjasin« (»auf italienische Weise«) gemalt worden waren. Das alarmierte die kirchlichen Autoritäten in der Person Nikons. Im Jahr 1654 befahl der Patriarch den Moskauern, die »nach französischen und polnischen Vorlagen« gemalten Ikonen zu konfiszieren und zu zerstören. Man stach den Bildern die Augen aus, und die Palastwachen, die Strelitzen, trugen sie durch die Straßen Moskaus und riefen dabei: »Wer von jetzt an ähnliche Ikonen malt wie diese, bekommt eine exemplarische Züchtigung.« In Gegenwart des Zaren und der Bojaren sprach Nikon eine Ermahnung gegen die »neuen Ikonen« in der Mariä-Himmelfahrts-Kathedrale aus. Während er sprach, hob er die Bilder hoch, zeigte sie dem Volk und zerbrach sie dann an den eisernen Platten des Bodens. Der Patriarch machte sich bereits daran, die zerbrochenen Ikonen zu verbrennen, doch der Zar überredete ihn dazu, von seinem Vorhaben abzulassen und die Ikonen in der Erde zu vergraben. Die Künstler, welche Ikonen nach polnischer Manier gemalt hatten, wurden mit dem Bann und der Exkommunikation belegt. 1654 wurde Moskau von der Pest heimgesucht. Die verängstigten Einwohner strömten in großer Zahl in den Kreml und drohten, sich an Nikon zu rächen, der mit seinem »Ikonenkampf« den göttlichen Zorn auf die Stadt gezogen habe. Eine Sonnenfinsternis, die gerade in jenem Augenblick stattfand, verstärkte den Aberglauben der Menge. Nikon verließ Moskau, und die Zarin richtete an die Einwohner der Stadt einen Appell, in dem sie erklärte, der Patriarch sei kein häretischer Ikonoklast, und die zerstörten Ikonen seien »nicht nach der vaterländischen Tradition, sondern in einer päpstlichen, lateinischen Version« gemalt worden. Die Kirchenreform und der allgemeine Gemütszustand bildeten gewiß keine günstigen Bedingungen für die Umwandlung der Rüstkammer in ein Zentrum für die Verbreitung der westlichen (»lateinischen«) Kultur in Moskau.

Nach Hans Detersons Tod nahm der polnische Edelmann Stanislaw Lopucki dessen Stellung am Zarenhof ein. Er führte die unterschiedlichsten Arbeiten durch, schnitzte Holz, machte Vergoldungen und zeichnete Karten des Moskauer Reiches. Mit der Zeit weitete sich die Tätigkeit der ausländischen Maler aus. In sei-

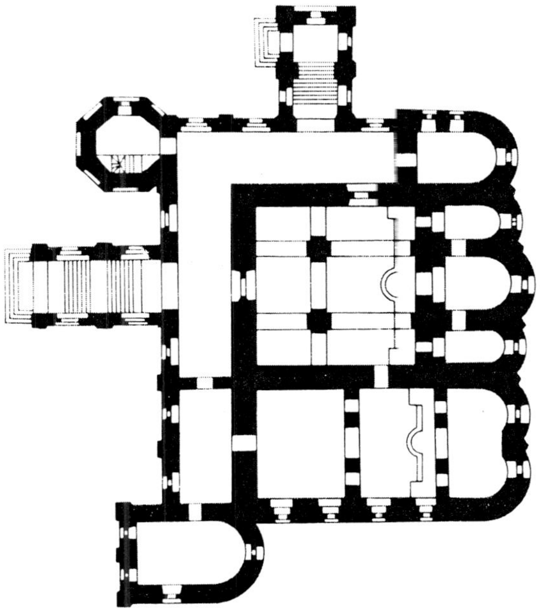

334. Jaroslawl, Grundriß der Eliaskirche, 1647–1650.

Farbtafeln XI

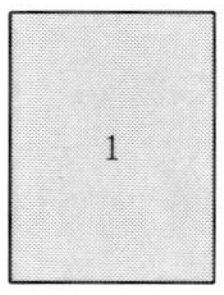

1. Neues Jerusalem-Kloster, Auferstehungs-Kathedrale, 1656–1685.

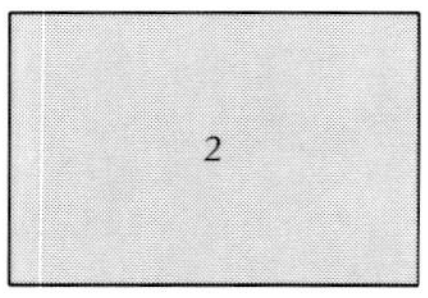

2. Dreieinigkeits-Sergius-Kloster, Refektorium, 1686–1692.

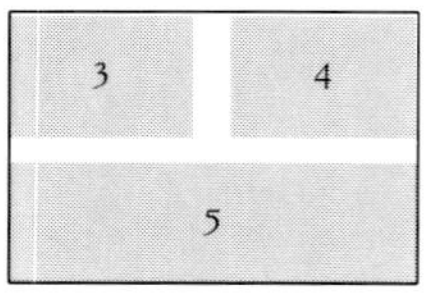

3. und 5. Kloster von Iosif von Wolokolamsk, 17. Jahrhundert.
4. Jaroslawl, Johannes-Chrysostomos-Kirche in Korowniki, 1649–1650.

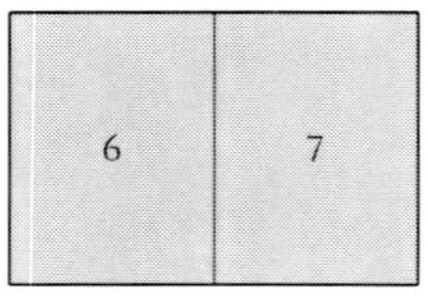

6. Mariä-Schutz-Kathedrale in Ismajlowo, Westfassade, 1671–1679; die Majolikadekoration stammt von den Meistern Stefan Polubes und Ignat Maksimow.
7. Jaroslawl, Johannes-Chrysostomos-Kirche in Korowniki, Fenster der zentralen Apsis.

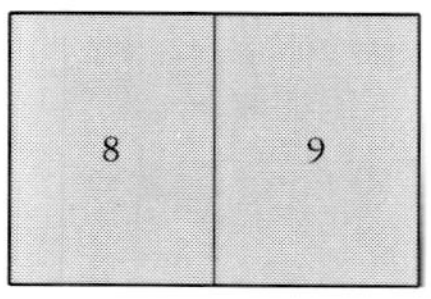

8. Moskau, Kreml, Erzengel-Kathedrale, Jüngstes Gericht, Fresko auf der Westwand, 1652–1666.
9. Jaroslawl, Kirche der Erscheinung des Herrn, die Schöpfung, Altarfresko, 1691.

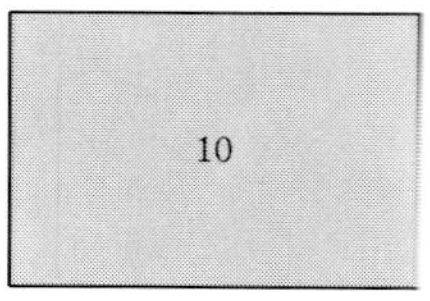

10. Jaroslawl, Erlöserkirche, die Andersgläubigen fahren in die Hölle, Ausschnitt aus dem Fresko vom Jüngsten Gericht, achtziger Jahre des 17. Jahrhunderts.

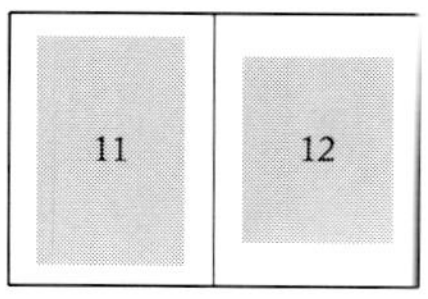

11. Simon Uschakow, nicht von Menschenhand geschaffenes Bildnis des Erlösers, 1658, Moskau, Tretjakow-Galerie.
12. Simon Uschakow, der Erzengel Michael, 1676, Moskau, Tretjakow-Galerie.

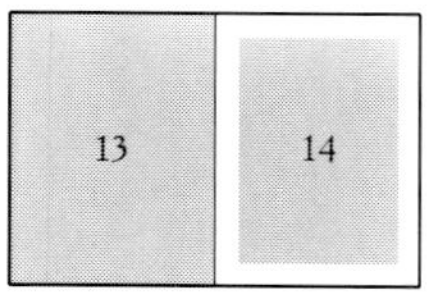

13. Der Engel erscheint dem Propheten Elias, Ausschnitt aus der Ikone »Der Prophet Elias mit Lebensbeschreibungen« von Semen Spiridonow, Jaroslawl, Museum der schönen Künste.
14. Semen Spiridonow, der Prophet Elias mit Lebensbeschreibungen, 1679; Jaroslawl, Museum der schönen Künste.

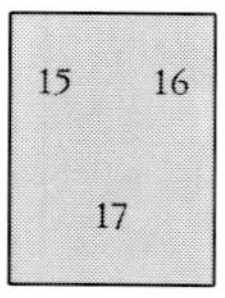

15. Kelch; Gold, Edelsteine, Email, Moskau, 1664; Moskau, Kremlmuseum, Rüstkammer.
16. Kreuz aus dem Besitz des Zaren Peter I.; Gold, Edelsteine, Guß, Ziselierung, Gravur, Email, Moskau, Ende des 17. Jahrhunderts; Moskau, Kremlmuseum, Rüstkammer.
17. Großer Löffel aus dem Besitz des Zaren Michail Fedorowitsch Romanow; Gold, Edelsteine, Perlen, gehämmert, Niellotechnik, Moskau, 1618; Moskau, Kremlmuseum, Rüstkammer.

ГНѢВЪ И У
БИСТВО
ЗАВИСТЬ
И НЕНАВИСТЬ
ОСУЖДЕНИЕ

ІС ХС
Нерукотворенный образъ
Писалъ государевъ иконописецъ. Въ лѣто
Симонъ. Федоровъ Ушаковъ.

nem zweiten Dienstjahr malte Lopucki ein Porträt des Zaren Aleksej Michailowitsch auf Leinwand, das leider verlorengegangen ist. Wir können aber annehmen, daß das Experiment nicht besonders glückte, weil der Autor keine Bestellungen dieser Art mehr erhielt. Der Konflikt zwischen Lopucki und seinen russischen Schülern bestätigt die Vermutung, daß dieser Künstler sich vor allem auf angewandte Bereiche spezialisiert hatte. Seine Schüler I. Besmin und D. Ermolin beklagten sich bei der Leitung der Rüstkammer, weil ihr Meister »sie nicht in der Kunst des Malens unterweise, sondern ihnen nur beigebracht habe, wie man Holz bearbeite und Leinwand vergolde«. Lopucki erklärte, seine Schüler »würden Allegorien und Pflanzen (nach der Natur) und auch Gesichter malen, diese jedoch ohne Ausdruckskraft«. Um den Sinn dieser Behauptung zu verstehen, müssen wir wissen, daß die traditionelle russische Malschule bei der Darstellung des menschlichen Gesichtes in einer besonders ausgeprägten Krise steckte. Die ersten Porträts (Parsuny) erschienen im zweiten Viertel des 17. Jahrhunderts in Rußland. Das bekannteste Beispiel dieser Art war das Porträt Iwans IV. (das sogenannte »Porträt von Kopenhagen«, das in der zweiten Hälfte des 17. Jahrhunderts nach Dänemark gebracht wurde). Bei diesem Bild nimmt man nur mit Schwierigkeiten die charakteristischen Züge Iwans IV. wahr. Sein Sohn Fedor war ein kränklicher, geistesschwacher Mann. Bei seinem Porträt sind diese Züge nur leicht angedeutet. Auch das Porträt von Skopin-Schujskij läßt den Charakter dieses willensstarken Feldherrn durchschimmern, der durch seine außerordentliche Beleibtheit auffiel und der im Alter von etwas über zwanzig Jahren vom Schlag getroffen wurde.

Den Aussagen Lopuckis zufolge kannte sein Schüler I. Besmin nicht die Porträttechnik und malte die menschliche Figur offensichtlich nach Art der Ikonen. Besmin wollte nicht bei Lopucki bleiben, und auf sein Verlangen hin wurde er als Lehrling dem niederländischen Maler Daniel Vuchters zugewiesen, der 1667 in den Dienst der Rüstkammer getreten war. In seinem Gesuch an den Zaren erklärte Vuchters, er sei auf jedem Gebiet der Malerei besser als Lopucki und Deterson. Die Bilder mit biblischen Themen, die er vorlegte, bestätigten seine Aussage.

Die Arbeiten I. Besmins trugen zur Entstehung des russischen Porträts bei. Aus seiner Werkstatt ging aller Wahrscheinlichkeit nach das Porträt des Zaren Fedor Alekseewitsch hervor, das auf bizarre Weise irreale Motive mit dem Kanon der Ikonensprache vereinigt. Besmin wird auch eine Porträtgruppe zugeschrieben: der Patriarch Nikon mit dem Klerus (Istra, Kraewedtscheskij-Museum, um 1685), doch bleiben hier einige Zweifel bestehen. Auf diesem Porträt, das aus dem Auferstehungs-Kloster stammt, ist Nikon mit feierlichen Paramenten dargestellt, während er vor kirchlichen Würdenträgern und Schülern eine Predigt hält. Die seltene Meisterschaft, mit der die Gesichter der Prälaten gemalt sind, läßt an einen holländischen Meister denken. In seinem Gesuch an den Zaren schrieb der Niederländer Vuchters, er sei auch ein Meister der Porträtkunst.

Die besten Porträtmaler des 17. Jahrhunderts arbeiteten für die Mitglieder der Zarenfamilie. Die Nähe zum Hof garantierte für die Künstler ein reichliches Einkommen, machte sie aber auch völlig abhängig von der Macht. I. Besmin hatte das Porträt der Enkelin des Zaren unvorsichtigerweise in eine Rumpelkammer gestellt. Für diesen Affront gegenüber der Größe des Herrschers zahlte der Künstler mit dem Exil, das seiner Tätigkeit ein Ende bereitete.

Die Geschichte des russischen Porträts zeigt uns, mit welchen Schwierigkeiten Ideen der westlichen Malerei in die russische Kunst eindringen konnten.

Die Forscher geben sehr unterschiedliche Einschätzungen der russischen Kunst des 17. Jahrhunderts ab. Für die einen war es eine Zeit der Krisen und des Verfalls der Malerei, während andere von einer Blütezeit und von der Bildung des »russischen Barock« sprechen. Von entscheidender Bedeutung war die Tatsache, daß im 17. Jahrhundert die mittelalterliche Kunst Rußlands in ihre Endphase trat. Die Fortschritte im Erziehungswesen, die langsame, aber konstante Ausbreitung von Kenntnissen, der Kontakt mit der humanistischen Kultur des Westens – dies alles führte unvermeidlich zu einer Säkularisierung der Kunst und zu einem größeren Verständnis des Menschen und der ihn umgebenden Welt. Nach Moskau gelangten immer mehr ausländische illustrierte Bücher und Stiche, doch die großen Meisterwerke der westlichen Malerei blieben den talentierten russischen Künstlern weiterhin verschlossen. Die größere wirtschaftliche Prosperität erlaubte die Wiedergeburt der russischen Monumentalmalerei und eine Blüte der angewandten Künste. Gleichzeitig übten der Staat und die Staatskirche eine viel schärfere Kontrolle über das künstlerische Schaffen aus.

Während des Bürgerkriegs zu Beginn des 17. Jahrhunderts gingen viele Fresken in den Gebäuden des Kreml verloren. Zur Zeit Michail Romanows begann man mit Restaurierungsarbeiten. In den Jahren 1642 bis 1648 schmückten Iwan Paisein und weitere Künstler, die aus allen Städten des Landes herbeigerufen worden waren, die Mauern der Mariä-Himmelfahrts-Kathedrale im Kreml mit Fresken aus. Sie mußten die alten Fresken vom Beginn des 16. Jahrhunderts wiederherstellen, die zu einem großen Teil der Beschützerin Moskaus, der Muttergottes, und der Dreieinigkeit des Neuen Testamentes gewidmet waren. Die Malerei illustrierte die Vorstellung, Gott habe die Moskauer Kirche als Schnittpunkt für alle orthodoxen Kirchen auserwählt. In den Jahren 1652 bis 1666 leiteten Jakow Kasanez und später Simon Uschakow die Arbeiten an den Fresken des Kreml in Archangelsk, zu denen auch ein »Jüngstes Gericht« an der Westwand der Kirche gehörte. Die neuen Fresken des Kreml feierten die Moskauer Dynastie. Deren Mitglieder wurden als Gerechte mit einer Aureole dargestellt, die Heiligkeit symbolisieren sollte. Die neuen Fresken hatten mit denen des 16. Jahrhunderts viel gemeinsam, doch unterschieden sie sich durch einen größeren dekorativen Reichtum. Leider wurde die ursprüngliche Farbe von den zahlreichen Restaurierungsarbeiten in darauffolgenden Epochen verfälscht.

Die Fresken in der Kirche von Nikitniki (1652–1653) hatten einen weniger offiziellen Charakter als die des Kreml und waren somit freier. Sie stellen eines der ersten Beispiele in der russischen Sakralmalerei dar, bei denen man deutlich den Einfluß westlicher Stiche wahrnimmt.

Die Kirchenreform beeinflußte in großem Umfang die Ikonenmalerei. Patriarch Nikon hatte sich wütend gegen die Ikonen gewandt, die nach westlicher Manier gemalt wurden. Wie bei der Korrektur der Bücher und der Erneuerung der Riten bildeten griechische Vorlagen für ihn den Bezugspunkt. Dank der engen Beziehungen mit dem heiligen Berg Athos und mit anderen Zentren der Orthodoxie hatten die Russen die Möglichkeit, verschiedene Typen griechischer Ikonen kennenzulernen. Die neugriechische Kunst, die dem Einfluß der italienischen Malerei ausgesetzt war, stellte in den Augen der Moskauer Reformatoren die ideale Verbindung zwischen orthodoxem Glauben und höchstem künstlerischem Können dar. Die Abkehr vom russischen Kanon, die von griechischen Vorlagen sanktioniert wurde, löste beim Protopopen Avvakum und bei anderen Anführern der Kirchenspaltung Wut und Empörung aus. Avvakum bezeichnete jede Abweichung vom »Erhabenen« in Richtung auf das »Fleischliche« hin als häretisch. Bei seiner Anklage der »unreinen« lateinischen Ikonen rief Avvakum: »Doch das ist alles nach dem Fleisch gemalt, weil die Häretiker die Fülle des Körpers bewundern und den Himmel zugunsten der Erde zurückweisen.« Der wütende Protopope klagte nicht nur die Lateiner, sondern auch die Anhänger Nikons der Häresie an. Für ihn waren sie nicht Anhänger der orthodoxen griechischen Kunst, sondern der »Frjasin«, das heißt der Italiener. Die Partisanen des alten Glaubens legten in einem gewissen Sinn die Frage des griechisch-byzantinischen künstlerischen Erbes beiseite und erklärten die neuen Tendenzen in der russischen Literatur als Einfluß des häretischen Westens. Realistische Einzelheiten widerten Avvakum an. »Und jener Hund Nikon, der den Auftrag gegeben hat, die Bilder so zu malen, als seien sie lebendig. Und er tut dies nach Art der Frjasin (der Italiener) oder der Ausländer. Deswegen haben auch die Anhänger Nikons es gelernt, die Muttergottes bei der Verkündigung als Schwangere zu malen, wie die unreinen Frjasin, und Christus am Kreuz mit vollen Formen: Da steht er nun, rund und anmutig, und seine Beine sind wie Säulen! Oh, oh, armes Rußland! Warum willst du die ausländischen Sitten nachahmen!« In seiner heftigen Polemik gegen die Reformer klagte Avvakum all jene der Häresie an, die nicht mit ihm übereinstimmten. Doch sein angeborener ästhetischer Sinn mußte auch seine Beurteilungen beeinflussen. Bei seiner Beurteilung der Malerei, welche die Schönheit des Körpers über die des Geistes stellte, lehnte Avvakum allerdings nicht jene westliche Malerei, die ein Ideal der göttlichen Schönheit zum Ausdruck brachte. In einem seiner Briefe schrieb er: »Wir hören, daß einige unter Euch die Ikonen, die in der heutigen Zeit gemalt wurden, nicht verehren. Katholiken und Häretiker malen real die Figur von Jesus Christus, der allerreinsten Jungfrau und der Heiligen: Knie Dich nieder, verehre und küsse die Bilder mit reinem Herzen.« Avvakums Ideal war das Gesicht des Asketen mit reinen Gefühlen, ausgezehrt vom Fasten, der Anstrengung und dem Leiden, wie es seinen höchsten Ausdruck in den Werken von Rublew und Dionisij fand.

Ein bekannter Künstler des 17. Jahrhunderts war Simon (Pimen) Fedorow, der Sohn Uschakows (1626–1686). Einige Forscher meinen, er habe die Grundlagen der russischen Maltradition auf den Kopf gestellt, während andere ihn für einen Traditionalisten halten, der den Ikonenstil wiederbelebte und dabei moderne Elemente einführte. Seinen Namen bringt man mit jener Strömung der russischen Malerei in Verbindung, die man herkömmlicherweise nach »den Frjasin« benennt, dem italienischen Stil, obwohl dieser Künstler ihn nicht begründete und seine besondere Arbeitsmethode nur einen begrenzten Einfluß auf die Entwicklung der Malerei des 17. Jahrhunderts ausübte (W. G. Brjusowa).

Simon Uschakow entstammte einer Familie von Posadskie ljudi, also freien Stadtbewohnern. Im Alter von zweiundzwanzig Jahren fand er eine Anstellung als Ikonenmaler und arbeitete lange Zeit als Zeichner und von 1664 an für die Rüstkammer, wo er die Ikonenwerkstätte leitete. In den letzten Jahren seines Lebens erhielt er den Titel eines Dworjanin. In seinen Jugendwerken folgte der Künstler treu der traditionellen Schule. Erst gegen Ende der fünfziger Jahre des 17. Jahrhunderts tauchten in seinen Ikonen neue Elemente auf: das Hell-Dunkel, die Berücksichtigungen der natürlichen Proportionen des Gesichts. Er widmete viele Jahre seines Lebens dem Versuch, die Göttlichkeit im Bild Christi zum Ausdruck zu bringen. Bei der Ikone des nicht von Menschenhand geschaffenen Bildes des Erlösers gelang es ihm, subtile psychische Tönungen wiederzugeben. Durch die überirdische Heiterkeit des Christusbildes scheint die Traurigkeit hindurch. Aufgrund der zahlreichen Kopien wurde dieses Thema zu einem konventionellen Modell in der Produktion des Künstlers. Das eigentliche Problem bestand aber darin, daß Uschakow, nachdem er die Tradition der altrussischen Malerei hinter sich gelassen hatte, sich nicht zum Niveau der zeitgenössischen westlichen Malerei aufschwingen konnte, die ihm gleichzeitig als Vorbild diente. Sein »Er-

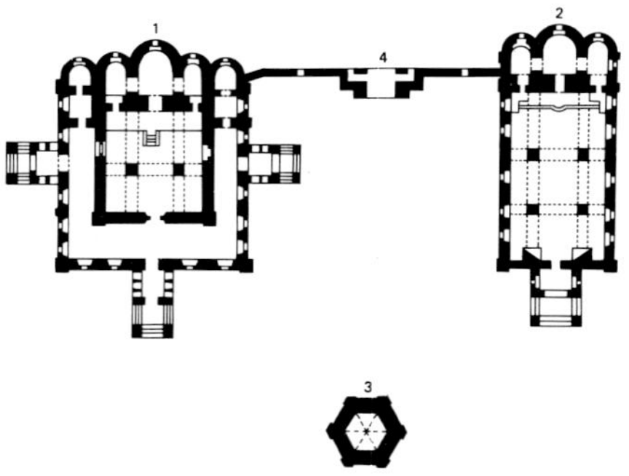

335–336. Jaroslawl, Johannes-Chrysostomos-Kirche und Kirche der Muttergottes von Wladimir in Korowniki. Grundriß: 1. Johannes-Chrysostomos-Kirche; 2. Kirche der Muttergottes von Wladimir; 3. Glockenturm; 4. heilige Pforten.

löser« verlor die strenge, monumentale Schönheit der besten russischen Ikonen, ohne die Kraft und Ausdrucksfähigkeit eines großen Kunstwerks zu erreichen.

Abgesehen vom Bild des Erlösers, das er besonders liebte, widmete sich Uschakow auch der Darstellung der Muttergottes. Eine seiner besten Arbeiten über dieses Thema ist die Ikone »Die Muttergottes Eleusa von Kikkska«. Nach der berühmten »Dreieinigkeit« von Rublew malte auch Simon Uschakow eine Dreieinigkeitsikone. Auf seinem Bild fehlt den Engeln jegliche Spiritualität, und sie haben volle, schwere Formen. Ihre Kleider sind nach der alten Manier und die Gebäude im Hintergrund in Linearperspektive gemalt.

Die Strömung »der Frjasin«, die in den Ikonenwerkstätten und Rüstkammern nun die Oberhand gewonnen hatte, führte unter den Zeitgenossen zu unterschiedlichen Reaktionen. Einige bewunderten die Kunst Uschakows, andere lehnten sie ab. Ein Archidiakon von Jaroslawl, der Serbe Ioann Pleschkowiz, war ein begeisterter Förderer der Malerei, verurteilte aber das künstlerische Vorgehen von Uschakow und äußerte Zweifel über die Kanonizität der Werke, die aus der Rüstkammer hervorgegangen waren. Beim Anblick der Ikone der Maria Magdalena von Simon Uschakow wurde er wütend und erklärte, »er würde solche körperlichen Bilder nicht akzeptieren«. Als auf einer Anhöhe neben den Toren von Jaroslawl ein »Kruzifixus« nach der neuen Manier angebracht wurde, zürnte der Archidiakon noch mehr: »Sie haben auf den Berg einen Fremden gebracht, gemalt auf jenes Kreuz.« Pleschkowiz war kein Schismatiker und vermied deswegen sorgfältig das Problem des italienischen Einflusses und der griechischen Vorlagen, welche die Grundlage für die Reform Nikons bildeten. Obwohl er die neugriechische Tradition nicht für häretisch hielt, verurteilte er doch jeden Versuch, sie nachzuahmen. In seinen Augen war der traditionelle russische und nicht der griechische Kanon geheiligt und stand über jedem Zweifel. »Nur den Russen«, so sagte er, »ist es gegeben, Ikonen zu malen, und man muß sich nur vor russischen Ikonen verneigen. Man darf keine heiligen Ikonen aus anderen Ländern übernehmen, und sie sind auch nicht zu verehren.« Die Ikonen aus Griechenland oder aus anderen Ländern verloren Pleschkowiz zufolge zwar ihre Heiligkeit nicht, doch waren sie wegen der darin enthaltenen Neuerungen und der Abweichungen vom russischen Kanon nicht der Verehrung würdig.

Angeregt von Pleschkowizs Kritiken sandte der Ikonenmaler Wladimirow dem Simon Uschakow einen Brief, in dem er seine eigenen Meinungen über die Kunst darlegte. Es ist merkwürdig, daß Wladimirow, der älter war als Uschakow, in seinem Schreiben die neue Strömung unterstützte, während er in seinen eigenen Werken überwiegend der traditionellen Malweise folgte.

Einige Zeit nachdem Uschakow Wladimirows Botschaft erhalten hatte, schrieb er eine »Rede«, um auf die Behauptungen seines Malerkollegen, die er ja teilte, zu antworten. (Nicht alle Forscher sind der Meinung, diese »Rede« stamme auch wirklich von Uschakow.) Wladimirow zufolge beschrieben die alten Traktate minuziös bis ins Detail den äußeren Aspekt der Heiligen, ihre Körperhaltung und ihre Attribute. Wladimirow verneinte nicht den Wert dieser Regeln, legte aber zusätzlich seine Vorstellung von der Schönheit dar. Er empfahl dem Maler, die Natur bei der Darstellung des menschlichen Körpers nachzuahmen. Auf diese Weise würde die Figur »leuchtend und rosig, beschattet und weiblich« erscheinen. Wer habe gesagt, man müsse Christus »immer mit magerem und blutleerem Gesicht« darstellen? so fragte der Autor. Allein aus der Tatsache, daß Jesus sich auf der Erde aufgehalten habe, folge, daß man ihn »mit körperlichem Aussehen« darstellen müsse. Ebenso solle die Jungfrau Maria »mit den Merkmalen« eines jungen Mädchens gemalt werden. In Wladimirows Augen war Farbarmut ein Mangel der alten Malweise. Das Überwiegen dunkler Farben beraube die Kunst der »Ähnlichkeit mit den lebendigen Dingen«. Über die Anhänger der alten Tradition schrieb Wladimirow: »Was durch die weitentfernten Zeiten dunkel und alt geworden ist, gilt bei ihnen als besonders wertvoll.«

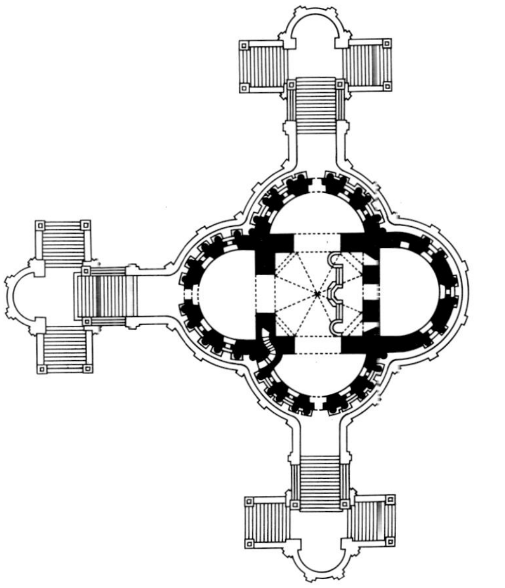

337–338. Moskau, Mariä-Schutz-Kirche in Fili, 1690–1697; Grundriß.

In seinem Brief an Wladimirow legte Simon Uschakow besonderen Wert auf das Prinzip, daß das Bild der Natur entsprechen soll, und teilte dem Freund mit, er beabsichtige »jenes Abecedarium der Kunst zu schreiben, das all jene Teile des menschlichen Körpers behandle, die bei unterschiedlichen Gelegenheiten in unserer Malerei nützlich sind«. Dieses Abecedarium oder »Alphabet der Künste« wurde geschrieben, hat sich aber nicht erhalten. Dieser anatomische Atlas des menschlichen Körpers sah ganz anders aus als die früheren Handbücher für die Ikonenmaler, die illustrierten Ikonopisnye podlinniki.

Die Ikonenpolemik wurde von den Forschern auf unterschiedliche Weise interpretiert. Einige betrachteten sie als einen Klassenkampf der Feudalherren gegen die volkstümliche Kunst, also einen Zusammenprall zwischen dem Hof und dem Klerus einerseits und demokratischen Kräften andererseits. Als antidemokratisch gelten die Positionen Wladimirows und Uschakows, während man in Pleschkowiz den Vertreter der demokratischen Ausrichtung der Stadt erkennt, »einen Mäzenaten der neuen Art, der dem Bürgertum der Kaufleute und Produzenten angehörte« (B. G. Brjusowa). Diese Denkschemata entsprechen aber nicht den Tatsachen. Im 17. Jahrhundert gab es in Rußland keinerlei Bürgerschicht, und die neuen Tendenzen der Ikonenmalerei wurden von den Vertretern der Rüstkammer, die dem Hofe nahestanden, unterstützt. Obwohl Uschakow und seine Genossen neuen Ideen anhingen, brachen sie nicht mit den alten Traditionen, sondern blieben auf halbem Wege stehen. Dieser Kompromiß führte zu großen künstlerischen Verlusten. Die großen Ikonenmaler der alten Rus drückten die Spiritualität des Christentums und der christlichen Bilder mit sehr viel größerer Tiefe aus als die Meister des 17. Jahrhunderts. Uschakows Kritiker heben zu recht diesen Aspekt des neuen Malstils hervor. Über den Malstil der »Frjasin«, den westlichen Stil, bemerkt der Protopope Avvakum: »... sie malen Christus mit dem Bild des Emanuel mit rosigem Gesicht, kirschroten Lippen, lockigem Haar, mit dickem Bauch wie einen Ausländer. Es fehlt ihm nur das Schwert an der Seite, doch sonst ist er ganz körperlich gemalt ...«

339. Moskau, Nowodetisch-Kloster.

Ein charakteristischer Aspekt der Malschule von Uschakow war ihre Unterwerfung unter die Ziele der Staatsmacht. In diesem Sinn ist Simon Uschakows Ikone »Anbetung der Gottesmutter von Wladimir« (»Einpflanzung des Baumes des Moskauer Staates«, 1668, Tretjakow-Galerie) aufschlußreich. Im Schatten der Mauern und der Türme des Kreml pflanzt Fürst Iwan Kalita nahe der Mariä-Himmelfahrts-Kathedrale einen Baum, den Metropolit Petr begießt. Neben ihnen ist auf der einen Seite Zar Aleksej, auf der anderen seine Frau mit den Kindern dargestellt. Aus den Wurzeln des Baumes erhebt sich ein Stamm mit Zweigen, in deren Zentrum eine große Ikone der Muttergottes von Wladimir steht, der Beschützerin Moskaus. Die Zweige tragen Medaillons mit den Porträts der Heiligen und Herrscher Moskaus. Unter den Monarchen finden wir die Zaren Fedor Iwanowitsch und Michail Romanow, um die Vorstellung der Kontinuität zwischen der alten und der neuen Dynastie zu unterstreichen. A. I. Uspenskij zufolge »erreichte Uschakow bei dieser Ikone die höchstmögliche Vollkommenheit, welche die russische Kunst mit ihren eigenen Mitteln erlangen konnte«. Kunsthistoriker weisen darauf hin, daß Uschakows Ikone wegen ihrer Heterogenität, der unterschiedlichen Proportionen der Bilder und der farblichen Dissonanzen keine innere Harmonie aufweist.

Auch der Versuch, das Werk Simon Uschakows in einem barocken Sinne zu interpretieren, kann nicht als überzeugend gelten. »Auch wenn Iosif Wladimirow und Simon Uschakow das Hell-Dunkel verwendeten, das damals als letzter Schrei galt, so erscheint ihre Malerei im Vergleich mit der zeitgenössischen europäischen Kunst doch entschieden provinziell.« (G. K. Wagner)

Simon Uschakow leitete die Ikonenwerkstätte von 1664 bis 1686, und unter seinem Einfluß entstand die Malschule der Moskauer Rüstkammer.

Ein Schüler von Simon Uschakow war Iwan Maksimow, der zahlreiche Buchillustrationen anfertigte. Im Jahr 1672 schuf er zum Beispiel die Illustrationen für den sogenannten »Tituljarnik«, ein Buch, das unter anderem auch mehrere Porträts von russischen Herrschern und Bischöfen enthielt.

Fedor Ewtichiew Subow leitete zusammen mit Simon Uschakow die Ikonenwerkstatt der Rüstkammer. Er kam um 1615 als Sohn eines Diakons in Solikamsk auf die Welt und starb 1689, nachdem er Ikonenmaler des Zaren geworden war. Seine Jugend hatte er im Norden Rußlands in Ustjug Welikij verbracht, wo ihn die Berufung an den Zarenhof erreichte. Der Künstler verließ dann die Hauptstadt wieder aus freien Stücken, um in den Norden zurückzukehren. Dann begab er sich nach Jaroslawl, von wo er wiederum nach Moskau gerufen wurde. Als Günstling des Hofes erreichte er materiellen Wohlstand, ließ in seinen Werken aber eine gewisse Routine erkennen. Die Mitglieder der Zarenfamilie pflegten bei ihm Heiligenikonen zum Anlaß ihres Namenstages zu bestellen. In diesem Fall war es die Kunstgattung selbst, die jede Möglichkeit einer künstlerischen

Suche ausschloß. Viele Werke von Subow weisen einen archaischen Charakter auf, doch seine besten Werke zeigen die Empfänglichkeit des Künstlers gegenüber allen Neuerungen.

Der Mönch Nikodim, mit bürgerlichem Namen Ikonenmaler Wasilij Mamontow, war einer der Schüler von Subow und auch sein Mitarbeiter. Er verfaßte das beste Ikonopisnyi podlinnik des 17. Jahrhunderts, das dem Antonius-Kloster an der Sija im Norden Rußlands gehörte. Unter den Ikonenvorlagen, die er sammelte, befinden sich, abgesehen von seinen eigenen Zeichnungen, auch solche von P. Zirin, F. Subow, S. Spiridonow und anderen. Die zahlreichen Zeichnungen dieses Podlinnik geben uns ein klares Bild vom ikonographischen Kanon des 17. Jahrhunderts.

Von 1668 arbeitete der Ikonenmaler Nikita Iwanow, Sohn des Erofeew, für die Rüstkammer. Er stammte aus dem Dorf Pawlowskoe im Bezirk Nischnij Nowgorod (daher auch sein Übername Pawlowez). Er wurde als Meister von Miniaturikonen berühmt. Unter seinen besten Werken befindet sich die Ikone »Muttergottes geschlossener Garten« (um 1670), die sich durch einen gewissen raffinierten Lyrismus auszeichnet. Der Malstil von M. Pawlowez wurde »dekorativ« genannt (J. G. Malkow).

Die Arbeit der Ikonenmaler wurde in Moskau einer strengen Kontrolle unterzogen, während die Künstler in anderen Städten große Autonomie genossen. Die wichtigsten künstlerischen Zentren jener Zeit waren Jaroslawl, Kostroma, Rostow und Nowgorod. Eine Vorstellung vom Niveau der lokalen Schulen geben die Fresken der Jaroslawler Meister mit den Titeln »Die Tage der Schöpfung« (Altarmalerei aus der Kirche der Erscheinung des Herrn in Jaroslawl, 1691), »Der Abstieg der Häretiker in die Hölle« (Fragment des »Jüngsten Gerichts« auf der Westwand der Christi-Verklärungs-Hauskirche »über der Vorhalle« in Rostow, achtziger Jahre des 17. Jahrhunderts).

Einen besonderen Ruf im 17. Jahrhundert genoß Semen Spiridonow Cholmogorez, der im nordrussischen Dorf Cholmogory als Sohn einer Stadtleutefamilie (Posadskie) auf die Welt kam. Im Alter von fünfundzwanzig Jahren zog er auf Befehl des Zaren mit seiner Familie nach Moskau und trat später in den Dienst der Rüstkammer ein. Den größten Teil der Arbeiten für lokale Auftraggeber führte er aus, als er in Jaroslawl lebte, und fast alle seine Werke, die uns erhalten geblieben sind, zeigen auf die eine oder andere Weise eine Verbindung zu dieser Stadt. Seine Malweise ist archaisch und weit entfernt von den neuen Moskauer Tendenzen. Wegen seiner technischen Raffinesse und der Gesuchtheit seines Stils erinnert er an die Spätphase der Stroganow-Schule. Typische Werke des Künstlers sind die Ikone »Der Erlöserpantokrator auf dem Thron« mit Szenen aus den Evangelien in der Kirche des heiligen Evangelisten Johannes in Jaroslawl sowie die Ikone »Der Prophet Elias mit Szenen aus seinem Leben« (1676, Jaroslawl, Kunstmuseum). Spiridonow ist auch der Autor der Ikone »Die Muttergottes von Zypern« mit Stanzen aus dem Muttergotteshymnus des Akathist. Die Ikone überrascht durch ihren Reichtum an Gold: Die Jungfrau trägt eine Goldkrone und sitzt auf einem goldenen Thron, der mit Detailfreude wiedergegeben ist. Die Figur der Muttergottes wird von einem goldenen Band mit den Worten des liturgischen Gesanges umrahmt: »Jungfrau vor der Geburt und Jungfrau während der Geburt und Jungfrau nach der Geburt.« Ihr Gesicht zeigt einen etwas kindlichen Ausdruck, und ihre überproportional kleinen Arme berühren das Jesuskind fast nicht, das sie im Schoß hält. Im traditionellen Ikonenstil sind die Wunder der Gottesmutter in den vierzig Randszenen der Ikone abgebildet. Diese winzigen Miniaturen sind mit größter Sorgfalt gemalt.

Bedeutend für die russische Kunst des 17. Jahrhunderts war das Werk von Gurij Nikitin, des berühmtesten

340. Kirill-Kloster von Beloosero.

341. Kirill-Kloster von Beloosero, Beloosero-Turm.

Vertreters der Malschule von Kostroma. Nikitin kam um 1620 bis 1625 auf die Welt und starb 1691. Sein Vater war Kaufmann und besaß einen Laden in Kostroma. Durch seinen Tod geriet die Familie in den wirtschaftlichen Ruin. Gurij heiratete nie, »verharrte in der Jungfräulichkeit bis zum Ende seiner Tage« und widmete der Malerei all seine Fähigkeiten und Energien. Berühmt ist er vor allem für seine Fresken. In den sechziger Jahren wurde G. Nikitin mit der Gruppe der Ikonenmaler von Kostroma nach Moskau berufen, um die Dreieinigkeits-Kathedrale im Daniel-Kloster auszumalen. Im Zentrum der Malereien stehen trinitarische Malereien, der christologische Zyklus und die Apokalypse. Nikitin hatte die Kirchenreform durch Nikon keineswegs günstig aufgenommen, und man nimmt an, daß seine Haltung gegenüber den Anhängern Nikons in den Szenen des Jüngsten Gerichts deutlich wird. Als die Fresken gemalt wurden, war Iwan (Grigorij) Neronow Abt des Daniel-Klosters. Er war eines der treibenden Elemente der Kirchenspaltung gewesen, bereute dies aber später. In der Weltanschauung der Altgläubigen spielten die Ideen der Apokalypse eine besondere Rolle. Sie lebten in der Erwartung des Antichristen und in der Furcht, der »wahre Glaube« könne verschwinden. Auf dem Fresko des Daniel-Klosters ist der apokalyptische Zyklus mit großer Detailfreude dargestellt.

In den Jahren 1680 bis 1682 schuf G. Nikitin mit einer Gruppe von Ikonenmalern aus Kostroma und Jaroslawl auf Bestellung der reichen Jaroslawler Kaufmannsfamilie Skripinyi die Fresken der Eliaskirche in dieser Stadt. Die Malerei in dieser Kirche, so meinte I. Grabar, sind »wie vom verschwindenden Widerschein der großen Legenden« erleuchtet. Die Fresken sind in mehrere Ordnungen aufgeteilt: Der oberste Rang ist dem Evangelium gewidmet, und weiter unten haben wir die Zyklen »Die Berufung der Apostel« und »Die Werke der Heiligen Petrus und Paulus«. Dem abschließenden Zyklus »Das Leben des Propheten Elias« werden die Worte Christi vorangesetzt: »Nirgends hat ein Prophet so wenig Ansehen wie in seiner Heimat.« Die letzte Darstellung gilt der Himmelfahrt des Elias auf einem feurigen Wagen. Bei seiner Himmelfahrt übergibt Elias seinem Jünger seinen Mantel und die Gabe der »doppelten« Prophezeiung.

G. Nikitins Fresken lassen den Einfluß westlicher Stiche und insbesondere der Stiche der Piscator-Bibel erkennen, doch insgesamt bleibt der Künstler im Rahmen der Tradition. Die Komposition seiner Malereien sieht vor, daß die einzelnen Szenen nicht deutlich voneinander getrennt sind und »wie ein dekorativer Wandteppich erscheinen, der mit seinen hellblau-goldenen Arabesken alle Wände des Gotteshauses überzieht« (J. G. Malkow). Auf Verlangen des Patriarchen von Antiochia malte Nikitin auch die Hauptikonen des »Pantokrator« mit den Festen und der Muttergottes Hodegetria mit dem Hymnus des Akathist für die Kathedralen von Damaskus und Antiochia.

Einige Forscher schreiben G. Nikitin auch die Ikone »Das Symbol des Glaubens« (1668–1669, aus der Kirche des Gregorius von Neocäsarea in Moskau) zu. Die Ikone illustriert die Worte des Glaubensbekenntnisses »Ich glaube an den einen Gott«, und jede der Randszenen ist einem Vers dieses Textes gewidmet. Die Ikone läßt deutlich den Einfluß westeuropäischer Stiche erkennen.

Man weiß, daß sich Gurij Nikitin insgesamt als indifferent gegenüber symbolischen und dogmatischen Themen erwies. Wie W. G. Brjusowa zeigte, betrachtete der Künstler die Lehre des Evangeliums als Hauptquelle der Liebe und der Einheit. Der wichtigste Aspekt seines Werkes war die teilnahmsvolle Darstellung der menschlichen Güte.

Die besten Künstler von Kostroma, Jaroslawl und anderer provinzieller Malschulen verstießen dauernd gegen die ikonographischen Kanones. So verwandelten sich die Charakteristiken des Freskos. Die Wandmalerei verlor ihre Monumentalität, und die Illustrationen von Schriftstellen füllten sich immer mehr mit alltäglichen Details an. Im 17. Jahrhundert gab es in den russischen Städten sehr viele mit Fresken ausgeschmückte Kirchen. I. Grabar bemerkte, »in keinem Land, nicht einmal in Italien, gebe es eine derart hohe Zahl von Fresken, die unter anderem in derart kurzer Zeit geschaffen wurden«. Natürlich wurden diese Arbeiten nicht nur von berufsmäßigen Ikonenmalern, sondern auch von bescheide-

342–343. Zarenpalast im Dorf Kolomenskoe, Zeichnung von A. Hilferding, 1768; Sankt Petersburg, Museum Ermitage. Christi-Verklärungs-Kirche in Kischi, 1714.

nen Handwerkern ausgeführt. Trotz der groben Darstellung sind diese Fresken jedoch die Frucht »einer wunderbaren und authentischen Volkskunst« (I. Grabar). Der Stil des volkstümlichen russischen Holzschnitts bildete sich anfänglich am Fresko und später auch an den Miniaturen in den Büchern. Ein Beispiel für den volkstümlichen Holzschnitt bietet die Bibel von Wasilij Koren. Koren stammte aus Weißrußland und lebte in Moskau in der Meschtschanskaja sloboda (Bürgerviertel), wo er seine »Blätter« über biblische Themen schnitt und druckte.

Der russische Holzschnitt ist volkstümlichen Ursprungs und stand ohne Zweifel unter dem Einfluß westlicher Stiche, die am Ende des 17. Jahrhunderts in Rußland eine weite Verbreitung fanden. Korens Buch war für die späte Ikonenmalerei von Bedeutung und lieferte die Instrumente für die russische Holzschnittkunst des 18. Jahrhunderts.

Die altrussische Kunst entwickelte sich als Teil der europäischen Kunst. Wir können gemeinsame stilistische Eigenheiten beobachten, obwohl diese in Rußland nur in späteren Perioden und nur ansatzweise auftreten. Das 17. Jahrhundert war für Rußland nicht ein Zeitalter der Wiedergeburt, weil sich die Vorrenaissance zu lange dahinzog, ohne zu einem Abschluß zu kommen. Die altrussische Kunst machte eine Zeit der Krise durch: Die alten künstlerischen Verfahren hatten ihre eigenen Ressourcen völlig ausgeschöpft. Die russische Kunst erfuhr durch die Abschottung von der Kultur anderer Länder, die immer überraschendere Ergebnisse erreichte, großen Schaden. Dank der intensiven Bemühungen der Rüstkammer gelang es den Behörden, die Kontrolle über die Arbeit der Maler zu festigen. Die höfischen Kreise hatten trotz der offenkundigen Sympathie für den Westen keinerlei Lust, auf die antiquierten sozialen Institutionen und die künstlerischen Traditionen zu verzichten.

Angewandte Kunst

Die Moskauer Herrscher besaßen wegen ihrer jahrhundertelangen Sammeltätigkeit den reichsten Schatz in Europa. In der Zeit der Wirren ging ein Teil dieser Gegenstände verloren oder wurde gestohlen. Mit den Romanows nahmen die Meister der Rüstkammer und die Goldschmiede ihre Arbeit wieder auf. Die Schatzkammer bediente sich in großem Umfang der Mitarbeit deutscher und niederländischer Goldschmiede. Diese hatten den Auftrag für die Zareninsignien bekommen, die in der Zeit der Wirren verschwunden waren. Im Jahr 1626 wurde für den Zaren Michail eine neue Prunkkrone mit durchbrochenen und emaillierten Platten, großen Edelsteinen und Perlen angefertigt. Unter den Steinen treten enorme Saphire hervor. An der Spitze der Krone befestigte man anstelle eines Kreuzes einen großen, lebhaft grünen Smaragd mit Cabochonschliff.

Auf Befehl des Zaren Michail bauten die Handwerker des Moskauer Kreml den ursprünglich im Orient hergestellten Sessel, der während der Zeremonien verwendet wurde, zu einem Thron um. Als Vorlage diente ihnen der Thron Iwans IV., der sogenannte »Elfenbein-

344–345. Christus Pantokrator, fol. 169v., und Muttergottes der Deesis, fol. 223; aus: Sijskij ikonopisnyi podlinnik, Sankt Petersburg, Öffentliche Bibliothek.

sessel«. Beim neuen Thron blieben die Merkmale der orientalischen Goldschmiedekunst deutlich, zum Beispiel beim Schnitt der Edelsteine, bei der Kombination von Gold und Türkisen und so weiter. Michails Nachfolger verwendeten dessen »Sessel« im Feld als Thron.

Als Zeichen für seine Alleinherrschaft verwendete Michail Fedorowitsch nur zwei Gegenstände: eine Kugel mit dem Kreuz als Zeichen der Herrschaft und das Zepter. Beide blieben während der Zeit der Wirren wie durch ein Wunder unangetastet im Schatz. Zar Aleksej ließ sich von griechischen Goldschmieden aus Istanbul neue Königsinsignien anfertigen: die Erdkugel, das Zepter und die Barmy, wertvolle Halsbänder, die während der Hofzeremonien getragen wurden. Der Thron, den armenische Kaufleute dem Zaren Aleksej Michailowitsch schenkten, war das Werk persischer Handwerker und trug als Schmuck nicht weniger als achthundert Diamanten. Aus diesem Grund wurde er auch »Diamantenthron« genannt. Nach dem Aufstand der Strelitzen im Jahr 1682 gab es gleichzeitig zwei Zaren, Iwan Alekseewitsch und Petr Alekseewitsch, für die ein doppelter Silberthron angefertigt wurde. Entgegen den Moskauer Traditionen verliehen die Handwerksmeister des Kreml diesem Thron eine sehr gesuchte Form im Stil des europäischen Barock.

Ein berühmter russischer Goldschmied des 17. Jahrhunderts war Meister Gawrila Ewdokimow, der zusammen mit einigen »Genossen« im Jahr 1630 die Figur des Zarewitsch Dmitrij auf einem Silberreliquiar schuf, das dessen Grab in der Erzengel-Kathedrale schmücken sollte. Es gibt keine Hinweise dafür, daß das Werk eine porträthafte Ähnlichkeit aufweist. Dennoch wird der Versuch des Künstlers deutlich, in den Gesichtszügen des Kindes das Leid zum Ausdruck zu bringen.

Die Meister des 17. Jahrhunderts liebten es, sich an Vorlagen aus der Vergangenheit zu halten. Ein Beispiel ist das Panhagiar (liturgisches Gefäß für den Transport der Prosphore der Muttergottes, der Panhagia), das aus einer Gruppe von vier knienden Engeln besteht, die einen Teller halten. Anscheinend gab Patriarch Nikon diesen liturgischen Gegenstand in Auftrag. Dessen Form imitiert die des Panhagiars in der Sophien-Kathedrale in Nowgorod.

Die Einbände für den feierlichen Transport des Evangeliars im 17. Jahrhundert wurden weiterhin im Stil der Zeit Iwans des Schrecklichen gefertigt, allerdings mit größerem Reichtum an Farben und Dekorationen. Einer der schönsten Gegenstände dieser Art ist die Hülle für das Evangeliar, das die Werkstätten der Rüstkammer im Jahr 1678 anfertigten. Die Goldschmiede, die daran arbeiteten, verwendeten eine komplexe Technik, bei der sie Email über ziselierte Figuren legten. Die Hülle trägt als Schmuck zahlreiche Edelsteine und ist eines der bekanntesten Beispiele Moskauer Goldschmiedekunst.

Erwähnenswert ist die Truhe mit Zeichnungen, die 1621 im Auftrag des Fürsten und Schriftstellers Chworostin angefertigt wurde. Seine Bewunderung der westlichen Kultur spiegelte sich in der Komposition der Zeichnungen wider, die einige Szenen aus dem Evangelium darstellen: die »Kreuzigung«, »Jesus Christus erscheint Maria Magdalena« und die »Auferstehung«.

Von seltener künstlerischer Vollkommenheit ist das Kreuz Peters I. vom Ende des 17. Jahrhunderts. Das Kreuz selbst stammt aus älterer Zeit und besteht aus großen Smaragden mit einem eingeschnittenen Kruzifixus. Dieses Kreuz wurde später auf ein großes Goldkreuz montiert, das ein extravagantes pflanzliches Schmuckdekor sowie Edelsteine aufweist.

346–347. Kreuzigung Christi, fol. 212, und Deesis, fol. 70v.–71; aus: Sijskij ikonopisnyi podlinnik, Sankt Petersburg, Öffentliche Bibliothek.

Die silbernen und goldenen Kowsch (Schöpfkellen) bewahrten im 17. Jahrhundert ihre traditionelle Form. Gegen Ende dieses Jahrhunderts dienten sie aber nicht mehr dem Hausgebrauch, sondern als Schmuck oder als Geschenk. Eines der schönsten Beispiele ist der Kowsch des Zaren Michail aus dem Jahr 1618.

Gegen Ende des 17. Jahrhunderts wird der Einfluß der westeuropäischen Kunst sogar bei den traditionellen russischen Gefäßen deutlich. Ein Beispiel dafür ist die Bratina (ein zeremonieller Umtrunkbecher mit breitem Rand), die P. A. Tretjakow gehörte. Die Figuren an der Basis des Bechers und die Blüten auf dem Deckel wurden nach deutschen Vorbildern des 17. Jahrhunderts gefertigt.

Im 17. Jahrhundert erreichte die Emailkunst einen hohen Grad der Vollkommenheit. Emailmalereien dienten als Schmuck für wertvolle Gegenstände, sei es für liturgischen oder zivilen Gebrauch. Ein echtes Meisterwerk der Moskauer Künstler ist der Becher, den Patriarch Nikon als Geschenk für den Zaren Aleksej Michailowitsch in Auftrag gab. Im Hinblick auf Eleganz und Farbenreichtum konnten die liturgischen Gefäße mit den Gefäßen für den häuslichen Gebrauch durchaus mithalten.

Zu den liturgischen Gefäßen gehört der Kelch, der der Familie des Bojaren B. I. Morosow gehörte und der nach dessen Tod von der Witwe dem Tschudow-Kloster (1664) geschenkt wurde. Den Kelch verwendete man während der eucharistischen Feier, um die Kommunion der Menschheit mit dem Erlöseropfer Christi zu symbolisieren.

Gegen Ende des 17. Jahrhunderts fertigte die Rüstkammer mit Hilfe der besten russischen und ausländischen Meister und Goldschmiede einzigartige Paradewaffen an. Den Brustschild der Rüstung des Zaren Aleksej schuf 1663 N. Dawydow, ein Meister im Dienste der Rüstkammer. Nach herkömmlicher russischer Art ist auf dem Panzerhemd das Bruststück befestigt, das in der Mitte einen Wappenadler und darum herum pflanzliche Motive, Tierfiguren und Fabelwesen aufweist.

Die Erzeugnisse der Goldschmiedekunst des 17. Jahrhunderts zeigen uns, welche Fortschritte die traditionellen russischen Künste machten und wie sich der Geschmack der Auftraggeber ästhetisch weiterbildete.

Für die Familie des Zaren wurden in Deutschland, den Niederlanden, England und anderen westeuropäischen Ländern dauernd Werke bedeutender Goldschmiedekünstler angekauft. Dazu wurde der Schatz des Zaren auch durch Geschenke der Botschafter vergrößert. Ein Beispiel dafür ist das Gefäß in Hirschform, das um 1635 bis 1644 in Hamburg geschaffen wurde. Im Jahr 1644 schenkten dänische Gesandte, die den Sohn des Königs, Waldemar, nach Moskau begleiteten, dieses wertvolle Stück dem Zaren Michael. Die Polen wiederum schenkten dem Zaren Aleksej einen enormen ovalen Teller, den polnische Meister in Danzig in der Mitte des 17. Jahrhunderts gefertigt hatten. Im Zentrum des Tellers befindet sich ein Medaillon mit einem mythologischen Thema: Perseus und Andromeda.

Im 17. Jahrhundert entwickelte sich die Tradition der dekorativen russischen Stickkunst weiter. Wegen ihrer Raffinesse und Pracht nannte man sie auch »Perlenstickerei«. Schneiderinnen stickten geometrische und pflanzliche Ornamente auf Stoffe und füllten dann den freigebliebenen Raum mit Stickereien aus Perlen und Pailletten. Auf diese Weise schmückte man die Zeremonialgewänder hoher kirchlicher Würdenträger. Als Grundlage verwendete man wertvolle Stoffe, die aus Italien oder aus östlichen Ländern importiert wurden. Im Auftrage des Zaren Michael wurde ein Phelonion (entsprechend der lateinischen Kasel) aus venezianischem Samt auf der Grundlage sehr feiner Seide gefertigt, den er selbst dem Familienkloster der Romanows in Moskau schenkte. Zur Herstellung zeremonieller Gewänder verwendeten die Schneidereien des Kreml unter anderem persische und türkische Samt-, Seiden- und Atlasstoffe. In Moskau sind zahlreiche Stickereiarbeiten aus dem 17. Jahrhundert erhalten geblieben, die aus der Schneiderwerkstatt der adligen Familie Stroganow stammen. Die Kleider des Zaren stellte man mit wertvollen »Stoffen aus Übersee« her, und sie wurden mit Klöppelarbeiten, Spitzen und edelsteinbesetzten Goldknöpfen geschmückt.

Musik

Der orthodoxe liturgische Gesang stand als Kunstform der Ikonenmalerei am nächsten. Im 17. Jahrhundert geriet dieser traditionelle einstimmige Gesang jedoch in eine Krise und machte dem mehrstimmigen Gesang Platz. Die harmonische Darstellung des Themas ließ den liturgischen Gesang lieblicher erscheinen und näherte ihn volkstümlichen Melodien an (A. I. Rogow). Die Sänger und die russischen Komponisten begannen das neue System der musikalischen Aufzeichnung mit fünf Linien zu benutzen. Die erhalten gebliebenen Noten zeigen ohne Zweifel den Einfluß, den die italienische (venezianische) Musik auf die russische Musikkultur ausübte. Sie war über Polen und polnische Musiker nach Rußland gelangt. In der zweiten Hälfte des 17. Jahrhunderts traten in den Moskauer Kirchen viele Sänger aus Kiew auf, die nach der Tradition der katholischen polnischen Kirchenmusik ausgebildet worden waren. Der Ukrainer N. Dilezkij, ein Schüler berühmter polnischer Musiker, der sich in Moskau niedergelassen hatte, veröffentlichte das erste Handbuch der Vokalmusik. Die Barockmusik löste unter den Zeitgenossen unterschiedliche Reaktionen aus. Nikon stand den Neuerungen auf musikalischem Gebiet aufgeschlossen gegenüber, während sich die Altgläubigen beklagten, »an vielen Stellen in Moskau würden Lieder gesungen und nicht heilige Gesänge« und »ein solches Lied könne man auch mit der Gusli (einem alten volkstümlichen Saiteninstrument) begleiten«. Weil der Hof Orgelmusik schätzte, ließ man Organisten aus Polen, den Niederlanden und anderen Ländern kommen.

Schlußfolgerung

Die Zeit des Moskauer Reiches umfaßt eine ganze Epoche der mittelalterlichen Geschichte Rußlands. Moskau war zu Beginn des 16. Jahrhunderts die Hauptstadt eines kleinen unabhängigen Fürstentums und wurde im darauffolgenden Jahrhundert zur Hauptstadt eines Riesenreichs. Die Annahme wäre falsch, die Rolle Moskaus als Zentrum Großrußlands sei von Anfang an historisch vorherbestimmt gewesen und die strenge Zentralisierung, die allen Territorien und Fürstentümern auferlegt wurde, habe die Rettung des Landes bedeutet. Die feudale Republik von Nowgorod stellte einen politischen Organismus dar, der dem westeuropäischen Typ viel näher stand als die Moskauer Monarchie. Die höchsten Ämter der Stadt wurden durch Wahlen besetzt. Da das Territorium von Nowgorod der Tatareninvasion entgangen war, blieben dort die alten kulturellen Traditionen vollständig erhalten. Die Wirtschaft blühte. Über die deutsche Hanse hatte die Stadt umfangreiche Handelsbeziehungen mit den Ländern Westeuropas. Dennoch besaß die Republik kein eigenes Heer und konnte sich nicht der Eroberung von seiten Moskaus widersetzen. Die Niederlage Nowgorods ebnete dem Triumph des Absolutismus in Rußland den Weg. Der staatliche Grundbesitz, der durch die Konfiskation der Güter der Nowgoroder und Pskower Bojaren entstanden war, spielte eine entscheidende Rolle im Inneren Rußlands. Die Mitglieder der alten Klasse der Bojaren wurden Dworjanin, Soldaten im Dienste des Zaren, nachdem sie vom Schatzamt Dienstgüter oder Pomeste zugewiesen bekommen hatten. Die Militärreform des 16. Jahrhunderts umfaßte utopische Elemente. Im Verlauf der Festlegung dieser Einschätzung der Dworjanin wurde ein System eingeführt, mit dem man feste Quoten von Pomeste verteilte. Diese wiederum bestimmten die Stellung des Dworjanin und all seiner Nachkommen. Die dem Vater zugewiesene Quote diente als Maß, um den Söhnen und Enkeln dieses Dworjanin ebenfalls Ländereien zuzuweisen. Unter diesen Bedingungen akzeptierten die Dworjanin die Reform, die das Prinzip des obligatorischen Militärdienstes einführte. Gegen Ende des 16. Jahrhunderts wurde aber deutlich, daß man den neuen Generationen von Dworjanin kein bebaubares Land mehr zuweisen konnte, weil die Zunahme der staatlichen Ländereien nicht mit dem biologischen Wachstum Schritt hielt. Die Dworjanin hatten viele Kinder, und das Schatzamt konnte den jungen Menschen nur kleine Parzellen zuweisen, die nicht der ihnen zustehenden Quote entsprachen. Die Krise des Systems der Dienstgüter (Pomeste) und der wirtschaftliche Ruin der kleinen Dworjanin drohten das System der militärischen Rekrutierung im Moskauer Reich zu untergraben, das die Grundlage für die Macht des Reiches darstellte. In dieser Situation unternahm die Regierung neue Versuche, Privatbesitz gewaltsam zu enteignen, und erließ ein Gesetz, das mehr Möglichkeiten schuf, die außerordentlich reichen Fürsten zugunsten der Staatskasse zu enteignen. Zur Einführung der Opritschnina konfiszierte Zar Iwan IV. eine große Zahl vererbter Ländereien (Wotschiny) von Fürstenfamilien, die dafür im Tausch kleine Besitztümer in der Gegend von Kasan erhielten. Dieses Vorgehen stellte einen Präzedenzfall dar: Von nun an nahm sich der Staat das Recht heraus, über private feudale Ländereien ebenso zu verfügen wie über seine eigenen Staatsgüter. Dahinter verbarg sich eine ernsthafte Bedrohung für die Institution des privaten Landbesitzes. Diese Entwicklung führte zur Unzufriedenheit der Adligen und der Dworjanin, denen es schließlich gelang, den Widerruf des Ukas über die Zwangsumsiedlung in das Gebiet von Kasan zu erzwingen. Am Ende mündete der Konflikt in blutigen Terror.

Die Bildung des Moskauer Reiches in der Mitte des 16. Jahrhunderts stellte den Beginn der imperialen Phase der russischen Geschichte dar. Der Staat unternahm andauernd neue Eroberungskriege. Daß sich der Absolutismus durchsetzen konnte, bedeutete den Triumph jener imperialen Prinzipien auch im Inneren der russischen Gesellschaft. Das oberste Organ der russischen Monarchie war die Bojarenduma, in der die Moskauer Aristokratie vertreten war. Die Herrscher teilten ihre Macht mit ihren Adligen. Zar Iwan IV. entschloß sich aber, sich der Bevormundung durch die Duma zu entziehen, gründete die Opritschnina und führte ein Terrorregime gegen seine Untergebenen ein. Bald wurde klar, daß die Massaker und die Verfolgungen nicht von politischen Notwendigkeiten diktiert wurden. Die Spitzen der Bürokratie in den Moskauer Ministerien, die kleinen Grundbesitzer in Nowgorod, die Familienangehörigen des Zaren und schließlich auch alle Anführer der Opritschnina, die diese geschaffen hatten, fielen dem Terror zum Opfer. Die schlimmen Vorkommnisse in der Zeit der Opritschnina fügten der Wirtschaft des Landes enormen Schaden zu und bestimmten viele Aspekte der politischen Kultur.

Der sowjetischen Historiographie zufolge spielte der Klassenkampf in der mittelalterlichen Geschichte Rußlands eine entscheidende Rolle: Die Reformen und der Terror Iwans des Schrecklichen, die »Versklavung« der Bauern, die Wirren zu Beginn des 17. Jahrhunderts, die später als Bauernkriege bezeichnet wurden, dies alles seien »Klassenkämpfe« gewesen. Es handelt sich hier aber um eines der zahlreichen historischen Mythen. Die Zeit der Wirren brachte den ersten Bürgerkrieg in der russischen Geschichte. Er hing vor allem mit der inneren sozialen und politischen Krise und mit den Spaltungen in der Gesellschaftsschicht der Dworjanin zusammen. Das Reich brach zusammen unter dem Gewicht der Eroberungskriege und des staatlichen Landbesitzes, der zu einer Umwandlung des Steuersystems geführt hatte. Die drückenden Steuern wirkten sich schädlich auf die Produktion und die Finanzen des Landes aus

348. Apostel, aus: Sijskij ikonopisnyi podlinnik, fol. 67v.; Sankt Petersburg, Öffentliche Bibliothek.

und führten zum wirtschaftlichen Ruin. Das Auftreten des betrügerischen Pseudodemetrius löste die Revolte aus, an der die Dworjanin im Süden, die Garnisonen der Befestigungen im Süden des Landes und die Kosaken teilnahmen. Diese bewohnten die freien Gebiete an der Grenze des Staates.

Der Bürgerkrieg höhlte die Macht des Moskauer Reiches aus, und Invasionen von außen trieben die russische Tragödie auf ihren Höhepunkt. Das Reich begann aufzubrechen: Es löste sich der »Nowgoroder Staat« ab, der sich unter den Schutz Schwedens stellte. Polen eroberte die Festung Smolensk, die von lebenswichtiger Bedeutung für die Verteidigung der Grenzen war. Zwei Jahre lang hielt eine polnische Garnison Moskau besetzt.

Gegen Ende der Wirren erlangten die Reichsversammlungen (Semskij sobor) beträchtliche Bedeutung. In ihnen waren die verschiedenen gesellschaftlichen Klassen repräsentiert. Die Versammlungen trugen dazu bei, das Land in die Normalität zurückzuführen, doch die Wiedergeburt des Absolutismus verhinderte, daß sich dieser politische Organismus in ein Parlament umwandelte.

Als die Dynastie der Romanows den Thron bestieg, war das Land in voller Auflösung begriffen. Ein nicht unbeträchtlicher Teil der Bevölkerung war zugrunde gegangen, die Städte und Länder entvölkert, der Handel lag darnieder. Es verging über ein halbes Jahrhundert, bis die verlassenen Felder erneut umgepflügt und bebaut wurden und bis die Landwirtschaft wieder das Niveau erreichte, das sie bereits in der Mitte des 16. Jahrhunderts besessen hatte. Obwohl die Wirren vorüber waren, war die Krise noch nicht überwunden, und während des ganzen 17. Jahrhunderts kam es immer wieder zu Erhebungen und Revolten. Nachdem die Romanows mit viel Mühe ihre eigene Macht konsolidiert hatten, begannen sie mit dem Wiederaufbau des Reiches. Unter Aleksej Michailowitsch eroberten russische Heere Litauen und einige schwedische Festungen in Livland, doch konnten sie den Besitz daran nicht halten.

349. Zeichnungen von Heiligengesichtern, aus: Sijskij ikonopisnyi podlinnik, fol. 579v.; Sankt Petersburg.

Gegen Ende der Wirren rückten die Russen wieder nach Osten vor. Kleine militärische Abteilungen und Kosaken überwanden den Widerstand lokaler Stämme und drangen bis zum Pazifik, zum Amur und nach Kamtschatka vor. So wurde das Moskauer Reich zu einer großen euroasiatischen Macht.

Die Stellung der Kirche im Inneren des russischen Staates änderte sich in den verschiedenen geschichtlichen Perioden. Wenn die politische Einheit fehlte, fungierte die Kirche, welche die einzige allgemeine russische Institution war, in den Konflikten zwischen den Fürsten als Schiedsrichterin und bediente sich dabei auch der Autorität der byzantinischen Kirche. Das verlieh ihr einen Vorteil im Vergleich zur säkularen Macht, führte aber nicht zur Geburt einer Theokratie. Bei der Bildung des Einheitsstaates kam es zu einem kurzen, aber intensiven Konflikt zwischen den weltlichen und den kirchlichen Behörden. Infolge einer wiederholten Konfiszierung der Güter verlor die größte Diözese des Landes, die des Erzbischofs von Nowgorod, den größten Teil ihrer Ländereien. Der Versuch, mit den Diözesen des Moskauer Reiches in gleicher Weise vorzugehen, hatte jedoch keinen Erfolg. Die höchsten kirchlichen Würdenträger wandten sich gegen die Säkularisierung durch die Regierung, und in der Zeit Iwans des Schrecklichen herrschte ein offener Konflikt zwischen dem Oberhaupt der Kirche und dem Monarchen. Dies führte zur Verurteilung des Metropoliten und zu einer Reihe von Prozessen gegen hohe kirchliche Würdenträger.

Die Lehre der Kirche über die göttliche Erwählung des Oberhauptes des heiligen russischen Reiches trug ihre Früchte Der fromme Zar Iwan IV. genoß unangefochtene Autorität bei seinen Entscheidungen in weltlichen wie in kirchlichen Fragen.

Der Bürgerkrieg führte zu einem völligen Niedergang der absoluten Macht, und die Kirche nutzte dies für ihre eigenen Ziele. Zufällige Umstände begünstigten die Wiederherstellung ihrer Macht. Der autoritäre Filaret Romanow, der Vater des geistesschwachen Zaren Michail Romanow, wurde zum Patriarchen mit dem Titel eines »Großen Herrschers« ernannt. Die Kirche war zeitweilig der weltlichen Macht überlegen. Einer der Erben Filarets war der Patriarch Nikon, ein entschiedener, autoritärer Mann, der auf den Zaren Aleksej unbegrenzten Einfluß ausübte und de facto Staatsoberhaupt war. Nikon vertrat die Ansicht, die Macht der Kirche stehe über der staatlichen Macht, doch der Prozeß gegen ihn setzte den theokratischen Tendenzen ein Ende. Nun war Die Kirche gezwungen, sich im System des autokratischen Staates zu unterwerfen.

Die Kirche übte einen außergewöhnlichen Einfluß auf die Entwicklung der russischen Kultur aus. Die Bekehrung zum Christentum hatte zur Folge, daß sich das kulturelle Erbe von Byzanz auch auf Rußland erstreckte. Die Eroberung durch die Tataren unterbrach die traditionellen Bindungen zwischen der Rus und Byzanz sowie mit den slawischen Balkanvölkern nicht, sondern erschwerte sie nur. Die türkischen Invasionen betrafen die Rus nicht direkt, doch waren ihre Konsequenzen auf die Entwicklung der russischen Kultur ebenso bedeutsam wie die vorangegangene Tatareninvasion. Die Meisterwerke Andrej Rublews, eines Schülers des byzantinischen Künstlers Theophanes, sind ein Zeugnis für die überraschenden Errungenschaften der nationalen Kunst Rußlands und auch für die Bedeutung, die der kulturelle Beitrag von Byzanz und den Balkanländern für Rußland hatte. Das Werk Dionisijs, das unter dem Einfluß der Schule von Rublew entstand, stellte den letzten Hoffnungsschimmer jener Epoche dar. Die russische Vorrenaissance wäre undenkbar ohne Byzanz. Wie im Westen bildete auch in Rußland die Wiederentdeckung der antiken Traditionen, die in Byzanz gehütet worden waren, die Grundlage für die große kulturelle Wiedergeburt des 14. und 15. Jahrhunderts. Die wenigen Werke antiker Autoren, die ins Russische übertragen wurden, galten in ihrer Aussage entweder als Dogmen oder waren von der Kirche verboten. Während im Westen das Studium des antiken Erbes zur Renaissance führte, konnte sich die russische Vorrenaissance nicht entwickeln und kam zu keinem Ende. Mit dem Fall der Stadt Byzanz wurde der Einfluß der byzantinischen Kultur auf die russische Kultur plötzlich deutlich schwächer. Die Ausdehnung der kulturellen Beziehungen mit Italien am Ende des 15. Jahrhunderts hatte zu hervorragenden Ergebnissen geführt, doch war dies nur eine kurze Episode. Die Verfolgung von Freidenkern und Häretikern, die Haftstrafe von Maxim Grek, die Konsolidierung des Absolutismus und der Triumph der offiziellen Kirche, alle diese Umstände spiegelten sich zwangsweise in der russischen Kultur wider und verschärften die Isolierung Rußlands.

Parallel zur Konsolidierung der imperialen Prinzipien im Leben der Gesellschaft wurden auch die Interventionen des Staates auf kulturellem Gebiet immer stärker. Die Folgen dieser Einmischung waren aber nicht überall gleich. Die Druckkunst beispielsweise wurde auf Initiative von Zar Iwan IV. in Rußland eingeführt und konnte hier dank großzügiger staatlicher Unterstützungen Fuß fassen. Zur selben Zeit entfesselte Iwan IV. der Schreckliche im Land einen Terror, der einem der glänzendsten Phänomene der altrussischen Kultur ein Ende bereitete, nämlich der Niederschrift der Chroniken, die immerhin sechshundert Jahre zurück reichten. Im 16. Jahrhundert wurde die Malerei erstmals offiziell begutachtet. Man wollte damit ihre Übereinstimmung mit den kirchlichen Kanones überprüfen und auch auf diesem Gebiet der Häresie den Kampf ansagen. Im 17. Jahrhundert verschärfte sich die Kontrolle der Ikonenmaler und konzentrierte sich in der Rüstkammer des Kreml. Obwohl stetig westliche Neuerungen in das Land eindrangen, entfernte sich Rußland immer mehr vom Westen. Erst nach den Veränderungen, die Peter I. im ersten Viertel des 18. Jahrhunderts bewirkte, wandte sich Rußland wieder dem Westen zu.

Die Zeit war nun vorbei, da Nowgorod Welikij, Twer und andere Städte erfolgreich mit Moskau hatten mithalten können. Im 17. Jahrhundert hatte Moskau keinen Rivalen mehr. Nowgorod Welikij, einst die Rivalin von Kiew und Moskau bei weitem überlegen, verfiel nach den Verwüstungen während der Opritschnina zur Zeit Iwans IV. und während der schwedischen Herrschaft in der Zeit der Wirren völlig. Lange Zeit war Nowgorod die Pforte Rußlands zum Westen gewesen. Doch im 16. und 17. Jahrhundert übernahm Moskau die Rolle als wichtigstes Zentrum der Handelsbeziehungen mit Westeuropa. In Moskau entstand die Nemetschkaja sloboda, welche zahlreiche Ausländer beherbergte, vor allem aus Deutschland, England und Dänemark. Das Auftreten von Menschen unterschiedlichen Glaubens im Herzen des orthodoxen Reiches versetzte die Bojaren und die Kirchenfürsten in Aufregung. Es wurden verschiedene Ukasse erlassen, die es den »Ausländern« verboten, sich in den russischen Vierteln der Hauptstadt niederzulassen. Dank der Nemetschkaja sloboda konnten die Untertanen des Zaren, die sich nur auf offizieller Mission ins Ausland begeben durften, die Lebensgewohnheiten und die westliche Kultur studieren, ohne die Hauptstadt verlassen zu müssen. Die Vorurteile gegenüber den »gottlosen Ausländern«, den Häretikern, erwiesen sich schließlich als gerechtfertigt. Gerade in der Nemetschkaja sloboda erhielt Peter I. seine ersten Eindrücke von Europa, und diese bildeten die Grundlagen für die Reformen, mit denen er Rußland europäisieren wollte. Die Veränderungen, die Peter wünschte, annullierten die Bedeutung Moskaus als Zentrum des heiligen russischen Reiches. Eine der Vorbedingungen für den Erfolg der Reformen war die Abschaffung der Dienstgüter und des Pomeste-Systems im 18. Jahrhundert, so daß diese Ländereien zum Privatbesitz der Dworjanin wurden. Die unausbleibliche Folge dieser Maßnahme war das Ende des obligatorischen Militärdienstes der Dworjanin, und dies bedeutete das Ende auch des alten Militärsystems des Moskauer Reiches. Die Reformen des 18. Jahrhunderts bedeuteten den Beginn einer neuen Periode in der russischen Geschichte.

Anmerkung

1 Als Ikonopisnye podlinniki bezeichnete man die Handbücher für die Ikonenmaler. Sie enthielten die Regeln, Musterzeichnungen und -kompositionen, die den Künstlern als Vorlage dienen sollten.

Register